Mary Elizabeth Braddon

Lady Audley's Secret

오들리 부인의 비밀

1판 1쇄 발행 2019년 5월 29일

지은이 | 메리 엘리자베스 브래든
옮긴이 | 홍덕선 · 오은주
발행인 | 신현부

발행처 | 부북스
주소 | 04601 서울시 중구 동호로17길 256—15 (신당동)
전화 | 02—2235—6041
팩스 | 02—2253—6042
이메일 | boobooks@naver.com

ISBN 979-11-86998-78-6
ISBN 978-89-93785-07-4 (세트)

이 도서의 국립중앙도서관 출판예정도서목록(CIP)은 서지정보유통지원시스템 홈페이지(http://seoji.nl.go.kr)와 국가자료종합목록시스템(http://www.nl.go.kr/kolisnet)에서 이용하실 수 있습니다. (CIP제어번호: CIP2019016984)

부클래식

078

오들리 부인의 비밀

메리 엘리자베스 브래든

홍덕선 · 오은주 옮김

부북스

본 저자에게

늘 따뜻이 문학적 충고를 주신데 무한한 감사를 드리며

영예로우신 하원의원이시며 민법학 박사이신

에드워드 불워 리튼 준남작님께

이 작품을 헌정합니다.

차례

제1권

제2권

제3권

제 1 권

1. 루시

대저택은 자그마한 계곡 낮은 곳에 자리잡고 있었다. 그 저택은 훌륭한 목재로 쓸 만한 오래된 나무들과 자르르 윤기가 흐르는 초원에 빽빽이 둘러싸여 있었다. 라임나무가 줄 지어 서있는 저택으로 가는 가로수 길의 양편으로 목초지가 펼쳐졌다. 목초지 곁을 지나가다 보면 높은 울타리 너머로 소들이 뭣 때문에 오셨나 궁금해 하는 눈길을 보내왔다. 대저택을 방문하는 일 말고는 사람들이 이 길로 통행하는 일이 전혀 없기 때문이었다.

이 가로수 길 끝에는 낡은 아치형 정문과 우스꽝스런 멍텅구리 시계탑이 서 있었는데, 시계바늘은 시침 하나뿐이어서 한 시간이 바뀔 때마다 갑작스럽게 찔뚝 건너뛰었다. 이 아치 구조물을 지나면 곧바로 오들리 대저택의 정원으로 들어서게 된다.

눈앞에 펼쳐진 매끈한 잔디밭 이곳저곳에 무더기로 활짝 꽃을 피운 만병초는 인근의 어느 지역도 감히 따라갈 수 없을 만큼 흐드러지게 꽃을 피우고 있었다. 오른편으로는 텃밭과 물고기가 헤엄치는 연못, 말라버린 해자로 둘러싸인 과수원, 어느 곳은 무너져 내려 높이보다 폭이 더 넓은 담장, 그리고 제멋대로 자란 담쟁이넝쿨, 노란 꿩의비름, 짙은 이끼들이 무성하게 담장을 덮고 있었다. 왼편으로는 수도원이 서있던 수년 전에는 침묵에 잠긴 수녀들이 서로 손잡고 걸어 올라갔을 널찍한 자갈길과 담장이 펼쳐졌고, 담장을 타고 자란 관목 옆에는 튼튼한 떡갈나무들이 그늘을 드리운 채 저택과 정원을 빙 둘러싸며 쫙 펼쳐지는 풍경을 가로막지만 햇볕을 가려주는 가림막 역할을 해주었다.

아치형 문 방향을 정면으로 ㄷ자 형태로 자리잡은 저택은 매우 오래되었지만 균형이 제대로 잡혀 있지 못한 제멋대로의 건축물이었다. 창문들은 제각각 이어서 크기가 일정하지 않은데다, 어떤 창문은 육중한 석재 문설주의 화려한 스테인드글라스인가 하면 어떤 창문은 바람이 불 때마다 덜컹거리는 가냘픈 격자무늬 나무문이고, 그런가 하면 바로 어제 새로 만든 듯한 현대풍도 있었다. 뾰족한 박공 지붕 너머 이곳저곳 솟아오른 굴뚝은 오랜 세월 동안 사용한 탓인지 허물어지기 시작했고 제멋대로 자란 담쟁이넝쿨이 아니었으면 그냥 쓰러지고 말았을 것이다. 담쟁이넝쿨은 담장을 타고 지붕까지 뻗어 올라 그 굴뚝을 버텨주려는 듯이 빙빙 감싸고 있었다. 대문은 큼직한 사각머리 쇠못으로 장식된 품위가 넘치는 고풍스런 떡갈나무문이었지만 마치 위험한 방문객으로부터 숨으려는 듯, 자기만의 비밀을 간직하려는 듯, 건물 돌출부의 작은 탑 모서리에 겨우 자리잡고 있었다. 문 두께가 어찌나 두꺼운지 날카로운 문고리 쇠를 두드려 봤자 둔탁한 소리만 날 뿐 집 안으로 소리가 퍼져나가기가 힘든 듯 보여, 방문객은 구석의 덩굴 틈으로 보이는 문간 종을 땡그랑 울려야만 했다.

영예롭고 관록 있는 이 장소를 방문하는 이들은 이곳에서 영원히 머물면서 멋진 연못이나 들여다보며 물 표면으로 떠오르는 잉어와 로치가 보글거리며 내뿜는 물방울이나 세면서 남은 여생을 보내고 싶은 열망에 사로잡힐 것이다. 이곳은 평화의 여신이 자리를 잡고 앉아 부드러운 손길로 주변을 어루만지고 있었다. 갖가지 나무와 꽃을, 잔잔한 연못과 골목을, 고색창연한 방의 그늘진 구석구석을, 스테인드글라스 안쪽의 편안한 창가 의자를, 나지막한 초원과 쭉 뻗은 가로수 길을—그래, 심지어 정원 뒤편의 관목 숲에 가려져 오래된 다른 장소와 마찬가지로 서늘하면서도 눈에 띄지 않던 고여 있는 우물에도, 녹슬어 돌아가지 않는 한가로운 우물 손잡이에도, 썩은 탓에 줄이 끊겨 물통이 우물 속에 빠져버리고 난 느슨한 밧줄에도 평화의 여신이 손길을 뻗치고 있었다.

품격 있는 저택. 안팎으로 고결함이 깃든 이 집에서는 수수께끼를 알아내려고 성급히 홀로 돌아다니다가는 길을 잃어버리기가 십상이었다. 어느 방도 다른 방과 호흡을 같이하지 않고 각 방마다 옆으로 우회해서 내실(內室)과 연결되었고, 그 내실을 통해 좁은 층계를 지나면 문으로 이어졌으며, 그 문은 다시 정반대편으로 생각되는 방으로 연결되었다. 집 안의 가장 깊숙한 곳으로 들어왔다고 생각하지만 그 문은 다시 바깥방으로 되돌아 연결된다. 이 보금자리는 인간 건축가에 의해 계획된 집일 수는 없고, 차라리 '시간'이라는 그 낯익고 훌륭한 장인의 작품임에 틀림없었다. 이 장인의 방식에 따르면, 한 해는 방 하나를 짓는가 하면 그 다음 해에는 방 하나를 허물고, 중세의 플랜태저넷 왕가 시대에 지어진 굴뚝을 넘어뜨리는가 하면 튜더 왕가 양식으로 굴뚝을 세우며, 저쪽에 색슨족 양식의 벽을 무너뜨리는가 하면 이쪽에 노르만족

양식의 아치를 쌓고, 노르만 침공 이후 내내 존립해왔던 식당 홀에 앤 여왕 시대 양식의 높고 좁은 창문을 줄줄이 설치하는가 하면 하노버 왕국의 조지1세 시기 유행을 따른 식당을 덧붙이는 식이었다. 이 장인은 대략 1100년의 세월 동안 에식스 지역의 그 어느 곳에서도 볼 수 없는 그러한 대저택을 용케도 열심히 세워나갔던 것이다. 물론 그런 저택에는 비밀의 방이 있기 마련이다. 현 소유주인 마이클 오들리 경의 어린 딸이 우연히 그런 방 하나를 일찍이 발견하게 되었다. 커다란 유아방에서 노는 중에 발밑의 나무판 하나가 덜거덕거리는 것에 관심이 끌렸던 것이다. 그리고 그게 헐거워져 있는 걸 알아채고 뜯어보니 사닥다리가 드러나며 유아방 마루 바로 아래의 숨겨진 방으로 이어지는 거였다. 이 은폐된 방은 어찌나 협소한지 그곳에 숨어있는 사람은 양손과 무릎을 감싼 채 몸을 웅크리고 있거나 아니면 몸을 쭉 펴고 누워있어야만 할 정도였다. 그렇지만 무늬가 새겨진 낡고 기이한, 나지막한 오크 옷장 하나에 사제 옷이 반쯤 채워진 채 놓여있을 만큼 널찍했다. 감춰뒀어야 할 이 사제 옷들로 보아 그 잔혹했던 시절에 로마 가톨릭 사제가 머물러 있었거나 혹은 이 집에서 미사를 벌였다가 발각되어 분명 생명이 위험에 처해있던 사람들이 숨어있었던 장소였다.

바깥의 널찍한 해자는 바짝 마른 채 자라난 풀로 뒤덮여 있었으며, 옹이 진 가지가 제멋대로 뻗은 과수원 나무들이 주렁주렁 열매를 달고 해자의 푸르른 경사면에 환상적인 그림자를 드리우며 서 있었다. 해자 안에는 이미 앞에서 언급했던 연못이 있었다. 그곳에 살짝 고인 물은 정원을 휘돌아 라임나무 오솔길까지 닿아 있었다. 이 오솔길은 양편에 빽빽이 들어선 축 늘어진 나무들로 인해 햇빛과 하늘을 가리고 시야를 가로막고 있어 비밀 모임이나 은밀한 만남에 꼭 맞는 장소처럼 보였다. 음모를 꾸미거나 사랑의 맹세가 안전하게 이뤄질 수 있는 장소이지만 사실상 저택에서 스무 걸음도 채 떨어지지 않은 곳이었다.

나뭇가지로 아치를 이룬 이 어두운 오솔길 끝에는 방치된 잡초와 엉클어진 나뭇가지로 거의 뒤덮인 관목 숲이 있었고 앞서 언급한 낡은 우물에 녹슨 도르래가 매달려 있었다. 그 당시엔 수녀들이 어여쁜 손으로 찬물을 부지런히 길어 올릴 때 꽤나 멋지게 사용됐겠지만 이제는 고물이 되어버렸고, 오들리 대저택의 누구도 우물이 말랐는지조차 관심을 기울이는 사람은 없었다. 이 한적한 오솔길은 남의 눈에 띄지 않는 곳이지만 낭만적인 목적으로 사용된 적이 있어 보이지는 않았다. 서늘한 저녁 무렵이면 마이클 오들리 경은 시가를 피우며 그의 옆에서 천천히 걷는 예쁜 젊은 아내와 뒤따르는 개를 데리고 한가로이 산책을 자주 즐기곤 했다. 그렇지만 10분도 채 되지 않아 이 준남작 부부는 바스락거리는 라임나무, 수련의 넓은 잎이 둥둥 떠 있는 고요한 연못, 그리고 오솔길 끝의 망가진 우물 주변의 온통 푸른 풍경에 싫증을 내고 거실로 돌아오는 거였다. 그리고는 거실에서 아내가 연주하는 베토벤과 멘델스존의 달콤한 멜로디를 들으며 남편은 안락의자에서 잠에 빠져 들었다.

마이클 오들리 경은 56세의 나이로, 55번째 생일이 끝나고 세 달 뒤 두 번째 부인과 재혼을 했다. 그는 큰 키, 듬직함 몸집, 큼직한 체구에 깊고 낭랑한 목소리, 수려한 까만 눈, 그리고 본의 아니게 덕망 있어 보이게 하는 흰 수염을 갖추고 있었지만 소년처럼 활발한 성품이어서 이 지역에서 가장 열심히 승마를 타고 있었다. 그는 17년 동안 그의 외동딸 알리샤 오들리와 함께 홀아비로 지냈고, 지금 18살의 알리샤는 새엄마가 생긴 것을 전혀 달가워하지 않았다. 왜냐하면 그녀는 어릴 적부터 이 저택의 실세를 차지해왔고, 10대가 되면서부터 자신이 집안을 관리하겠다는 진지하지만 헛된 망상에 사로잡힌 탓에 집안 열쇠들을 비단 앞치마 주머니 속에 딸랑거리며 가지고 다니다 덤불 속에 잃어버린다든지 연못에 빠뜨리는 등 갖가지 문제를 일으켜왔다.

그러나 알리샤의 좋은 시절은 끝이 났다. 이제는 그녀가 가정부에게 뭐든 요청을 하면, 가정부는 대답하기를 마님에게 직접 요청하던지 아니면 상의해보는 게 좋겠다는 거였으며, 마님께서 괜찮다고 하시면 당연히 분부대로 따르겠다는 거였다. 그래서 오들리 경의 딸은 뛰어난 승마인이자 훌륭한 안목의 예술가인지라 그런 일 이후 들판을 달리거나 또는 시골 아이들, 밭을 일구는 소년들, 소 떼, 그녀 나름대로 접하는 동물들의 살아가는 방식을 스케치하는 등 대부분의 시간을 저택 바깥에서 보냈다. 그녀는 새엄마와 조금치도 친밀해지기는커녕 항상 단단히 삐친 듯한 표정을 지었다. 오들리 경의 젊은 아내는 그에 비해 살가운 편이긴 했지만 남편의 어린 딸이 드러내는 편견과 혐오감을 극복하는 일뿐만 아니라 오들리 경과의 결혼으로 이 버릇없는 애에게 어떤 끔찍한 피해도 끼치지 않았다는 점을 납득시키는 게 불가능하다고 판단하였다.

진실을 말하자면, 오들리 경의 아내가 됨으로써 오들리 부인은 커다란 혜택을 손에 쥔 격이 되어 그것에 상응하는 여성들의 시기심과 질투심의 표적이 되었다. 처음 그녀는 오들리 저택 근방 마을에 살던 외과의사 가족의 가정교사가 되면서 이웃에 편입되었다.《타임즈》 신문에 도우슨 의사가 올린 광고를 보고 찾아왔다는 사실 외에는 그녀에 대해 아는 사람은 아무도 없었다. 그녀는 런던 출신으로, 브롬톤의 어느 학교 교장이 그녀가 제시한 유일한 신원 보증인이었는데, 교장 선생님의 말로는 그녀가 자신의 학교에서 한때 교사로 있었다는 거였다. 의사는 이 보증인에 만족하여 다른 신원 보증인을 더 이상 요구하지 않고 자기 딸들의 가정교사로 루시 그레이엄 양을 채용했던 거였다. 그녀의 경력사항이 무척 훌륭하고 다양해서 도우슨 의사가 제시한 보수가 매우 빈약한 조건이었음에도 그녀가 그 광고에 응했다는 점이 이상하게 보일 정도였다. 하지만 루시 그레이엄 양은 자신의 상황에 꽤 만족하는 듯 보였다. 그녀는 의사의 딸들에게 베토벤의 소나타를 연주하는 것과 크레스윅을 본뜬 자연경관을 그리는 법을 가르쳤다. 또한 일요일마다 세 번씩 따분한 벽지 마을을 지나 소박한 작은 교회까지 산책을 나갔다. 그녀는 남은 여생 동안 이러한 소박한 생활 이상의 더 큰 열망을 갖고 있지 않은 것처럼 매우 만족스러워 했다.

이를 지켜본 사람들은 그녀의 부드럽고 온화한 성품 덕택에 어떤 상황 속에서도 긍정적이고 만족해하며 행복해하는 거라고 평가하곤 했다. 그녀가 발을 내딛는 곳마다 기쁨과 활기로 가득 찼으며, 가난한 사람들의 허름한 집에서도 그녀의 어여쁜 얼굴은 햇살처럼 빛났다. 때로 이빨 빠진 노파의 이야기를 듣고 앉아 있을 때는, 마치 높으신 후작나리의 찬사에 기뻐하듯 마냥 열심히 귀를 기울였다. 그녀가 (박봉으로 인해 자선을 베풀 여지가 없어) 아무것도 건네지 못한 채 떠나도 노파는 그녀의 우아함과 아름다움, 그리고 친절함에 매료되어 자신에게 먹을 것 입을 것을 보내주는 교구목사 아내에게도 받친 적이 없었던 감사의 환호를 터뜨렸다. 보다시피 루시 그레이엄 양은 말 한마디나 미소 하나로 남을 매혹시키는 마법을 지닌 축복받은 여인이었다. 모든 이가 그녀를 사랑하고 숭배하며 찬양하게 되었다. 한 소년은 그녀의 산책길을 가로막는 큰 사립문을 열어준 다음 집으로 달려가 엄마에게 그녀의 어여쁜 모습과 그의 작은 친절에 고마움을 표하던 그녀의 달콤한 목소리에 대해 떠들어 대었다. 교회에서 그녀를 외과의사 옆 좌석으로 안내하던 교회지기도, 설교 중에 자신을 바라보는 그녀의 부드러운 푸른 눈과 마주치게 된 목사도, 아무런 보상도 바라지 않고 이따금씩 그녀에게 편지나 소포를 가져다주던 기차역 용무원도, 그녀를 고용한 의사도, 의사의 방문객들도, 그녀가 가르치고 있는 어린애들도, 심지어 하인들까지, 신분이 높고 낮음을 가리지 않고 모든 이들이 루시 그레이엄이야말로 가장 사랑스런 처녀라고 입을 모아 칭찬했다.

아마 이러한 소문이 오들리 저택의 조용한 거실까지 뚫고 들어간 모양이었다. 아니면 아마도 일요일 아침마다 교회에서 높은 자리의 외과의사 좌석 옆에 앉아있는 그녀의 아름다운 얼굴을 바라본 때문인지도 몰랐다. 이렇든 저렇든, 오들리 경이 도우슨 씨의 가정교사와 가까워지고 싶어 하는 강한 욕망에 갑작스럽게 휩싸였다는 사실만은 명백해 보였다.

그는 자신과 딸, 그리고 교구목사 부부를 의사 댁으로 초대하는 조촐한 저녁 모임이 있었으면 하는 자신의 뜻을 그 신뢰하는 의사에게 그저 슬쩍 내비쳤다.

바로 그 조용한 저녁 마이클 경의 운명은 봉인되었다. 그는 더 이상 부드럽게 애간장을 녹이는 푸른 눈의 나긋나긋한 매력에 저항할 수가 없었다. 가녀린 목, 살짝 숙인 머리, 풍성하게 흘러내린 곱슬거리는 금발이 한데 어우러진 우아한 자태, 부드럽게 울리는 나직한 목소리. 완벽하게 조화를 이룬 이 모든 매력들이 그녀를 더욱 매혹적이고 빛나게 만들었다. 그가 도저히 저항할 수 없는 운명이 아니겠는가! 운명! 그래, 그녀가 그의 운명인 것이다! 그는 이토록 누군가를 사랑했던 적이 없었다. 알리샤를 낳아 준 여자와의 결혼은 가문의 재산을 잘 지켜나간 단조롭고 따분한 흥정에 지나지 않았던 것이라서, 오히려 거기서 벗어날 수 있었던 게 다행이 아니겠는가? 첫 아내에 대한 그의 사랑은 그저 사그라지는 가련한 불꽃처럼 꺼지지도 않으면서도 타오를 힘도 없는 메마르고 비참한 것이 아니었을까? 하지만 이번엔 사랑이 분명했다. 이 흥분과 갈망, 뒤숭숭하고 불확실하며 애달픈 망설임. 그의 적지 않은 나이가 행복을 얻는 데 있어 극복하기 어려운 장애물이 될지도 모른다는 끔찍한 두려움, 하얗게 세어버린 수염에 대한 혐오심, 20여 년 전의 시절처럼 윤기 나는 까만 머리와 날렵한 허리로 다시 젊어지고 싶은 불같이 타오르는 소망. 마차를 타고 외과의사의 저택을 지나칠 때마다 가려진 창문 커튼 뒤로 비치는 그녀의 아름다운 얼굴을 잠시만이라도 볼 수 있다면, 그의 잠 못 드는 밤과 우울한 날들은 영광의 밝은 빛을 뿜어낼 것 같았다. 이 모든 조짐은 진실을 밝히는 징표였다. 쉽게 말하자면, 55세의 냉철할 나이에 마이클 오들리 경은 사랑이라는 심각한 열병에 빠져버렸던 것이다.

구애를 하는 동안 오들리 경은 구애를 성공시킬 발판으로 자신의 재산과 권위를 한 번이라도 계산했을 것 같지는 않다. 설사 이런 것들이 떠올랐다고 해도, 그는 몸서리치며 이런 생각을 단칼에 잘라버렸을 것이다. 왜냐하면 그처럼 사랑스럽고 순수한 여성이 자신의 가치를 훌륭한 저택과 오래된 가문의 명성과 비교해서 평가한다는 생각을 잠시만 해보아도 너무나 큰 고통을 안겨주었기 때문이었다. 그건 아냐. 그녀는 언제나 힘들게 일하며 남에 의존해 살아왔고 또한 매우 젊은 나이므로 (아무도 그녀의 나이를 정확히 알지는 못했지만, 그녀는 스무 살도 채 안 될 만큼 어려 보였다.), 아직 어느 누구와도 애정을 나눈 적이 없었을 것 같았다. 이제 자신이 그녀에게 구애하는 첫 남자가 되어, 다정한 관심과 사려 깊은 보호, 죽은 그녀의 아버지마저 떠올리게 할 만한 사랑, 그녀에게 없어서는 안 될 꼭 필요한 보살핌으로 그녀의 마음을 감동시킬 수 있을 것 같았다. 그렇게 되면 그녀의 순수한 첫 사랑을, 그리고 그녀의 확답을 얻어내게 되는 것—이것이 그의 유일한 바람이었다. 이런 바람은 낭만적인 몽상에 가깝다는 건 의심할 여지도 없었다. 하지만 그렇다 하더라도, 어쩌면 충분히 이루어질 수 있는 일로 생각되었다. 루시 그레이엄은 이 귀족의 관심을 조금도 싫어하지는 않는 것 같았다. 재산이 많은 남자와 어떻게 한 번 엮여보려는 얕은 속셈이 그녀의 태도에 드러난 적도 전혀 없었다. 그녀는 신분의 고하를 막론하고 모든 이들이 보내는 찬사에 익숙해 있던 터라 오들리 경의 행동거지가 그녀에게 끼친 영향은 거의 없었다. 다시 말하자면, 그는 오랜 세월 홀로 지냈기 때문에 사람들은 그가 재혼할 거라는 생각을 버린 지는 이미 오래전이었다. 그러나 마침내 도우슨 부인이 가정교사에게 이 일에 대해 입을 열게 되는 순간이 오게 되었다. 루시가 자신의 학생들이 그린 수채화에 마무리 손질을 하고, 의사 부인은 공부방에 앉아 바쁘게 일하고 있을 때였다.

"그레이엄 양, 내 생각에 루시 선생은 정말 큰 복을 타고났어요."

가정교사는 숙였던 몸을 일으켰다. 구불거리는 머리를 쓸어 올리며 놀란 표정으로 의사 부인을 바라보았다. 부드럽고 깃털처럼 가벼워 항상 얼굴 위로 나부끼는, 정말 너무나도 멋진 곱슬머리였다. 뒤에서 햇빛이 비출 때면 머리를 에워싸는 흐릿한 후광이 생겨났다.

"사모님, 그게 무슨 말씀이에요?" 낙타털 붓을 팔레트의 푸른색 물감에 적신 다음 스케치 그림의 수평선을 밝게 할 보라색을 조심스레 덧칠하려다 말고 붓을 놓으면서 도우슨 부인에게 물었다.

"그러니까 내 말은, 루시 선생이 오들리 경의 부인이 되는 건 루시 선생 본인의 뜻에 달려있다는 거예요."

루시는 놀라서 그림 위에 붓을 떨어뜨리고 말았고, 귀밑까지 빨갛게 달아올랐다. 그리곤 도우슨 부인이 이제껏 그런 모습을 본 적이 없는 창백한 얼굴빛으로 다시 변했다.

"아이고, 루시 선생, 그렇게까지 당황할 건 없어요." 도우슨 부인이 그녀를 진정시키며 말을 이었다. "루시 선생이 원하지 않으면 누구도 오들리 경과 결혼하라고 요청할 수는 없을 거예요. 하지만 분명 두 사람은 훌륭한 한 쌍이 될 거예요. 오들리 경은 어마어마한 재산을 가지고 있는데다 아주 관대한 분이에요. 루시 선생의 신분은 정말 높아지게 될 것이고, 많은 걸 누리게 될 거예요. 그러나 방금 말했듯이 이건 전적으로 루시 선생 자신이 하고 싶은 마음이 있어야만 되는 거죠. 한 가지 내가 해주고 싶은 조언은, 오들리 경의 호의가 마땅치 않게 생각되면, 그분의 마음을 부추기는 일은 결코 명예로운 게 아니지요."

"그분의 호의가…… 그분의 마음을 부추긴다고요!" 루시는 부인의 말에 혼란스러운 듯 되뇌었다. "사모님, 제발 그런 말씀 말아주세요. 한 번도 생각해 보지 못한 일이에요. 절대로 그런 생각을 한 번도 품어 본 적이 없었어요." 루시는 앞에 놓인 화판에 팔꿈치를 기대다 잠시 뭔가 깊은 생각에 빠진 듯 두 손으로 얼굴을 감싸 쥐었다. 그녀는 목에 가느다란 까만 띠를 장식처럼 감고 있었다. 그 띠에는 로켓인지 십자가인지, 아니면 미니어처 같은 게 달려 있었는데, 여하튼 그 장신구는 항상 드레스 속에 숨겨져 있었다. 앉아서 조용히 생각에 빠져 있는 동안 그녀는 이따금씩 한 손을 얼굴에서 뗀 채 그 띠를 초조한 듯 만지작거렸다. 신경질적으로 움켜쥐기도 하고, 손가락 사이에서 비틀기도 했다.

"사모님, 세상에는 불행한 운명으로 태어난 이들도 있답니다." 루시는 다시 말을 이었다. "오들리 경의 부인이 되는 건 제게는 너무나 과분한 행운이에요."

그녀의 목소리에는 굉장한 쓰라림이 담겨 있어, 의사 부인은 놀라 루시를 바라보았다.

"저런, 가엾어라!" 부인이 외쳤다. "루시 선생은 전혀 그렇지 않을 사람이라고 생각했는데. 언제나 밝고 행복한 아가씨여서 모두들 당신을 보면 기분이 좋았으니 말이에요. 오들리 경이 루시 선생을 빼앗아 가면 우린 어쩌지 하는 생각만 들어요."

이렇게 대화가 있고 난 후에도 그들은 종종 이 문제에 대해 얘기를 나눴지만, 루시에 대한 남작의 구애가 논의되어도 그녀는 어떤 감정의 빛을 내비치지 않았다. 하지만 오들리 경이 언제라도 청혼을 한다면, 이 가정교사는 조용히 승낙하리라는 것을 의사 내외는 암묵적으로 당연시하고 있었다. 정말이지, 돈 한 푼 없는 아가씨가 이런 엄청난 청혼을 거절한다는 것은 미치지 않고서야 있을 수 없는 일이라고 이 단순한 부부는 굳게 믿고 있었다.

이로 인해 안개 낀 어느 6월의 저녁 오들리 경은 의사의 작은 응접실 창가에서 루시와 마주보고 앉았다. 다른 가족들은 우연히 일이 생겨 자리를 비우는 동안 그는 가슴에 꼭 품고 있던 이 사안을 끄집어낼 기회를 갖게 되었다.

그는 근엄한 몇 마디로 이 가정교사에게 청혼을 했다. 그녀에게 청혼하는 그의 태도와 목소리에는 마음을 울리는 감동이 서려 있었다. 이 아름답고 젊은 아가씨의 승낙을 기대하기가 어렵다는 걸 스스로 알고 있어 한편으로 자신을 탓하면서, 그녀가 그를 사랑하지 않는다면, 비록 그의 가슴이 찢어진다 해도, 그의 청혼을 의무감으로 받아들이기보다는 거절해도 좋다는 뜻을 내비쳤다.

"루시, 사랑하지 않는 남자와 결혼하는 것보다 여성에게는 더 큰 죄가 없을 겁니다. 사랑스런 당신은 내게 정말로 소중한 존재라서 이 결혼에 내 가슴 전부를 받치고 있는 만큼 이 청혼이 받아

들여지지 않을 때의 내 실망은 너무도 쓰라리겠지만, 한편 내 행복만을 위해 당신이 그런 죄를 범하도록 몰아가고 싶지는 않아요. 내 행복이 그렇게 해서 이루어진다 하더라도, 그렇게 되어서는 안 되지요. 그럴 수는 없어요. 진실과 사랑이 아닌 다른 동기로 결혼이 이루어지면 비참한 일만이 생겨날 겁니다."

루시는 마이클 경을 마주하는 대신 작은 정원 너머 저 멀리 안개가 차오르는 어스름한 황혼 풍경만을 곧장 바라보고 있었다. 마이클 경은 그녀의 표정을 열심히 살피려 들었지만 옆모습만이 보일 뿐 눈의 표정을 읽을 수가 없었다. 만약 그녀의 표정을 보았다면 마치 저 멀리 모호함을 꿰뚫고 다른 세계 속을 파헤치려는 듯한 갈망의 눈빛을 알아차렸을 것이다.

"루시, 내 말을 듣고 있소?"

"듣고 있어요." 그녀는 진중하게, 냉담하진 않지만 여하튼 그의 말에 상처받은 듯이, 대답했다.

"그러면 당신의 대답을 듣고 싶소."

어두운 바깥 풍경에서 눈을 떼지 않은 채 그녀는 한동안 침묵했다. 그러다 갑자기 열정에 휩싸여 그의 발 앞에 무릎을 꿇었다. 그녀의 얼굴은 어두워가는 황혼 속에서도 알아볼 수 있을 정도로 전에는 보지 못했던 경이로운 아름다움으로 빛을 발산하고 있었다.

"루시, 안 돼요, 어서 일어나요!" 그는 격렬히 소리쳤다. "여기선 안 돼요, 여기선!"

"아니에요, 바로 이 자리가 맞아요!" 기이한 열정에 그녀의 목소리는 날카롭고 떨리는, 크지는 않았지만 이상하리만치 명료하였다. "바로 지금 이 자리에서 제 말씀을 드려야 해요. 남작님은 정말 훌륭하시고 고결하시며 관대하신 분이세요. 저 역시 남작님을 사랑해요! 전 남작님을 진정으로 사랑하지만 미모와 선한 성품에서 저보다 백배나 더 뛰어난 여자들이 많이 있습니다. 남작님은 제게 너무 과분합니다! 제가 어떤 삶을 살아 온 여자인지 상상도 못하실 거예요. 그것만 알아주세요. 저는 아주 어릴 적부터 가난만을 보고 자랐습니다. 저희 아버지는 신사이었죠. 총명하시고 학식이 많으신 멋진 분이셨지만 가난했어요. 가엾게도 가난이 아버지를 비참한 분으로 만들었어요. 제 어머니는—어머니에 대해선 말하고 싶지 않아요. 가난과 시련, 곤경, 모욕, 궁핍. 정말 모르실 거예요. 당신처럼 인생을 편안하고 순조롭게 사시던 분은 제가 어떻게 이것들을 감당했는지 상상도 못하실 거예요. 그러니 제게 너무 많은 것을 바라지 마세요. 저에겐 순수한 마음이 있을 리 없어요. 이런 결합이 제게 가져올 이점을 어떻게 모른 척 할 수가 있겠어요. 전 그럴 수 없어요, 그럴 수가 없지요!"

떨리고 격정적인 그녀의 태도에서 오들리 경은 뭔지 명확하게 말하기가 힘든 희미한 불안감이 차올랐다. 그녀는 여전히 바닥에 무릎을 꿇은 채, 아니 거의 몸을 웅크린 채였다. 몸에 착 달라붙은 얇은 하얀 원피스, 어깨 위로 흘러내리는 머리카락, 황혼의 어둠 속에서도 반짝이는 멋진 푸른 눈. 그녀는 조르기라도 하듯 목에 둘러져 있는 까만 띠를 움켜쥐고 있었다.

"제게 너무 많은 것을 바라지 마세요. 전 어릴 적부터 이기적인 아이였어요." 그녀는 계속 되풀이해 말했다.

"루시, 그냥 솔직하게 대답해줘요. 내가 싫은가요?"

"싫다니요! 아니에요, 아니에요!"

"아니면 사랑하는 사람이라도 혹시 달리 있나요?"

그녀는 그의 질문에 웃음을 크게 터뜨리며 대답했다. "전 세상에서 어느 누구도 사랑한 적이 없어요."

오들리 경은 루시의 대답이 만족스러웠지만 그녀의 이상한 웃음이 약간 거슬렸다. 그는 한동안 침묵하다가 다시 애써서 입을 열었다.

"음, 루시, 당신에게 너무 많은 것을 바라지 않겠소. 난 그저 낭만을 간직한 늙고 어리석은 인간일 뿐이라오. 그러니 날 싫어하지 않고 또 다른 이를 사랑하는 게 아니라면, 우리가 행복한 부부가 되지 못할 이유가 없다고 생각해요. 이 정도면 승낙할 만하지 않겠소?"

"그래요, 좋아요."

오들리 경은 양팔로 그녀를 감싸 안고 일으켜 세운 후 이마에 입을 맞추었다. 그러고 나선 조용히 인사를 하고 자신의 저택을 향해 곧바로 떠났다.

이 어리석은 늙은 남자는 가슴 속에 뭔가 강한 감정이 사라지지 않은 채 집을 향해 곧바로 걸어갔다. 기쁨도 아니고 승리감도 아닌 실망에 더 가까운 감정이었다. 마치 가슴에 시체라도 얹고 가는 듯이 충족되지 않은 열망이 마음속 깊이 무겁고도 둔탁하게 짓누르고 있었다. 그는 루시의 말에 시들어 버린 희망의 찌꺼기를 여전히 간직하고 있었다. 모든 의문과 두려움, 그리고 소심한 열망은 이제 다 끝을 맺었다. 그는 그 나이 때의 다른 남자들처럼 재산과 지위를 이용해 성공적인 결혼을 할 수 있는 사실에 만족을 느껴야 했다.

한편 루시는 제일 위층에 있는 그녀의 작은 방으로 계단을 천천히 밟고 올랐다. 서랍장 위에 촛불을 세워두고 하얀 커튼을 내린 채 조용히 하얀 침대 끝에 걸터앉았다.

"이제 더 이상 속박은 없어. 고역도 수치도 이젠 끝이야. 지난 내 인생의 모든 흔적은 다 사라져 없어졌어. 내 정체에 대한 증거도 모두 묻히고 잊힐 거야. 오직 이것만 제외하고 말이야, 이것만."

그녀는 중얼거리며 여전히 목에 두른 까만 띠를 왼손으로 붙잡고 놓을 줄을 몰랐다. 그러더니 띠를 가슴에서 끌어당겨 거기에 붙어 있는 조그만 물체를 살펴보았다.

그것은 로켓 장식물도 십자가도 아니었다. 네모난 종잇조각에 싸여 있는 반지였다. 글씨가 직접 쓰여 있기도 하고 인쇄도 되어 있는 그 종이는 세월 속에 누렇게 빛이 바랜 채 여러 겹으로 접혀 있었다.

2. 아르고스 배를 타고

한 사내가 바닷속으로 담배꽁초를 던져 버리고 현장(舷墻) 위로 팔꿈치를 기대더니 명상에 잠긴 채 물결치는 파도를 바라보고 있었다.

"정말 파도가 지루하군. 푸른색, 초록색, 은색. 저기도 은색, 푸른색, 그리고 초록색. 정말 어딜 보나 멋진 빛깔이야. 하지만 3개월 내내 바다만 보니 너무 심하군. 특히나—"

그는 중얼거리다 멈추고 갑자기 골똘히 생각에 잠겼다. 아주 머나먼 어딘가를 떠돌고 있는 듯.

"가엾은 여자. 그녀가 얼마나 기뻐할까!" 사내는 중얼거리며 느릿느릿 담뱃갑을 열고 속을 들여다보았다. "얼마나 기쁘고 놀랄까! 가엽기도 해라. 3년 반이란 세월이 흘렀군. 그녀가 나를 보면 무척이나 놀랄 거야."

사내는 스물다섯 정도 나이의 젊은이였다. 햇볕에 그을린 구릿빛 피부에 까만 속눈썹 사이로 반짝이는 갈색 눈동자는 여성스러운 미소를 담고 있었고, 덥수룩한 수염이 얼굴 아래 부분을 온통 덮고 있었다. 크고 건장한 체격에 헐렁한 잿빛 양복을 입고 있었으며 까만 머리에는 중절모가 무심하게 걸쳐 있었다. 조지 톨보이즈라는 이름의 이 사내는 호주산 양털을 가득 실은, 시드니에서 리버풀로 향하는 아르고스라는 멋진 배의 선미 쪽 객실에 탑승한 승객이었다.

선미 쪽 객실에는 승객이 많지 않았다. 식민지에서 재산을 모은 후 아내와 딸들과 함께 모국으로 돌아가는 나이 든 양모 상인, 열다섯 살에 약혼했던 남자와 결혼하기 위해 집으로 돌아가는 서른다섯의 가정교사, 부유한 호주산 포도주 무역상의 딸로 유학 생활을 마치고 영국으로 돌아가는 사춘기에 접어든 처녀, 그리고 조지 톨보이즈. 이들만이 아르고스 배의 일등석 승객들이었다.

조지 톨보이즈는 이 배의 중심인물이었다. 그가 어떤 사람이며 뭘 하다 왔는지 아무도 알지 못했지만, 그래도 모두들 그를 좋아했다. 그는 만찬 식사에서 제일 말석에 앉아 선장을 거들며 친교의 분위기를 띄우는 등 식사의 품격을 높이는 데 한몫을 하였다. 샴페인 병을 따서 모든 이에게 포도주를 따라주는가 하면 재미있는 이야기를 들려주며 호탕한 웃음을 터뜨려서 다른 사람들의 흥겨운 웃음을 유도하기도 하였지만, 그저 공감의 표시로 남과 웃음을 나눌 것 같아 보이는 순박한 마음의 남자는 절대 아니었다. 그는 투기나 비트온 카드 게임만이 아니라 탁자 램프 주변을 빙 둘러싸고 벌어지는 각종 노름판에 선수였다. 이런 노름에 사람들은 어찌나 푹 빠져버렸는지 허리케인이 불어온다 해도 듣지 못할 정도였다. 그렇지만 그는 휘스트 카드 게임에는 소질이 없고, 체스 판의 규칙을 제대로 알지 못한다는 것을 거리낌 없이 인정했다.

사실, 그는 신사다운 학식을 갖춘 인물은 아니었다. 창백한 얼굴을 한 가정교사가 그에게 현재 유행하는 문학작품에 대해 이야기하자 조지는 그저 턱수염만 매만지며 그녀를 지그시 바라만보다가 가끔씩 "아, 네 그렇군요." 또는 "물론이죠."라고 맞장구만 칠 뿐이었다.

학업을 마치고 집으로 돌아가는 사춘기의 젊은 소녀도 이 사내에게 영국 시인 셸리와 바이런에 대해 이야기하려 했으나 그는 시의 내용이 마치 농담거리인 양 소녀의 얼굴에 대놓고 껄껄 웃었다. 양모 상인은 정치 문제에 대해 그의 의견을 떠보았으나, 사내는 굳이 대꾸하지 않았다. 그래서 결국 사람들은 담배를 피우며 선원과 농담을 지껄이고, 방파제 위에서 빈둥거리며 바다를 바라보고, 자신만의 독특한 매력으로 사람들을 즐겁게 해주는 것에 만족해하는 이 사내를 있는 그대로 받아들이게 되었다. 그러나 아르고스 선박이 2주 만 있으면 영국에 도착할 거란 소식이 전해지자 조지에게서는 어딘가 이상한 변화가 일어나는 걸 모두들 눈치채었다. 좀처럼 침착하지 못하고 안절부절못하는 때가 있는가 하면, 선실 전체가 떠날갈 만큼 유쾌하게 큰 웃음소리를 터뜨리기도 했으며, 또 어떤 때는 침울하게 생각에 잠겨 있었다. 선원들 사이에서 인기를 독차지 했던 사내는 언제쯤이면 배가 목적지에 도착을 하냐고 끊임없이 질문을 던지며 그들을 지치게 만들었다. 열흘이 남았는지, 아니면 열한 번째 날이나 열두 번째 날인지? 항해에 바람은 지장이 없는지? 얼마의 속도로 배가 나아가고 있는지? 그러다 갑자기 무슨 열망에 사로잡힌 듯이 갑판 위에 올라서서 이 배는 너무 낡아 이내 부서질 것 같다며 아르고스가 쾌속선이라 광고를 한 소유주가 사기꾼이라고 소리쳐댔다. 이 배는 여객 수송으로는 적합하지 않다는 등, 뜨거운 가슴과 영혼을 지닌 초조한 사람들을 태우기엔 알맞지 않다는 등, 그저 싸구려 양모 더미나 싣기에 적합한 배일 뿐이며 항해하다 썩어도 신경하나 까딱하지 않을 배라는 거였다.

8월의 어느 저녁 무렵 해가 수평선으로 떨어지고 있을 때 조지는 담배를 피워 물었다. 이제 열흘만 지나면 영국 해안을 볼 수 있을 거라고 그날 오후에 선원들이 조지에게 일러주었던 것이다. " 난 우리를 맞이할 제일 첫 번째 보트를 타고 갈 거야." 그가 외쳤다. "조가비에 올라타서라도 뭍으로 나갈 거야. 맙소사, 그러면 수영을 해야 되겠군."

선미 객실에 탄 조지의 다른 친구들은 안달 떠는 그의 모습을 보고 웃음을 터트렸지만, 창백한 얼굴의 여교사는 따라놓은 포도주에 손도 대지 않은 채 선실 소파에 안절부절 몸을 던지고, 보조

계단을 오르락내리락 거리며, 파도를 뚫어져라 쳐다보면서 느리게 흘러가는 시간에 애태우는 이 젊은 남자를 보고 한숨을 내쉬었다.

태양의 붉은 테두리가 거의 물가에 닿고 있었다. 승객들은 한가로이 앉아 포도주를 마시고 있었고, 여교사는 갑판 위에서 산책이나 할 겸 선실 계단을 올라갔다. 조지에게 다가간 그녀는 그의 옆에 나란히 서서 흐려져 가는 진홍빛 서쪽 하늘을 바라보았다.

그녀는 선실에서의 여흥에 거의 끼지도 않고 웃는 법도 없는, 아주 말수가 없는 조용한 분이었다. 그러나 조지 톨보이즈와는 항해하는 동안 좋은 벗이 되었다.

"몰리 양, 시가 냄새가 거슬리지 않나요?" 시가를 입에서 떼며 그가 물었다.

"괜찮아요. 편하게 태워요. 그냥 노을을 감상하러 올라온 거예요. 저녁 광경이 정말 근사한데요!"

"정말 그렇죠." 그가 급히 대답했다. "이제 안녕, 이것들 모두 끝! 열흘간 이 지겨운 낮과 밤을 버티면 도착하겠군요!"

"맞아요." 몰리 양이 한숨을 쉬며 대답했다. "시간이 빨리 가길 원해요?"

"저요? 물론이죠. 몰리 양은 그렇지 않나요?"

"전혀."

"그렇지만 영국에 보고픈 사람이 있지 않겠어요? 당신이 도착하기만을 기다리는 사람이 있겠지요?"

"그러길 바라지요." 그녀의 무거운 대답 이후 잠시 침묵이 흘렀다. 조지는 자신이 성급해 하면 배의 속도가 빨라지기라도 한다는 듯이 맹렬하게 시가를 빨아들였다. 그녀는 울적해 보이는 푸른 눈으로 기울어가는 햇빛을 바라보았다. 두 눈의 초점은 빽빽한 글씨가 적힌 책이나 어려운 바느질감을 자세히 살펴보느라 흐릿해진 것만 같았다. 아마 외로운 밤과 덧없는 시간 속에 남몰래 흘린 눈물 때문에 흐릿해졌을지도 몰랐다.

"저것 좀 봐요!" 갑자기 조지는 그녀가 보고 있는 방향의 반대쪽을 가리키며 외쳤다. "저기 초승달이 떴어요."

그녀는 자신의 얼굴만큼이나 흐릿하고 창백한 초승달을 올려다보았다.

"이런 멋진 달은 처음 봐요. 소원을 빕시다! 제 소원은 이미 정해져 있어요." 조지가 말했다.

"그게 뭐죠?"

"빨리 집에 돌아가는 거죠."

"난 목적지에 도착했을 때 실망스러운 일이 생기지 않기만 바랄 뿐이에요." 여자 가정교사의 말은 슬퍼 보였다.

"실망이요!"

조지는 한 대 얻어맞기라도 한 표정으로 쳐다보며 그게 무슨 뜻인지를 재차 물었다.

그녀는 가느다란 양손을 불안하게 펼치며 쏜살같이 말을 이어갔다. "내 말 뜻은, 이 긴 항해가 끝나는 것과 함께 내 가슴 속의 희망도 가라앉는다는 거예요. 그리곤 마침내 모든 게 엉망진창이 되는 건 아닌가 하는 끔찍한 두려움이 밀려오는 거죠. 나와 만나기로 한 남자는 나에 대한 감정을 잃어버렸을지도 몰라요. 나를 마지막에 봤던 옛 기억만 가지고 있다가 내 야위고 볼품없는 얼굴을 보는 순간 실망할 거예요. 왜냐하면 15년 전 시드니로 떠날 당시에 난 그래도 예쁜 소녀였으니까요. 어쩌면 그 남자는 이제 세상에 찌든 이기적인 속물로 변해있을지도 모르죠. 내가 15년 동안 번 돈만 노리며 날 맞아주려는지도 몰라요. 아니, 죽었을지도 모르겠어요. 아니면 여태껏 건강하게 지내고 있다가, 내가 도착하기 일주일 전에 갑자기 열병에 걸려 우리가 머지 강에 닻을 내리기 직전에 죽어버릴지도 모르죠. 나는 항상 이런 비극을 생각해왔어요. 이 끔찍한 장면들을 내 머릿속에 떠올리며 하루에도 스무 번 넘게 괴로움에 사로잡히지요. 스무 번도 넘게요! 아마 하루에 천 번이라도 할 수 있을 거예요."

조지 톨보이즈는 한 손에 시가를 든 채 우두커니 서서 열심히 그녀의 말을 듣다가, 그녀가 마지막 말을 끝내는 순간 갑자기 맥이 빠져 손에 들고 있던 시가가 물속으로 떨어졌다.

"난 정말 궁금해요." 그녀는 그에게 말한다기보다 스스로에게 독백이라도 하는 것처럼 말을 이어 나갔다. "뒤돌아 생각해보면, 이 배가 항해를 하는 동안 내가 얼마나 희망에 넘쳐 있었는지 믿을 수가 없어요. 그땐 실망이 뭔지도 몰랐고, 만남의 기쁨만 그려보았죠. 희망찬 목소리와 밝은 표정으로 인사를 건네는 상상을요. 하지만 하루하루가 지나고 시간이 흘러 마지막 달이 다가오자, 내 가슴은 점점 가라앉고 행복한 상상은 사라져갔어요. 마치 장례식에 참석하기 위해 영국에 가는 걸 나 자신 잘 알고 있는 것 같은 두려운 기분이 들 뿐이에요."

몰리 양의 말을 듣고 있던 조지는 갑자기 태도를 바꿔 그녀를 향해 아주 놀랍다는 듯한 표정으로 얼굴을 마주했다. 그녀는 희끄

무례한 불빛 속에서도 그의 뺨이 창백하게 변한 걸 볼 수 있었다.

"바보 같은 소리예요!" 그가 주먹을 꽉 쥔 채 배의 벽을 치며 소리쳤다. "이런 얼빠진 말에 내가 바보같이 두려워하다니! 도대체 저한테 와서 이런 얘길 하는 이유가 뭡니까? 왜 절 이렇게 겁을 주는 거지요? 하필 사랑하는 여인을 만나러 집으로 가는 중인데. 제가 사랑하는 여자는 마음씨가 천국의 빛처럼 진실해요. 내일 하늘에 엉뚱한 새 태양이 뜬다 해도 그녀의 마음이 변할 거라고는 생각할 수 없어요. 사랑하는 아내를 만나러 집으로 향하는 이 시점에, 왜 저에게 와서 그런 엉뚱한 환상을 심어주는 건가요?"

"당신의 아내는 다르겠지요. 내 두려움이 당신까지 두렵게 할 이유는 없어요. 난 그저 15년 전 결혼하기로 약속한 남자와 다시 만나기 위해 영국으로 향하는 중이에요. 그 당시 그 남자는 너무나 가난해서 결혼할 수 없었는데, 마침 그때 난 호주에 사는 부유한 가족의 가정교사로 일하지 않겠느냐는 제안을 받았었죠. 내가 그 제안을 받아들이겠다고 그를 설득했죠. 그래야 그가 방해 받지 않고 자유롭게 세상에서 성공의 길로 나아갈 수 있을 거고, 나 또한 돈을 모아 우리가 다시 새 삶을 시작할 때 도움이 될 수 있다고 생각한 거였죠. 이렇게 오랫동안 멀리 떨어져있을 의도가 아니었지만, 영국에서 그의 상황이 점점 더 나빠지기만 했죠. 여기까지가 내 이야기이고, 이제 당신은 내가 두려워하는 이유를 이해해 주겠지요. 거기에 영향을 받을 필요는 없어요. 내 상황은 좀 특별한 경우니까요."

"저도 다를 바 없어요." 조지가 성급하게 말했다. "제 상황도 당신과 비슷해요. 사실 제 경우도 예외적인 거니까요. 솔직히 말하자면, 지금 이 순간까지 제가 고향에 돌아갔을 때 두려움과 마주칠 거라곤 생각해보지 않았지요. 그렇지만 당신 말이 옳아요. 당신의 두려움은 저와는 전혀 관계가 없어요. 당신은 15년 동안 떨어져 지냈어요. 그 오랜 세월 동안 무슨 일이 벌어질 법도 하지요. 하지만 전 오직 3년 반 동안 영국을 떠나있었어요. 이렇게 짧은 세월인데 무슨 일이 일어나겠어요?"

몰리 양은 애잔한 미소를 지으며 그를 바라보았지만 대답은 하지 않았다. 조지의 열정적인 성향과 조급한 성격은 그녀에게 낯설고도 새로워서, 감탄과 연민이 뒤섞인 마음으로 그를 바라보게 했다.

"나의 귀여운 아내! 온화하고, 순수하고, 사랑스러운 내 아내!" 그가 희망에 찬 태도로 말했다. "전 아내와 아내 팔에 잠든 아기를 두고 떠나왔죠. 사랑하는 가족을 버리고 제가 떠나야만 하는 이유를 몇 줄 적은 눈물의 편지만 남기고요"

"사랑하는 아내를 저버리다니!" 그녀가 탄식을 했다.

"그래요. 그녀를 처음 만날 당시 전 기병대의 코넷 연주자였어요. 그녀는 봉급이 형편없는, 해군 사관 출신의 늙고 추레한 아버지와 함께 항구 도시의 작은 집에서 지냈죠. 그는 가난하기 짝이 없어 절호의 기회를 노리며 사기를 일삼는 인간이었어요. 전 그 늙은이가 예쁜 딸을 위해 우리 동료 중 하나를 낚으려고 벌이는 얕은 수작들을 다 알고 있었죠. 그가 기마병을 사위로 맞이하기 위해 계획한 측은하고 경멸스러우며 눈에 뻔히 보이는 덫을 말이에요. 구차하면서도 양반 행세를 하는 만찬자리와 술자리들을 통해 이런 것들을 보았어요. 그의 가족사에 대해 장엄하게 열변을 토로하는 자리였어요. 그의 엉터리 자존심과 독립심, 딸에 대해 얘기할 때마다 늙고 침침한 눈에서 흐르는 가짜 눈물. 그는 술고래에다 위선자였고, 최고가를 쳐주는 난봉꾼에게 가엾은 제 아내를 언제든지 넘겨줄 준비가 되어있는 인간이었죠. 다행스럽게도, 제 아버지가 부유한 덕에 그녀를 얻을 수 있었죠. 몰리 양, 우리 둘 다 처음 보는 순간 사랑을 느꼈어요. 그녀와 전 천생연분이었던 거죠. 그러나 머지않아 제 아버지는 제가 주정뱅이에 수입도 형편없는 중위 출신의 딸과 결혼할 거라는 소식을 듣고 분노에 가득 찬 서신을 보내왔어요. 다시는 저와 대화를 나누지 않을 것이며, 매년 주시던 용돈을 결혼하는 날로부터 당장 끊겠다는 내용이 적혀있었죠. 모든 것을 포기한 채 제가 속한 기병대에서 하는 일로는 도저히 아내와 살아갈 수 없었으므로 남아 있는 돈이 떨어지기 전에 전 다른 대안을 생각해야 했어요. 우선 그녀를 데리고 이탈리아로 떠나 남은 재산 2천 파운드가 다 떨어질 때까지 행복한 신혼생활을 누렸죠. 돈이 점점 떨어져 몇 백 파운드밖에 남아있지 않게 되자, 우리는 영국으로 돌아왔죠. 늙고 성가신 아버지 곁에 머무르고 싶어하는 천사 같은 그녀의 뜻에 따라 장인어른이 살고 있는 온천 마을에 터를 잡았어요. 장인어른은 제가 이백 파운드도 안 되는 돈을 가지고 있다는 걸 알고도 매우 기뻐하며 우리에게 살갑게 굴었고 그의 집에서 같이 살자고 우겨댔어요. 그저 순수한 마음만 가득해서 변덕스런 환상에 빠지기 쉬웠던 아내의 기분을 맞춰주기 위해 우리는 그렇게 했죠. 다 같이 사는 동안에도 못된 장인어른은 교묘히 우리부부에게 신세를 졌어요. 하지만 제가 그 사실에 대해 아내에게 불평을 할 때마다, 그녀는 어깨를 으쓱하며 불쌍한 아버지에게 불효를 저지를 순 없다고 못 박았어요. 그래서 결국 장인어른은 얼마 남지 않은 우리 부부의 재산마저 순식간에 탕진시켜 버렸죠. 전 이 상황에서 벗어나야 하는 순간이 왔음을 깨닫고, 런던으로 올라가 무역상 사무실 직원, 회계원, 부기 담당자, 또는 그와 비슷한 것 등 닥치는 대로 일거리를 찾아 헤맸어요. 하지만 무엇을 하고 싶어해도 제 능력을 믿어줄 사람은 아무도 없었죠. 결국 녹초가 되고 낙심하게 되어 다시 제 가난을 물려받을 어린 아들을 돌보고 있는 아내의 곁으로 돌아오게 되었어요. 가엾은 제 아내에게도 실망이 매우 컸죠. 런던에서의 실패담을 전하자 무척 낙담해서 펑펑 울며 한탄했고, 이렇게 굶주림과 비참함만 안겨줄 거였으면 자기와 결혼하지 말았어야 한다고 말했어요. 자기에게 잔인한 짓을 저질렀다는 거예요. 끔찍했죠, 몰리 양! 아내의 눈물과 책망에 전 정말로 미쳐버릴 것 같았고 아내와 장인어른, 이 세상, 그리고 모두에게 엄청난 분노의 감정을 느끼며 집을 뛰쳐나와 다시는 돌아가지 않겠다고 결심했어요. 전 얼이 빠진 상태로 반나절 동안 거리를 방황하다가, 아내가 더 나은 새 남편감을 만나도록 차라리 바다에 뛰어들어 버리고 싶은 깊은 충동까지 느꼈지요. '내가 만약 죽어버리면 장인어른이 그녀를 돌보아 주겠지. 아무리 늙은 위선자라도 자기 딸을 내버리진 않을 거야. 하지만 내가 살아있다면 딸을 맡으려 하지 않을 거야.' 이런 생각을 품고 전 휘청거리는 나무 부두로 내려갔어요. 날이 어두워지기를 기다려 물속으로 조용히 뛰어내릴 작정이었어요. 담배를 피우며 갈매기를 멍하니 바라보고 앉아 있는데 두 사내가 근처에 와서는 그 중 한 명이 호주의 금광을 찾는 일과 그곳에서 벌어진 대단한 일들에 대해 떠들어대기 시작하는 거예요. 그는 하루 이틀 정도 지나 배를 탈 작정으로 옆에 있는 동료에게 같이 먼 길을 떠나자고 설득하려는 듯 했어요.

"전 한 시간이 넘도록 입에 담배를 문 채 삐걱대는 부두 위에서 두 남자가 나누는 이야기를 모두 엿들었지요. 이후 저도 그들의 대화에 끼어들었고, 그 사내가 타고 갈 배가 3일 안에 리버풀을 떠난다는 사실을 확인했어요. 그 사내는 기꺼이 제게 필요한 이야기를 모두 해주었고, 덧붙여서 저처럼 튼튼한 젊은 친구는 반드시 금광을 캐는 일에 큰 성과를 낼 거라고 확신을 주었어요. 제게도 그런 생각이 언뜻 떠올랐고, 전 갑자기 흥분하여 얼굴이 달아오르고 온몸이 덜덜 떨릴 정도였어요. 어쨌든 물에 빠져 죽기보다는 훨씬 멋진 일이었으니까요. 아내를 장인의 지붕 아래 안전하게 남겨두고 몰래 빠져 나와 새로운 세상에서 한몫 잡아볼 생각이었죠. 일 년 안에 돌아와 그녀의 무릎 위에 큰돈을 던져주는 거지요. 그때 제 마음은 극히 낙관적이어서 일이 년 안에 큰돈을 벌을 거라는 확신에 차 있었어요. 사내에게 감사의 말을 전하고 나서 늦은 밤이 되어 집을 향해 터덜터덜 걸어갔어요. 몹시 추운 겨울 날씨였지만 열정에 가득 차 추위를 느끼지도 못했지요. 펄펄 날리는 눈이 얼굴 위에 쏟아져 내려도 조용한 길을 따라 걸으며 마음속에는 간절한 희망으로 가득했어요. 집에 도착해보니 몹쓸 늙은이는 좁은 주방에서 물 탄 브랜디를 들이키며 있었어요. 아내는 위층에서 갓난아기를 껴안은 채 평화로운 얼굴로 잠들어 있었고요. 전 아내 곁에 앉아 편지를 썼어요. 새로운 세상에 큰돈을 벌러 떠나는 이 순간에도 여전히 당신을 사랑하고 있으며 반드시 돌아와 돈과 행복을 안겨줄 거며, 만약 실패할 경우엔 당신 곁을 영영 떠나겠다는 약속을 몇 줄의 짧은 글로 남겼지요.

"그리고 40파운드 남짓 남은 돈을 반으로 나누어 반은 아내 곁에 남겨두고 나머지는 제 주머니 속에 넣고선, 침대 위에 머리를 숙이고 무릎을 꿇은 채 아내와 아이를 위해 기도했어요. 평소에 기도 따위는 하지 않았지만, 신은 그날의 진심 어린 기도를 들었을 거라 믿어요. 그리곤 아내와 아이의 볼에 입을 맞추고 나서 방을 빠져 나왔어요. 주방의 문은 열려 있었고 장인어른은 신문을 읽다가 꾸벅꾸벅 졸고 있었어요. 그는 복도에서 제가 걷는 소리를 듣고 잠에서 깨어나 고개를 들며 밤중에 어디를 가느냐고 물었어요. 잠시 담배 좀 태우러 나간다고 대답했고, 평소 그게 제 습관이라는 것을 아는 장인어른은 별다른 의심을 하지 않았어요. 삼 일이 지나 전 채굴도구를 넣은 짐을 챙겨 들고 7실링쯤 되는 돈을 주머니에 넣은 채 3등 선실 승객으로 멜버른을 향하는 배에 올랐어요."

"그래서 성공했나요?" 몰리 양이 물었다.

"오래지 않아 성공에 대한 기대는 절망으로 변했으며, 늘 가난에서 벗어나지 못한 채 지냈지요. 지나간 삶을 회상해보면, 과거에 무모하게 돌진하며, 사치스럽고 호화롭게 샴페인을 들이키던 호기찬 기마병이 새로운 황야에서 축축한 땅에 걸터앉은 채 곰팡이 핀 빵 조각을 씹어 먹고 있는 남자와 정말 동일한 사람인지 의구심이 들었어요. 전 아내에 대한 기억에 매달렸지요. 아내의 사랑과 진심에 대한 믿음만이 지난날의 어려움을 지켜줄 유일한 쐐기돌이며 또한 미래의 두터운 어둠에 빛을 던져줄 단 하나의 북

극성인 것처럼 마음에 새겼지요. 나쁜 사내들과 어울리던 시절도 있었어요. 방탕한 생활을 하며 술김에 난동을 일으키기도 했지만, 아내에 대한 사랑의 힘 덕분으로 이런 위험으로부터 저를 정화시키며 지켜주었지요. 야위고 수척한, 아사 직전의 반쪽이 된 제 모습을 어느 날 깨진 거울을 통해 보게 되었지요. 정말 끔찍한 모습이었어요. 하지만 전 이 모든 걸 헤쳐 나갔어요. 난관과 절망, 류머티즘과 열병, 굶주림으로 죽음의 문턱까지 다가갔었지만, 전 포기하지 않고 끝까지 나아갔어요. 그리고 결국엔 해내고 말았지요."

자랑스러운 성공과 새로이 쌓은 경험으로 영광을 얻은 그는 활기차고 투지에 불타오르는 듯 보였다.

"정말 멋지고 용감하네요!" 그를 바라보면서 그녀는 놀라고 감탄하며 말했다.

"용감했지요!" 그는 크게 기뻐 웃으며 외쳤다. "아내가 이런 저를 알아줄까요? 음울한 시련의 세월이 모두 지나가고, 아내의 곱고 하얀 손이 행복한 미래를 향해 제게 손짓해 줄까요? 형편없는 헝겊 천막 안에서도 행복했던 결혼 첫 해의 아내 모습 그대로 아들 녀석을 품에 안은 채 제 곁에 앉아 있을 모습을 전 상상하곤 했지요. 불과 3개월 전 일이었는데, 안개가 자욱하게 낀 음울한 어느 아침에, 부슬부슬 비가 내려 얼굴을 적셨어요. 진흙탕 물이 목까지 튀더군요. 배고픔과 열병으로 삐쩍 야위고 류머티즘으로 몸은 뻣뻣이 굳은 상황이었는데, 갑자기 괴물 같은 큰 덩어리가 제 삽자루 밑에 걸리는 거예요. 엄청나게 큰 금광을 발견하게 된 것이죠. 2주 만에 전 그 작은 식민지 부락에서 가장 큰 부자가 되었어요. 부리나케 시드니로 가서 알아보니 그 금 덩어리의 가치가 2만

파운드를 넘는다는 거예요. 2주일 뒤 전 영국으로 향하는 이 배를 타게 되었지요. 이제 열흘 뒤면 드디어 아내를 만날 거예요."

"그런데 그동안 아내에게 편지 한 통 쓰지 않았나요?"

"이 배가 도착하기 일주일 전까지 전혀 쓰지 않았어요. 그 전에는 상황이 너무 암울하여 어떤 말도 전할 수가 없었어요. 절망과 죽음과 맞서 싸운다는 걸 전할 수가 없었지요. 그저 더 나은 행운만을 기다렸어요. 그리고 그때가 와, 아내에게 편지가 도착할 즈음과 동시에 저는 영국에 도착할 거라는 편지를 써 보냈죠. 런던의 어느 커피숍 주소를 동봉해서요. 그러면 아내는 그곳으로 편지를 보내 어디서 서로 만날 수 있는지를 알려주겠지요. 아마 아내는 장인어른의 집에 여전히 살고 있을 거예요."

그는 말을 마치고 몽상에 잠겨, 담배를 뻐끔뻐끔 피웠다. 가정교사는 그를 가만히 내버려 두었다. 여름 저녁의 마지막 햇살이 사라졌고, 초승달의 희미한 빛만이 남아 있었다.

순간 조지 톨보이즈는 담배꽁초를 내팽개치고 가정교사를 쳐다보며 갑자기 소리쳤다. "몰리 양, 제가 영국에 도착해서 아내에게 혹시라도 무슨 일이 생겼다는 소식을 듣게 되면, 전 틀림없이 쓰러져 죽을 거예요."

"톨보이즈 씨, 왜 그런 생각을 해요? 하나님이 우리를 지켜주고 있는 걸요. 우리의 인내심을 가지고 장난칠 분이 아니에요. 아마도 난 모든 일을 우울한 관점으로 봐온 걸 거예요. 내 인생이 너무도 오랫동안 단조롭기만 해서 내 고통에만 골똘했기 때문이었지요."

"제 인생은 온통 활동과 궁핍, 고생, 번갈아 오는 희망과 절망으로 엉켜있었지요. 제 아내에게 무슨 일이 일어났는지 걱정할 겨를도 없었어요. 이렇게 어리석을 수가, 너무나 한심해요! 삼 년 반이 지났는데도, 아내에게서 단 한 줄, 한마디의 글도, 아니면 소식을 알려주는 인편도 받은 적이 없었어요. 맙소사! 설마 무슨 일이 벌어진 건 아니겠지요."

불안에 휩싸인 채 그는 텅 빈 갑판 위를 오르락내리락했다. 몰리 양은 그를 따라다니며 진정시켜주려고 애썼다.

"몰리 양, 솔직히 고백하건 데, 오늘 밤 당신과 대화를 나누기 전까지는 두려움의 그림자를 전혀 못 느꼈어요. 그런데 지금 기분 나쁜 두려움이 가슴에 내려앉는 것 같군요. 제발 저 혼자 알아서 극복하도록 내버려 두세요."

몰리 양은 아무 말 없이 그의 곁을 떠나, 배의 측면에 홀로 앉아 바다를 가만히 바라보았다.

3. 숨겨진 유물

넓은 바다 저 뒤편 아래로 떨어지던 8월의 태양과 똑같은 태양이 오들리 저택의 정원으로 이어지는 담쟁이넝쿨로 뒤덮인 아치형 정문의 낡은 시계 너머로 붉게 빛나고 있었다.

강렬한 주홍빛 저녁노을이었다. 중간 문설주가 있는 창문들과 반짝이는 격자 창틀이 모두 붉은 노을과 어우러져 붉게 물들어 있었다. 이내 희미해져 가는 태양빛은 긴 오솔길의 라임나무 잎사귀 위로 서서히 반짝이듯 사라지며 고요한 연못을 타오르는 구리 철

판처럼 바꾸어놓았다. 심지어 주홍빛 노을은 들장미와 땔나무가 쌓인 곳, 그리고 가려져 보이지 않는 낡은 우물이 있는 후미진 곳까지 환하게 파고들었고, 눅눅한 잡초, 녹슨 쇠바퀴, 그리고 부서진 목조 공예품들이 마치 피로 물든 것처럼 보였다.

평온한 목초지에서 들리는 소의 울음소리, 연못에서 송어의 철벅거리는 소리, 날갯짓에 지친 새가 잠들기 전 내는 마지막 지저귐, 저 멀리 길가의 마차 바퀴가 내는 삐걱거림, 이따금씩 저녁의 고요함을 깨우는 소리들이 적막한 이곳을 더욱더 적막하게 만들었다. 거의 숨 막힐 정도로 적막한 황혼이었다. 이곳의 고요함은 목을 조르는 듯 점점 더 강렬하게 커져가 마치 시체가 담쟁이 넝쿨로 뒤덮인 잿빛 저택의 어딘가에 틀림없이 뉘어져 있을 것만 같은 기분이 들게 했다. 그래서 죽음과도 같은 평온함이 도처에 깔려 있는 듯한 느낌이었다.

아치형 정문의 시계가 8시를 알리자 저택 뒤편의 문이 조용히 열리며 한 소녀가 정원으로 걸어 나왔다.

그러나 누군가가 등장했다고 해서 이 무거운 적막을 깰 수는 없었다. 소녀는 무성한 잔디 위를 아주 천천히 걸으며 미끄러지듯 연못 옆의 오솔길로 나와 하늘을 가린 우거진 라임나무 아래로 모습을 감추었다.

그녀는 그다지 예쁜 외모는 아니었지만 충분히 호기심을 불러일으킬 만한 인상이었다. 그것은 아마도 창백한 얼굴, 옅은 회색 눈동자, 오밀조밀한 이목구비, 꼭 다문 입술에 무언가를 억누르고 자제하는 듯한 느낌이었는데, 이는 열아홉이나 스무 살 정도 된 젊은 아가씨에게서는 흔히 볼 수 없는 사항이었다. 어떻게 보면 그녀는 예쁘다고 할 수 있겠지만 그 동그란 얼굴을 자세히 들여다 보면 한 가지 흠이 있었다. 얼굴에서 생기를 찾아볼 수 없다는 점이었다. 그녀의 볼은 홍조를 띠는 법이 전혀 없이 창백하리만큼 하얬다. 갈색 그림자조차 눈썹과 속눈썹 주변에 드리워진 창백한 무기력을 가려주지 못했다. 약간 퇴색한 금빛 머리칼에는 반짝이는 금장식 하나 꽂혀 있지 않았다. 심지어 입고 있는 드레스조차 무채색이었다. 창백한 연보랏빛의 모슬린 천이 칙칙한 회색과 어우러졌고 목에 두른 띠 장식도 역시 무채색에 가까웠다.

그녀의 몸매는 마르고 연약했으며, 초라한 드레스를 입었음에도 불구하고 상류층의 우아함과 몸가짐을 갖추고 있었다. 하지만 그녀는 그저 도우슨 가족의 유모로 일하던 피비 막스라는 이름을 가진 시골 뜨내기일 뿐이었다. 마이클 경과 결혼한 오들리 부인이 피비를 이 저택으로 데려온 거였다.

물론 급료도 다른 일에 비해 세 배 정도나 높았고, 체계가 잘 잡힌 저택에서 하는 일은 순조로웠기 때문에 피비에게 이 일은 무척 행운이었고, 그녀의 또래 집단에서 선망의 대상이 되었다.

한 사내가 우물의 부서진 목조 공예품 위에 앉아 있었다. 그는 피비가 라임나무의 침침한 그늘에서 모습을 드러내 잡초와 풀이 우거진 곳에 서있는 그의 곁에 다가오자 자리에서 일어났다.

이곳은 전에 언급했던 방치된 장소였다. 낮은 관목 숲 가운데 있어 정원에서는 보이지 않았고, 오직 저택 서쪽 뒤편의 동떨어진 꼭대기 다락방 창문에서만 보이는 곳이었다.

"피비, 어째서 이렇게 기척도 없이 갑작스럽게 나타나는 거야? 사악한 귀신이 나타난 줄 알았네. 해자 입구인 이곳으로 오기 위해 나는 들판을 가로질러왔지. 당신이 돌아왔나 확인하려고 저택에 방문하기 전 잠시 휴식을 취하고 있던 중이었어." 사내는 산사나무의 껍질을 벗기던 휴대용 칼을 접으며 말했다.

"루크, 제 방 창문에서는 이 우물이 잘 보여요." 피비는 다락방의 열려있는 격자창을 가리키며 대답했다. "당신이 저와 수다를 떨러 여기 온 걸 봤지요. 물론 저택 안에서 이야기를 나눌 수도 있지만, 그곳에는 엿듣는 사람이 언제나 있을 수 있어요."

스물세 살쯤 되어 보이는 이 사내는 떡 벌어진 어깨에 몸집이 큰, 그러나 어리석어 보이는 투박한 모습이었다. 이마까지 내려온 검붉은 머리칼, 숱이 많은 눈썹 아래에 푸르른 듯한 회색 눈, 크고 우뚝 선 코, 입 모양새는 거칠어 마치 짐승 같아 보였다. 발그레한 볼에 붉은 머리칼, 그리고 굵은 목은 저택 주변의 풀밭에서 풀을 뜯는 커다란 황소와 다를 바 없어 보였다.

피비는 루크의 곁에 놓인 목조 공예품 위에 살짝 걸터앉아 그의 두터운 어깨에 창백한 손을 얹으며 말했다.

"절 만나서 반갑지 않아요?"

"물론 반갑지, 아가씨." 그는 칼을 다시 펴 울타리의 말뚝을 긁어내며 천박한 말투로 대답했다.

두 사람은 사촌 간으로 어린 시절에는 놀이친구이자 단짝이었고, 사춘기에는 애인이 되었다.

"별로 그런 것 같지 않은데요. 절 좀 봐요. 그리고 이번 여행으로 제가 어떻게 변했는지 맞혀 봐요?"

"얼굴색이 별로 변하지 않았네. 떠나기 전처럼 여전히 창백하군." 그는 매서운 눈썹을 치켜세우며 피비를 흘끗 쳐다보고 말했다.

"사람들은 여행을 통해 고상해진다고 하지요. 전 마님과 함께 아프리카 대륙을 여행하며 온갖 재미있는 풍습을 보고 왔어요. 제 어릴 적 대지주였던 홀튼 씨의 딸들이 제게 프랑스어를 좀 가르쳐 준 것을 기억할 거예요. 그 언어를 다른 나라에서 사용할 수 있는 경험이 무척이나 멋졌어요."

"고상해진다고!" 루크가 너털웃음을 지으며 말했다. "도대체 누가 피비 너에게 고상해지라고 하는 건지 궁금하군. 난 아냐. 네가 내 아내라면 고상해지기 위해 쓸데없이 시간 쓸 필요는 없어. 프랑스어라고! 기가 차는군, 피비. 우리가 논 한 두렁 사기 위해 함께 돈을 모은다고 치면, 넌 젖소들에게 프랑스어로 말할 건가?"

피비는 애인의 말에 입술을 꽉 깨문 채 고개를 돌리고 말았다. 루크는 다듬어 놓은 말뚝을 거친 손길로 자르고 다듬으면서 내내 휘파람을 불어댔지만 그의 사촌에게는 눈길 한번조차 주지 않았다.

한동안 그 둘은 서로 말이 없다가, 피비가 루크에게 여전히 고개를 돌린 채 작별인사를 던지며 입을 열었다.

"이젠 귀부인이 된 그레이엄 양이 남편과 말 네 필이 끄는 마차를 타고 하녀와 하인들을 동반한 채 여행을 했으니 얼마나 멋진 일이겠어요. 그녀의 남편은 아내가 땅에 발을 디딜 필요가 없도록 온 배려를 다 했던 거예요."

"맞아, 피비. 돈이 많다는 건 참 근사한 일이지. 우리가 결혼할 때까지 너도 열심히 돈을 모아야 한다는 교훈을 얻었으면 좋겠어."

"글쎄, 불과 세 달 전만 해도 그녀는 도우슨의 댁의 가정교사였는데." 피비는 사촌의 말이 들리지 않는 양 계속 말을 이었다. "

저처럼 그 집의 고용인일 뿐이었던 그녀에게 무슨 일이 있어난 거지요? 돈을 벌기 위해 그녀는 저보다 훨씬 더 열심히 일을 했었는데. 당신도 그녀의 허름한 옷차림을 봤어야 했어요. 이곳저곳 해지고 얼룩져서, 곳곳에 꿰맨 자국이었지요. 그런데도 어쩐 일인지 그녀는 아름답게만 보였어요. 도우슨 댁에서 받았을 금액보다 더 많은 금액을 하녀 신분인 내게 지금 주고 있으니. 도우슨 의사에게 받은 금화와 백동전 몇 닢을 손에 쥐고 응접실을 나오던 그녀였는데, 지금의 그녀를 봐요!"

"네가 상관할 일이 아니야. 피비, 네 자신에게나 신경 쓰지 그래? 그게 바로 네가 할 일이야. 우리의 보금자리를 마련하기 위해 어떻게 할지 생각을 해봐. 아주 큰돈이 필요한 일이야." 루크가 말했다.

하지만 그녀는 여전히 애인에게서 얼굴을 돌린 채 두 손을 맥없이 무릎 위에 내려놓고 앉아, 창백한 회색 눈으로 나무 둥지 뒤편으로 사그라지는 주홍빛 마지막 햇살을 뚫어져라 바라보았다.

"비록 외면은 무너져 내릴 것 같지만, 저택의 내부를 보면 깜짝 놀랄 거예요, 루크. 그녀의 방을 봤어야 하는데. 온통 그림과 도금으로 치장되어 있고, 천장부터 마룻바닥까지 닿는 엄청난 큰 거울이 있어요. 천장에도 그림이 그려져 있는데, 집사 말로는 수백 파운드가 들었을 거라던데요. 이게 모두 그녀를 위해 했다는 거예요."

"운이 좋은 아가씨군." 무심한 목소리로 루크가 중얼거렸다.

"우리가 여행을 하는 동안 그녀의 주위엔 언제나 신사들이 어슬렁거렸지요. 마이클 경은 질투하지 않고 그녀의 곁을 지킬 수 있어 매우 자랑스러워했을 거예요. 그녀는 남자들과 웃으며 떠들었죠. 장미꽃을 퍼붓듯이 던져오는 온갖 추파와 찬사를 가볍게 웃어넘기면서. 어딜 가던지 사람들을 사로잡았어요. 노래하고, 즐기고, 그림 그리고, 춤추고, 어여쁜 미소를 짓고, 반짝이는 머릿단을 찰랑거리며. 우리가 머무르는 곳마다 화젯거리는 항상 그녀였지요."

"루시 그레이엄 양은 저택에 있나?"

"아니요, 마이클 경과 비치 저택에서 열리는 저녁 만찬에 갔어요. 마차로 7, 8마일 정도 달려야 하는 거리라서 밤 열한 시 이전엔 돌아오기 힘들 거예요."

"좋아, 그렇다면 그렇게 멋지다는 저택 안을 한번 둘러보는 것도 나쁘지 않겠어."

"그렇게 해요. 당신과 안면이 있는 바튼 씨가 집사인데, 제가 동행하면 응접실 구경도 허락해줄 거예요."

두 사촌이 관목 숲을 떠나 천천히 저택을 향할 때는 주위가 거의 어둑해졌다. 그들은 하인들의 방으로 이어지는 문을 열고 들어갔는데, 옆의 다른 문은 집사의 방으로 이어지는 거였다. 피비 막스는 잠시 멈춰서 집사에게 사촌에게 방을 구경시켜주어도 괜찮겠냐고 물었고, 허락을 받고 나자 복도 램프의 촛불을 켠 다음 루크에게 따라오라고 손짓해 저택의 다른 장소로 향했다.

길고 어두운 떡갈나무 복도는 귀신이 나올 것 같은 촛불 빛 속에서 어슴푸레 빛났다. 루크보다 앞장선 피비가 촛불을 들고 있었지만 복도의 넓은 통로에 비해 불빛은 아주 미약할 뿐이었다. 루크는 이따금씩 수상쩍은 표정으로 어깨 위를 살펴보았고, 걸을 때

징을 박은 그의 장화에서 나는 삐거덕 소리에 약간 놀라기도 했다.

"피비, 정말 여긴 음울해 보이는군. 아주 오래전 이곳에서 살인사건이 있었다는 소문도 들은 적이 있어." 그들이 복도에서 벗어나 중앙통로로 들어서자마자 불도 켜지 않은 채 루크가 말했다.

"요즘엔 살인자가 넘쳐나는 걸요 뭐." 피비는 계단을 오르며 대답했고, 루크는 그녀를 뒤따랐다.

그녀는 엄청나게 근사한 응접실로 그를 안내했다. 비단과 오르몰루가 사방에 깔려있고, 상감 세공된 옷장, 청동상, 카메오, 조각상, 그 밖에 장신구들이 어두운 불빛에 반짝였다. 오전용 거실에는 값비싼 판화 그림들이 걸려 있었고 큰 방으로 통하는 대기실로 들어서서 멈추자 머리 위로는 화려한 조명등이 매달려 있었다.

젊은 사내도 놀라 눈과 입이 떡 벌어진 채 주변을 둘러보며 말했다.

"정말 보기 드물게 멋진 곳이군. 돈을 엄청나게 들였을 게 분명해."

"벽에 걸린 그림들도 좀 봐요. 작품마다 엄청나게 비싸다고 들었어요. 이곳이 바로 과거 그레이엄 양이지만 지금은 귀부인이신 제가 모시는 마님께서 머무시는 방 입구예요." 클로드와 푸생, 위버만, 코이프의 그림들이 걸린 8각형 응접실의 벽면을 흘끗 바라보며 피비가 말했다. 그녀는 입구에 매달린 묵직한 녹색 커튼을 걷어내고 여전히 놀란 듯한 시골 사내를 요정이 살 것만 같은 내실과 옷 방으로 안내했다. 열린 옷장에 가지런히 걸린 엄청난 옷, 그것도 모자라 소파 위에 내팽개쳐 놓아 그대로 쌓여있는 드레스

더미들이 보였다.

"오들리 부인이 돌아오기 전에 이것들을 모두 치워야 해요. 당신은 저기 잠깐 앉아 있어요. 오래 걸리진 않을 거예요."

그녀의 사촌은 어색하고 당황해 하며 화려한 방을 둘러보았다. 그리곤 훌륭한 의자들을 주의 깊게 둘러보다 그중 하나를 선택해, 아주 조심스럽게 가장자리에 걸터앉았다.

"보석들도 구경시켜 주고 싶지만 마님이 항상 보관함의 열쇠를 가지고 있어서 불가능해요. 화장대 위에 놓인 저게 바로 그 보석함이에요."

"저것? 우와, 내 옷가지를 모두 넣을 수 있을 만큼 엄청나게 큰데." 육중한 호두나무와 황동 장식의 상자를 보며 루크가 말했다.

"다이아몬드, 루비, 진주, 에메랄드 같은 보석들로 꽉 차 있어요." 피비가 바스락거리는 비단옷들을 접어 옷장 속 선반에 바쁘게 하나씩 진열해 놓으며 대답했다. 마지막 주름치마의 먼지를 털어내는 순간, 댕그랑 하는 소리가 들리는 바람에 주머니 속에 손을 넣어 보았다.

"세상에나! 마님이 열쇠를 여기다 두고 갔네요. 원하면 보석함을 열어 보여줄게요."

"그럼 한번 구경이나 해보지." 루크가 의자에서 일어나 촛불을 집어 들고 곁에 다가갔고, 피비는 상자를 조심스레 열었다.

하얀 비단 천 위에 반짝이는 장식품들을 보는 순간 그는 놀라움의 비명을 질렀다. 섬세한 보석들을 직접 만져보고 싶었다. 그것들을 끄집어내서 값이 얼마나 되는지 살펴보고 싶었던 것이다. 갑자기 질투심과 열망이 고통스럽게 그의 가슴에 치솟아 올라 이

중 하나만 가질 수 있다면 얼마나 좋을까 하는 생각이 들었다.

"피비, 이 다이아몬드들 중 하나만 우리에게 있다면 어떨지 생각해봐." 거칠고 붉은 큼지막한 그의 손 위에 팔찌를 이리저리 만지작거리며 루크가 말했다.

"그걸 내려놔요, 루크! 당장 그걸 내려놔요! 어떻게 그런 말을 할 수가 있어요?" 피비가 겁에 잔뜩 질린 표정으로 그를 보며 말했다.

그는 마지못해 한숨을 쉬며 보석을 제자리에 놓았지만, 눈길을 보석함에서 떼지 못했다.

"잠깐, 이건 뭐지?" 상자 틀의 놋쇠 손잡이를 가리키며 그가 물었다.

그 손잡이를 밀자 보라색 벨벳 천으로 안을 댄 비밀 서랍이 상자 안에서 모습을 드러냈다.

"여기 와서 이것 좀 봐!" 루크가 신나서 외쳤다.

피비는 접고 있던 옷가지를 던져놓고 화장대로 다가왔다.

"와, 이런 건 본 적이 없는데. 이 안에 무엇이 들어있을까요?" 그녀가 물었다.

비밀 서랍 안에는 많은 것이 들어있지 않았다. 금이나 보석도 아니었다. 종이에 쌓인 다 헤진 아기 신발과 틀림없이 아기 것인 듯한 금발 머리칼 한 타래가 전부였다. 그것을 자세히 살펴보는 순간 피비의 회색 눈동자는 커지며 중얼거렸다.

"마님이 이것들을 비밀 서랍에 숨겨놓은 것이군요."

"이런 곳에 두기엔 좀 기묘한 물건인 것 같군." 루크가 무심하게 대꾸했다.

피비의 입술에 호기심 어린 미소가 번졌다.

"내가 이걸 어디서 발견했는지 당신은 증인이 되어줘요." 작은 꾸러미를 자신의 주머니 안에 넣으며 피비가 말했다.

"도대체 바보같이 이걸 왜 가져가려고 하는 거야, 피비?" 루크가 말했다.

"당신이 가져가고 싶어 했던 다이아몬드 팔찌보다 난 이 물건을 가질 거예요. 루크, 우리는 곧 선술집을 가지게 될지도 몰라요." 피비가 대답했다.

4. 《타임즈》 신문의 첫 페이지

로버트 오들리는 법정 변호사가 될 예정이었다. 법정 변호사로서 그의 이름이 법조인 명단에 기록됐고, 법정 변호사로서 런던 템플의 피그트리 법원 건물에 변호사 사무실을 마련했다. 법정에서 출세를 원하는 이들이 명성과 부를 얻기 위해 설치고 다니는 바닥에서 지고한 시련을 만들어내는 저녁 모임에 그도 변호사여서 시간을 할당해 참석해왔다. 이러한 일들로 변호사가 될 수 있었다면, 분명 로버트 오들리는 틀림없이 변호사가 되었을 것이다. 그러나 그의 이름이 사무실 건물 정문에 새겨진 지 오 년이란 세월 동안 그는 한 번도 소송 사건을 맡은 적도, 맡으려 노력한 적도, 심지어 원한 적도 없었다. 그는 그저 스물일곱 즈음 나이의 잘 생기고 게으르며 모든 일에 무관심한 청년이었다. 그는 마이클 오들리 경의 죽은 남동생의 외아들일 뿐이었다. 그의 아버지는 그에게 연간 사백 파운드 수입을 유산으로 남겨 주었고, 동료들은 그가 법정 변호사가 되어 재정 수입을 늘리도록 충고하였다. 그는 충분히 고심한 끝에, 친구들의 이런 기대를 어기는 일이 너무 부담스러워 차라리 그 수많은 저녁 모임에 참석하고 사무실을 차지하고 있었다. 이런 식으로 살아오면서도 그는 염치없게도 스스로를 변호사라 지칭하고 다녔다.

가끔 날씨가 너무나 덥거나, 독일제 파이프 담배를 태우는 것도 프랑스 소설을 읽는 것도 지겨우면, 로버트는 템플 공원으로 걸어 들어가 셔츠 깃을 접어 내리고 파란 명주 넥타이를 목에서 느슨하게 푼 채로 나무 그늘이 시원한 곳에 누워버리곤 하였다. 그러면서도 엄격한 선배 변호사들에게는 업무가 과해 녹초가 되었다고 변명하는 거였다.

능구렁이 선배 변호사들은 그의 거짓말을 비웃었지만, 모두들 인정하는 사항은 로버트가 선량하며 너그러운 마음씨의 동료라는 점이었다. 오히려 흥미로운 동료라고나 할까? 그는 무기력하고 꾸물대기도 하며 무관심하고 우유부단한 태도를 보이지만 그 내면에는 익살맞은 재치와 온화한 유머가 풍부한 사내였다. 결코 출세할 것처럼 보이지는 않았지만, 벌레 한 마리도 죽이지 못할 사람이기도 했다. 실제로 그는 길 잃은 개들을 집으로 데리고 오는 바람에 그의 집을 이런 개들의 완벽한 보금자리로 바꾸기도 했다. 거리에서 헤매던 개들은 그의 모습에 반했는지 그를 쉽게 따라오는 거였다.

로버트는 사냥철이면 언제나 오들리 저택을 방문해 시간을 보냈다. 마치 성서에 등장하는 니므롯처럼 뛰어난 사냥꾼은 아니었다. 그는 온순하고 튼튼한 다리를 가진 암갈색 말을 타고 다른 거친 무리들과 적정거리를 유지하며 침착하게 산책을 즐겼다. 그의 말 또한 그가 사냥감이 죽는 것을 지켜보려는 욕망이 전혀 없다는 것을 잘 알고 있었다.

이 젊은 청년은 백부 마이클 오들리 경에게 큰 총애를 받았다. 그리고 예쁘고 집시 같은 얼굴에 명랑한 말괄량이 사촌 알리샤 오들리 양도 로버트를 여간 좋아하는 게 아니었다. 다른 남자들이라면 이 훌륭한 저택의 유일한 상속녀인 오들리 양의 편애를 잘 이용하려고 들었겠지만, 로버트에게는 그것조차도 전혀 머리에 떠오르지 않는 모양이었다. 알리샤가 매우 예쁘고, 명랑하며, 그녀 자신에게 진지한 소녀—천 명 중에 하나—라고 그는 칭찬했다. 오직 그 칭찬만이 그가 최고로 표현하는 말이었다. 연 천 파운드의 수입이 있는 처녀인데도 그에 대한 사촌의 소녀다운 애정을 잘 활용해볼 생각은 그의 게으른 머리에 한 번도 떠오른 적이 없었다. 로버트는 백부의 재산이 얼마나 어마어마한지를 인식하는 일조차 관심이 없어 보였고, 그 재산의 일부분이라도 자신에게 올 기회를 만들어보려는 생각을 한순간도 해본 적도 없었다. 어느 따뜻한 봄날 아침, 지금으로부터 삼 개월 전쯤 그에게 편지 두 통이 도착했다. 하나는 마이클 경과 오들리 부인의 결혼 초대장이었고, 또 다른 하나는 그의 사촌 알리샤가 매우 분개하여 도대체 아버지가 그런 밀랍 인형같이 생긴, 자기와 같은 또래의 어린 여자와 결혼을 할 수가 있는지부터 시작해서 금발의 곱슬머리와 마냥 헤프게 웃는 오들리 부인에 대해 불평을 써놓은 편지였다. 그런 반감에서 알리샤는 사람들의 대단한 탄성을 받아왔던 루시 그레이엄 양의 그 낭랑한 고운 웃음소리를 어찌나 나쁘게 묘사하였던지. 어쨌든 그 편지들이 로버트에게 도착했을 때 이 신사의 느긋한 성품에 조금만치도 놀람이나 짜증을 일으키는 일이 없었다. 그는 콧수염을 기른 입술에서 독일제 호박 파이프를 떼지도 않고 분노에 사로잡혀 여러 번 고쳐 쓴 알리샤의 글을 그저 읽어내려 갔을 뿐이었다. 그리고 편지를 정독하여 다 읽고 나자, 단지 짙은 눈썹을 찡긋 치켜세웠을 뿐이었다. 이게 그가 놀라움을 표현하는 유일한 행동이었다. 그리고 태연하게 편지와 초대장을 쓰레기통에 던져 버리고 파이프를 내려놓은 뒤, 이 문제에 대해 신중히 생각해 보기로 마음먹었다.

거의 삼십 분 가량 생각에 잠긴 뒤 로버트는 중얼거렸다. "늙은 삼촌이 다시 결혼할 줄 알았어. 알리샤와 새엄마는 서로 사이가 좋지 않을 게 뻔해. 제발 사냥철에는 다투는 일이 없어야 할 텐데. 저녁 식사 시간에는 불쾌한 말들을 주고받지 않았으면 좋겠군. 싸워대면 음식이 제대로 넘어가겠어."

이 책의 바로 앞 장에서 기록했던 사건이 일어난 다음 날 정오가 됐을 즈음 오들리 경의 조카는 템플을 벗어나 시내로 가기 위해 블랙프라이어즈 쪽으로 천천히 걸어갔다. 그는 운수 사납게도 궁핍한 친구를 도와야만 하는 상황이었다. 오들리 가문의 명성으로 보증을 섰는데, 수표 발행자인 친구가 지불할 능력이 되지 못해 로버트가 지불해야 할 처지였다. 이 일로 그는 8월의 더위 속에 파란 넥타이를 펄럭거리며 러드게이트 힐을 천천히 오르고 있었다. 그런 다음 세인트 폴 성당 바깥의 그늘진 경내에 새롭게 지어진 멋진 금융회사로 가서 이삼백 파운드 값어치의 콘솔공채를 팔아 보증 빚을 정리할 참이었다.

이 일을 마치자 그는 마차를 잡아타고 템플로 되돌아갈 생각으로 경내 모퉁이를 어슬렁거리고 있었는데, 그때 좁은 입구를 서둘러 들어오던 그 나이 또래의 한 사내와 부딪치는 바람에 로버트는 넘어질 뻔했다.

"앞 좀 보고 다녔으면 좋겠군요. 남과 부딪칠 것 같으면 미리 주의를 주던가!" 로버트가 성급히 뛰어가는 사내를 향해 부드럽게 항의했다.

사내는 갑자기 멈추더니 로버트를 지그시 바라보고는 숨을 헐떡거리며 외쳤다.

"밥! 난 어젯밤 늦게 영국에 도착했는데, 자네를 오늘 아침 만날 생각이었어."

"전에 어딘가에서 본 적이 있기 한데. 도대체 어디서인지 기억이 나질 않는데요." 로버트가 흥분한 사내의 얼굴을 찬찬히 살피며 말했다.

"뭐라고! 이 조지 톨보이즈를 정말 기억하지 못하는 건 아니겠지?" 사내가 비난조로 말했다.

"그럼, 물론 **아니지!**" 평소와 다르게 강한 어투로 말하며, 로버트는 오랜 친구였던 사내에게 팔을 내밀어 그늘진 경내로 이끌었다. "조지, 어쩐 일이지 모두 말해주게나."

조지 톨보이즈는 그동안 일어난 모든 이야기를 로버트에게 전했다. 아르고스 배에서 만난 창백한 얼굴의 가정교사에게 열흘 전했던 바로 그 얘기를 털어놓았다. 그리고는 숨을 헐떡이며 급하게 말하기를, 주머니 속에 호주 수표가 한 묶음 들어있는데, 그걸 수

년 동안 자신의 재정 일을 맡았던 은행원 ○○○씨에게 맡기려 한다는 거였다.

"나도 막 은행의 회계과에서 일을 보고 나오는 참이었어. 자네와 같이 다시 들어가세. 오 분 안에 처리할 수 있을 거야." 로버트가 말했다.

그들은 대략 15분 만에 그 일을 해결했다. 그러고 나서 로버트는 리치몬드에 있는 펍으로 직행해서 친구와 간단히 저녁도 먹고 이튼에서 함께 보냈던 옛 일에 대해 이야기를 나눌 셈이었다. 하지만 조지는 떠나기 전 리버풀에서부터 긴 기차여행을 한 탓에 면도를 하고 좀 쉬고 싶었다. 또한 그의 아내로부터 편지가 왔는지 확인하러 웨스트민스터의 브리지 스트리트에 있는 커피숍에도 들를 작정이라고 말했다.

"그럼 거기로 같이 가세. 아내가 있었다니, 정말 믿기 힘든 일이군." 로버트가 말했다.

그들은 마차를 타고 러드게이트 힐을 지나 플리트 스트리트와 스트랜드 스트리트를 향해 빠르게 달렸다. 그동안 조지는 그의 친구 로버트에게 자신이 겪은 거친 포부와 희망 따위를 폭포수처럼 쏟아냈다.

"밥, 나는 템즈 강변에 저택을 마련할거야. 아내와 함께 머물 곳이지. 요트도 장만하구. 밥, 자네가 요트 갑판에 누워 담배를 피우고 있으면, 내 예쁜 아내는 우리에게 기타를 치며 노래를 불러주겠지. 아내는 늙고 불쌍한 오디세우스를 고난에 빠뜨린, 그 이름이 뭐라 하는 요정과 똑 닮았지." 고전문학에 대한 지식이 별로 대단치 않은 젊은이가 신이 나서 말했다.

그들이 도착한 웨스트민스터 커피가게의 종업원들은 움푹 파인 눈에, 수염이 덥수룩한 식민지 옷차림새의 낯선 손님이 잠시도 가만있지 못하고 흥분한 채 떠드는 모습을 물끄러미 쳐다보았지만, 사실 조지 톨보이즈는 기마병이었던 시절부터 이곳의 오랜 단골손님이었다. 그가 누구였는지를 새로 알게 된 종업원들은 잽싸게 그의 주문을 받으러 왔다.

그는 고작 소다수 한 병을 주문하며 조지 톨보이즈라는 자신의 이름 앞으로 온 편지가 있는지 확인했다.

그들은 꺼진 벽난로 근처에 자리 잡았고 종업원은 소다수를 내왔다. 하지만 조지 톨보이즈의 이름으로 온 편지는 단 한 통도 없었다. 종업원은 작은 마호가니 탁자를 기계적으로 닦으며 무심한 어조로 편지가 없다고 말했다.

조지의 얼굴은 죽은 사람처럼 창백해졌다.

"톨보이즈 이름을 아마 제대로 확인하지 않은 모양인데, **톨·보·이·즈.** 다시 한 번 살펴봐요. **분명** 편지가 있을 테니까."

종업원은 어깨를 으쓱거리며 자리를 떠난 뒤 삼 분이 채 안되어 다시 돌아와 비슷한 이름조차 없다고 확인시켜주었다. 브라운, 숀더슨, 그리고 핀치벡. 오직 이렇게 세 통의 편지만 있다고 덧붙였다.

조지는 침묵한 채로 소다수를 들이킨 뒤 팔꿈치를 탁자 위로 기댄 채 손으로 얼굴을 감쌌다. 쓰라린 현실에 실망하는 모습이었다. 로버트는 아무 말 없이 그의 반대편에 앉아 있었다.

머지않아 조지는 고개를 들고, 잡지 더미에서 하루가 지난 얼룩진《타임즈》신문을 집어 들고 멍하니 첫 페이지를 펼쳐보았다.

얼마나 오랜 시간 멍하니 그가 부고란의 어느 한 줄을 살펴보았는지 모른다. 그의 멍한 머릿속이 그 한 줄의 의미를 깨닫기 전까지 말이다. 한참 후에 그는 신문을 로버트에게로 건넸다. 그의 얼굴빛은 아주 창백하고 잿빛으로 변해 있었으며, 끔찍한 표정으로 말 한마디 없이 손가락으로 신문의 한 줄을 가리켰다. 그 내용은 아래와 같았다.

'이 달 24일 와이트 섬의 벤트너에서 22살의 헬렌 톨보이즈 사망.'

5. 벤트너에 세워진 묘비

그렇다. 하얀 바탕에 까만 글씨로 적혀 있었다. '헬렌 톨보이즈, 22살.'

아르고스 배 위에서 만난 가정교사에게 아내에 대한 나쁜 소식을 듣게 된다면 자신은 필연코 쓰러져 죽을 거라고 말했을 때, 톨보이즈는 자신의 말을 완전히 확신하고 있었다. 그러나 이제 최악의 소식을 접하자, 그는 창백해진 얼굴로 몸이 굳은 채 무기력하게, 역시나 충격을 받은 친구의 얼굴을 바보처럼 멍하니 바라만 볼 뿐이었다.

갑작스런 충격에 망연자실한 거였다. 낯설고 당황스러운 상태로 그는 도대체 무슨 일이 일어난 건지,《타임즈》신문의 이 한 줄이 왜 그처럼 끔찍한 효과를 끼치는지 이해할 수 없었다.

그러고 나자 점차 그의 불행에 대한 모호했던 의식이 서서히 그의 마음에서 빠져 나가며 고통스러운 외부 현실이 느껴지기 시작했다.

뜨거운 8월 햇살, 먼지 쌓인 창유리, 색칠된 초라한 블라인드, 파리 자국이 눌어붙은 벽에 걸린 연극공연 광고지, 텅 빈 벽난로, 구직 안내 잡지를 읽다 꾸벅 졸고 있는 대머리 영감, 바닥에 떨어진 식탁보를 주워들은 칠칠맞은 종업원, 그리고 동정 어린 눈길로 그를 지켜보고 있는 로버트 오들리의 잘 생긴 얼굴. 이 모든 것들이 그의 눈앞에서 엄청난 크기로 확대되며 떠돌다가 하나씩 검은 점으로 녹아드는 느낌이었다. 맹렬한 증기 기관차의 엔진 소리가 끊임없이 귓속에 깨지고 삐걱거리면서 울려 퍼졌고, 그저 물체인지 사람인지 모를 뭔가가 땅으로 쿵 하고 떨어지는 듯한 느낌이었다.

그가 눈을 떠보니 어스름한 저녁 그늘진 서늘한 방 안이었다. 멀리서 바퀴 구르는 소리만이 정적을 깨었다.

그는 의아해 하면서도 그저 무심한 심정으로 주변을 둘러보았다. 그의 친구 로버트 오들리가 담배를 피우며 곁에 앉아있었다. 조지는 열린 창문 맞은편의 나지막한 철 틀 침대에 누워있었고 그 곁 장식대에는 꽃과 두세 마리의 새가 들어있는 듯한 새장들이 놓여 있었다.

"담배 연기가 거슬리나, 조지?" 로버트가 조용히 물었다.

"아니, 괜찮아."

조지는 한동안 꽃과 새들을 바라보며 누워있었다. 카나리아 한 마리가 지는 해를 향해 날카롭게 울어댔다.

"새가 우는 게 시끄럽지 않나, 조지? 밖에 내놓을까?"

"아니, 새소리를 듣고 싶어."

로버트 오들리는 파이프의 담뱃재를 털어냈다. 값비싼 콘 파이프를 조심스레 벽난로 위에 올려두고서, 옆의 방으로 가서는 진한 차 한 잔을 가져왔다.

"이것 좀 마시게, 조지. 정신을 좀 차리게 될 거야." 조지의 배개 옆 탁자 위에 찻잔을 올려놓으며 로버트가 말했다.

젊은 사내는 대답 없이 그저 방 주위를 천천히 둘러보고 나서, 친구의 심각한 얼굴을 바라보며 말했다.

"밥, 우리 지금 어디에 있는 거지?"

"템플의 내 사무실이야. 아직 머물 곳을 정하지 않았을 테니, 런던에 있는 동안 여기서 머물러도 좋아."

조지는 한두 번 손으로 이마를 쓸어내리고 나서 머뭇거리며 조용히 입을 열었다.

"밥, 오늘 아침 그 신문, 도대체 뭐였지?"

"지금은 그 생각은 하지 말고, 일단 이 차 좀 마시게."

"그래, 알겠어. 이제 기억이 전부 나네. 헬렌, 나의 헬렌! 내 아내. 유일한 내 사랑이었는데! 죽다니! 죽어버리다니!" 조지는 침대에서 몸을 일으킨 채 퀭한 눈으로 로버트를 쳐다보며 소리쳤다.

"조지, 신문에서 본 그 이름은 자네의 부인이 아닐 수도 있어. 아마 이름만 같은 엉뚱한 사람일거야." 부드럽게 친구의 팔에 손을 얹으며 로버트 오들리가 말했다.

"아니야, 그녀가 분명해. 나이도 똑같았고, 톨보이즈란 이름은 그렇게 흔하지 않아." 조지가 외쳤다.

"아마 톨보트라는 이름에서 오타가 난 걸 거야."

"아니야, 내 부인은 죽은 게 확실해."

그는 로버트의 팔을 뿌리치고 침대에서 일어나 문을 향해 걸어갔다.

"어디 가는 거야?" 그의 친구가 외쳤다.

"그녀의 묘지가 있는 벤트너로 갈 거야."

"오늘 밤은 안 돼. 내일 아침 첫 기차로 나와 함께 가."

로버트는 친구를 다시 침대로 이끌어 다시 눕혔다. 그리고 조지가 커피가게에서 쓰러졌을 때 의사가 처방해 준 아편이 들어있는 약을 건넸다.

조지는 깊은 잠에 빠졌다. 그는 꿈에서 행복하게 살아있는 아내를 보러 벤트너로 갔지만, 거기서 본 것은 주름지고 늙어버린 헬렌과 젊은 청년으로 자란 아들의 모습이었다.

다음 날 이른 아침 그는 포츠머스로 향하는 급행열차 특실에서 로버트 오들리와 마주 앉아 있었다. 확 트인 멋진 시골풍경이 쏜살같이 스쳐갔다.

그들은 마차로 바꿔 타고 한여름의 타는 듯한 햇살을 받으며 라이드에서 벤트너로 달렸다. 젊은 사내 둘이 마차에서 내리자 주변의 승객들은 창백하고 수염이 덥수룩한 조지의 얼굴을 흘끔거렸다.

"이제 어떻게 하지, 조지?" 로버트 오들리가 물었다. "자네가 보고 싶어하는 사람들을 찾을 단서가 없군."

젊은이는 당혹스럽고 무력한 표정으로 로버트를 쳐다보았다. 과거에 당당했던 기마병은 지금 어린 아이처럼 무기력했다. 그러자 우유부단하고 맥없는 로버트 오들리였지만 자신이 그의 친구를 위해 행동에 나서야만 한다는 걸 느꼈다. 그는 상황에 대처하기 위해 자신을 추슬렀다.

"호텔로 가서 톨보이즈 부인이라는 사람에 대해 한번 물어보는 게 낫지 않을까, 조지?"

"장인 이름은 몰던이었어. 이곳에 그녀 혼자 죽게 놔두지 않았을 거야." 조지가 중얼거렸다.

그들은 더 이상 말하지 않았고, 로버트는 몰던이라는 사람에 대해 물어보기 위해 근처 호텔로 곧장 걸어갔다.

"네 맞아요. 벤트너에 머물렀던 신사분의 이름은 몰던 선장이었어요. 그분의 딸이 최근에 죽었어요. 종업원에게 주소를 확인하러 보낼게요." 호텔 안내원이 말해주었다.

호텔은 매우 바쁜 시기였다. 사람들이 분주히 오갔고, 복도에 종업원들이 바삐 움직였다.

조지 톨보이즈는 문설주에 기대어 웨스트민스터의 커피가게에서와 같은 표정으로 그를 바라보았다.

최악의 예상은 지금 사실로 밝혀졌다. 조지의 아내, 몰던 선장의 딸은 사망한 것이다.

종업원이 대략 오 분 만에 돌아와 몰던 선장이 랜즈다운 코티지 4호에 머물고 있다고 알려주었다.

그들은 그 오두막집을 쉽게 찾을 수 있었다. 허름한 내단이창이 강가를 향해 나있는 작은 집이었다.

"몰던 선장님 계십니까?"

"아니요." 여주인이 대답했다." 어린 손자와 함께 해변가에 갔어요. 이리 들어와서 좀 앉아 계시겠어요?"

조지는 기계적으로 그의 친구를 따라 작은 응접실로 들어갔다. 먼지가 쌓이고 초라한 가구들이 놓여있고, 어수선하게 망가진 장난감들이 바닥 위에 던져져 있었다. 오래된 담배 냄새가 모슬린 커튼에 배어 있었다.

"이것 봐!" 조지가 벽난로 선반 위의 그림을 가리키며 말했다.

그건 오래전에 그가 기병대 시절이었을 때의 초상화였다. 수려한 외모에, 제복을 갖춰 입고 군마를 뒤편에 두고 서있는 모습이었다.

아마도 아무리 활기찬 자라도 이 순간 로버트 오들리만큼 현명한 위로자는 없었을 것이다. 로버트는 충격에 빠진 이 홀아비에게 무슨 말을 하는 대신 그에게 등을 지고 그저 조용히 앉아 열린 창문만 바라볼 뿐이었다.

얼마 동안 젊은 사내는 안절부절 못하며 방 안을 돌아다니다가 이따금씩 여기저기 놓여 있는 자질구레한 장식품들을 만져보았다.

아직 완성되지 않은 옷이 들어있는 헬렌의 반짇고리, 그가 손으로 휘갈겨 쓴 바이런과 무어의 시로 꽉 찬 그녀의 앨범, 그가 그녀에게 선물했던 책 몇 권, 그리고 시들어 버린 꽃 뭉치가 그들이 이탈리아에서 가져온 꽃병 안에 담겨 있었다.

"그녀의 초상화가 항상 내 초상화 옆에 걸려있었는데. 어디로 사라진 거지?" 그가 중얼거렸다.

한참 동안의 긴 침묵 뒤에 그가 다시 입을 열었다.

"여주인을 만나야겠어. 난 꼭 여주인에게 물어볼 것이 있어."

그는 털썩 주저앉아 손으로 얼굴을 감쌌다.

로버트는 여주인을 불렀다. 그녀는 온화하고 수다스러웠으며 병과 죽음에 익숙한 듯 보였다. 수많은 하숙인들이 죽음을 맞이할 때 즈음 그녀를 찾아왔었기 때문이다. 여주인은 톨보이즈 부인의 마지막에 관해 아주 상세하게 들려주었다. 건강이 쇠약해져 죽기 일주일 전에 벤트너에 오게 된 이유, 치명적인 병으로 그녀가 날마다 쇠약해져 갔던 과정, 죽기 전 마지막 순간에 대해서까지.

"신사분은 그녀와 어떤 관계인가요?" 조지가 흐느끼는 동안 여주인은 로버트 오들리에게 물었다.

"이 사람은 죽은 부인의 남편이에요."

"뭐라고요? 갓난아기와 아내를 그 불쌍한 늙은 장인어른에게 맡기고 떠나버린 그 잔인한 남편이라고요? 눈에 눈물이 그렁그렁하여 몰던 선장님이 그 사람에 대해 내게 여러 번 말하곤 했어요."

"난 아내를 버린 게 아니었어요." 조지는 외쳤다. 그리고 3년 동안의 고통스런 날들에 대해 이야기했다.

"아내가 내 이야기를 하던가요? 마—지—막 죽는 순간에, 내 이야기를 했나요?" 그가 물었다.

"아니요, 부인은 양처럼 고요히 잠들었어요. 처음엔 몇 마디 말을 했지만, 나중엔 아무도 알아보지 못했어요. 심지어 어린 아들과 늙은 아버지조차도요. 어쩌다 정신을 차렸을 때 한 번은 자신의 어머니에 대해 이야기를 하더군요. 그리고 이렇게 낯선 곳에서 죽음을 맞이해 너무나 부끄럽다고도 했고요. 그 말을 들으니 얼마나 가엾던지!"

"제 장모님은 아내가 아주 어렸을 적 돌아갔어요. 어머니를 기억하고 말하면서도 나에 대해선 한마디도 않다니." 조지가 말했다.

여주인은 조지를 그의 아내가 죽음을 맞이했던 작은 침실로 안내했다. 그는 침대에 무릎을 꿇고 앉아 부드럽게 베개에 입을 맞추었다. 그 모습을 본 여주인은 눈물을 흘렸다.

그가 눈처럼 흰 작은 베개에 얼굴을 묻고 무릎을 꿇은 채 기도를 하고 있는 동안, 여주인은 서랍 속에서 뭔가를 꺼내왔다. 그리고 조지가 자리에서 일어나자 그것을 건넸다. 은박지에 싼 긴 머리칼 다발이었다.

"관에 누워있는 그녀에게서 잘라낸 거예요. 가엾은 것!" 그녀가 말했다. 조지는 입술을 가볍게 깨물었다. "그렇군요. 내 어깨에 아내가 머리를 기댈 때마다 내가 키스해주던 그 사랑스러운 머리칼이군요. 그때는 곱슬곱슬 했던 머릿단이었는데, 지금은 곧고 부드러워 보이는군요."

"아프면서 상태가 바뀌었어요. 톨보이즈 씨, 부인의 묘지가 어디에 있는지 알고 싶으면, 사환에게 가는 길을 안내하도록 할게요."

이러하여 조지 톨보이즈와 그의 믿음직한 친구 로버트 오들리는 고요한 그 지점을 향해 나섰다. 여기와는 정반대의 먼 지역에서도 언제나 꿈속에서 그를 향해 반갑게 미소 짓던 아내가 묻혀있는 곳은 새로 심은 잔디 떼가 쉽게 붙어있기 힘든 언덕진 둔덕 밑이었다.

로버트는 조지를 새로 만든 묘지 곁에 놔둔 채 대략 15분 후에 돌아왔지만, 그는 여전히 그 자리에서 미동조차 없었다.

그러다 고개를 들고 근처에 석공이 있으면 주문할 것이 있다고 말했다.

석공을 찾는 데는 어렵지 않아서, 그들은 돌 조각이 흩어져 있는 석공의 작업장에 주저앉았다. 조지는 연필로 아내의 묘비 위에 새길 짧은 글을 지었다.

헬렌을 추모하며,
1857년 8월 24일, 22살
이 세상을 하직한
조지 톨보이즈의 사랑스러운 아내에게
애달픈 남편이 깊은 애도를 표하다.

6. 이 세상 아닌 그 어느 곳에서

그들이 랜즈다운 코티지로 돌아왔지만 몰던 선장은 아직 돌아오지 않다. 그래서 그를 찾으러 해변을 향해 내려갔다. 잠시 후 그들은 해변에서 자갈 더미 위에 앉아서 신문을 읽으며 개암열매를 먹고 있는 몰던 선장을 발견했다. 어린 소년은 노인으로부터 얼마간 떨어져서 나무 삽으로 모래에 구멍을 파고 있었다. 노인은 검은 상장을 허름한 모자에 두르고 있었고, 어린 소년의 초라한 검은 상복이 조지의 마음을 아프게 했다. 어디를 가든 그의 인생의 가장 슬픈 일을 확인시켜주는 거였다. 그의 아내는 죽었다.

"장인어른." 노인에게 다가가며 그가 입을 열었다.

노인은 고개를 들다 신문을 떨어뜨리고는, 자리에서 일어나 격식을 갖추어 인사를 했다. 하얗게 쉰 그의 머리는 회색빛에 가까웠다. 초췌한 매부리코, 물기가 도는 푸른 눈, 우유부단해 보이는 입술, 애써 멋지게 품위를 내보이려고 해도 초라한 옷, 목까지 단추를 꼭 채운 조끼 위에 덜렁거리는 외눈 안경, 그리고 장갑을 끼지 않은 손에는 지팡이가 쥐어져 있었다.

"맙소사! 저를 모르시겠어요?"

몰던 씨는 놀란 표정을 짓더니, 사위를 알아보자 두려운 표정에 얼굴색이 확 변하였다.

"자네였군! 몰랐어. 처음엔 못 알아 봤네. 수염 때문에 다르게 보이는군. 수염이 사람 모습을 확 바꾸지 않나요, 신사 양반?" 그가 로버트의 동의를 구하는 듯 물었다.

"세상에!" 조지 톨보이즈는 외쳤다. "저를 반기는 말이 기껏 이런 겁니까? 전 아내를 만나러 고향 땅 영국에 왔는데, 이곳에 발을 내딛은 지 일주일도 지나지 않아 아내가 죽었다는 걸 알았어요. 그런데 장인어른께서는 제 수염에 대해서나 떠들어대고 있다니요!"

"맞아, 맞아! 참으로 큰 충격이었네, 참으로 슬픈 일이었네, 조지. 일주일만이라도 더 일찍 왔어야 하는데." 노인이 충혈된 눈을 비비며 울먹였다.

"그랬더라면, 전 절대 제 아내를 죽게 놔두지 않았을 거예요. 어떻게든 죽음과 싸워 지켜냈을 거예요! 그랬을 거예요! 정말 그랬을 거예요! 세상에! 이런 날을 보느니 차라리 아르고스 배가 가라앉아 버렸어야 했는데." 다시 슬픔에 사로잡혀 조지가 크게 소리쳤다.

그는 해변을 헤매며 걷기 시작했고, 그의 장인어른은 그저 침침한 눈을 손수건으로 비비며 무기력하게 그를 바라볼 뿐이었다.

'저 노인네는 딸을 제대로 돌보지 않은 게 틀림없어. 무슨 이유인지는 모르겠지만, 저 노인은 조지를 약간 두려워하는 것 같아.' 로버트는 노인을 바라보며 생각했다.

조지가 후회와 절망에 빠져 이리저리 왔다 갔다 떠돌고 있는 동안 어린애는 할아버지에게로 달려가 그의 옷깃에 매달렸다.

"할아버지, 집으로 가요. 어서요. 피곤하단 말이에요."

조지 톨보이즈는 그 어린애 목소리에 돌아섰다. 그리고 오랫동안 찬찬히 아이를 바라보았다.

아이는 아버지와 꼭 닮은 갈색 눈에 검은 머릿결이었다.

"내 아들! 내가 너의 아빠란다. 바다를 건너 너를 보러 왔어. 이 아빠를 사랑하지?" 조지는 아이를 끌어안으며 말했다.

꼬마 아이는 조지를 밀어내며 말했다. "난 아저씨가 누군지 몰라요. 그리고 내가 사랑하는 사람은 우리 할아버지와 사우샘프턴의 몽크 아줌마뿐이에요."

"이 녀석이 성질을 부리는군. 아주 버릇이 나빠져 버렸어." 노인이 말했다.

그들은 천천히 집으로 돌아갔다. 그리고 조지는 한번 더 자신이 겪었던 혹독한 과거에 대해 이야기를 들려주었다. 또한 전날 은행에 이만 파운드를 예금한 일에 대해서도 말했다. 지난 일에 대해 어떤 것도 묻고 싶은 심정이 아니었던 그에게 장인어른은 간단히 과거 일을 전했다. 그가 떠나고 몇 달 후 그들도 사우샘프턴으로 떠나 헬렌이 학생들에게 피아노를 가르치며 지냈고, 그녀의 건강이 악화될 때까지 잘 지냈는데, 그 악화된 건강으로 죽고 말왔다는 거였다. 대부분 슬픈 이야기처럼, 이것도 매우 짧은 내용이었다.

"아들이 어르신을 매우 좋아하고 있군요." 잠시 침묵하다 조지가 말했다.

"그럼, 그럼. 이 할아비를 무척 끔찍이 아끼네." 노인이 꼬마의 머리를 쓰다듬으며 말했다.

"그렇다면 내 아들은 어르신과 같이 지내는 게 낫겠군요. 제가 예치한 은행 이자가 년 600파운드 정도 됩니다. 조지의 교육비로 100파운드를 사용하고, 나머지는 아들이 자랄 때까지 저금했으면 합니다. 여기 내 친구 로버트가 신탁관리자가 될 겁니다. 그리고 만약 그가 기금을 관리하는 일을 맡아준다면, 나는 조지의 후견인으로 그를 지정하겠지만, 당분간 어르신께서 이 애를 맡아 돌봐주십시오."

"왜 자네가 아들을 데려가지 않는 건가?" 로버트 오들리가 물었다.

"바로 리버풀의 다음 배로 호주로 떠날 거야. 여기 있는 것보단 금광이나 오지에서 땅을 파고 있는 게 더 낫겠어. 오늘로서 문명 생활은 질려버렸어, 밥."

조지가 이런 결정을 내리자 노인의 흐릿한 눈이 반짝였다.

"자네가 옳은 결정을 한 걸세, 자네 말이 맞아. 새로운 변화와, 야생의 삶, 또— 또—" 로버트가 그를 빤히 쳐다보자 노인은 머뭇거리다가 입을 다물었다.

"몰던 씨, 사위를 빨리 보내버리려고 작정한 듯이 보이네요." 로버트가 근엄하게 말했다.

"보내버리다니요! 그럴 리가. 다 내 사위를 위해서 하는 말이에요, 그럼요, 그를 위해서죠."

"내 생각엔 아버지가 영국에 머물며 아들과 함께 지내며 돌보는 게 더 좋을 것 같은데." 로버트가 말했다.

"하지만 난 그럴 수 없어, 이 저주받은 땅 어느 곳도 다 내겐 혐오스럽게만 느껴져. 묘지를 떠나는 순간 이곳도 빨리 벗어나버리고 싶어. 오늘 밤 다시 마을로 돌아가서, 다음날 아침 일찍 돈 문제를 해결하고, 한순간도 지체 없이 리버풀로 떠나버릴 작정이네. 그녀의 묘지 곁에 있다는 게 너무나 괴로워." 조지가 말했다.

집을 떠나기 전 조지는 여주인에게 살며시 다가가 죽은 아내에 대해 몇 가지 질문을 더 했다.

"가난하게 생활을 했었나요? 아내가 아플 때 궁핍하게 지냈나요?"

"그렇지 않아요. 비록 몰던 씨가 행색이 초라해 보이긴 하지만, 지갑 속엔 언제나 파운드가 두둑했어요. 가엾은 부인은 아무것도 바라는 게 없었어요." 여주인이 대답했다.

조지는 술에 찌든 노인네가 연금이 많지 않은데도 아내의 병간호 비용을 어떻게 대왔는지 어리둥절하긴 했지만, 어쨌든 여주인의 말에 안심이 되었다.

그러나 그는 최근 들이닥친 이 충격적인 사건으로 심신이 완전히 망가져 있어서 더 이상의 질문을 하지 않고 장인어른과 로버트 오들리와 함께 포츠머스로 떠날 배를 타러 항구로 걸어갔다.

노인은 지나치게 격식을 차리며 그에게 작별 인사를 건넸다.

"그런데 자네 친구에게 나를 소개시켜주지 않았군. 여하튼 조심해 가게" 노인이 말했다. 조지는 그를 쳐다보고는 뭐라고 중얼대더니, 장인어른이 또다시 소개 부탁 말을 꺼내기 전에 서둘러 배에 올라 탔다. 증기선은 저녁노을을 가르며 빠르게 달렸고, 그들이 반대편 해안에 가까이 감에 따라 섬의 윤곽도 수평선 너머로 사라져갔다.

"생각해보니, 이틀 전 지금쯤 나는 리버풀로 향하는 배를 타고 있었어. 아내를 만나면 꼭 껴안아 줄 생각이 가득 차서 말이야. 그런데 오늘 밤 난 아내의 무덤을 뒤로 한 채 떠나고 있으니!" 조지가 한탄하였다.

로버트 오들리를 어린 조지 톨보이즈의 후견인으로 지정한 서류가 다음날 아침 법무관의 사무실에 전달되었다.

"이건 막중한 책임인데. 난 어느 누구의 후견인도 해본 적이 없었는데! 평생 나 자신조차도 돌보지 않았던 나였어." 로버트가 외쳤다.

"밥, 난 자네의 고결한 마음씨를 믿어. 가엾은 고아 내 아들을 잘 보살펴 줄 거라 믿네. 그리고 할아버지 곁에서 잘 지내는지도 살펴봐 주고. 아들을 위해 맡긴 자산에서 내가 시드니로 돌아가 비용만 인출하겠어. 그리고 예전 일을 다시 시작할 거야."

조지는 자신이 아들의 보호자임을 운명으로 생각하는 것 같았다. 리버풀에 도착했을 때 배가 막 출항해버렸고 한달 동안 배가 뜨지 않을 거라는 걸 알았다. 그래서 다시 런던으로 돌아와 한 번 더 로버트의 신세를 지기로 했다.

로버트는 두 팔을 벌려 친구를 맞이했다. 새와 꽃들로 꾸며진 방을 그에게 주고 자신은 침실에 딸린 옷방에 침대를 마련했다.

슬픔은 너무나 이기적인 존재라 조지는 자신을 위해 친구가 얼마나 희생하고 있는지 알 길이 없었다. 그저 자신의 친구는 해가 지면 일을 끝마친다는 사실만 짐작할 뿐이었다. 조지는 하루종일 집안에 앉아 담배를 피우며 꽃들과 카나리아를 바라보았고, 지금쯤 먼 바다에 있지 못한 것에 짜증을 내었다.

그러나 배가 출항할 날이 점점 다가오던 어느 날 로버트 오들리는 큰 계획을 갖고 집에 돌아왔다. 상트페테르부르크로 겨울을 보내러 떠날 계획인 로버트의 변호사 친구 한 명이 로버트와 함께 가자는 거였다. 로버트는 조지가 같이 동행하는 조건하에 그 곳에 갈 생각이었다.

한동안 조지는 그 제안을 거절했지만, 로버트가 자신과 함께 하지 않으면 그곳에 가지 않을 결심이 확실한 걸 알자, 마지못해 그 동행에 합류하기로 동의했다. "가는 게 뭐 중요하겠어? 어디 간들, 설사 영국을 벗어나 어디든, 이 친구에게 달라질게 없겠지. 어디 가든 상관있겠어?"

이처럼 모든 일에 신명을 보이지 않는 친구 모습이기는 했지만, 그래도 로버트 오들리는 친구의 동의를 얻어 꽤 만족스러웠다.

그래서 세 젊은이는 서로 마음을 합쳐 출발했다. 러시아 수도에서 매우 큰 영향력을 행사하는 주민에게 보내는 추천서까지 지니고 떠났다

영국을 떠나기 전 로버트는 사촌 알리샤에게 편지를 보냈다. 오랜 옛 친구 조이 톨보이즈와 함께 여행을 떠난다는 내용이었는데, 오랫동안 소식이 없다가 최근에 다시 만나게 된 친구는 얼마전 아내와 사별하였다는 말도 덧붙였다.

알리샤의 답장도 아래와 같이 바로 왔다.

사랑하는 사촌 오빠 로버트에게, 사냥철이 다가오기도 전에 그 끔찍한 상트페테르부르크로 달아나다니 너무 가혹해요! 이렇게 추운 날씨에 코가 잘려나간 사람도 있다는 얘기를 들은 적이 있어요. 오빠 코는 그나마 긴 편이니, 날씨가 더 추워지기 전에 돌아오길 바랍니다. 젊다는 톨보이즈 씨는 어떤 사람인지 궁금하군요. 그가 괜찮은 분이라면, 여행에서 돌아오는 즉시 이곳으로 데려와도 좋겠어요. 오들리 부인은 오빠에게 흑담비 모피 외투를 좀 구해달라고 하는군요. 가격은 상관없이, 최대한 좋은 것으로요. 어처구니없게도 아빠는 더할 나위 없이 새 아내에게 푹 빠져있어요. 하지만 새엄마와 난 그다지 잘 어울리지 못해요. 나에게 불친절하게 구는 건 아니에요. 왜냐면 지금까지 그녀는 모든 이에게 친절한 사람이었으니까요. 하지만 그녀는 너무나 철이 없고 어리석은 것 같아요.

내 말을 믿어주길 바래요. 그럼 이만.

오빠의 다정한 사촌

알리샤 오들리

7. 일 년 후

조지 톨보이즈의 홀아비 생활은 어느덧 일 년이 흘렀다. 그의 모자에 두른 검은 상장은 닳아서 색이 누렇게 변했다. 8월의 마지막 뜨거운 무더위가 사라지던 날, 그는 피그트리 코트의 조용한 사무실에 앉아 슬픔의 충격이 찾아왔던 일 년 전과 변함없이 담배를 피우고 있었다. 하찮은 것이든 또는 중요한 것이든 인생의 모든 일들마다 그의 커다란 슬픔이 흠뻑 스며있는 듯싶었다.

하지만 과거의 용맹했던 기마병은 열두 달 동안의 고통 속에서 살아남았다. 그리고 이렇게 표현하는 것이 적당한지는 알 수 없으나, 그는 예전보다 더 나빠지진 않아 보였다. 하늘만이 그 쓰라린 고통 속에 변화된 그의 마음을 알 것이다. 그가 재산을 한 몫 잡는다고 저버리는 바람에 그와 행복을 나누지 못하고 떠나간 불쌍한 아내 생각에 한밤중에 잠에서 깨어나곤 했다. 그러나 회환에 찌든 고뇌와 자책들도 조지의 고결한 마음까지 무너뜨리지는 못했다.

언젠가 그들이 외국에 여행 중이었을 때, 로버트 오들리가 기운을 회복한 친구에게 축하의 말을 전했다. 그러자 조지는 씁쓸한 웃음을 터뜨렸다.

"밥, 그거 알아? 인도에서 내 전우들 몇 명이 부상을 당해 총알이 몸 안에 박힌 채 돌아왔어. 이들은 그 총알을 언급하지 않았지. 이들은 굳세고 원기 왕성한 사람들이었지. 아마 지금 우리의 모습 같았을 거야. 하지만 야속하게도 날씨가 조금만 바뀌거나, 대기가 미세하게 변하기만 해도 그 상처의 고통이 그 당시 전쟁터에서 느꼈던 것처럼 생생하게 찾아드는 거야. 내 상처도 마찬가지야, 밥. 나 역시 여전히 총알을 갖고 있어. 죽어서 내 무덤까지 갖고 가겠지."

이 여행객들은 봄이 오자 상트페테르부르그에서 돌아왔다. 조지는 다시 친구의 방에 자리를 잡았고 이따금씩 사우샘프턴으로 내려가 어린 아들을 보곤 했다. 그럴 때마다 아들에게 줄 장난감과 사탕을 한가득 갖고 갔다. 하지만 그럼에도 불구하고 아들 조지는 아빠와 친해지려고 하지 않았으며, 그럴 때마다 젊은 아버지는 아들마저 잃어버린 게 아닌가 생각하며 마음이 아팠다.

"어떡하면 좋을까? 만약 내 아들을 할아버지 곁에서 떼어버리면 그건 아이에게 큰 상처가 되겠지. 그렇다고 이렇게 내버려 두면, 내게 낯선 아이로 자랄 거고, 또한 아버지보다 늙은 술주정뱅이 위선자를 더 따르게 될 텐데. 그렇다고 한들 이 무식한 기마병인 내가 아이를 위해 뭘 할 수 있겠어? 담배를 피우는 법과, 주머니에 손을 넣고 하루 종일 하릴없이 지내는 법 말고는 뭘 가르쳐 줄 수 있겠어?"

8월의 마지막 날, 그가 《타임즈》 신문에서 부고기사를 발견한 아내의 기일에, 처음으로 그는 상복과 검은 상장을 두른 모자를 벗어 가방에 넣었다. 그 가방에는 이미 아내의 편지와 아내가 죽은 뒤 잘라낸 머리카락 한 타래가 보관되어 있었다. 물론 로버트 오들리는 그 편지와 비단결 같은 긴 머릿단을 본 적도 없었고, 또한 벤트너에서의 그날 이후로 조지가 죽은 아내의 이름을 입에 올리는 걸 보지 못했다. 오직 벤트너에서만 그의 아내에 대한 얘기를 처음 들었을 뿐이었다.

"조지, 오늘 내 사촌 알리샤에게 편지를 쓸 작정이야. 내일이 지나면 9월이 되는 걸 알고 있지? 주말 동안 사냥을 하러 자네와 함께 오들리 저택으로 내려가겠다고 사촌에게 전하려고 해." 8월 30일이 되자 로버트가 친구에게 알려주었다.

"아니야, 밥. 그냥 혼자 가. 그분들은 내가 오는 걸 원하지 않아. 난 그냥—"

"친구도 없이 개와 카나리아만 데리고 이 집에 갇혀있겠다고! 안 돼, 조지. 그래서는 안 돼."

"그렇지만 난 사냥 솜씨가 전혀 없어."

"그래도 상관없어." 로버트가 순진무구한 태도로 응수했다. "나도 뭐가 비둘기이고 뭐가 자고새인지 몰라. 그게 9월 가을 새인지 아니면 4월 봄 새인지도 상관 않고. 난 평생 새를 맞춰본 적은 없지만, 총을 쏘자 그 무게 때문에 어깨를 다쳐본 적은 있지. 난 그저 에식스를 방문해 기분 전환을 하고, 멋진 저녁도 먹으며, 순수하고 어여쁜 내 사촌의 얼굴을 한 번 보고 오는 거야. 게다가, 이번엔 절세 미인이라는 새 백모도 만나 볼 수 있는 기회야. 조지, 나랑 함께 갈 거지?"

"그래, 그렇게 원하면."

처음엔 완고했던 그는 어린아이처럼 고분고분하게 친구의 뜻에 따르게 되었다. 스스로 만족하는지는 알 수 없으나 그저 무기력하고, 조용히, 아무런 불만 없이, 그리고 야단스럽지도 않게, 묵묵히 친구의 제안을 받아들이려고 했다. 그런데 불행히도 알리샤로부터 그들을 저택에 초대할 수 없다는 편지를 받게 되었다.

"이곳엔 열일곱 개나 되는 손님용 방이 있어요." 분개한 젊은 숙녀가 써 내려간 글이었다. "로버트, 그런데도 오빠가 올 수 없데요. 오들리 부인이 몸이 좋지 않아 손님을 맞이할 수 없다고 하는 거예요, 멍청하게도. (내 탓이 아니라, 순전히 그녀 탓이에요.) 이 저택에 신사분들을 (거친 남자들이라고 새엄마가 말하더군요) 들일 수 없다고 했어요. 오빠의 친구 톨보이즈 씨에게 사과의 말을 전해 주세요. 대신 아빠가 사냥철에 뵙기를 바란다는 말도 함께요."

"백모가 꽤나 으스대지만 우리가 에식스로 가는 걸 막지 못할 거야." 로버트는 해포석 담배 파이프의 불쏘시개로 쓰려고 편지를 구기면서 툴툴댔다. "조지, 좋은 생각이 있어. 오들리 저택 근처에 아주 멋진 여관이 있어. 낚시터도 많고. 거기로 가서 한 주를 보내세. 낚시가 사냥보다 훨씬 낫지. 둑 위에 누워 낚시대만 바라보고 있어도 돼. 자네가 뭘 잡을 것 같아 보이진 않지만, 그래도 낚시는 매우 재미있어."

로버트는 이렇게 말하면서 벽난로의 시들어가는 불꽃더미에 구긴 편지를 던지려다 멈췄다. 마음을 고쳐 먹은 뒤 다시 편지를 조심스럽게 펼쳐 손으로 구겨진 주름을 펴기 시작했다.

"가엾은 알리샤. 사촌의 편지를 이처럼 마구 다루다니. 잘 간직해야겠어." 로버트는 편지를 다시 봉투에 넣고 그것을 **'중요 문서'**라고 표시된 책상 아래 서류함에 넣었다. 얼마나 중요한 문서들이 그 안에 들어있는지는 모르겠지만, 아마 재판과 관련된 서류는 아니었을 것이다. 사촌 알리샤가 보낸 이 짧은 편지가 언젠가 그가 관여된 범죄 사건의 실마리를 풀어줄 증거물로 서서히 등장하게 될 거란 사실을 그때 로버트가 알았다면, 아마도 평소와는 달리 그의 눈썹이 씽끗 올라갔을 것이다.

그래서 두 젊은이는 그 다음 날 큰 여행 가방과 낚싯대를 둘러매고 런던을 떠나, 이윽고 저녁 식사 시간 무렵 낡고 쇠퇴해 가는 오들리 마을 근처의 선 여관에 도착했다.

오들리 저택은 마을에서부터 약 일킬로미터 정도 떨어진 곳에 자리잡고 있었다. 앞서 말했듯이, 이곳은 무성한 나무들로 빽빽하게 둘러싸인 움푹 꺼진 지역이었다. 신사들이 산책하는 공원 오솔길처럼 잘 다듬어지고 나무들이 줄지어 늘어선 길을 따라오다 보면 이 저택에 다다르게 된다. 시골의 정취를 느낄 수 있는 아름다움을 지녔지만, 오들리 부인처럼 명랑한 여인에게는 음울한 분위기가 여전히 느껴지는 저택이었다. 인색하지 않은 오들리 경은 아내를 위해 이 음울하고 낡은 저택을 작은 궁전으로 개조하도록 내부수리를 하고 나자 오들리 부인은 값비싼 새 장난감에 둘러싸인 아이처럼 행복해했다.

이렇게 엄청난 행운을 맞은 그녀는 남에 의존해 살던 이전처럼, 어딜 가던지 밝고 행복한 모습이었다. 알리샤는 자신의 새엄마가 철이 없고 경솔하다며 숨김 없이 경멸을 드러냄에도 불구하고, 루시는 오들리 경에게 그의 딸보다도 더 사랑스럽고 존경 받는 존재가 되었다. 그 어린애다운 순박함이 오히려 매력이어서 그걸 거부할 수 있는 사람은 없다고 하겠다. 어린애 같은 순수함과 솔직함이 오들리 부인의 어여쁜 얼굴에서 빛을 발했고, 크고 촉촉한 푸른 눈에서 반짝였다. 장밋빛 입술, 오뚝한 코, 곱슬거리는 풍성한 금발, 이 모든 것이 그녀의 미모에 엄청난 젊음과 신선함을 더해 주었다. 그녀는 스무살이었음에도 열일곱처럼 보였다. 그녀가 즐겨 입는 무거운 벨벳과 살랑거리는 빳빳한 비단 옷을 가녀린 몸에 걸치고 있는 모습은 마치 가장 무도회를 위해 치장한 어린아이나 유아원을 막 벗어난 여자애 같아 보였다. 그녀가 즐겨 하는 오락도 어린애다웠다. 독서나 어떤 류의 공부도 싫어하고, 대신 남과의 교제를 즐겼으며, 혼자 있기보다 항상 피비 막스를 곁에 두고 싶어 했다. 화려한 옷방의 소파에 푹 기대 앉아 다가올 만찬 파티에 입을 새 옷에 대해 상의하거나 또는 보석 상자를 곁에 끼고 피비와 수다를 떨었고, 무릎 위에 마이클 경으로부터 받은 선물을 잔뜩 펼쳐 놓고 그것들을 세어보고 감상하는 데 시간을 보냈다.

그녀는 첼스포드와 콜체스터에서 열린 공식 무도회에 몇 번 참석한 이후 바로 그 지역의 최고 미인으로 인정받게 되었다. 높은 신분과 멋진 저택이 자랑스러웠고, 성질을 부리거나 변덕을 부려도 다 받아주었으며, 어디를 가든 찬사와 사랑을 받았다. 마음이 너그러운 남편을 사랑했고, 용돈은 풍족했으며, 그녀의 경제적 후원을 바라는 가난한 친척도 없어 마음도 편안했다. 에식스에서 루시, 즉, 오들리 부인보다 더 행운을 가진 사람은 없어 보였다.

선 여관에 도착한 두 젊은이는 응접실의 식탁 주변을 어슬렁거렸다. 창문은 활짝 열려있고 그들이 식사를 하는 동안 신선한 시골 공기가 상쾌하게 불어왔다. 그곳의 날씨는 환상적이었다. 숲의 나뭇잎이 초가을의 햇살을 받아 이리저리 흔들리며 반짝였다. 한쪽 들판에는 누런 곡식이 그대로 서있는가 하면 다른 쪽 들판에는 반짝이는 낫 아래로 베어져 땅에 뒹굴고 있었다. 좁은 시골 길에는 우람한 말들이 끄는 멋진 커다란 마차가 곡식을 한껏 싣고 달렸다. 무더운 여름 몇 달 동안 런던에 갇혔던 사람이라면 이런 평화로운 전원 생활의 첫 경험은 이루 말할 수 없는 황홀경에 빠져버릴 것이다. 조지 톨보이즈 역시 아내가 죽은 뒤로 한번도 느껴보지 못했던 즐거움을 이곳에서 느낄 수 있었다.

저녁 식사가 끝나자 시계 종이 뎅그렁 5시를 알렸다.

"나갈 채비를 하세, 조지. 저택에서는 7시나 돼야 저녁을 먹을 거야. 우리 산책을 하면서 그 주변을 돌아보자." 로버트가 제안했다.

여관주인이 포도주 한 병을 들고 들어와 로버트가 말하는 동안 지켜보며 기다렸다.

"실례합니다만, 오들리 씨. 지금 저택을 방문해도 나리를 뵐 수 없고 시간만 낭비할 겁니다. 마이클 경 내외와 알리샤 아가씨는 경마를 하러 모두 출리로 떠났어요. 아마 여덟 시나 되어야 돌아올 겁니다. 그분들이 이곳을 거쳐야만 댁으로 가게 됩니다."

이러한 상황이라면 저택에 가도 소용이 없기 때문에, 두 젊은이는 천천히 산책을 떠났다. 마을을 지나 낡은 교회를 둘러보고 다음날 낚시를 하려는 개울가까지 살펴보며 7시가 넘도록 시간을 보냈다. 그들이 숙소로 돌아와 보니 대략 7시 15분쯤이었다. 그들은 창문을 열고 자리에 앉아 시가에 불을 붙이고 평화로운 경관을 내다보았다.

매일같이 일어나는 살인은 항상 근처에서 도사리고 있는 법이다. 잔혹하고 위험한 살인일수록 특히 더 그렇다. 익숙한 누군가의 손길에 의해 퍼진 독이 주는 고통은 느리고 질질 끌며 찾아온다. 갑작스런 난폭한 타격으로 인한 죽음은 사방으로 뻗은 떡갈나무 옆에서 일어난다. 나무줄기는 몽둥이로 쓰이고 나뭇가지 그림자는 죽음을 덮는 평화를 위장한다. 내가 지금 이야기하고 있는 이 지역의 목초지에서, 어느 조용한 여름날 일요일 저녁에, 젊은 농부가 그를 사랑하고 믿던 소녀를 살해했다. 아직도 그 더러운 얼룩이 아직 사라지지 않았는데도, 그 장소는 여전히 평화롭다. 세븐 다이얼스의 빈민가에서 범죄가 일어나지 않으면 이렇게 고요하고 아늑한 전원에서는 더더구나 발생하리라 생각할 수 없을 만큼 평화로워서 우리의 애절한 동경심을 사로잡는다.

여러 형태의 마차들이 마을 거리를 지나 선 여관의 창문 밑을 달가닥거리며 지나갈 때 날은 이미 어두워져 있었다. 이윽고 하늘이 더 어두워지자 마차 한 대가 여관 간판 아래로 갑작스레 다가왔다.

이 작은 여관 앞에 갑자기 멈춰선 것은 마이클 오들리 경의 사륜마차였다. 마구가 뒤엉키는 바람에 앞 좌석에 탄 마부가 마차에서 내려 그것을 바로잡았다.

"마이클 백부님이셔! 내려가서 백부님께 인사를 드려야지." 멈춰선 마차를 발견하고 로버트가 소리쳤다.

조지는 다른 시가에 또 불을 붙이고 창가 곁에 앉아 이 광경을 내려다 보았다. 알리샤는 앞을 등지고 앉아 있었지만 조지는 어둠 속에서도 그녀의 예쁜 흑갈색 머리카락을 알아챌 수 있었다. 하지만 오들리 부인은 마차 안쪽에 앉아 있어 귀가 닳도록 들었던 절세 미인의 모습을 볼 수 없었다.

"오, 로버트! 이게 왠 일이냐!" 여관에서 조카가 나타나자 마이클 경이 깜짝 놀랐다.

"백부님 댁을 찾아온 건 아니에요. 에식스는 제 고향이잖아요. 이맘때면 향수병이 생겨나곤 해요. 그래서 조지와 함께 이 여관에서 이삼 일 정도 낚시나 하러 왔어요." 남작과 반갑게 악수를 나누며 로버트가 말했다.

"조지라고, 누구지?"

"조지 톨보이즈요."

"그 사람도 함께 왔어요? 어머나, 잘 됐네요. 잘 생겼다는 그 젊은 홀아비를 만나고 싶었는데." 알리샤가 소리쳤다.

"알리샤? 이런, 그를 당장 불러와 소개시켜야겠네." 로버트가 말했다.

하지만 오들리 부인은 철없게도 자상한 남편이 자신에게 잠시라도 한눈을 파는 것을 견디지 못했다. 그래서 로버트가 여관으로 돌아가려 하자, 그녀의 예쁜 눈썹이 피곤과 두려움으로 살짝 떨리자, 그녀의 남편은 아내가 조지 톨보이즈를 소개받길 지루해하며 원치 않는다는 것을 알아챌 수 있었다.

"밥, 오늘 밤은 피하지. 아내가 하루 긴 여행으로 조금 지친 모양이야. 내일 저녁을 먹으러 친구와 함께 들르게. 알리샤와도 그때 인사 나누면 좋겠군. 이리 와서 새 백모께 인사를 드리렴." 오들리 경이 말했다.

오들리 부인은 몹시 피곤한 듯 그저 상냥한 미소를 지으며 장갑을 낀 작은 손을 내밀었다.

"내일 우리와 함께 저녁을 먹으러 오세요. 친구분도 함께요." 낮게 깔린 피곤한 목소리로 그녀가 말했다. 그날 경마 파티의 제일 큰 인기를 끌었던 그녀는 사람들의 관심에 호응하느라 매우 지친 기색이었다.

"평소 늘 웃음을 달고 사는 분이 오빠를 반기지 않는 게 이상하네요." 알리샤가 마차 너머로 로버트에게 인사하려 몸을 기울이며 귓속말을 했다. "하지만 아마도 내일이면 오빠에 대한 태도가 바뀌어 있을 거예요. 다른 이들처럼 오빠도 새엄마의 매력에 현혹될 게 눈에 뻔하네요." 퉁명스럽게 그녀가 덧붙였다.

"그분은 예뻐 보이던데." 로버트는 점잖게 칭찬의 말을 던졌다.

"물론 그러시겠죠! 로버트 오들리, 오빠의 입에서 그처럼 정중한 표현을 들은 건 새엄마가 처음이네요. 그저 밀랍 인형 같은 여자에게 반하다니 정말 실망스럽군요."

가엾은 알리샤는 사촌오빠의 특이한 성품에 대해 툴툴대며 시비를 걸어왔지만, 로버트는 그런 기질로 인해 은근한 기쁨과 완전한 만족감으로 자신의 삶을 지내올 수 있었으면서도 한편으로는 어떤 것에 대해서도 불꽃 튀는 열정의 감정을 갖는 법이 없었다.

'로버트가 누군가와 사랑에 빠질 수 있을까? 그건 말도 안돼. 이 세상의 어떤 천사라도 그의 사랑을 얻으려고 해봤자, 그는 그저 눈썹만 까딱할 뿐 모두 거절할 게 뻔해.' 젊은 숙녀는 때때로 이렇게 생각하곤 했다.

그러나 그의 인생에서 처음으로 가슴에 열정이 솟구치는 순간이 일어났다.

"조지, 그녀처럼 아름다운 여자는 평생 보지 못했을 걸." 마차가 떠나고 친구에게 돌아온 로버트가 말했다. "푸른 눈동자, 부드러운 곱슬머리, 황홀한 미소, 제비꽃과 이슬처럼 반짝이는 장식을 단 보닛모자. 그녀는 얇은 망사 뒤에서 빛을 발휘하는 요정과 같았어. 난 마치 프랑스 소설에 나오는 영웅이 된 기분이었어. 나는 새 백모에게 홀딱 반해버린 것 같아."

젊은 홀아비 조지는 그저 한숨을 쉬고 창 밖으로 담배연기를 뻐끔뻐끔 뿜어낼 뿐이었다. 아마도 그에겐 다시 올 수 없는 오래전 일을 생각하고 있는 듯했다. 그건 이미 5년도 더 지난 과거 일로, 바로 그때의 그 여인을 만난 것 때문에 그는 3일 전에 자신의 모자에 검은 상장을 달았던 것이다. 잊혀질 수 없는 그 옛 감정이 처음 발생했던 장면과 연상되면서 다시금 떠오르는 거였다. 부하

장교 동료들과 낡은 온천장의 허름한 부둣가를 어슬렁거리며 코넷을 연주하는 음울한 밴드의 나직한 가락과 흘러간 옛 가극을 들었던 기억. 또는 그녀가 늙은 아버지의 팔에 기대고 걸어오다 발을 헛디뎌 그에게 넘어질 뻔했던 일, 여러 명의 기마병 장교들이 저도 모르게 입을 벌린 채 감탄의 눈초리를 보내고 있음에도 전혀 모르는 듯 연주 음악만 듣고 있는 척하던 그녀 (그처럼 매혹적이고, 달콤하고, 미묘하게 모르는 체하다니). 너무도 아름다워 이 세상의 존재일 수 없는 그녀에게 다가갈 때면 천상의 공기를 호흡하는 기분이었다. 그때 이후로 그녀는 자신의 아내였고 애의 엄마였는데, 지금은 벤트너의 작은 교회 묘지에 누워있다니. 바로 일 년 전 그가 그녀의 묘비를 세운 거였다. 조용하고 어두운 방에서 생각에 잠긴 조지의 눈에서 말 없는 눈물 방울이 천천히 조끼 위로 떨어졌다.

오들리 부인은 집에 도착하자 매우 피곤함을 느껴, 저녁 식사 자리에서 일찍 일어나 하녀 피비 막스를 데리고 일찍 방으로 돌아왔다.

그녀는 이 하녀에게 조금 제멋대로 구는 편이었다. 어떤 때는 비밀을 다 털어놓는가 하면, 또 어떤 때는 멀리하기도 했다. 하지만 부인은 개방적인 마님인 셈이어서 피비는 자신의 상황에 아주 만족해했다.

오늘 저녁 오들리 부인은 매우 피곤하였지만 기분은 더할 나위 없는 최상의 상태여서 떠들썩했던 경마경기와 거기에 참가했던 사람들에 대해 이야기를 해주었다.

"난 지금 녹초 상태야, 피비. 뜨거운 햇볕 밑에 하루 종일 있고 보니, 내 모습이 얼마나 끔찍할지 두렵군."

양 옆에서 촛불이 빛을 발하는 거울 앞에서 오들리 부인은 드레스를 벗었다. 그리고 피비를 바라보며 말했다. 초롱초롱 빛나는 푸른 눈동자와 우아하게 웃음짓는 장밋빛 순결한 입술은 여전하였다.

"약간 창백해 보이지만, 마님은 여전히 아름다우세요." 피비가 대답했다.

"그거 알아? 사람들이 피비와 내가 닮았다고 하는 걸 들었어." 안락의자에 앉아 피비에게 머리 정돈을 맡기며 오들리 부인이 말했다.

"저도 그런 얘기를 들은 적이 있어요, 마님. 하지만 다 어리석은 소리예요. 마님과 보잘 것 없는 제가 어떻게 닮을 수 있겠어요." 손에 빗을 들고 잠자리에 들 부인의 풍성한 머리카락을 다듬으며 피비가 조용히 대답했다.

"아냐, 그렇지 않아. 피비는 정말 나와 비슷해. 네 모습도 아주 예뻐. 단지 색깔이 좀 다르지. 내 머리 색은 금발인데 피비는 담갈색이잖아. 내 눈썹과 속눈썹은 흑갈색이지만 피비는 거의, 이렇게 말하긴 좀 그렇지만, 거의 희끄무레해. 피비의 얼굴빛은 누르스름하고, 난 혈색이 좋은 핑크빛이야. 전에 광고에서 본 염색약과 루즈를 사용해보면 언젠가는 나처럼 예쁜 모습을 갖게 될 거야." 한껏 들뜬 기분의 오들리 부인이 말했다.

그녀는 한참 동안 제멋대로 갖가지 수다를 늘어놓았다. 경박스런 수많은 이야기를 들려주고 또한 경마 경기 중에 만났던 사람들을 조롱하는 이야기로 하녀를 즐겁게 해주었다. 그녀의 의붓딸 알리샤가 잠자리 인사를 하러 방으로 들어와 보니, 두 사람은 이야기로 꽃을 피우며 크게 웃고 떠들고 있었다. 하녀들과 전혀 가까운 사이가 아닌 알리샤는 부인의 경박함을 역겨워하며 자리를 떴다.

"머리 좀 빗겨줘. 피비와 수다 떠는 게 참 즐거워." 피비가 일을 마치려고 할 때마다 오들리 부인은 항상 이 부탁을 덧붙였다.

피비가 정말로 모든 임무를 완수하고 자리를 떠나려고 할 때 오들리 부인은 갑자기 그녀를 다시 불러 세웠다. "피비, 부탁할 게 하나 있어."

"말씀하세요, 마님."

"내일 아침 첫 기차를 타고 런던에 가서 내가 부탁하는 일을 좀 하고 와. 그런 다음 하루 휴가를 가져도 좋아. 마을에 친구들이 있다고 했지? 5파운드를 줄 테니 내가 시키는 일을 해주고, 이 일에 대해선 누구에게도 말을 하지 않도록 해."

"알겠습니다, 마님."

"방문이 제대로 닫혔나 확인하고 이리와 앉아."

피비는 시키는 대로 했다. 오들리 부인은 생각에 잠긴 표정으로 보석으로 치장된 통통한 흰 손으로 피비의 희끄무레한 머리를 쓰다듬었다.

"피비, 잘 들어. 내가 시키는 일은 아주 간단해."

그 일은 정말이지 매우 간단해서 5분 안에 지시사항을 마치고 오들리 부인은 침실로 건너가 오리털 이불 속에 아늑하게 몸을 묻고 웅크린 채 잠을 청했다. 그녀는 추위를 잘 타서 보드라운 공단이나 털 이불을 좋아했다.

"피비, 내게 입맞춤을 해 줘. 밖에 마이클 경이 들어오는 소리가 들리니, 나갈 때 주인어른께 내일 아침 첫 차를 타고 런던에 간다고 말씀 드려. 몰튼 애비에서의 저녁 만찬에 입을 내 드레스를 찾으러 프레드릭 부인의 의상실에서 간다고 해."

다음 날 아침 오들리 부인이 아침 식사를 하러 내려왔을 때는 10시가 넘어 있었다. 커피를 천천히 마시고 있을 때 하인이 그녀에게 봉인된 편지 한 통과 함께 서명의 받침대로 쓸 책 한 권을 가져왔다.

"전보구나!" 아직 전신을 이용한 통신이 개발되지 않은 때였다. "무슨 일이지?"

그녀는 겁에 질린 눈을 크게 뜨고 남편을 바라보았다. 그리고 편지를 읽기 망설이고 있었다. 그 편지는 도우슨 댁의 루시 그레이엄 양의 이름으로 배달된 것이었다.

"읽어봐요, 여보. 놀라지 말고. 무슨 중대한 일이 있겠어?" 오들리 경이 말했다.

그것은 오들리 부인이 도우슨 의사 집의 가정교사로 지원할 때 추천인이었던 여자 교장 선생님이셨던 빈센트 부인으로부터 온 거였다. 그녀가 몹시 위독하여서 예전에 선생이었던 루시를 꼭 한 번 보고 싶다는 내용이었다.

"가엾은 선생님! 언제나 제게 유산을 남겨주시겠다고 하던 분이었어요. 제가 결혼했다는 걸 아직 전혀 모르세요. 여보, 그분에게 가봐야 해요."

"당연한 일이지. 여보, 그렇게 해요. 어려웠을 때 당신을 도왔던 친절한 분이시니, 자신의 지도하에 있던 선생이 잘된 모습을 보고 싶어하는 것도 당연하지. 그런 분의 공덕을 잊으면 안 되지. 어서 외투를 걸쳐요. 급행열차를 탈 수 있을 거요."

"여보, 저와 함께 가주시겠어요?"

"당연하지. 당신 혼자 보낼 줄 알았소?"

"함께 가주실 줄 알았어요." 그녀는 생각이 복잡해 보였다.

"거기에 주소가 적혀 있소?"

"아니요. 하지만 그녀는 웨스트 브롬톤의 크레센트 빌라에 살고 있었어요. 아직도 거기 살고 있을 거예요."

오들리 부인이 서둘러 옷을 챙겨 입는 동안 마차가 도착하는 소리가 들렸다. 마이클 경은 그녀를 불렀다.

전에 말했던 것처럼, 그녀의 스위트룸은 여러 개의 방이 문을 통해 서로 연결되어 있었고, 유화 그림이 걸려있는 팔각형 곁방에서 그 연결이 끝났다. 아무리 서둘러야 하는 상황에서도 그녀는 잠시 그곳에서 멈춰 서서, 이중으로 문을 잠그고 열쇠를 주머니 속에 넣었다. 일단 이 방문이 잠기면, 스위트룸의 다른 방으로 연결되는 통로가 모두 차단되는 것을 의미했다.

8. 폭풍이 몰아치기 전

이렇게 하여 오들리 저택에서의 저녁 약속은 미뤄지게 되었고, 알리샤는 여전히 젊고 잘생긴 조지 톨보이즈와의 만남을 기다려야만 했다.

진실을 말하자면, 아마도 이 젊은 숙녀가 조지와 친분을 만들려고 드는 열정에는 뭔가 가장된 꾸밈이 담겨있었다. 그러나 가엾은 알리샤가 잠시 동안이나마 조지에게 관심을 표명하여 사촌의 가슴에 질투심의 불꽃이 솟구치도록 계산했던 거라면, 그녀는 여전히 로버트 오들리의 성격을 너무나 몰라서였다. 이 멋진 젊은 변호사는 게으르고 무심한 성품이어서 인생을 그저 어처구니 없는 오류의 연속으로 간주하기 때문에, 지각 있는 사람이라면 그러한 인생의 어리석은 과정에서 벌어지는 사건을 어느 것이든 잠시라도 심각하게 따져볼 필요도 없다고 생각하는 거였다.

그의 예쁘장한 집시 얼굴의 사촌은 아마 몸과 마음을 그에게로 향하고 있을지 모른다. 그래서 넌지시 여성스런 방식으로 일년 열두 달 내내 수백 번 매혹의 손길을 보내며 줄곧 그에게 의사를 드러내왔을지 모른다. 아마도 그녀가 기다리다 못해 2월 29일 밸런타인데이에 사촌에게 똑바로 다가가 "로버트, 나와 결혼해 줄래요?"라고 청혼하지 않는 이상 로버트는 틀림없이 그녀의 마음을 눈치채지 못할 거였다.

다시 말하지만, 로버트 그 자신은 백모인 오들리 부인에 대해 사랑의 감정을 품게 되었지만, 그 미묘한 부드러운 열정이 모호하고 희미한 감정이라서, 자신이 정말 사랑에 빠진 건지 아니며 소화가 안 되어 속이 불편한 것인지, 그것도 아니면 도대체 자신의 마음 상태가 정확히 어떤 것인지조차 제대로 파악할 수 없었다. 아마도 그는 평생 그럴 것 같았다.

그렇게 가엾은 알리샤는 두 젊은이가 에식스에서 시간을 보내는 며칠 동안 그 주변의 산책길을 말을 타고 달리며 배회하였지만 조금치도 소득이 없었다. 로버트와 그의 친구를 언제 어디서 우연히 만날 수 있는 기회가 생길지도 몰라, 깃털이 달린 예쁜 승마용 모자도 갖춰 썼지만 고생한 보람이 없었다. 검은 곱슬머리—솜털처럼 부드러운 오들리 부인의 머릿단과는 달리 매우 숱이 많은 머리카락은 그을린 가는 목덜미에 드리워져 있었다—, 도톰한 빨간 입술, 하늘로 약간 들린 코, 까무잡잡한 피부, 환하게 상기된 볼, 무기력한 사촌에 다가설 때면 어스름한 밤에 신호등처럼 반짝이는 눈동자. 이 모든 요염하고 장난기 어린, 흑갈색 머리의 미모에 로버트는 그저 심드렁할 뿐이었다. 9월의 뜨거운 햇살 아래 예쁜 알리샤와 말을 타러 가느니 차라리 시원한 거실에서 푹 쉬는 게 더 나은 사내였다.

이제 낚시는 아이작 월튼[1]을 열심히 탐독하는 독자를 제외하고는 가장 열심히 해나가는 활기찬 취미라고 할 수 없었다. 그렇기 때문에 오들리 부인이 떠난 다음 날 두 젊은이—그중 한 명은 마음에 입은 상처를 묵묵히 견디며 세상일 어느 것에도 기쁨을 찾지 못하고 있었고, 다른 한 명은 어떤 여흥에도 귀찮아하는 태도를 취하고 있었다—가 구불구불 흐르는 개울 옆 버드나무 아래 그늘에 점차 실증을 내기 시작한 것이 놀랄 일이 아니었다.

"피그트리 아파트는 긴 휴가를 보내기엔 즐거운 곳이 아니야. 하지만 전체적으로 봤을 때 여기 보단 더 좋은 것 같아. 적어도 근처에 담배가게가 있잖아." 로버트가 선 여관 집주인에게 어렵게 구한 싸구려 담배를 빠끔빠끔 피우며 체념한 듯이 말했다.

---

1 아이작 월튼(Issac Walton): 영국의 문필가(1593~1683)로 대표 저서로는《완벽한 낚시꾼: 남자의 레크리에이션에 관한 명상》(1653)이 있다.

그저 에식스에 친구를 따라 온 조지 톨보이즈는 당장 런던에 돌아간다 해도 상관이 없었다. "밥, 지금 돌아가도 좋을 것 같아. 사우샘프턴에도 가고 싶어. 그 어린 것을 거의 한달 가까이 보지 못했으니까."

조지는 언제나 자신의 아들을 '어린 것'이라고 불렀다. 희망에 차기보다는 슬픔에 잠긴 목소리로. 아들을 생각하는 게 괴로운 듯이 보였다. 아들이 자신을 결코 사랑할 일이 없을 거라고 말했다. 아마 더 심한 경우에 아들이 어른이 되는 모습을 지켜보지 못하고 인생이 끝날 수도 있을 거라는 희미한 예감 때문인지도 몰랐다.

"밥, 난 낭만적인 인간이 되기엔 글렀어," 그는 이따끔씩 이렇게 말했다. "살면서 시 한 줄 읊어 본 적도 노래 한 소절 불러본 적이 없어. 그런 게 그냥 말들을 짜맞춘 것이거나 가락의 반복에 지나지 않는다고 생각했었지. 그러나 아내가 죽은 뒤로 감정이 내게 밀려오는 거야. 마치 뒤에는 무서운 얼굴로 날 위협하는 절벽이 쭉 둘러쳐 있는 해변가에 내가 서있는데 파도가 천천히 확실하게 내 발 밑으로 파고들어 오는 거지. 매일 조금씩 그 냉정하고 검은 파고가 더 가까이 차올라 오는 거야. 큰 소리를 내며 엄청난 힘으로 철썩거리지는 않아도, 살금살금 기어오는 듯이, 미끄러지듯이 내게로 다가오지. 내가 마침내 마지막 순간을 맞이하도록 내 머리 위로 덮쳐 올 그 날만을 기다리고 있는 것 같아."

로버트는 말없이 놀란 표정으로 친구를 바라보았다. 잠시 신중히 생각한 끝에 그는 진지하게 입을 열었다. "조지, 저녁 식사를 과다하게 하다 보면 그런 기분을 느낄 수도 있어. 잘 익히지도 않은 냉장 돼지고기를 먹으면 그런 기분이 들기도 해. 자넨 분위기를 바꿀 필요가 있어. 피그트리 아파트와 플리트 스트리트의 신선한 새 바람과 마음을 안정시켜주는 새 분위기가 필요해. 아니면, 여기 좀 더 머물던가." 그러더니 갑자기 생각난 듯 말을 이었다. "맞았어! 집주인에게 얻어 피운 담배 때문이야. 모든 게 설명되는군."

다음날 아침 일찍 이곳을 떠나기로 결정한 후 집에 돌아오는 길에 그들은 말을 타고 가는 알리샤와 마주쳤다. 그녀는 사촌의 결정을 듣고서 매우 놀라고 실망했다. 하지만 바로 그런 이유 때문에 그녀는 전혀 관심이 없는 척했다.

"이곳 오들리에 바로 실증이 난 모양이군요, 로버트. 그래요, 여기는 우리 말고는 어울릴 사람들이 없으니 이해해요. 그렇지만 런던에서는 정말 교제를 나눌 분들이 많을 테니까, 그리고—" 알리샤는 무심한 듯 말했다.

"런던에선 훌륭한 담배도 얻을 수 있지. 오들리 지방은 내게 추억이 많은 장소지만 마른 잎사귀에 말아 피우는 담배란 정말이지—" 로버트가 사촌의 말을 끊으며 중얼거렸다.

"그럼 내일 아침 일찍 정말 떠나는 건가요?"

"그랬으면 해. 오전 10시 50분에 급행열차가 있어."

"그렇다면 오들리 부인은 톨보이즈 씨를 만날 기회를 놓치게 되었네요, 톨보이즈 씨도 에식스에서 가장 어여쁜 그녀와 인사를 나누지 못해 유감이네요."

"저도 그렇게—" 조지가 말을 더듬었다.

"에식스의 최고 미인이 내 친구 조지 톨보이즈의 찬사를 받지 못하게 돼서 유감이군. 하지만 그의 마음은 사우샘프턴에 있어.

조지를 '높으신 신사분'이라고 부르며 눈깔 사탕을 달라고 조르는, 곱슬 머리 꼬마 녀석 때문이지."

"오늘 밤 새엄마에게 편지를 쓰러 이만 가야겠어요. 새엄마가 편지로 내게 소식을 물어왔어요. 사촌이 얼마나 이곳에 머무를 건지, 그녀가 돌아올 때까지 이곳에 있을 거냐고 묻는 거였어요."

알리샤가 승마복 재킷 주머니에서 크림색의 반짝거리는 종이에 쓴 예쁜 편지를 꺼냈다.

"추신에는 이렇게 적혀 있어요. '언제나 명랑한 알리샤 아가씨, 로버트 오들리 씨와 그의 친구분이 언제까지 머무를 건지 꼭 내게 알려줘야 해요.'"

"글씨체가 참 예쁘네!" 알리샤가 편지를 접고 나자 로버트가 말했다.

"정말 그렇죠? 한 번 봐요." 그녀가 편지를 건네자 그는 알리샤가 떠나고 싶어 안달하는 밤색 암말의 우아한 목을 쓰다듬는 동안 그것을 느긋이 들여다 보았다.

"아틀란타, 이제 돌아가자. 밥, 이젠 편지를 그만 돌려주세요."

"정말 여태껏 본 중 가장 예쁘고 매혹적인 글씨체야. 알리샤, 수많은 사람들이 아무리 떠들썩하게 칭찬해도 내가 직접 보지 못하면 난 그런 사람들의 말을 믿는 법이 없어. 그런데 백모를 내 눈으로 보지 못했다 하더라도 이 편지 쪽지만 봐도 그녀가 어떤 분일지 틀림없이 알 수 있겠어. 그래 모든 게 여기에 담겨있어. 솜털 같은 금발 머리결, 그린 것처럼 가느다란 눈썹, 작으면서도 오뚝한 코, 마음을 사로잡는 천진난만한 미소. 그 모든 걸 여기 우아하게 올려 치고 내려친 글씨체를 보면 짐작할 수 있어. 조지, 자네도 한번 보게나!"

그러나 다른 생각에 정신이 팔린 우울한 조지 톨보이즈는 이미 개울을 따라 저만치 걸어가 지팡이로 부들을 툭툭 치며 서 있었다.

"신경 쓸 것 없어요." 젊은 숙녀는 짜증스럽게 말했다. 그녀로서는 오들리 부인의 작은 편지 하나 갖고 그런 장광설에 기분이 좋을 수 없었다. "편지를 돌려 줘요. 이만 가 봐야겠어요. 벌써 8시가 지났네, 오늘 밤이 가기 전 답장을 해야 해요. 가자, 아틀란타! 잘 가요, 로버트. 안녕히 가세요, 톨보이즈 씨. 즐거운 여행 되기 바랄게요."

밤색 암말은 길을 따라 씩씩하게 나아갔고, 오들리 양은 그들의 시야에서 멀리 사라져갔지만 두 눈에는 커다란 눈물이 그렁그렁 달려 있었다. 성난 가슴에서 솟구친 눈물이지만 그녀의 자존심으로 다시금 떨구어 버렸다.

'이 세상에 단 하나뿐인 사촌이고, 아빠 다음으로 가장 가까운 친척한테서 개만도 못한 취급을 받다니!"

그러나 별거 아닌 하찮은 사정으로 로버트와 그의 친구는 다음 날 아침 10시 50분 급행열차를 타지를 못했다. 왜냐면 젊은 변호사 로버트가 깨질듯한 두통을 느꼈기 때문이었다. 그래서 선 여관에서는 만들어 본 적이 없는 진한 녹차 한 잔을 조지에게 부탁하고 어쩔 수 없이 다음 날 떠나기로 계획을 연기하게 되었다. 물론 조지도 동의했고, 로버트는 오전 내내 어두운 방 안에 누워 5일 전 발행된 첼스포드 신문을 읽으며 휴식을 취했다.

"담배가 없어서 아쉬워. 주인 몰래 외출 좀 하게 나를 부축해 줘. 주인과 부딪치면 난리가 날 테니." 로버트가 조지에게 자꾸 졸랐다.

다행히 첼스포드에 시장이 열리는 날이어서 집주인은 마차를 끌고 식료품을 사러 장터에 나간 중이었다. 아마도 로버트에게 그처럼 중요한 신선한 시가를 사는 것도 그 구입품목 중의 하나였을 것이다.

두 젊은이는 아무런 보람 없이 따분하고 지루한 하루를 보냈다. 해질 무렵 오들리 저택으로 산책이나 나가 알리샤에게 집 구경이나 시켜달라 부탁하자고 로버트가 제안했다.

"두 시간 정도는 걸릴 거야, 조지. 오래된 오들리 저택을 구경도 시켜주지 못하고 떠나게 되면 너무 미안해. 내 명예를 걸고 말하지만, 그 저택은 정말 볼만해."

해가 거의 질 무렵 그들은 초원을 가로질러 가는 직선 길을 택했고, 목초지의 회전문을 지나 아치형 문으로 뻗은 오솔길로 나아갔다. 이글이글 타오르는 묵직하고 불길해 보이는 저녁놀, 사방에 깔린 죽은 듯한 정적으로 새들은 불안한 듯 지저귀고, 창창한 들판에는 도랑에서 울어대는 까탈스러운 여러 마리의 개구리 소리가 귀 따갑도록 퍼져나갔다. 대기는 고요했지만 잎사귀들은 특별한 이유도 없이 가는 나뭇가지가 부르르 몸부림 칠 때마다 사각사각 음울한 메마른 소리를 내며 바스락거렸다. 폭풍우라도 휘몰아칠 듯한 느낌이었다. 두 젊은이가 아치형 문을 지날 때, 매 번 시간을 건너뛰는 멍청한 시계는 7시를 가리키고 있었지만 사실은 8시가 거의 가까운 때였다.

그들은 마른 잎들이 힘없이 떨어지는 라임나무 그림자 아래에서 힘없이 배회하는 알리샤와 마주쳤다.

이상하게 들릴진 모르지만 평소 무관심했던 조지 톨보이즈는 이 장소에 특별히 관심을 기울였다.

"여긴 교회 경내 묘지로 가는 길임에 틀림없어. 침울한 그늘 아래 죽은 영혼들이 평화롭게 잠들어 있는 곳 말이야. 벤트너의 묘지도 이렇게 평화롭겠지."

그들은 무너진 우물가로 계속 걸어갔다. 알리샤는 이 장소에 얽힌 전설에 대해 이야기해 주었다. 마치 과거의 일이 슬픔과 범죄의 어두운 한 부분을 장식하는 것처럼, 그 우울한 전설은 역사가 오랜 집이면 항상 따라다니는 법이다.

"어두워지기 전에 저택에 가보고 싶군, 알리샤." 로버트가 말했다.

"그럼 빨리 서둘러야 해요. 저를 따라와요." 그녀가 대답했다.

알리샤는 몇 년 전까지 꽤 현대적이었던 프랑스식 창문이 열려 있는 복도를 지나 서재로, 그리고 다시 홀로 안내했다.

그곳에서 그들은 오들리 부인의 하녀 피비와 마주쳤다. 창백한 얼굴의 그녀도 눈을 깔며 슬쩍 그들을 훔쳐보았다.

그들은 계단을 지나 위층으로 올라갔고, 알리샤는 몸을 돌려 피비에게 말했다.

"응접실에 잠시 있다가 오들리 부인의 방을 구경시켜줄 거야. 정리가 잘 되어 있겠지, 피비?"

"네, 아가씨. 그런데 옷방은 잠겨 있어요. 오들리 부인께서 런던에 가실 때 열쇠를 갖고 가셨을 거예요."

"열쇠를 가져갔다니! 말도 안 돼." 알리샤가 말했다.

"정말이에요 아가씨. 열쇠 없이는 들어 갈 수 없어요." 피비가 말했다.

"정말 오들리 부인답지 않게 이상한 행동을 했군. 우리가 혹시라도 그녀의 방에 들어가 예쁜 옷을 살펴보고 보석들을 들여다 보는 걸 싫었던 게 분명해. 정말 짜증나는군, 이 집에서 최고의 그림들이 그 옷방에 걸려있는데. 아직 완성된 건 아니지만 놀랍게도 그녀와 똑같은 초상화가 걸려 있는데." 알리샤가 조바심을 내며 말했다.

"그녀의 초상화라니! 어떻게 볼 방법이 없을까? 얼굴을 제대로 보지 못했거든. 알리샤, 방으로 들어 갈 다른 방법은 없을까?"

"다른 방법이요?"

"그래, 다른 방을 통해 그녀의 방으로 통하는 문은 없어?"

알리샤는 고개를 저었다. 대신 그들을 가문의 초상화가 걸려있는 회랑으로 안내했다. 태피스트리로 꾸민 거대한 방으로, 빛바랜 화폭에 그려진 커다란 인물들이 어두운 빛 속에 위협적으로 보였다.

"큰 도끼를 들고 싸우는 저 사람은 조지의 머리를 두 동강 낼 것만 같아 보이는군." 조지의 검은 머리 위에 팔을 들어 올린 사나운 전사의 그림을 가리키며 로버트가 말했다.

"이제 그만 나가지, 알리샤. 이곳은 습하고 귀신이 나올 것 같아. 유령들은 습한 곳에서 생겨난다고 하던데. 만약 습한 침대에서 자게 되면 한밤중에 갑자기 오슬오슬 떨며 깨어나 조지 1세 시대의 궁정 의상을 입은 나이 든 귀부인이 침대 끝에 앉아있는 모습을 보게 될 거야. 그 귀부인을 보게 되는 건 소화불량 때문이고 냉기에 떠는 건 습한 이불 때문이지."

거실에는 촛불이 켜져 있었다. 오들리 저택에는 아직 최신식 램프를 쓰고 있지 않았다. 마이클 경의 방들은 벽에 단 거대한 은 돌출촛대의 노랗게 보이는 묵직한 양초마다 불이 환하게 밝혀져 있었다.

거실에는 불만한 것이 거의 없었다. 조지 톨보이즈는 멋진 현대식 가구와 왕립미술원 회원의 그림들을 살펴보는 일에 점차 실증이 났다.

"알리샤, 이곳엔 비밀 통로나 오래된 오크 서랍장, 아니면 그와 비슷한 건 없나?" 로버트가 물었다.

"당연히 있지요! 왜 내가 그 생각을 못했지? 정말 나도 멍청하네." 오들리 양이 자신의 머리를 쳤다.

"멍청하다니?"

"손과 무릎으로 기어도 상관 없다면, 오들리 부인의 거실과 연결되는 통로를 통해 부인의 내실로 들어갈 수 있어요. 아마 그녀조차 그런 통로가 있다는 걸 모를 거예요. 검은 가면을 쓴 도둑이 어두운 랜턴을 들고 밤에 마루 통로로부터 불쑥 머리를 내민다면, 파티 준비로 거울 앞에서 머리를 정돈하던 그녀가 얼마나 깜짝 놀랄까요!"

"우리 그 비밀 통로를 시험해 볼까, 조지?" 로버트가 조지에게 제안했다.

"원한다면, 해보지."

알리샤는 어릴 적 사용했던 유아방으로 그들을 안내했다. 손님으로 집 안이 꽉 찬 특별한 경우를 제외하고는 현재 사용하지 않는 방이었다.

로버트는 사촌이 시키는 대로 카펫의 모서리를 들어올렸다. 그러자 떡갈나무 바닥에 거칠게 마무리한 뚜껑 달린 문이 모습을 드러냈다.

"잘 들어요. 이 통로의 높이가 1미터를 약간 넘기 때문에 여기를 지나려면 땅에 머리를 바싹 숙이고 손으로 땅을 짚은 채 가야만 해요. 이 통로를 쭉 따라 가다가, 꺾이는 곳에서 왼편으로 돌아 다시 쭉 가면 막다른 곳에 도달하고, 그곳에서 짧은 사다리를 보게 될 거예요. 사다리를 타고 오르면 이것과 같은 모양의 문이 나오는데, 그 문의 고리를 풀고 열면 바로 오들리 부인의 거실 바닥인 셈이 되죠. 거실 바닥은 정사각형 페르시안 카펫으로 덮여 있는데, 이건 쉽게 들어올릴 수 있어요. 알겠죠?"

"잘 알겠어."

"그럼 이 손전등을 가지고 가요. 톨보이즈 씨는 그 뒤를 따라가고요. 가서 그림들을 감상하고 오는데 20분을 줄게요. 그림 하나당 일 분씩이에요. 시간 맞춰 돌아와야 해요."

로버트는 고개를 끄덕이고 조지도 묵묵히 그의 뒤를 따랐다. 5분 정도가 흘러 그들은 오들리 부인의 정돈되지는 않았지만 우아한 옷방에 결국 들어서게 되었다.

오들리 부인은 예상치 못한 런던행 여행을 급히 떠나는 바람에, 번쩍거리는 화장품 세트가 그대로 대리석 화장대 위에 벌려져 있었다. 금으로 된 향수병 마개가 제대로 닫혀있지 않아 진한 향수 냄새로 방 안의 공기가 텁텁했다. 온실에서 자란 꽃다발이 작은 책상 위에서 시들고 있었다. 멋져 보이는 옷 두세 벌이 바닥에 어질러진 채 놓여 있었고, 보석과 등이 상아로 된 머리빗, 그리고 지극히 세련된 도자기가 집 안 여기저기 흩어져 있었다. 조지 톨보이즈는 전신 거울에 비춰진 자신의 수염 난 얼굴과 큰 키의 수척한 모습을 들여다보면서, 이렇게 여성 장식품들이 늘어져 있는 곳 한가운데에 자신이 서있는 게 적합하지 않는 듯한 생각이 들었다.

두 사람은 옷방을 지나 내실로, 그리고 그곳에서 곁방으로 들어갔다. 그곳에는 알리샤가 말한 대로 오들리 부인의 초상화와 대략 20개쯤 되는 귀중한 그림들이 걸려 있었다.

부인의 초상화는 팔각형 곁방의 한가운데에 녹색 모직 천으로 덮여 이젤 위에 올려져 있었다. 화가가 바로 이 방에서 서있는 그녀를 그리면서 그 배경으로 그림들이 걸려있는 사방의 벽을 있는 그대로 충실하게 그려냈을 듯싶었다. 그 젊은 화가가 라파엘 전파[2]에 속하는 화가로 여겨진 이유는 부인의 부드러운 곱슬머리와 진홍색 벨벳 드레스의 풍성한 주름 등 부수적인 사항들을 과장하여 묘사하고 있기 때문이었다.

두 젊은이는 가장 궁금한 부인의 미완성 초상화를 잠시 미뤄두고 우선 벽에 걸린 그림들을 살펴보았다.

날은 벌써 어두워졌고, 로버트가 들고 있는 촛대의 촛불만이 둥글게 주변을 밝게 밝히고 있어 그는 그림 하나하나마다 그 앞에

---

2 라파엘 전파: 1848년 개브리얼 로셋티, 윌리엄 헌트, 존 에버렛 밀레를 중심으로 형성된 예술가와 예술비평가들의 급진적 그룹으로, 왕립미술 아카데미의 전통적 취향과 관습적 기법을 거부하고 새로운 시대적 감성을 추구하였다. 이들의 그림은 세부묘사, 질감, 화려한 색상을 중시하였고, 문학에서 취해온 에로틱하고 상징적인 주제를 다루었다.

서 발걸음을 멈췄다. 아무 장식도 없는 큼직한 창문 밖으로 아른거리는 차가운 대기 속의 사그러든 황혼에 물들은 흐릿한 하늘이 보였다. 폭풍이 다가오는 것을 알려주기라도 하는 듯 흔들거리는 정원의 잎사귀들과 함께 유리창의 담쟁이 넝쿨이 음침하게 바스락거리며 몸을 떨었다.

"우리의 영원한 동반자인 백마 그림들이군." 로버트는 필립스 바우베르만[3]의 그림 앞에 멈춰서며 말했다. "이건 니콜라 푸생[4]의 그림이고, 이건 살바토르 로사[5]의 그림이겠군. 그렇군, 그래. 자, 이제 부인의 초상화로 넘어가지."

초상화를 덮고 있는 녹색 천에 손을 얹은 로버트는 친구를 향해 진중하게 말했다.

"조지, 우리에게 남은 초는 하나밖에 없어서 그림을 제대로 감상하기가 정말 힘들겠어. 우리가 동시에 같이 보려고 하면 천상 한 사람이 다른 사람 뒤에 서서 봐야 하는 불편을 겪게 될 수밖에 없어. 더군다나 뒷사람이 그림을 자세히 보려면 발 돋움하고 앞사람의 어깨 너머로 들여다봐야만 해."

그러자 조지는 즉시 자리를 양보했다. 문제가 끊이지 않는 이 세상에서 고달픈 일에 지친 탓에 그는 오들리 부인의 그림에도 더

---

3 필립 바우베르만(1619~1668): 바로크 시대의 네덜란드 화가로 사냥, 풍경, 전투를 즐겨 그렸다.

4 니콜라 푸생(1594~1665): 바로크 시대를 대표하는 프랑스 화가로 종교적이고 신화적 주제를 즐겨 그렸다.

5 살바토르 로사(1615~1673): 바로크 시대의 이탈리아 화가이며 시인으로 공상적이고 독특한 풍경화로 유명하였다.

이상 관심이 가지 않았다. 그는 그림에서 물러서서 창문에 이마를 기대고 밤하늘을 바라보았다.

조지가 고개를 돌려보니, 로버트는 바라보기 편하도록 이젤의 위치를 조절한 다음 의자에 자리를 잡고 앉아 마음껏 그림을 감상하고 있었다.

조지가 다가오자 그가 자리에서 일어났다.

"이제 자네 차례야. 정말 특이한 초상화인데."

로버트는 조지가 있던 창문 곁으로 가고, 조지는 이젤 앞의 의자에 걸터앉았다.

그렇다. 화가는 라파엘 전파에 속하는 게 틀림없었다. 오직 그런 화풍의 화가만이 그릴 수 있는 그림이었다. 솜털처럼 포근한 곱슬머리의 머리결 하나하나를 빛나는 황금빛으로 칠하고 엷은 갈색으로 음영을 짓고 있었다. 오직 그 화가만이 그 섬세한 얼굴의 모든 특징을 과감하게 강조하여 희맑은 피부에 타오르는 광채를, 깊고 푸른 눈동자에는 불길할 정도의 야릇한 빛을, 그리고 도톰한 예쁜 입술에는 사악하다고 할 만한 단호한 느낌을 부여했다.

그림은 그럴듯해 보이기도 하면서도 그렇지 않아 보이기도 했다. 마치 오들리 부인의 얼굴 앞에서 기묘한 색깔의 불꽃을 태웠던 것 같았다. 그런 까닭에 전에는 본 적이 없던 새로운 형태의 선과 표현이 그 그림에 나타난 거였다. 완벽한 인물 형체와 빛나는 색채가 돋보이는 그림이었지만, 그러나 그 화가는 머리가 잠시 돌아 기이한 중세풍의 기형물을 복사해놓은 게 아닌가 하는 의구심을 일으켰다. 왜냐하면 그 그림 속의 오들리 부인은 뭔가 아름다운 악마의 모습을 하고 있었기 때문이었다.

그녀의 진홍색 드레스는 이 이상한 그림의 다른 부분처럼 매우 과장되게 그려져 있어서, 드레스의 주름은 불꽃같이 보였고, 그녀의 멋진 머리가 타오르는 색깔 더미 밖으로 불쑥 삐져 나온 모습은 마치 활활 타는 용광로에서 솟구친 것 같았다. 정말이지, 그 진홍색의 드레스, 얼굴 위에 드리워진 햇빛, 붉은 황금빛으로 빛나는 금발 머리, 농익은 주홍빛의 도톰한 두 입술, 오색찬란한 장식품들로 구성된 세밀한 색채의 배경—이 모든 것들이 한데 결합되어 그리 썩 호감을 주는 효과를 내지 못했다.

그 초상화는 참으로 이상하게도, 조지 톨보이즈에게 아무런 감흥도 주지 못했다. 그는 십여 분 동안 그림 앞에 앉아 말 한마디 없이, 그저 오른손에 꺼져가는 촛대를 꽉 움켜쥐고, 왼손은 옆으로 축 맥없이 내려뜨린 채, 멍하니 그 초상화의 캔버스를 바라만 보고 있었다. 그가 너무나 오랫동안 이런 자세로 앉아 있어서, 마침내 로버트가 그에게 다가왔다.

"조지, 자네 잠자는 줄 알았어."

"거의 그런 지경이었어."

"자네가 그 테피스트리가 걸려있는 눅눅한 방에 서 있어서 감기에 걸린 모양이군. 맙소사, 감기에 걸리다니. 까마귀처럼 목이 쉬겠군. 어서 이곳을 떠나세."

로버트는 조지의 손에 든 촛대를 건네 받아 다시 그 비밀 통로를 기어나갔고, 조지도 평소처럼 아주 조용히 그의 뒤를 뒤따랐다.

유아방에서 알리샤가 그들을 기다리고 있었다.

"어땠나요?" 그녀가 미심쩍게 물었다.

"아주 잘 구경하고 왔어. 그렇지만 그림은 별로 마음에 들지 않아. 그림이 좀 이상하던데."

"맞아요. 나도 그 그림을 보며 이상하다는 생각을 했어요. 어떤 때는 화가가 영감을 받아 정상적인 얼굴 표정에서 일반 사람의 눈에는 보이지 않는 색다른 표정을 발견하여 그림에 그려 넣었나 하고 생각하였죠. 그 그림에 나오는 오들리 부인의 모습을 우리는 평소 전혀 본 적이 없어요. 그렇지만 그렇게 보일 수도 있겠구나 하는 생각이 들어요."

"알리샤, 그렇게 장황하게 생각할 필요는 없어." 로버트가 간청하듯이 말했다.

"그렇지만, 로버트—"

"너무 심각해 하지마, 알리샤. 그림은 그저 그림일 뿐이야. 실제 오들리 부인과 그림은 같을 수 없어. 난 그렇게 생각해. 난 무슨 철학자도 아니니, 날 헷갈리게 하지마."

로버트는 두려움이 담긴 말투로 정말 진지하게 이 말을 몇 번이나 되뇌더니, 태풍이 몰아칠 것에 대비해 우산을 빌려 쓰고 무심히 뒤만 따르는 조지와 함께 저택을 떠났다. 그들이 아치형 문을 지나칠 즈음 바늘이 하나뿐인 멍텅구리 시계가 9시로 찔뚝 넘어섰다. 하지만 시계탑 그림자 아래를 채 지나기도 전에 서두르게 달려오는 마차가 지나가도록 옆으로 비켜서야 했다. 마을에서 돌아오는 중으로, 오들리 부인의 아름다운 얼굴이 창문을 내다보고 있었다. 어두컴컴해지는 어스름 속에서도 그녀는 두 젊은이의 시커먼 형체를 알아챌 수 있었다.

"누구예요? 정원사인가요?" 오들리 부인이 머리를 내밀고 물었다.

"아니요, 백모님. 백모님의 조카입니다." 로버트가 웃으며 대답했다.

마차가 저택 앞에 멈춰서고 놀란 하인들이 오들리 경과 부인을 맞이하러 나오는 모습을 로버트와 조지는 아치형 문에 멈춰 서서 지켜보았다.

"오늘 밤 폭풍이 올 것 같진 않군, 하지만 내일은 틀림없이 휘몰아 치겠는걸." 오들리 경이 하늘을 올려다보며 말했다.

9. 폭풍이 지나간 후

마이클 경의 예언은 적중하지 못했다. 폭풍은 다음 날까지 참지 못하고 자정이 되기 삼십 분 전쯤부터 맹렬하게 오들리 마을을 덮쳤다.

로버트는 평소 세상의 역경을 대했던 방식으로 평온하게 몰아치는 천둥 번개를 맞이했다. 방 안의 소파에 누워 닷새나 지난 첼스포드 지방 신문을 읽으며 이따금씩 시원한 과일 음료 한 잔을 들이켰다. 하지만 태풍은 조지에게는 엄청난 영향을 끼치며 가혹하게 다가왔다. 천둥 소리가 으르렁거리며 시퍼런 날카로운 번갯불이 하늘을 두 갈래로 갈라놓을 때마다, 그는 로버트의 창백한 얼굴과 맞은편 열려있는 창문 밖의 시커먼 하늘을 번갈아 쳐다보았다.

"조지, 번개 치는 게 무섭나?" 그를 한동안 지켜보던 로버트가 물었다.

"아니." 그는 퉁명스럽게 대답했다.

"하지만 이봐, 아무리 용감한 사람이라도 번개를 두려워 할 수 있어. 그건 두려움이라기보단 본능적인 거야. 자네도 두려워하는 것 같군."

"그렇지 않아."

"하지만, 조지. 자네 얼굴이 몹시 창백하고 초췌해 보여. 움푹 꺼진 눈으로 하늘에 유령이라도 나타난 듯 계속 뚫어지게 바라보고 있잖아. 겁 먹은 게 틀림없어 보이는데."

"아니라고 했잖아."

"조지, 번개만 두려워하는 게 아닌데. 두려움에 떠는 자네 자신과 그걸 지적하는 내게도 화를 내고 있는 걸."

"로버트, 한 번 더 그 말을 하면 가만두지 않을 거야." 톨보이즈는 이렇게 소리치며 집 안이 흔들거릴 정도로 난폭하게 방문을 쾅 닫고 성큼 걸어나가 버렸다. 그가 떠나자 달아오른 쇠 지붕처럼 무더운 대지를 덮었던 칠흑 같은 구름이 갑작스럽게 홍수처럼 비를 쏟아 붓기 시작했다. 번개를 무서워했을지 몰라도 비는 두려워하지 않았는지 그는 바로 계단을 내려가 여관 문을 열고 비에 젖은 길거리로 나섰다. 그는 이십 분이 넘도록 이리저리 빗속을 거닐다가, 흠뻑 젖은 채 돌아와 침실로 올라가 버렸다.

로버트는 층계에서 비 맞아 산발한 머리에 창백한 얼굴 그리고 물이 뚝뚝 떨어지는 옷을 걸친 채 돌아온 친구와 마주쳤다.

"이제 자러 갈 셈인가?"

"그래."

"촛불도 가지고 있지 않잖아."

"필요 없어."

"하지만 자네 꼴 좀 보게. 자네 외투 자락에서 물이 뚝뚝 떨어지고 있어. 도대체 이런 밤중에 왜 나간 거야?"

"피곤해서 그만 자고 싶어. 방해하지 말아 줘."

"따끈한 브랜디 한 잔 마시게나, 조지?"

로버트는 이런 상태로 잠을 청할 친구를 걱정하며 그를 가로막고 서서 말했다. 하지만 조지는 그를 세게 밀쳐버리고는 법원에서 그를 처음 마주쳤을 때 들었던 목쉰 소리로 말했다.

"날 좀 내버려둬. 가만 좀 둬."

로버트는 그를 따라 방으로 들어가려 했지만, 그는 문을 쾅 닫아버렸다. 하는 수 없이 그를 내버려 두고 로버트는 혼자서 최대한 차분하게 냉정을 되찾았다.

'번개를 무서워한다고 놀려대는 바람에 기분이 상했나 본데.' 이렇게 생각하며 로버트는 조용히 쉬기로 하였다. 침대가 흔들릴 만큼 폭풍이 휘몰아쳐도, 열려 있는 세면도구 상자 속의 면도날이 번쩍 빛날 만큼 심하게 번개가 쳐도 그는 무심해 보였다.

폭풍은 조용한 오들리 마을에서 점점 사라져갔다. 다음날 아침 로버트가 눈을 떠보니 밝은 햇살에 구름 한 점 없는 해맑은 하늘이 침실 창문의 하얀 커튼 사이로 엿보였다.

태풍이 지나간 자리에 찾아온 고요하고 평화로운 아침이었다. 새들이 활기차게 지저귀고, 누런 곡물이 밤새도록 거친 바람과 비를 몰고 온 태풍과 한바탕 싸움을 한 뒤 넓은 논두렁에서 자랑스럽게 다시 고개를 들어올린 채 흔들거렸다. 창문에 붙어 있는 덩굴 잎이 살랑살랑 흔들릴 때마다 줄기와 덩굴손에서 물방울이 다이아몬드처럼 반짝이며 떨어졌다.

조지는 아침 식탁에서 그를 기다리고 있었다.

조지는 매우 파리한 얼굴이었으나 평온해 보였다. 아니, 오히려 평소보다 더 활기 띤 모습이었다.

조지는 인생이 고통으로 망가지기 이전에 그의 특성이었던 마음이 따뜻한 태도를 드러내 보이며 로버트에게 악수를 청했다.

"밥, 나를 용서해 줘. 지난 밤 내가 성질을 부렸던 일 말이야. 자네 말이 옳았어. 폭풍우 때문에 내 정신이 나갔나 봐. 어렸을 적에도 늘 그랬어." 그는 솔직하게 털어놨다.

"저런! 우리 급행열차로 돌아갈까? 아니면 좀 더 머물다가 오늘 저녁 삼촌 댁에서 함께 식사를 할까?"

"밥, 솔직히 말하면, 둘 다 별로야. 날씨가 정말 훌륭하니, 하루 종일 산책을 하다가 다시 한 번 낚시를 해보면 좋겠어. 그러고 나서 저녁 6시 15분에 출발하는 기차를 타고 떠나는 게 어떻겠어?"

로버트는 그의 제안이라면 어떤 것도 받아주고 싶은 심정이었기 때문에 더 이상 토를 달 생각이 전혀 없었다. 그래서 당장 오늘 일정이 정해졌다. 아침 식사를 끝내고 난 뒤 그들은 오후 4시에 저녁을 준비해달라고 주인에게 부탁하였다. 그런 다음 조지 톨보이즈는 낚싯대를 듬직한 어깨에 매고 친구와 함께 길을 나섰다.

선 여관의 기둥뿌리를 흔들듯이 울려대던 천둥 소리에 로버트의 온화한 성격은 까딱도 하지 않았지만, 젊은 오들리 부인의 섬세한 감성은 그렇지 않았다. 그녀는 번개에 끔찍스러우리만큼 두려워했다. 침대를 방 구석으로 옮기고 두툼한 커튼을 단단히 쳤지만, 밖의 폭풍우 소리가 들릴 때마다 베개에 얼굴을 묻은 채 벌벌 떨었다. 두려움을 평생 알지 못했던 용감한 심장의 마이클 경은 두려움에 떠는 이 연약한 아내를 보호하고 막아줄 특별한 기회가 온 것에 너무 행복하여 몸을 떨 지경이었다. 으르렁거리는 천둥의 마지막 소리가 먼 언덕 너머로 사라지던 새벽 세 시까지 그녀는 외출옷조차 벗으려 하지 않았다. 그때까지 그녀는 외출할 때 입었던 비단옷을 갈아입지도 않은 채 이불 속에 몸을 웅크리고 공포에 젖은 얼굴로 태풍이 끝났는지 이따금씩 물을 뿐이었다.

새벽 4시가 되자 밤새도록 곁을 지키던 남편은 그녀가 깊은 잠에 빠지는 것을 보았고, 그녀는 내리 다섯 시간이 넘도록 잠에서 깨어나지 않았다.

오들리 부인은 아침 아홉 시 삼십 분에 스코틀랜드의 노랫가락을 흥얼거리며 거실에 나타났다. 그녀의 뺨은 모슬린 잠옷과 같은 엷은 핑크빛이었다. 폭풍우가 지난 뒤의 새와 꽃처럼 그녀의 아름다움과 기쁨도 아침 햇살을 맞으며 피어났다. 그녀는 잔디밭을 사뿐사뿐 거닐며 여기저기 떨어져 있는 장미 꽃봉오리와 제라늄 잔가지를 주웠다. 행복에 겨워 흥겨운 노래를 부르며 손에 든 꽃처럼 신선하고 빛나는 모습으로 이슬 맺힌 풀 사이를 지나 돌아왔다. 마이클 경은 창문을 열고 들어오는 그녀를 꼭 끌어안았다.

"여보, 당신의 기분이 좋아진 걸 보니 나도 행복하군! 지난 밤 커튼 밖을 내다보는 당신의 하얗게 질린 얼굴과 퀭한 눈길을 봤을 때, 내 아내가 아닌 다른 사람인양 섬뜩하고 무섭게 느껴졌지. 아침 햇살에 발그레한 뺨과 해맑은 미소를 되찾았으니 얼마나 다행인지 모르겠소. 루시, 어제 같은 모습은 다시는 보고 싶지 않소."

그녀는 발끝으로 서서 그에게 입맞춤을 했다. 그의 흰 수염에 겨우 닿을 듯한 높이였다. 자기는 어리석고 겁 많은 여자라서 개, 가축, 천둥소리, 거친 바다를 늘 무서워한다고 웃음지으며 말했다. "세상 모든 게 다 두려웠지만, 이제 듬직하고 멋진 남편이 있어 두렵지 않아요."

그녀는 옷방의 카펫이 어질러져 있는 것을 보고, 비밀 통로가 있는가 하는 의구심을 가졌다. 알리샤가 대담하게도 두 젊은이를 이곳에 들어오게 한 짓에 대해 그녀는 반은 장난끼로 타박했다.

"설마 내 초상화까지 들추어 본 건 아니겠지. 녹색 덮개가 바닥에 떨어져 있던데. 카펫에는 남자용 장갑도 있었고. 이것 봐!" 그녀는 화가 난 듯 말하며 두툼한 장갑을 집어 들었다. 그것은 조지가 그림을 보다 떨어뜨린 것이었다. "선 여관으로 가서 그 젊은 이들을 저녁 식사에 초대하고 오겠소." 마이클 경이 농장 주변에 아침산책을 나서는 길에 말했다.

오들리 부인은 밝게 빛나는 9월의 햇살 아래 이 방, 저 방을 돌아다녔다. 그리곤 피아노에 앉아 발라드와 이탈리아 가곡의 첫 장을 멋지게 연주하는가 하면 화려한 왈츠를 재빠른 솜씨로 두들겨 댔다. 그러더니 온실 속 꽃 사이를 거닐며 반짝이는 은자수 가위로 어설프게 손질해댔고, 또한 옷방으로 들어가 피비와 수다를 떨며 머리를 세네 번씩 매만졌다. 곱슬머리가 자꾸 뒤엉켜서 피비가 애를 먹었다.

9월의 화창한 날, 오들리 부인은 흥겨운 기분으로 한 장소에서 한 가지 일에 집중하지 못하고 들떠있었다.

그녀가 이렇게 요란을 떨며 즐기는 동안, 두 젊은이는 개울가를 따라 천천히 걸어가다 그늘진 한 모퉁이에서 자리를 잡았다. 그 그늘진 곳은 물도 깊고 잔잔하였으며 버드나무 긴 가지가 물속까지 잠겨있었다.

로버트가 무릎덮개 모포 위에서 사지를 쭉 펼치고 눕더니 햇볕을 가리려고 모자를 코 위까지 덮고는 깊은 잠에 빠져들었다. 한편 조지는 낚시대를 꺼내 들었다.

톨보이즈가 앉아 있는 둑 근처의 개울에는 물고기들이 활기차게 헤엄치고 있었다. 던져진 미끼를 살짝 입질만 할 뿐 위험에 빠질 생각은 없이 장난질을 치며 놀고 있는 듯싶었다. 조지는 낚싯대를 힘없이 느슨히 잡은 채 그저 멍하니 물가를 바라보며 앉아있었다. 그의 이상한 눈길은 먼 세계를 보고 있는 듯했다. 교회 시계탑이 두 시를 알리자 그는 낚싯대를 내려놓고 둑길을 따라 걸어나갔다. 로버트는 여전히 평소대로 낮잠을 즐기고 있어 두세 시간 동안 깨지 않을 것처럼 보였다. 대략 500미터 정도 걸어나가자 낡은 다리가 나타났고, 그는 그 다리를 건너 오들리 저택으로 향하는 목초지로 향했다.

새들이 아침 내내 지저귀느라 지금쯤 지친 모양이었다. 게으른 소들은 풀밭 위에서 잠을 자고 있었다. 마이클 경은 아직까지 아침 산책에서 돌아오지 않았고, 알리샤는 한 시간 전쯤에 암갈색 말을 타고 나간 상태였다. 하인들은 모두 저택 뒤편에서 점심을 먹고 있었다. 오들리 부인은 한 손에 책을 들고 그늘진 라임나무 오솔길을 천천히 걷고 있었다. 햇빛 찬란한 이날 오후 회색의 낡은 건물이 이렇게 평화로운 모습을 띤 적은 없었다. 조지가 잔디밭을 건너 단단한 떡갈나무문을 두드리자 낭랑한 소리가 울려 퍼졌다.

두드리는 소리를 듣고 나타난 하인은 마이클 경이 출타 중이며 오들리 부인은 라임나무 오솔길을 산책 중이시라고 말했다.

그는 약간 실망해서 오들리 부인을 만나지 못해 아쉽다고 중얼거리는 듯 하더니—하인은 그가 뭐라고 하는지 잘 알아듣지 못했다—명함도 메시지도 하나 남기지 않고 되돌아갔다.

한 시간 반 가량이 지나 오들리 부인이 집으로 돌아왔다. 라임나무 오솔길이 아닌 정확히 반대 방향에서 온 것이었다. 여전히 손에 책을 들고 노래를 흥얼거리고 있었다. 알리샤도 말에서 내려 뉴펀들랜드 종 개와 함께 낮은 아치형 문에 서 있었다.

오들리 부인을 썩 좋아하지 않는 그 개는 낮게 으르렁거리며 이빨을 내보였다.

"저 끔찍한 개를 좀 치워, 알리샤. 저 짐승은 내가 두려워하는 걸 아는 것 같아서 저렇게 일부러 으르렁 거리잖아. 개가 사람을 잘 따르고 사랑스럽다고 하다니! 흥, 말도 안 돼. 나도 네가 싫고, 너도 내가 싫은 거지. 어두운 좁은 길에서 너를 만났다가는 내 목덜미에 덤벼들어 물어뜯겠군." 오들리 부인이 짜증을 내며 말했다.

오들리 부인은 알리샤의 뒤에 안전하게 숨어 그녀의 곱슬머리를 화난 개에게 흔들어 보이며 심술궂게 놀려댔다.

"젊은 홀아비라는 그 톨보이즈 씨가 잠시 다녀왔대요. 아버지와 당신의 소식을 묻고 갔다고 하더군요."

루시 오들리는 가느다란 눈썹을 치켜 세우며 말했다. "저녁 식사 때 온다고 알고 있었는데. 그때 가서 인사를 나누면 되지."

그녀는 가을 야생화 한 다발을 치마 속에 담고 있었다. 저택 뒤의 들판을 건너오면서 울타리에 핀 꽃들을 따온 거였다. 그녀는 방으로 향하는 넓은 계단을 가벼운 발걸음으로 올라갔다. 조지의 장갑이 탁자 위에 올려져 있었다. 오들리 부인은 사납게 벨을 울려 피비를 부른 다음 쏘아붙였다. "이 물건 좀 치우도록 해." 피비는 장갑과 시든 꽃들, 그리고 탁자 위의 찢어진 종이를 앞치마에 쓸어 담았다.

"오늘 아침 내내 뭘 하고 있었니? 빈둥거리며 지낸 건 아니겠지?" 오들리 부인이 피비에게 물었다.

"그럼요, 마님. 파란 드레스를 수선하고 있어요. 이곳은 좀 어두워서 제 방의 밝은 창가로 가서 옷을 고치고 있었어요."

이렇게 말하며 피비는 자리를 떠나려다가 오들리 부인이 무슨 지시를 더 내리지 않을까 하는 느낌에 다시 몸을 돌려 마님을 쳐다보았다.

루시도 그 순간 피비를 쳐다보았고, 그 두 사람은 서로 눈이 마주쳤다.

"피비 막스, 너는 참 부지런한 애야. 나와 함께 이곳에서 지내는 동안 넌 다른 친구나 돈 따위에 대한 걱정은 하지 않아도 돼." 푹신한 의자에 몸을 기대고 무릎의 야생화를 다듬으며 오들리 부인이 말했다.

10. 행방불명

로버트는 잠에서 깨어나 둑 위에 남겨진 낚싯대를 보고 놀랐다.

낚싯줄은 물에서 하릴없이 흔들거렸고 찌는 오후의 햇살을 받으며 위아래로 그냥 까딱까딱 움직이고만 있었다. 젊은 변호사는 오랫동안 이렇게 저렇게 바꿔가며 팔다리를 쭉 피면서 자신의 신체가 아직 쓸만하다는 걸 확인하는 듯했다. 한참 운동을 하고 난 뒤 자리에서 힘겹게 일어난 그는 풀 위에 깐 담요를 천천히 개어 어깨에 메고, 조지 톨보이즈를 찾으러 길을 나섰다.

졸음에 겨운 하품을 한두 번 크게 했지만, 머리 위 나뭇가지에 앉은 새들과 발 밑에 흐르는 개울의 송어들조차 까딱하지 않았다. 아무런 대답이 없자, 따분해진 그는 꾸물거리고 여전히 하품을 하며 조지를 찾아 다녔다.

어느 순간 시계를 보니, 놀랍게도 벌써 4시 15분을 지나고 있었다.

"이 냉정한 녀석이 혼자 저녁을 먹으러 집에 간 게 분명해! 아니야, 그건 그답지 않은 행동이지. 내가 말하지 않는 이상 끼니 챙겨먹는 일에 관심도 없잖아." 그는 이리저리 생각해 보며 중얼거렸다.

왕성한 식욕을 가진 데다 점심 시간이 지났다는 걸 알고 있었지만 체질적으로 꾸물대는 그는 여전히 발걸음을 서두르지 않았다. 여관에 막 도착했을 때 종이 다섯 시를 알렸다. 작은 응접실에서 조지가 기다리고 있을 거라고 확신했던 그는 조지가 보이지 않자 매우 낙담하여 걱정이 저절로 배어 나왔다.

"이렇게 멋진 날인데! 식사도 식었고 같이 먹을 사람도 없다니!"

선 여관의 주인이 다가와 음식이 식어버린 것에 대해 사과했다.

"보시다시피 오늘 음식은 아주 훌륭한 오리고기였는데, 불에 올려놓고 기다리다 그만 새까맣게 타버리고 말았어요."

"신경 쓰지 않아도 돼요. 톨보이즈 씨는 어디 갔나요?" 로버트가 물었다.

"오늘 아침 함께 외출한 이후 돌아오지 않았어요."

"뭐라고요? 이런! 도대체 혼자서 뭘 하고 있는 거지?"

그는 창문으로 걸어가 희뿌옇고 널찍한 길을 내다보았다. 건초를 가득 실은 마차가 천천히 지나가고 있었다. 오후 햇살 아래 고개를 떨군 채 꾸벅꾸벅 졸고 있는 게으른 마부를 싣고 느릿느릿 말이 걸어갔다. 또한 길가에는 제멋대로 흩어진 양 떼 무리를 지키느냐고 양치기 개 한 마리가 열심히 뛰어다니고 있었다. 일을 마치고 집으로 향하는 벽돌공, 길가에서 냄비를 수선하고 있는 땜장이, 그리고 7시 식사 시간을 맞추러 오들리 경을 태운 이륜마차가 급히 지나가고 있었다. 그 밖에도 부산하게 버석거리는 소란스러움과 어우러져 활기에 넘치는 흔한 마을 풍경이 눈에 들어왔다. 하지만 그곳에도 조지 톨보이즈는 보이지 않았다.

"살면서 이렇게 이상한 경험은 처음이야. 정말 신기한 일이군." 로버트가 말했다.

여전히 자리를 지키고 있던 여관 주인은 이런 로버트의 말에 눈을 크게 떴다. 저녁 식사에 단지 늦었다는 이유만으로 그게 그렇게나 놀라운 일이 될 수 있단 말인가?

"가서 그를 좀 찾아 봐야겠어요." 모자를 낚아채더니 집을 나가며 로버트가 말했다.

하지만 문제는 어디서 그를 찾을 수 있는지였다. 분명 송어가

헤엄치는 개울가에는 그가 없을 것이 분명하므로, 그곳에 가봐야 소용 없는 일이었다. 로버트는 숙소 앞에 우두커니 서서 어떻게 하면 좋을지 신중히 생각하고 있을 때, 여관 주인이 그를 따라 나와 말했다.

"깜빡 잊고 전하지 못한 게 있어요. 나리가 아침에 친구분과 함께 나가시고 난 뒤 몇 분 후에 오들리 경께서 이곳에 찾아와 나리와 친구분을 저택 저녁 식사로 초대하는 메시지를 주고 가셨습니다."

"그럼 조지가 백부님을 뵈러 먼저 저택에 갔을 리는 없겠군요. 그답지 않지만 어쩌면 그럴 수도 있겠다 싶었는데 말이에요."

로버트가 백부의 저택 문을 두드렸을 땐 이미 6시가 다되었다. 그는 백부님 식구들의 안부를 묻기 전 그의 친구 소식부터 바로 물었다.

오들리 저택의 하인은 조지 톨보이즈가 두 시쯤 다녀갔다고 말했다.

"그 이후로 그가 다시 오지 않았나?"

"예, 다시 오지 않았어요."

두 시쯤이 확실한지 로버트가 다시 묻자, 확실히 그렇다고 하인은 대답했다. 그때가 하인들의 식사 시간이어서 식사 중에 문을 열어 주었던 것을 기억하기 때문이었다.

"도대체 무슨 일이 생긴 거지? 두 시에서 여섯 시 사이, 네 시간 동안 그의 행방이 묘연하니." 로버트는 저택에서 등을 돌리며 말했다.

어쩐 일로 다른 사람에게 강한 애착을 보이냐고 로버트에게 묻는다면, 냉소적인 이 신사는 터무니 없는 그 말에 모멸감의 표시로 눈썹을 찡긋 치켜세웠을 것이다. 그러나 지금 그는 불안하고 걱정스러운데다 행방을 알 수 없는 그의 친구에 대한 온갖 추측으로 매우 당혹스러웠다. 그래서 그는 평소답지 않은 태도로 걸음을 재촉했다.

"이튼에 있을 때 이후로 이렇게 빨리 걸어본 적이 없는데." 로버트는 오들리 경의 목초지를 성급히 가로지르며 중얼거렸다. "게다가 내가 지금 어디로 향해야 하는지조차 모르겠으니 최악인 걸."

그는 또 다른 목초지를 지나 울타리 문에 걸터앉아서 무릎에 팔꿈치를 기대고, 얼굴을 양손에 파묻은 채 이 문제를 심각하게 따져봤다.

"그렇지! 철도 역으로 가보는 거야." 잠시 생각하던 그가 걸터앉은 문에서 펄쩍 내려서며 외쳤다. 그리고 붉은 벽돌의 작은 건물을 향해 달려갔다.

역에서 기다리는 30분동안 기차는 오지 않았다. 역무원은 사무실 한쪽 편의 자기 집에서 차를 마시고 있었다. 문 앞에는 하얗고 큰 글씨로 '개인 사택'이라고 적혀 있었다.

하지만 로버트는 오직 친구를 찾아야겠다는 생각에만 사로 잡혀 이 안내문을 무시하고, 즉시 그 집에 다가가 지팡이로 문을 두드렸다. 뜨거운 차를 마시느라 땀을 흘리고 한 입 가득 빵을 씹고 있던 승무원이 문을 열고 나왔다.

"스미더즈 씨, 저번에 나와 함께 오들리 마을에 왔던 신사를 기억하나요?" 로버트가 물었다.

"솔직히 말하면 잘 기억이 나지 않습니다. 선생님께서 4시쯤 도착했던 것 같은데, 항상 승객들로 붐비는 시간이거든요."

"그럼, 기억 나지 않겠군요."

"예, 그렀습니다."

"정말 큰일이군! 오늘 두 시 이후 런던으로 가는 표를 그가 샀는지 꼭 알고 싶군요. 그는 키가 크고 어깨가 떡 벌어진 젊은이예요. 갈색 수염이 나 있고요. 이쯤 되면 쉽게 알아볼 수 있을 텐데요."

"3시 반 상행선 차표를 샀던 남자가 네다섯 명 됩니다." 역무원이 모호하게 말하며 오붓하게 차를 마시다 방해를 받게 되어 기분이 별로 좋지 않던 그의 아내를 어깨 너머로 걱정스럽게 바라보았다.

"네다섯 명이요? 방금 내가 말한 것과 같은 사람이 그중에 있었나요?"

"그중 한 분이 수염이 있긴 했어요."

"어두운 갈색 수염이었나요?"

"잘은 모르겠지만 갈색과 비슷하긴 했어요."

"회색 옷을 입었든가요?"

"그럴 거예요. 대부분 신사들이 회색 옷을 입으니까요. 그 사람은 가장 빠른 직행 표를 구입하고는 휘파람을 불며 플랫폼으로 바로 나갔어요."

"조지가 확실해! 고마워요, 스미더즈 씨. 더 이상 방해하지 않을게요." 그는 역을 떠나며 중얼거렸다. "이제 명백해졌어. 조지에게 우울증이 다시 찾아온 거야. 그래서 한마디 말도 없이 떠나버린 거지. 내일 아침 나도 이곳을 떠나야겠어. 오늘 밤은—그래, 백부 댁으로 가서 새 숙모를 만나봐야지. 7시나 돼야 저녁 식사를 할 거야. 목초지를 다시 가로질러 가면 제 시간에 도착할거야. 로버트 오들리—자네에게 이런 일은 한 번도 없었는데. 새 백모에게 완전히 푹 빠진 게 틀림없군."

11. 오들리 부인의 손목 위에 난 흔적

로버트는 응접실에서 마이클 경과 오들리 부인을 만났다. 부인은 그랜드 피아노 앞의 의자에 앉아 새 악보를 뒤적이고 있었는데, 이 회전 의자를 빙그르르 돌릴 때면 비단치마에서 바스락거리는 소리가 났다. 바로 그때 하인이 로버트 오들리의 방문을 알렸다. 그러자 그녀는 피아노 의자에서 일어나 가식적이라 할 정도로 격식을 갖춘 인사를 조카에게 했다. "흑담비 모피를 구해주셔서 감사해요." 그녀는 다이아몬드 반지로 온통 반짝이는 자그마한 손가락을 드러내며 말했다. "저를 위해 그렇게 애써주시니 정말 친절한 분이세요."

러시아를 여행하면서 오들리 부인의 부탁을 들어주었던 일을 사실상 그는 거의 잊고 있었다. 그는 오직 머릿속에 조지 톨보이즈에 대한 생각만 가득 차 있어 그녀의 감사 표시를 그냥 고개 숙이는 인사로 응대하였다.

"백부님, 제 멍청한 친구녀석이 그냥 런던으로 돌아가 버렸어요. 절 이렇게 당황하게 만들어 버리고요."

"조지 톨보이즈 씨가 런던으로 돌아갔어요?" 눈썹을 치켜세우며 오들리 부인이 말했다.

"정말 말도 안 돼요! 다몬과 피티아스[6]처럼 두 분은 그렇게 절친한 사이였는데." 알리샤가 심술궂게 놀려댔다.

"조지는 매우 좋은 친구예요. 솔직히 말하면, 그 친구가 너무나 걱정이 돼요." 로버트의 말은 단호했다.

걱정이 된다니! 오들리 부인은 로버트가 왜 친구를 걱정하는지 그 이유를 몹시 알고 싶었다.

"그 이유를 말해드리지요, 오들리 부인." 젊은 변호사가 말했다. "제 친구 조지는 일 년 전 아내가 죽어 끔찍한 충격을 받았어요. 아직도 그 상처를 극복하지 못했지요. 현재는 쥐 죽은 듯 조용히 살고 있죠. 그렇게 활발했던 친구였는데 지금은 저만큼이나 조용히 살고 있어요. 하지만 종종 이상한 말을 하곤 해요. 언젠가는 그런 슬픔에 사로잡혀 그가 무모한 행동을 저지를지도 모를 거라는 생각이 가끔씩 들 정도예요." 로버트가 막연한 기분으로 말했다. 그러나 듣고 있던 세 사람은 그가 암시한 그 무모한 행동이 회개할 수 없는 그런 짓이라는 걸 짐작할 수 있었다.

한동안 침묵이 흐르고 있을 때 오들리 부인은 맞은편 콘솔 탁자 위의 거울을 들여다보며 자신의 곱슬거리는 금발머리를 매만졌다.

"아, 저런! 정말 이상하군요. 남자들은 그렇게 깊은 애정을 오

6 다몬과 피티아스: 그리스 전설에 나오는 두 사람은 목숨까지 내걸고 상대방을 아끼는 절친한 친분으로 유명.

래 간직한다고 난 생각하지 않았는데요. 남자들에겐 얼굴만 예쁘면 이 여자이든 저 여자이든 상관하지 않는다고 생각했거든요. 푸른 눈에 금발의 여자가 죽고 나면 남자들은 이번에는 검은 눈에 검은 머리의 색다른 여인을 찾는 식이죠."

"조지는 그런 남자가 아닙니다. 아내의 죽음에 그의 가슴도 무너져버렸다고 전 확실히 믿어요."

"너무 슬픈 일이군요. 이렇게 슬퍼하는 남편을 남겨두고 세상을 떠나다니, 정말 잔인한 일이에요." 오들리 부인이 중얼거렸다.

'알리샤의 말이 옳았어. 백모는 정말 어린애처럼 순박하군.' 로버트는 그녀의 어여쁜 얼굴을 바라보며 생각했다.

그의 새 백모는 식사 자리에서조차 매우 사랑스러운 모습이었다. 앞에 놓인 꿩고기 요리를 제대로 자르지 못하는 것을 당황해하며, 이를 수줍게 고백하면서 로버트에게 도움을 청했다.

"도우슨 씨 댁에서 지낼 때 양고기의 다리 정도는 자를 수 있었는데." 그녀가 웃으며 말했다. "물론 양고기의 다리는 쉬웠어요. 그때에도 자리에서 일어나서 자르곤 했지요."

그녀가 미모에 대한 자신감으로 조카의 마음을 사로잡고 있는 광경을 마이클 경은 흐뭇하게 지켜보았다.

"우리 오들리 부인이 평소의 명랑한 기분을 되찾게 되어 정말 다행이군. 어제 런던에서 있었던 실망스러운 일로 낙담해 있었거든." 그가 말했다.

"실망스러운 일이 있었다고요!"

"그럼요, 오들리 씨. 아주 고통스러운 일이었어요. 어느 날 아침 내 오랜 친구이자 교장 선생님이셨던 분으로부터 전보를 받았는데, 그분이 곧 세상을 떠날 것 같아 죽기 전에 저를 보고 싶다는 거예요. 그러니 즉시 서둘러야 했는데, 전보엔 주소도 없는 거예요. 그런 상황이라서 당연히 3년 전 그분과 헤어졌던 옛 집에서 여전히 살고 계실 거라고 생각했지요. 마이클 경과 저는 즉시 런던의 그 옛 주소로 곧바로 찾아갔지만, 그 집에는 이미 다른 사람이 살고 있었고 선생님의 소식은 전혀 알 수가 없었지요. 그곳은 외진 동네여서 물건을 팔러 다니는 상인들도 거의 오지 않는 곳이에요. 마이클 경께서 몇몇 가게에 들러 물어보았지만, 잔뜩 고생만 하셨을 뿐 선생님에 대한 정보는 전혀 얻을 수가 없었죠. 전 런던에 친구가 한 명도 없어 제 남편 외에는 도움을 받을 데가 하나도 없었어요. 제 남편께서 친절하게도 끝까지 애써주셨지만 선생님의 새 보금자리를 찾는 일은 결국 헛수고가 되고 말았어요."

"전보에 주소를 적어 보내지 않은 것이 큰 실수였군요." 로버트가 말했다.

"사람이 죽는 순간에 모든 일을 다 챙기기가 어렵긴 하지요." 오들리 부인이 애잔한 푸른 눈으로 안타깝다는 듯이 그를 바라보며 잔잔히 말했다.

새 백모의 매력에 혹해 있었지만, 그리고 무한한 숭배의 감정에 푹 빠져있기는 했지만, 젊은 변호사는 이 조용한 9월 저녁의 뭔가 명확하지 않지만 편치 못한 기분을 떨쳐내지 못하였다.

로버트는 아늑한 방 안에서 문설주가 있는 창문의 안쪽에 앉아 오들리 부인과 얘기를 나누고 있었지만, 그의 마음은 그늘 진 피그트리 아파트를 헤매고 있었다. 가엾은 조지가 개와 새들만 있는 방 안에서 홀로 담배를 피우고 있을 모습이 머릿속에서 떠나지 않았다. '이런 우정의 감정을 느껴보기는 처음인걸. 마치 인생을 망친 하나뿐인 아들을 생각하는 아버지의 심정이야. 그 친구가 아내를 다시 되살려 남은 여생을 아내와 함께 벤트너에서 평화롭게 보낼 수 있다면 얼마나 좋을까.'

오들리 부인은 졸졸거리는 시냇물처럼 여전히 귀엽고도 낭랑한 목소리로 잡다한 수다를 한없이 즐겁게 늘어놓았다. 하지만 로버트의 생각은 자신도 모르게 조지에게만 향하고 있었다.

아들을 만나기 위해 이른 아침 열차 편으로 사우샘프턴으로 떠나는 조지의 모습, 그리고《타임즈》신문의 외항선 출발 광고를 들여다보며 호주로 떠나는 배 편이 있는지 살펴보는 그의 모습, 심지어 한 번은 강물 바닥에 차갑고 뻣뻣이 굳은 몸으로 어두워져 가는 하늘을 바라보고 있는 그의 얼굴 영상이 떠오르기도 해서 로버트는 몸서리를 치기도 했다.

오들리 부인은 로버트의 주의가 떠나있는 걸 눈치 채고, 무슨 생각을 하냐고 물었다.

"조지에 대한 거죠." 그는 무뚝뚝하게 말했다.

그녀는 약간 당황한 눈치였다.

"톨보이즈 씨에 대해 말할 때마다 제 마음 역시 매우 불편해지더군요. 그분에게 무슨 이상한 일이라도 생긴 듯이 걱정하게 만드는군요."

"천만에요! 무슨 일이 생기겠어요? 하지만 걱정되는 건 어쩔 수가 없군요."

늦은 저녁 마이클 경은 오들리 부인에게 피아노 연주를 요청했다. 로버트는 피아노 연주에 따라 악보를 넘겨주려고 그녀 뒤를 따라갔다. 그러나 그녀는 기억으로 연주를 할 수 있었고, 그 바람에 기꺼이 자원하여 나섰던 일이 필요하지 않았다.

그는 한 쌍의 촛불을 들고 와 어여쁜 연주자가 편하도록 피아노 위에 잘 올려놓았다. 그녀는 몇 번 코드를 맞춰보더니 베토벤의 애수에 찬 소나타를 연주하기 시작했다. 밝고 쾌활한 그녀의 성격이 그런 침울하고 우수에 젖은 멜로디를 좋아한다는 건 역설이라고 하겠다.

로버트는 그녀 곁에서 머뭇거리다가 더 이상 악보를 넘겨줄 일이 없게 되자, 보석으로 치장된 그녀의 흰 손이 건반 위를 부드럽게 미끄러져가는 걸 마음 편히 지켜보는 게 즐거웠다. 소매 레이스가 우아한 그녀의 굽어진 손목까지 흘러내렸다. 그녀의 예쁜 손가락을 하나하나 살펴보았다. 어느 손가락에는 하트 모양의 루비가 반짝였고, 다른 손가락에는 뱀처럼 똬리를 튼 에메랄드가 빛났으며, 그 두 개 반지 가장자리엔 온통 별처럼 반짝이는 다이아몬드가 뿌려져 있었다. 그의 시선은 손가락에서 손목으로 옮겨갔다. 급격히 빠른 곡조를 연주할 때는 팔에 꼈던 납작한 굵은 금팔찌가 오른편 손목까지 흘러내렸다. 그녀는 갑작스레 연주를 멈추고 팔찌를 다시 조정했으나, 그 순간 로버트는 그녀의 연약한 손목 위에 푸른 멍을 발견했다.

"손목을 다쳤군요, 오들리 부인." 그가 외쳤다. 그녀는 서둘러 팔찌로 멍을 가렸다.

"아무것도 아니에요. 피부가 연약해 조그만 스쳐도 멍이 들어요."

그녀는 연주를 계속 했지만 마이클 경은 아내의 예쁜 손목에 난 멍을 살피러 방을 건너왔다.

"이런, 루시! 어떻게 된 일이지?"

"아무것도 아닌 일에 그렇게 호들갑을 피울 필요가 없어요. 별 생각 없이 며칠 전 장난 삼아 리본을 좀 세게 매었다가 풀고 나 보니 이런 자국이 남았을 뿐이에요." 그녀가 웃으며 대답했다.

'흠! 백모가 어린애다운 거짓말을 하고 있네. 저 멍은 며칠 전 게 아니라 더 최근에 생긴 건데. 피부 색이 막 변하기 시작했는걸.'

마이클 경은 억센 손으로 그녀의 연약한 손목을 잡았다.

"로버트, 이 촛대를 들고 있어봐. 가엾은 상처를 좀 살펴봐야겠어."

그건 멍 하나만이 아니었다. 가늘고 보랏빛을 띈 상처가 네 개나 되었다. 억센 손이 연약한 그녀의 손목을 험악하게 잡아 생긴 네 손가락 자국 같았다. 사실상 가느다란 리본을 세게 묶으면 이런 자국이 생길 수도 있을 거였다. 그녀의 기억으로는 리본 때문에 생긴 게 틀림없다고, 그녀는 한 번 더 주장했다.

희미한 보랏빛 멍을 가로지르는 좀더 시커먼 자국은 억센 손가락에 낀 반지가 부드러운 살을 함부로 짓눌러 생긴 듯했다.

'그녀는 거짓말을 하고 있는 게 분명해. 리본 얘기는 다 거짓말이야.' 로버트에게는 이런 생각이 들었다.

열 시 반쯤에 그는 오들리 부부에게 작별인사를 했다. 피그트리 아파트에서 조지를 만나러 내일 아침 런던행 첫 기차로 떠난다고 이야기했다.

"만약 거기서 조지를 만나지 못하면, 사우샘프턴으로 가보려고 해요. 그리고 거기서도 찾지 못하면—"

"그럼 어떻게 할 작정인가요?" 오들리 부인이 물었다.

"정말 이상한 일이 일어났다고 생각해야죠."

로버트는 그늘진 목초지를 지나 여관으로 천천히 걸어가며 기분이 매우 우울했다. 창 밖을 바라보고 함께 담배를 피우며 휴식을 취하던 선 여관의 응접실에 도착했을 땐 그는 더욱더 그런 기분에 잠겼다.

"친구를 좀더 보살필 수도 있었는데. 여하튼 무슨 일이 있어도 내일 아침 런던으로 돌아가 세상 끝까지 가는 한이 있더라도 그를 찾아내고 말겠어." 그는 혼자 생각에 잠긴 채 중얼거렸다.

로버트의 무덤덤한 성향과는 달리 이러한 결심은 평소와는 다른 극히 예외적인 일이었다. 그의 인생에 처음으로 이런 단호한 결심이 서자, 그에게 목표를 해내도록 밀어붙이는 강철같이 강인하고 끈덕진 힘이 우러났다.

열정적인 사람들의 태도와는 달리, 그의 느긋한 성품은 한꺼번에 여러 생각을 해보지 않고, 또한 어느 한 가지도 끈덕지게 깊이 생각하지 못했지만, 일단 진지하게 주의를 집중하게 되자 놀랍게도 그의 통찰력이 명료해지기 시작했다.

정말이지 근엄한 선배 변호사들은 그를 비웃었고 동료 변호사들은 바스락거리는 실크 가운 아래 어깨를 들썩이며 그의 뒤편에서 로버트를 조롱했었다. 그렇지만 그가 직접 소송사건을 맡아 의견서를 작성했다면, 그를 과소평가하던 법조계의 거물들도 아마 깜짝 놀랐을 것이다.

12. 여전히 행방불명 상태

9월의 햇살이 법원의 정원 분수에서 반짝이고 있을 때 로버트는 피그트리 아파트이자 사무실로 다음 날 아침 일찍 돌아왔다.

조지가 잠을 잤던 그의 작은 사무실에서 카나리아 새들이 지저귀고 있었지만, 방 안은 두 사람이 떠난 뒤 세탁부가 집 안을 정돈했던 모습 그대로 가지런한 상태였다. 조지 톨보이즈가 머물렀으면 의자도 제자리에 있지 않을 테고 담배갑 뚜껑도 열려있을 거였다. 조지가 편지라도 남겼을까 하는 마지막 남은 희망으로 벽난로 위와 방 안 식탁마다 찾아보았지만 헛수고였다.

'그는 여기서 지난 밤 잠을 자고 오늘 아침 일찍 사우샘프턴으로 떠났을 거야. 그 후 말로니 부인이 이곳을 정돈했을 게 틀림없어.'

신나서 활기 치는 카나리아에게 이따금씩 휘파람을 불어주며 로버트가 한가로이 방 주위를 둘러보고 앉아 있을 때 집 안 청소를 맡고 있는 말로니 부인의 질질 끄는 신발소리가 바깥 층계에서 들려왔다.

"아니요, 톨보이즈 씨는 아직 돌아오지 않았어요." 그녀는 오늘 아침 일찍 6시에 집 안을 들여다봤지만 방은 텅 비어 있었다.

"도대체 그 신사분에게 무슨 일이라도 생긴 건가요?" 창백해진 로버트의 얼굴을 보며 그녀가 물었다.

이 질문에 그는 매정한 표정으로 그녀를 돌아보았다.

"무슨 일이라도 생기다니! 무슨 일이 생겨야 한단 말이요? 우리는 바로 전날 2시에 나와 헤어졌을 뿐이에요."

말로니 부인은 이곳에 한때 묵었던 가난한 젊은 기관사에 대해서 말해주었다. 그는 푸짐하게 저녁 식사를 한 후 최상의 기분으로 집을 나섰다가 급행열차와 화물차의 충돌로 죽음을 맞이했다고 했다. 하지만 로버트는 말을 함부로 내뱉는 이 아일랜드 여인이 본인의 불행한 이야기를 털어놓기 전에 모자를 집어 들고 집을 나와버렸다.

사우샘프턴에 도착했을 때 날은 어두워지고 있었다. 바다로 이어지는 삭막한 길을 따라 로버트는 조지의 장인어른이 살고 있는 초라한 테라스 주택단지로 향했다. 거리를 따라 내려오니 조지의 어린 아들이 거실의 열린 창문 아래서 놀고 있었다.

우중충하고 고요한 이 집의 상황을 보니 그가 찾으러 내려온 조지가 여기 오지 않았다는 확신이 모호하나마 그의 마음을 차지했다. 그 노인네가 문을 열자 꼬마가 창 밖으로 이상한 방문객을 엿보았다.

꼬마는 조지의 갈색 눈동자와 까만 곱슬머리를 닮은 잘생긴 사내아이였다. 그러나 얼굴 전체에는 아버지와 닮지 않은 점이 묘한 표정이 담겨있었다. 얼굴 구석구석은 조지와 닮은 판박이였지만, 전체적 인상은 아버지와는 사뭇 달랐다.

노인네는 로버트를 보고 반가운 내색을 했다. 그때 있었던 슬픈 사건으로 인해 벤트너에서 그와 만났던 기억을 잊지 않고 있었다.

"이렇게 반가운 일이 있나. 안으로 들어 오세요." 그는 붉어진 눈을 닦으며 말했다.

로버트는 작은 응접실로 성큼 들어섰다. 가구들은 허름하고 거무칙칙했고, 담배와 술 냄새가 퀴퀴하게 배어있었다. 소년의 고

장난 장난감과 노인의 부러진 담뱃대, 술 자국이 묻은 오래된 신문이 더러운 카펫 위에 흩어져 있었다. 꼬마 조지는 로버트에게 슬그머니 다가와 커다란 눈으로 슬쩍 쳐다보았다. 로버트는 꼬마를 무릎 위에 올려놓고, 노인네와 이야기하는 동안 자신의 시계줄을 갖고 놀도록 해주었다.

"말씀 드리기가 좀 뭣 하지만 여쭤볼 것이 있어서 왔습니다. 사위인 조지가 이곳 사우샘프턴에 혹시 내려오지 않았나요?"

"뭐라고요? 그가 이곳에 다녀간 일을 알고 있지 않은가요?"

"그가 여기 왔다고요? 그럼 그가 지금 여기 있나요?" 로버트가 반색하며 말했다.

"아니, 지금은 여기 없지만 다녀 갔었지요."

"언제요?"

"어제 밤 늦게 우편열차로 왔었소."

"그리고 바로 떠났나요?"

"한 시간도 안 되어서 떠났소."

"세상에! 이렇게나 날 걱정시키다니. 도대체 무슨 일인 거죠?" 로버트가 말했다.

"그러면 댁은 그의 계획을 전혀 몰랐소?"

"그의 계획이요?"

"호주로 떠날 계획 말이요."

"그가 항상 그 계획을 가지고 있다는 건 알고 있었지만, 이렇게 갑작스럽게 떠날 줄은 몰랐어요."

"오늘 밤 리버풀에서 배를 탄다고 했소. 사위는 어제 새벽 한 시쯤 아들을 만나러 왔었지요. 영국을 떠나 다시는 돌아오지 않을 거라고 하면서. 세상살이에 너무 지쳐 호주에서 거친 삶이 자신에게 더 잘 맞는다고 하였소. 한 시간 정도 머물다가 자고 있는 아들에게 입맞춤을 하고, 두 시 십오 분 사우샘프턴을 떠나는 우편열차를 타고 갔소."

"그게 도대체 무슨 말입니까? 이렇게 갑자기 영국을 떠날 수가 있나요? 가장 친한 친구인 나에게조차 말 한마디 없이, 옷도 갈아입지 않고 그렇게 떠나다니요? 짐도 다 내 방에 놔두고요! 정말 말도 안 되는 일이군요."

노인네는 매우 근심스러운 표정을 하며 손으로 앞이마를 툭툭 치며 말했다. "그거 알고 있어요? 헬렌이 죽은 뒤로 조지가 이상해졌다고 가끔 난 생각한다오."

"어휴!" 로버트는 경멸하듯 외쳤다. "그가 정말 엄청난 충격을 받긴 했지만, 그래도 정신은 우리처럼 아주 말짱해요."

"아마 그가 댁에게 리버풀에서 편지를 보낼지도 몰라요." 조지의 장인어른은 친구의 행동에 분개하는 로버트를 달래주려고 애썼다.

"그래야지요. 이튼에서 같이 지내는 동안 우린 둘도 없는 사이였어요. 조지가 날 이런 식으로 대할 사람이 아닌데." 그가 침울하게 말했다.

하지만 그는 조지를 책망하는 말을 내뱉는 순간에도 심장을 찌르는 듯한 이상한 회한의 전율이 느껴졌다.

"정말 그답지 않아요. 조지는 그럴 리가 없어요."

꼬마 조지가 이 소리를 듣고 말했다. "그건 제 이름인데. 우리 아빠 이름이기도 하구요. 훌륭한 신사의 이름이에요."

"그래 맞아, 조지. 아빠는 어젯밤 네가 자고 있을 때 와서 입맞춤을 해주었단다. 기억하고 있니?"

"아니요, 기억나지 않아요." 꼬마는 곱슬거리는 머리를 저으며 말했다.

"꼬마 조지야, 아마 네가 깊은 잠에 빠져 있어서 불쌍한 아빠를 보지 못한 걸 거야."

꼬마는 대답하지 않았다. 하지만 이내 로버트를 똑바로 쳐다보고는 뜻밖의 질문을 던졌다.

"예쁜 아줌마는 어디 있어요?"

"예쁜 아줌마라니?"

"오래전에 오곤 했던 예쁜 아줌마요."

"죽은 엄마를 얘기하는 겁니다." 노인네가 대꾸했다.

"아냐. 엄마가 아니야. 엄마는 항상 울기만 했어. 난 엄마가 싫어!" 꼬마는 단호하게 소리쳤다.

"쉿, 조지!"

"나도 엄마가 싫고, 엄마도 날 싫어했어. 엄마는 항상 울기만 했어. 내가 말하는 예쁜 아줌마는 멋진 옷을 입고, 나한테 금시계를 주었어."

"내가 속했던 해군 대령의 부인에 대해서 이야기하는 거예요. 조지를 아주 예뻐하는 분이지요. 멋진 선물도 주고요."

"내 금시계는 어디 있어? 아저씨한테 보여주고 싶어." 꼬마 조지가 말했다.

"깨끗이 닦아 전당포에 맡겼단다." 꼬마의 할아버지가 말했다.

"할아버지는 맨날 그 말만 해요." 꼬마가 말했다.

"그 시계는 아주 잘 보관되어 있으니 걱정 말아라." 노인네가 변명하듯 말하고 전당포 주인의 증서를 꺼내 로버트에게 보여주었다.

모티미어 대령의 이름으로 위탁된 증서에는 다음과 같이 적혀 있었다. '11파운드 청구 예정. 다이아몬드 장식 시계.'

"몇 실링 가지고 먹고 살기에 너무 힘들어요, 오들리 씨. 내 사위는 내게 친절하게 해주지만, 또 다른 문제가 있어요, 또 다른 문제가. 오들리 씨, 난—난—제대로 대접받지 못했지." 그는 울먹이는 목소리로 말하며 진심 어린 눈물을 훔쳤다. "이리 오렴, 조지. 우리 용감한 꼬마 신사가 잠자리에 들 시간이다. 할아버지와 함께 가자꾸나. 오들리 씨, 잠시 이 애를 재우고 오겠소."

꼬마 소년은 선뜻 할아버지를 따라갔다. 방문 앞에서 노인네는 그의 방문객을 돌아보고는 짜증나는 말투로 말했다. "얼마 남지 않은 인생을 보내기에 이곳이 너무 초라해요, 오들리 씨. 난 지금도 그렇지만 여태껏 희생만 죽어라 했는데도, 그 대가라고는 아무것도 없었소."

어두운 작은 응접실에 홀로 남겨진 로버트는 팔짱을 끼고 앉아 멍하니 바닥을 내려다 보았다.

그렇다면, 조지는 떠난 거다. 아마 런던으로 돌아가면 해명하는 편지가 와 있을지도 모르겠다. 하지만 그의 오랜 친구를 이제 다시는 볼 수가 없을 거다.

'이럴 줄 알았으면 그에게 좀 더 신경을 써주는 거였는데.' 로버트는 눈썹을 이마 위로 치켜세우며 중얼거렸다.

'이 집은 술집처럼 술 담배 냄새로 찌들었어. 내가 시가를 한

대 펴도 상관 없겠군.' 로버트는 중얼거리며 주머니의 담뱃갑에서 담배 한 개피를 꺼냈다. 마침 난로의 작은 쇠살대에 불꽃이 피어올랐다. 그는 시가에 불을 붙일 무슨 적당한 물건이 없나 둘러보았다.

마침 난로 앞 깔개에 반쯤 타다 남은 구겨진 종잇조각 하나가 놓여 있었다. 좀 더 불을 붙이기에 적합하도록 그 종이를 다른 방향으로 접기 위해 그는 그 종이를 집어 들고 쫙 펼쳤다. 그리고 얇은 종이쪽지에 쓴 연필 글씨를 무심코 훑어보았다. 그 순간 누군가의 이름 한 부분이 그의 눈에 들어왔다. 그의 마음속에 가장 깊이 남아 있던 이름이었다. 그는 그 종이쪽지를 창문 곁으로 가져가 어두워져 가는 햇빛 아래 그것을 자세히 들여다 보았다.

전보의 일부분이었다. 앞 부분은 불에 타버렸지만, 전보 내용의 핵심 부분이라고 할 중요한 부분은 남아있었다.

'…… 톨보이즈가 어젯밤 …… 왔음. 그리고 리버풀로 가기 위해 런던행 우편열차로 떠났음. 그는 리버풀에서 시드니로 떠날 예정임.'

전보의 머리 부분에 적혀있을 날짜와 발신인 이름 그리고 주소는 불에 타 사라져 있었다. 로버트의 얼굴은 거의 시체만큼 매우 창백해졌다. 그는 종잇조각을 조심스레 접어 호주머니 수첩 사이에 끼웠다.

'맙소사! 도대체 이게 무슨 뜻이지? 오늘 밤 리버풀로 가서 알아봐야겠어.'

13. 뒤숭숭한 꿈

로버트 오들리는 우편 열차를 타고 사우샘프턴을 떠나 냉기와 희끄무레한 어스름이 스며드는 동이 틀 무렵에 자신의 외로운 아파트 방에 도착했다. 카나리아들은 아침 일찍부터 날개를 미약하게 퍼드덕거리기 시작했다.

문 뒤의 우편함에 몇 통의 편지가 들어 있었지만, 조지 톨보이즈로부터 온 것은 없었다.

젊은 변호사는 하루 종일 이곳저곳을 돌아다닌 탓에 몹시 지쳤다. 잔잔하고 평탄하게 지나갔던 지난 28년의 세월 속에서 단 한 번도 깨지지 않았던 평소의 단조롭고 게을렀던 생활과는 사뭇 다른 모습이었다. 그의 마음은 시간 개념에서 점점 혼란스러워졌다. 조지를 보지 못한 지 몇 달이나 지난 기분이었다. 송어가 뛰놀던 시냇물가의 버드나무 밑에서 낮잠에 빠진 그를 두고 조지가 떠났던 게 고작 이틀도 채 되지 않다는 사실을 믿기 어려웠다.

그는 잠을 자지 못해서 눈이 아프고 퀭했다. 얼마 동안 방마다 살펴보며 혹시라도 조지가 남기고 간 편지가 있는지 찾아보다가, 조지가 잠을 자던 침대 위로 몸을 던졌다. 카나리아와 제라늄이 같이 있는 방이었다.

"내일 아침까지 편지를 기다려봐야지. 정말 그에게서 아무런 편지도 오지 않으면, 그땐 지체 없이 리버풀로 떠나야겠어." 로버트는 혼자 중얼거렸다.

그는 완전히 기진맥진한 상태로 혼곤히 잠에 빠졌다. 그렇지만 그 깊은 잠은 그의 기운을 회복시켜 주기는커녕 오히려 산란한 꿈으로 더욱더 혼란스럽게 만들었다. 그 꿈 자체가 무서운 것이 아니라 혼란스럽고 논리성이 없는 모호함으로 사람을 지치게 만드는 뒤숭숭한 꿈 때문이었다.

그는 꿈속에서 낯선 이들을 뒤쫓아 낯선 집으로 들어가 전보의 비밀을 풀려고 애쓰기도 했고, 어떤 장면에서는 벤트너의 묘지에서 조지가 주문한 죽은 아내의 묘비를 물끄러미 바라보기도 했다. 수수께끼같이 복잡하게 얽힌 긴 꿈속에서, 그가 기껏 무덤을 찾아갔는데 묘비가 사라진 걸 발견하고, 석공에게 항의를 했지만, 까닭이 있어 없앴다는 석공의 변명만을 들었을 뿐이고, 그 이유는 언젠가 로버트 자신이 알게 될 거라는 거였다.

그는 집 바깥문을 두드리는 노크 소리에 꿈에서 깨어났다.

매우 음울하고 축축한 아침이었다. 창문에 들이치는 빗소리와 카나리아의 지저귀는 소리가 서로 섞여 나쁜 날씨를 불평하는 듯 침울함을 더해 주었다. 문을 두드리는 소리가 얼마나 오랫동안 계속됐는 지 로버트는 몰랐지만 꿈속에서 그 소리를 들은 것 같았고, 잠에서 깨어나면서도 문밖의 상황이 어느 정도 의식되었다.

"틀림없이 그 멍텅구리 말로니 부인일거야." 그가 중얼거렸다. "다시 찾아오겠지, 뭐. 아니 왜 여분의 열쇠를 사용하지 않는 거지? 피곤해 녹초가 된 사람을 왜 공연히 깨우고 그래."

누군가가 다시 문을 두드리다가 지친 듯 그만두었다. 일 분쯤 지나자 열쇠로 문을 여는 소리가 들렸다.

'열쇠를 드디어 사용하는군. 일어나지 않아도 되어서 다행이야.'

거실과 침실 사이의 문이 반쯤 열리고, 가정부가 부산하게 움직이며 가구의 먼지를 털어내고 전혀 흩어지지도 않은 물건을 정돈하는 모습을 볼 수 있었다.

"말로니 부인이에요?" 그가 물었다.

"네, 맞아요."

"열쇠를 가지고 있으면서도 왜 그렇게 문간에서 소란을 피웠어요?"

"소란을 피워요?"

"그래요. 끔찍하게 문은 두들겨댔잖아요."

"전 전혀 그런 적이 없었는데요. 이 열쇠로 곧장 열고 들어온 것 외에는—"

"그럼, 누가 그랬지? 한참 동안 두드리며 문과 씨름하는 소리가 들렸는데. 아래층에서 누구 만난 사람이 없었소?"

"아침에 위층의 마틴 씨의 아파트를 먼저 청소하고 곧장 이곳에 오는 길이기는 하지만 변호사님 아파트에는 조금 늦었을 뿐이에요."

"그럼 문밖이나 계단에서 아무도 보지 못했단 말이군요?"

"아무도 보지 못했어요, 변호사님."

"정말 황당하군. 누가 왜 찾아왔는지도 모르고 보내버렸으니. 조지 톨보이즈의 편지나 메시지를 가지고 온 사람이었으면 어쩌지."

"그렇다면 다시 올 거예요." 말로니 부인이 위로하듯이 말했다.

"그러겠죠. 중요한 일이라면 다시 오겠죠." 사실상 로버트는 사우샘프턴에서 전보 메시지를 발견하는 순간부터 조지의 소식을 들을 수 있을 거라는 희망이 그의 마음속에서 점점 사라져가고 있었다. 그는 친구가 사라진 데에는 무언가 알 수 없는 비밀—자신이나 아니면 친구에게 뭔가 배신의 음모 같은 것—이 연관되어 있음을 느꼈다. 그가 맡고 있는 조지의 위탁 재산 때문에 탐욕으로 가득 찬 조지의 장인이 그와 조지 사이를 갈라놓으려는 것이 아닐까? 아니면, 요즘과 같이 문명화된 세월에서조차 예상치 못한 온갖 끔찍한 일들이 끊임없이 행해지고 있는데, 그 노인네가 조지를 사우샘프턴으로 유인해 아들을 위해 남겨둔 이만 파운드의 돈을 가로채기 위해 그를 제거한 것이 아닐까?

그러나 이러한 추측들은 로버트가 발견한 이상한 전보 내용에 대해서는 설명할 길이 없었다. 여하튼 그 전보 내용은 로버트의 마음에 명확하지는 않아도 분명 경고의 느낌을 팍 풍기었다. 우체부는 조지로부터 아무 소식도 가져오지 않았다. 로버트의 문을 두드렸던 사람은 9시가 되어도 다시 찾아오지 않았다. 그래서 로버트는 그의 친구를 찾으러 피그트리 아파트를 나섰다. 로버트는 마부에게 유스톤 역으로 가달라고 했고, 이십 분 정도 뒤 그는 플랫폼에서 열차시간을 알아보고 다녔다.

리버풀행 급행열차는 그가 역에 도착하기 삼십 분 전에 이미 떠나버린 상태여서 다음 완행열차를 타기 위해 한 시간 십오 분을 기다려야만 했다.

로버트는 시간이 지연되어 무척 애가 탔다. 그가 기나긴 플랫폼을 이리저리 왔다 갔다 하다 짐꾼에게 넘어지기도 하며 자신의 불운에 대해 원망을 퍼붓고 있는 동안 여러 척의 배가 이미 호주를 향해 떠났을 것 같았다.

그는《타임지》를 사서 무의식적으로 두 번째 항목의 실종자 광고란을 주의 깊게 훑어보았다. 집을 나가 전혀 소식을 알 수 없는 아들, 형제, 남편을 찾는 광고들이었다.

런던 남부의 램버스 호숫가에서 익사한 채로 발견된 젊은 남자에 대한 소식도 거기에 있었다.

조지의 운명도 이렇게 죽음을 맞이하는 것이라면? 아냐. 그 전보내용은 분명 그가 사라진 것이 그의 장인어른과 관련이 있음을 알려주는 것이었고, 그러니 그에 관련된 모든 추측은 거기에서부터 시작되어야만 할 거였다.

로버트가 리버풀로 도착했을 때는 이미 저녁 8시가 다 되어서, 지난 이틀 동안 지구 남방부를 향해 떠난 배가 어떤 건지 알아내는 것 외에 다른 일을 하기에는 너무 늦은 시간이었다.

그날 오후 4시에 멜버른행 이민선 빅토리아 레지아가 떠났다. 그가 알아낸 것은 오직 이것뿐이었다. 그 배에 누가 탔는지를 알고 싶으면 다음 날 아침까지 기다렸다가 탑승객 명단을 신청해야만 했다.

로버트는 다음날 아침 9시에 관련 사무실로 찾아갔다. 그가 첫 방문객이었다.

직원은 매우 친절하게 안내해 주었다. 그가 신청한 탑승객 명단 기록부를 가져와 이름 목록을 펜으로 하나씩 짚어가며 살펴보더니 톨보이즈란 이름이 없다는 것을 확인시켜 주었다. 하지만 로버트는 더 물고 늘어졌다. 배가 출항 바로 직전에 탑승해도 승객 이름을 적는지?

이 질문에 다른 직원이 책상에서 고개를 들며 "네, 맞아요."라고 그가 대답했다. 그는 어떤 젊은이가 오후 세 시 반에 이 사무실에 들어와 운임을 지불했던 걸 기억한다고 했다. 그가 마지막으로 이름을 올린 사람이고, 이름은 토머스 브라운이었다고 했다.

로버트는 어깨를 움츠렸다. 조지가 가짜 이름을 사용할 일은 없었기 때문이다.

그는 그 말을 전해준 직원에게 토머스 브라운이란 사람의 생김새가 기억이 나는지 물어보았다.

"아니요. 그때는 매우 바쁜 시간이었어요. 사람들이 계속 드나들었기 때문에 그 사람에게 특별히 주의를 기울이지 않았어요." 직원이 말했다.

로버트는 직원들의 친절에 감사의 인사를 전했다. 사무실을 떠날 때 어떤 젊은이가 로버트를 불러 세웠다.

"저기, 그런데요, 토머스 브라운이란 사람이 한쪽 팔에 붕대를 감고 있었던 게 기억나요."

로버트는 더 이상 그곳에서 할 수 있는 일이 없어 런던으로 돌아왔다. 그가 집에 도착했을 때는 저녁 6시였다. 허탕을 치고 돌아온 그는 매우 지쳐있었다.

말로니 부인이 저녁 식사와 스트랜드의 술집에서 얻어온 포도주 한 잔을 가져왔다. 무척이나 눅눅하고 쌀쌀한 저녁이어서 부인은 거실에 뜨뜻하게 난로를 피웠다.

로버트는 양갈비를 반쯤 먹고 나서, 아직 맛보지 않은 식탁 위 포도주 잔을 들고 앉아 시가를 피우며 난로의 불길을 바라보았다.

"조지 톨보이즈는 호주로 가지 않은 게 분명해. 그가 살아있다면 아직 영국에 있는 거야. 만약 그가 죽었다면 시체가 분명 영국 어딘가에 숨겨져 있을 거야." 그는 오랜 고뇌 끝에 이렇게 결론을 내렸다.

그는 몇 시간 동안 담배를 피우고 앉아 생각에 잠겼다. 혼란스럽고 우울한 생각에 잠겨 있어서 그의 침울한 얼굴에는 난로 불꽃의 환한 빛으로도 쫓아낼 수 없는 어두운 그림자가 드리웠다.

한참 늦게 서야 그는 자리에서 일어났다. 식탁을 밀쳐내고 책상을 난로 가까이까지 끌고 오더니, 큰 종이를 꺼내고 잉크에 펜을 적셨다.

그러다가 그는 잠깐 멈추더니 앞이마를 손에 기대며 다시 생각에 빠졌다.

"우리가 에식스로 떠난 그날부터 오늘밤까지 일어났던 모든 일을 하나하나 다 기록해 놔야겠어."

그는 몇 개의 짧은 문장으로 나누어 기억들을 기록하고, 각각에다 번호를 달았다.

그 글의 시작은 아래와 같았다.

조지 톨보이즈의 실종과 관련한 사실 기록. 상황과 뚜렷한 관련이 없는 사실들도 포함하였음.

마음이 혼란스러운 상태임에도 불구하고 그는 공식적인 첫 제목이 그럴 듯해 자랑스러울 정도였다. 그는 흡족해서 제목을 바라보다가 펜 깃털을 입에 물기도 하며 얼마 동안 생각에 빠져 앉아 있었다. '이제, 난 내 직업의 전문적 기량을 발휘해야 할 때가 온 것 같아. 그동안 꾸물거리던 날들은 이제 끝났어.'

그는 시가를 한참 피더니 자신의 생각을 모아 다시 글을 쓰기 시작했다.

1. 나는 알리샤에게 조지를 저택으로 데리고 가겠다는 편지를 써서 보내다.
2. 알리샤는 오들리 부인 측에서 방문을 거절한다는 내용의 편지를 보내오다.
3. 우리는 거절에도 불구하고 에식스로 가다. 나는 오들리 부인을 만났지만, 부인은 그날 저녁 피곤하다는 이유로 조지를 소개받기를 거절하다.
4. 마이클 경이 조지와 나를 그 다음 날 저녁에 초대하다.
5. 오들리 부인은 그날 아침 런던으로 그녀를 소환하는 전보를 받다.
6. 알리샤는 나에게 오들리 부인에게서 온 편지를 보여주다. 그 편지에서 부인은 나와 톨보이즈가 에식스를 떠나려고 하는지 확인해달라고 요청하다. 추신에 위의 내용을 재차 묻는 글이 적혀있다.
7. 우리는 저택을 방문해 내부를 둘러보다. 오들리 부인의 거주하는 방들은 잠겨있다.
8. 우리는 비밀 통로를 이용해 앞서 언급한 방들로 들어가다. 그 비밀 통로가 있다는 걸 오들리 부인은 모른다. 그중 방 한 곳에서 그녀의 초상화를 발견하다.
9. 조지는 태풍을 매우 두려워하다. 그날 저녁 그의 행동은 평소와 매우 다르다.
10. 다음 날 아침 조지는 다시 평온을 되찾다. 나는 그에게 즉시 오들리 저택을 떠나자고 하다. 하지만 그는 저녁까지 남아있기를 원하다.
11. 우리는 낚시를 하러 가다. 조지는 오들리 저택을 방문하기 위해 내 곁을 떠나다.
12. 에식스에서 그에 관해 내가 얻은 마지막 긍정적인 소식은, 조지가 오들리 부인을 정원에서 만나러 직접 가겠다는 말을 하신 걸로 생각하고 있다고

하인이 말하다.

13. 나는 기차역에서 그의 소식을 듣다. 그러나 이것은 확실한 정보인지는 알 수 없다.

14. 사우샘프턴에서 그의 소식을 한번 더 듣다. 그의 장인에 의하면, 전날 밤 그곳에 방문해 한 시간 가량 머물렀다는 내용이다.

15. 전보 내용을 발견.

로버트가 심혈을 기울여 생각하고 고뇌하며 수정을 거듭해 이 짧은 기록을 마치고 나서, 오랜 시간 앉아 기록한 글을 읽으며 또 다시 생각에 빠졌다.

마침내 그는 다시 한번 쓴 글을 읽어보고서 한 문장에서 갑자기 멈추었다. 그리고 연필로 밑줄을 여러 번 그었다. 그리고 그는 종이를 접어 방 반대편의 캐비넷으로 가서 열쇠로 문을 열고, 알리샤의 편지를 보관해 두었던 **'중요'** 표시의 문서함에 그 종이를 잘 보관했다.

모든 일을 끝마치자 그는 난롯가의 안락의자로 돌아와 책상을 밀어두고 시가에 불을 붙였다. '처음부터 끝까지 정말 한밤중처럼 캄캄한 일이군. 이 수수께끼 사건에 대한 단서는 사우샘프턴이나 에식스에 있는 게 분명해. 어쨌든 마음을 정했어. 우선 오들리 저택으로 가서 그 주변 반경에서 조지 톨보이즈의 흔적을 찾아 봐야겠어.'

14. 피비의 구혼자

'이름은 조지 톨보이즈.—이번 달 7일 이후로 이 신사분을 만났거나 이분에 대한 소식을 갖고 있는 사람은 챈서리 레인 14번지로 연락을 주시면 후하게 사례하겠습니다.'

로버트가 런던으로 돌아가고 나서 이삼 일이 지나 마이클 오들리 경은 부인과 알리샤와 함께 아침식사를 하는 자리에서《타임즈》신문의 두 번째 섹션에서 이 광고를 보게 되었다.

"로버트의 친구 소식이 아직 없는 모양이군." 신문을 읽고 나서 그가 부인과 딸에게 말했다.

"그것에 대해선, 신문에 광고를 낸 사람이 참 어리석어 보이네요. 그 젊은이는 분명히 뱀플라이드 무어 커류[7]와 같이 한 곳에 오래 정착하지 못하는 떠돌이 기질일 거예요." 오들리 부인이 말했다.

그 광고는 세 번이나 연속으로 신문에 났지만, 그 식구들은 도통 그의 행방에 관심이 없는 듯했다. 이 일 이후로 마이클 경과 오들리 부인, 알리샤 중에서 아무도 그의 이름을 더 이상 언급하지 않았다.

알리샤와 그녀의 아름다운 새엄마는 젊은 변호사가 집에서 저녁을 먹은 그 조용한 저녁 이후로 더 이상 다정한 사이가 아니었다.

---

7 뱀플라이드 무어 커류 (1603-1750): 목사의 아들로 학교수업을 빼먹고 도망쳐 집시들과 어울려 지내다 나중에는 자신을 거지들의 왕이라고 불렀다. 1745년에 출판된 그의 생애 모험담은 19세기에 이르기까지 대중의 커다란 인기를 모았다.

"새엄마는 허영심이 넘치고 경솔하고 무자비한 요부야." 알리샤는 이 어린 숙녀의 하소연을 들어주는 유일한 동반자인 뉴펀들랜드 종 시저에게 속상한 마음을 털어놓았다. "그녀는 여기저기 추파를 던지기나 하는 철두철미 요부야. 노란 곱슬머리 손질에만 정신이 팔려 있고, 에식스에 있는 남자치고 그녀와 한심하게 시시덕거리지 않는 사람이 거의 없어. 그녀는 고집스럽게도 내 어리석은 사촌까지 그녀의 장단에 맞춰 춤추기를 원하질 않나. 난 도저히 참을 수가 없어."

알리샤가 이러한 속마음이 드러날 정도로 새엄마에게 눈에 띄도록 무례하게 대하는 것을 보고 마이클 경이 한마디 주의를 줘야겠다고 결심을 했다.

"알리샤, 너도 알다시피 새엄마는 감성이 매우 민감한 분이란다. 너의 태도에 새엄마는 몹시 불편할 거야." 오들리 경이 근엄하게 말했다.

"터무니 없는 소리예요, 아빠. 작고 여린 흰 손과 속눈썹이 긴 커다란 푸른 눈 때문에 새엄마의 감성이 민감하다고 생각하시는 거예요. 게다가 온갖 아양과 야단법석을 떨어 어리석은 남자들을 홀딱 반하게 만드는 거예요. 감성이 민감하다니! 말도 안 돼! 그 가느다란 흰 손가락이 얼마나 잔인한 일을 하는지 전 다 보았어요. 남의 고통을 비웃는 여자예요. 이렇게 말해서 죄송해요." 알리샤는 이처럼 과감하게 대꾸를 했지만, 아버지의 괴로워하는 모습에 마음이 약간 누그러지면서 말을 보탰다. "그 여자가 우리 사이에 끼어들어서 저의 관대했던 사랑의 마음을 빼앗아 갔지만, 아빠를 위해 저도 새엄마를 좋아할 수 있기를 바라고 있어요. 하지만 전 그럴 수가, 그럴 수가 없어요. 시저도 그러지 못할 거예요. 언젠가 그녀가 환한 웃음을 지으며 시저에게 다가와 부드러운 손으로 그의 머리를 쓰다듬은 적이 있어요. 하지만 제가 시저를 꽉 잡고 있지 않았다면 그녀에게 달려들어 목을 물어 죽였을지도 몰라요. 새엄마는 에식스의 남자란 남자를 몽땅 홀릴지는 몰라도, 제 개와 친구가 되지는 못할 거예요."

"네 개가 성질을 부려 루시를 위협한다면 내가 총을 쏘아 죽일 테다." 마이클 경이 화가 나서 말했다.

뉴펀들랜드 종 시저는 마이클 경이 무슨 말을 하는지 다 알아듣는 듯 그를 흘끔 쳐다보았다. 마침 이때 오들리 부인이 방으로 들어왔고, 개는 알리샤 옆에서 몸을 낮추며 나지막이 으르렁거렸다. 그러나 그 개의 태도는 분노라기보단 공포를 드러내는 모습에 가까운 것으로, 루시처럼 연약한 여인을 두려워한다는 게 믿기지 않았다.

호감 어린 성격의 오들리 부인은 저택에서 지낸 지 오래지 않아 알리샤가 자신을 미워한다는 걸 알았다. 그렇지만 그걸 한 번도 내색하지 않고 그저 우아한 흰 어깨를 으쓱 하고는 한숨을 내쉬었다.

"알리샤, 너도 나를 좋아하게 될 거라 믿어. 난 한번도 누구와 사이가 나쁘게 지낸 적이 없었으니 말이야. 하지만 네가 그러고 싶지 않다면, 어쩔 수가 없구나. 우리가 친구가 될 수 없다면, 그냥 서로 조용히 지내는 게 어떻겠니. 날 해치려고 하지 않을 거지?"

"해치다니요! 제가 어떻게 그럴 수 있겠어요?" 알리샤가 소리쳤다.

"나에 대한 아빠의 애정을 빼앗아 가려고 하지는 않을 거지?"

"전 새엄마처럼 상냥하게 굴지는 못해요. 처음 만난 사람에게 새엄마처럼 달콤한 미소나 다정한 말을 해주는 솜씨도 없어요. 하지만 비열한 짓은 할 줄 몰라요. 설사 제가 그렇다 해도, 새엄마는 아빠의 사랑을 듬뿍 받고 있으니 새엄마 자신 외에는 누구도 그걸 빼앗아갈 수는 없을 거예요."

"알리샤, 심한 말을 하는구나." 오들리 부인은 얼굴을 약간 찡그리며 말했다. "내가 속임수를 쓰는 사람으로 여기는 말같이 들리는구나. 저런, 사람들에게 미소를 짓고, 상냥하게 말하는 것은 내가 할 수 있는 최선이란다. 난 남보다 잘난 사람이 아니란 걸 잘 알지만, 지금 남보다 행복을 느끼는 건 어쩔 수 없구나. 내 본래 성격이 밝기 때문이야."

알리샤는 오들리 부인과 친근한 정을 나눌 통로를 완전히 끊어버렸고, 주로 농사일과 사냥에 관심을 기울이는 마이클 경은 집을 자주 비우게 되는 바람에, 남과 사교성이 좋은 오들리 부인은 자연히 흰 눈썹의 하녀를 가까이 하는 것 말고는 달리 친하게 지낼 사람이 없었다.

피비 막스는 하찮은 하녀에서 여주인의 말동무로서 신분이 상승한 듯했다. 그녀는 오들리 부인과 대화를 나눌만한 교육을 충분히 받은 여자였다. 오들리 부인은 온갖 잡다한 이야기들을 그녀에게 스페인 댄서가 캐스터네츠를 들고 춤추듯 속사포같이 퍼부었다. 피비는 오들리 부인이 런던의 벌링턴아케이드 쇼핑몰에서 주문한 누런 표지의 프랑스 대중소설을 읽을 만큼 프랑스어도 충분히 꿰뚫고 있었으며 소설의 선정적 내용에 대해서도 부인과 의견을 주고받기도 했다. 꽤나 많이 닮아 있는 하녀와 부인의 외모에서 두 여인 사이의 공감이 생겨났다. 닮은 점은 눈에 두드러질 정도는 아니었기에, 아마 둘은 처음 보는 사람이라면 그 유사성을 알아채진 못할 것이다. 하지만 희미하나마 서로 닮은 점이 얼마간 담겨있는 건 분명하였다. 그래서 저택의 어두운 떡갈나무 통로나 정원의 관목으로 덮인 소롯길을 미끄러지듯 살포시 지나가는 피비를 만났다면, 그녀를 오들리 부인으로 쉽게 착각했을 거다.

매서운 10월 바람에 긴 길가에 줄지은 라임나무의 떨어진 잎사귀들이 마른 자갈길을 따라 귀신같이 바스락 소리를 내며 몰려가더니 한편에 무더기로 쌓인 채 시들어가고 있었다. 그 오래된 우물의 시커먼 부서진 입구는 주변에서 이리저리 날아다니다 공중에서 맴돌며 내려앉은 잎사귀로 거의 뒤덮여있었다. 연못의 고요한 수면에도 메마른 잎들이 쌓여 헝클어진 잡초와 엉킨 채 서서히 썩어가며 물을 변색시켰다. 마이클 경이 고용한 정원사들 누구도 이렇게 지상 세계를 망가뜨리는 가을의 강력한 손길을 막을 수는 없었다.

"이렇게 황량한 10월이 싫어!" 오들리 부인이 흑담비 모피 옷을 입고도 바들바들 떨며 정원을 거닐었다. "모든 게 떨어져 썩어버리는 지상의 흉측한 모습을 차가운 햇살이 그대로 비추고 있어. 마치 가로등이 늙은 여자의 주름을 밝혀주는 것처럼. 피비, 나도 저렇게 늙어가는 걸까? 나무에서 잎이 하나씩 떨어지듯이 내 머리카락도 하나씩 떨어져 나가겠지? 지치고 늙은 모습을 드러내면서? 내가 늙으면 어떤 모습이 될까?"

그녀는 추운 겨울 바람에 몸을 떠는 것보다 이러한 생각으로 몸을 더 떨었다. 몸을 모피로 푹 감싸며 걸음을 빨리 하는 바람에 피비가 따라가기가 힘들 정도였다.

"피비, 그거 기억나? 우리가 읽은 프랑스 소설에서 범죄를 저지른 아름다운 여인에 관한 이야기 말이야. 그 여인이 권력과 사랑의 절정에 다다랐을 때, 파리의 모든 남성이 매일 밤 그녀를 위해 건배하였고 또한 그녀의 얼굴이라도 훔쳐보려고 왕의 마차 대신 그녀에게 몰려들었지. 그녀는 늙을 때까지 가족과 저택에 살면서 거의 반세기 동안 어떻게 자신이 저지른 범죄 사실을 숨겼을까? 비공식 성인이며 가난한 이의 후원자로서 마을 사람 모두로부터 사랑과 존경을 받았으면서 말이야. 선정 소설에서 늘상 그렇듯이, 그녀의 머리가 하얗게 새고 눈이 침침해질 때가 되어서야 그 비밀은 우연히 이상한 사건으로 인해 드러나게 되었지. 결국에 그녀는 재판에서 유죄를 받고 산채로 불에 타 죽는 죄값을 치르게 되었지. 그녀의 정체를 알게 된 왕도 죽어버리고 말이야. 그녀가 인기 스타로 지냈던 궁전도 무너져 사라지고, 그녀를 도와줄 수도 있었던 권력자와 위대한 재판관들도 무덤 속에서 썩어갔지. 그녀를 위해 목숨도 아끼지 않던 용감한 기사는 먼 전쟁터에서 쓰러졌고. 그녀는 살아온 시대가 꿈처럼 사라져가는 걸 다 지켜보다가 떠나가는 셈이야. 그녀는 화형대로 향했지. 그녀를 뒤따르는 수많은 무지한 시골 백성들은 그녀의 자비로움을 다 잊어버리고 그녀를 사악한 마녀라고 야유를 던지면서."

"전 그런 암울한 이야기에 신경 쓰지 않아요. 이런 침울한 곳에서 공포를 던져주는 책을 읽을 필요는 없어요." 피비가 치를 떨며 대답했다.

오들리 부인은 어깨를 으쓱 하며 솔직한 그녀의 대답에 한바탕 웃음을 터뜨렸다.

"사랑하는 내 남편에게 말하긴 좀 그렇지만, 여긴 정말 침울한 곳이야. 난 현재 이 지방에서 가장 영향력 있는 남자의 아내이기는 하지만, 도우슨 씨 댁에 있을 때도 어렵게 생활했다고 생각지는 않아. 그렇지만 60파운드나 되는 흑담비 모피를 걸치고 집 장식을 위해 천 파운드나 쓰는 건 엄청난 일이야."

오들리 부인은 피비를 친구처럼 대해주고 후한 봉급을 주며, 그전에 없었던 특권을 누리게 해주었지만, 이상하게도 피비 막스는 그 자리를 벗어버리고 싶었다. 하지만 그녀의 사촌인 루크의 아내가 되면 가망 없는 게 뻔한 앞날과 오들리 저택에서 누리는 모든 특권을 바꿀 수는 없는 일이었다.

그 젊은 루크는 어떻게 해서든 자신을 피비의 월등한 행운과 엮어보려는 속셈을 갖고 있었다. 그는 피비가 오들리 부인의 도움을 받아 그에게 저택의 마부 자리를 얻어내도록 피비를 들볶아대었다.

루크는 알리샤와 마이클 경이 말을 타고 나갈 때 뒤따라 가본 적이 없었지만, 오들리 부인이 전용으로 사용하는 예쁘고 작은 회색 순종 말에 탔었을 때 시중들었던 적이 한 번 있었다. 길고 푸른 승마복을 입은 부인이 우아한 모습이었지만 사실상 부인은 승마에 소심하고 말을 확실하게 다루지 못한다는 것을 뒤를 따라가면서 금방 알아챘었다.

오들리 부인은 상스러운 마부인 루크와의 결혼을 기대하고 있는 피비에게 반대의사를 늘어놓았다.

두 여인은 10월의 오후 오들리 부인의 거실 난롯가에 함께 앉아있었다. 하늘은 점차 회색빛으로 어두워가고 담쟁이넝쿨의 그림자가 창문을 어둡게 드리워졌다.

"넌 그 서투르고 못생긴 남자를 정말 사랑하는 건 아니지, 피비?" 오들리 부인의 목소리는 날카로웠다.

피비는 부인의 발 쪽 낮은 의자에 앉아 있었다. 그녀는 이 질문에 바로 대답하지 못하고 붉게 타오르는 불꽃을 한동안 멍하니 바라보았다.

잠시 후 그녀는 입을 열었지만 그건 대답이기보다는 혼자 생각에 잠긴 채 중얼거리는 것에 가까웠다.

"그를 사랑할 수 있을 것 같지 않아요. 우리는 어릴 적부터 친구 사이였고, 제가 열다섯이 조금 지날 때쯤에 그와의 결혼을 약속했어요. 지금 그 약속을 감히 깰 수는 없어요. 그에게 결혼할 수 없다는 말을 전하려고 몇 번이나 마음 먹고 시도하긴 했지만 도저히 입이 떨어지질 않았어요. 말을 꺼내려고 해도 목이 콱 막혀와 그저 멀뚱멀뚱 바라보기만 하고 그에게 아무 말도 하지 못했어요. 그와의 결혼을 감히 거부할 수가 없어요. 커다란 접는 칼로 말뚝 울타리를 다듬으며 앉아 있는 그의 모습을 종종 지켜보게 되는데, 이런 남자들이 여자 애인을 한적한 곳으로 유인하여 약속을 지키지 않았다고 해서 살인할 거라는 생각을 멈출 수가 없어요. 소년이었을 적에 루크는 항상 난폭했고 앙심이 깊었어요. 한번은 그가 엄마와 싸우며 바로 그 칼로 위협하는 걸 본 적이 있어요. 어쩔 수 없이 그와 결혼해야만 해요."

"어리석긴, 그런 걱정은 할 필요 없어. 루크가 널 죽이기라도 할 것 같니? 그에게 정말 살기가 있다면 네가 결혼해서 그의 아내가 된다고 더 안전할 것 같니? 그의 뜻을 따르지 않거나, 그에게 질투심이 생겨나면, 그땐 어쩌지? 또는 그가 다른 여자와 결혼하고 싶어하거나 네게서 그 자질구레한 돈이라도 갈취하고 싶어 하면, 그때 너의 생명이 안전할 것 같니? 그러니 루크와 결혼하면 안 돼. 무엇보다 난 루크가 싫고, 또한 난 너와 헤어지고 싶지 않구나. 우리 그에게 돈 몇 푼 쥐어주고 쫓아내 버리자."

피비는 벌벌 떨며 그녀의 손을 꽉 움켜쥐었다.

"마님, 정말 친절하세요. 그렇지만 이 결혼을 뿌리치라는 말씀은 말아주세요. 그 남자와의 약속을 취소하라는 말씀도요. 저는 그와 결혼할 수밖에 없는 운명이에요. 그가 어떤 사람인지 마님은 몰라요. 제가 약속을 깨버리면 저뿐만 아니라 다른 사람들의 생명까지 모두 망쳐버릴 거예요. 그와 결혼하는 수밖에 없어요." 피비는 격렬하게 외쳤다.

"그렇다면 어쩔 수 없군. 하지만 어떤 일이든 비밀이 있기 마련이야." 루시가 말했다.

"그래요, 마님." 피비는 루시에게서 얼굴을 돌리며 말했다.

"너를 보내야 한다니 정말 유감이야. 그렇지만 난 약속한대로 어떤 일에든 네 편이 될 거야. 결혼하면 그는 어떤 일을 할 작정이지?"

"그는 선술집을 차리고 싶어해요."

"그러면 그는 선술집을 차리고 머지 않아 술에 취해 죽을 수도 있겠군. 마이클 경이 오늘 저녁 마그레이브 소령 집에서의 총각파티에서 만찬에 참석하시고 알리샤도 친구들과 그레인지에 갔으니, 저녁 식사 후 네 사촌 루크를 거실로 데려오렴. 내가 그를 위해 뭘 해줄지를 말해줄 테니."

"마님은 정말 좋으신 분이에요." 피비가 한숨을 쉬며 말했다.

오들리 부인은 화려한 응접실에서 난로 불빛과 촛불을 환하게 받으며 앉아 있었다. 소파의 호박색 비단 쿠션이 그녀의 짙은 보랏빛 벨벳 드레스 색을 더욱 돋보이게 했고, 그녀의 머릿단은 금빛으로 찰랑거리며 목선 위에 드리워졌다. 그녀 주변은 무엇이든 부와 화려함을 그대로 드러냈다. 이렇게 아름다운 모습의 그녀와 달리, 어리숭한 모습의 마부는 툭 튀어난 머리통을 문지르며 서서 그녀가 굳게 신뢰하는 하녀를 위해 해줄 수 있는 사항에 대해 그녀의 말을 듣고 있었다. 루시의 제안은 매우 관대했고, 그의 태도가 상스럽기는 하나 그래도 그가 나름대로의 거칠고 투박한 방식으로 그녀에게 감사인사를 하리라 예상했다.

하지만 놀랍게도 그는 그녀의 제안에 한마디 말도 없이 그저 마룻바닥을 뚫어지라 바라보고만 있을 뿐이었다. 그의 곁에 서있던 피비는 무례한 그의 행동에 어쩔 줄 몰라 했다.

"루크, 어서 마님께 감사하다고 말씀 드려."

"하지만 난 그렇게 할 수 없습니다. 50파운드는 술집을 열기엔 턱없이 부족한 돈이에요. 100파운드는 돼야 합니다." 그녀의 애인이 거칠게 말했다.

"그렇게는 할 수 없네. 그런 말을 하다니 매우 뻔뻔하군." 오들리 부인의 맑은 푸른 눈이 모욕감으로 번뜩였다.

"예, 그렇지만 제게 100파운드를 해주셨으면 합니다, 마님." 뭔가 숨기고 있는 듯한 대단히 무례한 태도였다.

오들리 부인은 자리에서 일어나 그의 단호한 시선을 아래로 깔 때까지 루크의 얼굴을 뚫어지게 쳐다보았다. 그리고는 피비에게로 곧장 걸어가 귀를 찢는 듯한 날카로운 목소리로 말했다. 부인이 몹시 흥분했을 때면 언제나 드러나는 그런 특이한 목소리였다. "피비 막스, 이 사람에게 다 말한 거지!"

피비는 부인 앞에 무릎을 꿇고 쓰러졌다.

"용서해 주세요. 제발, 용서해 주세요! 그가 먼저 몰아세웠어요. 그렇지 않았다면, 절대 말하지 않았을 거예요! 절대로!"

15. 경계심을 잃지 않다

어두컴컴한 11월의 늦은 아침에 평평한 목초지 위로 노란 실안개가 자욱이 내리 깔렸다. 그 바람에 앞이 잘 보이지 않는 소들이 희미한 사물을 겨우 알아채며 나아가다 바보처럼 잎이 없는 시커먼 생울타리를 들이박거나 안개 낀 대기 속에서 사물을 구별 못해 발이 도랑에 빠져버렸다. 흐릿한 불빛 사이로 마을 교회가 거무칙칙하고 음침한 모습을 드러냈다. 구불구불한 길, 오두막 집의 문, 박공 벽과 낡은 회색 굴뚝, 마을에서 뛰노는 아이들과 똥개들, 모두들 어둑어둑한 안개 속에서 이상하고 괴기스런 모습으로 보였다. 피비 막스와 사촌 루크는 오들리 마을의 교회 뜰을 지나 몸을 가늘게 떨고 있는 교구 부목사 앞에 모습을 드러냈다. 부목사는 아침 안개로 흠뻑 젖어 축축해지고 주름진 성직자 가운을 입은 채로, 오 분이 넘게 신부와 신랑을 기다리느라 추위에 떨고 있었다.

루크 막스는 몸보다 헐렁한 나들이 옷을 입고 있어서 평소 모습보다 더 꼴이 말이 아니었다. 하지만 그 결혼식에 참석했던 몇 안 되는 손님들이 입을 모아 말했던 것처럼, 오들리 부인이 몇 차례 입다가 물려준 연한 회색빛 실크 드레스를 입은 피비는 귀부인과 크게 다르지 않는 모습이었다.

흐릿하지만 어슴푸레 귀부인의 면모가 담겨 있는 모습. 그녀의 희미한 몸 윤곽과 옷 색깔, 눈과 머리카락, 안색, 드레스. 이 모든 것들이 창백하고 불명확한 명암에 녹아있었다. 안개가 자욱한 11월 아침의 불투명한 햇빛 속에서, 미신을 믿는 외부인이라며 아마 그녀를 교회 아래의 지하 납골당 어딘가에 묻혀있는 어떤 죽은 신부의 혼령으로 착각했을 것이다.

이 행사의 주인공 루크는 이 모든 것에 별다른 생각이 없는 듯 보였다. 그는 점 찍어둔 여자를 아내로 맞이했고, 오랜 야망으로 품어왔던 선술집을 가지게 되었다. 오들리 부인의 호의로 마운트 스태닝이란 이름의 언덕 위에 자리잡은 한적한 마을의 중심지에 작은 '캐슬 여관'을 열게 되었고, 부인에게서 받은 75파운드로 그 여관 개장에 필요한 세간 살이와 맥주, 술을 장만하였다. 그 선술집은 보기에도 쓸 만한 건물이 아니었다. 금방이라도 무너질 듯 세월에 찢긴 모습이 역력했고, 심하게 손상을 입어 헐벗고 마구자란 황량하고 쓸쓸해 보이는 포플러나무 네다섯 그루에 둘러싸인 채 높은 지대 위에 서있었다. 캐슬 여관에도 바람이 많이 불어와 때로는 잔인하리만큼 심하게 들이닥쳐 바깥채와 마굿간의 나지막한 초가지붕을 들썩거리게 하고 망가뜨렸다. 마치 마을 악당의 이마에 삐딱하게 걸쳐있는 모자처럼. 좁은 여닫이 창 뒤의 나무 덧문을 달그락달그락 흔들어대다, 마침내 녹슨 경첩이 헐거워지고, 부서질 때까지 들이닥쳤다. 또한 바람은 비둘기장을 뒤엎는 것은 물론이고 자신의 거센 움직임을 알려주려고 당당하게 세워놓은 풍향계까지도 부러뜨렸다. 나무로 된 격자 세공의 작은 조각, 덩굴 식물, 아담한 발코니, 소소한 장식품들을 우습게 여기는 바람은 조롱하듯이 격렬하게 하나하나 흐트러뜨리고 파괴해갔다. 변색된 회벽에는 찢겨나간 이끼 자국만이 남게 되었다. 마침내 바람은 휘청거리는 건물더미를 부서뜨리고, 파괴하며, 찢어 갈기고, 짓밟았다. 바람에 날리는 조각들은 비명 같은 소리를 내지르며 떨어져 나가고, 이 파괴적인 거대한 힘에 굴복하였다. 기가 꺾인 소유주는 이 엄청난 힘을 가진 적과 오랫동안 싸우느라 지치고 말았다. 결국 바람이 제멋대로 하도록 내버려두게 되었고, 이에 따라 캐슬 여관은 천천히 쇠락해갔다. 그러나 그런 외부의 풍파를 겪으면서도, 여관의 내부는 제법 번성해가고 있었다. 몸집 튼튼한 목동들이 작은 술집에 술을 마시러 들렀고, 생활이 넉넉한 농부들은 그들의 말이 다 쓰러져갈 듯한 마굿간에서 정체 모를 곰팡이 핀 건초와 썩기 직전의 콩을 우적우적 먹고 있을 저녁 시간에 낮은 징두리 벽판을 둘러친 이 술집에 모여 정치 토론을 벌였다. 심지어 오들리 저택의 하인들도 술을 마시고 말에게 먹이를 주기 위해 이 캐슬 여관에 들르곤 했다. 정말 평생 잊을 수 없을 법했던 일은, 사냥개를 몰고 온 30명 정도의 신사들이 저녁을 먹으러 방문했던 일이었다. 여관 주인은 이 엄청난 일을 치르느라 얼이 빠질 정도였다.

그래서 심미안이 깊지 못한 루크 막스는 이 캐슬 여관의 주인이 된 것을 매우 행운이라 생각했다.

마차가 안개 속에서 신랑과 신부를 새 집으로 모셔가기 위해 기다리고 있었다. 피비가 어릴 적부터 알고 지내던 몇 안 되는 소박한 마을 사람들은 교회 뜰 문 앞에서 서성거리며 그녀에게 작별 인사를 했다. 그녀의 창백한 눈은 눈물로 벌겋게 됐다. 신랑은 이 모습을 보고 언짢은 내색을 했다.

"아가씨, 뭐 때문에 이렇게 눈이 퉁퉁 부은 거지? 만약 나랑 결혼하기 싫은 거라면, 그렇다고 말하지 그래. 당신을 죽이진 않을 테니까." 사납게 그가 말했다.

이 말에 오들리 부인의 하녀는 몸이 떨려 비단 망토를 꽉 끌어안았다.

"이렇게 멋진 옷을 입고 추워하다니. 왜 여자들은 분수에 맞게 옷을 입지 않는 거야? 당신은 이제 그런 비단 옷을 입을 일은 없게 될 거야." 루크는 그녀의 값 비싼 옷을 보며 비아냥거리듯이 말했다.

그는 떨고 있는 피비를 거친 외투로 감싸 마차에 올려 태우고 노란 안개를 헤치며 길을 떠났다. 정문 주위에 몰려있던 두세 명의 아이들이 외치는 미약한 환호소리를 뒤에 남기며.

새로운 하녀가 피비의 자리를 대신하기 위해 런던으로부터 왔다. 장밋빛 리본을 매단 넓은 창 모자에 검은 명주 가운을 걸친 매우 현란한 차림새의 이 처녀는 오들리 저택의 따분한 분위기에 불평을 쏟아냈다.

크리스마스 철이 되자 이 오래된 저택에도 손님들로 시끌벅적해지기 시작했다. 마을의 대지주와 그의 뚱뚱한 아내는 태피스트리로 장식된 방을 차지했다. 명랑한 딸들이 긴 복도를 왔다 갔다 뛰어다녔고 젊은 사내들은 격자무늬 창 밖을 내다보며 남쪽에서 불어오는 바람과 구름 낀 하늘을 감상했다. 낡았지만 널찍한 마굿간에도 빈 자리가 없어 사냥꾼들을 위한 임시 간이물이 뜰에 세워졌다. 쉬지 않고 깽깽대는 개들로 조용할 틈이 없었다. 낯선 하인들이 다락방에 함께 머물렀다. 뾰족한 박공 아래 보이지 않았던 작은 여닫이 창들과 기이한 낡은 지붕의 지붕창들마다 반짝이는 방 안의 촛불로 겨울 밤하늘을 수놓았다. 이곳의 반짝거리는 빛, 소음, 야단법석에 미혹된 무지몽매한 낯선 손님은 젊은 말로우의 실수에 손쉽게 빠져들어, 마지막 우편마차의 작은 말들이 도살장으로 마지막 애수 어린 여행을 끝마친 이래로 지상에서 영원히 사라진 것마냥, 대접이 융숭한 이 저택을 오랜 역사를 지닌 훌륭한 여관으로 오인할 수도 있을 거였다.

손님들이 붐비는 가운데 로버트 오들리도 사냥철을 맞이해 프랑스 소설책 서너 권과 담뱃갑, 그리고 3파운드의 터키산 잎담배를 여행 가방에 싣고 에식스로 내려왔다.

정직하고 젊은 마을 대지주들은 아침 식사 자리에서 승마에 대한 화제로 꽃을 피웠다. 최근 승마경기에서 우승한 '방황하는 네덜란드인'이란 이름의 암말과 '곡예사'란 이름의 숫망아지, 3개주를 지나 30마일이 되는 길을 7시간동안 달려 한밤중에야 집에 도착한 영광의 승마 경험, 한밤중에 집까지 30마일이 되는 길을 달려온 비밀 승마용 말 등이 화제의 중심이 되었다. 이들은 잘 차린 식탁을 떠나면서 차가운 등심덩이를 입에 한 가득 집어넣고, 말을 타다 다친 발목이나 접지른 팔목 그리고 수의사에게 치료받고 막 돌아온 망아지를 살펴보려고 나섰다. 앉아서 말없이 빵과 마멀레이드 잼을 먹고 있는 로버트는 이들에게 대화 상대 가치도 없는 사람으로 간주됐다.

로버트는 개 두 마리도 함께 데리고 왔다. 포인터 사냥개 한 마리에 50파운드를 지불하고 세터 사냥개들의 가죽끈을 흥정하기 앞서 개의 목줄을 상태를 살펴보러 수백 마일을 여행했던 한 시골 신사는 로버트의 초라한 똥개들을 보고 폭소를 터뜨렸다. 한 마리는 법원과 홀번 근처에서부터 로버트 오들리를 따라왔다. 그 개를 막 대하던 행상인에게서 그가 억지로 빼앗아 데려온 거였다. 게다가 로버트가 이 불쌍한 개 두 마리를 거실의 안락 의자 옆에 두겠다고 고집을 부리자, 모두가 알고 있듯이 개를 싫어하는 오들리 부인은 짜증이 났고, 손님들은 남작의 조카를 정신 나간 알 수 없는 청년이라 여겼다.

지난 번 오들리 저택을 방문했을 때, 로버트는 왁자지껄한 사냥경기에 참가하려는 기색을 별로 내비치지 않았었다. 마이클 경의 얌전한 회색 말을 타고 쟁기로 갈아 놓은 밭 6고랑을 지나가다가, 어느 농가 문 앞에서 헐떡이며 그날 아침은 더 이상 사냥개를 따라갈 의사가 없다고 피력했었다. 심지어 그는 애써 스케이트를 신더니 꽁꽁 언 연못을 한 번 내달리다 처음 휙 돌아서는 순간에 넘어지는 수모까지 보여줬다. 그가 얼음판에 등을 대고 대자로 꼼짝 않은 채 누워있자, 구경꾼들이 그를 일으켜줘야만 했다. 그는 아침 산책에서 개 수레의 뒷자석을 차지하고 앉았지만, 언덕을 오르는 일에 격렬하게 반대하였으며, 방석을 다시 조정하려고 십 분마다 수레를 멈추도록 요구했었다. 하지만 올해에는 그는 어떤 야외 운동도 할 생각이 없었다. 그냥 전적으로 거실에서 빈둥거리며 원래의 느긋한 성격답게 오들리 부인과 알리샤와 어울렸다.

오들리 부인은 사람들이 그녀의 매력으로 생각하는 우아하고, 조금은 어린애다운 태도로 이런 조카의 관심을 받아들였다. 하지만 알리샤는 이러한 로버트의 행동거지 변화가 못마땅했다.

"밥, 오빠는 늘 힘없고 기운 없어 보여요. 올해 무슨 일이 있어 그런지 모르겠군요. 아무짝에도 쓸모없이 새엄마를 위해 비단 실타래를 팔에 감고 있질 않나, 테니슨의 시집을 읽어 주고 있질 않나." 알리샤는 사냥용 아침 식사를 이미 마친지라, 승마복을 차려입고, 활기차게 거실로 들어오면서 경멸하듯 말했다. 로버트는 아침 식사에도 빠지고 대신 오들리 부인의 방에서 차를 마시고 있었다.

"성미 급한 알리샤, 그렇게 심술궂게 말하지 마. 말도 안 되는 결론을 성급하게 내리지 마. 운 나쁜 여우를 뒤좇아 들판을 내달릴 때 네 암말 아틀란타에게 하듯이 네 멋대로 판단할 필요가 없어. 내게 관심을 보여주는 사람은 백부님의 시골 친구 중에 아무도 없고 단지 백모뿐이야. 그거면 충분한 대답이 되지 않겠어?" 젊은 변호사는 애원하듯이 말했다.

알리샤는 약간 짜증나는 듯 고개를 이리저리 내저었다.

"한번도 들어볼 일 없는 이유를 잘도 내세우네요, 밥." 그녀가 참을 수 없다는 듯이 말했다. "하지만 제발 제대로 즐겨보세요. 하루 종일 안락의자에서 빈둥거리며 무릎 위에 저 어처구니 없는 개들을 잠재우고 있지 않나, 창문 커튼이 온통 시가 냄새로 배어있지 않나. 이 저택의 손님들은 모두 오빠의 따분한 모습에 짜증이

나 있어요."

로버트 오들리는 장황한 비난에 멋진 잿빛의 두 눈을 휘둥그레 뜨고 알리샤를 무기력하게 바라보았다.

알리샤는 습관대로 말채찍으로 치마를 툭툭 치며 방 안에서 이리 갔다 저리 갔다 하며 생각에 잠겼다. 두 눈에선 분노로 불꽃이 튀었고 갈색 피부는 주홍빛으로 울그락불그락 물들었다. 젊은 변호사는 그런 징후로 그녀가 흥분해 있다는 걸 잘 알아챘다.

"그래요, 사촌오빠는 어리석고 따분해요. 오빠는 상냥한 척하지만 허울뿐이고 우쭐거리면서 오만으로 꽉 차 있어요. 우리가 즐기는 일을 무시하고 있어요. 눈썹만 치켜세우고 어깨를 으쓱거리면서 말이에요. 의자에 푹 파묻고 앉아 우리들이 즐기는 일엔 눈곱만치도 관심을 보이지 않아요. 정말 이기적이에요. 냉정한 시바리스인과 똑 같아요."

"알리샤! 제발 날 좀 가만히 둬."

그는 손에 있던 신문을 떨어뜨리고, 자신을 비난하는 그녀를 힘없이 쳐다보며 말했다.

"맞아, 로버트 오빠는 이기적이야! 거의 죽어가는 굶주린 개를 집에 데리고 온 이유는, 오빠가 바로 그런 모습이기 때문이야. 웅크리고 앉아 한 푼어치 가치도 없는 길거리 똥개의 머리만 쓰다듬고 있는 건 오빠가 그런 똥개와 닮았기 때문이지. 오빠는 꼬마들에게 동전 몇 푼 쥐어주는 일에 기뻐하겠지만, 가엾은 해리 타우어즈 씨가 엉뚱한 이야기를 할 때면 오빠는 눈썹을 치켜세우며 한심한 듯 무례한 표정으로 그분을 노려봤어요. 누구한테서 뺨 한 대를 얻어맞으면, 오빠는 되받아 때리기는커녕 오히려 '감사합니다' 하고 머리를 꾸뻑 수그릴 사람이에요. 그게 기껏 오빠의 상냥함이란 거예요. 하지만 오빠는 애지중지하는 친구를 위해서는 꼼짝도 하지 않으려고 하지요. 해리 씨를 따라가려면 오빠는 한참 멀었어요. 내 아틀란타가 발목을 삐었다가 회복되었을 때 그분은 편지까지 써서 안부를 물어왔어요. 그분은 여자의 마음을 사로잡거나 오빠처럼 눈썹을 치켜 세우지는 않아도 사랑하는 여자를 위해서라면 물불 가리지 않고 뛰어들 사람이지만, 도대체 **오빠라는 사람은**—"

바로 이 순간 사촌이 자신에게 덤벼들어 주먹을 휘두를 거라고 생각한 로버트는 준비를 하려는 찰나 그 어린 숙녀는 큰 울음을 터뜨리며 자리에 주저 앉았다.

로버트는 개들을 카펫에 내려놓고 안락의자에서 벌떡 일어났다.

"알리샤, 왜 그러는 거야?"

"그건—, 그건—, 모자 깃털이 눈에 들어갔을 뿐이에요!" 알리샤는 흐느끼며 변명했다. 로버트가 정말 그런지 확인하기도 전에 알리샤는 쏜살같이 방을 뛰쳐나갔다.

로버트가 그녀를 따라 나서려고 준비하는 그때, 아래층 마당에서 말발굽 소리, 방문객, 사냥개, 하인들의 시끄러운 소리 중에서 알리샤의 목소리가 들려왔다. 해리 타우어즈 경은 이웃마을에서 신분이 가장 높은 귀족으로 운동에 능란한 젊은이였다. 그는 알리샤가 말 안장에 올라타도록 손으로 그녀의 작은 발을 받쳐주었다.

"이럴 수가!" 로버트는 즐거운 승마 무리가 아치형 문을 지나 사라져가는 모습을 보며 외쳤다. "이게 도대체 무슨 일이지? 저렇게 새침하게 말에 앉아있는 것 좀 봐! 자태도 어여쁘고, 갈색으로 그을린 장밋빛 얼굴이 정말 예쁘네. 그런데 조금도 망설이지 않고 저런 남자와 말을 타러 나가다니! 그건 사냥개를 따라 마구 들판을 달렸던 영향 때문이야. 알리샤는 인생의 모든 일을, 마치 높은 나무 담장이나 무너진 울타리를 살피듯이 배우고 있어. 세상을 경험하는 일을 마치 시골길을 헤쳐나가듯이 하고 있는 거지. 곧바로 나아가기도 하고 뛰어넘기도 하면서. 피그트리에서 자랐다면 정말 훌륭한 처녀가 될 수 있었을 텐데! 내가 만약 알리샤와 결혼해 딸을 가지게 된다면—결코 그런 일은 일어나지 않기를!—그 애를 페이퍼 빌딩에서 가르치고 템플 가든에서 실습을 받게 할 거야. 그리고 결혼 적령기 때까지 내 품 안에서 조심스레 키우다가, 결혼 때가 되면 내가 그 애를 곧바로 성 던스탄 성당으로 데리고 가서 남편 될 남자 손에 건네줄 거야."

우아한 차림의 오들리 부인이 손에 벨벳 커버의 스케치북을 들고 아침 응접실로 들어올 때까지 로버트는 오들리는 이러한 상상 속에 빠져있었다. 목욕을 끝마친 그녀의 금빛 곱슬머리는 향기롭게 빛났으며 온 몸이 신선한 광채를 뿜어내는 듯했다. 창가의 탁자 위에 작은 이젤을 올려두고 앉아 팔레트에 물감을 풀었다. 로버트는 반쯤 감긴 눈으로 그녀를 바라보며 말했다.

"제 담배 연기가 불편하지 않나요, 오들리 부인?"

"오, 괜찮아요. 난 담배연기에 꽤나 익숙해요. 도우슨 댁에 살았을 적에 의사 선생님이 저녁마다 담배를 폈거든요."

"도우슨 씨는 좋은 사람이지요?" 로버트가 조심스레 물었다.

오들리 부인은 갑작스레 어여쁜 웃음을 터뜨렸다.

"정말 고마우신 분이죠, 제게 25파운드의 연봉을 주었으니, 분기로 따지면 6파운드 5실링이나 되죠. 그 돈을 받던 날을 전 정말 똑똑히 기억해요. 병원 돈 서랍에서 꺼낸 손 때 묻은 금화 여섯 닢과 지저분한 은화 몇 닢! 그때 전 얼마나 기뻤는지 몰라요. 지금 그 일을 생각하니 웃음이 나네요. 지금 제가 쓰고 있는 이 물감은 윈저 엔 뉴턴 가게에서 하나에 1파운드씩 해요. 적자색과 군청색은 30실링이고요. 지난 번엔 도우슨 부인에게 제 실크 드레스를 한 벌 드렸는데, 부인이 제게 감사 키스를 하는가 하면 의사 선생님은 그 옷 꾸러미를 외투 안에 꼭 품고 가더라고요."

오들리 부인은 과거를 회상하며 기쁨에 차 한참 웃었다. 그녀는 물감을 풀은 다음 정말로 멋진 이탈리아 농부를 그린 수채화를 보며 따라 그렸다. 스케치가 거의 끝나갈 즈음 그녀는 가는 붓으로 아주 섬세하게 몇 군데 손질로 마지막 마무리를 했다. 그녀는 옆 그림을 곁눈질 하며 조심스럽게 자신의 작품과 견줘봤다.

그림이 그려지는 동안 로버트의 눈은 그녀의 아름다운 얼굴에만 못박힌 듯 쏠려있었다.

"뭔가 달라졌어요." 그녀가 무엇을 하는지 잊어버릴 만큼 긴 시간이 흐른 뒤 로버트가 말했다. "변화가 생겼어요! 엄청난 일을 해야만 여자들은 이런 변화를 이룰 수 있어요."

오들리 부인의 해맑은 푸른 눈이 갑자기 커지며 그를 뚫어지게 바라보았다. 옆 창문으로 스며들어온 겨울 햇살을 받아 그녀의 얼굴이 온통 빛났고, 반짝이는 하늘빛 아름다운 두 눈은 여름날 오팔색의 바닷물이 수시로 변하듯이 햇살에 초록빛도 언뜻언뜻

드러내며 가늘게 떨리는 듯했다. 작은 붓이 그녀의 손에서 떨어지며 넓고 둥그런 원 모양의 선홍빛 호수 아래 그려놓은 농부 얼굴이 뭉개지고 말았다.

로버트는 손가락으로 시가의 꽉 눌린 담뱃잎을 살그머니 조심스럽게 꺼내고 있었다.

"법원의 귀퉁이 가게에 있는 제 아는 사람이 평소처럼 마닐라산 좋은 시가를 보내오지를 않았군요." 그가 중얼거렸다. "많은 여자들이 정원의 장미 아래서 담배를 핀다고 들었는데, 혹시라도 백모님께서 담배를 핀다면, 시가를 아주 신중히 골라야 할 거예요."

오들리 부인은 길게 숨을 들이마시며 다시 붓을 집어 들고, 로버트의 충고에 크게 웃음을 터뜨렸다.

"정말 특이한 분이군요, 오들리 씨! 정말 어떤 땐 절 혼란스럽게 만든다는 걸 아세요—?"

"백모님이 절 혼란스럽게 만드는 만큼은 아니겠죠."

오들리 부인은 물감과 스케치북을 치우고, 로버트에게서 멀찌감치 떨어진 창가에 자리를 잡고 앉아 커다란 양모 자수 밑판을 펼쳤다. 그 자수 밑판에는 10여 년 전 자수 연습용으로 대단한 인기를 모았던 밑그림 〈볼턴 수도원의 옛 시절〉이 그려져 있었다.

오들리 부인이 로버트와 멀리 떨어져 창문 곁에 앉아 있는 바람에 그는 금발에서 발산되는 아련한 광채로 감싸인 그녀의 얼굴을 이따금씩 힐끗 살피기만 할 수 있을 뿐이었다.

로버트 오들리는 일주일 정도 저택에 머물렀지만, 이제까지 한 번도 그들의 입에서 조지 톨보이즈의 이름이 언급된 적은 없었다.

하지만 오늘 아침 진을 빼는 잡다한 대화를 마치고 나자 오들리 부인은 조카의 친구에 대해 입을 열었다. "그 조지—조지라는 분 말이에요." 그녀가 머뭇거리며 말했다.

"톨보이즈요." 로버트가 말했다.

"맞아요. 조지 톨보이즈 씨였지. 그런데 좀 특이한 이름이네요. 여러모로 생각해봐도 분명히 특별한 분이에요. 최근에 그분을 만났나요?"

"9월 7일 이후로 그를 전혀 만나지 못했어요. 마을 건너편 목초지에서 제가 낮잠에 빠졌던 날이 그가 떠나버린 날이죠."

"저런! 조지 톨보이즈 씨는 정말 이상한 분임에 틀림없어요. 좀 더 말해줘요."

로버트는 간단하게 자신이 사우샘프턴을 방문하고 나서 리버풀로 갔던 일과 그 두 여행의 상이한 결과에 대해 들려주었고, 그녀는 매우 열심히 귀를 기울였다.

이런 대화 기회를 활용하기 위해 로버트는 자리에서 일어나 방을 가로질러서 창가에 앉아 있는 오들리 부인의 반대편에 자리를 잡고 앉았다.

"그럼 친구분이 어디로 사라졌다고 생각해요?" 그녀가 침묵 뒤에 입을 열었다.

"그게 정말 궁금한 일이에요. 어떤 단서도 찾지를 못하겠어요. 하지만 모호하게나마 두 가지를 추측해 볼 수 있겠는데, 이것 모두 제겐 확실한 사항처럼 보여요."

"그게 뭔데요?"

"첫째로, 조지는 분명히 사우샘프턴 이상 더 멀리 가지 않았다는 것. 둘째로, 그는 사우샘프턴에 결코 가지 않았다는 것이죠."

"하지만 오들리 씨가 그곳까지 가봤고, 또한 그의 장인어른이 조지를 봤다면서요."

"그 장인어른의 진실에 의문을 가질 이유가 있어요."

"맙소사! 그게 도대체 무슨 뜻이에요?" 그녀는 어처구니가 없어 했다.

"백모님, 저는 실제로 변호사로서 일을 해본 적이 한 번도 없습니다. 제 이름을 변호사 명단에 올려 놓긴 했지만요. 그 명단에 이름을 올리게 되면 엄정한 책임감을 지니게 되고 또한 수행해야 할 신성한 의무도 갖게 되는 거죠. 하지만 전 그 책임감과 책무를 피해왔어요. 복잡한 인생살이가 피곤했기 때문이지요. 하지만 때로는 회피해왔던 직책을 어쩔 수 없이 맡아야 할 때가 있어요. 최근에 저는 이런 상황에 몰린 제 자신을 깨닫게 되었지요. 오들리 부인, 정황 증거에 대해 배운 적이 있나요?"

"저같이 하찮은 여자에게 그런 끔찍한 걸 물어볼 필요가 있겠어요?"

"정황 증거란 어느 사건의 전 범위 내에서 수집되는 아주 사소한 사항으로 놀라운 형체를 세워나가는 거죠. 그리고 그 형체는 한 인간을 교수형에 처할 만큼 강력한 힘을 갖게 됩니다. 지구상에서 가장 현명하다는 사람조차 설명할 수 없는 사악한 비밀의 핵심이 의외로 아주 작고 사소한 것에서 드러날 수 있는 거죠! 종이 한 쪽지, 찢어진 옷 한 조각, 외투의 단추, 과도하게 조심하던 범인의 입에서 무심코 튀어나온 말, 편지 한 조각, 문을 열거나 또는 닫는 행위, 창문 블라인드에 드리운 그림자, 한순간의 정확성.

이처럼 범죄자가 쉽게 잊어버릴 사소한 상황들이 수천 개나 있어서, 이것들이 형사의 과학에 의해 어마어마한 강철고리로 상호 연결되는 거죠. 자, 봐요! 교수대가 세워지고, 엄숙한 종소리가 새벽의 음울한 회색 대기 속에서 울려 퍼져요. 죄인의 발 밑에서 발판이 삐걱거립니다. 범죄의 댓가가 치러지는 거죠." 부인의 대답에도 아랑곳 않고 로버트가 길게 늘어놨다.

문설주 옆 창문의 채색된 장식쇠로부터 나온 초록색과 주홍빛의 희미한 음영이 창가에 앉아있는 오들리 부인의 얼굴에 드리워졌다. 하지만 본연의 얼굴색은 모두 사라지고 무시무시한 잿빛만이 남아 있을 뿐이었다.

조용히 의자에 앉아 호박색 능직 쿠션에 얼굴을 숙이고 작은 두 손은 무릎에 맥없이 얹은 채 오들리 부인은 기절해버렸다.

"범죄의 반경은 하루하루 점점 좁혀지죠. 조지 톨보이즈는 절대로 사우샘프턴에 도착하지 않았습니다." 로버트가 말했다.

16. 로버트가 저택에서 쫓겨나다

크리스마스가 끝나고 손님들은 하나 둘 오들리 저택을 떠났다. 뚱뚱한 대지주와 그의 아내도 태피스트리가 장식된 침침한 방을 떠났다. 그 방 벽에 걸린 검은 눈썹의 전사들 그림은 새 방문객을 향해 상을 잔뜩 찌푸리고 위협하는 것인지 아니면 빈 방으로 남게 되어 앙심에 찬 눈초리인지 모르겠지만 여하튼 덩그러니 홀로 남겨졌다. 위층에서 머물던 명랑한 소녀들도 실컷 입고 난 구겨진

무도회 드레스를 챙겨 짐을 꾸렸다. 오랜 가문의 화려한 마차가 어울리지 않게 엉망진창의 여자용 짐 가방을 한가득 실은 채 육중한 떡갈나무 정문 앞의 널찍한 공간에서 대기하고 있었는데, 그 말의 구절이 잘 다듬어져 있지 않은 걸 보면 험한 길을 달려왔음을 말해주었다. 어여쁜 장밋빛 여성들이 마차 창 밖으로 얼굴을 내밀고 미소를 지으며 현관문에 서 있는 한 무리 사람들에게 마지막 작별인사를 보냈다. 마차는 달가닥거리며 담쟁이로 뒤덮인 아치 문을 지나갔다. 마이클 경은 사방에서 작별을 나누느라 바빴다. 스포츠를 좋아하는 젊은이들과 악수를 나누는가 하면 장밋빛 소녀들에게 작별 인사를 나누기도 했고, 유쾌한 후대에 감사를 표하는 뚱뚱한 부인들과 포옹도 해야 했다. 누구에게도 상냥하고, 관대하고, 후덕하고, 행복하고, 사랑 받는 남작은 부산스럽게 방과 방 사이로, 현관에서 마구간으로, 마구간에서 안뜰로, 안뜰에서 아치형 문 입구로 저택 곳곳을 돌아다니며 떠나가는 손님들을 배웅했다.

오들리 부인의 금빛 머리도 작별인사를 하느라 분주한 낮 동안에 반짝거리는 햇빛처럼 이곳저곳에서 번쩍였다. 그녀의 크고 푸른 눈엔 그윽한 구슬픈 표정이 어렸다. 작은 손으로 부드럽게 악수를 나누며, 작별을 하게 되어 얼마나 슬픈지 모른다거나, 덕분에 저택이 활기 찬 멋진 사교의 모임을 즐겼는데 언제 또 이런 기쁨을 가질 수 있는지 모르겠다는 등 친근하지마는 상투적인 인사말을 나누었다

하지만 아무리 손님들이 떠나가는 것이 아쉬울지라도, 적어도 한 손님만은 그녀에게서 떠나 보낼 일이 없었다. 로버트 오들리는

삼촌의 집을 떠날 의사를 전혀 내비치지 않았다. 그는 업무상 꼭 해결할 일이 없다는 거였다. 피그트리 아파트는 뜨거운 날씨에 멋진 그늘을 드리우지만, 겨울에는 한쪽 면에서 바람이 매우 거세게 들이닥치는 탓에 류머티즘과 독감으로 고생이 끊이지 않는다는 거였다. 오들리 저택에서는 누구든 그를 잘 대해주고 있어, 그는 전혀 서둘러 떠날 마음이 없다고 했다.

마이클 경은 이에 다음과 같이 말했다. "그래, 여기 계속 있으려. 로버트, 언제까지든 여기서 지내도 돼. 내겐 아들도 없으니, 네가 그 역할을 하면 돼. 루시와 잘 지내며 이곳을 집처럼 여기거라."

이에 로버트는 백부의 손을 힘껏 잡으며 '멋진 우리 왕자님'이라고 환호했다.

그가 백부를 그렇게 부를 때마다 그 어조엔 때때로 약간의 막연한 슬픔이 담겨있음을 느껴질 수 있었다. 방의 한구석에 앉아 수염이 허옇게 센 남작을 바라보며 생각에 잠기는 로버트의 눈가에는 안타까운 애정의 그림자가 드리워졌다.

마지막 남은 해리 타우워즈 경이 저택을 떠나기 전에 서재에서 알리샤 오들리 양과 면담을 요청했다. 여우 사냥을 즐기는 이 건장한 젊은이가 감정을 상당히 드러내는 면담이었는데, 실제로 솔직하고 진정 어린 감정을 어찌나 많이 드러냈는지 알리샤의 마음은 정말로 무너지고 말았다. 그녀는 영원히 그의 진실하고 고귀한 마음을 온 정성을 다해 받들고 존경하겠다고 맹세하는 동시에, 그렇지만 그녀를 고통으로 빠지게 만드는 일은 절대, 절대 하지 말아달라고 간청했다.

해리 경은 프랑스풍 창문이 연못 정원을 향해 열려있는 도서

관을 떠나 라임나무 가로수길을 천천히 걸어갔다. 그 길은 조지 톨보이즈가 교회 마당 앞 길과 비교했었던 길로, 그는 잎이 떨어진 나무 밑에서 자신의 담대한 젊은 심정과 갈등하며 고민하였다.

"내가 지금 바보같이 무슨 생각을 하는 거지!" 그가 서리로 뒤덮인 땅 위에 발을 구르며 말했다. "항상 이렇게 될 줄 알고 있었잖아. 그녀는 언제나 나에게 너무나 잘 해주었지. 그녀에게 은총이 내리길! 그녀의 말은 고상하고 부드러웠지. 화가 날 때면 그을린 피부에 달아오른 선홍빛 뺨과 눈물이 그렁그렁한 그 큰 두 눈이 정말 아름다웠어. 사냥에서 집으로 돌아올 때 사냥한 여우 꽁지털을 자신의 모자에 담아 무너진 담장을 훌쩍 뛰어넘던 그날 모습은 어떻고! 맙소사! 그녀가 이 소심한 젊은 변호사의 마음을 알아주지 못한다면, 난 그 모든 걸 잊을 수 있어. 하지만 그러고 싶지는 않았는데."

해리 경이 로버트에게 미리 암시를 해줬기 때문에 상황을 짐작하고 있던 이 소심한 로버트가 복도에 서서 중부 지방 지도를 살피고 있을 때, 여우 사냥꾼 남작과 면담을 마친 알리샤가 붉게 충혈된 눈으로 서재에서 나왔다.

근시인 로버트가 지도에 바싹 코를 들이댄 채 보고 있는 사이 알리샤가 다가왔다.

"그래, 노리치 마을은 노퍽 주에 있군. 그런데도 어리석은 빈센트는 그게 해리포드 주에 있다고 하니. 하, 하. 아! 알리샤가 있었군."

그는 계단으로 올라가는 알리샤를 가로막으려고 돌아섰다.

"네." 퉁명스럽게 대답하며 그녀는 그를 지나치려 했다.

"알리샤, 울었어?"

젊은 숙녀는 아무런 대답도 하려 하지 않았다.

"울은 게 맞군, 알리샤. 해리포드 주의 해리 타우워즈 경이 청혼을 하던가?"

"오들리 씨, 문에서 우리를 엿듣고 있었던 거예요?"

"아니야, 오들리 양. 어떻게 그럴 수가 있겠어. 법적으로도 매우 좋지 못한 행동인 걸. 하지만 난 변호사야, 알리샤. 추론해서 결론을 쉽게 끌어낼 수 있어. 오들리 양, 귀납적 증거라는 게 뭔지 알아?"

"몰라요." 알리샤는 마치 멋지게 생긴 어린 표범이 감히 괴롭히려고 드는 적수를 노려보듯 그의 사촌을 바라보며 말했다.

"그럴 줄 알았어. 난 해리 경이 말을 훈련시킬 새로운 큰 공을 알리샤에게 제안할 거라 생각했어. 몇 가지 사항으로 추론해 봐도 알 수 있거든. 왜냐하면, 첫째, 그는 머리가 엉망인 채 층계를 내려왔고 얼굴은 식탁보처럼 창백했음. 둘째, 아침 식사를 먹으려 들지 않았고 커피도 식은 채로 내버려 두었음. 셋째, 저택을 떠나기 전 알리샤에게 면담 요청. 자, 그러면 어떻게 될까, 알리샤? 그 남작과 결혼할 작정인가? 이 불쌍한 사촌 로버트를 알리샤의 결혼식에 들러리로 초대할 셈인가?"

"해리 타우워즈 경은 마음씨가 고귀한 젊은 신사예요." 알리샤는 여전히 사촌을 그냥 지나가려 하며 말했다.

"그래서 그를 받아들일 건가—아니면, 아닌가? 해리포드셔의 최고 영지를 차지한 안주인이 되어 여름이면 영지에서 사냥을 하고, 심심하면 아빠의 영지인 에식스로 마부가 모는 큼직한 사륜마차를 타고 올 건가? 내 말이 맞지, 알리샤?"

"그게 사촌오빠와 무슨 상관이죠?" 알리샤가 격렬하게 화를 내며 소리쳤다. "내가 무슨 일을 하든, 누구와 결혼하든, 오빠와 무슨 상관이에요? 내가 굴뚝 청소부와 결혼해도, 오빠는 그저 눈썹만 찔끔 올리고 이렇게 말하겠죠. '맙소사, 알리샤는 참 별나.' 난 해리 타우워즈 경의 청혼을 거절했어요. 하지만 그분의 관대하고 순수한 사랑을 차갑고, 게으르고, 이기적이고, 거만한 무관심을 가진 다른 남자들과 비교해보면, 차라리 그분에게 달려가 이렇게 말하고 싶어요—"

"거절을 취소하고 그의 아내가 되겠다고?"

"그래요."

"그러지 말아, 알리샤. 그러지 마." 로버트는 사촌의 가느다란 작은 팔목을 잡고 층계로 이끌며 말했다. "나와 함께 응접실로 가자, 우리 귀여운 사촌 아가씨 알리샤. 이렇게 예쁘지만, 성도 잘 내고, 놀래게 만들기도 잘하는 우리 꼬마 사촌. 여기 창문 곁에 좀 앉아봐. 그리고 그만 실랑이를 벌이고 진지하게 이야기 좀 해보자고."

거실에는 그 둘만 남아있었다. 마이클 경은 외출하였고, 오들리 부인은 자기 방에 있었다. 가엾은 해리 타우워즈 경은 차가운 겨울 햇살 아래 잎이 떨어진 나뭇가지의 흔들거리는 그림자가 드리워진 자갈길을 서성거렸다.

"가엾은 우리 알리샤." 로버트가 마치 말썽쟁이 어린애를 달래듯이 부드럽게 다독였다. "비참한 감정 표현을 사용하고, 머리를 엉망으로 놔두고, 미치광이의 행동을 따라 해야만, 그게 격렬한 열정을 증명하는 방식이 될까, 알리샤 오들리? 그런 식으로 해야만 여리고 따뜻하고 애정 넘치는 여자의 마음을 아주 친밀하고 제대로 이해하는 거라고 할 수 있는 걸까? 인생이란 참으로 문제가 많은 복잡한 세계라서, 온갖 말을 떠들어 대며 갖다 붙이고 해봐도, 조용히 축복받을 일이 여전히 남아 있는 거야. 난 크게 소리쳐 대지 않아. 법원 거리의 내 사무실 코앞 가게에서 멋진 시가를 구입할 수 있기 때문이지. 그리고 게다가 내가 아끼는 멋진 아가씨가 내 사촌으로 있기 때문이지. 그런 하늘의 은총에 늘 감사하고 있지."

알리샤는 잿빛 눈을 호동그라니 뜨고 황홀한 눈길로 사촌의 얼굴을 바라보았다. 로버트는 그가 데려온 똥개 중에 못생기고 삐쩍 마른 녀석을 안아 들고 차분히 두 귀를 잔잔하게 쓰다듬어 주었다.

"내게 해주고 싶은 말이 그게 전부예요?" 알리샤가 얌전히 말했다.

"오, 그래." 상당히 신중하게 생각한 후에 로버트가 다시 말을 이었다. "사실은 그 여우 사냥에 미친 남작과 결혼하지 말라고 하고 싶었어. 만약 알라샤에게 더 좋아하는 사람이 있다면 말이야. 너무 조급해 하지 말고, 인생을 느긋하게 받아들여 봐. 문을 방방 두드리고 방 안에서 날뛰거나 뛰쳐나간다든지, 마구간 이야기만 늘어놓고 들판을 말 타고 달리던 네 행동을 개선해 봐. 그러면 알리샤가 맘에 품은 남자도 틀림없이 훌륭한 남편감으로 나타날 거야."

"고마워요, 사촌 오빠. 하지만 내가 좋아하는 사람이 누군지 오빠가 모른다면 그 사람을 대변해서 오빠가 그렇게 말하지 않아도 돼요." 알리샤는 물결치는 갈색 머리의 뿌리 끝까지 상기되어 홍조로 붉게 불들은 것 같았다.

로버트는 생각에 잠긴 듯 한동안 개의 귀를 만지작거리다가 말했다.

"물론 그 사람이 누군지는 모르지. 하지만—이전엔 안다고 생각했었지."

"누군지 알았군요!" 알리샤는 몸이 떨릴 만큼 문을 벌컥 열고 거실을 뛰쳐나갔다.

"그 사람이 누군지 안다고 생각했다라고 난 말한 것뿐인데." 로버트가 그녀의 뒤에 대고 이렇게 외쳤다. 그러고 나서 그는 안락 의자에 푹 주저앉아 생각에 빠진 채 중얼거렸다. "저렇게 방방 날뛰지만 않으면 참 좋은 여자가 될 텐데."

가엾은 해리 타우워즈 경은 풀이 죽어 울적한 모습으로 오들리 저택을 떠났다.

해리 경은 떡갈나무와 멋진 너도밤나무에 아늑하게 둘러 쌓인 당당한 대저택으로 돌아오는 기분이 유쾌하지 않았다. 헐벗은 나무들이 줄 지어 서있는 긴 길의 끝에서 사각형의 붉은 벽돌집이 빛나고 있었지만 영원히 황량할 것만 같은 느낌이었다. 알리샤가 자신의 청혼을 거절했기 때문이었다.

백여 가지의 계획과 생각들이 한순간 그의 마음속에서 무의미하게 사라진 상태였다. 새 안주인을 위해 조련사 짐이 훈련시키는 여우 사냥용 말, 다음 사냥철을 위해 기르고 있는 두 마리 새끼 사냥개, 알리샤의 양산을 물고 따라다닐 큼직한 검은 리트리버, 어머니가 돌아가시고 난 뒤 사용하지 않았지만 미래의 오들리 양을 위해 복원할 예정이었던 정원 정자. 하지만 이 모든 것들은 허영이었고 화만 북돋게 만드는 대상이 되어버렸다.

"돈을 쓸 대상이 없는데 부자가 되어봐야 무슨 소용이야?" 젊은 남작이 혼자 중얼거렸다. "그저 이기적인 거지나 술 중독자가 될 뿐이지. 이 진실한 마음과 저택 초원의 멋진 마구간을 그녀가 거절하다니. 남자의 마음을 이렇게 뒤흔들어 놓다니."

정말로 이 예상 밖의 거절은 젊은 남작이 세워놓았던 많은 계획들을 마구 뒤죽박죽으로 만들었던 거였다.

지난 사냥철 이후로 해리 타우워즈 경은 알리샤를 열렬히 사랑해왔다. 무도회장에서 그녀를 처음 만난 이후부터였다. 그의 열정은 여름날의 단조로운 세월처럼 천천히 커지다가 행복한 겨울철에 새롭게 터져 나오고 만 것이었다. 청혼을 머뭇거리게 만든 건 순전히 젊은 남자의 **수줍음** 때문이었다. 그러나 그는 한순간도 자신이 거절당하리라 예상치 않았다. 그는 결혼시킬 딸을 가진 어머니들에게서, 심지어는 바로 그 딸들에게서, 항상 숭앙의 대상이 되어왔던 거였다. 어느 모임을 가나 그는 당당하게 주목을 받는 데 익숙했다. 비록 '어이쿠!'나 '저런' 정도의 맞장구만 쳤지, 젊은이다운 말 재치를 멋지게 보여주지는 않았었다. 자신을 바라보는 빛나는 눈길들, 또는 자신이 주변에서 끌어 모으는 반짝거리는 눈길들의 아양에 여태껏 젖어있었지만, 개인의 허영심에 사로잡히지는 않았었다. 그래도 에식스의 그 어여쁜 여인에게 청혼을 하기만 하면 즉각 그 자리에서 자신이 받아지리라고 생각해왔던 거였다.

"맞아요." 자신을 숭앙하는 여성들에게 그는 이렇게 자아도취가 되어 말하곤 했다. "내가 훌륭한 남편감이란 걸 나도 알아요. 여성의 품위를 높여 줄 모든 걸 난 갖고 있죠. 여성들이란 아름다운 존재들은 그런 남자에게 매우 친절하지요. 하지만 난 그런 친절에 신경 쓰지 않아요. 그들은 한결같이 눈을 내리깔며 이렇게 말하죠. '어머, 해리 경! 까만 털이 곱슬거리는 저 개는 리트리버인가요?' 또는, '오, 해리 경! 저 암말은 정말로 발목을 다쳤나요?' 나 자신도 별다른 생각이 없는 일에 대해서 말이에요." 젊은 남작은 애원하듯 덧붙였다. "난 글이나 쓰면서 이상한 견해를 내세우기나 하는 강한 의식의 여자를 원하지 않아요. 천만에! 자신이 뭘 말하고 있는지 분수를 아는 여자를 난 좋아하죠."

따라서 알리샤가 "아니요."라고 말했을 때, 아니, 그렇게 단칼에 거절하기보다는 교양 있는 젊은 숙녀가 불쾌한 대답 대신 존중과 존경을 담은 예쁘장한 표현으로 대치하여 쓰면서 거절을 암시했을 때, 해리 타우워즈 경은 그가 자아도취적으로 쌓아 올렸던 미래의 전 구조물이 한줌의 잿더미로 사라져버리는 기분이었다.

마이클 경은 그가 말을 타기 전 따뜻하게 악수를 청했다.

"타우워즈 경, 정말 유감이요. 경은 정말 훌륭한 청년이고 내 사윗감으로 최고의 배필이었는데. 하지만 그녀에겐 사촌이 있어서, 내 생각에는—"

"더 이상 말하지 마세요, 마이클 경." 여우 사냥꾼은 강하게 덧붙였다. "그 일은 절대 잊기 어렵습니다. 똥개에게 천근만근 축 처진 손을 내밀던 사람 말인가요? 옷깃이 내려간 채로 빵과 마멀레이드 잼을 먹던 그 친구요? 오, 아니에요, 마이클 경. 아무리 세상이 이상하게 돌아간다지만, 알리샤는 그렇지 않을 거예요. 분명 뒤에 다른 누군가 있어요. 그 사촌 일리가 없습니다."

거절당한 구혼자가 길을 떠나는 것을 보며 마이클 경은 고개를 저었다.

"정말 알 수 없는 노릇이군, 로버트는 훌륭한 청년이야, 더구나 내 딸은 더 심술궂게 대할 수도 있는데. 하지만 그 녀석은 뒤에서 서성거리고 있지, 알리샤에게 신경 쓰지 않는 듯이. 알 수 없는 노릇이군—알 수 없어!"

나이든 남작은 이 젊은이들의 애정 행각에 대해 생각에 잠겨 혼잣말을 했다. 현관의 떡갈나무 천장과 아취형 정문의 둥근 곡선 아래 낮게 깔리던 이른 겨울 저녁 황혼의 그림자가 그의 머리 위에도 어둡게 내려앉았다. 하지만 그의 쇠락해가는 삶에 활기의 빛을 뿌리는 아름답고 사랑스런 젊은 아내가 그의 곁에 붙어 있었다. 그녀에게는 어떤 어두운 그림자도 접근하지 못하였다.

그녀는 복도를 지나 남편을 맞이하러 사뿐사뿐 걸어왔다. 아름다운 금발이 출렁거리며 다가와 남편의 품에 금빛 머리를 묻고 안겼다.

"마지막 손님도 떠났군요. 이제 우리만 남았어요. 정말 좋지 않아요?" 그녀가 말했다.

"그래, 여보." 그가 아내의 머리를 부드럽게 쓰다듬으며 말했다.

"로버트 오들리만 이곳에 남았네요. 우리의 조카는 언제까지 여기에 머무를 건가요?"

"그가 원할 때까지지. 그는 언제나 환영이야." 남작이 말했다. 그러고 나서 무언가 기억난 듯 부드럽게 말했다. "그렇지만 그가 머무르는 게 당신에게 그리 기쁘지 않다면, 가라고 해야지. 게으른 습관과 담배 연기, 데리고 온 개, 그밖에 뭐든 당신에게 마땅치 않으면, 가라고 해야지."

오들리 부인은 장밋빛 입술을 오므리고 생각에 잠긴 듯 땅을 내려다보았다.

"그건 아니에요." 그녀는 망설이며 말했다. "로버트는 매우 유쾌하고 훌륭한 청년이에요. 하지만 당신도 알다시피 그런 조카에게 전 너무 어린 백모인걸요. 그리고—"

"그리고 뭐지, 루시?" 남작이 맹렬하게 물었다.

"가엾은 알리샤는 로버트가 제게 관심을 보여 매우 질투하고 있어요. 그리고—뭐—당신의 딸을 위해서 그가 이곳에 있지 않는 게 더 좋을 것 같아요, 여보."

"그럼 그를 오늘 밤 떠나 보내야겠군." 마이클 경이 단호히 말했다. "내가 무심하고 소홀해서 그런 생각을 미처 하지 못했어. 당신에 대한 조카의 관심을 불쌍한 알리샤가 눈치 채도록 하는 건 옳지 않아, 그 조카 녀석의 착하고 진실한 마음을 잘 알지만, 그러나—그래—오늘밤 안으로 떠나라고 해야겠군."

"하지만 너무 갑작스러운 일이 되어선 안 되는데. 무례한 일은 아닐까요?"

"무례한 일이라니! 그렇지 않아, 루시. 그가 지금 라임나무 오솔길에서 담배를 피우고 있으니, 내가 가서 한 시간 안에 떠나라고 말하겠어."

그래서 잎사귀가 떨어진 나무들이 서있는 오솔길에서, 조지 톨보이즈가 사라지기 전날 천둥이 치던 저녁 그가 서 있었던 음울한 그늘 아래에서, 마이클 오들리 경은 그의 조카에게 떠나달라고 하며 자신의 아내가 아직 너무 어리고 아름답기 때문에 28살의 잘생긴 조카의 관심을 받아들이기가 쉽지 않다는 말을 전했다.

마이클 경의 이런 미묘한 암시에 로버트는 어깨를 으쓱하고 짙은 검은 눈썹을 치켜세웠다.

"전 백모님에게 무척 관심을 갖고 있었어요. 무척이나 강하게, 그러면서도 좀 이상하게 제 흥미를 끌었지요." 그러고 나서 목소리에 변화가 생기면서, 전에 없던 감정을 드러내며, 삼촌을 돌아보고 손을 꽉 잡으면서 말했다. "존경하는 백부님, 백부님의 명예를 훼손시킬 일은 조금도 할 생각이 없습니다. 어떻게 감히 제가 그러겠어요."

그는 마이클 경이 전에 한번도 보지 못했던 당혹스런 태도로 이렇게 말하고 나서는, 상당히 기가 죽은 채 고개를 돌렸다.

그날 밤 로버트는 저택을 떠났지만, 멀리 가지는 않았다. 런던행 저녁 기차를 타는 대신 그는 곧장 마운트 스태닝의 작은 마을로 향했다. 그곳의 깔끔한 여관으로 걸어 들어가 피비 막스에게 이곳에서 묵어도 되겠냐고 물었다.

17. 캐슬 여관에서

피비 막스가 남작의 조카를 안내한 작은 응접실은 1층에 있었으며, 여관 주인과 그의 아내가 영업을 하는 작은 술집과는 오직 회벽 칸막이로만 나눠져 있었다.

본래 캐슬 여관 건물을 설계했던 현명한 건축가는 가날프고 얄팍한 재료만을 사용하여 건물을 짓도록 특별히 고안했었던 모양이었다. 그런 이유에서인지 아무 방어막 없이 그냥 동그마니 서 있는 이 건물에 바람은 특별한 환상을 가진 듯 마음껏 변덕을 부려댔다.

당연히 이 건물은 단단한 돌로 쌓은 대신 빈약한 나무가 사용되었다. 흔들거리는 천장은 단단하지 못한 서까래로 받쳐져 있고, 기둥은 바람이 몰아치는 밤마다 주춧돌 위에서 쓰러질 것 같았다. 문짝은 제대로 꽉 닫혀지지 않고 언제나 탕탕거리는 소리를 내며 열려 있었다. 특이한 경관을 보여주는 창문은 닫힌 때에도 바람이 들어오는가 하면 열어놓아도 공기가 소통되지 않았다. 정말 천재적인 손길이 이 외로운 시골 여관을 지었음에 틀림없는 점은, 온통 흔들거리기만 하는 이 건물에 제대로 된 목공품이나 벽토가 사용되지 않았음에도 끊임없는 적의 부단한 공격에 어느 특별한 약점을 보여주지 않았다는 거였다.

로버트는 주변을 둘러보며 한심하다는 듯한 가는 미소를 지었다.

확실히 오들리 저택의 사치스러운 안락함과는 다른 큰 변화였다. 그의 아늑한 피그트리 아파트로 돌아가지 않은 채 이렇게 음울한 마을 여관에서 젊은 변호사가 어슬렁거리는 것이 오히려 이상하게 생각될 거였다

하지만 그는 이곳에 그의 독일제 담배 파이프와 담뱃갑, 프랑스 소설책, 그리고 건강해 보이지 않는 두 마리 개를 가정의 수호신으로 데리고 왔다. 개들은 연기 나는 작은 난롯가 앞에서 바들

바들 떨고 앉아 약간 기분전환을 하려는 듯 이따금씩 짧고 날카롭게 짖어댔다.

로버트가 숙소를 둘러보고 있을 때 피비가 심부름을 담당하는 마을 꼬마 소년을 주방으로 불러서는 조심스럽게 접어 봉인된 작은 쪽지를 건네주었다.

"오들리 저택이 어딘지 알고 있지?"

"네, 아줌마."

"오늘 밤 그곳으로 달려가 이 편지를 오들리 마님의 손에 안전하게 전해줘야 해. 그럼 1실링을 주겠어."

"알겠어요, 아줌마."

"알겠지? 오들리 마님을 직접 만나 이 편지를 전달해야 한다고 해. 그냥 쪽지가 아니라 피비 막스가 보내는 편지라고 해. 마님의 손에 이걸 꼭 드려야 해."

"그럴게요, 아줌마."

"잊지 않겠지?"

"예, 아줌마."

"그럼 어서 가봐."

소년은 기다려서 심부름 값을 더 올릴 생각은 하지 않고, 오들리 저택을 향해 언덕 길을 잽싸게 오르다가 다시 가파른 내리막길을 달려 내려갔다.

피비 막스는 창가에서 어둑해지는 겨울 저녁을 헤치고 달려가는 소년의 거무스레한 모습을 바라보았다.

'그 사람이 뭔가 이유가 있어 이곳을 찾은 건지 모르겠지만, 여하튼 오들리 마님께 알리는 게 좋겠어.' 그녀는 생각했다.

피비는 예상치 못한 손님을 위해 준비한 햄과 달걀 요리의 접시를 깔끔한 차 쟁반에 올려 직접 가져갔다. 그녀의 희끗희끗한 머리칼은 곱게 땋아 내렸고, 옅은 초록빛 드레스는 예전처럼 몸에 꼭 맞았다. 그녀와 드레스에는 차분한 분위기가 배여 있었고, 유복한 여관 주인 아내에게 어울릴 법한 화려한 장밋빛 리본이나 찰랑거리는 비단 가운은 찾아 볼 수 없었다. 피비 막스는 그녀의 개성을 결코 잃어버리는 여성이 아니었다. 조용하고 자립심이 강한 그녀는 외부 세계의 어떠한 영향도 받지 않고 자신의 세계를 지키고 있는 모습이었다.

그녀가 식탁보를 펴고 난롯가에 식탁을 차리는 모습을 로버트는 찬찬히 지켜보았다.

'저 여자는 뭔가 비밀을 숨기고 있어 보이는 데.' 그에게 이런 생각이 들었다.

개들도 방을 살짝 오가며 찻주전자를 나르는 조용한 모습의 여인네를 수상쩍다는 듯 바라보았다.

"차 한잔 따라 주겠소?" 로버트는 잰 듯이 자신의 몸에 꼭 맞는 말 털 안락 의자에 자리잡고 앉아 말했다.

"오들리 저택에서 곧장 오시는 길인가요?" 설탕 병을 로버트에게 건네며 그녀가 물었다.

"그럼요. 백부님 댁을 떠난 지 한 시간쯤 됐을 거예요."

"오들리 마님께서도 안녕하시지요?"

"그럼요, 잘 지내고 있지요."

"여전히 명랑하시고 활달하시지요?"

"물론이지요."

피비는 로버트에게 차를 대접하고 예의를 갖춘 후 물러나려고 방문을 나서는 찰라 로버트가 다시 물어왔다.

"막스 부인은 오들리 백모가 결혼하기 전 루시 그레이엄이었을 때부터 아는 사이였지요?"

"네, 맞아요. 마님이 도우슨 댁 가정교사였을 때 저도 그곳에서 살았어요."

"그렇군요. 백모님께서는 그 의사 댁에 오래 계셨나요?"

"일년 반 정도 됩니다."

"백모님께서는 런던에서 왔다고 하시던데?"

"네, 맞습니다."

"그리고 백모님께서는 고아였다면서요?"

"그렇습니다."

"그때도 지금처럼 명랑했나요?"

"그렇습니다."

로버트는 찻잔을 비우고 피비에게 그것을 건넸다. 순간 두 사람의 눈이 마주쳤다. 게을러 보이는 로버트의 눈과 활기차고 호기심이 넘치는 피비의 눈초리였다.

'이 여자는 증인석에 매우 어울릴 만한 인물이군. 영리한 변호사도 그녀를 반대심문 할 때 꽤나 힘들겠는 걸.' 그가 생각했다.

그는 두 번째 찻잔을 비우고 쟁반을 밀쳐놓았다. 개들에게 먹이를 주고는 담배에 불을 붙이자, 피비는 찻쟁반을 내갔다.

윙윙거리며 서리가 내린 마을과 앙상한 숲을 스쳐온 바람이 창문 틀을 격렬하게 흔들어대었다.

'창문 두 개와 문 한 짝, 이렇게 세 군데서 찬바람이 휘몰아치니 방 안이 아늑해 질 수가 없을 만하군. 무릎까지 차오르는 차가운 물 속에 서 있는 것 같아.' 불평이 저절로 튀어나왔다.

그는 난롯불을 뒤적거리고, 개들을 쓰다듬어 주고, 큰 외투를 걸쳐 입고, 무릎 담요로 다리를 감싼 후 난로 가까이서 흔들거리는 낡은 소파에 몸을 맡겼다. 그리고 말털 쿠션에 몸을 쭉 뻗은 채 파이프 담배를 피우며 푸르스름한 담배연기가 천천히 맴돌며 누르스름한 천장에서 사라지는 것을 바라보았다.

'그래. 저 여자는 비밀을 숨기고 있을 여자야. 기소해봤자 검사도 저 여자에게서 얻어낼 게 별로 없을 거야.'

술집 안은 앞서 말했듯 로버트가 차지하고 있는 거실과 회벽 칸막이로 분리되어 있었고, 젊은 변호사는 두세 명의 마을 상인들과 두어 명 농부들이 웃고 떠드는 소리를 들을 수 있었다. 루크 막스는 그들에게 술을 나르고 있었다.

로버트는 그들의 대화 목소리까지 알아들을 정도였는데, 특히 주인인 막스의 거칠고 낮은 목소리에 어느 손님보다도 더 으스대는 듯한 태도가 눈에 보이는 듯했다.

'저 주인은 어리석은 사람 같군. 가서 그와 이야기를 한 번 나눠 볼까.' 로버트는 담배 파이프를 내려 놓으며 중얼거렸다.

로버트는 캐슬 여관의 손님들이 하나 둘 자리를 떠날 때까지 기다렸다. 마지막 손님이 떠나고 출입문을 잠그고 난 후 루크 막스는 술집 안 아내 옆 자리에 조용히 앉았다.

피비는 작은 탁자 위에 반짇고리를 놓고 면 실패와 반짝이는 바늘을 꿰며 매우 분주하게 일하고 있었다. 그녀는 남편의 억샌 발에 신는 거친 긴 양말을 꿰매고 있었지만, 마치 마님의 섬세한 비단 스타킹을 손질하듯 우아한 솜씨였다.

그녀는 외부세계의 영향을 받지 않는 것 같다고 앞서 말했듯이, 그녀의 천성에 스며있는 막연하지만 세련된 분위기는 저택의 오들리 부인의 환상적인 내실에서와 마찬가지로 여기 천박한 남편과 살고 있는 캐슬 여관에서도 여전히 남아 있었다.

로버트가 술집 안으로 들어오자, 갑자기 그녀는 고개를 들었다. 그녀의 파리한 잿빛 눈에 성가신 그림자가 비치더니, 로버트 오들리에서 루크 막스에게로 시선을 돌리는 순간 불안한 표정으로 바뀌었다.

"잠자리에 들기 전 잠깐 이야기나 나누러 나왔소." 로버트는 활활 타오르는 난롯불 앞에 편하게 자리를 잡으며 말했다.

"부인, 담배 연기가 괜찮겠어요? 아, 물론 내가 피고 있는 이것 말이요." 로버트가 변명하듯 말했다.

"네, 괜찮습니다."

"나와 손님들이 하루 종일 담배를 피워댈 때는 불평하더니." 마크가 투덜거렸다.

로버트는 굴뚝을 치장했던 금색 종이로 피비가 꾸민 성냥으로 담배에 불을 붙이며 잠시 생각에 잠긴 채 뻐끔뻐끔 빨아댔다.

"막스 씨, 이곳 마운트 스태닝이 어떤 곳인지 듣고 싶군요."

"그건 쉬운 일이죠." 루크가 거친 숨소리를 내며 웃었다. "사람들은 여기저기 온갖 곳에 발을 들여놨는데, 특히 이곳은 제일 별 볼일 없는 곳이죠. 돈벌이가 될 만한 곳이 못돼요. 그렇다고 불평을 늘어놓고 싶지는 않지만 챔스포드, 브렌트우드, 롬포드, 또는 거리가 활기찬 다른 곳에서 술집을 냈어야 했죠. 사람들이 돈 쓰는 데 인색하지 않은 곳을 골랐어야 하지요." 그가 불만스럽다는 듯 덧붙였다.

피비의 남편이 낮은 목소리로 불평을 늘어놓는 동안, 피비는 남편을 쳐다보다 말했다.

"양조장 문을 닫는 걸 잊었어요, 여보. 함께 가서 문 닫는 걸 도와줘요."

"양조장 문은 오늘 밤 내버려 둬도 돼. 담배 한 대 피우려고 자리를 잡았으니 날 내버려 둬."

그는 난로망의 구석에서 긴 담배 파이프를 꺼내와 신중하게 속을 채우기 시작했다.

"양조장 문을 생각하면 마음이 편치 않아요, 루크." 그의 아내가 불평했다. "언제나 주변에 부랑자들이 어슬렁거리고 있어서, 빗장을 치지 않으면 쉽게 들어올 수가 있어요."

"그렇다면 혼자 가서 빗장을 치지 그래!" 루크가 대꾸했다.

"저 혼자 들어올리기엔 너무 무거워요."

"그렇다면 그냥 놔둬. 우아한 숙녀께서 그걸 하시기에 너무 고상하다면 말이야. 왜 지금 갑자기 양조장 문에 대해 걱정하고 난리야. 내가 이 신사분 앞에서 수다 떠는 걸 원치 않아서군. 바로 그거군. 오, 내 입을 막으려고 그렇게 얼굴을 찌푸리지 않아도 돼! 내가 입을 열 때마다 입을 삐죽이며 내 말을 막아왔지. 이젠 더 이상 못 참겠어. 알겠어? 더 이상 못 참아!"

피비 막스는 어깨를 으쓱하고 일감을 정리하여 반짇고리를 닫았다. 그리고 무릎 위에 손을 포갠 채 앉아 잿빛 눈으로 황소 같은 남편 얼굴을 똑바로 바라보았다.

"그럼 당신은 굳이 이곳에 꼭 살아야 할 이유가 없겠군요?" 로버트가 화재를 바꾸려는 듯이 정중히 질문했다.

"그래요, 그럴 이유가 없죠. 설사 누군가가 그 이유를 알아도 난 상관하지 않아요. 아까 말했듯이, 사람들이 인색하지 않게 돈을 좀 푼다면, 머리가 날아갈 정도로 바람이 부는 이 쓰러져가는 시골 구석 대신 번화한 도심지에 술집을 차렸으면 좋았을 텐데. 50파운드, 아니 100파운드 정도로—?"

"루크! 루크!"

"간섭하지 마. 내 말을 또 가로막지 좀 마. 방금 내가 얼마라 그랬지, 100파운드?" 루크가 불평하며 말했다.

"아니요. 문젯거리를 해결하는데 힘있는 사람에게 100파운드가 뭐 그리 큰 돈이겠어요. 그 돈은 당신 건가요, 아니면 당신 아내 건가요?" 로버트가 놀랍게도 명료하게 루크에게 이렇게 말하며 걱정스러운 표정의 피비를 살폈다.

평소에도 창백했던 피비의 얼굴은 그 순간 더욱 창백해졌다. 그리고 로버트의 살피는 눈과 마주치자 피비는 시선을 아래로 떨구었다. 그녀의 안색이 파리하도록 변화는 게 뚜렷이 보였다.

"12시 15분 전이네." 자신의 손목시계를 보며 로버트가 말했다. "이렇게 조용한 마운트 스태닝에서는 늦은 시간이군요. 잘 자요, 주인양반과 막스 부인. 내일 아침 9시에 세숫물을 가져다 주세요."

18. 예상하지 못했던 손님이 로버트를 찾아오다

그 다음날 아침 시계가 11시를 알렸다. 그 시간 로버트는 잘 차려진 아침 식사 자리에서 입을 벌린 채 조심스러운 눈으로 그를 쳐다보며 햄과 빵 조각을 기대하는 개들을 안락의자의 양 옆에 두고 느긋하게 여유를 즐기고 있었다. 그는 무릎 위에 지역 신문을 올려 놓고 가축과 엉터리 의약품, 그리고 여러 흥미로운 것들의 각종 광고로 채워진 첫 페이지를 무심하게 들춰보았다.

날씨가 바뀌어 지난 며칠 동안 몹시 추운 하늘에 검게 드리웠던 구름이 눈송이로 변해 솜털같이 날리며 유리창에 부딪쳤고, 정원에 조금씩 쌓이기 시작했다.

겨울 풍경을 내다보는 로버트의 눈에 오들리 저택으로 향하는 한적한 눈 덮인 긴 길에는 발자국 하나 나있지 않았다.

"술집에 푹 파묻혀 있기엔 최고인데!"

적막한 길 위로 점점 더 빠르고 빽빽하게 내려 앉는 눈송이들을 바라보다가, 그는 언덕 위로 천천히 달려 오는 사륜마차를 보고 깜짝 놀랐다.

'이런 아침에 이곳을 찾아오다니 무슨 나쁜 일이 생긴 모양이군.' 그가 난롯가의 안락 의자에 다시 앉으며 중얼거렸다. 자리에 앉은 지 몇 분 지나지 않아 피비가 방으로 들어와 오들리 부인이 왔다고 알렸다.

"오들리 백모님이? 어서 안으로 모셔요." 피비가 이 예상치 못한 손님을 방으로 모시러 나가자 로버트가 나직이 중얼거렸다.

'백모, 무분별한 행동이군요. 전혀 예상치 못한 일이에요.'

루시 오들리는 눈 내린 추운 1월의 아침에도 환한 모습이었다. 일반 사람들은 매서운 날씨에 코가 얼얼하도록 빨갛게 얼어붙은 모습이겠지만, 오들리 부인에게는 예외였다. 사람들의 입술은 살을 에는 혹심한 날씨 탓에 창백하고 푸르스름하게 변했지만, 장미꽃 봉오리 같은 그녀의 어여쁜 작은 입술은 신선한 생기와 밝은 빛으로 넘쳤다.

그녀는 로버트가 러시아에서 사다 준 흑담비 모피 외투로 꽁꽁 감쌌고 그녀만큼이나 긴 머플러를 칭칭 두르고 있었다.

그녀는 아이같이 무기력한 작은 생명체처럼 느껴졌다. 그가 서있는 난롯가로 다가와 장갑 낀 작은 손을 녹이는 그녀를 바라보는 로버트의 눈길에는 동정이 듬뿍 어려있었다.

"안녕하세요, 오들리 씨. 멋진 아침이에요."

"정말, 그래요! 이런 날씨에 어쩐 일로 오셨나요?"

"왜냐면 오들리 씨를 만나려고요—특별히."

"정말이요!"

"네, 그래요." 그녀는 상당히 당황하여 장갑의 단추를 만지작거렸다. 아니, 당혹스러워 거의 비틀어 떨어질 정도였다.

"오들리 씨, 제대로 대접을 하지 못한 것 같아서요. 불만스러울 수 있겠다 싶어서, 사과해야 마땅치 않나 생각했어요."

"오들리 백모님, 천만에요. 무슨 사과 말씀이에요."

"하지만 사과 받을 만해요." 그녀가 조용히 말했다. "로버트, 왜 우리는 서로에게 너무 격식을 차리는 건가요? 로버트는 저택에서 매우 편하게 지냈잖아요. 우리는 로버트가 그곳에 있어서 너무나 좋았고요. 하지만 엉뚱한 내 남편이 젊은 조카가 아내의 내실에서 담배를 피워대면 아내의 마음이 편치 못할 거라고 말도 안 되는 판단을 한 것 같아요. 봐요! 그 바람에 화목한 가족 모임이 깨져버리고 말았잖아요."

루시 오들리가 말을 하며 보이는 그 특이하게도 천진난만한 활기는 타고난 본성인 것 같았다. 그녀의 해맑은 활기 찬 얼굴과는 달리 로버트는 슬픈 표정으로 고개를 숙이며 말했다.

"오들리 백모님, 백모님이나 제가 백부님의 관대한 후의에 슬픔이나 불명예를 끼치는 일을 해서는 절대 안 되지요. 아마도 제가 저택을 떠나 있어야 하는 편이 올바를 것 같아요. 아마도 제가 다시는 발을 들여놓지 않는 게 나을 거라고 생각해요!"

루시는 조카가 말하는 동안 난롯불을 바라보고만 있었다. 하지만 그가 말을 마치자 그녀는 머리를 갑자기 들어올리며 놀라운 표정으로 그의 얼굴을 똑바로 바라보았다. 그녀의 진지하고도 의혹에 찬 눈초리에 담긴 완전한 의미를 젊은 변호사는 이해하였다.

"오, 백모님. 그렇게 놀라실 것 없어요." 로버트가 근엄하게 말했다. "발자크[8]나 뒤마[9]의 글에서 빌려온 감상적 허튼 소리나 어리석은 사랑의 열병을 읊을 만큼 어리석지 않으니 저를 두려워할 필요는 없어요. 법정의 평의원은 로버트가 외적 증상으로 옷깃을 뒤집어 입고 바이런식의 넥타이를 매는 사랑병에 걸린 게 아니라고

---

8 오노레 드 발자크(1799~1850): 프랑스의 사실주의 선구자로《인간 희극》등 많은 작품을 발표하였음.

9 알렉상드르 뒤마(1824~95): 프랑스의 소설가 · 극작가로 아버지와 동명. 대표작《춘희》(1848)는 연애소설의 고전이자 전형이 되었으며, 후에 베르디의 오페라《라 트라비아타》로 각색되었음.

선언해 줄 겁니다. 저는 백부님 댁에 방문하고 싶었던 생각이 난 게 지난 1년 동안 한 번도 없었다는 사실을 말하는 거예요. 어떤 감상적인 이유 때문이 아니라 그보다 훨씬 엄숙한 이유가 달리 있기 때문이죠."

오들리 부인이 어깨를 으쓱했다.

"오들리 씨, 그렇게 수수께끼 같은 말을 계속할 거라면, 그것에 대답을 거절하는 이 백모를 용서해 주길 바랍니다."

로버트는 이 말에 대답하지 않았다.

"하지만 도대체 뭣 때문에 이 누추한 곳에 오게 된 건가요?" 그녀가 목소리를 완전히 바꾸어 말했다.

"호기심 때문이죠."

"호기심!"

"네, 시뻘건 머리에 사악한 잿빛 눈의 고집 센 이 여관 주인이 흥미로워요. 이 위험한 남자는, 뭐랄까—나와는 전혀 다른 묘한 힘을 가진 사람이더군요."

오들리 부인의 얼굴 표정이 순간 변했다. 아름다운 장밋빛의 혈색이 그녀의 볼에서 사라지고 하얗게 질렸으며, 푸른 눈에선 분노의 불꽃이 번쩍였다.

"제가 뭘 어쨌길래, 그러게 절 미워하는 건가요?" 그녀가 격렬하게 소리쳤다.

그는 근엄하게 다음과 같이 대답했다.

"백모님, 제겐 매우 아끼는 친구가 있었습니다. 그를 볼 수 없게 된 이후로 다른 사람들에 대한 제 감정은 매우 사나워지기만 합니다."

"그 사람이—호주로 갔다는 조지 톨보이즈를 말하는 건가요?"

"네. 호주로 떠나기 위해 리버풀로 갔다고 들은 그 친구 말입니다."

"하지만 그분이 호주로 떠났다는 걸 믿지 않는 건가요?"

"네, 믿지 않아요."

"왜 그런 거죠?"

"백모님, 죄송스럽게도 그 질문엔 대답할 수 없습니다."

"그렇군요." 그녀는 시큰둥하게 대답했다.

"제 친구가 사라지고 한 주가 지나, 전 시드니와 멜버른 신문에 그를 찾는 광고를 냈어요. 그 광고가 나간 두 도시 중 한 곳에 그가 있었다면 행방을 알려주는 편지나 연락을 취해달라는 거였고, 아니면 그 식민지에서 또는 여행 중에 그를 만났던 사람이 있으면 그에 대한 소식을 내게 보내달라는 광고였죠. 조지 톨보이즈가 지난 9월 6일 에식스를 떠났거나 아니면 사라졌죠. 광고에 대한 반응을 이번 달 안에 받게 되겠지요. 오늘은 27일이니, 소식을 받을 날짜가 가까워지고 있어요."

"만약 아무런 소식도 받지 못하면 어떻게 할 건가요?" 그녀가 물었다.

"그렇게 된다면, 제 두려움에 근거가 있다는 말이 되는 거죠. 그땐 행동으로 나서야죠."

"그게 무슨 뜻인가요?"

"아, 백모님. 제가 이 일에 얼마나 속수무책인지를 상기시켜주는군요. 제 친구는 바로 이 여관에서 사라진 것 같습니다. 제가 서 있는 이 벽난로에서 칼에 찔려 죽었을지도 모르죠. 전 이곳에 일

년 동안 머물며 탐문하겠지만, 처음 이 문턱을 넘을 때와 별다를 것 없이 아무 소득도 없이 끝날 수 있겠지요. 우리가 들어선 집 주변에 떠돌고 있는 비밀에 대해 뭘 알게 될까요? 내일 공공장소, 예를 들어, 매닝 부부[10]가 그들의 손님을 살해했던 방 8개짜리 여관을 찾아간다고 해도, 지나간 공포 사건에 대해 어떤 끔찍한 징후를 예견하지 못할 거예요. 아주 무자비한 일들이 어느 곳보다도 더 온정 있는 장소에서 일어났었죠. 끔찍한 범죄가 가장 멋진 장소에서 저질러지고 그러한 범죄 장소에 흔적 하나 남아 있지 않기 마련이죠. 시간이 지나도 맨드레이크[11]나 핏자국이 지워지지 않는다는 말을 전 믿지 않아요. 범죄가 저질러진 곳에 멋모르고 걸어 들어가도 아무렇지 않게 숨을 내쉴 수 있다는 걸 믿어요. 살인자의 웃고 있는 얼굴을 들여다보면, 그 평온한 모습에 감탄하지 않을 수 없다는 사실을 인정해요."

그녀는 진지한 그의 말에 웃음이 나왔다.

"이런 끔찍한 이야기를 나누는 데 취미가 있나 보군요. 범죄 수사관이 되었어야 하겠군요." 그녀의 어조에는 약간 경멸이 담겨 있었다.

"제게 매우 적합한 직업이었을 거라고 가끔 생각하죠."

---

10 매닝 부부: 1849년 8월 9일 런던 버몬드세이에서 벌어졌던 살인사건으로, 매닝 부부는 시체를 마루 밑에 묻고 생석회를 발라 숨겼다가 발각되었다. 재판은 당시 신문에 널리 보도되었고, 이들은 11월에 교수형에 처해졌다.

11 맨드레이크: 과거에는 마법의 힘이 있다고 여겨졌던 유독성 식물로 마취제로 사용되었음. 사람 형체처럼 뿌리가 갈라진 모양으로, 땅에서 뽑을 때면 비명소리가 난다는 미신이 퍼져있었다.

"왜요?"

"왜냐면 전 인내심이 많은 사람이랍니다."

"하지만 오들리 씨의 말솜씨에 잠시 잊어버렸던 조지 톨보이즈 씨 일로 다시 돌아가 보면, 그 광고에 아무런 소식을 받지 못하면 어떻게 할 작정인가요?"

"그가 죽었다는 결론을 내렸던 제 판단이 들어맞게 되는 거죠."

"네, 그리고 그런 다음—"

"그가 제 방에 남겨 놓은 흔적을 살펴봐야지요."

"그렇군요! 그래 봐야 흔적이랄 게 외투, 조끼, 번쩍거리는 부츠, 담배 파이프, 뭐 그런 것들이겠죠." 그녀가 웃으며 말했다.

"아니요. 편지입니다. 그의 친구, 옛 학교친구, 아버지, 동료 장교로부터 온 편지들이죠."

"그래요?"

"그리고 또, 그의 아내로부터 온 편지도 있습니다."

그녀는 얼마 동안 침묵하고 난롯불만 뚫어지게 바라보았다.

"사망한 톨보이즈 부인으로부터 온 편지가 있었나요?" 그녀가 물었다.

"전혀 없었어요. 가엾은 분! 그녀의 편지는 그의 운명에 별 도움이 되지 못할 거예요. 그저 여인네의 일상적인 말들뿐일 거예요. 백모님의 필체처럼 아주 매혹적이고 특출 나게 쓰는 사람은 거의 없어요."

"오, 제 필체를 잘 아는 것 같군요."

"그럼요, 매우 잘 알고 있죠."

그녀는 한번 더 난롯불에 손을 녹이고 나서는 의자 옆에 놓아

둔 큰 머플러를 집어 들며 떠날 채비를 했다.

"제 사과를 받아들이지 않는군요, 오들리 씨. 그렇지만 오들리 씨에 대한 제 감정을 어느 정도 알고 있으리라 믿습니다."

"잘 알고 있습니다, 백모님."

"그럼, 안녕히 계세요. 이 누추한 곳에 오래 머물지 않는 게 좋을 거예요. 류머티즘에 걸려 피그트리 아파트로 돌아갈지도 모르니까요."

"제게 온 편지가 있나 살피러 내일 아침 돌아갈 생각이에요."

"그럼 편안히 지내세요."

그녀는 손을 내밀었고, 그는 그 손을 가볍게 잡았다. 그녀의 손이 어찌나 연약하고 작아 보이는지 그가 무자비하게 움켜쥐면 그의 억센 손아귀에서 으스러질 것 같았다.

로버트는 그녀를 마차까지 배웅하고 그 마차가 오들리 저택이 아닌 마운트 스태닝에서 6마일이나 떨어진 브렌트우드로 향하는 것을 지켜보았다.

이후 한 시간 반쯤 지나 로버트가 여관 문 앞에 서서 담배를 피우며 하얀 들판에 눈이 내리는 풍경을 바라보고 있을 때, 사륜마차가 손님을 싣지 않은 채로 돌아왔다.

"오들리 부인을 저택에 바래다 주었나요?" 로버트는 향신료가 든 뜨거운 흑맥주 한 잔을 주문하기 위해 멈춘 마부에게 물었다.

"아니요, 나리. 저는 브랜트우드 역에서 오는 길입니다. 오들리 마님께선 12시 40분 런던행 기차를 타셨어요."

"런던으로?"

"그렇습니다, 나리."

'백모가 런던으로 갔다!' 그는 방으로 돌아와서 생각했다. '그렇다면 난 다음 기차를 타고 그녀를 따라 가야겠어. 내가 잘못 판단하지 않았다면, 어디에서 그녀를 찾을지 알 것 같아.'

그는 여행가방을 챙기고, 피비에게 방값을 지불하고, 개들에게 가죽끈을 채운 다음 캐슬 여관에 서있던 삐그덕거리는 마차에 올라탔다. 3시에 브렌트우드를 떠나는 급행열차에 올라탄 그는 텅 빈 일등석 칸에 편안하게 자리잡고 앉아 큼직한 무릎담요를 두르고, 기차 역원의 우회적인 제지에도 불구하고 담배를 피워 물었다.

'열차 회사는 그들 편의대로 내규를 만드는 법이지.' 그는 중얼거렸다. '하지만 감시원에게 벌금 반 크라운을 낼 준비가 되어 있으니 내 궐련을 즐길 자유를 택하겠어.'

19. 대장장이의 실수

정확히 4시 5분에 로버트 오들리는 쇼디치 역에 도착했다. 그리곤 짐꾼이 두 마리 개와 여행가방을 나르고 마차를 불러올 때까지 조용히 기다렸다. 그를 도와주는 하인 계급인 짐꾼은 손님이 주는 감사의 팁을 받는 게 금지된 터라 이들의 예의를 갖춘 아무런 사심 없는 도움에 더 없이 무한한 신뢰를 보낼 만하였다. 로버트는 긴 시간을 인내심을 가지고 기다렸다. 그러나 기차가 매우 길었던 데에다 노퍽에서 탄 엄청난 승객들이 총과 사냥개와 그밖에 중요한 설명서가 붙은 짐들을 갖고 오는 바람에 승객들을 처리하는 데

꽤나 오랜 시간이 걸렸다. 심지어 세속적인 일에 천사같이 무관심을 보냈던 젊은 변호사조차 거의 포기 상태에 이르고 말았다.

'아마도 다갈색 점박이 사냥개로 소란을 피우던 신사가 자기 개를 찾고 나서야, 짐꾼들이 내 짐을 실어나가겠군. 그런데 그런 행복한 순간이 쉽게 올 것 같지가 않은데. 악당들은 내가 짊어지고 태어난 운명을 단번에 알아채고 바로 이 기차역에서부터 내 활기를 짓밟는 것 같아. 설사 그렇더라도 기차 회사에게 행동으로 따질 마음은 일어나지 않는 걸. 이런 생각을 하던 로버트에게 갑자기 어떤 생각이 떠올랐는지 그는 짐을 날라줄 짐꾼을 남겨두고 역의 반대편으로 걸어갔다.

그는 종소리가 울리는 것을 듣고 시계를 보았다. 콜체스터로 가는 하행선 기차가 지금 떠나는 신호임을 기억하였다. 그는 조지 톨보이즈가 사라진 이후로 정당한 목적을 갖는다는 게 무슨 뜻인지를 깨달았다. 그는 반대편의 플랫폼에 제때 도착하여 좌석을 차지하고 앉은 승객들을 살폈다.

지금 막 역에 도착한 게 분명해 보이는 여인이 한 명 있었다. 왜냐하면 로버트가 기차로 다가가던 바로 그 순간 그 여자도 플랫폼으로 서둘러 들어왔기 때문이다. 그 여자는 흥분해서 서둘러 달려오다가 로버트와 충돌할 뻔했다.

"실례합니다." 그녀는 의례적으로 말하며 그녀의 아름다운 얼굴 높이에 있는 로버트의 조끼에서 시선을 들어올리다 그만 탄성을 지르고 말았다. "로버트! 벌써 런던에 오신 거예요?"

"그래요. 백모님 말씀대로 캐슬 여관은 너무 누추한 곳이어서, 뭔가—"

"벌써 지겨워졌나 보군요. 그럴 줄 알았어요. 기차 문 좀 열어 주겠어요? 기차가 곧 떠날 거예요."

로버트는 당혹스런 표정을 지으며 백부의 아내를 바라보고 있었다.

'무슨 일일까? 그녀는 잠시 가면을 벗어놓은 모습은 평소와 달리 버림받고 무기력하게 보이는데. 네 시간 전 마운트 스태닝의 작은 여관 방에서 아주 불쌍한 표정으로 나를 바라봤던 것과는 다른 모습이야. 그녀에게 무슨 일이 생긴 거지?'

그는 이런 생각을 하며 문을 열어 주었고, 그녀가 자리에 앉도록 도와주었다. 그녀는 모피를 무릎 위에 펼쳤고 가녀린 작은 몸을 거대한 벨벳 외투에 푹 파묻었다.

"정말 고마워요. 이렇게 친절하시다니! 남편에게 말도 없이 이런 날 기차여행을 하는 제가 매우 어리석게 생각되시겠지요. 그렇지만 모자 상점주인과 급히 정산할 게 있어 런던에 올라왔죠. 하지만 남편에겐 알리기 싫었답니다. 남편이 너그럽기는 하지만 제가 사치스럽다고 여기게 만들고 싶지는 않아요. 비록 생각만일지라도 그런 오해를 참을 수 없어요."

"그럴 일은 없을 거예요." 로버트가 진중하게 말했다.

그녀는 잠시 미소를 지으며 그를 바라봤다. 그 밝은 미소엔 도전적인 뭔가가 담겨있었다.

"그럴 일이 정말로 없겠죠. 그런 일은 생각할 수도 없어요." 그녀가 중얼거렸다."

그녀가 말을 하는 동안 두 번째 종소리가 울리고 기차가 움직이기 시작했다. 로버트가 그녀에게서 얻은 마지막 인상은 그녀의 도전적인 밝은 미소였다.

'무슨 일로 런던에 왔는지 모르겠지만 그녀는 성공적으로 일을 완수한 모양이군. 마녀의 요술로 나를 혹하게 만든 걸까? 난 진실에 한 걸음 가까이 다가가기는커녕 날로 커져만 가는 모호한 의심과 곤혹스런 의혹을 품으며 평생 고민만 하다 편집광이 되고 마는 걸까? 왜 그녀는 런던에 왔을까?'

그는 피그트리 아파트의 계단을 오르면서도 여전히 마음속으로 이 질문을 던지고 있었다. 양팔에 개 한 마리씩 안고 어깨에는 무릎담요를 걸치고 있었다.

그의 집은 익숙한 모습으로 정돈되어 있었다. 제라늄은 잘 자라고 있었고 카나리아들은 말로니 부인의 보살핌을 증명하듯 네모난 녹색 천 커버 밑에서 잠을 자고 있었다. 로버트는 거실을 급하게 대충 둘러보고는 난롯가 앞의 깔개 위에 개들을 올려놓고 옷방으로 쓰는 작은 내실로 곧장 향했다.

그 방에는 사용하지 않는 여행가방, 옷 칠한 낡은 상자, 그밖에 잡동사니 물건이 늘어져 있었고, 또한 조지 톨보이즈가 이 집을 떠나면서 죽은 아내에 대한 여러 기념물과 함께 상복을 남겨둔 곳이기도 했다. 로버트는 큼직한 트렁크에서 여행가방을 들어올린 다음 손에 촛불을 쥔 채 무릎을 꿇고 앉아 조심스레 자물쇠를 살펴보았다.

어느 모로 보나 조지가 상복을 곁에 두고 죽은 아내에 관한 모든 기념물과 함께 물품들을 낡은 보관함에 두고 갔을 때와 정확히 똑같은 상태였다. 로버트는 커다란 못으로 친구의 머리글자인 'G.T.'라고 새긴 낡은 가죽 뚜껑을 자신의 외투 소매로 쓸어 내렸다. 하지만 말로니 부인이 참으로 깔끔한 가정부라서 트렁크와 여행가방 모두 먼지 한 톨 나오지 않았다.

로버트는 꼬마 소년에게 아일랜드인 말로니 부인을 데리고 오라고 시킨 뒤 조급한 마음으로 거실을 오가며 기다렸다.

10분쯤 지나 도착한 말로니 부인은 돌아온 집주인을 기쁜 표정으로 반겼다.

"이곳에 혹시 온 사람이 있었는지 물으려고요. 아니, 혹시 부인에게 내 집 열쇠를 달라고 한 숙녀가 있었나요?"

"숙녀요? 아니요. 정말로 그런 사람 아무도 없었지만, 대장장이[12]가 열쇠를 달라고 했어요."

"대장장이!"

"네. 주인 나리의 지시라면서 그가 오늘 왔다 갔지요."

"내 지시라고!" 그가 외치며 속으로 생각했다. '아, 내가 찬장에 프랑스제 브랜디 술병을 놓고 간 걸 이 부인이 혼자 마시고 싶어 들어온 게 틀림없어.'

"정말이에요. 그 대장장이가 열쇠를 달라고 했어요. 그 대장장이는 다리 옆 작은 거리에서 살고 있어요." 그녀는 그의 행방에 대해 정확히 설명해 주었다.

로버트는 절망하여 아무 말 없이 눈썹만 치켜세웠다.

"여기 앉아 마음을 좀 가라앉혀 보세요, 말 부인, " 그는 이름을 애써 정식으로 부르는 대신 첫 글자로 줄여 부르는 걸 원칙으로 삼고 있었다. "내가 상황을 제대로 이해하게끔 말해봐요. 대장장

---

12 대장장이: 19세기 중엽에는 대장장이가 자물쇠 수리도 겸하였음.

이가 이곳에 왔다고 했죠?"

"네, 확실해요."

"오늘?"

"오늘이 맞아요."

로버트는 하나씩 침착하게 정보를 끌어냈다. 자물쇠 수리상이 오늘 오후 3시에 말로니 부인을 찾아 왔고, 로버트의 방문 자물쇠를 살펴봐야 하기 때문에 집 열쇠를 달라고 했다. 방문 자물쇠를 모두 수리해야 한다는 거였다. 그는 로버트 씨가 크리스마스를 보내고 있는 시골에서 자신에게 편지를 써서 보냈는데, 그 주문대로 이 일을 한다고 했다. 말로니 부인은 이 말을 곧이곧대로 믿고 그 대장장이를 집 안으로 들여 보냈고, 그는 30분 정도 집 안에 머물렀다.

"그가 자물쇠를 살펴볼 때 부인도 함께 있었겠군요?"

"그럼요, 나리. 집 안과 밖을 오가며 쭉 지켜봤는데요. 오후에 계단 청소를 해야 해서, 그가 일을 보는 동안 계단을 문질러 닦기도 했어요."

"집 안과 밖을 드나들었다고요. 다시 한번 정확한 대답을 듣고 싶은데, 그가 내 집에 머무는 동안 얼마나 오랫동안 부인은 밖에 있었나요?"

그러나 말로니 부인은 정확한 대답을 하지 못했다. 그렇게 길진 않았지만 10분 정도였던 것 같다고 했다. 아니, 15분일지도 모른다고 했다. 하지만 그 이상은 아니라고 했다. "하지만 계단이—" 사실 그녀에겐 5분도 채 되지 않는 시간으로 여겨진다고 주장했지만, 로버트의 방에서 층계까지 걸리는 시간 외에 층계를 닦는 데

걸리는 시간까지 따져봐야 할 거였다.

로버트는 슬픈 표정으로 단념한 듯 한숨을 쉬었다.

"말 부인, 괜찮아요. 부인이 세심하지 않았다면 대장장이가 하고 싶은 일을 모두 마칠 만큼 충분한 시간이었던 것 같군요."

말로니 부인은 당혹감에 빠져 쳐다보았다.

"그가 노릴 만한 것은 없었어요, 나리. 새들과 제라늄 말고는 나머지—."

"아니에요, 괜찮아요. 그 사람이 어디 살고 있는지 알려주면 그를 만나 볼게요."

"그렇지만 저녁을 먼저 드셔야죠."

"저녁을 먹기 전에 돌아올게요."

로버트는 그의 결심을 알려주며 모자를 쓰고 문 밖으로 걸어갔다.

"주소가 어떻게 되나요, 말 부인?

아일랜드 가정부는 성 브라이드 교회 뒤편의 작은 길을 알려주었다. 런던 시민들은 보통 눈이라고 부르는 질펀한 진눈깨비를 맞으며 로버트는 그 길을 걸어갔다.

그는 대장장이의 집을 찾았고, 낮고 좁은 문을 지나느냐고 모자를 벗어 들고 간신히 작은 가게로 들어섰다. 먼지가 잔뜩 낀 창문에 가스 불꽃이 번쩍였고, 가게 뒤편의 작은 방에는 왁자지껄한 모임이 벌어지고 있었다. "여보세요!"라는 로버트의 부름에도 아무런 반응이 없었다. 그 이유는 충분히 명백하였다. 이 떠들썩한 모임이 너무나 흥겨운 분위기에 빠져있던 탓에 바깥 세계에서 들려오는 일상적인 부르는 소리가 전혀 들리지 않았던 거였다. 로버트가 동굴 같은 작은 가게의 안쪽으로 더 들어가 대담하게 반 유리 칸막이 문을 열자, 그때서야 사람들의 시선을 끌어 모을 수 있었다.

테니르스[13]의 흥겨운 그림과 같은 장면이 열린 문으로 그의 앞에 펼쳐졌다.

대장장이는 아내와 가족, 그리고 두세 명의 여자 손님들과 함께 식탁 주위에 모여있었다. 일반 서민들이 많이 찾는 향나무 열매로 빚은 무색의 싸구려 술이 아니라 고급 포도주와 셰리주 병이 놓여있었다. 입에 그 강렬한 맛을 남기는 독한 셰리주는 유난히도 짙은 밤색이었고 오래된 고급 포도주는 오랜 세월에도 맛이 변하지 않고 향이 풍부하고 달콤했으며 색깔도 고급스러워 보였다.

로버트 오들리가 막 문을 열었을 때 대장장이는 한창 떠들어대고 있던 중이었다.

"그러더니 그녀는 아주 우아하게 걸어나가는 거예요."

모인 사람들은 로버트가 나타나자 당황스러운 기색을 보였다. 그중 제일 당황스러운 사람은 대장장이였다. 그는 황급히 술잔을 내려놓다가 잔의 포도주를 엎질러버렸으며, 더러운 손등으로 입을 신경질적으로 닦았다.

"오늘 제 아파트에 다녀갔나요? 숙녀분들, 잠깐 실례합니다. 화이트 씨, 오늘 내 집에 들어왔다고 들었어요."

---

13 테니르스(1610~90): 플랑드르의 화가로 브뤼셀의 빌헬름 대공의 궁정화가를 지냈다. 풍속화에 뛰어나 당시의 시민생활 모습을 시장 · 가두 · 선술집에서 찾아내어 많은 작품을 남겼다.

대장장이가 로버트의 말을 가로막으며 말했다.

"뭔가 잘못된 것이 있었나요?" 그가 말을 더듬었다. "뭐, 그렇다면 정말 죄송합니다. 저는 나리 댁에서 일하러 가기 전에 가든 아파트의 오울윈 씨 댁도 방문했었기 때문에 이름이 가물가물합니다. 오늘 제게 요청하신 곳이 나리 댁이라고 생각됩니다. 말로니 부인에게서 열쇠를 받아 곧장 방문 자물쇠를 확인했어요. 그런데 어느 것도 고장 난 게 없어서 수리할 필요가 없었어요."

"그렇지만 내 집에 거의 삼십 분 동안 머물렀더군요."

"그렇습니다, 나리. 고장 난 게 딱 하나 있었거든요. 바로 계단에서 제일 가까운 문 자물쇠였어요. 그것을 떼내 잘 청소해서 다시 달았어요. 그 일에 대해선 요금을 받지 않겠습니다. 돌아오는 7월이면 이 일을 한 지가 13년 되는데, 그동안 이런 실수가 없었으니 좋게 받아주시기 바랍니다. 그리고—"

"이런 일이 한 번도 없었다는 말이군요. 맞아요. 이런 일이 매일 일어나지 않을 매우 특이한 일이에요. 화이트 씨, 오늘 저녁 식사가 근사하군요. 오늘 큰 것 한 건 했나 봐요. 오늘 큰 일 하나 해내고 한턱을 내는 모양이군요?"

로버트는 상대방의 거무죽죽한 얼굴을 똑바로 바라보며 말했다. 그는 나쁜 사람은 아닌 것같이 보였다. 조금 더럽긴 하지만 한 점 부끄러움이 없는, 햄릿의 어머니가 표현했듯이 '평범한'[14] 표정의 얼굴이었다. 그럼에도 불구하고 화이트 씨의 눈길은 조용히 심

14 '평범한': 셰익스피어의 비극《햄릿》1막 2장 72-3절: Thou know'st 'tis common—all that lives must die, / Passing through nature to eternity.'

문하는 젊은 변호사의 눈을 피해 아래를 쳐다보며 더듬거렸다. 그는 그의 아내와 아내의 이웃들, 포도주와 셰리주에 관해 마치 자유 국가에서 정직한 기술자로 지내는 그가 자신의 거실에서 마음껏 즐기는 행위를 하다 걸려 로버트에게 자신을 변호하도록 요구받은 사람처럼 당황해 하며 사과처럼 들리는 말을 중얼거렸다.

로버트는 고개를 저으며 그의 말을 잘랐다.

"사과할 필요는 전혀 없어요. 다시 즐겁게 저녁 식사를 하도록 해요. 안녕히 계세요, 화이트 씨. 즐거운 저녁 되세요, 숙녀분들."

로버트는 모자를 들어올리며 부인과 이웃들에게 정식으로 인사를 하였고, 남을 편안하게 해주는 그의 예의와 멋진 얼굴에 매료된 여성들을 뒤로 두고 그는 가게를 떠났다.

그는 집으로 돌아가는 길에 생각에 잠겼다. '"그러더니 그녀는 아주 우아하게 걸어나가는 거예요." 그가 이렇게 말했지. 걸어 나갔다는 그녀는 누구일까? 내가 도중에 가로막기 전에 대장장이가 말하려던 이야기 내용이 뭐였을까? 아, 조지 톨보이즈, 자네의 운명에 대한 비밀에 가까워질 수 있을까? 느리지만 확실하게 그 비밀의 근처로 내가 향해가고 있는 걸까? 매일 조금씩 비밀의 핵심에 가까이 다가가 마침내 내가 사랑하는 사람들의 집에 까만 동그라미를 그릴 수 있을까? 도대체 언제쯤 이 비밀이 밝혀질까.'

그는 지친 듯 한숨을 쉬며 법원의 사각형 판석 안뜰을 지나 그의 외로운 집으로 천천히 걸어갔다.

말로니 부인은 이 미혼남의 저녁 식사를 이미 차려놓았다. 훌륭하고 영양가가 많은 음식들로 차려져 있지만 특별히 새로운 입맛을 자아내지는 못하였다. 그녀가 요리한 양갈비가 난롯가 옆 작은 식탁의 두 접시 사이에 놓여있었다.

로버트는 익숙한 요리 앞에 앉으며 한숨을 쉬었다. 백부댁의 식사가 상기되어 그리운 듯 아쉬운 한숨이었다.

'맹트농 부인의 양고기 커틀렛이 제대로 된 요리인데. 일반 양고기와는 비교될 수 없는 최고의 요리였어. 말로니 부인의 요리는 너무 질겨. 하지만 이런 게 인생이라면, 뭐, 어쩔 수 없겠지.' 그는 감상에 잠겨 혼자 중얼거렸다.

로버트는 식사를 하는 둥 마는 둥 급히 접시를 치워버렸다.

'조지가 떠난 뒤로 제대로 맛있게 식사를 하지 못하겠어. 마치 옆 방에서 그가 죽고 난 뒤 시체를 치우지 않은 것처럼 이 집이 우울하게 느껴지는군. 그가 사라진 9월의 오후 이후로 얼마나 오랜 시간이 지난 것일까? 그렇게 잘 지내던 우리였는데, 그는 왜 이렇게 갑작스럽게, 아무런 설명도 없이, 마치 단단한 땅에 입을 벌린 올가미 문에 빠져 지구 반대편으로 추락한 것처럼 사라진 것일까?'

제 2 권

1. 책 속에서 발견된 글

로버트 오들리는 저녁 식사 자리에서 일어나 조지 톨보이즈와 관련하여 자신이 작성한 문서를 보관했던 캐비닛으로 걸어갔다. 열쇠로 캐비닛 문을 열고 '중요 문서'라고 표시된 서류함에서 서류를 꺼내고 책상에 앉았다. 그리고 기존 서류에 약간의 글을 첨가한 후 번호를 매겼던 예전처럼 새로 쓴 글에 조심스럽게 새 번호를 매겼다.

"하늘이 우리를 도울 거야. 아직 어느 변호사로도 검토해 보지 않은 이 문서가 나의 첫 소송사건이 되는 걸까?" 그는 혼자 중얼거렸다.

대략 30분 정도 글을 쓰고 난 그는 서류를 다시 서류함에 집어넣고 캐비닛을 잠갔다. 이 일을 마친 뒤 그는 촛대를 들고 그의 여행가방과 조지 톨보이즈가 남겨놓고 간 트렁크가 있는 방으로 들어갔다. 그는 주머니에서 열쇠 꾸러미를 꺼내 하나씩 맞춰 보았다. 허름한 낡은 트렁크의 자물쇠는 그냥 평범한 거여서 다섯 번의 시도 만에 열쇠가 쉽게 맞았다.

"이런 자물쇠라면 부숴서 열 필요조차 없겠군." 로버트가 중얼거리며 뚜껑을 열었다.

그는 천천히 트렁크에서 내용물들을 꺼내 옆 의자 위에 하나씩 늘어놓았다. 마치 죽은 친구의 시신을 다루기라도 하는 듯이 그는 조심스레 정성을 기울이며 그 물건들을 다루었다. 깔끔히 접어놓은 상복들을 하나씩 의자 위에 올려놓았다. 트렁크 안에는 낡은 해포석 담뱃대, 구겨지고 흙이 묻은 프랑스제 장갑, 이미 죽은 배우의 이름이 큰 글씨로 박혀있는 오래된 연극 광고지, 향기로운 냄새가 떠도는 유행이 지난 향수병, 보낸 사람의 이름이 정성스럽게 라벨로 붙여져 있는 작은 편지꾸러미, 옛 신문 쪽지, 조심스럽지 못한 로버트의 손에 여러 개로 쪼개져 버린 몹시 낡아빠진 책들이 들어있었다. 이제는 쓸모 없는 잡동사니가 되었지만 그래도 한때는 각각 별도의 목적을 갖고 있었을 그 물건들을 그는 멍하니 바라보면서도 로버트는 자신이 찾고자 하는 것, 즉, 톨보이즈의 죽은 아내 헬렌이 남편에게 보낸 편지묶음이 있나 살폈다. 조지가 이 편지들에 대해 한 이야기를 여러 번 들은 적이 있었기 때문이었다. 심지어 조지가 변색된 이 편지들을 헬렌이 사용했던 변색된 리본으로 조심스럽게 묶어 트렁크의 상복 사이에 정성스레 보관하는 걸 본 적도 있었다. 조지가 그 이후에 그 편지들을 없앴는지 아니면 그가 사라지고 난 후 다른 누군가가 그 편지를 가져간 건지는 알 수 없었지만, 어쨌든 그 편지는 사라지고 없었다.

로버트는 지친 듯 한숨을 쉬고 물건들을 처음 꺼냈던 식으로 빈 트렁크에 하나씩 집어넣었다. 그의 손에 다 떨어진 낡은 책 꾸러미를 들고 잠시 머뭇거렸다.

"이 책들은 내가 가지고 있어야겠어. 아마 언젠가 도움이 될 수도 있겠지." 그는 혼자 중얼거렸다.

조지의 책들은 그다지 문학적인 조예가 깊은 게 아니었다. 오래된 그리스 성서, 이튼 학교의 라틴어 문법책, 기사들의 검술에 관한 프랑스 책자, 가죽 커버의 반쪽이 실밥으로 매달려 있는《톰 존스》[1]의 결질본, 안과의사나 안경사에게 특별히 혜택을 가져다줄 것 같은 괴상망측한 활자체로 인쇄된 바이런의 시집《돈 주앙》, 그리고 도금과 주홍빛이 모두 변색된 커버의 두툼한 책 한 권이 있었다.

로버트는 트렁크의 자물쇠를 잠그고 책들을 팔에 끼워 가져왔다. 거실로 돌아왔을 때 말로니 부인은 식탁을 정리하고 있었다. 그는 책들을 난롯가 구석의 작은 탁자 위에 올려 두고 그녀가 청소를 마무리할 때까지 끈기 있게 기다렸다. 해포석 담배 파이프를 피고 싶은 기분도 나지 않았고 머리 위 선반에 놓인 대중 소설들도 따분하게 느껴졌다. 로버트는 발자크의 책을 펼쳤지만, 백부 아내의 금발이 눈부신 빛을 내며《나귀 가죽》의 형이상학적 요술이나《사촌 베트》[2]의 사회의 끔찍한 공포 사건처럼 눈앞에 아른거렸다. 그는 책을 다시 덮어두고 말로니 부인이 청소하는 모습을 힘이 빠진 채 지켜보았다. 말로니 부인은 난로 재를 털어

---

1 《톰 존스》: 18세기 영국 소설가 헨리 필딩(1707~1754)의 대표작으로 1749년 처음 출판되었다.

2 《나귀 가죽》과《사촌 베트》: 두 작품 모두 발자크의 연쇄 소설집《인간 희극》에 포함된 소설이다.

내고, 나무를 다시 채워 넣고, 어두운 린넨 커텐을 치고, 카나리아들에게 먹이를 채워주고는, 사용하지 않고 있는 사환의 사무실에서 보닛을 쓴 다음 로버트에게 작별 인사를 했다. 이 아일랜드 여인이 문을 닫고 나가자 로버트는 의자에서 조급히 일어나 방 안을 서성거렸다.

'난 왜 이 일을 하고 있는 걸까? 한 걸음씩, 날이 지날수록, 시간이 흐를 수록 내가 꼭 피하고 싶은 결론으로 점점 가까워지고 있다는 걸 뻔히 알고 있는데. 내가 수레바퀴에 묶여 어쩔 수 없이 굴러가고 있는 걸까? 아니면, 그게 전혀 엉뚱한 결론으로 굴러간다 하더라도, 그대로 굴러가는 대로 따라가야 하는 걸까? 그것도 아니면 오늘 밤 이 자리에 그냥 주저앉아 "이제까지 잃어버린 내 친구에 대한 의무를 다했어" 하고 말하며 손을 털면 되는 걸까? 나는 끈질기게 그를 찾아왔지만 결국 모든 게 헛수고였는가? 내가 과연 이 일을 하는 게 정당한 일인가? 이 사건의 사슬들을 하나씩 하나씩 천천히 엮어오다 이 시점에서 내려놓는 게 정당한 일인가? 아니면 마지막 고리못이 제자리에 정확히 맞아떨어져 사슬이 완벽한 둥근 원이 될 때까지 사슬에 새로운 사실들을 계속 연결시켜가야 하는 걸까? 다시는 내 친구의 얼굴을 보지 못할 거란 생각이 들고, 내가 아무리 노력한들 그에겐 하나도 도움이 되지 않을 것 같아. 잔인한 말 같지만 솔직히 말하면, 그는 이미 죽어버린 것 같아. 내가 해야 할 일은 그가 어디서 어떻게 죽음을 맞이했는지 찾아내는 걸까? 아니면, 그 탐색의 길 와중에 있는 지금 여기서 되돌아서거나 그냥 정지해 버리면 조지 톨보이즈의 추억에 해를 끼치는 일이 될까? 난 도대체 어떡해야 하지? 어떡하면 좋을까?'

로버트는 팔꿈치를 무릎에 괴고 손으로 얼굴을 감쌌다. 그의 게으른 천성에 변화를 가져올 만큼 강력한 원동력을 불어왔던 그 단 한 가지 목적이 그를 전에는 전혀 꿈도 꿔보지 않았던 기독교인으로 만들었다. 자신이 약한 존재임을 의식하게 하며, 엄격히 의무를 지켜나가도록 열심히 노력하게 만들고, 그에게 강요되었던 이상한 양심적인 책무 수행에서 이탈하기를 두려워하게 하며, 그가 나아가야 할 길을 가리키는 자기자신보다 더 강력한 손길에 의존하게끔 하는 기독교인이 된 거였다. 아마도 그는 그날 밤 난롯가에 외로이 앉아 조지 톨보이즈를 생각하면서 그의 인생에 처음으로 절실하게 기도를 올렸던 것이다. 기나긴 침묵의 명상 끝에 고개를 들었을 때, 그의 두 눈은 확신과 의지에 차서 밝게 빛이 났으며, 그의 얼굴 구석구석에 온통 새로운 표정이 피어났던 거였다.

"첫 번째로, 정의는 죽은 자에게, 그 다음으로 자비는 산 자에게." 로버트는 중얼거렸다.

그리고 안락의자를 책상으로 밀고와, 등에 불을 밝히고 책을 살펴보러 자리에 앉았다.

그는 찬찬히 하나씩 책들을 꺼내 조심스럽게 살펴보았다. 우선 일상적으로 소유자의 이름이 적혀있는 첫 장을, 그리고 장 사이에 종이쪽지가 남겨져 있나 뒤져보았다. 이튼 라틴어 문법책의 첫 장에는 톨보이즈라는 이름이 학업에 충실한 학생의 단정한 글씨로 써 있었고, 프랑스어 책자의 표지에는 그의 이름의 약자인 'G. T.'가 크고 지저분하게 연필로 부주의하게 휘갈겨져 있었다. 《톰 존스》를 가판대에서 산 것이 분명해 보이는 이유는 1788년 3

월 14일의 날짜가 적혀있었고 충성스러운 하인 제임즈 앤더리가 토머스 스크로우톤 씨에게 바친다는 글귀가 쓰여있었다. 《돈 주앙》과 성경책은 아무 글씨가 써 있지 않았다. 로버트는 좀 더 여유롭게 숨을 몰아 쉬며 마지막 한 권 외에 모든 책들을 살폈지만 별 소득이 없었다. 이제 마지막으로 금박을 입히고 주홍색 표지로 장정된 두툼한 책이 그의 검토를 기다리며 앞에 놓여졌다.

그 책은 1845년도 연감[3]이었다. 그 당시 유명했던 사랑스러운 여인들 모습이 그려진 동판 판화에는 누렇게 빛이 바래고 곰팡이가 피어 있었다. 복장은 기이하고 이국풍인데다 선웃음 치는 여인은 퇴색된 진부한 모습이었다. 심지어 몇 개씩 짝지어 있는 시 구절 음률은 세월 속에 느슨해진 수금의 현이 튕기는 음악처럼 구닥다리 흔적을 풍겼다. (그런 음률로는 시인의 미약한 촛불이 모호한 의미에 희미한 불빛만을 던질 뿐이다.) 로버트는 이 모호한 책을 훑어 내려갔다. 책장을 빠르게 넘기며 페이지 표시를 위해 사용되었을 글 쪽지나 편지가 남아있진 않을까 샅샅이 살폈다. 그가 책 속에서 찾은 것은 오직 한 줌의 금발머리뿐이었다. 밝게 윤기 나는 색조로 봐서는 어린애의 금발머리라고 생각되는데, 포도나무 덩굴처럼 자연스럽게 구불거렸다. 벤트너의 여주인이 조지 톨보이즈에게 아내가 죽고 난 뒤 전해줬던 그 곱고 부드러웠던 머리단과 비교해보면 결은 매우 상반되지만 색조는 비슷했다. 로버트는 책을 살펴보는 일을 유보하고 그의 편지지에 그 금발머리를 싸서 자신의 반지 도장으로 봉인을 한 다음 조지 톨보

3 연감: 한 해 동안 일어난 사건이나 사업에 대하여 해마다 발간하는 보고서나 간행물.

이즈와 알리샤의 편지에 대한 메모와 함께 '중요 문서'라고 적힌 문서함에 넣었다. 그리고 두툼한 연감을 다른 책들 사이에 다시 놓아두려 하던 순간 아무 글씨도 적혀있지 않은 속표지 첫 두 장이 서로 붙어있는 것을 발견했다. 그는 이것을 끝까지 살펴보기로 마음 먹고 종이 자르는 칼 끝으로 두 장을 서로 떼어냈다. 이런 수고 끝에 떼어낸 한 쪽에 글이 쓰여져 있는 걸 발견했다. 그것은 각각 다른 글씨체로 쓰여진 세 개의 문단으로 이루어져 있었다. 첫 번째 문단은 그 연감이 출판되었던 해보다 훨씬 이후의 날짜와 엘리자베스 앤 빈스 양이 소유물임을 말해주는 글이 적혀 있었고, 그 소유주라는 여성은 이 귀중한 책을 영국 서남부 토키의 캠포드 신학 대학교의 교단과 교리를 잘 따른 보답으로 취득했다는 내용이었다. 두 번째 문단은 그 후 5년이 지난 날짜로 기록되어 있었고, 빈스 양의 손 글씨로 사랑하는 친구 헬렌 몰던에 대한 불멸의 애정과 존경의 표시로 이 책을 선물한다고 적은 것이었다. (빈스 양은 낭만적인 기질이 있는 게 분명해 보였다.) 세 번째 문단은 1853년 9월에 헬렌 몰던이 조지 톨보이즈에게 이 연감을 준다는 내용이 헬렌의 글씨로 적혀 있었다. 이 세 번째 문단을 보자 로버트의 얼굴색은 납빛같이 창백하게 변했다.

'이럴 줄 알았어. 내가 최악의 상황에 대해 마음의 준비가 되어 있다는 걸 하나님은 알고 있어. 이제 그 최악의 상황이 드디어 다가왔군. 이제야 모든 걸 이해할 수 있겠어. 나의 다음 방문지는 사우샘턴일 수밖에 없지. 조지의 아들을 안전한 사람에게 넘겨야만 해.' 로버트는 지친 한숨을 쉬며 책을 덮었다.

2. 플로슨 부인

로버트가 조지의 트렁크에서 발견한 편지 꾸러미 중에서 조지의 아버지 이름이 적혀있는 편지 하나가 있었다. 조지의 아버지는 아들에게 전혀 관대하지 않은 탓에 아들의 현명하지 못한 결혼에 화가 나 젊은 아들이 제 손으로 생활을 꾸려나가도록 모든 재정 지원을 기꺼이 거둬버렸다. 로버트는 하코트 톨보이즈 씨를 만난 적이 없었지만, 조지가 아버지에 대해 무심코 한 말들로 미루어 보아 그분이 어떤 사람인지 짐작해 볼 수 있었다. 로버트는 조지가 사라지고 난 직후에 바로 하코트 톨보이즈 씨에게 편지를 보낼 때 말을 극히 조심하며 편지를 작성했었다. 즉, 이 수수께끼 같은 사건에 불미스러운 일이 들어있지 않나 하는 자신의 불안감을 넌지시 내비쳤었다. 몇 주가 지난 뒤 그분에게서 형식적인 답장이 왔었고, 그 답장에서 하코트 톨보이즈 씨는 자신의 아들이 결혼한 순간부터 아들의 일과 관련된 모든 책임에서 손을 뗐노라고 분명히 선언하면서, 그가 사라져버린 우스꽝스러운 사건도 터무니 없는 결혼으로 인한 거라고 했다. 그리고 추신에서, 그의 아들이 사라지는 가짜 술수를 써서 친구들을 놀라게 하여 그들의 감정을 울려 금전상의 이익을 얻으려는 저급한 의도를 갖고 있다면, 그의 아들이야말로 상대하는 친구들의 성품을 잘못 판단하여 스스로를 참혹하게 속이는 거라고 지적하였다.

로버트 오들리는 이 편지에 분개하여, 하코트 톨보이즈 씨의 아들이 친지들의 주머니를 노리는 깊은 의도로 스스로를 실종시키는 사람이 아니며, 그가 사라진 당시 은행계좌에 이만 파운드를 이미 남겨 놓은 상태라고 적어 보냈다. 편지를 전송한 후에 로버트는 조지의 소식에 대해 누구보다 관심을 가져야 할 사람의 지원을 바라는 일을 그만두기로 했다. 하지만 그는 자신 앞에 어두운 안개같이 놓여있는 이 일의 끝에 점점 더 가까이 다가가고 있음을 느끼게 되자 그의 생각은 다시 이 무자비하도록 냉담한 하코트 톨보이즈 씨에게로 되돌아갔다.

'사우샘프턴을 떠나게 되면 도싯으로 곧장 가서 하코트 씨를 만나봐야겠어. 그분이 정말로 자기 아들의 운명이 이처럼 어둡고 잔혹한 의혹에 휩싸여 있는 것에 만족한다면, 나는 왜 이렇게 헝클어진 실타래를 풀려고 애쓰는 것일까? 그분이 정말로 아들의 죽음에 대해 확실한 것도 모르면서도 그냥 아들 무덤에 찾아가는 것으로만 만족한다면, 내가 왜 이처럼 끔찍한 수수께끼 조각을 맞춰보려고 발버둥을 치며 흐트러진 파편조각들을 한데 모으려는 걸까? 그걸 한데 모으면 전체의 모양새가 만들어지는 걸까? 그분을 찾아가서 암흑 같은 나의 모든 의구심을 허심탄회하게 말해봐야겠어. 내가 어떡해야 할지 그분이 알려줄지도 몰라.'

로버트 오들리는 아침 일찍 사우샘프턴행 기차에 올랐다. 기차가 달려가는 아늑한 시골에는 하얀 눈이 많이 쌓여 있었다. 담요로 몸을 꽁꽁 감싼 그는 박식한 전문가의 모습이기보다는 모직 담요로 둘둘 말려 굴러다니는 물건더미처럼 보였다. 기차 칸에 유일한 동승자인 중년의 인도인 장교와 그가 내뿜는 입김으로 뿌예진 창밖으로 눈의 장막을 쓴 환영같이 휙휙 스쳐가는 풍경을 우울한 기분으로 내다보았다. 그는 추위에 떨며 거창하게 무릎담요로 몸을 둘둘 감싼 채 무자비한 겨울의 이른 아침 기차로 여행을 해야만 하는 운명에 짜증이 났다.

'내가 이렇게까지 내 친구를 끔찍이 여기고 그의 부재로 인해 이렇게 외로워 할지 어느 누가 상상이나 했을까?' 그가 중얼거렸다. '난 이제까지 나만의 작은 행운을 안전하게 지켜왔어. 백부의 작위를 상속받을 후계자로서, 그리고 추정하건데 나를 행복하게 해주려고 최선을 다할 사랑스런 여자도 곁에 있지. 하지만 이 수수께끼 같은 사건이 잘 풀려나가 조지 톨보이즈가 살아 내 옆에 서게 될 수만 있다면, 나는 당장 이 모든 걸 기꺼이 포기하고 세상에서 무일푼이 되도 좋겠어.'

로버트는 11시에서 정오 사이에 사우샘프턴에 도착해 역을 걸어 나왔다. 얼굴 위로 휘날리는 눈을 맞으며 그가 마을 가장자리의 부두가로 향했다. 기억을 더듬어 바다로 이어지는 좁은 길로 나아가며 성 미가엘 교회 앞의 광장을 지나갈 때 시계탑이 12시를 알리는 종을 울렸다.

누추한 집안살림 물품들을 쌓아놓은 듯한 몰던 씨의 허름한 집은 투기성 건축업자들이 번성하는 마을 외곽의 형편없는 몹쓸 땅뙈기에 만들어놓은 음침한 간선 도로변에 있었다. 브릭썸 테라스는 건축가의 도안에 따라 석공이 흙손으로 벽돌집을 짓기 시작한 역사 이래로 벽돌과 회반죽으로 지은 건물 중에 최악의 집들로 이루어진 음울한 동네에 속했다. 감옥같이 침침한 방 8개짜리의 집 10채에 투기를 했던 건축업자는 아직 골조들이 완성되지 않은 상태로 남아있는 데도 인접한 술집 거실 문 뒤에서 목 매달아 자살하고 말았다. 벽돌과 회반죽 골조를 사들였던 사람은 도배공이 여전히 바쁘게 몸에 칠을 묻혀가며 천정을 회칠하고 있는

데도 법원에 파산 신청을 해버렸다. 불운과 파산이 이 몰락한 주거지 곳곳에 흔적을 남겼다. 이 거실 창문 앞의 버려진 땅에서 시끄럽게 놀고 있는 아이들에게는 집달리와 중개인이 정육점이나 빵 가게 주인만큼이나 잘 알려진 인물이 되었다. 파산을 면한 세입자들도 달도 없는 컴컴한 밤에 슬쩍 사라져가는 유령 같은 이사 트럭의 소음으로 때도 없이 방해를 받았다. 파산한 세입자는 방이 8개나 있는 캄캄한 집에서 물도 없이 몇 주를 근근이 버티며 수도세 수금원과 대놓고 싸움을 벌렸다.

로버트는 강가에서 이 가난에 시달리는 주거지로 향하면서 주변 모습에 치를 떨었다. 한 집에선 아이의 장례식이 막 끝나고 있었고, 그는 그 작은 관이 혹시라도 조지의 아들의 것은 아닌가 하는 상상으로 공포에 떨었다. 아이의 생사에 자신의 막중한 책임감이 동시에 느껴졌다.

'이렇게 비참한 판자집에서 아이를 꼭 데리고 나와야겠어. 잃어버린 내 친구의 유산이 있으니, 그 애의 안전을 시켜주는 게 내 의무야.' 로버트는 몰던 씨의 집 문을 두드리며 생각했다.

단청치 못한 하녀가 문을 열고 의심쩍은 표정을 지으며 코맹맹이 소리로 로버트에게 뭣 땜에 오셨나고 물었다. 작은 응접실의 문은 살짝 열려 있어 로버트는 조지의 아들이 포크와 나이프를 달가닥 거리며 천진난만하게 종알거리는 소리를 들을 수 있었다. 그는 하녀에게 톨보이즈 씨를 만나러 런던에서 왔다고 하며 더 이상 인사치레 없이 그녀를 지나쳐 곧장 응접실 문을 열었다. 이런 행동에 하녀는 놀라 눈이 휘둥그레지더니, 무슨 갑작스런 확신이 들었는지 앞치마를 벗어 던진 채 눈길로 달려나갔다. 하녀는 황량한 거리를 가로질러 좁은 골목을 통해 숨도 돌리지 않고 '마부와 말'이라는 이름의 술집 문턱까지 쏜살같이 달려갔다. 그 술집은 몰던 씨가 즐겨 찾는 곳이었다. 중위의 믿음직한 졸개는 로버트를 단호한 새 구빈세 징수원으로 판단해서 (신사 양반의 자기 소개를 지역 채납자를 잡아내기 위한 신분 위장으로 간주하여) 자신의 주인에게 적의 출현을 미리 앞서 때맞춰 알리려고 이렇게 서둘렀던 것이다.

로버트가 응접실로 들어섰을 때 조지의 아들 맞은편에 한 여인이 앉아있는 것을 발견하고 깜짝 놀랐다. 그 여인은 더러운 식탁보 위에 맥주 한 잔과 함께 변변치 않은 식사를 하는 중이었다. 그 여인은 로버트가 들어오자 자리에서 일어나 공손하게 인사를 했다. 그녀는 50세 정도의 나이로 보였고 과부의 거친 상복을 입고 있었다. 피부색은 윤기가 없이 희끄무레하였고, 모자 아래 드리워진 두 머리가닥은 윤기가 없는 짙은 금빛이었으며, 대체로 핑크빛 뺨과 흰 속눈썹을 지니고 있었다. 아마 젊었을 적엔 꽤나 미인이었을 법하지만, 단정해 보이는 그녀의 모습은 얼굴에 비해 너무 작은 듯한 이목구비로 인해 초췌하게 보였다. 특히 그녀의 입 모양에서 이러한 결점이 두드러졌는데, 그녀의 치아가 입과 잘 어울리지가 않았다. 로버트에게 인사를 하며 그녀가 미소를 지을 때, 굶주린 듯한 네모난 치아들이 거의 고스란히 드러나 그녀의 예쁜 미모를 망쳐놓았다.

"몰던 씨는 지금 계시지 않아요." 그녀는 공손함을 내비치며 말했다. "수도세에 관한 일로 오셨다면, 이렇게 말을 전해달라고 하셨는데—"

꼬마 조지가 앉아있는 어린애 의자에서 내려서며 로버트에게로 뛰어가자 그녀는 말문이 막혔다.

"이 아저씨를 잘 알아요. 키가 큰 신사와 함께 벤트너에서 왔었죠? 여기에 한 번 와서 내게 용돈도 주었잖아요. 그 돈은 할아버지한테 맡아달라고 했어요. 항상 할아버지가 내 것을 보관하고 있어요."

로버트는 아이를 안아서 창가의 작은 탁자로 데려갔다.

"여기에 좀 서봐라, 조지. 얼마나 컸는지 한번 보자꾸나."

그는 햇빛을 향해 아이의 얼굴을 들어올리며 두 손으로 앞이마의 갈색 곱슬머리를 쓸어 올렸다.

"날이 갈수록 아버지를 닮아가는구나, 조지. 완전한 소년으로 많이 컸네. 학교에 가고 싶지 않니?"

"네, 가고 싶어요. 정말 가고 싶어요." 소년이 열정적으로 대답했다. "길 건너 페빈 선생님의 학교에 한 번 간 적이 있어요. 다음 골목 모퉁이에 있는 학교였는데, 그만 제가 홍역에 걸려서 할아버지가 더 이상 가지 못하게 했어요. 또다시 홍역에 걸리면 안 된다고 했어요. 할아버지는 길가에서 아이들과 어울리지도 못하게 해요. 매우 버릇없는 아이들이라고 하면서요. 망나니들이라고 했어요. 하지만 그건 버릇없는 말이라 입 밖에 내면 안 된다고도 했어요. 할아버지는 욕을 하면서도, 늙어서 괜찮다고 했어요. 나도 늙으면 그런 말을 쓸 거예요. 저도 학교에 정말 가고 싶어요. 오늘 갈 수도 있어요. 플로슨 아줌마가 제 교복을 준비해 준다고 했어요. 그렇죠, 플로슨 아줌마?"

"물론이지, 조지. 할아버지께서 허락해 주신다면 말이야." 여인이 불안한 듯 로버트를 바라보며 말했다.

'도대체 이 여인이 무슨 상관이지?' 로버트는 꼬마 조지가 후견인과 말을 나누며 서있는 탁자로 천천히 다가가는 희끗희끗한 미망인에게로 눈을 돌리며 생각했다. '이 여자는 여전히 나를 이 쓰러져가는 집구석에 나쁜 의도를 갖고 있는 세금 징수원으로 생각하고 있는 건가? 저 안절부절못하는 행동으로 봐서 여전히 더 심한 거짓말을 하려는 건가? 몰던 씨가 무슨 비밀을 갖고 있는지 모르겠지만, 이 여인은 그것에 대해서 알고 있을 것 같지는 않군.'

플로슨 부인이 탁자 가까이 다가와 슬그머니 아이를 데려가려고 하자, 로버트가 홱 돌아보며 말했다.

"지금 아이에게 뭐 하는 거요?" 로버트가 물었다.

"아이의 얼굴을 씻겨주려고 해요, 머리도 좀 감겨주고요." 여인은 수도세에 관해 변명하던 것과 비슷한 말투로 말했다. "아이의 얼굴이 매우 더러워서 남에게 보여주기가 민망합니다. 몇 분이면 됩니다."

그녀는 길고 가느다란 팔로 애를 감싸 안아 데려가려고 하면서 말했고, 로버트는 이를 가로막았다.

"괜찮아요, 그냥 두셔도 됩니다. 여기에 머무를 시간이 별로 없어서 아이와 이야기를 나누고 싶어요."

이 애는 로버트 곁으로 더 가까이 살며시 다가와 신뢰를 보이며 그의 눈을 바라보았다.

"아저씨가 참 좋아요. 전에 여기 처음 오셨을 때 내가 수줍어서 아저씨를 무서워했지만, 지금은 아니에요. 난 이제 여섯 살이 다 되어가요."

로버트는 칭찬한다는 듯이 소년의 머리를 쓰다듬어 주었지만, 그의 눈은 아이를 보고 있지 않고 희끗희끗한 과부의 머리를 주시하고 있었다. 그 여자는 창문으로 가서 밖을 바라보고 있었다.

"부인, 뭔가 불안해 보이는군요." 로버트가 말했다.

그 말을 들은 여자의 얼굴색이 심하게 변하며 혼란스러운 듯 대답했다.

"몰던 씨가 오고 계시는지 살펴보고 있는 중이에요. 주인께서 손님을 만나보지 못할까 봐서요."

"그럼, 내가 누군지 알겠어요?"

"아니요, 하지만—"

꼬마 조지가 가슴에 걸었던 작은 보석 시계를 끄집어 내어 로버트에게 보여주며 또다시 그 여자의 말을 가로막았다.

"이 시계는 예쁜 귀부인이 내게 준 거예요. 지금은 내가 갖고 있지만 원래는 오랫동안 가지고 있진 못했어요, 왜냐하면 수리하는 시계수리공이 게을러서 시간이 오래 걸렸다고 할아버지가 얘기했거든요. 그리고 다시 이 시계를 맡겨야 한다고 했어요. 세금 때문이래요. 세금을 낼 때면 항상 그 말을 했어요. 만약 이 시계를 잃어버리면, 그 예쁜 귀부인이 다른 시계를 사줄 거라고 했어요. 그 예쁜 귀부인을 아세요?"

"아니, 조지. 그 예쁜 귀부인에 대해 말해 보렴."

플로슨 부인은 다시 아이에게 몸을 숙여, 이번에는 호주머니 손수건으로 애의 코를 닦아주려고 했지만, 로버트는 그것을 막아버리고 아이를 그의 곁으로 데려왔다.

"조지는 괜찮아요, 부인. 잠시 아이를 가만히 내버려두세요. 조지, 이리 내 무릎에 앉아 그 예쁜 귀부인에 대해 이야기를 마저 해보렴."

아이는 그의 무릎에 올라가기 위해 로버트의 옷깃을 잡고 탁자에서 내려왔다.

"그 예쁜 귀부인에 대해 말해 줄게요. 왜냐면 저는 아저씨가 좋으니까요. 할아버지는 아무에게도 말하지 말라고 했지만, 아저씨에게는 해주고 싶어요. 나를 학교에 데려다 주신다고 아저씨가 약속했잖아요. 그 예쁜 귀부인은 어느 날 밤 집에 찾아왔어요. 정말 아주 오래전 일이에요." 아이는 긴 시간의 공백을 체감하기라도 하듯 엄숙한 표정을 지으며 고개를 끄덕였다. "지금처럼 내가 크지 않았을 때였어요. 그리고 그분은 한밤중에 찾아왔어요. 제가 자러 간 뒤에요. 그리고 그분은 내 방으로 와서 침대에 앉아 울었어요. 그리고 내 베개 아래 시계를 두고 갔어요. 그리고—플로슨 아줌마, 왜 얼굴을 찡그려요? 이 아저씨에게 다 말해줄 거예요." 조지가 말을 하다 갑자기 로버트의 어깨 너머로 그 여자를 바라보며 말했다.

플로슨 부인은 조지가 말썽을 일으킬까 봐 그랬다는 변명을 웅얼거렸다.

"내가 알아서 할 테니 아이의 말을 가로막지 말아요. 당신의 행동이 의심스럽군요. 몰던 씨와 무슨 모의가 있는 것 같군요. 아이가 무슨 말이라도 할까 두려운 건가요?"

로버트가 날카롭게 말하며 자리에서 일어나 플로슨 부인을 똑바로 쳐다보았다. 뭐라고 대답하려는 그 여자의 얼굴은 쓰고 있는 모자처럼 창백하였다. 입술이 타는 듯 메마른 입술을 적셨다.

그녀의 당황한 모습에 소년이 거들며 말했다.

"걱정 말아요, 아줌마. 플로슨 아줌마는 매우 친절한 분이에요. 마틸다의 엄마예요. 마틸다를 모를 거예요. 불쌍한 마틸다는 매일 울어요. 매우 아프거든요. 마틸다는—"

그 애는 몰던 씨가 갑자기 나타난 것을 보고 말을 멈추었다. 몰던 씨는 거실 문지방에 서서 반은 취하고 반은 겁에 질린 눈으로 로버트를 바라보았다. 그에게서 은퇴한 해군 장교의 위엄이라고는 찾아볼 수 없었다. 숨이 막혀 헐떡이던 하녀는 주인의 뒤에 바싹 다가 섰다. 아직 이른 저녁 시간이었지만 해롱거리는 늙은이는 플로슨 부인에게 사나운 목소리로 말했다.

"지금 이게 뭐하는 건지 모르겠군. 아직 아이를 씻기지도 않았어? 날 골탕 먹이려고 하는 건가? 날 수렁에 빠뜨리려는 거야? 어서 아이를 데려가! 오들리 씨, 다시 만나서 반갑군요. 이 누추한 곳에 다시 오다니." 늙은이는 술에 취한 채 의자에 털썩 주저앉으며 예상치도 않았던 방문객을 뚫어져라 바보면서 말했다.

'이 노인네에게 무슨 비밀이 있는지 몰라도, 저 여자도 중요한 비밀을 공유하고 있는 것 같군.' 로버트는 아이를 데리고 나가는 플로슨 부인을 보며 생각했다. '도대체 무슨 비밀이 있는진 몰라도 점점 더 미궁 속으로 빠져드는 것 같아. 하지만 난 물러나거나 멈추지 않을 거야. 나보다 강한 어떤 존재가 어딘지는 몰라도 사라져버린 내 친구가 묻혀있는 무덤을 향해 나를 이끌어 줄 거야.'

3. 어린 조지가 할아버지 집을 떠나다

"몰던 씨, 어르신의 손자를 제가 데려가겠습니다." 플로슨 부인이 아이를 데려가자 로버트가 엄숙하게 말했다.

런던의 짙은 안개 속에서 희미한 햇살이 서서히 새어나오 듯이 노인네는 취했던 정신을 점점 되찾는 듯했다. 럼주에 취한 노인의 정신을 되찾을 때까지는 한참이나 시간이 걸렸지만, 마침내 구름을 가로질러 희미한 햇살이 반짝이며 모습을 드러내는 듯, 노인네는 핵심 문제로 정신을 집중하고 말했다.

"그래요, 그래. 이 불쌍한 늙은 할아버지에게서 아이를 데려가세요. 난 늘 그렇게 될 거라 생각했어요." 노인은 힘 없이 대답했다.

"제가 조지를 데려갈 거라고 늘 생각했단 말인가요? 왜 그렇게 생각한 거죠?" 로버트가 술이 덜 깬 노인의 얼굴을 면밀히 살피며 물었다.

노인네의 숙취는 조금씩 나아지기는 하였지만, 여전히 대답은 모호했다.

"왜 그렇게 생각했냐고? 글쎄—그냥 그렇게 생각했지요."

찌푸린 젊은 변호사의 얼굴을 바라보며, 다시 빛이 깜박이는 듯 노인네는 말을 찾으려 애썼다.

"왜냐하면 댁이나 애의 아비가 내 손주를 데려가 버릴 거라고 생각했지요."

"몰던 씨, 제가 지난 번 여기를 방문 했을 때 조지 톨보이즈가 호주로 떠났다고 하셨죠."

"맞아, 그래요. 기억나요." 노인은 숱 없는 흰 머리칼을 양 손으로 쓸어 올리며 혼란스러운 듯 대답했다. "하지만 다시 돌아왔을지도 모르지요—그렇지 않아요? 그는 안정을 찾지 못하고—뭐랄까, 괴상한 생각을 때때로 하니 말이에요. 그래서 다시 돌아왔을 수도 있어요."

그는 격렬히 떨리는 손으로 벽난로 선반 위의 더러운 파이프를 찾고 불을 붙이며 이같이 혼자 중얼거리는 목소리로 두세 번 반복하여 말했다.

로버트는 떨리는 손가락으로 담배 가루를 난로 깔개 위에 떨어뜨리며 제대로 담뱃불을 붙이지 못하는 이 불쌍하고 말라빠진 손가락을 지켜보았다. 노인이 잠시 담배를 피우도록 내버려두고 로버트는 좁은 방 안을 이리저리 서성거렸다.

이내 그는 자신의 말끔한 얼굴에 어둡고 엄숙한 표정을 띠며 퇴직한 중위를 향해 갑자기 몸을 돌렸다.

"몰던 씨." 그는 천천히 말하며, 자신의 말이 상대방에게 어떤 효과를 일으키는지 주의 깊게 살폈다. "조지 톨보이즈가 절대 호주로 떠나지 않았다는 사실을 전 알아요. 더군다나 그는 사우샘프턴에 가지도 않았어요. 어르신께서 지난 9월 8일 제게 한 거짓말은 그날 어르신께서 받은 전보의 지시대로 한 거예요."

더러운 담뱃대가 그의 떨리는 손에서 툭 떨어지며 난로 철망에 걸려 흔들거렸지만, 노인은 새 담뱃대를 꺼낼 생각도 하지 못했다. 온몸을 떨며 앉아있는 모습이 애처로울 정도였다.

"어르신께서는 전보가 시키는 대로 거짓말을 한 거예요. 조지 톨보이즈가 9월 7일에 여기 오지 않았다는 건 너무나 명백합니다. 어르신께서는 전보를 다 태웠다고 생각하겠지만 타다 남은 그 일부가 제게 있어요."

"내가 무슨 짓을 한 거지? 세상에, 내가 무슨 짓을 한 거야." 노인은 이제 정신을 완전히 되찾은 듯 무기력하게 중얼거렸다.

"지난 9월 7일 오후 2시에 조지 톨보이즈는 몸 성히 에식스의 집에 살아 있었어요." 비난하는 듯한 어조로 그가 동정의 여지도 없다는 듯이 말했다.

로버트는 말을 멈추고 노인의 반응을 살폈으나, 노인네는 아무런 변화도 보이지 않았다. 머리부터 발끝까지 여전히 온몸을 바들바들 떨며 공포로 모든 감각이 사라져버린 듯 얼어붙은 눈길로 한 곳만 뚫어지게 응시하고 있었다.

"그날 2시에 불쌍한 제 친구는 건강하게 멀쩡히 살아있었어요. 제가 말한 바로—그 집에서요. 그 시간 이후 지금까지 그의 모습을 보았다는 사람이 전혀 없었습니다. 그의 행방을 알아내기 위해 반드시 필요한 조처를 저는 다 해왔지요. 그가 어디 있는지를 알아내기 위해서. 이 일을 인내심을 가지고 주의 깊게 조사해왔는데, 처음엔 그래도 희망을 가졌었죠. 그러나 지금은 그가 죽었다는 걸 알아요."

로버트 오들리는 노인의 행동에서 어느 정도 당혹해 하는 걸 목격하게 될 거라고 예상했었지만, 이처럼 끔찍스런 고통과 엄청난 공포 속에서 초췌한 얼굴로 사시나무같이 떠는 모습은 생각지도 못했다.

"아니에요, 아니야, 아냐, 아냐! 절대 그런 말은 하면 안 돼! 그런 생각을 하면 안 돼요—그런 생각을 하지 말아요—그런 생각은 꿈도 꾸지 말아요! 죽지 않았어요—말도 안 되는 소리. 아마 어디 숨은 게지—사람들 눈앞에 나타나지 말라고 돈을 먹은 게지. 그렇지만 죽은 게 아냐—아니라고—절대 죽은 게 아냐!"

노인은 공포에 잠긴 듯 떨리는 목소리로 말했다. 마치 누군가가 옆에 있기라도 한 듯이 보였다. 손으로 머리를 두드리며 의자를 앞 뒤로 흔들었다. 어떤 보이지 않는 힘이 억누르기라도 하듯 그는 떨림을 멈추었다.

"제 친구가 절대 에식스를 떠나지 않았다고 전 믿습니다. 그는 지난 9월 7일 죽은 게 분명해요." 로버트는 침통한 목소리로 말했다.

노인은 여전히 양손으로 희끗희끗한 성긴 머리를 두드리다, 의자에서 미끄러져 내려와 바닥에 주저앉으며 로버트의 다리를 붙잡았다.

"오! 아냐, 아냐—맙소사, 말도 안 돼! 아냐! 말도 안 되는 소리야—무슨 얼토당토않은 말을 하는 거요—무슨 말을 하고 있는지 알지도 못하면서!" 노인은 쉰 목소리로 울부짖었다.

"지금 제 말의 중요성을 잘 알고 있습니다. 어르신께서도 마찬가지일 겁니다. 하나님의 은총이 있기를!"

"오, 내가 지금 뭘 하고 있는 거지? 뭘 하고 있는 거람?" 노인은 이렇게 중얼거리더니, 주저앉은 자리에서 간신히 일어나, 몸을 쭉 펴고, 엄숙하게 말했다. 전에 볼 수 없던 새로운 품위를 그에게서 느껴졌지만, 그 품위는 말로 표현할 수 없는 고통에 늘 따라다니는 것일 뿐이었다. 그가 진지하게 말했다.

"댁은 이곳에 와 술 취해 제정신이 아닌 노인을 위협할 권리가 없소. 오들리 씨, 그럴 권리가 없는 거요. 아무리 장교라고 하더라도, 그—" 말을 더듬는 노인이 아니었지만, 지금 그의 입술은 심하게 떨려 제대로 말을 하지 못했다. "그 장교라 하지만, 도둑을 체포하는, 아니면—" 노인은 말을 멈추고 입술을 닦으며 떨리는 입술을 진정시키려고 했다. "도둑이나 아니면 뭐, 뭐—살인자를—" 마지막 말을 하는 순간 노인의 목소리는 갑자기 멈춰 섰다. 로버트는 오직 노인의 떨리는 입술만으로도 무얼 말하려는지 그 의미를 짐작할 수가 있었다. "그 사람이나—아니면—다른 누구라도 저지른 일을 말하지 않도록 경고를 해야 돼, 경고를. 법—법은—용의자에게 자—자비를 베풀 거야. 하지만 댁—댁은—내 집에 와서, 이—이렇게 내가 평소와는 달리 소위, 취—취한 틈을 타서, 내가 제—제정신이 아닌 걸 보고, 그 기—기회를 이—이용해서 나를 겁—겁주다니, 이—이건 옳지 않—않아요."

헐떡거리는 숨소리에 목이 막혀 그가 하는 말은 알아듣기 힘들었다. 의자에 몸을 파묻은 노인은 탁자 위에 얼굴을 묻고 크게 흐느끼기 시작했다. 쓰러져가는 집안에 쭉 작동해왔던 비참한 가정사의 음울한 장면—천박한 아버지의 가난으로 인해 생겨난 온갖 고통과 수치, 잔혹한 슬픔, 쓰라린 불명예들이 그대로 드러나는 장면이 연출된 거였다. 노인은 한낮의 햇빛에 얼굴을 숨긴 채 비참한 모습으로 흐느꼈다. 로버트는 연민의 절망적인 얼굴로 이 고통스러운 모습을 지켜보며 생각에 잠겼다.

'이 일의 진실을 알았더라면, 이 노인에게 자비를 베풀 수도 있었는데. 그의 죄를 용서해주는 게 아마도 더 나았을 거야.'

허름한 방, 먼지투성이, 뒤죽박죽 살림살이, 그리고 보잘것없는 음식들이 너저분하게 놓여있는 식탁의 더러운 식탁보에 희끗희끗한 머리를 파묻고 있는 노인의 모습이 다른 노인의 모습과 겹치며 로버트의 시야에서 점점 흐릿해져 갔다. 그 다른 노인은 이 노인과 나이가 비슷하지만 모든 점에서 너무나 크게 달랐다. 그 노인이 이 자리에 있었다면, 아마도 더 심하게 애통해 하며 피눈물을 흘렸을 거였다. 그런 생각에 로버트의 눈에서도 순간 눈물이 솟아나 그 앞에 펼쳐져 있는 불쌍한 장면이 흐릿해졌고, 그러면서 그의 생각은 에식스로 되돌아가 극도의 고통과 수치심에 잠겨 있을 백부의 모습을 떠올렸다.

'왜 내가 이 일을 계속하고 있는 거지?' 그가 생각했다. '무자비하고 가차없이 이 일을 처리해나가고 있어. 이건 나답지 않아. 그 끝을 감히 생각해볼 수 없는 어두운 길로 점점 다가가도록 누군가가 손짓을 하고 있어.'

그는 수백 번도 넘게 했었던 이런 생각에 빠져 있는 동안 노인은 여전히 자신의 괴로움을 억누르지 못하고 발버둥치며 얼굴을 파묻고 앉아 있었다.

"몰던 씨," 로버트 오들리가 잠시 후 말했다. "제가 어르신을 괴롭게 한 것에 대해서 사과할 생각은 없습니다. 왜냐하면 이 일이 조만간 어르신께 틀림없이—제가 아니었으면 누군가가 다른 사람에 의해—닥치리란 느낌이 제 안에서 강하게 생겼기 때문이에요. 세상엔—" 로버트는 잠시 말을 멈추고 머뭇거렸다. 노인의 울음은 그치지 않았다. 때로는 작았다 때로는 크게, 새롭게 맹렬히 터져 나오는가 하면 잠시 사라지기도 하고, 그렇지만 한없이 이어졌다. "세상 사람들이 말하듯이, 숨겨도 소용없는 게 있죠. 사람들이 책이 아닌 실제 경험에서 모은 옛날부터의 일상적 지혜에서 우러나온 평범한 말 속에 진리가 있다고 생각합니다. 제 소중한 친구가 아무도 모르는 무덤에 누워 안식을 취하도록 내버려둔다면, 조지 톨보이즈의 이름을 한 번도 들어본 적이 없었던 어떤 낯선 자가 그 죽음의 비밀을 예기치도 않게 우연히 알게 될 거예요. 내일, 아니 10년이 지나, 아니면 한 세대가 바뀌면, 그에게 해를 끼쳤던 손도 그와 마찬가지로 차갑게 식고 말겠지요. 만약 제가 이 일을 포기해 버린다면, 예를 들어, 제가 영원히 영국을 떠나 의도적으로 그 비밀의 또 다른 단서와 접할 수 있는 가능성에서 영원히 떠나버린다면, 그렇게 하고 싶어할 거예요. 기꺼이, 고마워하며 그렇게 하고 싶을 거예요. 그렇지만—전 **그럴 수 없습니다!** 제 자신보다 더 강한 손길이 저를 이끌고 있습니다. 그 누구보다도 어르신을 비열하게 이용하고 싶진 않습니다. 다만, 저는 이 일을 계속해나가야 합니다. 반드시 해나가야만 합니다. 어르신께서 누군가에게 경고하고 싶은 게 있다면, 그렇게 하세요. 하루하루, 매 순간 제가 파헤쳐가는 비밀이 어르신께서 소중하게 생각하는 사람과 연관이 있다면, 제가 최종 결론에 도달하기 전에 그 사람에게 도망가라고 하세요. 이 나라를 떠나라고 하세요. 그의 악덕이 그들의 평화를 위험에 빠뜨렸던 사람들 곁에서 떠나도록 하세요. 그 자가 사라져버린다면 더 이상 뒤좇지는 않을 겁니다. 그러나 만약 그 사람이 어르신의 경고를 무시한다면, 그에게 경고한 어르신의 권위에 반항하여 현재의 위치를 고수하려고 한다면, 저의 맹세를 그에게 알려주세요. 때가 되면 더 이상 그를 용서하지 않을 거라는 제 맹세를."

노인은 처음으로 고개를 들고 낡은 실크 손수건으로 주름진 얼굴을 훔치며 말했다. "난 정말 댁을 이해하지 못하겠군요. 정말 알 수가 없어. 조지 톨보이즈가 죽었다는 말을 믿을 수 없어요."

"제 친구를 살릴 수 있다면 그에게 제 인생의 십 년이라도 줄 수가 있어요. 이런 일이 생겨서 매우 유감입니다." 로버트가 슬픈 듯 대답했다.

"내 사위가 죽었다는 사실을 믿을 수 없어요. 그 가엾은 녀석이 죽었을 리 없어요."

노인은 조지 톨보이즈의 죽음으로 매우 슬프다는 사실을 보여주려는 듯 애쓰며 말했다. 하지만 매우 얄팍한 속임수에 불과했다.

플로슨 부인이 누런 비누로 말끔히 세수를 시킨 덕분에 얼굴에서 광채가 나도록 빛나는 꼬마 조지를 데리고 다시 방으로 들어와서 말했다.

"어머나, 세상에!" 플로슨 부인이 외쳤다. "나이든 가엾은 주인님께 무슨 일이 일어난 건가요? 복도에서 심하게 흐느끼는 소리를 들었어요."

꼬마 조지는 할아버지에게로 슬그머니 다가가 작은 손으로 눈물에 젖은 주름진 얼굴을 닦아주며 말했다.

"울지 마세요, 할아버지. 울지 마세요. 내 시계를 가지고 가셔도 돼요. 친절한 전당포 보석상에게 시계를 맡기고 돈을 빌리면, 세금을 낼 수 있어요. 전 상관 안 해요, 할아버지. 하이 스트리트에 있는 보석상에 우리 가요. 전당포에 지금 가요. 바로 가서 말하기로 해요, 롬바르드에서 왔다는 걸 알리기 위해 금빛 공이 그려진 문이 있는 보석상 가게로 가요, 할아버지."

아이는 보석으로 장식 된 시계를 가슴에서 꺼내 문 쪽으로 향했다. 그는 벌써 여러 번 유용하게 사용된 적이 있는 이 행운의 부적을 갖고 있는 걸 자랑스러워했다.

"사우샘프턴에는 늑대들이 살고 있대요." 아이는 로버트에게 의기양양하게 고개를 끄덕였다. "할아버지가 늑대를 막기 위해서 내 시계를 가져간다고 했어요. 아저씨가 사는 곳에도 늑대들이 있나요?"

젊은 변호사는 아이의 질문에 대답하지 않고 할아버지를 문으로 끌고 가는 조지를 가로막으며 진중히 말했다.

"할아버지는 오늘 시계를 가지지 않아도 된단다."

"그럼 왜 이렇게 속상해 하시는 거예요? 할아버지는 시계를 원할 땐 언제나 속상해 하면서 이렇게 머리를 두드렸어요." 아이는 무언극을 하듯이 작은 손으로 머리를 두드리며 순박하게 말했다. "그리고 그 예쁜 귀부인이 할아버지를 무척 곤란하게 해서 문에서 늑대를 피하기가 쉽지 않다고 했어요. 그러면 내가 '할아버지, 시계를 가지세요.'라고 말하죠. 그러면 할아버지는 나를 안으면서 말해요. '오 나의 사랑스런 천사! 어떻게 내가 사랑스런 천사의 물건을 빼앗겠니?' 그리고 울어요. 오늘같이 울지는 않았는데. 오늘보다는 조용히 울었는데요. 그냥 눈물만 뺨에 흘릴 정도여서 복도에서는 들리지 않았어요."

재잘대는 아이의 말에 로버트는 괴로웠지만, 노인에겐 오히려 안심이 되는 것 같았다. 노인은 소년의 말에 귀 기울이지 않고 방 안을 이리저리 서성이며 흘러내린 머리를 쓸어 넘기고 플로슨 부인이 스카프를 매만져 주도록 내버려두었다. 플로슨 부인은 노인이 흥분해하는 이유를 몹시도 알고 싶어하는 눈치였다.

"가엾은 분, 무슨 일로 저렇게 당혹해 하시는 거죠?" 로버트를 바라보며 플로슨 부인이 물었다.

"사위가 죽었어요." 로버트는 동정의 감정을 드러내는 그녀의 얼굴을 똑바로 바라보며 대답했다. "벤트너 교회 뜰에 묻힌 헬렌 톨보이즈가 죽은 이후로 일년 반도 되지 않아 그 남편도 죽었어요."

그녀의 얼굴 표정이 약간 변하는 것 같았지만, 로버트를 바라보던 시선을 슬쩍 피하더니, 입을 열기 전 하얗게 마른 입술을 적셨다.

"톨보이즈 씨가 죽다니요? 정말로 나쁜 소식이네요."

꼬마 조지는 이 말에 애석한 표정으로 로버트를 올려다 보며 물었다.

"누가 죽었다는 거예요? 조지 톨보이즈는 내 이름인데요. 누가 죽었어요?"

"톨보이즈이란 이름을 가진 다른 사람이 죽었단다."

"불쌍한 사람이네요! 그 사람은 땅 구덩이에 묻힌 건가요?"

아이는 현명한 어른들에게 전해 들은 대로 죽음을 일반적 개념으로 이해하는 듯했다. 죽음이란 구덩이 무덤이라는 것 이상의 세계로 가는 거라는 걸 어린애 마음은 아직 이해할 수 없었던 것이다.

"땅 구덩이에 묻힌 그를 꼭 보러 가고 싶어요." 꼬마 조지는 잠시 후 이렇게 말했다. 조지는 이웃의 아기 장례식에 몇 번 참석한 적이 있었고, 조문객 어린 소년의 참석에 사람들의 관심을 끌어 모았었다. 그래서 조지는 장례식을 케이크와 포도주, 그리고 마차들이 행렬을 짓는 엄숙한 행사로 여기는 듯했다.

"몰던 씨, 제가 조지를 데리고 가도 반대하지 않는 거죠?" 로버트가 물었다.

이제 노인의 흥분은 많이 가라앉은 듯했다. 그는 싸구려 거울 뒤편에서 놓여있던 다른 담뱃대를 찾아내 구겨진 신문 조각으로 담뱃불을 붙이려고 했다.

"반대하지 않는 거지요, 몰던 씨?"

"그럼요. 오들리 씨. 그럼요. 댁은 조지의 후견인이죠. 아이를 원하는 데로 데려갈 권한이 있죠. 내 외로운 노년에 이 애가 매우 크나큰 위안이 이었는데. 하지만 언젠가는 떠날 걸 알고 있었지요. 난—난 그 애를 제대로 돌보지 못할지도 몰라요. 뭐—학교도 보내지 못했고, 장화도—. 그 또래의 아이들이 얼마나 쉽게 장화를 닳아 없애는지를 댁같이 젊은 분은 잘 모를 거예요. 돈이 떨어지면 때로 다 떨어진 장화를 신어야 하기도 했고, 때로는 학교에 보내지도 못했지만, 그 애를 못되게 키운 적은 없었지요. 그럼요. 나중에 이 녀석에게 직접 물어봐도, 할아버지가 심한 말을 한 적이 한 번도 없다는 걸 알게 될 겁니다."

이 말을 들은 조지는 자신을 키워왔던 할아버지의 힘들었던 심정을 알아채고 심하게 울어대면서 절대 떠나지 않겠다고 떼를 썼다.

"몰던 씨." 로버트는 슬프고 동정 어린 말투로 말했다. "어젯밤 제 입장을 따져봤을 땐 애를 데려가는 게 이렇게까지 고통스러운 일이 될 거라고 생각하지 않았어요. 우리에게 하나님의 은총을 내리길 바랄 뿐입니다. 제겐 아이를 데려갈 책임이 있다고 생각해요. 이 집을 나서면 바로 사우샘프턴에서 제일 좋은 학교에 아이를 보낼 겁니다. 제 명예를 걸고, 이 죄 없는 순박한 아이에게서 뭔가 빼내려는 일은 하지 않을 겁니다. 제 말 뜻은—제 뜻은 이 애를 통해 숨은 비밀의 단서를 빼내는 짓을 하지 않겠다는 겁니다. 전—전 탐정이 아닙니다. 아무리 유능한 탐정이라도 어린애로부터 정보를 얻으려는 짓은 하지 않을 거라고 생각합니다."

노인은 대답하지 않고 손으로 얼굴을 감싼 채 앉아 있었다. 불 꺼진 담뱃대가 힘 없이 손에 들려 있었다.

"이 애를 데리고 가서 떠날 채비를 챙겨요, 플로슨 부인. 이 애는 오들리 씨와 떠날 테니." 잠시 침묵 뒤에 노인이 말했다.

"할아버지가 애지중지하는 애를 데려가다니, 그건 신사가 할 일이 아니에요!" 플로슨 부인이 갑자기 화를 내며 단호히 말했다.

"그만둬, 플로슨 부인. 오들리 씨의 판단이 제일 정확해. 난—난—살 날이 얼마 남지 않았어. 더 이상 문제를 일으키고 싶지 않아." 노인이 애처롭게 말했다. 붉게 충혈된 눈을 가리고 있는 더러운 손가락 사이로 눈물이 흘러내렸다.

"내가 댁의 친구를 해치지 않았다는 걸 오직 하나님만이 알 겁니다. 그에게 나쁜 일이 생기길 바란 적도 없었어요. 그는 내게 좋은 사위였어요—아들보다 백배나 좋은 사람이었지. 그를 일부러 해칠 생각은 전혀 해본 적이 없어요. 그의 돈을 좀—조금 쓰긴 했지만. 나도 그걸 미안하게 생각하고 있어요—지금도 그걸 미안하게 생각한다오. 하지만 그가 죽었다는 걸 믿지 않아요—천만에, 천만에. 그럴 리가 없어요!" 노인은 두 눈에서 손을 떼고 새 힘을 돋우며 로버트에게 말했다. "난—난 믿을 수 없어요! 어떻게 그가 죽을 수 있단 말이오?"

로버트는 그의 진지한 물음에 대답하지 않고 슬픔에 잠겨 고개를 저었다. 그리고 작은 창가로 걸어가 아이들이 놀았던 버려진 땅뙈기에서 제멋대로 자란 제라늄을 바라보았다.

플로슨 부인이 외투와 목도리로 꽁꽁 싸맨 꼬마 조지를 데려오자, 로버트는 아이의 손을 잡았다.

"할아버지에게 작별인사를 하렴."

아이는 노인에게 달려가 매달리며 눈물을 흘리는 그의 주름진 볼에 입을 맞췄다.

"내게 미안해 하지 마세요, 할아버지. 열심히 학교에 다녀 똑똑한 어른이 될게요. 그리고 할아버지와 플로슨 아줌마를 보러 다시 올게요. 그렇죠, 아저씨?" 소년은 로버트를 돌아보며 말했다.

"그래, 곧 그렇게 될 거야."

"아이를 어서 데려가요. 데려가요. 마음이 찢어지는군요." 몰던 씨가 울부짖으며 말했다.

아이는 로버트의 곁에서 만족한 듯이 종종걸음으로 걸어나갔다. 학교에 간다는 생각에 매우 기뻐했다. 술에 취해 있는 할아버지와 잘 지내오긴 했지만, 이 늙은 할아버지는 귀여운 이 애에게 언제나 병적일 정도로 사랑을 베풀고 모든 일에서 애가 하고 싶은 대로 제멋대로 내버려둬 버릇을 망치기도 했던 것이다. 이렇게 제멋대로 내버려 둔 결과 어린 조지는 늦은 시간까지 자지 않고 놀았으며, 소화에 좋지 않을 뜨거운 음식을 즐겼으며, 할아버지 유리잔의 럼주까지 홀짝였었다.

아이는 로버트와 함께 돌핀 여관으로 걸어가는 도중에 여러 가지들에 대해 자신의 의견을 떠들어대었지만, 로버트는 그럴 기분이 아니었다.

사우샘프턴에서 좋은 학교를 찾는 건 그리 어려운 일이 아니었다. 로버트는 안내 받은 대로 술집과 작은 길 사이의 예쁘장한 호텔을 찾아가 조지를 착해 보이는 종업원에게 잠시 맡겼다. 그 종업원은 창문 밖을 내다보거나 번쩍거리는 탁자의 보이지도 않는 먼지를 털며 일과를 보내고 있었다. 로버트는 조지를 맡기고 마치몬트 씨의 사립학교를 향해 걸어갔다.

마치몬트 교장은 매우 분별 있는 사람이었다. 로버트가 교정에 들어섰을 때, 어린 신사처럼 보이는 깔끔한 학생들 한 떼가 수위 두 명의 보호를 받으며 시내를 향해 걸어가는 광경을 보았다.

로버트는 교장에게 몇 달 전에 자신의 친한 친구가 아들을 자신에게 맡겨놓고 호주로 떠났는데, 그만 그 친구가 죽은 것 같다고 상황을 털어놨다. 아이를 특별히 잘 돌봐달라고 당부하면서, 자신의 허가 편지가 없는 이상은 어떤 방문객도 이 애를 만나지 못하게 해달라고 요청했다. 이 일은 사업처럼 공식적인 글로 정리해서 남긴 후 로버트는 조지를 데리러 호텔로 돌아왔다.

그는 꼬마 조지가 한가한 종업원과 하이 스트리트의 여러 가지 관심거리에 조지의 흥미를 끌어가며 서로 친근하게 이야기를 나누고 있는 것을 발견했다.

흰 코끼리가 필요로 하는 게 뭔가 하는 것처럼 어린아이가 뭘 필요로 하는지 로버트는 잘 알고 있었다. 어렸을 적 그는 누에고치, 기니피그, 돔마우스, 카나리아 새, 그리고 개들을 숫자 개념 없이 그냥 키우고 싶어했지만, 5살 소년에게 뭘 제공해줘야 하는지 알 수가 없었다.

그는 25년 전을 되새기며 5살 때 뭘 먹었는지를 생각해봤다.

'그땐 빵과 우유, 그리고 찐 양고기만 엄청나게 먹었던 기억만 어렴풋이 날 뿐인데. 그리고 그런 걸 좋아하진 않았던 기억도 나는군. 이런 음식을 조지는 좋아할지 모르겠군.'

그는 짙은 콧수염을 쓰다듬으며 생각에 잠긴 채 잠시 아이를 바라보다가 결심한 듯 말했다.

"조지, 배가 고플 것 같구나."

아이는 고개를 끄덕였고 종업원은 탁자 위의 보이지 않는 먼지를 털어내며 테이블보를 덮을 준비를 하였다.

"점심에 어떤 걸 먹으면 좋을까?" 로버트는 여전히 수염을 만지며 슬쩍 물었다.

아이가 갑자기 웃음을 터뜨리며 말했다.

"점심이요? 지금 오후예요. 이 시간이면 난 식사를 다 마쳤는 걸요."

로버트는 아무 말도 할 수 없었다. 오후 세시에 식사를 다 마친 시간이라고 말하는 애에게 어떤 간식을 줘야 하지?

"빵과 우유를 먹는 게 좋겠구나, 조지. 종업원, 여기 빵과 우유, 그리고 맥주 한 잔을 가져다 주세요."

조지는 실망스러운 표정을 지으며 말했다.

"난 빵과 우유를 먹은 적이 없어요. 별로 좋아하지도 않고요.

할아버지가 먹던 짭짤한 음식이 좋아요. 송아지고기 커틀릿을 먹고 싶어요. 할아버지는 여기서 식사를 한 적이 있다고 했는데, 그 음식이 아주 맛있다고 했어요. 달걀과 빵 가루를 씌운 커틀릿, 그리고 레몬주스를 주세요." 그가 종업원에게 주문했다. "할아버지가 여기 요리사를 알아요. 매우 훌륭한 요리사인데, 할아버지가 나를 여기 데려왔을 때 내게 일 실링을 준 적이 있어요. 그 요리사는 할아버지보다 더 멋진 옷차림이었어요. 아마 아저씨보다도 더 멋진 차림이었어요." 꼬마 조지는 로버트의 거친 외투를 평가절하 하듯이 고개를 저으며 손가락으로 가리켰다.

로버트는 아연실색했다. 빵과 우유를 마다하고 송아지고기 커틀릿을 원하는 이 아이를 어떻게 대한단 말인가?

"조지, 앞으로 내가 무엇을 할지 말해줄게. 나는 너에게 저녁 식사를 사줄 거란다." 로버트가 말했다.

종업원도 옆에서 고개를 끄덕이며 말했다. "이 꼬마신사에게 저녁 식사를 하는 법을 알려줘야겠어요."

"저녁 식사를 할 거란다 조지, 쥴리엔느와 장어 요리, 커틀릿, 그리고 푸딩을 곁들인 식사란다." 로버트가 말했다.

"아마 음식이 나오면 좋아할 거예요. 요리사에게 주문을 하겠습니다. 몇 시에 준비하면 될까요?" 종업원이 말했다.

"6시까지 부탁해요, 조지는 새로운 학교에 가려면 일찍 자야 해요. 그동안 아이를 잘 보살펴 주세요. 나는 볼일을 보러 가야 해요. 오늘 밤 여기에서 머무를 생각입니다. 조지, 저녁을 먹고 쉬고 있거라."

로버트는 한가한 종업원에게 아이를 맡겨두고 밖을 나와 강가를 향해 천천히 걷다가, 붕괴되고 있는 마을 벽 아래를 지나 좁아지는 강 곁의 작은 마을 쪽으로 이어지는 쓸쓸한 둑을 선택했다.

그는 아이들의 무리를 피해 날이 어두워질 때까지 눈이 내리는 길을 걸어갔다.

그리고 다시 마을로 돌아와 기차역으로 가서 도싯셔로 향하는 기차가 있는지 확인했다.

'내일 아침 일찍 출발해야겠어. 해가 지기 전에 조지의 아버지 하코트 씨를 만나봐야겠어. 그리고 그에게 모든 상황을 이야기해야지. 그가 무슨 일을 할 수 있는지 지켜봐야 해.' 로버트는 생각했다.

꼬마 조지는 로버트가 주문한 저녁 식사를 매우 만족스럽게 먹었다. 농어요리 국물을 싹 비우고, 꿩고기 요리를 보며 감탄했다. 저녁 8시가 되어서 잠자리가 마련되었고, 로버트는 매우 좋은 기분으로 주머니에 1파운드짜리 금화와 마치몬트에게 보내는 조지의 교복 맞춤을 위한 수표가 동봉된 편지를 넣고 숙소로 돌아왔다.

"새 옷을 입게 된다니 너무 기뻐요. 왜냐면 플로슨 아줌마는 항상 낡은 옷을 고쳐주었거든요. 지금은 빌리에게 줬어요." 조지가 로버트에게 안녕히 주무시라는 인사를 하며 말했다.

"빌리가 누구니?" 로버트가 웃으며 말했다.

"빌리는 가엾은 마틸다의 남동생이에요. 마틸다는—"

하지만 피곤한 조지는 깊은 잠에 빠져버려 로버트는 그 뒷말을 들을 수가 없었다.

4. 제자리 걸음을 하다

하코트 톨보이즈는 도싯셔의 그레인지 히스라고 불리는 작은 마을에서 1마일 정도 떨어진 곳에 정사각형 모양의 단정한 붉은 벽돌 대저택에 살고 있었다. 그 저택은 공원이라고까지 부를 정도는 아니어도 그래도 널찍한 정사각형의 아담한 대지 중앙에 자리잡고 있었다. 저택의 이름은 특별히 붙여져 있지는 않았지만 그 사유지는 그저 톨보이즈 가(家)로 불려왔다.

아마도 하코트 톨보이즈 씨는 이 아늑하고 평온하며 목가적인 대지주라는 영국의 전통적인 명칭에 적합한 이 세상의 마지막 인물일 것이다. 그는 사냥도 하지 않고 농사도 짓지 않았다. 진홍색 옷이나 승마화를 신어 본 적도 없었다. 편남풍과 구름 낀 하늘이 그의 주거지의 안락함을 가끔씩 방해하는 유일한 요소들이었다. 토지를 빌려준 농부들에게서 걷는 소작료에 위기가 생기지 않는 한 농작물의 상태에도 신경 하나 쓰지 않았다. 그는 대략 50대 나이의 큰 키에 곧고 앙상할 정도로 말랐으며 각지고 창백한 얼굴과 옅은 회색 눈동자 그리고 숱 없는 검은 머리칼을 정수리에서부터 양쪽 귀로 빗어 넘긴 탓에, 아주 능숙한 개 도둑조차 속이기 어려울 것 같은 날카롭고 고집 센 테리어 개와 생김새가 비슷했다.

그의 약점이나 단점이라고 할 사항에 대한 소문을 들어본 사람은 아무도 없었다. 그는 자신이 살고 있는 대저택과 같이 반듯하고 냉정하며 빈틈없는 성격이었다. 그의 강렬한 햇살 같은 성격에서 그늘 쉼터를 찾아 들어갈 수 있는 구석을 찾는 일은 불가능했다. 그의 성품은 온통 햇살뿐이었다. 모든 것을 지적 햇살의 넓고 환한 빛 속에 놓고 보며, 잔혹한 진실의 날카로운 윤곽을 미화시켜주는 부드러운 그림자는 보려 하지 않았다. 정확하게 설명할 수 있을지는 모르겠지만, 그는 매우 고지식하고 융통성이 없어서 곧장 직선으로만 내달릴 뿐 옆으로 벗어나거나 우회하는 일이 결코 없었다. 그에겐 옳고 그름이 명백하였다. 양심에 치중한 자비심이 없는 그의 삶은 상황에 따라 악의 어두움을 받아들여야 하고 정의의 힘이 약해질 수도 있다는 사실을 결코 받아들이지 않았다. 자신에게 복종하지 않았다는 이유만으로 자신의 아들을 내쳐버렸고, 마찬가지 이유로 자신의 하나밖에 없는 딸을 즉석에서 좇아내 버렸다.

단단한 체구를 지닌 이 빈틈 없는 남자의 과도한 자만심을 약점으로 지적할 수 있다면, 그는 오히려 자신의 고집을 자랑스러워했다. 다른 사람들과 충돌을 일으키게 만드는 유연성 없는 강퍅한 지성을 그는 뽐냈다. 사랑 혹은 연민의 영향이 가차 없는 목적에서 결코 이탈하는 법 없이 동요하지 않는 자신의 완고함을 그는 뿌듯하게 생각했다. 애정의 유연함을 전혀 모르고 또한 오히려 그 연약함의 강점을 전혀 모르는 본성의 부정적 면을 그는 오히려 첫 손가락으로 뽑았던 거였다.

그가 아들의 결혼과 그로 인해 그 스스로 만든 조지와의 불화를 유감으로 생각하였다면, 그 유감보다 더 강력한 힘을 발휘한 것은 자신의 허영심이었으며, 그 허영심으로 그 유감을 충분히 감출 수 있었다. 정말로, 그 자만심이란 하코트 톨보이즈 씨의 첫인상과는 다르게 성격의 모든 혐오스런 면을 드러내는 핵심 요소였다. 카이사르 암살의 주모자인 유니우스 브루투스는 허영심에 가득 찬 사람이어서 자신의 아들을 처형하도록 명령하였을 때 끔찍한 놀라움에 사로잡힌 로마 시민의 인정을 즐겼던 인물이었다고 한다면, 하코트 톨보이즈 씨도 기꺼이 자신의 자식을 집정관의 칼날 아래로 보내고서 자신의 고통을 잔인하게 맛봤을 거였다. 그가 아들과 인연을 끊고 얼마나 고통스러워 할지는 모르지만, 그보다 더 그 고통을 숨기는 그의 굽히지 않는 자존심이 얼마나 그를 끔찍하게 괴롭히고 있는지는 알 길이 없었다.

"내 아들은 술에 찌든 가난뱅이의 딸과 결혼해 내게 용서받지 못할 일을 저질렀다네. 그 순간 이후로 내겐 아들은 없어. 아들에게 나쁜 일이 벌어지기를 기원하는 게 아냐. 그저 그가 죽었다고 여기고 산다네. 19년 전 죽은 아내 일이 유감이듯이, 아들 일에 대해서도 마찬가지로 유감이야. 죽은 사람에 대해 말하는 것처럼 그에 대해 내게 말한다면, 자네 말을 듣겠네. 그렇지만 살아있는 사람인양 그에 대해 얘기하겠다면, 난 듣기를 거절하겠네." 톨보이즈 씨는 그의 아들 소식을 묻는 대담한 사람들에게 이렇게 대답해 주곤 하였다.

하코트 톨보이즈 씨는 자신이 마치 엄숙하게 토가를 걸친 로마의 군주라도 된 양 조지의 중재자에게서 등을 돌리며 우울한 격조를 띤 로마인의 장엄한 말투로 말하곤 했다. 조지는 이러한 아버지의 태도를 누그러뜨릴 어떠한 노력도 하지 않았다. 아무 소용이 없다는 사실을 잘 알고 있었기 때문이었다.

"제가 만약 아버지에게 편지를 보낸다면, 그분은 제 편지를 봉투째 접어 편지가 도착한 날짜와 제 이름을 적어 반송하실 거예요. 그리고 주변 사람들을 집으로 불러 그 편지가 자신의 마음을 누그러뜨리는 과거 회상이나 연민의 감정을 일으키지 않았음을 알리게 할 거예요. 아마 돌아가실 때까지 그렇게 하실 분이에요. 진실을 말하자면, 그가 품어왔던 고대 로마인의 미덕을 공개적으로 보여줄 기회를 제공해준 아들의 도전을 기뻐하실 수도 있어요." 조지는 이렇게 말하곤 했다.

조지는 그의 아내와 장인어른이 하코트 톨보이즈 씨에게 재정지원을 요청하도록 권유할 때마다 다음처럼 대답을 해왔다.

"그건 안 돼요 여보." 그가 단호하게 말하곤 했다. "가난을 참고 사는 건 매우 힘들지만 우리는 그걸 견딜 수밖에 없어요. 불쌍한 표정을 지으며 고지식한 나의 아버지에게 도움을 요청한다면 그분은 존슨[4]식의 긴 문체로 단호히 거절하며 이웃에게 보란 듯이 고전적 본보기로 삼을 거예요. 그분에게 가서 구걸하느니 차라리 굶어 죽는 게 나아요."

아마 조지의 아내는 이 두 제안 중 첫 번째에 마음 깊이 동의하지 않았을 거다. 그녀는 굶주림이 너무나 싫었고, 근처 맥주 가게에서 클리코와 모엣 등 값비싼 샴페인을 주고 싸구려 맥주와 맞바꿀 때마다 속상한 마음에 눈물을 흘렸다. 조지는 후회와 실망감을 숨기지 않고 그대로 드러내는 아내에 대해 큰 짐을 진 것처럼 미안해 하고 아내를 도와주려고 노력했다.

"기마병은 언제나 부자인 줄만 알았는데. 처녀들은 언제나 기

---

4 새뮤얼 존슨(1709-84): 영국의 소설가, 수필가, 사전 편집자. 로마 문장 식의 길고 복잡한 문체로 유명함.

마병과 결혼하고 싶어하고 상인들도 기마병들을 대접하고 싶어하죠. 호텔 지배인이나 극장 주인도 그렇고요. 세상에 어느 누가 이 용맹한 기마병이 값싼 맥주를 마시고 싸구려 담배를 피우며 아내가 초라한 모자를 쓰도록 놔둘지 알았겠어요?" 조지의 아내는 울먹거리며 종종 투덜대곤 했다.

이기적인 마음이 이러한 말에 스며들어 있었을지라도, 조지 톨보이즈는 전혀 느끼지 못했다. 그는 짧은 결혼 생활의 처음부터 끝까지 아내를 믿고 사랑했다. 아마 맹목적이지 않은 사랑은 결국에는 거짓된 신성일 뿐일 것이다. 왜냐하면 큐피드가 그의 눈에 덮인 베일을 벗겨냈을 땐 멀리 날아가기 위해 날개를 펼치겠다는 치명적인 조짐과 같았다. 조지가 늙은 중위의 아름다운 딸을 처음 본 순간 넋이 나갈 만큼 사랑에 빠졌던 순간을 결코 잊지 못했다. 비록 그녀는 점점 변해갔지만 그의 마음을 사로잡았던 그녀의 모습은 조금도 변하지 않고 그의 가슴속에 그대로 남아있었다.

로버트 오들리는 새벽 기차를 타고 사우샘프턴을 떠나 도싯의 웨어럼 역에 일찍이 도착했다. 그리고 그레인지 히드로 그를 데려다 줄 마차에 올라탔다.

땅 위에 눈이 쌓여 딱딱하게 굳어 있었고 날씨는 맑고 추웠다. 차가운 푸른 하늘을 배경으로 모든 풍경들이 선명한 선을 그리며 서 있었다. 얼음 길을 달가닥거리며 달리는 말발굽의 징소리가 쨍쨍거렸다. 겨울날의 매서움은 로버트가 찾아가고 있는 남자의 성품과도 닮은 꼴이었다. 날카롭고, 냉정하고, 타협을 몰랐으며, 고통에 무자비하고, 햇살의 부드러운 힘이 파고들어가지 못하는 철옹성이었다. 따사로운 햇살이 아니라 암울하고 벌거벗은 대지를 온기 없이 비추는 1월의 광채였다. 하코트 톨보이즈 씨도 마찬가지여서, 모든 진실의 엄격한 면만을 받아들이고, 결코 그 외의 다른 면을 수용해본 적도 없었고 또한 앞으로도 결코 수용할 수 없다고 신념이 없는 바깥 세계에 대해 선언하는 거였다.

마침내 허름한 마차가 견고하게 세워진 울타리 앞에 멈춰 서고 마부가 큼직한 철문을 열기 위해 내리는 모습을 보는 순간 로버트 오들리의 가슴은 쿵 하고 가라앉았다. 철문은 덜커덩거리며 뒤로 열리다가 철문의 제일 아래 가로막이 땅에 박힌 커다란 쇠 이빨에 덜커덕 소리를 내며 걸렸다.

철문이 열리자 겨울 찬바람의 이빨에도 강인하게 버티는 곧은 전나무가 잎사귀를 흔들며 줄지어 늘어선 작은 숲이 나타났다. 줄지은 전나무 사이로 곧게 뻗은 마차 자갈길은 부드러운 잔디밭으로 이어지고 그 뒤편에 붉은 벽돌의 정사각형 대저택이 서 있었다. 창문들마다 광을 내며 닦아놓은 듯 1월의 햇빛에 반짝이며 빛났다.

톨보이즈 씨는 로마인 브루투스의 여러 미덕 중에서 무질서를 극도로 싫어하였고, 유니우스 브루투스가 그 자신의 집에서 골칫거리였는지를 모르겠지만, 톨보이즈 씨는 집안에서 공포의 대상이었다.

창문만이 아니라 돌계단도 햇빛에 반짝거렸다, 그리고 깔끔한 정원 자갈길들은 어찌나 새롭게 다듬어져 있는지 자갈길들 위에 있는 모래빛, 적갈색 식물들은 마치 붉은 머리카락이 기분 나쁘게 펼쳐진 듯하였다. 잔디밭은 장례식장 모습처럼 침침한 겨울 관목으로 우중충하게 꾸며져 있었고, 그곳의 화단은 대수학에서의 난제처럼 보였다. 돌계단은 추위에 강한 상록수가 심겨진 질은 녹색 나무통으로 장식되었고, 현관의 정사각형 유리문으로 이어졌다.

'조지의 아버지가 이 집과 같은 모습이라면, 가엾은 조지가 아버지와 헤어진 게 이해가 되는군.' 로버트는 생각했다.

작은 길의 끝에서 마차가 급커브를 하여 대저택의 낮은 창문 앞에 멈춰 섰다. 마부가 마차에서 내려와 층계를 올라가 황동 벨을 울렸고, 하찮은 인간의 손에 닿은 것이 불쾌한 듯이 벨은 맹렬히 금속성 소리를 울리다가 제자리에 멈추었다.

새로 세탁한 것임에 틀림없는 말끔한 검은 바지와 줄무늬 재킷을 걸친 남자가 나와 문을 열어주며 말했다. "주인님께서는 지금 댁에 계십니다. 명함을 전해드릴까요?"

로버트는 명함을 건넨 뒤 홀에서 기다렸다. 홀은 널찍하고 천장이 높았으며 바닥엔 돌이 깔려 있었다. 떡갈나무의 징두리 벽판은 이 붉은 벽돌 저택 내외의 모든 부분과 마찬가지로 번쩍번쩍 빛났다.

일반 사람들은 그림이나 조각상을 보고 감명을 받게 마련이지만, 하코트 톨보이즈 씨는 그런 어리석은 환상 따위에는 관심이 없는 매우 실용적인 사람이었다. 온도계와 우산대만이 입구 홀의 유일한 장식품이었다.

로버트는 자신의 명함이 조지의 아버지에게 전달되는 동안 이 물건들을 바라보고 있었다.

줄무늬 재킷의 하인이 바로 돌아왔다. 40대의 이 하인은 창백한 얼굴에 몸이 여위었으며, 인간의 모든 감정을 초탈한 모습이었다.

"이리로 오시면 아직 아침을 드시고 계시는 주인님을 만나실 수 있습니다. 도싯셔에 있는 사람들은 자신의 아침 식사 시간을 잘 알고 찾아온다는 말씀을 전하라고 하셨습니다."

그건 로버트 오들리를 근엄하게 책망하는 말이었다. 하지만 젊은 변호사에게 그 말은 별로 신경 쓸만하지 않았다. 그는 자신과 모든 사람들을 온건히 책망한다는 표시로 눈썹만 치켜세웠다.

"저는 도싯셔 주민이 아닙니다. 톨보이즈 씨께서 미뤄 짐작을 하셨으면 잘 아셨을 텐데요. 자, 안내를 해주세요."

감정이 없는 하인이 억제할 수 없는 공포심이 담긴 공허한 눈으로 로버트를 바라보며 육중한 떡갈나무문을 열어 아주 간소하게 꾸며진 큰 응접실로 가는 길로 그를 안내했다. 그 응접실은 식당으로 사용되는 방으로, 18명 정도의 인원을 수용할만한 거대한 식탁 상단에 하코트 톨보이즈 씨가 앉아 있었다.

톨보이즈 씨는 허리띠로 허리를 묶은 회색의 실내복을 입고 있었다. 그 복장은 매우 근엄해 보이는 탓에 오늘날 토가와 가장 유사해 보이는 옷을 구한 것 같았다. 그는 소가죽 조끼, 빳빳하게 풀을 먹인 얇은 면 스카프, 흠 하나 없는 셔츠를 입고 있었는데, 실내복의 차가운 회색은 그의 잿빛 눈 색깔과 같았고 파리한 가죽 조끼의 색은 그의 얼굴 색과도 같았다.

로버트 오들리는 하코트 톨보이즈 씨가 조지와 성격이나 태도에서 서로 비슷할 거라고 예상하지 않았지만 부자지간에 어느 정도 혈연 간의 유사성이 조금이라도 있으리라 생각했다. 하지만 그건 오산이었다. 그분은 조지와는 영 딴판인 사람이었다. 로버트는 톨보이즈 씨로부터 받았던 잔인한 편지와 그의 실제 모습을 보고나니 놀랍지가 않았다. 그런 사람이니 달리 편지를 쓸 수는 없었을 거였다.

로버트가 하코트 톨보이즈 씨에게 인사를 하고 둘러보니 큰 방 안에 또 한 사람이 앉아 있었는데, 그는 어떻게 인사를 해야 할지 몰랐다. 그 사람은 4개 창문의 맨 끝 쪽 창가에 앉아 면직물이 가득 담긴 바구니를 옆에 놓고 그냥 평범해 보이는 뜨개질을 하고 있는 귀부인이었다.

로버트와 그 귀부인 사이가 긴 방 안에서 꽤 멀리 떨어져 있었지만, 그 여인이 꽤 젊고 조지 톨보이즈와 닮았다는 것을 알아챌 수 있었다.

'조지의 여동생이구나!' 이 집의 주인에게서 눈을 돌려 창문 곁의 그 여성을 바라보는 그 짧은 순간 로버트는 파악했다. '분명히 그의 여동생이 확실해. 조지는 여동생을 매우 아꼈었지. 틀림없이 이 여자는 조지의 운명에 전적으로 무관심 하지 않을 거야.'

숙녀는 하던 일을 중단하고 의자에서 반쯤 일어나는 바람에 실타래가 그녀의 무릎 위에서 떨어져 터키산 양탄자 밖의 떡갈나무 마룻바닥 위로 굴러갔다.

"클라라, 자리에 앉거라." 하코트 씨가 근엄하게 말했다.

하코트 씨는 일어서는 딸에게 말을 거는 것도 아니었고 딸을 쳐다보지도 않았다. 마치 머리 뒤에 눈이 달려 하인의 잘못된 행동을 보지 않고도 알아채듯이, 특이하게도 그는 어떤 사회적 자력(磁力)으로 그것을 아는 것처럼 보였다.

"클라라, 그냥 자리에 앉아 바느질 하던 네 일이나 계속 하거라."

숙녀는 꾸지람을 듣자 얼굴을 붉힌 채 허리를 굽혀 실타래를 찾았다. 이 엄한 주인장을 대면하면서도 움츠러들지 않은 로버트는 양탄자 위에 무릎을 꿇고 실타래를 찾아 여인에게 건네 주었고, 하코트 씨는 이 광경을 극히 놀란 눈으로 지켜보았다.

"자, 로버트 오들리 씨!" 그는 엄지와 검지 사이에 집어 든 명함을 들여다보며 물었다. "실타래 찾기도 끝난 것 같으니, 일부러 방문해주신 목적을 말해주겠소?"

그는 당당한 켐블[5]처럼 멋진 손짓을 했고, 하인은 묵직한 빨간 모로코 의자를 가져오라는 그 손짓의 뜻을 즉시 파악하였다.

이 과정이 매우 느리고 엄숙하여 로버트는 무슨 기이한 행동이 벌어지려는 건가 하고 의아했지만, 이내 상황을 알아채고 그 묵직한 의자에 주저앉았다.

"윌슨, 여기서 기다리게. 오들리 씨가 커피를 원할 수도 있으니." 하인이 물러가려고 하자 하코트 씨가 말했다. 로버트는 아침 식사를 하지 않았지만, 흉해 보이는 거창한 식탁보, 은제 차세트와 커피세트, 딱딱해 보이는 장식품들을 흘끔 쳐다보고선 별로 실질적으로 흥미를 끌만한 건 보이지 않자, 그의 제안을 거절했다.

"오들리 씨는 커피를 마시지 않겠다고 하니, 이만 물러가도 좋다." 이 집의 주인이 말했다.

---

5 존 켐블(1757~1853): 18세기 당대 영국에서 최고의 인기를 모았던 무대 배우.

하인은 인사를 하고 물러났다. 마침내 자유를 얻은 듯이, 아니면 독일의 어떤 이야기에 나오는 귀신처럼 떡갈나무문으로 곧장 사라지기를 명령하는 주인의 말씀에 순종하듯이 문을 조심스레 열고 닫았다.

하코트 톨보이즈 씨는 붉은 모로코 의자 팔걸이에 팔을 얹고 양손을 깍지 낀 채 방문객을 근엄한 표정으로 쳐다보았다. 그의 아들의 재판에 앉아 있는 브루투스와 같은 모습이었다. 로버트가 쉽게 당황해질 정도로 하코트 톨보이즈 씨는 평온한 모습으로 시가에 불을 붙였다. 이 방문에 조금도 마음이 흐트러져 보이지 않았다. 그의 아들이 사라진 이유를 생각해봤을 때 그 아버지의 위엄은 그다지 중요한 게 아니었다.

"제가 조지의 아버님께 몇 번 편지를 보냈었습니다, 톨보이즈 씨." 그의 말을 기다리고 있는 모습을 보고 로버트는 조심스럽게 입을 열었다.

하코트 씨는 고개를 끄덕였다. 로버트가 자신의 사라진 아들에 대해 이야기를 하러 왔다는 것을 그는 알고 있었다. 사실상 이 어른의 얼음 같은 극기는 로버트가 생각하듯이 철저한 이기심의 표현이 아니라 자만심에 가득한 남자의 쥐꼬리만한 허장성세였다. 그는 깍지 낀 손 너머로 고개를 끄덕였다. 재판은 시작되었고 브루투스는 이를 홀로 즐기는 듯 입을 열었다.

"그래요, 당신의 편지를 받았소, 오들리 씨. 다른 업무 편지들 사이에 끼여 있었고, 매번 적절한 절차에 따라 답장을 해주었소."

"제 편지는 아버님의 아들에 관한 거였습니다."

로버트의 이 말에 창가에 앉아 있는 여인에게서 바스락거리는 소리가 났다. 로버트는 순간 그 여인을 쳐다보았지만, 그녀는 꼼짝도 하지 않은 것처럼 보였다. 바느질을 하지는 않고 그저 돌부처 모양 조용히 앉아 있었다.

'그녀 역시 그 아버지처럼 무정한 사람인가 본데. 조지를 닮긴 했지만 말이야.' 로버트는 생각했다.

"당신의 편지는 한때 내 아들이었던 사람에 관련된 것이더군요. 이제는 내게 더 이상 아들이 없다는 걸 유념하기 바랍니다." 하코트 씨가 말했다.

"그 말은 하실 필요가 없습니다, 톨보이즈 씨." 로버트가 진지하게 대답했다. "너무나 잘 기억하고 있으니까요. 아버님께 더 이상 아들이 있지 않다고 생각할만한 중대한 이유가 제게 있습니다. 아버님의 아들이 죽었다고 생각할 가슴 아픈 이유가 제게 있으니까요."

로버트의 말을 들은 톨보이즈 씨의 얼굴에 어두운 그늘이 드리워지는 것 같았지만, 그의 잿빛 눈이 번뜩이었을 뿐 그는 점잖게 고개를 저으며 말했다.

"아니, 그럴 리가 없소. 죽지 않은 걸 난 확신하오."

"전 조지 톨보이즈가 지난 9월에 죽었다고 생각합니다."

이름이 클라라라고 불렸던 여인이 무릎 위에 바느질 감과 깍지 낀 양 손을 무릎 위에 얌전히 올려놓고 앉아 로버트가 친구의 죽음을 알리는 말에 전혀 미동도 하지 않았다. 로버트는 멀리 떨어져 있는 탓에다 그녀가 창문을 등지고 있어 그녀의 얼굴을 자세히 볼 수는 없었다.

"아니, 절대 그럴 리가 없어요. 당신은 뭔가 큰 착각을 하고 있는 모양이군요." 톨보이즈 씨가 반복해 말했다.

"아드님이 죽었다는 제 생각이 착각이라는 말인가요?" 로버트가 물었다.

"분명히 그렇소." 톨보이즈 씨가 평온한 지혜를 드러내는 미소를 지으며 말했다. "분명히 그렇소. 사라진 건 매우 영리한 속임수에 불과하오. 하지만 나를 속이는 건 어림도 없지요. 난 당신보다 이 일을 더 잘 이해하고 있소. 당신에게 확실한 사실 세 가지를 말해 주겠소. 첫째로, 당신 친구는 죽지 않았소. 둘째로, 그는 나를 놀라게 만들려는 목적으로 사라진 것뿐이오. 한때 그의 아버지였던 나의 감정을 흔들어 마침내 용서를 받으려는 짓이지요. 셋째로, 그가 아무리 오래 나타나지 않는다 해도 내 용서는 얻지 못할 것이오. 그러니 시간 낭비 말고 어서 제 집과 일자리로 돌아가는 게 현명한 일일 거요."

"그렇다면 아버님께서는 조지가 의도적으로 모든 사람으로부터 자신을 숨긴 거라고 생각하시나요? 무슨 목적으로—?"

"내 마음에 영향을 주려는 거지요!" 자만심에 똘똘 뭉쳐 인생의 모든 일을 다른 관점에서 보려고 하지 않고 한 길만 좇는 톨보이즈 씨가 외쳤다. "내게 타격을 주려는 거예요. 그 녀석은 내 완강한 성격을 잘 알고 있소. 내 고집을 꺾거나 내 인생의 확고한 목적에서 벗어나게 하려면 일상적인 시도로는 안 된다는 걸 알고 있는 거지. 그래서 극단적인 방법을 택한 것이오. 나를 놀라게 만들려고 그런 짓을 하는 것이오. 하지만 때가 되면 그런 짓을 해봐야 소용 없다는 걸 알게 되어 제 원래 자리로 다시 돌아오겠지. 그렇게 제자리로 돌아오기만 한다면 내가 그를 용서해주리라. 그래, 그를 용서해줄 거요. 그 녀석에게 이렇게 말해주려고 하오. '넌 쭉 나를 속이려고 해왔지. 그렇지만 내가 속을 사람이 아니란 걸 충분히 알았을 거야. 넌 나를 겁먹게 하려고 애썼지만, 내 마음은 미동도 하지 않았다는 걸 네게 보여줬어. 넌 나의 관대함을 믿지 않았지만, 내가 얼마나 관대한지를 이제 보여주지.'" 톨보이즈 씨가 환희에 차 일어서며 말했다.

하코트 톨보이즈 씨가 세심한 태도로 이렇게 장황하게 말하는 것을 보니, 이미 오래전부터 이 말을 마음에 하나하나 짜왔던 것임을 알 수 있었다. 로버트는 그의 말에 한숨을 쉬었다.

"아들에게 그 말을 할 기회가 있기를 진정으로 바랍니다. 아버님께서 아들을 용서할 마음이 있다니 정말 기쁩니다. 하지만 이제 아들을 영영 보실 수 없을까 봐 두렵습니다. 톨보이즈 씨, 이 문제에 대해—이 슬픈 사실에 대해 상세히 말씀드리고 싶습니다. 하지만 아버님께만 따로 말씀드리고 싶습니다." 로버트는 창문 곁의 여인을 바라보며 말했다.

"내 딸도 이 문제에 관해서 내 생각을 잘 알고 있소, 오들리 씨. 이 애가 당신의 이야기를 듣지 말아야 할 이유는 없소. 클라라 톨보이즈, 여기 로버트 오들리 씨에게 인사해라." 톨보이즈 씨가 근엄하게 손짓을 하며 말했다.

그 젊은 여인은 로버트의 인사에 머리를 숙였다.

'그녀도 이 이야기를 듣는 편이 낫겠어. 이 문제에 관해서 그녀조차 아무런 감정의 반응을 보이지 않으면, 내 입으로 전해야 할 최악의 상황까지 다 털어놔야지.'

이렇게 생각한 로버트가 주머니에서 서류를 꺼내는 동안 몇 분간 정적이 흘렀다. 그 서류는 조지가 사라진 뒤 바로 그가 작성한 글이 적혀있었다.

"이 서류를 주의 깊게 보셨으면 합니다, 톨보이즈 씨. 왜냐하면 제가 밝혀내야 할 사항은 매우 고통스러운 내용이기 때문입니다. 아버님의 아들은 저의 가장 소중한 친구였습니다. 여러 가지 이유로 소중한 친구였죠. 무엇보다, 아마도, 그가 힘든 일을 겪었을 때에 그와 항상 함께했었기 때문이죠. 바로 그 힘든 때는 상대적으로 그 홀로 세상에 서 있었을 때로, 최고의 친구로 그의 곁을 지켰어야 할 아버지로부터 버림을 받고 사랑하던 유일한 아내마저 죽어버렸을 때이죠."

"그 술주정뱅이 거지의 딸을 말하는 거군요." 톨보이즈 씨가 끼어들어 말했다.

"조지가 마음이 무너져 침대에서 죽은 거라면—그가 그럴 수 있을 거라고 저는 가끔씩 생각하기도 했습니다만—정말 찢어지는 가슴으로 그를 애도하겠습니다. 제 손으로 그의 눈을 직접 감겨주고 조용한 장소에 그를 묻겠습니다. 제게 너무나 귀중했던 옛 학교 친구의 죽음을 애도하겠습니다. 하지만 제 친구가 살해당했다고 너무나 확실히 믿고 있는 지금 제가 느끼는 황량한 심정은 단순한 애도의 감정과는 비교할 수 없을 정도로 쓰라립니다."

"살해당했다고!"

아버지와 딸은 동시에 그 끔찍한 말을 외쳤다. 아버지의 얼굴은 귀신같이 창백하게 질렸고, 딸은 꽉 모아 쥔 두 손 위로 고개를 떨군 채 좀처럼 들지 못하였다.

"오들리 씨, 제정신이요! 그렇지 않고서야 날 이렇게 놀리라고 당신 친구한테서 의뢰 받은 거요? 이런 음모에 넘어갈 내가 아니오. 한때 내 아들이라고 했던 녀석을 용서하겠다는 말도 없었던 것으로 합시다." 하코트 톨보이즈 씨가 소리쳤다.

이렇게 말하면서 다시 정신을 차린 모습이었다. 매우 충격적인 말을 들은 것은 사실이지만, 그 충격은 일시적이었다.

"아버님을 불필요하게 놀라게 하려는 생각은 전혀 없습니다. 아버님의 말씀이 옳고, 제 말이 틀리기를 저도 간절히 기원합니다. 그렇지만 이 상황을 살펴보면—그냥 희망만을 품고 있을 수가 없습니다. 아버님의 조언을 듣고자 이렇게 찾아온 겁니다. 제 의혹을 불러일으켰던 상황을 그저 있는 그대로 과장하지 않고 아버님께 진술하겠습니다. 제 의혹이 말도 안 되고 근거가 없는 거라고 말씀하시면, 전 아버님의 더 현명하신 판단을 그대로 기꺼이 따르겠습니다. 그리고 영국을 떠날 겁니다. 제 의혹을 뒷받침할 필요한 증거 찾기를 그만두겠습니다. 저보고 손떼라고 하시면, 전 손을 떼겠습니다."

이런 호소보다 더 하코트 톨보이즈 씨의 허영을 충족시키는 것은 없었을 것이다. 그분은 로버트가 들려주려는 사항을 모두 기꺼이 경청하고 힘 닿는 데까지 그를 돕겠노라고 선언하였다. 그분은 특히 자신의 마지막 말을 강조하였으며 그의 충고란 허영심처럼 별거 없는 허울뿐이라고 그 가치를 깎아 내렸다.

로버트는 톨보이즈 씨에게 더 가까이 의자를 끌고가 앉아서, 조지가 영국에 도착한 때부터 사라진 시간까지 일어났던 일들을 모두 아주 세밀하게 설명하기 시작했다. 그 설명에는 조지가 사라진 이후 어떤 점에서든 이 문제와 관련되어 발생했던 일들도 모두 포함되었다. 하코트 톨보이즈 씨는 눈에 띄도록 주의를 기울여 경청하면서 이따금씩 말을 가로막고 날카로운 질문을 던졌다. 그동안 클라라 톨보이즈는 꽉 쥔 양손 위에 숙였던 고개를 단 한번도 들지 않았다.

로버트가 이야기를 시작했을 때 시계 바늘은 11시 15분을 가리키고 있었고, 그가 이야기를 끝내자 정오를 알리는 종이 울렸다. 로버트는 조심스럽게 이 상황과 관련하여 자신의 백부와 백모의 이름을 언급하는 건 조심스럽게 자제했다.

"자, 그럼 이제 아버님의 결정에 맡기도록 하겠습니다. 이 끔찍한 결론을 내리게 된 제 이유를 들으셨습니다. 제 이유가 타당성이 있다고 생각하시는지요?"

"그럼에도 불구하고 내 생각은 변함이 없소. 난 여전히 내 아들이 살아있다고 생각합니다. 내 아들이 사라진 건 나를 충격으로 몰려는 음모예요. 그 음모의 희생자가 되고 싶지 않소." 하코트 톨보이즈 씨는 완강한 사람의 무모한 자만심이 사라지지 않은 채 이렇게 대답했다.

"그럼, 저 역시 이 일을 그만둘까요?" 로버트가 엄숙히 말했다.

"내가 말할 수 있는 것은 이것뿐이군요. 만약 당신이 이 일을 계속해나간다면, 그건 당신의 만족을 위해서지 나와는 상관 없는 일이오. 당신이 네게 말해준 내용에서는 그 녀석—당신 친구의 안전을 위해 나를 놀라게 만들려고 한 것 외에는 별다른 걸 찾지 못하겠군요."

"좋습니다. 이 순간부터 전 이 일에 관여하지 않겠습니다. 지금부터 모두 다 싹 잊어버리겠어요."

로버트는 이렇게 외치며 일어서서 식탁 위의 모자를 집어 들었다. 그는 클라라 톨보이즈를 쳐다보았다. 그녀는 얼굴을 아래로 숙인 이래로 자세가 조금도 변한 게 없었다. "안녕히 계십시오, 톨보이즈 씨. 아버님 말씀이 옳고 제가 틀리기를 기원합니다. 하지만 하나뿐인 아들의 불쌍한 운명을 무시한 것에 대해 후회하는 날이 분명 올 거라고 생각합니다."

로버트는 하코트 톨보이즈 씨와 손으로 얼굴을 가린 클라라 톨보이즈에게 정중히 인사하였다. 그녀가 얼굴을 쳐들고 무슨 신호를 보내거나 그를 가로막으려는 뜻을 내보이지 않을까 기대하며 잠시 꾸물거렸다.

톨보이즈 씨는 벨을 눌러 하인을 불렀다. 아무런 감정 표현 없이 로버트를 홀 문까지 인도하는 하인의 엄숙한 태도는 처형장으로 이끄는 간수처럼 차분하기만 하였다.

'그녀 역시 아버지와 다를 게 없군. 가엾은 조지, 이 세상에 친구라고는 나밖에 없었군. 자넬 사랑하는 사람은 너무도 없었어.' 로버트는 마지막으로 고개 숙인 그녀를 쳐다보며 생각했다.

5. 클라라

로버트 오들리가 밖으로 나와 보니 마부는 볼품없는 마차에서 자고 있었다. 그는 독한 맥주를 마시고 일시적으로 정신 없이 골아 떨어졌다. 그의 승객이 다가오자 그는 매우 기뻤다. 마차가 만들어졌던 해에 어린 망아지였을 것 같은 하얀 말이 지금은 낡은 마차처럼 노쇠한 탓에 마부처럼 빠르게 졸다가, 로버트가 돌계단을 내려오자 깨어나서 로버트가 마부의 도움을 받으며 마차에 올라타기를 차분히 기다렸다.

말은 마부의 채찍질과 흔들어대는 초라한 고삐에 깨어나서는, 반쯤 잠에 취한 상태에서 천천히 앞으로 나아갔다. 로버트는 눈을 가릴 만큼 모자를 푹 덮어 쓴 채 잃어버린 친구 생각에 잠겼다.

아마도 그가 어렸을 적에 이 음울한 전나무 아래 질서정연한 정원에서 놀았으리라. 하코트 톨보이즈씨의 냉담한 회색 눈에 비친 그는 즐겁게 뛰어노는 어린아이의 모습이었을 것이다. 아마 이 컴컴한 나무들 아래서 그의 죽음에 대한 소식에 눈물 한 방울 흘리지 않던 그의 여동생과 뛰놀았을 것이다. 로버트는 규칙적으로 정돈되어 있는 깔끔한 정원을 바라보며 어떻게 이런 곳에서 그가 친구로서 잘 아는 조지가 솔직하고 너그러우며 자유분방한 성품으로 자라나게 되었을까 하는 궁금증이 생겨났다. 눈앞에서 늘 아버지를 보면서도 그는 어떻게 아버지의 까탈스러운 모습을 본받지 않고 자랄 수 있었는지? 어떻게 남에게 해를 끼치지 않는 착한 성품을 갖고 자랐는지? 그것은 아마도 부모님보다 더 높은 어떤 존재가 다행스럽게도 우리의 영혼을 이리저리 주물러주었기 때문이리라. 가문의 코와 턱 생김새는 대대로 아버지에서 아들로, 그리고 조부에서 손자로, 이어져 내려가지만, 한 해 시들어 버렸던 꽃은 그 다음해에 더 영롱하게 피어난다. 하물며 그 꽃 사이로 부는 바람보다 더 미묘한 영혼은 조화를 이루는 하나님의 법칙 이외의 어떤 규칙도 따르지 않고 모든 세속적인 규칙에서 벗어나 독립하여 있는 것이다.

'하나님이시여, 감사합니다!' 로버트 오들리는 생각했다. '감사합니다! 이제 모든 게 끝났어. 나의 가엾은 친구는 이름없는 무덤 속에서 편히 안식해야만 해. 내가 사랑하는 사람들에게 불명예를 가져오는 도구가 되어서는 안 돼. 시간이 지나면 자연스레 진실이 밝혀지겠지만, 나를 통해 그걸 밝혀지게 하지는 않을 거야. 위기는 이제 지나갔고, 난 자유야.'

이런 생각에 그는 말로 표현할 수 없는 안도감을 느꼈다. 그의 관대한 성품은 사실 어쩔 수 없이 끌려들어간 자신의 일—염탐하고, 저주받을 사실 수합을 통해 끔찍한 추론으로 이끌어가는 일에 거부감을 느껴왔었다.

그는 안도감을 느끼는 깊은 한숨을 내쉬었다. 이제 모든 것이 끝난 일이었다.

로버트가 이런 생각을 하는 동안 마차는 농장 정문을 벗어나 천천히 나아가고 있었다. 그는 음울한 전나무들, 자갈길, 부드러운 잔디밭, 적막한 붉은 벽돌의 대저택 모습을 다시 한번 보려고 자리에서 일어나 뒤를 돌아봤다.

순간 로버트는 저 멀리서 손수건을 흔들며, 자신의 마차가 지나온 마차길을 따라 날아갈 듯이 달려오는 여인의 모습을 보고 깜짝 놀랐다. 그는 한참 동안 놀라움에 입을 떼지 못하고 이 괴이한 허깨비를 뚫어져라 바라보다 자기도 모르게 중얼거렸다.

"나를 부르러 오는 건가? 잠시 마차를 세우게." 그가 마부를 향해 외쳤다. "정말 기이한 일이군. 별 일이 다 생기네. 여자가 나를 부르러 오다니. 내가 손수건이라도 두고 와 톨보이즈 씨가 사람을 보낸 모양이군. 마차에서 내려 직접 받는 편이 좋겠군. 고맙게도 내 손수건을 건네주러 오다니."

로버트는 조심스럽게 마차에 내려서 서둘러 달려오는 여인을 향해 천천히 걸어갔다.

'세상에! 톨보이즈 양이네.'

정말로 클라라 톨보이즈가 숨을 헐떡이며 볼이 상기된 채 머리에 모직 숄을 두르고 달려왔다.

로버트는 처음으로 그녀의 얼굴을 가까이 볼 수 있었다. 매우 예쁜 모습이었다. 조지와 닮은 갈색 눈, 창백한 안색, (그녀가 로버트에게 다가올 땐 얼굴이 붉게 상기되었으나 그 색은 점차 원래대로 돌아왔다.) 균형 잡힌 이목구비, 감정 변화를 섬세하게 드러내주는 표현력. 이 모든 것을 그는 순식간에 알아챘고, 톨보이즈 씨와 대화를 나누던 동안 그녀가 보여준 극기의 태도와 다른 모습에 더욱 놀라울 따름이었다. 그녀의 눈에는 눈물이 담겨있지 않았지만 열기 어린 광채로—놀랍도록 빛나며 바싹 마른 채—반짝였다. 그에게 입을 여는 그녀의 입술은 떨리고 있었다.

"톨보이즈 양, 어쩐 일인가요? 무슨—"

그녀는 그의 말이 끝나기도 전에 갑자기 한 손으로 로버트의 손목을 꽉 움켜잡았다. 다른 손으로는 숄을 붙잡고 있었다.

"제가 먼저 얘기할게요. 할 말이 있어요. 전 다 들었어요. 당신이 믿는 대로 저도 믿고 있어요. 오빠의 억울한 죽음을 위해 뭔가 일을 하지 않으면 전 정말 미쳐버릴 거예요." 그녀가 외쳤다.

몇 분 동안 로버트는 어리둥절하여 어떤 대답도 하지 못했다. 그의 눈 앞에서 일어나는 일을 믿을 수가 없었다.

"제가 부축해 줄 테니 좀 진정하도록 해요, 톨보이즈 양. 잠시 저택 쪽으로 걸으며 조용히 이야기를 해봐요. 이미 당신 앞에서 이야기를 털어놨으니 전 더 이야기를 할 필요가 없겠지요." 로버트가 말했다.

"제가 오빠를 얼마나 소중하게 여기는지 아실 거예요." 그녀는 서둘러 말을 꺼냈다. "이 집 지붕 아래에서는 오빠를 환영하거나 또는 아버지로부터 친근한 말을 끌어낼 힘을 제가 갖고 있지 않는 상황에서 제가 오빠를 사랑한다고 어느 누가 생각할 수 있겠어요? 여동생의 사랑조차도 오빠에게 아무런 도움이 되지 못한다는 걸 잘 알고 있으니, 이 집에서 아빠의 말씀을 어기고 오빠에 대한 저의 사랑을 어찌 감히 드러낼 수 있겠어요? 오들리 씨, 당신은 제 아버지를 몰라요. 그렇지만 전 너무 잘 알아요. 아버지에게 조지에 대해 부탁하는 일은 본래 취지만 망칠 뿐 아무런 소용이 없어요. 그냥 아버지의 손에 맡기고 때가 오기를 기다리는 게 오빠를 다시 볼 수 있는 유일한 기회일 뿐이에요. 그래서 저는 인내심을 가지고 기다렸답니다. 희망을 잃지 않고요. 아버지가 오빠를 사랑하고 있다는 걸 전 알기 때문이죠. 당신이 비웃는 미소의 뜻을 잘 알아요, 오들리 씨. 아버지가 내세우는 가장된 절제 밑에 아들에 대한 사랑을 숨기고 있다는 진실을 외부 사람이 알아채기는 힘들 거라고 생각해요. 물론 그 사랑은 매우 따스한 애정은 아니에요. 왜냐하면 아버지는 의무에 기반한 엄격한 규칙에 따라 삶을 지내오셨기 때문이죠. 아, 잠시만요." 그녀는 갑자기 말을 멈추고 로버트의 팔에 한 손을 얹은 채 곧게 뻗은 전나무 길을 되돌아보았다. "이 길을 따라 집에서 달려 나왔어요. 우리가 이야기하는 걸 아버지가 보시면 안 돼요. 정문 앞에 이 마차가 서있는 것도 들키면 안 돼요. 마부에게 이 길 따라 좀더 가자고 해주시겠어요? 저는 다른 작은 문을 통해 농장 밖으로 나갈 테니, 그 길에서 당신을 만날게요."

"하지만 추워서 감기에 걸릴지도 몰라요, 톨보이즈 양. 지금 떨고 있어요." 로버트는 그녀를 걱정스레 바라보며 말했다.

"추운 날씨 탓이 아니에요." 그녀가 대답했다. "조지 오빠를 생각하고 있어서 그래요. 가엾은 그의 여동생을 안타깝게 생각하신다면, 제 부탁을 들어주세요, 오들리 씨. 꼭 말씀드릴 게 있어요. 좀 더 차분하게."

그녀는 생각을 모으기라도 하는 것처럼 손을 머리에 대고서 정문 쪽을 가리켰다. 로버트는 그녀에게 인사를 한 후 떠났다. 그는 마부에게 역을 향해 천천히 가라고 말한 뒤 저택 주변을 둘러싼 울타리 옆을 따라 걸어갔다. 정문에서 100미터 정도 지나자 울타리에 작은 나무문이 있었고, 그곳에서 톨보이즈 양이 오기를 기다렸다.

잠시 후 그녀가 여전히 숄을 머리에 두른 채로 다가왔다. 그녀의 눈은 여전히 반짝반짝 빛나고 있었다.

"농장 안쪽으로 걸어가시겠어요? 큰 길은 눈에 띌 수 있어요."

그는 고개를 끄덕이고, 문을 열고 들어섰다. 그가 내민 팔을 붙잡았을 때도 그녀는 여전히 떨고 있었다.

"좀 진정하도록 해요, 톨보이즈 양. 제가 말한 사건이 진실이 아닐 수도 있어요, 그러니—"

"아니에요. 당신 말이 맞아요. 오빠는 살해당한 것이 분명해요. 그 여인의 이름을 말해주시겠어요? 오빠가 사라진 일—뭐, 살인과 관련이 있다고 의심되는 그 여인 말이에요."

"그건, 그 여자가 범인인지 확실할 때까지 말하기가—."

"언제가 돼야 확실하죠?"

"그 여자가 범인임을 확인될 때죠."

"당신은 제 아버지께 진실 찾는 일을 모두 포기하겠다고 했어요. 오빠의 운명을 영원히 이 지구 상에서 풀리지 않는 끔찍한 미궁으로 남겨두고 물러나겠다고 하셨어요. 하지만, 오들리 씨, 당신은 그러지는 않을 거죠? 당신은 친구의 기억을 거짓되게 남겨두지는 않을 거예요. 그를 해친 사람을 찾아 복수하실 거죠? 그렇죠?"

어두운 그림자가 베일처럼 로버트의 멋진 얼굴에 드리워졌다. 그가 이전에 사우샘프턴에서 했던 말이 기억났다.

'무언가 강력한 손의 힘이 나를 이 어두운 길에서 앞으로 오라고 손짓하고 있어.'

불과 얼마 전까지만 해도 그는 모든 게 끝났다고 믿었고, 비밀스러운 조지의 죽음에 관한 무거운 의무에서 벗어났다고 생각했었다. 그런데 분명히 맥없어 보였던 이 여인이 지금 힘 있는 목소리로 그로 하여금 조지의 운명을 되찾아 달라고 몰아대고 있는 것이다.

"톨보이즈 양, 진실을 찾아가는 일이 제게 얼마나 고통스러운 일인지를 안다면, 더 이상 그런 일을 하도록 부탁하지 말아 주세요."

"하지만 당신께 부탁 드려요. 꼭 부탁 드려요. 오빠의 억울한 죽음을 복수하도록 간절히 부탁 드립니다. 그렇게 해주실 거죠? 대답해 주세요." 그녀가 흥분을 억누르며 말했다.

"제가 거절한다면 어떡하실 건가요?"

"그러면 저 혼자 하는 수밖에요." 그녀가 갈색 눈동자를 반짝이며 말했다. "저 혼자 진실을 찾아 나가겠어요. 그 여자를 찾아낼 거예요. 그래요, 영국의 어느 곳에서 오빠가 사라졌는지 당신은 얘기해주기를 거부했지만, 그의 운명의 비밀을 찾아내기 위해서라면 지구 이 끝에서 저 끝까지라도 갈 생각이에요. 저도 이제 성년이 되었어요. 제 몫을 거둘 수 있어요. 숙모가 제게 물려준 돈도 충분히 있어요. 저를 도와줄 사람을 고용해 찾아 나설 수도 있고요. 저를 잘 돕는 게 그들에게도 이익이 되도록 해줄 거예요. 그러니 선택하세요, 오들리 씨. 오빠의 살인범을 잡는 데 저와 함께 하시겠어요?"

로버트가 그녀의 얼굴을 살펴봤더니, 그 결심은 어려운 일에 부딪치면 굴복하고 마는 그런 일시적인 여성의 열정이 아니었다. 타고난 윤곽선이 고귀한 대리석 조각상 같은 그녀의 아름다운 모습은 대리석의 단호한 표정으로 변해 있었다. 비록 여성이었지만 목적을 성취하기 위해 목숨까지 다 바칠 태세였다.

"저는 억압된 환경 속에서 자라왔어요." 그녀가 조용히 말했다. "제 가슴의 타고난 감정을 누르고 감추며 지내오다 보니 강렬한 감정이 부자연스러워졌어요. 친구도 사랑하는 이도 곁에 두지 않았죠. 어머니께서는 제가 아주 어릴 적에 돌아가셨어요. 아버지는 오늘 직접 눈으로 보신 것처럼 제게 언제나 변함이 없었어요. 오빠만이 유일한 동무였어요. 제 가슴이 품을 수 있는 모든 사랑은 오빠에게 쏠려있었지요. 오빠의 젊은 생명이 배신자의 손에 죽음을 맞았다는 소식을 들었을 때 왜 제가 그 배신자에게 복수하고 싶어하는지 이제 아시겠지요? 오, 하느님." 그녀는 갑자기 울면서 맞잡은 두 손을 차가운 겨울 하늘을 향해 뻗었다. "오빠를 죽인 살인자에게 저를 데려다 주세요. 제 손이 오빠의 억울한 죽음에 복수의 손이 되게 해주세요!"

로버트는 경외감에 얼어붙어 감탄하는 눈으로 그녀를 바라보았다. 억누르는 강렬한 열정에 타올라 그녀의 어여쁜 얼굴은 숭고한 빛까지 띠고 있었다. 그가 여태껏 봐왔던 여인들과는 전혀 다른 모습이었다. 로버트의 사촌도 어여쁘고, 백부님의 부인 또한 사랑스러웠지만, 클라라 톨보이즈는 정말 아름다웠다. 슬픔을 승화시킨 니오베[6]의 얼굴도 그녀보다 고전적 미를 담고 있지 않을 거였다. 아무리 예쁜 드레스라 해도 입는 사람에 따라 그 빛이 달라지듯이, 그녀가 입고 있는 간소한 잿빛 드레스는 그녀의 미모를 더할 나위 없이 최고로 받쳐주었다.

"톨보이즈 양, 오빠의 원수에 대한 복수가 없이 지나갈 수는 없을 겁니다. 그냥 그의 죽음이 잊혀지지는 않을 거예요. 당신이 얻고자 하는 전문적 도움 어느 것도 제가 갖고 있는 것만큼 그 비밀 해결에 도움이 되지 않을 겁니다. 그러니 인내심을 가지고 저

---

6 니오베: 그리스 신화에 따르면, 테베의 왕 암피온의 아내 니오베는 자만심에 들떠 7명의 아들과 7명의 딸을 자랑했다가 레토 여신의 분노를 얻었다. 여신의 부모 아폴론과 아르테미스에 의해 14명의 아이들이 화살을 맞아 모두 죽자 니오베는 슬픔으로 돌로 변했다.

를 믿어주길 바랍니다."

"저는 당신을 믿고 있어요. 당신이 저를 도와줄 거라는 걸 알고 있어요." 그녀가 대답했다.

"저 역시 그게 제 운명이라고 믿고 있습니다." 그가 진지하게 말했다.

하코트 톨보이즈 씨와 대화를 나누는 동안 로버트는 조지의 아버지에게 보고했던 상황으로부터 어떠한 추론도 내리지 않으려고 조심했었다. 그는 친구가 런던에 도착하면서부터 사라지기까지 그저 사라진 친구의 살아왔던 과정을 전했던 것이다. 그런데 클라라 톨보이즈도 그와 동일한 결론에 도달했음을, 그리고 바로 그 사항을 두 사람이 서로 암묵적으로 공유하고 있음을 깨달았다.

"오빠로부터 온 편지는 없었나요, 톨보이즈 양?"

"두 개가 있어요. 하나는 그가 결혼하고 나서 바로 온 거고, 다른 하나는 리버풀에서 호주로 떠나기 전 날 밤 온 거예요."

"그 편지를 좀 볼 수 있을까요?"

"네, 주소를 알려주면 보내 드릴께요. 저에게도 종종 소식을 전해주시길 바랍니다. 일이 어떻게 진행되고 있는지 상세히 알려주세요. 여기서는 비밀로 하도록 할게요. 하지만 저는 두세 달 안으로 이곳을 떠날 생각이에요. 그러면 저도 자유롭게 제가 하고 싶은 대로 행동할 수 있을 거예요."

"영국을 떠나진 않을 거죠?" 로버트가 물었다.

"아니요. 에식스의 친구들과 오래전 약속했던 대로 그곳을 방문할 예정이에요."

클라라의 말에 로버트가 깜짝 놀라자, 그녀는 바로 눈치챘다. 얼굴에 나타난 동요가 비밀을 일부분 드러낸 거였다.

"제 오빠가 에식스에서 사라졌군요." 그녀가 말했다.

로버트는 그 말에 반박하지 못했다.

"많은 사실을 발견한 셈이군요. 제 위치가 매일매일 더 복잡해지고 괴로워지고 있습니다. 그럼, 안녕히 계세요." 로버트가 말했다.

그가 손을 내밀자, 그녀도 기계적으로 자기 손을 내밀었다. 대리석보다 더 차가운 그녀의 손은 그의 손 안에 힘없이 놓여졌다가, 그가 손을 놓자 마치 통나무처럼 그녀의 옆구리로 툭 떨어졌다.

"어서 그만 댁으로 늦지 않게 돌아가세요. 오늘 아침 일로 고통 받지 않았으면 합니다."

"고통이요! 지금 고통에 대해서 말하시는 건가요? 이 세상에서 저를 유일하게 사랑해 주던 오빠가 젊음의 꽃봉오리를 피우고 있을 때 사라졌는데 그깟 고통을 말하시는군요. 제가 고통을 느끼는 것 말고 할 수 있는 게 뭐가 있나요? 제게 추위가 무슨 고통이 되겠어요?" 그녀는 숄을 뒤로 젖혀 차가운 바람에 어여쁜 머리를 드러내며 경멸스럽게 말했다. "저는 맨발로 눈 속을 여기에서 런던까지 쉬지 않고 걸어갈 수도 있어요, 오빠를 살릴 수만 있다면요. 오빠만 돌아온다면 제가 무슨 일이든 하지 못하겠어요? 무슨 일이든?"

그녀는 찢어질 듯한 슬픔에 싸여 울부짖었다. 그리고 양손으로 얼굴을 감싸며 그날 처음으로 눈물을 보였다. 어찌나 맹렬히 흐느끼는지 가느다란 몸체가 다 흔들렸고, 몸을 가누지 못해 나무 둥지에 몸을 기대야만 했다.

로버트는 연민 어린 마음으로 그녀를 바라보았다. 그녀는 자신이 사랑하는 실종된 친구와 꼭 닮았던 거여서, 오늘 아침 처음 본 사람이라고 여기기 힘들 정도였다.

"진정하세요. 희망을 가져봅시다. 오빠가 살아있는데도 우리가 잘못 알았을 수도 있어요."

"아! 그렇기만 하다면. 정말 그렇기만 하다면." 그녀가 열정적으로 중얼거렸다.

"오빠가 살아있다고 믿고 꼭 그를 찾도록 합시다."

"아니요, 복수 이외에는 우리가 할 것은 없답니다. 안녕히 가세요, 오들리 씨. 잠깐, 주소를 알려주세요." 그녀가 눈물을 흘리며 말했다.

그녀는 건네준 명함을 옷 주머니 속에 찔러 넣었다.

"곧 당신께 조지 오빠로부터 온 편지를 보내도록 할게요. 아마 도움이 될 거예요. 그럼, 안녕히 가세요."

열정이 흘러 넘치는 그녀의 태도와 귀품이 서린 미모에 정신이 반쯤 나간 그를 남겨두고 그녀는 떠났다. 로버트는 쭉 뻗은 전나무의 둥치들 사이를 지나 농장 밖으로 천천히 걸어가는 그녀를 지켜보았다.

'하늘이여, 비밀을 밝혀가려는 나를 지지해주는 자들을 도와주소서.' 그는 조용히 중얼거렸다. '그들은 조지 톨보이즈를 기억하며 희생을 하려 합니다.'

6. 조지의 편지

로버트 오들리는 사우샘프턴으로 돌아가지 않고 웨어럼을 출발하는 첫 기차를 탔고, 어두워진 지 한두 시간 지나 런던의 워털루 브리지에 도착했다. 도싯셔에 내렸던 바삭바삭하고 단단했던 눈이 워털루 로드에서는 싸구려 술집의 램프와 정육점의 가스등에 질퍽하게 녹아 거무스름한 잿빛 진창이 되었다.

로버트는 2륜 마차에 몸을 싣고 어깨를 움츠린 채 어두운 거리를 내다보았다. 마차는 일반 보행자들이 전혀 모르는 컴컴하고 음침한 길을 마부의 타고난 직감을 따라 달렸다.

'삶이란 참 흥미로운 거야. 말로 표현할 수 없이 감사한 것이지. 엄청난 축복이야! 누구든 자신의 삶에서 완벽하게 행복했던 시간을 빼어보라고 해. 수평선의 광채를 덮는 한 올의 구름도 없을 때처럼 즐거움을 가로막는 숨겨진 걱정 하나 없이 정말로 철저히 마음 편한 시간이 얼마나 되는지 계산을 해보라고 해. 행복의 절정에 잠겼던 시간을 합산하면 너무나 보잘것없는 숫자를 발견하고는 분명히 영혼의 엄청난 씁쓸함에 웃음이 터져나올 거야. 아마도 30년 동안 한 주 또는 열흘 정도 즐거웠을까? 30년간의 지루했던 12월, 바람 세찬 3월, 소나기 쏟아지는 4월, 음침한 11월 날씨—구름 한 점 없이 해가 쨍쨍히 빛나고 여름 미풍이 달콤히 몸을 달래주는 화려한 8월이 칠팔 일 정도 있었겠지. 이 얼마 되지 않는 기쁨의 날들을 우리는 얼마나 소중히 회상하려고 애쓰는가. 그 날이 다시 오기를 희망하며 돌아올 그날을 더욱 빛나게 하기 위해 계획을 세우려고 애쓴다. 그 기쁨을 다시 누리기 위해 자신의 운명을 조정하고 예약하고 타협을 짓는다. 마치 기쁨이 그렇고 그런 요소로 다시 세워질 수 있는 것처럼. 마치 행복은 근본적으로 우연히 찾아온 선물이 아닌 것처럼—보금자리를 옮기며 정처 없이 날아다니는 영리하고 밝은 철새들처럼. 여름날의 하루처럼, 잠시 머물렀다가 영원히 우리 곁에서 사라지는 거야! 마치 결혼과 같은 거야.' 로버트는 1km 당 6펜스를 지불하고 탄 마차 안에서 외로운 대초원을 달리는 야생마에 올라탄 기분으로 거칠게 내달리며 이런저런 생각에 깊이 빠졌다.

'결혼을 예로 들어보면 알지. 그게 수백 번의 실수 끝에 나온 신중한 결정이라 누가 말하겠는가? 처음 미끈거리는 생명체를 보고, 뱀장어 한 마리가 거대한 뱀 무리로부터 나온 거라고 어떻게 말할 수 있겠는가? 마차가 지나가기를 기다리며 길가에 서있는 어느 여자가 이 광활한 세상 속의 수 많은 여성 중에서 바로 나를 행복하게 해 줄 여인일 수도 있었을 거다. 하지만 나는 그녀를 그냥 지나쳤다. 내 운명의 거대한 힘에 맹목적으로 굴복하여 난 마차 바퀴로 흙탕물을 튀기며 그녀를 무심히 알아보지 못했다. 만약 그 여자, 클라라 톨보이즈가 조금이라도 늦게 나타났다면 나는 그녀가 냉정하고 무자비한, 여성스럽지 못한 여인이라 판단하며 도싯셔를 떠났을 거다. 그리고 내가 무덤에 잠들 때까지 틀림없이 영원히 그 오해를 가지고 살았을 것이다. 그녀를 거만하고 무정한 기계장치일 뿐이라고 여겼을 거였다. 하지만 지금은 그녀가 매우 고귀하고 아름다운 여성이라는 것을 깨닫게 되었지. 이것이 내 삶을 송두리째 흔들어 놓을 차이를 만들 수 있다니! 그 저택을 떠나면서 나는 조지가 죽은 비밀을 밝혀내려던 걸 포기하려는 절망감에 빠졌었지. 하지만 그녀를 다시 만났고, 그녀는 내게 그 험난한 길을 계속 가도록 만들었지. 구불구불하여 앞도 제대로 보이지 않는 길을 주의 깊게, 그리고 하나하나 의혹을 갖고 살피도록. "당신 오빠는 살해당했어요. 누가 그랬는지 짐작은 가지만, 내 두려움과 의혹을 확인하는 일을 하지는 않겠어요." 이렇게 내 소중한 친구의 여동생에게 말할 수 있을까? 난 절대 그럴 수 없어. 이 여인은 내 머릿속 생각을 이미 어느 정도 알고 있어. 그녀 역시 머지 않아 나머지 비밀을 알게 될 거야. 그렇다면, 그때는—'

이런 생각에 잠기고 있을 때 마차가 멈춰 섰고 그는 값을 지불하였다. 이제 그는 지겨운 일상생활로 돌아와야만 했다. 법정 밖의 사람들에게는 수수께끼로 보이는 범죄의 숨겨진 실마리를 풀어가는 일을 기쁘건 슬프건, 결혼을 했건 혼자 살건, 대법관 자리에 앉았든 재판장 말석에 앉았든, 한결같이 계속해나가는 거였다.

사람들은 인생의 가혹한 시련에 종종 분노를 느낀다. 인생의 작고 사소한 일들이 끊임 없이 쳇바퀴를 돌면서 쉬지 않고 멈추는 일 없이 태엽을 감아 나간다. 설사 바퀴의 중심축이 부러지고 부서진 계기판의 바늘이 목적 없이 빙빙 돌아가더라도.

슬픔의 광기에 처음 휩싸였을 때 의자나 테이블, 빳빳한 터키산 카펫처럼 변치 않고 꿋꿋이 외면을 지켜나가는 말 못하는 사물에 이성을 잃고 분풀이를 하지 않은 사람이 누가 있겠는가? 우리는 원시림의 거대한 나무를 뿌리 채 뽑아버리거나 쫙쫙 뻗은 가지들을 모조리 잘라버리고 싶은 충동을 느끼기도 한다. 그러한 열정을 삭히려고 기껏 하는 짓이란 안락 의자를 부셔버리거나 몇 푼짜리 그릇을 깨부수는 거다.

정신병원은 무수히 많고 규모도 어마어마하다. 그러나 아무런 전망 없이 지속되는 규칙적인 바깥세상에 대항하여 비참한 수많은 사람들이 무기력하게 머리를 짓찧어대지만 정말 이상하게도 정신병원 숫자는 생각만큼 많지는 않다. 휘몰아치는 폭풍우와 난동을 피우는 우리 내면의 혼란을 비교하듯이, 이성과 비이성, 미쳐버린 오늘과 정신 멀쩡한 내일, 어제의 광기와 오늘의 정상 간의 협소한 간극 사이에서 얼마나 많은 사람들이 요동치고 있는지를 기억해보자.

마부에게 지시했던 대로 로버트는 법원 건물 모퉁이에서 내려 '더 런던' 이라는 식당으로 향하는 환하게 불이 켜진 계단을 올라갔다. 아늑한 식탁에 자리를 잡고 앉았지만 기분 좋게 식욕이 솟는 배고픔을 느끼기보다는 공허하고 지친 혼란스러운 기분이었다. 하지만 호화롭게 저녁 식사를 하고 싶었다. 우선 어디서든 뭔가 배를 채워야만 할 절대적 필요성이 있었지만, 말로니 부인의 형편없는 식사가 아니라 훌륭한 요리사의 멋진 요리를 맛보고 싶었다. 연한 스테이크에다가 멋진 가자미나 통통한 고등어를 곁들인 요리에 마음이 동했기 때문이다.

웨이터는 로버트에게 장황한 정식 식사 메뉴를 내보이며 주문을 받으려는 세심함을 보였지만 아무 소용이 없었다. 로버트는 그가 좋아할 만한 음식을 내오면 된다고 중얼거리듯이 주문했고, 로버트를 단골 손님으로 대접해온 친절한 웨이터는 그의 주인에게 걱정스러운 얼굴로 돌아가 피그트리 아파트의 로버트 변호사님이 오늘 기분이 좋지 않다고 알렸다. 로버트는 저녁 식사를 하고 독일산 백포도주를 한 잔 마셨다. 하지만 훌륭한 음식과 향기로운 포도주의 맛을 제대로 즐기지 못했다. 여전히 마음속에서 혼자 씨름을 하고 있었다. 즉, 현대의 젊은 철학자처럼 그는 모든 것이 무(無)라는 익숙한 현대 이슈와 과도한 고민으로 지향점 없이 길을 헤매고 무의미한 작업을 계획하는 어리석음에 대해 스스로 질문을 던지고 있었다.

'조각상 같은 이목구비에 차분한 갈색 눈을 지닌 그 창백한 여인에게 사로잡힌 것 같아. 나보다 훨씬 뛰어난 그녀의 능력을 알아챌 수 있겠어. 그 능력에 고개가 숙여지고 굴복하게 되더군. 이제까지 내 힘만을 믿고 일을 해오며 지난 몇 달간 홀로 숙고해왔는데, 이 부자연스런 일에 난 지쳐버렸어. 내 인생 원칙을 따르지 않았고, 그런 어리석음으로 고통을 받아 왔지. 지난 2주 전부터 흰 머리가 한두 개 생겨났는가 하면 엉뚱하게 오른쪽 눈자위에 검은 그늘이 생겨났어. 그래, 내 오른편이 나이 들어가는 징후가 나타났어. 왜—왜 이렇게 돼야 하는 거지?'

로버트는 접시를 치워두고 눈썹을 치켜 세운 채 번들거리는 리넨 테이블보 위의 빵 부스러기를 바라보며 계속 생각에 잠겼다.

'도대체 난 지금 이 묘한 상황 속에서 뭘 하고 있는 걸까? 하지만 이 상황에서 벗어날 수는 없어. 그러니 그 갈색 눈의 여인의 말에 따라 그녀가 이르는 대로 줄곧 충실하게 따르는 편이 낫겠어. 여자 손에 인생의 수수께끼에 대한 훌륭한 해결책이 놓여있다니! 남자들은 아내가 허락한다면 햇살 아래 연근 열매를 먹고 행복하여 현실을 회피하려고 할 테지. 하지만 그녀는 달라. 뛰는 심장과 활기찬 정신의 소유자야! 그 이상이지. 어느 누가 이렇게 인생을 주체적으로 이끌어가는 여인에 대해서 들어봤을까? 불가피하고 성가신 일을 하는 대신에, 그녀는 주어진 임무를 멋진 행렬이나 행사처럼 훌륭하게 완수해 가지. 우아한 자태로 신나게 미소 지으며 손짓을 해나가지. 이웃들에게 활기를 불어넣고, 음울한 행진에서는 밝은 곳으로 인도하며, 모든 고통의 종식을 위해 밀치고 비틀고 짓밟고 헤쳐나가지. 남보다 일찍 일어나고 늦게 자며, 큰 목소리로 떠들어 대고, 휴식도 없이 감상에 빠지지도 않는 거야. 그녀에게 남편이 있었다면 그를 대법관이나 의회, 아니면 정부의 느긋한 멋진 자리를 차지하도록 밀어붙일 거야. 바퀴와 나사, 도르래 등 온갖 수단을 이용해서 남편을 뒤흔들고 일깨워 그녀가 원하는 인물로 만들어 놓을 거야. 그런 이유로 무능한 사람이 때때로 높은 자리에 앉아서 멍텅구리 지력으로 엉뚱한 짓을 저지르게 되는 거야. 그 바람에 능력 있는 사람은 제대로 일을 할 수 있는 자리를 얻지 못해 무기력하게 전체 혼란만 야기시키고 말지. 제 위치에 맞지 않는 무능력한 남자는 아내의 손에 놀아나게 되는 거고. 동유럽 권력자는 모든 악행의 밑바탕에 여인이 있다, 라고 주장할 뿐만 아니라 한 걸음 더 나아가 그 이유까지 해명하고 있지. 그 이유는 여성은 게으른 법이 없다는 거지. 여성은 잠잠히 입을 닫는 법이 없는 거야. 대표적으로 그리스 전설의 세미라미스[7] 와 클레오파트라, 그리고 잔다르크, 엘리자베스 여왕, 예카

7 세미라미스: 아시리아 전설에 나오는 용맹한 여왕으로, 로시니의 1823년 오페라

테리나 2세[8]를 들 수 있어. 이들은 전쟁, 살인, 소요, 절망 상황에서 난리를 피운 여성들이지. 이들이 세상을 마음껏 손아귀에 쥐고 흔들어댈 수 없다면, 아마 집 안에서 두더지 구멍이라도 파던지 살림살이를 부수며 불화와 분규를 일으켰을 거야. 국가의 자유와 인류의 불의에 대한 주장을 금지시켜 버린다면, 그들은 가정부와 난로 모양이 어떻고 어린 하녀의 성격이 어떻고 하며 다툴 거다. 그들을 연약한 여성들이라고 말하는 것은 끔찍한 조롱과 같아. 여인들은 남성보다 더 강하고, 목소리도 더 크며, 인내심도 강하고, 자기 주장도 더 뚜렷하지. 그들은 의사표현의 자유, 직업의 다양성을 주장해. 그녀들은 그럴 권리가 있어. 변호사, 의사, 목사, 교사, 군인, 입법자, 그 어느 것도 원하는 대로 되게 해야 해. 그렇지만, 그럴 수만 있다면, 입 좀 다물게 할 수는 없을까?'

로버트는 절망한 듯 손가락으로 풍성한 갈색 머리를 쓸어 올렸다.

'하지만 난 그런 여인들이 싫어. 그런 여자들은 너무 대담하고 뻔뻔하며, 혐오스러운 존재들이어서 남성들을 화나게 하고 파괴하려고 들어. 가엾은 조지의 일만 해도 그렇지! 모든 게 처음부터 끝까지 여자로 인해 일어난 일이었어. 한 여자와의 결혼 때문에 그는 아버지에게서 버림을 받았고, 무일푼에 직업도 잃게 되었지. 그리고 아내의 죽음 소식에 상심하고 말았지. 그의 진실하

〈세미라미데〉의 소재가 되었음.

8 예카테리나 2세: 러시아 황제 표트르 3세의 왕비로, 남편의 왕위를 물려 받아 1762년부터 1796년까지 황제가 되었음.

고 남자다운 마음씨는 여자의 가슴에서 고동치는 이기심과 금전적 계산의 음험한 마음보다 수백 배나 더 고귀해. 그는 아내가 살고 있는 장소를 방문했는데 살아 돌아오지 못했어. 그리고 지금 난 또 다른 여인으로 인해 궁지에 몰린 셈이군. 여태껏 알지도 못한 여자 때문에 말이야. 그리고—그래, 알리샤도 또 있지. 그녀도 내겐 또 다른 골칫거리야. 나와 결혼하기를 원하는 것을 알아. 게다가 마침내 목적이 성취될 때까지 그렇게 되도록 틀림없이 조종할 거야. 그녀가 쾌활하고, 마음이 넓은 사랑스러운 여자이기는 하지만, 난 허락하지 않는 게 현명한 일일거야. 그녀의 어여쁜 마음씨가 축복 받기를.'

로버트는 저녁 식사 값을 치르고 웨이터에게도 팁을 두둑이 주었다. 그는 별로 돈에 대한 집착이 없는 사람이어서, 자기에게 서비스를 받치는 사람들에게 적지 않은 금액을 기꺼이 베풀었다. 인생이란 허상이라고 주장하는 철학자라도 돈 씀씀이에 몹시 까다로운 걸 흔히 보게 되는데 로버트는 이와 달리 예외적인 경우라 하겠다. 물론 그도 형이상학의 자아 또는 비자아(非自我)라는 비가시적 난제와는 정반대로 인도의 주식, 스페인의 증서, 이집트의 확인서 같은 가시적인 금전적 투자를 모르는 바는 아니었다.

피그트리 아파트의 방은 아늑하였지만 잘 정돈된 적막함이 오히려 오늘 따라 쓸쓸해 보였다. 한달 전에 주문하였지만 아직 뜯지도 않은 흥미롭고 감상적인 연애 소설 꾸러미가 그의 손을 기다리며 탁자 위에 놓여 있었지만, 그는 그런 프랑스 소설도 읽을 기분이 나지 않았다. 그저 애지중지하는 해포석 파이프를 꺼내 들고 한숨을 내쉬며 좋아하는 안락의자에 푹 몸을 묻었다.

'편안하기는 하지만 뭐랄까—외로운 밤이네. 가엾은 조지가 내 앞에 앉아 있다면, 아니면—아니면 그의 여동생이라도—오빠와 매우 닮았으니—곁에 있다면 좋을 텐데. 그런데 8년이 넘게 혼자 살아온 남자가 뭐 그리 좋은 말동무가 되겠어.'

로버트는 혼자 껄껄 웃으며 파이프을 한 모금 빨았다.

'조지의 여동생에 대한 생각을 하다니, 난 정말로 가당치도 않은 멍청이군.'

다음 날 아침 여성스런 손길이 느껴지는 단단히 묶인 편지 꾸러미가 그에게 도착했다. 아침 식탁 자리에는 말로니 부인이 더러운 손으로 마련한 그렇지만 정성이 깃든 따스한 프랑스 롤빵이 냅킨에 쌓인 채 그에게 낯설어 보이는 그 편지 꾸러미와 함께 놓여있었다. 그는 편지를 열어보기 전 잠시 겉봉투를 살폈다. 편지는 그레인지 히드의 소인이 찍혀있어서 보낸 사람이 누구인지를 짐작할 수 있었다. 잘 알지도 못하는 그 마을에서 그에게 편지를 보낼 사람은 오직 한 사람뿐이라는 걸 그는 잘 알고 있었다. 그렇지만 그의 성격처럼 그는 생각에 잠기며 서두르지 않았다.

"클라라 톨보이즈." 로버트는 천천히 중얼거리며 그의 이름과 주소를 또박또박 쓴 글씨를 찬찬히 살폈다. "그래, 클라라한테서 온 게 확실해. 조지의 글씨체와 닮은 여성 글씨체야. 그의 것보다 더 깔끔하고 단호해. 하지만 매우 닮았어."

그는 편지를 뒤집어 조지 가문의 문장(紋章)이 찍힌 봉인을 살폈다.

"무슨 내용인지 정말 궁금하군! 틀림없이 내용이 긴가 보군. 사연을 길게 쓰는 그런 류의 여자이군. 나를 종용해서 계속 앞으로 나가도록 쥐어짜는 긴 편지 말이야. 틀림없어. 어쩔 수 없군. 자, 읽어봐야지."

로버트는 체념의 한숨을 쉬고 봉투를 찢었다. 그 안에는 조지가 쓴 두 통의 편지와 봉투 속지 윗부분에 몇 자 적은 글이 있었다. "편지를 보내드리니, 부디 잘 보관하였다가 돌려주십시오. C. T."

리버풀에서 보내온 편지에는 지난 세월에 망쳐버린 운명을 다시 복원하기 위해 새 세계로 떠난다는 조지의 갑작스런 결심 외에는 별 내용이 없었다. 조지가 결혼한 직후에 쓴 편지는 아내에 대한 설명으로 가득 찼는데, 사랑에 빠져 결혼한 지 3주 이내에 썼을 법한 그 묘사에는 아내의 모습이 일일이 나열되어 있었다. 그녀가 보여주는 몸체의 우아함과 외적 표현의 아름다움에는 애정이 듬뿍 묻어나며 몸가짐 하나하나마다 사랑스런 매력이 넘쳐난다고 기술되어 있었다.

로버트는 그 편지를 세 번이나 반복해서 읽었다. '조지가 이 편지에 쓴 내용이 어떤 목적으로 쓰여질지 아마 상상도 하지 못했겠지. 아마 알았다면, 틀림없이 깜짝 놀라고 손에 힘이 빠져 이런 애정 어린 어휘들을 쓸 힘을 모두 잃었을 거야.'

7. 시간을 역으로 거스르는 탐문

런던의 음울한 1월 기운이 천천히 다가오고 있었다. 크리스마스의 얼마 되지 않는 마지막 흔적도 모두 사라져 버리고, 로버트는 여전히 런던에서, 피그트리 아파트의 조용한 거실에서, 혼자만의 저녁을 보내고 있었다. 햇살이 비치는 아침에는 법원의 정원을 터덜터덜 걷기도 하며, 아이들이 재잘대는 소리를 맥 놓고 듣기도 하고 아이들 놀이를 한가로이 구경하기도 했다. 그는 주변의 낡은 기괴한 건물 주민들 중에 많은 친구들을 두고 있었다. 또한 먼 다른 나라에도 친구들이 많아, 그는 언제나 그 친구들의 남는 방에서 묵는 손님이 되었고, 특히 그들 친구 집의 난롯가 옆 아늑한 의자 중의 하나를 그가 차지하고 있었다. 하지만 로버트는 조지 톨보이즈가 사라진 이래로 더 이상 우정 따위에는 관심이 없는 듯했다. 즉, 그와 같은 부류의 관심사나 오락을 함께 공유하는 일이 없었다. 선배 변호사들은 이 젊은이의 창백한 얼굴과 우울한 행동거지를 놀려대곤 하였다. 이런 변화의 알 수 없는 원인은 아마도 어떤 여성에게 걷어차인 불운한 사랑일 거라고 마음대로 추측하였다. 그들은 그의 용기를 북돋아 주는 말도 해주고 저녁 파티에 초대를 하기도 했다. '사랑스런 여성에게, 그 모든 허물에도 불구하고 하나님의 축복이 내리기를.' 이러한 건배사를 내걸며 눈물을 흘리는 파티의 남자들은 여흥이 끝날 때쯤이면 울먹이며 불행한 모습으로 변하는데, 로버트는 포도주를 마시거나 알코올 음료를 먹어볼 마음이 생기질 않았다. 오직 단 하나의 생각으로만 가득 차 있었다. 우울한 예감이 그를 꽉 지배하고 있었다. 검은 구름이 백부님의 저택을 휘덮고 있으며, 곧 그의 손짓 신호로 천둥과 폭풍이 몰려들어 백부님의 고결한 생활에 파멸을 가져올 것만 같았다.

'만약 그녀가 경고를 받아들이고 달아난다면. 분명 난 그녀에게 그럴 기회를 주었다는 걸 하늘은 알고 있지. 왜 그녀는 그 경고를 받아들여 달아나지 않는 걸까?' 로버트는 이따금씩 혼자 생각해봤다.

그는 종종 마이클 경과 알리샤로부터 소식을 들었다. 알리샤의 편지는 몇 줄 안 되는 내용이었지만, 아빠는 안녕하시며 오들리 부인도 기분이 한창 고양되어 평소대로 다른 사람들을 무시한 채 자신만 자유분방하게 마음껏 즐기고 있다는 소식을 알려주었다.

사우샘프턴의 교장선생님 마치몬트 씨에게서 온 편지는 꼬마 조지가 매우 잘 적응하고 있지만 수업 내용을 따라가기에 조금 부족한 면이 있어 두 음절 단어들을 아직 익히지 못하고 있다는 내용이었다. 또한 몰던 중위가 손주를 만나러 찾아왔지만 로버트 씨의 지시대로 손주와의 면담 승인을 보류하였다고 써있었다. 노인은 어린 손주에게 과자와 사탕이 든 소포를 보내기도 했지만, 이 역시 아이가 먹을만한 것이 못 되어서 거절당했다고 했다.

2월이 가까워지자, 로버트는 사촌 알리샤에게서 편지를 또 한 통 받았다. 그의 운명으로 한 걸음 더 끌어당기는 내용으로, 백모의 부추김을 받아 일전에 추방당했던 그 저택으로 그가 다시 찾아갈 결심을 하게 만들었다.

> 아빠께서 매우 편찮으세요. 다행히 심각한 병은 아니지만 극심한 감기를 견뎌낸 후 미열이 남아있어 방에 온종일 누워계세요. 로버트, 오빠와 제일 가까운 친척의 안부가 걱정되신다면, 아빠를 만나러 와주세요. 오빠 이야기를 여러 번 하셨어요. 아빠가 오빠를 보게 되면 매우 기뻐하실 거예요. 바로 내려오세요. 이 편지에 대해서는 언급하지 말아주었으면 해요.

오빠의 애정 어린 사촌

알리샤

편지를 읽은 로버트의 마음은 찢어질 듯이 고통스러웠다. 뭐라 형용할 수 없는 두려운 공포심이 생겨났다.

'내가 지금 옳게 행동하고 있는 건가?' 이 새로운 공포에 그는 우선 고통을 느끼며 속으로 생각했다. '정의를 세우려고 간섭하는 게 올바른 짓인가? 이 비밀을 혼자 간직한 채 내가 사랑하는 사람들을 슬픔과 불명예로부터 지켜야 하는 것일까? 백부님께서 매우 편찮으시면, 난 어떻게 하지? 정말 편찮으시다, 돌아가시기라도 하시면, 그녀의 품 안에서 돌아가시기라도 하면, 난 뭘 해야지?'

그의 계획은 결심에 앞서 구체화되었다. 첫 번째 계획은 오들리 저택을 즉시 방문하는 것이었다. 그는 서둘러 짐을 꾸려 마차에 올라탔다. 오후 우편으로 온 알리샤의 편지를 받은 뒤 한 시간이 채 안 되어 그는 기차역에 도착하였다.

로버트가 오들리 마을에 도착했을 때 깊어가는 황혼에 마을 불빛들이 희미하게 빛나고 있었다. 그는 역장에게 여행가방을 남겨두고 외롭게 서있는 저택으로 향하는 한적한 길을 따라 한가로운 발걸음을 내딛었다. 하늘을 덮은 앙상한 나뭇가지들이 어두운 황혼빛에 기이한 모양으로 뻗어 있었다. 나직이 윙윙거리는 바람이 평평한 목초지를 스쳐가자 울퉁불퉁한 나뭇가지들이 컴컴해진 잿빛 하늘을 배경으로 이리저리 흔들렸다. 마치 말라 비틀어지고 귀신 같은 거인의 양팔이 백부의 저택으로 오라고 로버트에게 손짓하는 것 같았다. 차가운 겨울 황혼에 유령의 모습으로 나타나 그에게 어서 서두르라고 손짓하는 것 같았다. 향기로운 라임나무와 들장미가 신선한 여름 공기에 피어났던 기나긴 길은 따뜻한 크리스마스가 지난 뒤 겨울 내내 암울하고 황량한 모습으로 변해있었다. 일년 중에 마치 죽음처럼 멈춰 있는 순간 같았다. 모든 자연의 만물들이 최면상태의 깊은 잠에 빠진 듯한 모습을 하고 나뭇잎과 꽃이 피어나는 경이로운 신호만을 기다리고 있었다.

백부의 저택에 다다를수록 애절한 예감이 로버트의 마음에 스며들었다. 모든 풍경의 변화들이 그에겐 익숙하게 느껴졌다. 나무의 굴곡과 멋대로 뻗은 나뭇가지, 삐죽삐죽 불규칙한 산사나무 울타리, 그 곁의 나지막한 마로니에, 시든 버드나무, 블랙베리와 개암나무 덩굴들.

마이클 경은 젊은 로버트에게 제2의 아버지이자, 관대하고 고귀한 친구이며, 근엄하고 진지한 조언자였다. 이 희끗희끗한 수염의 남작에 대한 사랑은 아마도 로버트가 가슴에 품고 있는 가장 강한 감정이라고 할 수 있겠다. 하지만 이러한 깊은 애정은 그의 내심에 파묻혀 있어 말로 표출된 적이 거의 없었다. 그 바람에 누구도 그의 느긋한 성격의 깊은 곳에 강렬하고 은근한 감정의 조류가 흐르고 있다는 걸 헤아리기 힘들었다.

'백부님께서 돌아가시기라도 하면 이 저택은 어떻게 되는 거지? 이 오래된 저택에 낯선 사람들이 들어와 떡갈나무 천장의 아늑한 거실에 자리를 잡고 살게 되는 건가?' 로버트는 담쟁이넝쿨의 아치형 문과 늦은 저녁 차가운 잿빛의 잔잔한 연못을 지나며 생각했다.

마음 깊은 곳의 기질과 연결된 소중한 유대감이 젊은이의 마음속에 고통스럽게 차 올랐다. 그의 기억 속에 잘 간직되어 있는 이 떡갈나무문이 굳게 닫히고 햇살이 들지 않게 될 날이 언젠가 틀림없이 올 거라는 예언적 고통이었다. 지상의 위대한 자들이 세계의 장엄함을 지켜낼 수 있는 힘겨운 가능성을 사유할 때 생겨나는 고통과 유사한 거였다. 떠도는 방랑객이 울타리 밑에 하룻밤을 청하는 것이 멋진 일일까? 머물 거주지가 없어도 전혀 괘념치 않고 계속 떠도는 일이 멋진 인생일까? 그리스도교가 처음 세상에 전파된 이후로 정적주의자(靜寂主義者)들이 출현했다는 게 놀라운 일일까? 어둡게 흘러가는 강둑을 따라 끈질긴 인내심, 평온한 포기, 고요한 기대의 물결이 존재한다는 게 이상한 일인가? 위대한 목적을 위해, 순수 의식과는 다른 이성을 위해 애쓰는 것이 놀랍지 않은가? 주인이 주고 간 돈을 써버릴까 봐 두려워 땅에 묻어둔 청지기의 단순한 충실함에 대한 성경 이야기는 무관심과 불성실이 서로 이웃사촌간이라는 뜻인가? 로버트가 토마스 아 켐피스[9]의 시대에 살았다면, 그는 외로운 숲속에 조그만 은둔처를 짓고 《그리스도를 본받기》의 명망 높은 저자를 본떠 고요한 삶을 살았을 거다. 말하자면, 피그트리 집은 그에겐 그 나름대로 유쾌한 은둔처여서, 진실을 알리기에는 부끄럽지만, 그 젊은 변호사는 성무일과서와 시과기도서 대신 폴

---

9 토마스 아 켐피스(Thomas a Kempis, 1380~1471): 독일의 신비 사상가이며 수도자로 성서의 복사와 연구에 전념하였다. 성서 다음으로 널리 읽힌 《그리스도를 본받기》를 저술하였다고 하나 분명치는 않음.

드 콕[10]과 뒤마 부자의 소설에 파묻혀 지냈다. 하지만 그의 이런 죄는 단순히 부정적인 금지 명령이어서, 그것들을 포기하고 부정적인 미덕을 선택하는 것은 어렵지 않았다.

로버트가 차가운 바람에 쉬지 않고 살랑대는 담쟁이넝쿨의 음울한 그림자 아래를 지나갈 때, 아치형 문을 마주보는 불규칙한 긴 창문들 중 하나에서 유일하게 불빛이 보였다. 그 불 켜진 창문은 밖으로 크게 돌출한 백부님의 방이라는 것을 그는 직감했다. 마지막으로 이 오래된 저택에 왔을 때는 방문객으로 활기차게 붐볐고, 창문마다 밤하늘의 별처럼 불을 밝히고 있었다. 하지만 지금 이곳은 어둡고 조용하기만 했다. 깊은 숲속의 고독에 파묻힌 채 겨울밤을 맞이하는 음울한 남작의 거주지 같았다.

문을 열어 준 하인은 예상치 못한 방문객이 주인님의 조카임을 알자 반갑게 맞아주었다.

"마이클 경께서 오들리 씨를 보면 기운이 나실 거예요." 하인은 로버트를 난롯불을 지핀 서재로 안내하며 말했다. 남작의 안락의자가 넓은 양탄자에 텅 빈 채 놓여진 방 안 모습이 쓸쓸해 보였다. "위층으로 올라가시기 전 저녁 식사를 드시겠어요? 오들리 부인과 오들리 양은 주인님께서 편치 않으신 관계로 일찍 저녁을 드셨습니다. 원하시는 대로 무엇이든 차려드릴 수 있습니다."

"먼저 백부님을 만나 뵌 후에 먹겠어요. 지금 당장 뵐 수 있는가요? 혹시 너무 편찮으셔서 날 보기가 힘드실까요?" 로버트가

---

10 폴 드 콕(Paul de Kock, 1793-1871): 프랑스 소설가로 19세기 파리 중 · 하류층의 생활상을 그린 대중작가.

걱정스럽게 물었다.

"아니에요. 상태가 심하지 않아서 지금 뵈어도 됩니다. 이쪽으로 오시지요."

하인은 로버트를 5개월 전 조지 톨보이즈가 앉아서 오들리 부인의 초상화를 넋 놓고 오래 바라보았던 팔각형 방으로 향하는 좁은 참나무 계단으로 올라가도록 안내했다. 그 초상화는 이제 완성이 되어 클로드, 푸생, 우버만의 그림과 함께 창 맞은편에 걸리는 영예를 얻었다. 이 유명한 화가들의 침침한 색조의 그림은 현대 작가의 선명한 빛깔에 눌리고 있었다. 라파엘 전파 화가들이 좋아할 그 초상화는 금빛 머리칼 사이로 얼굴이 밝게 빛났고 조롱하는 듯한 미소를 짓고 있었다. 로버트는 기억에 생생한 그 초상화를 잠시 멈춰 서서 바라보았다. 그런 다음 오들리 부인의 내실과 옷방을 지나 마이클 경의 방 문지방 앞에 섰다. 남작은 침대 밖으로 팔을 뻗고 조용히 잠들어 있었는데, 그의 강인한 손은 아내의 연약한 손가락을 꽉 쥐고 있었다. 차가운 공기 속에서 큼직한 장작이 활활 타오르는 난로 옆의 널찍한 공간에 알리샤가 낮은 의자에 앉아 있었다. 화려한 침실 내부는 화가의 연필 스케치에 좋은 소재가 되었을 거였다. 칙칙하고 어두운 육중한 가구들은 여기저기 흠이 나 있었지만 금박을 입히고 화려하게 다시 채색되어, 우아한 구석마다 돈으로 발라놓은 기색이 완연하였지만 순수한 취향은 보기 힘들었다. 마지막으로 가장 중요한 두 여인의 우아한 모습과 남작의 고귀한 형체는 화가에게 값어치 높은 소재가 되기에 충분하였다.

사려 깊은 얼굴에 흐트러진 금발머리를 한 루시 오들리는 물

흐르듯 주름을 이루며 발까지 쭉 내려오는 보드라운 모슬린 드레스에 허리 부근에서는 동그란 가는 마노 고리를 장식처럼 달고 있었는데, 그녀의 모습은 마치 종교 개혁이나 크롬웰의 신교도 정권으로도 바뀌지 않는 오래된 잿빛 대성당의 귀퉁이에 숨어있는 자그마한 부속 예배당에서 기도하는 중세 성인의 모델로 아주 적합할 듯싶었다. 그뿐만 아니라 중세 시대의 어떤 성인 순교자라도 거대한 침대의 침침한 실크 이불 위에 누워있는 허연 수염의 한 남자보다 더 성스러운 모습을 담고 있을 수 있겠는가?

로버트는 그의 백부님이 깨어날까 두려워 문지방에서 멈춰섰다. 그의 조심스러운 걸음에도 불구하고 발자국 소리를 들은 두 여인은 고개를 들고 그를 바라보았다. 조용히 환자를 지켜보던 오들리 부인은 매우 근심 어린 얼굴빛이었는데, 그것이 오히려 한층 더 아름다움을 빛나게 만들었다. 그러나 로버트임을 확인한 부인의 얼굴에선 미묘한 광채가 사라지고 등잔불 아래서 두려움과 창백함으로 변하였다.

"오들리 씨!" 희미하게 떨리는 목소리로 오들리 부인이 외쳤다.

"쉿! 아빠께서 깨실지도 몰라요. 로버트 오빠, 잘 왔어요." 알리샤가 주의하라는 손짓과 함께 속삭이는 어조로 침대에 가까운 의자에 앉으라고 로버트에게 손짓하였다.

로버트는 침대 말의 의자에 앉았다. 그 자리는 베개 옆 가까이에 앉아 있는 오들리 부인과 정반대편이었다. 그는 잠든 이의 얼굴을 한참 동안 찬찬히 들여다보았다. 또한 그에 못지 않게 맞은편 오들리 부인의 얼굴도 조심스레 오랫동안 찬찬히 뜯어보았다.

부인은 천천히 본래의 얼굴색을 되찾고 있었다.

"백부님께서 매우 편찮으셨나요?" 로버트는 알리샤가 그랬던 것처럼 속삭이는 어조로 물었다.

"아니요, 그렇게 위험한 병은 아니었어요. 하지만 여전히 매우, 매우 걱정스럽긴 하군요." 오들리 부인이 남편에게 시선을 떼지 않으며 대답했다.

로버트는 그녀의 표정을 관찰하는 일을 늦추지 않았다.

'그녀가 나를 쳐다보도록 해야지. 그녀가 내 눈과 마주치도록 해야겠어. 그래야 이전처럼 그녀의 의중을 파악할 수 있지. 어떤 계략을 부리든 내게는 통하지 않는다는 걸 알게 될 거야.' 그가 생각했다.

로버트는 한동안 말이 없었다. 남작의 고른 숨소리만이 침대 머리 위에 매달린 사냥용 금시계의 재깍거리는 소리, 타오르는 장작의 불꽃 튀는 소리와 함께 정적을 깨고 있었다.

"걱정이 매우 많으셨겠어요, 오들리 부인. 다른 어느 누구보다 백부님은 백모님께 제일 소중한 분이니까요. 백모님의 행복과 안녕, 그리고 안전은 모두 백부님께 달려있죠." 오들리 부인의 눈이 흔들리며 슬쩍 그를 향하자 그는 그 눈을 똑바로 쳐다보며 말했다.

그의 속삭이는 말소리가 매우 작아서 방 저편에 앉아 있는 알리샤에게는 들리지 않았다. 로버트의 눈과 마주친 루시 오들리의 눈에선 승리감에 빛나는 광채가 번뜩였다.

"그럼요. 날 망치려는 자는 먼저 그분을 망치게 될 거예요."

그녀는 여전히 로버트 오들리를 바라본 채 잠든 남작을 가리키며 말했다. 그녀의 푸른 눈은 그를 되받아 치며 더욱 승리감에 젖어 반짝이었다. 그녀의 잔잔한 미소 역시 그에게 저항하는 듯했다. 치명적인 아름다움을 지닌 그녀의 미소. 신비스런 비밀을 가득 담고 있는 그 미소는 마이클 경의 아내를 그린 초상화에서 화가가 과장해서 그렸던 미소와 같았다.

로버트는 그녀의 어여쁜 얼굴에서 고개를 돌리고 그녀의 직접적인 눈길을 피하기 위해 손으로 자신의 눈에 그늘을 만들었다. 꿰뚫어보려는 그녀를 가로막으면서 그녀의 호기심을 불러일으키는 차단막인 셈이다. 그는 여전히 그녀를 살펴보고 있는가? 아니면 그냥 생각에 파묻혀 있는 건가? 그렇다면 뭘 생각하고 있는 걸까?

로버트 오들리는 백부님이 깨어나기까지 한 시간 넘게 침대 곁에 앉아 있었다. 남작은 조카가 온 것을 보고 기뻐했다.

"밥, 날 보러 오다니 정말 고맙구나. 난 병석에 누운 뒤로 네 생각을 많이 했단다. 너와 루시는 가까운 사이여야 해, 밥. 루시가 아직 젊고 예쁘지만, 루시를 백모로 생각하도록 익혀야만 해. 그리고—그리고— 뭐, 잘 알겠지?"

로버트는 백부의 손을 움켜쥐고 엄숙히 내려다보며 대답했다.

"그럼요, 백부님," 그가 조용히 말했다. "제 명예를 걸고 백모님께 다른 생각을 품은 적이 전혀 없어요. 그건 백모님도 잘 알고 있을 거예요."

루시 오들리는 예쁜 입술로 쓴웃음을 지으며 말했다.

"하, 어리석은 로버트. 모든 걸 쓸데없이 진지하게 받아들이는군요. 오들리 씨가 너무 젊은 조카라고 생각했다면, 그건 그저 다른 사람들의 어리석은 험담을 걱정한 것뿐이지, 어떤 다른—"

마침 때맞춰 도우슨 의사가 저녁 진찰을 하러 방으로 들어오는 바람에 그녀는 잠시 말을 멈추고 결론의 말을 내리지 않아도 되었다. 도우슨 의사는 환자의 맥박을 짚어보고 몇 가지 질문을 한 다음 환자가 점차 나아지고 있다고 안심시켜 주었다. 알리샤와 오들리 부인에게 일상적인 인사말을 주고받더니 일어날 준비를 했다. 로버트도 일어나 문간까지 따라왔다.

"제가 계단까지 배웅해 드릴게요." 로버트가 탁자 위의 초를 들어 램프에 불을 붙이며 말했다.

"아닙니다, 오들리 씨. 괜찮습니다. 구태여 나오실 필요가 없습니다. 나가는 길을 너무 잘 압니다." 의사가 정중히 말했다. 하지만 로버트는 고집을 부렸다. 두 남자는 함께 방을 떠났다. 팔각형 곁방에 들어가자, 로버트는 멈춰 서서 등 뒤의 문을 닫았다.

"저쪽 문이 닫혔는지 좀 봐주겠습니까, 도우슨 씨? 잠시 말씀드릴 것이 있어서요." 로버트는 계단을 향해 열려있는 문을 가리키며 말했다.

"그러시죠. 하지만 백부님이 걱정되어서 그러는 거라면, 안심하셔도 됩니다, 오들리 씨. 위험하다고 할 만한 사항은 조금도 없습니다. 위중했다면 제가 바로 가족 의사를 부르러 전보를 쳤을 겁니다." 의사가 대답했다.

"최선을 다해주시고 있는 걸 잘 알고 있습니다," 로버트가 진지하게 말했다. "하지만 백부님 이야기를 하려고 한 게 아닙니다. 다른 사람에 대해 몇 가지 질문드릴 게 있어서요."

"그렇군요."

"루시 그레이엄이라는 사람이 의사 선생님 가족과 함께 한때 살았었죠. 물론 그 사람은 지금 오들리 부인이 되었지요."

도우슨 의사는 놀라운 표정으로 로버트를 바라보며 대답했다. '실례하지만, 오들리 씨, 오들리 경의 부인에 관해서는 남작님의 허가 없이 질문에 대답할 권한이 제게 없습니다. 질문을 하시려는 동기가 뭔지 모르겠지만, 최소한 바람직스런 동기 같아 보이지가 않습니다.' 의사의 엄격한 눈초리는 그에게 이렇게 말하는 것 같았다. '당신은 백부의 아름다운 아내에게 마음을 빼앗겼군요. 내가 백부를 배반하고 두 사람 사이에 다리 놔주기를 원하는군요. 그러나 그렇게 할 수 없습니다. 그럴 수 없습니다.'

"저는 그레이엄 양을 항상 존경했습니다. 그리고 그분을 오들리의 부인이시기에 더욱 높이 존경합니다. 그분의 변모된 위상 때문이 아니라 이 문명 세계에서 가장 고귀한 분 중의 한 분이 되시는 남작님의 아내이시기 때문입니다." 의사가 말했다.

"저 또한 백부님과 백모님을 존경하는 데에서는 누구 못지 않습니다. 하지만 제가 질문을 드리는 이유는 부당한 동기가 있어서가 아닙니다. 그러니 꼭 대답해주셨으면 합니다."

"꼭 이라고요?" 모욕감을 느끼며 도우슨 의사가 로버트의 말을 반복했다.

"그렇습니다. 의사 선생님은 제 백부님의 친구입니다. 백부님이 지금 아내가 되는 분을 처음 만난 게 의사님 댁에서였습니다. 그리고 백부님이 그분을 높이 칭찬하신 것과 동시에 연민을 보내셨던 걸로 생각됩니다. 그분은 세상에 혼자뿐인 고아라고 자신을 소개했다고 하더군요. 친구도 친척도 없다고. 그분에 관해서 제가 알고 있는 사실은 여기까지입니다."

"그런데 무슨 이유로 그녀에 대해서 더 알고 싶은 건가요?" 의사가 물었다.

"매우 끔찍한 이유 때문입니다. 지난 몇 달 동안 제 삶을 원통하게 하는 의심스러운 사건으로 인해 고통을 받아 왔습니다. 그 고통은 나날이 커져만 가고 있습니다. 그건 사람들이 자신을 속이기 위해 하는 흔해빠진 궤변이나 협소한 논쟁에 의해 해소될 게 아닙니다. 정말로 믿기 어려운 두려움에 빠지게 만드는 거랍니다. 지금 오들리 부인이란 이름을 갖게 된 저분은 백부님의 아내가 될 자격이 있는 사람이 아니라고 생각합니다. 제가 틀렸을 수는 있습니다. 오히려 그러기를 하늘에 기원합니다. 그러나 제 말이 틀렸다면, 정황상 증거들의 확실한 연결고리가 무고한 사람과 그처럼 면밀하게 연결될 수가 없습니다. 전 제 의혹을 풀고 싶습니다. 아니 제 두려움을 확인하고 싶습니다. 그걸 할 수 있는 방식은 오직 한 가지뿐입니다. 제 백부님 아내의 과거를 거꾸로 추적해가는 겁니다. 오늘 밤부터 6년 전의 시기까지 하나하나 세밀히 살펴보는 일입니다. 오늘 날짜가 1859년 2월 24일 입니다. 오늘 밤부터 1853년 2월 24일 사이의 그녀에 대한 모든 과거 기록을 전 알고 싶습니다."

"정말 그럴만한 이유가 있습니까?"

"물론입니다. 정말로 끔찍한 의혹에서 그분을 깨끗이 벗겨내고 싶기 때문이죠."

"오들리 씨의 마음속에 뭐가 들어있는 건가요?"

"저뿐만 아니라 또 한 사람 역시 같은 생각을 갖고 있습니다."

"그 사람이 누군지 알 수 있나요?"

"아니요, 도우슨 씨. 제가 지금까지 말씀 드린 것 외에 더 이상은 알려드릴 수가 없어요. 전 매우 우유부단해서 대부분 일에서는 갈팡질팡하는 사람입니다. 하지만 이 문제에 관해서 제 결심은 확고합니다. 다시 한번 말씀드리자면, 전 루시 그레이엄의 과거사에 대해서 알아야만 합니다. 만약 선생님께서 조금이라도 저를 도와주시지 않겠다면, 저는 다른 사람을 찾아볼 생각입니다. 선생님께서 거절하시는 사항을 백부님께 직접 여쭤보는 건 고통스러운 일이 되겠지만, 그래도 그렇게 하겠습니다. 제 조사의 첫 단계부터 막힐 수는 없습니다."

도우슨 의사는 한동안 침묵하다 입을 열었다.

"로버트 씨, 당신 말씀이 저를 얼마나 놀라고 당혹스럽게 했는지 모릅니다. 제가 오들리 부인의 이전 일에 대해서는 말해줄 수 있는 사실이 거의 없어 혹시나 제가 알고 있는 작은 정보를 완강히 숨기고 있는 건 아닌가 의심받을지도 모르겠습니다. 전 언제나 당신 백부님의 아내를 정말 사랑스런 여자라고 생각해 왔습니다. 그 외에 달리 생각해 볼 수가 없습니다. 다르게 생각해보라고 강제로 강요한다면 제가 평생 가장 확실하게 믿었던 확신 하나가 뿌리 채 뽑히는 일이 될 겁니다. 오들리 씨는 지금부터1853년까지 그분의 과거를 되짚어 보고 싶으신 건가요?"

"그렇습니다."

"그분은 지난 여름 6월에 당신의 백부님과 결혼을 했으니 1857년 여름 중반이 되겠네요. 그 전에 제 집에서 13개월 약간 넘게 살았었고요. 그분은 1956년 5월 14일 가정교사로 처음 왔어요."

"그 가정교사는 어디에서 왔나요?"

"브롬튼 학교에서요. 빈센트라는 이름의 교장 추천을 받아서 왔지요. 그 빈센트 교장선생의 강력한 추천서로 인해 더 이상 과거 경력을 특별히 묻지 않고 그레이엄 양을 제 가족으로 받아들이게 되었지요."

"선생님께서는 그 빈센트 교장을 만나보셨습니까?"

"아니요. 저는 그저 신문에 가정교사 광고를 냈고, 그레이엄 양이 그 광고를 보고 연락을 한 거였지요. 그녀의 편지에 빈센트 교장이 운영하는 학교의 저학년 교사라고 적혀 있었어요. 전 매일 항상 바빴고, 그 젊은 지원자를 만나보러 오들리 마을에서 런던으로 가면 하루를 그냥 보내야만 했지요. 그래서 전화번호부 책에서 빈센트 부인 이름을 찾아내고는, 그녀의 신분을 확인했다 결론 짓고는 편지를 보냈지요. 그녀 역시 만족스러운 답장을 보내왔지요. 루시 그레이엄 양은 근면 성실하였고 제가 제시한 조건에 잘 맞는 여성이었어요. 전 그 추천을 받아들였고 이런 신중한 결정을 후회할 이유가 없었어요. 여기까지가 제가 말할 수 있는 전부입니다, 오들리 씨."

"빈센트 교장의 주소를 알려주실 수 있을까요?" 수첩을 꺼내며 로버트가 물었다.

"물론이죠. 그분은 브롬튼의 크레센트 빌라 9번지에 살았어요."

"아, 그렇군요." 그 말을 듣자 로버트는 지난 9월의 일들이 번쩍 떠올랐다. "크레센트 빌라—맞아요. 전에 오들리 부인에게서 그 주소를 들어본 적이 있습니다. 지난 9월 그 빈센트 교장으로부터 전보가 왔다고 했지요. 그 교장 선생님이 병들어 죽게 되었다고 하였죠. 그래서 오들리 부인을 찾는다고. 하지만 교장 선생님이 거주지를 옮긴 바람에 이사한 새 주소를 알 수가 없다고 하였죠."

"그렇군요. 저는 오들리 부인이 그런 상황에 대해 언급하는 걸 전혀 들은 적이 없습니다."

"그러실 거예요. 제가 여기 내려와 있는 동안 일어난 일이었어요. 도우슨 씨, 제게 그처럼 정확히 친절하게 정보를 주셔서 감사합니다. 오들리 부인의 2년 반 과거사를 얻게 되었지만 아직도 3년이 빈칸으로 남아있습니다. 나머지를 마저 채워야 끔찍한 저의 의혹에서 그분이 벗어날 수 있습니다. 안녕히 가십시오."

로버트는 의사와 악수를 나눈 다음 백부님의 방으로 돌아갔다. 그가 자리를 비운 15분 사이에 마이클 경은 다시 잠에 빠져들었고, 오들리 부인은 묵직한 커튼을 치고 침대 곁의 등잔불에 갓을 씌어 놓았다. 알리샤와 오들리 부인은 로버트와 도우슨 의사가 앉아있던 대기실의 바로 옆 부인의 내실에서 차를 마시고 있었다.

루시 오들리는 찻잔에 차를 따르다 말고 백부님의 방으로 조용히 걸어갔다 다시 내실로 되돌아오는 로버트를 걱정스러운 듯이 쳐다보았다. 그녀는 매우 예쁘고 순수한 모습이었다. 섬세한 오팔 찻잔과 반짝이는 은 찻숟가락의 우아한 세트 뒤에 앉아 차를 따르는 이 여인의 모습은 더할 나위 없이 정말 아름다웠다. 차를 준비하는 극도로 여성스런 가사일을 해나가는 그녀의 동작 하나하나마다 마법처럼 조화를 이루며 보는 이의 눈을 사로잡았다.

수증기가 피어 오르는 뜨거운 물에 그녀만이 아는 비법으로 허브 잎을 집어놓고, 향내 나는 김과 어우러지면서 요정처럼 다양한 차의 맛을 탄생시켰다. 차 테이블에서 그녀의 매력은 감히 접근할 수 없는 전지전능하였다. 그 신비한 차의 탄생을 남자들이 할 수 있을까? 영국의 수필가 해즐릿이 차를 끓인다고 상상해 보면 그 끔찍한 야만성에 치를 떨게 될 거다. 손재주 없는 남자들이 찻쟁반의 주재자 여성을 돕겠다고 나서봤자 얼마나 어색할 건가? 주전자를 들어봤자 하나도 나아질 게 없을 테고, 깨지기 쉬운 찻잔과 찻단지, 아니면 촛불 손잡이를 계속 위험에 빠뜨릴 거다. 이러한 차 테이블의 예식을 없애는 것은 여인들의 합법적인 제국을 빼앗는 일이 된다. 거대한 남자들이 손님 사이를 돌아다니며 가정부의 방에서 만든 차를 따라주는 짓은 가장 사회적이면서도 친근한 의식을 그저 형식적인 배급으로 격하시키는 일이 된다. 여성에게서 펜을 잡아채서 빼앗는 부적절한 권력보다 손 안에 우아하게 찻잔을 들고 있는 여인의 어여쁜 모습이 더 영향력이 있는 것이다. 여성의 속치마 크리놀린, 런던 화장품 가게의 진주 파우더, 예뻐지려는 여성의 노력, 남성의 호감을 사려는 짓, 차 만드는 솜씨. 영국의 모든 여성이 이런 역할을 뛰어넘어 고도의 남성적 지력까지 상승했다고 가정해 보라. 힘센 남자들조차 잔인한 스캔들인 양 또는 풍자적 조롱거리인 양 흥겹게 떠들어댈 것이며, 대신 자신들의 추악한 공리적 생활이 뛰어난 것인 양 으쓱거릴 것이다.

오들리 부인은 전혀 강한 성격의 여인이 아니었다. 그녀의 흰 손가락 위의 반짝이는 다이아몬드가 찻잔에 반사되어 여기저기 빛을 냈다. 그녀는 멋진 인도의 백단향 차통(茶桶) 너머로 어여쁜 머리를 숙이고 인생에서 이 순간보다 더 중요한 목적은 없는 듯이 심취해 있었다.

"오들리 씨, 우리와 함께 차 한잔 하겠어요?" 그녀가 찻주전자를 손에 든 채 문 가까이에 서 있는 로버트에게 물었다.

"그러지요."

"아직 저녁 식사를 하지 않았죠? 빵과 비스킷보다는 제대로 된 음식을 가져오라고 할게요."

"아닙니다. 고맙습니다, 오들리 부인. 런던을 떠나기 전에 점심을 먹었습니다. 번거롭게 하지 마시고 차 한 잔만 하겠습니다."

그는 작은 식탁에 앉아 무릎 위의 책에 깊이 빠져있는 알리샤를 바라보았다. 그을린 그녀의 피부는 윤기를 잃었고 젊은 여성의 활기를 잃은 모습이었다. 아버지의 건강에 대해 염려하느라 그렇게 된 것이라고 로버트는 생각했다.

"알리샤, 많이 야위어 보이는군." 그녀를 한가로이 바라보며 그가 말했다.

오들리양은 어깨를 으쓱하고 책에서 눈을 떼지 않고 말했다.

"그럴지도 모르죠. 그게 무슨 상관이에요? 로버트 오들리, 나도 오빠 따라 무관심해지고 있어요. 내가 아프든 말든 신경쓰기라도 했나요?"

'그렇게 성깔을 부리다니.' 로버트는 생각했다. 그는 사촌이 언제나 자신을 로버트 오들리라고 이름을 부를 때면 화가 나 있다는 것을 알고 있었다.

"네게 친절히 안부를 묻는 사람에게 그렇게까지 쌀쌀맞게 대답할 필요는 없어, 알리샤. 네게 신경을 쓰지 않다니, 말도 안 되는 소리. 난 신경을 쓰고 있어." 로버트가 나무라듯 말했다. 오들리 양이 밝게 미소 지으며 그를 쳐다보았다. "해리 타우워즈 경도 신경을 써주겠지." 오들리 양은 얼굴을 찌푸리며 시선을 다시 책으로 향했다.

"알리샤, 무슨 책을 읽고 있는 거니?" 잠시 조용히 차를 젓고 있던 로버트가 다시 물었다.

"제목이《변화와 기회》예요."

"소설인가?"

"그래요."

"누가 쓴 건데?"

"《어리석음과 실수》를 썼던 작가예요." 여전히 무릎 위의 소설에서 고개를 들지 않은 채 대답했다.

"재미있나 본데?"

오들리 양은 입술을 오므리고 어깨를 으쓱했다.

"그다지요."

"그렇다면 책만 읽지 말고, 네 앞에 앉은 사촌과 대화를 나눠줄 예의를 보여줄 수 없겠어? 더구나 네 편지를 받자마자 총알같이 찾아왔는데. 난 내일 아침 또 떠날 거야."

"내일 아침이요!" 갑자기 오들리 부인이 쳐다보며 외쳤다.

그녀의 얼굴에 여름날의 번개처럼 기쁨의 내색이 잠깐 비쳤고, 로버트는 이를 놓치지 않았다.

"그렇습니다. 내일 아침 업무로 인해 런던에 가야 합니다. 하지만 백모님께서 괜찮으시다면, 그 다음날 돌아와 백부님이 나을 때까지 여기 머물려고 합니다."

"하지만 마이클 경의 건강은 크게 걱정하지 않아도 돼요. 곧 나으실 것 같지 않아요?"

"맞습니다. 다행히도 크게 염려할 정도는 아니라고 생각합니다."

오들리 부인은 잠시 동안 말 없이 생각에 잠긴 듯 텅 빈 찻잔을 바라보며 앉아 있었다. 뭔가 심각한 일을 생각하는 어린애의 진지한 표정이었다.

"아까 도우슨 선생님과 오랜 시간 방 안에서 대화를 나누더군요. 꽤 오랜 시간이어서 걱정이 되었어요. 마이클 경에 대해 이야기를 한 건가요?"

"아닙니다. 내내 백부님 건강에 대해서 이야기를 한 건 아니에요."

그녀는 찻잔을 다시 바라보며 말했다.

"그러면 도우슨 선생님과 특별히 상의할 일이 뭐가 있나요? 서로들 거의 모르는 사이잖아요."

"도우슨 씨가 법적인 문제에 관해 저와 상의하고 싶었던 것 같습니다."

"그게 뭔데요?" 오들리 부인이 관심을 보이며 물었다.

"뭐, 무슨 일이라 하더라도 제 직업상 말씀드릴 수는 없습니다." 로버트가 엄숙하게 대답했다.

그녀는 입술을 깨물고 다시 침묵했다. 알리샤는 책을 던져두고 생각에 빠진 사촌의 얼굴을 지켜보았다. 그는 그녀와 몇 분 동안 이따금씩 이야기를 나누었지만, 그건 다른 생각에 빠지지 않도록 애쓴 노력임이 명백하였다.

"로버트 오들리, 오빠는 꽤나 친근한 말상대이군요." 두세 번씩 끊기는 대화에 알리샤의 인내가 고갈되어 마침내 소리쳤다. "다음 번 이곳에 방문하게 되면, 팔려나간 정신을 제대로 잡고 와야 할 거예요. 오빠의 넋 나간 표정을 보니, 집인지 어딘지 정신을 다른 곳에 놔두고 왔다는 걸 알 수 있겠군요. 오빠에게서 활기 찬 모습을 한 번도 본 적이 없지만, 최근에는 더 심해져 더 이상 참고 볼 수가 없어요. 오들리 씨, 사랑에라도 빠진 건가요? 넋을 뺏는 어느 여성이라도 있는 것 같군요."

그는 사실 혼란스러운 감정으로 클라라 톨보이즈의 고개 쳐든 얼굴을 생각하고 있었다. 말할 수 없는 슬픔에 타오르는 애틋함, 여전히 명료하게 그의 귀를 울려대는 열정정인 그녀의 말. 그녀의 빛나는 갈색 눈동자로 그를 바라보던 모습이 생생하였다. "오빠의 살인범을 잡는 데 저와 함께 하시겠어요?" 이렇게 엄숙하게 묻던 그녀의 목소리를 잊지 못하였다. 그리고 그는 지금 여기 에식스에 와있다. 조지 톨보이즈가 결코 떠나지 않았을 거라고 그가 굳게 믿는 이 작은 마을에. 독자가 책을 덮는 순간 이야기가 갑자기 끝을 맺듯이 친구의 온 생애 기록이 지금 순식간에 끝나버린 지점에 그는 와있는 것이다. 그리고 자신이 관여해왔던 이 탐문에서 이제 몸을 뺄 수 있을까? 지금 그는 중단할 수 있을까? 무슨 이유로? 아냐, 천 번을 생각해도 아냐! 그의 마음에 새겨진 슬픔에 젖은 그 이미지 때문인 건 아니야. 그의 귀를 울려대는 그 절절한 호소의 목소리 때문은 아니야.

8. 결국 알아낸 사실들

로버트는 다음날 아침 일찍이 기차를 타고 오들리 저택을 떠나 9시가 조금 지나서 쇼어디치에 도착했다. 그는 사무실로 돌아가지 않고 마차를 불러 곧장 웨스트 브롬튼의 크레센트 빌라로 갔다. 몇 달 전 그의 백부가 그랬던 것처럼 그 역시 주소에 적힌 여인을 찾는 것이 불가능할 거라는 사실을 짐작했지만, 마이클 경의 실패에도 불구하고 그 여교장이 살았던 집의 새 거주자로부터 어떠한 단서를 찾을 수도 있을 것이라고 생각했다.

'빈센트 교장은 죽을 병에 걸려 있는 상태라고 전보에서 언급하였지만, 그녀를 직접 만나게 된다면 적어도 그것에 대한 진실을 알 수 있을 거야.' 그는 생각했다.

로버트는 매우 어렵게 크레센트 빌라를 찾아갔다. 빌라의 주택단지는 매우 컸지만 주택들은 단지 가운데 벽돌과 모르타르를 마구 높이 쌓아놓은 어수선한 더미에 묻혀 반쯤 가려져있었다. 테라스, 길, 놀이터가 새로 지어지면서 사방에 널브러진 돌과 벽토 덩어리들로 혼란스럽기가 그지 없었다. 길은 매우 질척거리는 진흙투성이어서 마차가 지나갈 때마다 마차바퀴에 진흙이 늘어붙고 말발굽이 푹 빠지는 바람에 지나가기가 여간 어렵지 않았다. 새로 짓다가 제대로 마무리가 되지 못한 이 지역 집들의 뭔가 결여된 불편한 느낌을 주는 풍경은 그야말로 황량하기 짝이 없었고, 주변 거리마다 낙인처럼 새겨진 음울한 분위기가 크레센트 빌라의 곳곳에 침투해 있었다. 로버트는 그의 시계로 사십 분을, 마부의 계산으로는 한 시간 십오 분을 허비하며 사람이 살고 있지 않은 길과 테라스를 오르락내리락 헤매고서야 겨우 빌라를 찾을 수 있었다. 아직 세월과 연기로 시커멓게 그을리지 않은, 새로 지은 것처럼 보이는 벽토 빌라의 굴뚝에서 검은 연기가 나지막이 길가로 내려 깔리고 있었다.

적어도 목적지를 찾는 데 성공한 로버트는 마차에서 내려서며 마부에게 저쪽 모퉁이에서 기다려 달라고 한 뒤 본격적 탐문에 착수했다.

'내가 뛰어난 왕립 변호사라면, 이런 일은 하지 않을 텐데. 1분당 1파운드 정도씩 받았을 거고, 혹스 대 복스 사건 같은 큼직한 소송을 맡아 지금쯤 웨스트민스터 홀의 특별 배심원단 앞에 서 있겠지. 뭐, 인내심을 가져야지.'

그는 도우슨 의사가 알려준 대로 빈센트 교장이 살았던 주소에 도착했다. 문을 열어 준 하녀는 로버트의 질문에 그런 이름을 들어본 적이 없다고 말했다. 하지만 주인에게 가서 이야기를 하고 다시 돌아온 하녀는 빈센트 부인이 여기서 살았었지만 지금 현 거주자가 이곳에 이사오기 두 달 전에 이사를 가버렸다고 전해주었다. "지금 주인님은 여기에 15달째 살고 계십니다."라고 하녀가 덧붙였다.

"빈세트 부인이 이곳에서 이사하여 현재 어디에서 살고 있는지 알고 계십니까?" 로버트가 낙담하여 물었다.

"아니요. 주인님 말씀으로는 빈센트 부인이 아마도 하던 일에 실패하여 갑작스럽게 떠난 거라고 하셨어요. 어디로 떠나는지 다른 사람들에게 알리고 싶어하지 않아 하셨다고 해요."

로버트는 또 한번 좌절감을 느꼈다. 만약 빈센트 교장이 부채를 지고 이곳을 떠난 것이라면, 그분은 의심할 여지 없이 행방을 감추고 떠났을 것이다. 근처의 상점에서 그분의 주소를 알아낼 희망이 거의 없는 거였다. 하지만 모진 채권자들의 일이란 채무자의 행적을 찾는 것일 거였다.

그는 근처의 몇몇 가게들을 둘러보니, 빌라에서 가까운 곳에 빵집, 문구점, 그리고 과일 가게가 있었다. 또한 유리 창문을 단 그럴 듯한 가게들도 눈에 띄였지만 그 가게들은 모두 텅 비어 있어 겉만 번지르르 할 뿐 한심해 보였다.

그는 빵집 앞에 멈춰 서서 페이스트리 전문가가 유리병 안에 돌처럼 굳은 스폰지 케이크와 초록색 얇은 천으로 덮은 윤기가 흐르는 타르트 견본을 진열하는 것을 들여다보며 생각했다.

'빈센트 부인은 분명히 이 상점에서 빵을 사먹었을 거야,' 로버트는 빵집 앞에서 신중히 생각했다. '이 상점이 집과 가까우니 제일 가능성이 높은 곳이야. 이 주인에게 물어봐야겠어.'

빵 가게 주인은 계산대 뒤에 서서 허름해 보이는 젊은 여인에게 돈 계산을 해주고 있었다. 그는 볼일을 마칠 때까지 로버트에게 신경 쓰지 않다가, 계산이 끝난 뒤에 그를 쳐다보고는 뭘 해줄지를 물어왔다.

"이 마을 크레센트 빌라 9번가에 1년 반쯤 전 살았던 빈센트라는 부인의 주소를 알 수 있을까요?"

"아니요. 모르겠군요. 나도 알고 싶어요. 그 부인은 빵 값 빚이 11파운드나 되는데 지불하지 않고 떠났어요. 내가 잃어버렸다고 생각하기에는 큰 금액이에요. 네게 그녀가 어디 살고 있는 주소를 알려주면, 정말 고맙지요." 빵 가게 주인의 얼굴이 붉어지며 유난히 큰 소리로 말했다.

로버트는 어깨를 으쓱하고 인사를 한 뒤 떠났다. 그 부인의 행방을 찾아내는 일이 생각보다 쉽지 않을 거라는 느낌이 왔다. 전화번호부책에서 그 부인의 이름을 찾아볼 수도 있었으나, 이렇게 채무를 지고 있는 사람이 자신의 주소를 쉽게 확인할 수 있는 수단을 제공할 리가 없을 거라는 생각이 들었다.

'빵집 주인조차도 그 부인의 행방을 알 수 없는데, 내가 어떻게 찾을 수 있겠어? 저렇게 단호하고, 자신감이 넘치고, 활동적이고, 활기가 넘치는 빵집 주인이 해내지 못하는데, 나같이 둔중한 게으름뱅이가 이 일을 해낼 수 있겠어? 빵집 주인도 실패한 일을 무슨 수로 해내겠다고 내가 이렇게 어리석게 구는 거지?'

로버트는 이런 우울한 생각들을 하며 천천히 길모퉁이에서 기다리는 마차로 걸어갔다. 빵집을 나와 길모퉁이를 향해 반쯤 걸어갔을 무렵에 그의 옆으로 바싹 다가서는 한 여자의 발걸음 소리를 들었다. 그보고 잠깐 멈춰달라는 목소리에 되돌아서니, 아까 그 빵집에서 계산을 하였던 허름한 차림의 여인이 그의 뒤에 서 있었다.

"무슨 일인가요? 제게 무슨 볼일이 있으신지요, 부인? 빈센트 부인이 당신에게도 빚을 졌나요?" 그가 막연히 여인에게 물었다.

"맞아요." 그 여인은 비록 해진 옷이지만 단정한 차림에 걸맞게 어느 정도 예절을 갖추어가며 말했다. "제게도 돈을 꿔갔어요. 그것보다 도대체 댁은 어떤—어떤 관계이길래, 어떤—일로 그 부인을 찾는지 물어봐도 되겠습니까? 왜냐면—"

"혹시 그 부인의 주소를 알고 계신가요, 부인? 주소를 알고 있는 거죠?"

여인은 잠시 망설이다 로버트를 의심스럽게 바라보며 말했다.

"당신은 그 부인과 신용 할부 거래를 하는 분이 아닌가요?" 로버트의 외모를 잠시 살피면서 이렇게 물었다.

"신용—뭐라고요, 부인?" 상대방의 말에 젊은 변호사는 경악했다.

"제가 실례를 한 것 같네요. 제가 착각을 했나 봐요." 키가 작은 여인이 외쳤다. 그런 일을 하는 사람들은 댁처럼 말끔히 차려입어서요. 빈센트 부인은 상당한 빚을 지고 있었거든요."

로버트는 그 부인의 팔을 붙잡고 말했다.

"부인, 나는 빈센트 부인의 일에 관해서는 알고 싶은 게 하나도 없습니다. 방금 댁에서 말한 그 신용할부 거래라는 게 뭔지도 모르겠습니다. 그게 무슨 정치적인 음모와 관련된 일인지 아니면 신종 세금인지 난 모르겠습니다. 빈센트 부인이 무섭게 보이는 그 빵집 주인과 얼마나 나쁜 관계에 있는지 모르겠지만 내게 빚진 건 하나도 없습니다. 이제껏 한 번도 만난 적도 없었지만 그분에게 몇 가지 평범한 질문을 물어보려는 단순한 목적 외에는 다른 사항이 없습니다. 그분의 집에서 한때 같이 살았던 어떤 젊은 숙녀에 관한 거죠. 그분이 어디에 살고 있는지 알고 계시면, 제발 주소를 알려주세요."

그는 명함을 꺼내 그 부인에게 건네주었고 그녀는 명함을 조심스럽게 살펴보다가 입을 열었다.

"댁은 모습이나 말투로 보아 매우 점잖으신 신사분 같군요. 처음에 댁을 의심스럽게 여겨서 죄송합니다. 빈센트 부인은 당시 매우 어려운 상황에 처해서 떠난 탓에, 오직 저만 믿고 제게만 행방을 알려주었습니다. 저는 재봉일을 하고 있는데, 거의 6년 동안 그분의 옷을 만들어 주었지요. 하지만 그분은 제때에 비용을 지불하지 못하고 조금씩 돈을 갚아나갔어요. 제가 그분의 주소를 당신께 알려드리면, 절 기만하는 행동을 하지 않을 거라고 약속하실 수 있나요?"

"물론입니다. 맹세해요."

"그렇다면 말씀드리지요. 그분은 페컴 그로우브의 아카시아 코티지에 살고 있어요. 어제도 드레스를 그분에게 배달하러 다녀왔지요." 그녀는 발밑의 도로나 옆집 앞의 철 난간이 엿듣기라고 할까 봐 목소리를 낮추고 말했다.

"감사합니다. 댁이 부탁한대로 내가 빈센트 부인에게 어떤 불편도 끼치지 않을 것을 약속 드립니다."

로버트는 그 주소를 수첩에 적고 모자를 들어 재봉사에게 인사를 한 뒤 마차로 돌아왔다.

'내가 그 빵집 주인을 이긴 것 같군. 이제 제2단계로 다시 돌아가, 오들리 부인에 대한 조사를 시작해볼까.' 그는 생각했다.

브롬튼에서 페컴으로 가는 길은 꽤 오래 걸려 여행 도중에 로버트는 충분히 생각에 잠길 수 있었다. 그는 오들리 저택의 떡갈나무 방에 병들어 힘 없이 누워있을 백부님을 생각했다. 그리고 잠든 백부님을 지켜보고 있을 아름다운 푸른 눈, 깨어난 백부님을 시중드는 부드러운 흰 손, 백부님의 쓸쓸함을 달래주는 낭랑한 목소리, 쇠락해가는 백부님의 기분을 전환시켜주는 한 여인도 생각했다. 그도 다른 사람 이상으로 보려 하지 않고, 다른 사람보다 더 깊이 파고들지 않고, 그냥 무지한 채 모든 걸 바라볼 수만 있다면, 그 광경이 얼마나 보기 좋은 것인가! 하지만 그가 본, 아니면 그가 봤다는 환상을 가진, 검은 구름을 곰곰이 따져보면, 그게 얼마나 교활한 조롱이며 악의적 망상으로 보이는지!

여름철 동안 쾌적한 곳이었던 페컴 그로우브는 2월에는 오히려 음산한 모습을 띠고 있었다. 잎사귀가 떨어진 헐벗은 나무와 작은 정원은 황량하기만 했다. 아카시아 코티지는 그 이름이 적절하다는 걸 알려주는 표식을 갖고 있었다. 치장벽토 담장을 따라 뻗은 길에는 듬성듬성 큰 포플러 나무가 서 있었지만, 철문 한쪽에 작은 놋쇠판에 아카시아 코티지라는 이름이 새겨져 있어서 관찰력이 좋은 마부의 눈에 쉽게 뜨였고, 마부는 오들리 씨를 작은 정문 앞 길가에 내려주었다.

아카시아 코티지는 크레센트 빌라보다 사회적 위상이 상당히 낮은 지역이었다. 나지막한 사립문에 나와 로버트를 맞이하는 꼬마 하녀는 이곳에 줄지어 찾아오는 채권자들과 허름한 장벽을 사이에 두고 실랑이를 벌이는 일에 익숙한 듯 보였다. 하녀는 주인마님의 행방에 대해 잘 모르겠다는 닳고닳은 거짓말을 주절거렸고, 로버트에게 이름과 용건을 알려달라고 했다. 그러면 빈센트 부인께서 집 안에 계시는지 알아보겠노라고 했다.

로버트는 명함을 내밀고 그의 이름 밑에 '루시 그레이엄 양과 관련된 사람'이라고 연필로 적었다. 꼬마 하녀는 명함을 갖고 들어갔고, 그는 결과를 조용히 기다렸다. 5분만에 문 열쇠를 갖고 돌아온 하녀는 주인마님이 집에 계시며 신사분을 만나겠다고 하신다면 그에게 문을 열어주었다.

로버트가 안내 받은 네모난 응접실에는 온갖 장식품과 가구가 쌓여 있었다. 아마도 이 가구들을 쉽게 옮기기가 힘들고 불편함만 안겨준 모양인데, 한편으로는 빈궁한 집 안 상황을 그대로 드러내주는 거였다. 작은 거실은 대나무 의자 6개, 작은 뚜껑이 달린 펨브로크 탁자,[11] 네덜란드 벽시계, 작은 체경, 목동 그림이 새겨있는 그릇, 일본풍의 번지르르한 쇠 찻잔 세트로 꽉 차 있었고, 수리공은 자신의 제한된 소유물을 최대한 활용하여 겨우 몸을 펴고 지낼 수 있는 공간을 만들었다. 그러나 손에 익은 집 안 살림살이를 어쩔 수 없이 포기하고 처분해야만 했던 부인은 거실보다 더 작은 방에 살고 있었다. 다행히도 고마운 지인이 처분 물품 중에 구입해 준 초라한 물건들만을 방 안에 들여놓고 있었지만, 그 비참함은 어떠한 말로도 표현하기 어려울 정도로 쓸쓸하였고 초라하였다.

로버트가 둘러본 방은 크레센트 빌라의 현명하지 못한 교장 선생에게 닥친 파멸에서 건져낸 초라한 물품으로 채워져 있었다. 형편없는 작은 피아노, 방 안에 너무 클 뿐만 아니라 도금한 쇠시리가 벗겨지고 부서져 쓸쓸해 보이는 거창한 찻잔 장식장, 방 가운데에 놓인 가는 다리의 카드 탁자 등이 주요 살림살이였다. 마치 사막 위에 장미와 백합의 오아시스가 생겨난 모양처럼 낡아빠진 브뤼셀 카펫이 방 중앙에 깔려있었다. 뜨개질한 커튼이 창

11 펨브로크 탁자: 둥근 탁자의 양쪽 일부를 접을 수 있는 행사용 탁자로, 그 명칭은 아마추어 건축가였던 펨브로크 백작 헨리 허버트(Henry Herbert, 1693-1751)에서 유래되었음.

문을 가리고 있었고, 그 창문으로부터 볼품없게 보이는 선인장이 바구니에 담겨 정신 나간 식물처럼 아래로 축 처져 매달려 있는 모습은 마치 삐쭉삐쭉한 이파리와 거미 같은 줄기가 머리를 거꾸로 처박고 서있는 듯한 환상을 주었다.

녹색 천으로 덮인 카드 게임용 탁자의 오른쪽 모서리에는 저속하게 장정된 여성 잡지인지 책이 놓여있었지만 로버트는 이런 서적들에게는 주의를 보낼 여유가 없었다. 그는 삐걱거리는 의자에 앉아 교장 선생이 나타나기만을 기다렸다. 이웃한 방에서 흥얼거리는 목소리가 들렸고, 음이 거의 꺼져가는 피아노의 곡조에 맞춰 벨리니의 가곡 〈노르마〉의 2중창 노랫소리가 들려왔다.

기다린 지 한참이 지나서야 문이 열리며 매우 잘 차려 입은 여인이 점차 사라져 가는 미모의 얼굴에 지는 햇살을 받으며 방 안으로 들어왔다.

"로버트 오들리 씨군요. 오래 기다리게 해서 미안합니다." 그의 반대편 안락의자에 앉으며 로버트 보고도 앉으라고 손짓하였다.

"불쑥 찾아와서 죄송합니다." 로버트가 정중하게 입을 열었다. "하지만 매우 중요한 일이 있어 찾아왔으니 이해해 주시기 바랍니다. 제가 종이 위에 적은 여자의 이름을 기억하시나요?"

"물론이에요."

"선생님의 학교를 떠난 뒤 그 여자에게 무슨 일이 있었는지 알려주실 수 있습니까?"

"거의 없습니다. 사실상 거의 없다고 봐야죠. 그레이엄 양은 에식스의 어느 의사 댁에 자리를 얻었다고 들었어요. 실제로 제가 그 댁에 그녀를 가정교사로 추천해 주었지요. 그녀가 떠난 뒤로 소식을 전혀 들은 적이 없답니다."

"하지만 그녀와 그 이후로 연락을 취하지 않았나요?" 로버트가 간절히 물었다.

"없어요, 그런 일은 없었어요."

로버트는 잠시 말이 없었다, 그의 얼굴빛은 어두운 기색으로 변했다.

"지난 9월 그레이엄 양에게 전보를 보낸 걸로 알고 있어요. 당신이 매우 건강이 좋지 않아서 그녀를 만나고 싶다는 내용으로요."

빈센트 교장은 방문객의 질문에 미소를 지으며 말했다.

"저는 그런 내용의 편지를 보낸 적이 없습니다. 저는 아직까지 심하게 아파 본 적이 없는 걸요."

로버트는 더 이상 질문을 하지 못한 채 말문이 막혔다. 그저 수첩에 몇 줄의 글을 끄적거릴 뿐이었다.

"루시 그레이엄 양에 대해 몇 가지 직설적인 질문을 드리고 싶은데, 그런 질문을 던지는 저의 동기를 묻지 마시고 답을 해주실 수 있을까요?"

"그렇게 하지요. 저는 그레이엄 양에게 손해 볼 사항을 알고 있는 게 없습니다. 그리고 제가 별로 알고 있지도 않은 사항을 구태여 숨길 필요도 없습니다."

"그러시다면 그 젊은 숙녀가 교장 선생님께 처음 온 날이 언제였나요?"

그녀는 미소를 지으며 고개를 저었다. 그 예쁜 미소는 남들이 존경해마지 않는 사람의 솔직한 미소였다. 오랫동안 확신을 갖고 남을 위해 일해온 터라 세속의 어떤 불행도 완전히 무너뜨리지 못할 온화한 미소였다.

"제게 질문을 해봐도 별 소용이 없을 거예요, 오들리 씨. 저는 세상일에는 주의 깊은 사람이 되지 못합니다. 그녀가 처음 온 날짜를 제대로 기억하지 못해요. 내 학생들에게 정복자 윌리엄 왕이 언제 통치하기 시작했는지 그런 류의 지식을 잘 알아야 학생들의 미래 발전에 매우 중요하다고 내 힘껏 강조하고 했으면서도, 정작 나와 관련된 날짜는 기억하지를 못하겠군요. 어쨌든 그레이엄 양이 언제 왔는지는 전혀 기억나지 않지만, 그게 매우 오래전이었고, 제가 복사꽃 색깔의 실크 드레스를 입은 여름이었던 것은 확실해요. 통스에게 확인해봐야겠어요. 통스는 분명 정확할 거예요."

로버트는 통스가 사람인지 아니면 뭔지 의아스러웠다. 그게 일기를 말하는 건지, 아니면 설교집 목록과 비교될만한 무슨 꼼꼼한 메모장인지.

그녀가 벨을 울리자 아까 로버트를 안내해 준 하녀가 들어왔다.

"가서 통스 양을 불러오도록 해. 지금 당장 말이야."

5분이 채 되지 않아 통스 양이 나타났다. 그녀는 동상에 걸린 듯 추위에 떨고 있었다. 그녀의 칙칙한 양모 드레스 주름에 냉기를 몰고 다니는 듯했다. 나이는 정확히 알 수 없었지만 젊어 보이지 않았고, 그렇다고 늙어 보이지도 않았으며, 젊은 여성들을 가르치는 직물 기계처럼 자신의 협소한 일터에서만 영원히 일에 매달릴 사람처럼 보였다.

"통스, 이 신사분은 루시 그레이엄 양의 친척이라는구나. 그 애가 크레센트 빌라에 온 게 언제인지 기억나니?"

"루시는 1854년 8월에 왔어요. 아마 18일쯤 이었을 거예요. 17일일 수도 있고요. 화요일이었던 것은 분명해요." 그녀가 대답했다.

"고마워, 통스. 정말 똑똑하구나." 빈센트 교장이 부드러운 미소를 지으며 말했다. 아마도 통스 양이 지난 몇 년 동안 아무런 보수 없이 빈센트 교장을 도와 온 건 이런 뛰어난 기억력 때문인 것 같았다. 빈센트 교장은 선생이란 명칭의 가치와 비교해볼 때 세속적인 봉급을 경멸하여 통스 양에게 봉급을 지불하지 않았을 가능성이 커 보였다.

"또 다른 궁금한 점이 있으신가요, 오들리 씨?" 교장 선생이 물었다. "통스가 저보다 기억력이 더 뛰어날 거예요."

"그레이엄 양이 학교에 처음 왔을 당시 어디에서 왔다고 하던가요?" 로버트가 물었다.

"정확하진 않지만, 해안지역 어디라고 말한 기억이 희미하게 나는군요. 어느 곳인지 말하지 않았거나, 아니면 말했는데 제가 잊어버렸을 거예요. 통스, 그레이엄 양이 어디서 왔다고 네게 말했었니?"

"오, 아닙니다! 그레이엄 양은 저에게 아무 말도 안 했어요. 그녀는 그런 데에는 지나치도록 영리했어요. 순박하고 예쁜 곱슬머리를 가졌지만 자신의 비밀에 대해선 절대 입을 열지 않았어요." 통스는 찡그린 얼굴을 의미심장하게 가로 저으며 대답했다.

"그러면 그녀가 무슨 비밀을 지니고 있었다고 생각하는 겁니까?" 로버트가 열정적으로 되물었다.

"물론이죠. 모든 게 비밀스러웠습니다." 통스 양은 쌀쌀맞은 말투로 대답했다. "이름 있는 학교의 신참 교사로 그런 여자를 채용할 것 같지 않았거든요. 도대체 누구의 소개로 왔는지조차 말하지 않더군요."

"그럼 그녀의 추천인에 대한 정보도 가지고 있지 않았습니까? 로버트가 빈센트 교장을 향해 물었다.

"네, 그래요." 교장 선생은 약간 당황해 하며 대답했다. "그레이엄 양은 봉급도 받지 않고 일한 탓에, 그런 걸 요구할 수는 없었어요. 그 애는 자신의 아버지와 다퉈 집을 떠나 알고 지냈던 사람들 모두로부터 떨어져 살고 싶어했어요. 사람들로부터 떨어져 혼자 생활을 해나가고 싶었던 거예요. 아직 젊은 나이였지만 시련을 많이 겪어왔던 지라 거기에서 탈출하고 싶다고 말하더군요. 그러한 상황에서 제가 추천인을 어떻게 요구할 수 있었겠어요? 더구나 그 애는 나무랄 데가 없는 숙녀로 보였으니까요. 통스, 너도 그 애가 훌륭한 숙녀라고 생각했지? 추천인도 없이 그 애를 받아들였다고 못마땅하게 생각하는 건 친절한 마음씨가 아니야."

"사람이 호의를 베풀면 그들에게 속아 넘어가기 쉬어요." 통스 양은 차갑고 딱딱한 어조로 대답했지만, 우리가 논의하고 있는 문제의 사건에 대해 뭔가 알고 있는 건 전혀 아니었다.

"나는 그 애를 편애한 적이 없단다. 네가 질투를 하는 거지. 그 애가 너만큼 유용한 사람이라고 말한 적이 없었다는 걸 너도 잘 알잖니." 빈센트 교장이 나무라며 말했다.

"물론이죠! 그 애가 유용하다고 말씀하지 않으셨죠. 그냥 장식품에 불과했으니까요. 방문객들에게 자랑 삼아 내보이고 거실 피아노에서 환상곡을 연주하게 하는 장식품이었죠." 통스 양이 차갑게 쏘아붙였다.

"그러면 루시 그레이엄 양의 과거 전력에 대해 뭔가 더 말해 줄 수가 없겠군요?" 로버트는 교장 선생에게서 통스 선생에게 시선을 돌리며 되물었다. 그는 통스 양이 루시 그레이엄에 대해 원망스러운 감정을 품고 있다는 것을 분명히 알아챌 수 있었다. 아마 오랜 시간이 지나도 사라지지 않은 감정인 듯싶었다.

'이 선생이 루시의 결점에 대해서 알고 있으면 내게 말해 줄 거야. 스스로 기꺼이 말해줄 것 같은데.' 로버트에겐 이런 생각이 들었다.

하지만 통스 양은 아무것도 아는 게 없는 것 같았다. 단지 그레이엄 양은 가끔씩 자신이 남에게서 학대만 받았던 사람이라고 했다. 인간의 천박함에 속아 넘어갔고 가난과 굶주림의 고통에 희생물이었다는 거였다. 이 외에 통스 양은 더 이상 아는 것이 없는 듯했다. 통스 양은 자신이 알고 있는 바를 대부분 말해주었기 때문에 로버트는 그 알려준 정보의 깊이가 매우 얄팍하다는 걸 금방 알 수 있었다.

"마지막으로 물어 볼 것이 하나 더 있습니다. 그레이엄 양이 학교를 떠나가고 남긴 책이나 장식품, 아니면 무슨 물품이라도 있습니까?"

"제가 알기론 없습니다." 빈센트가 대답했다.

"있어요. 상자 하나가 있어요. 위층 제 방에 있습니다. 그 안에 낡은 보닛 모자가 있어요. 한 번 보시겠어요?" 통스 양이 로보트를 향해 말했다.

"허락해 주신다면, 기꺼이 보고 싶습니다."

"그 상자를 가지고 내려 올게요. 그리 크지 않아요."

통스 양은 오들리 씨가 감사의 말을 하기도 전에 방 밖으로 달려나갔다.

'이 여자들은 서로를 보살피는 인정이 없군.' 선생이 자리를 뜨자 그가 생각했다. '한 여자는 내 질문에 상대방을 위험에 빠뜨릴 뭔가가 있다고 직감적으로 알아챈 거야. 동료가 곤란에 빠질 걸 알아채고 그걸 즐기는 거야. 나를 기꺼이 도와줄 게 분명해. 정말 알 수 없는 노릇이군. 정말 여자들이란 알 수 없어. 헬렌 몰던, 오들리 부인, 클라라 톨보이즈, 그리고 지금 이 통스 양까지. 처음부터 끝까지 다 여인들과 얽혀 있군.'

로버트가 여성의 못된 짓을 따져보고 있는 동안 통스 양이 헐거운 종이 뚜껑의 모자 상자를 들고 돌아와 로버트에게 건네주었다. 로버트는 무릎을 꿇고 상자의 여기저기에 붙은 열차 표딱지와 주소를 살폈다. 상자는 여러 열차 행선지를 분명히 오래 돌아다니느냐고 쭈그러져 있었다. 표딱지도 찢겨나가고 했지만 일부가 남아있었다. 한 노란 종이조각에는 '토리노'라는 글자가 적혀 있었다.

'이 상자는 이탈리아에서 온 거군. 표딱지가 외국어에다 토리노라고 적혀있어.'

런던으로 가는 승객인 루시 그레이엄 양의 이름이 유일하게 지워지지 않고 표딱지 조각에 남아있었다. 그걸 자세히 들여다본 로버트는 그 밑에 또 하나의 표딱지를 발견했다.

"물과 스펀지를 좀 가져다 주시겠어요? 이 위의 표딱지를 떼어봐야겠어요. 그렇게 해도 되겠지요?"

통스 양은 방 밖으로 달려나가 물그릇과 스폰지를 갖고 즉시 돌아왔다.

"제가 대신 해 드릴까요?"

"아니요." 로버트가 차갑게 말했다. "내가 직접 잘 해보겠습니다."

그는 위 표딱지를 여러 번 물에 축여서 가장자리 풀이 흐물흐물해지도록 만들었다. 몇 번의 조심스런 시도 끝에 겉 딱지가 벗겨지고 아래 주소가 그대로 드러났다.

통스 양은 로버트의 어깨 너머로 주소를 보려고 부단히 애썼지만 제대로 해낼 수가 없었다. 로버트는 그 주소가 적힌 표딱지를 조심스레 떼어내서 수첩의 빈 장 사이에 매우 조심스레 끼워 넣었다.

"제가 오랜 시간을 빼앗았군요." 그는 이 일을 다 끝마친 후에 말했다. "이처럼 저를 기꺼이 도와주셔서 정말 감사합니다. 안녕히 계십시오."

빈센트 씨는 미소를 지으며 머리를 숙여 인사를 했다. 그리고 그가 방문해 주어 즐거웠다고 인사말을 전했다. 관찰력이 높은 통스 양은 로버트의 얼굴 표정이 상자에서 표딱지를 떼어낸 이후 한결 밝아진 것을 눈치챘다.

로버트는 아카시아 코티지를 천천히 걸어나가며 생각했다. '내가 오늘 발견한 게 설사 배심원단에게 증거가 되지 않는다 하더라도, 백부님이 교활하고 악명 높은 여자와 결혼했다는 사실을 확인시켜 주기에 틀림 없어.'

9. 또 다른 끝에서 다시 시작하다

로버트 오들리는 잿빛 가득한 2월의 대기 속에서 헐벗은 나무들 아래 잎이 떨어진 숲을 천천히 걸어가며 그가 발견해 낸 일들을 생각하고 있었다.

'내 수첩에 그 증거를 간직하고 있어.' 그는 곰곰이 생각했다. '조지가 《타임즈》 신문에서 읽었던 죽은 여인과 백부님의 저택을 현재 다스리고 있는 여인간의 연관 관계가 이루어진 증거이지. 루시 그레이엄의 마지막 발자취는 빈센트 교장의 학교 문턱에서 갑자기 끝나버렸어. 1854년 8월 그곳으로 그녀는 들어갔지. 그 사실을 교장 선생과 보조 교사가 내게 말해주었어. 하지만 그들은 그녀가 어디에서 왔는지 모른다고 했지. 그녀가 그 학교로 들어가기 이전의 일들은 그들도 알지 못하는 것 같아. 나도 더 이상 그녀의 그 이전 과거에 대해 알 길이 없군. 어떻게 하면 클라라 톨보이즈와 했던 약속을 지킬 수 있을까?'

그는 마음속에 이런저런 의문을 품고 발걸음을 내딛고 있었지만 얼굴은 어두워지는 겨울 황혼의 어스름보다 더 어두웠다. 슬픔과 두려움이 섞여 그의 마음을 무겁게 짓눌렀다.

'내 의무는 확실히 명백해졌지만, 마음속의 고통이 가라앉질 않는구나. 진실을 향해 점점 더 나아갈수록 사랑하는 내 마음의 고향에 파멸과 절망만 몰고 오니 내 마음이 평온할 수 없군. 나는 다른 편에서 새롭게 시작해야 해. 조지가 실종된 날로부터 벤트너의 교회묘지에서 장례식이 있던 날까지 거슬러서 헬렌 톨보이즈의 과거사를 찾아나서야 돼.'

로버트는 지나가는 마차를 불러 세워 집으로 돌아갔다.

그는 피그트리 아파트에 제시간에 도착해서 클라라 톨보이즈에게 편지를 몇 자 적은 뒤 다음 날 저녁 6시 이전에 도착하도록 런던 중앙우체국에서 편지를 부칠 생각이었다.

'지금 이 편지를 보내면 하루 빨리 도착하게 될 거야.' 이런 생각에 로버트는 간략히 쓴 편지를 들고 우체국으로 달려갔다.

로버트는 편지에서 클라라에게 조지가 몰던 중위와 그의 딸을 만났던 작은 항구도시의 이름을 물었다. 그는 조지와 그동안 가까이 지냈지만 그의 짧은 결혼 생활에 대해서는 거의 아는 바가 없었다. 조지는 《타임즈》 신문에서 아내의 죽음에 대한 소식을 읽게 된 이후로 그처럼 잔인하게 무너진 사랑의 역사와 그토록 어둠으로 얼룩진 가족사에 대해 일체 언급하지 않았다.

그 짧은 역사 속에 그처럼 고통스러운 일들이 꽉 차 있다니! 내내 집에서 남편만 바라보며 기다리고 있을 아내를 잔인하게 내버려두었던 일에 대한 쓰라린 자책도 포함되어 있었다. 로버트는 이 점을 이해하였기 때문에 친구의 침묵이 놀랍지가 않았다. 서글픈 사연은 서로간에 암묵적으로 언급하기를 피했었고, 그들이 피그트리 아파트에서 함께 아늑한 시간을 지내온 것이 믿기지 않을 만큼 로버트는 친구의 지난 1년간 벌어졌던 불행의 세세한 일을 모른 척하고 있었던 것이다.

결혼 1개월도 지나지 않아 톨보이즈 양에게 보낸 조지의 편지에는 발신장소가 해러거트로 적혀있었다. 따라서 로버트는 그곳에서 그 젊은 부부가 신혼생활을 했던 것이라 단정지었다. 로버트는 클라라 톨보이즈에게 자신이 수행하겠다고 약속했던 탐문 조사를 완수하기 위해 시간을 허비하고 싶지 않으니 편지를 받은 즉시 답장을 해달라고 당부했다.

전보 응답이 다음날 정오가 되기 전 피그트리에 도착했다. 그 항구도시 이름은 요크셔 주의 월던시였다.

전보를 받은 지 한 시간이 채 안 되어 로버트는 킹스 크로스 기차역에 도착해 2시 15분 전에 떠나는 월던시로 향하는 급행열차표를 구했다.

북쪽을 향해 지루한 여행을 떠나는 기차는 시끄러운 엔진소리를 내며 희미한 녹색빛이 남아있는 황량한 들판과 돋아난 새싹으로 연한 푸른색의 헐벗은 콩밭을 내달렸다. 이 북쪽 길은 젊은 변호사에게 익숙하지 않았으며 낯설었다. 광활하게 펼쳐진 겨울 풍경에 외로움의 냉기가 스며들었다. 자신의 여행 목적을 잘 알고 있기에 그의 멍한 눈길이 닿는 곳마다 황량한 기분을 던져주어서 어느 한 곳에 집중시키지를 못했다. 설사 그 눈길을 마음의 내부로 돌려 골똘히 생각에 집중하려 해도 근심 어린 마음에 더 어두운 그림만이 비출 뿐이었다.

기차가 헐 종착역에 도착했을 때는 이미 날이 저물었다. 하지만 로버트의 여행은 아직 끝난 게 아니었다. 수많은 짐꾼과 이리저리 흩어진 채 쌓여있는 여행객의 갖가지 짐 더미들 사이에서 그는 어리둥절하고 반쯤 잠에 취한 채 월던시를 향해 북해의 경계선을 빙 둘러가는 지선으로 갈아탔다.

헐을 출발한 지 30분이 지나자 열려있는 객차 창문으로 불어오는 짠 바다내음이 느껴졌다. 그리고 한 시간이 더 흐른 뒤 기차는 우울한 분위기의 기차역에 도착했다. 모래사장에 세워진 그 기차역에는 두세 명의 역무원만 상주해 있었고, 기차가 다가오자 그중 한 역무원이 시끄럽게 종을 울려댔다.

로버트는 이 쓸쓸한 역에서 내린 유일한 승객이었다. 기차는 로버트가 정신을 차리기도 전에 더 흥겨운 곳을 향해 떠나버렸고, 그는 등불 하나만 켜있는 동굴같이 컴컴한 곳에서 짐을 찾느라 애를 먹었다.

'미국의 산간벽지에 첫발을 내디딘 이주자도 오늘밤의 나만큼 외롭고 낯선 기분은 아닐 거야.' 그는 어둠 속을 힘없이 바라보며 생각했다. 그는 짐꾼을 불러 그의 짐을 가리키며 말했다.

"저 짐과 함께 나를 이 근처 호텔로 데려다 주시겠습니까? 아늑한 호텔이면 좋겠군요."

짐꾼은 짐을 어깨에 매고 웃으며 말했다.

"아마 숙소는 아주 많이 남아있을 거예요. 이런 시기에는 윌던시에는 투숙객이 거의 없습니다. 자, 이쪽으로 가시죠."

짐꾼이 안내하는 대로 기차역 담장의 나무문을 열고 밖으로 나오자, 로버트는 자신이 커다란 정사각형 건물을 둘러싸고 있는 널찍한 부드러운 볼링 잔디밭을 밟고 서 있는 것을 알았다. 겨울밤 어슴푸레한 어둠 속에 서 있는 건물에는 서로 멀리 떨어진 두 창문에서만 불이 켜져 있어, 마치 어둠 속에 붉게 타오르는 봉화 같았다

"저곳이 빅토리아 호텔입니다. 여름에는 많은 손님들로 붐비는 곳이랍니다." 짐꾼이 말했다.

헐벗은 잔디밭, 숙박객이 보이지 않는 목재 건물, 어두운 창문—이런 걸로 봐서는 정말로 여름날에 손님들이 흥겹게 붐비리

라고 상상하기가 힘들었다. 하지만 로버트는 짐꾼의 말을 기꺼이 믿기로 하고 온순하게 그를 따라 거대한 호텔의 작은 옆문으로 들어갔다. 안에는 여름철 손님들이 음료수를 마시며 편안하게 휴식을 취했을 바가 있었다. 하얀 조끼를 입은 깔끔한 웨이터들이 입구에서부터 맞이해주는 호화로운 곳이 아닌 소박한 바였다.

쓸쓸한 2월 시즌의 호텔에는 종업원도 거의 없어 주인이 직접 광을 낸 마호가니 탁자와 말털 커버가 씌어진 의자를 갖춘 커피룸이라는 황량한 방으로 안내했다.

로버트는 널찍한 난로 철망 가까이 앉아 주인이 석탄을 들쑤셔 불꽃을 크게 일으키는 동안 쥐가 났던 다리를 깔개 위에 쭉 폈다.

"더 개인적인 공간을 원하신다면—" 주인이 말을 끄집어냈다.

"아니요, 괜찮습니다. 이곳도 충분히 아늑하군요. 양고기 요리와 셰리주 한 잔을 주문할 수 있겠습니까?"

"물론입니다."

"그 전에 당신과 잠시 이야기를 나누고 싶습니다."

"물론이지요. 이런 겨울에는 찾아오는 손님이 거의 없어서, 저의 호텔을 찾아주시니 매우 기쁩니다. 월던시 주변의 볼만한 곳에 대한 정보를 제가 기꺼이 말씀드리겠습니다." 주인은 기쁜 마음으로 대답하고는, 바에서 파는 자그마한 해안 안내책자를 무의식 중에 인용하며 말하기 시작했다. "이곳에서 제일 유명한 관광지는 바로—"

"전 이곳의 관광지에 대해서 궁금한 게 아닙니다." 로버트가 수다스러운 그의 말을 가로막으며 말했다. "한때 이곳에 살았던 어떤 사람에 대해 묻고 싶습니다."

호텔 주인은 고개를 숙이고 미소 지으며, 오들리가 묻기라도 한다면, 이 작은 항구도시 주민들의 모든 개인사를 다 읊어댈 듯한 태도를 보였다.

"이곳에서 몇 해나 사셨나요? 제가 물어보는 질문에 대해서 기록을 좀 해도 괜찮겠습니까?" 로버트가 주머니에서 수첩을 꺼내며 물었다.

"물론입니다. 무슨 내용이든지 마음껏 적으셔도 좋아요." 이 일에 담긴 엄숙하고 중요한 분위기에 마음이 으쓱해진 주인이 대답했다.

"감사합니다." 로버트가 말의 흐름을 끊고 웅얼거렸다. "이곳에서 사신 지 얼마나 되셨나요?"

"6년이 됩니다."

"1853년부터이군요?"

"1852년 11월부터입니다. 그 이전엔 헐에서 사업을 했죠. 이 호텔은 제가 오기 한달 전인 10월에 완공되었지요."

"그 당시 몰던이란 이름의 해군 중위를 기억하십니까?"

"몰던 선장 말씀이신가요?"

"그렇습니다. 보통 그렇게 부르더군요. 그를 기억하는군요."

"물론입니다. 몰던 선장은 저희 여관의 단골 손님이었어요. 그분은 바로 이 방에서 저녁을 보내곤 했지요. 그 당시엔 벽이 습기 찼고 거의 일년 가까이 도배를 하지 못하고 있었어요. 그의 딸이 여기에 부대가 주둔했던 젊은 장교와 1852년 크리스마스에 결혼했지요. 그들은 이곳에서 결혼식을 올렸고 6개월 동안 유럽 대륙을 여행한 뒤 다시 이곳에 돌아왔답니다. 하지만 그 장교는 아기가 태어난 지 한두 주 지나 아내를 혼자 남겨두고 호주로 달아나 버렸어요. 그 일은 이곳에서 꽤 소문이 자자했었습니다. 그녀의 이름이—뭐였더라—"

"톨보이즈 부인일 겁니다." 로버트가 슬쩍 이름을 올렸다.

"맞아요, 톨보이즈 부인. 이곳 주민들이 그 부인을 매우 가엾게 여겼지요. 매우 아름다운 여자인데다가 행동거지도 착해서 많은 사람들이 좋아했었죠."

"톨보이즈 씨가 여기를 떠난 뒤 몰던 씨와 딸은 월더시에 얼마나 더 머물러 있었습니까?" 로버트가 물었다.

"음—글쎄요." 잠시 생각하던 주인이 다시 입을 열었다. "얼마나 있었는지 정확히 말씀드리기가 힘들군요. 몰던 씨가 이 응접실에서 앉아 사람들에게 그의 딸이 얼마나 가엾게 됐는지, 굳게 믿었던 사위가 얼마나 그를 나쁘게 속였는지 떠들어대곤 했어요. 하지만 그가 얼마나 머물렀는지 정확히 기억이 나질 않습니다. 하지만 바캠 부인은 잘 알고 있을 것 같군요." 주인이 활기차게 말했다.

"바캠 부인이요?"

"네, 바캠 부인은 노스 코티지 17번가에 살고 있습니다. 몰던 씨와 딸이 살았던 집이죠. 바캠 부인은 매우 친절하고 엄마와 같은 여성이랍니다. 그 부인이라면 댁이 알고 싶어하는 걸 분명히 대답해 줄 수 있을 겁니다."

"감사합니다. 내일 그 부인을 찾아가야겠어요. 잠깐, 하나 더 여쭤볼 것이 있습니다. 톨보이즈 부인의 얼굴을 잘 기억하고 있나요?"

"물론이에요. 제 딸들만큼 그 부인의 얼굴을 생생히 기억하고 있지요."

로버트는 바캠 부인의 주소를 수첩에 적은 뒤 셰리주를 한두 잔을 곁든 저녁 식사를 홀로 마친 후 담배를 피우고, 따뜻한 난롯불이 타오르는 방으로 물러났다.

그는 지난 이틀 동안 여기저기 옮겨 다니며 지친 탓에 금방 곯아 떨어졌다. 그러나 모래밭 위를 스쳐가는 불안한 신음 같은 바람소리와 평평한 해변 위를 단조로이 쓸고 가는 파도 소리에 깊게 잠이 들지 못했다. 우울하고 복잡한 생각들이 그의 잠든 머릿속에서 떠돌아다녔다. 그의 즐겁지 않은 여행에서 생겨난 우울한 생각들이 음울한 소리들과 뒤섞여 연속해서 반복적으로 출현하여 수면 상태의 뇌를 혼돈으로 빠뜨리며 이 세상에서 결코 있을 수 없을 환상을 일으켰지만, 한편 그 환상은 로버트가 기억하는 실제 사건과 막연한 관계가 있기도 한 것이었다.

혼란스런 그 꿈속에서 그는 그늘진 생울타리로 둘러싸인 채 에식스의 푸른 목초지 위에 세워져 있는 오들리 저택을 보았다. 그 저택은 갑자기 헐벗은 황량한 북쪽 해안가로 옮겨지고, 들끓어 오르는 거센 파도가 급하게 밀려왔다 내려앉으며 그가 사랑하는 그 저택을 무너뜨릴 듯이 위협했다. 성급한 파도가 점점 더 그 당당한 저택을 향해 몰아쳤고, 로버트는 꿈속에서 파도의 흰 거품 사이로 창백한 얼굴을 보았다. 그것은 바로 인어로 변해 백부님에게 손짓하며 파멸로 유인하는 오들리 부인이었다. 바다의 거대한 구름덩이는 점점 먹물보다 더 짙고, 두텁게 확대되어 로버트의 눈 위로 점점 내려 깔려갔다. 그러나 그때 음울한 수평선에서 폭풍우 구름이 서서히 갈라지면서, 어둠의 그 좁은 틈으로부터 한 줄기 빛이 흉측한 파도 위로 흘러나왔다. 그러자 파도는 천천히, 매우 서서히, 물러나기 시작했고 그 옛 저택은 해변에 안전하고 굳건히 모습을 드러냈다.

로버트는 잠에서 깨어났다. 그 꿈이 생생히 머릿속에 남아 있었고, 밤새 그를 짓누르던 무거운 중압감이 가슴에서 사라진 듯 안도감이 몸을 휩쓸었다.

그는 다시 잠에 빠져 겨울의 햇살이 창 블라인드에 환하게 비칠 때까지 깨어나지 않았다. 그의 방 앞에서 하녀의 날카로운 목소리가 8시 반이라고 말하며 그를 깨웠다. 10시가 되기 전에 그는 빅토리아 호텔을 떠나, 바다를 마주한 채 햇빛을 가득 받고 있는 쭉 늘어선 집들 앞의 외로운 길을 따라 발걸음을 서둘렀다.

길게 늘어선 이 견고한 정사각형의 집들은 작은 항구까지 뻗쳐있었고, 항구에는 두세 척의 무역선과 두 척의 석탄선이 닻을 내리고 있었다. 항구 너머로 차가운 잿빛 겨울의 수평선이 어렴풋이 보였고, 도개교를 옆에 끼고 음울한 연병장이 좁은 수로 옆을 따라 늘어선 월던시의 집들에 반쯤 가려져 있었다. 연병장 담벼락 앞의 저편 모서리에 세워진 두 대의 대포 사이를 왔다 갔다 하는 보초병의 진홍색 외투가 잿빛 돌집과 납빛 바다의 칙칙한 풍경에서 유일하게 두드러진 색깔이었다.

항구의 한쪽 편에 돌로 지어진 긴 부두가 교류를 꺼리는 그리스의 철학자 티몬[12]의 특별한 안식처인 양 쓸쓸한 바다를 향해 길

12 티몬: 그리스의 회의주의 철학자로 많은 저술을 하였다고 하지만 극소수만이 전

게 뻗어 있었다. 너무도 쓸쓸한 모습은 월던시의 고독으로도 만족할 수 없어 이웃과도 동떨어져 더 멀리 있고 싶어하는 듯싶었다.

이 부두는 햇살이 내리쬐는 어느 여름날 악단 연주가 시끄럽게 울려대는 속에서 조지 톨보이즈와 그의 아내가 맨 처음 만난 곳이었다. 이곳은 젊은 코넷 연주자가 달콤한 망상에 빠져 그의 죽음을 예견하지 못하고 치명적 환상에 사로잡혀 한 여인을 만났던 장소였다.

로버트는 이 외로운 물가와 낡은 항구를 사나운 눈초리로 둘러보았다.

'바로 이런 장소가 강한 사나이를 파멸로 이끄는 곳이야.' 그가 생각했다. '꽃 전시회나 무도회장에서 여성과 만나는 것 외에는 별다른 여성 경험이 없었던 그는 이곳에서 가슴 깊이 행복을 느낀 거지. 마치 머나먼 항성에 대한 지식만큼이나 여성에 대해 아는 게 없던 그였지. 보닛 모자에 핑크빛 또는 푸른빛 면 드레스를 입고 뱅그르르 도는 우아한 그녀의 모습. 처음 이런 곳을 접해본 그에게는 우주가 갑자기 이 좁은 곳으로 모두 빨려 들어온 듯한, 강력한 창조의 설계가 이 협소한 장소에 이루어진 듯한 느낌이었을 거야. 손에 잡히지는 않지만 그가 꿈꿔왔던 아름다운 존재들이 아득히 멀리 있었는데, 이제 그의 코앞으로 다가온 거였겠지. 어리둥절함을 느낄 새도 없이 전광석같이 마법이 시작되었던 거야. 그리고 마법이 작동하자 온갖 요술 방식이 전개되었고,

---

해지고 있다. 그의 생애는 그리스 고전문학과 셰익스피어의 희곡《아테네의 타이먼》(1607)에서 다루어졌다.

그 희생자는 동방 전설에 나오는 왕자처럼 다리가 대리석으로 변해 도망칠 힘도 없어져 버렸겠지.'

이런저런 생각에 잠기는 동안 로버트는 일러 준 바캠 부인의 집에 도착했다. 그를 맞이한 깔끔한 늙은 여자 하인은 마찬가지로 깔끔한 구닥다리 응접실로 그를 즉시 안내했다. 바캠 부인은 60대의 편안해 보이는 대장부 여인이었고, 활활 타오르는 난롯가에 앉아있었다. 그녀의 무릎 위에는 늙은 검정색과 갈색 점박이 잿빛 테리어가 편안히 누워있었다. 이 조용한 응접실의 사물들은 모두들 햇수가 꽤나 오래되어 보였지만, 그런 외적으로 단조롭고 평온한 모습이 편안한 휴식을 취하고 있다는 표시가 되었다.

'나도 이렇게 평온한 곳에서 잿빛 바다와 모래사장 그리고 하늘을 바라보며 살고 싶군. 조용히 기도하며 회개하면서 안식을 취하며 살고 싶은데.'

그는 바캠 부인의 권유에 따라 맞은편 안락의자에 자리잡고 앉아 모자를 바닥에 내려놓았다. 늙은 테리어는 부인의 무릎에서 내려와 짖어댔는데, 아마도 모자 때문인 듯싶었다.

"조용해, 대쉬. 이 조용한 마을에 집 한 채 구하러 오신 것 같군요." 바캠 부인이 입을 열었다. 그녀는 지난 20년 동안 변함없이 임대업을 이어온 탓에 온통 한 가지 생각에만 사로잡혀 있었다.

로버트는 그가 방문한 이유를 설명하기 시작했다.

"저는 여쭤볼 것이 있어 이곳에 왔습니다. 저는 톨보이즈 부인이 월던시를 떠난 날을 정확히 알고 싶습니다. 빅토리아 호텔 주인이 부인이라면 그 날짜를 잘 알고 있을 거라고 하더군요."

바캠 부인은 한동안 침묵하다 입을 열었다.

"난 몰던 선장이 떠난 날을 기억하고 있어요. 왜냐면 그분은 이 17번가에서 내게 빚을 지고 떠났거든요. 난 모든 사항을 정확하게 처리해 놓는답니다. 하지만 톨보이즈 부인에 관한 일이라면—"

바캠 부인은 다시 한번 침묵하다 말을 이었다. "톨보이즈 부인이 갑자기 떠난 이유를 알고 있나요?"

"그런 사실은 알지 못합니다."

"그렇군요! 그래요. 그 부인은 갑자기 사라졌어요. 가엾은 여인이죠. 그 부인은 남편이 사라진 후 음악 레슨을 하며 생계를 꾸려나가고 있었어요. 다행히도 피아노에 매우 뛰어난 솜씨여서 잘 해나갔다고 생각합니다. 하지만 내 생각엔, 그 부인의 아버지가 수입을 가로채 술집에서 흥청망청 쓴 것 같아요. 어쨌든 어느 날 밤 그 두 사람은 매우 심하게 다투더니, 그 다음날 아침에 톨보이즈 부인은 이곳을 떠났지요. 어린 아들을 이웃집에 남겨둔 채로 말이에요."

"하지만 그 부인이 떠난 날짜를 모른다고 하시지 않았나요?"

"불행하게도 기억이 나질 않는군요. 잠깐만요. 그의 딸이 떠나가 버린 날 몰던 선장이 내게 편지를 쓴 게 있을 거예요. 그분은 항상 내게 찾아와 걱정을 털어놓았답니다. 아마 그 편지를 찾게 되면 날짜를 알 수 있을지 몰라요."

바캠 부인은 녹색 천으로 덮인 마호가니 탁자 위에 쌓여 있는 서류들을 한참 뒤적거렸다. 편지와 영수증, 재고 목록, 세금 기록서 등이 어지럽게 뒤섞여 있었다. 그 사이에서 그녀는 몰던 선장의 편지를 찾으려고 고군분투했다.

로버트는 인내심을 가지고 기다리며 흐린 하늘에 천천히 떠가는 잿빛 구름과 흐린 바다를 천천히 떠가는 잿빛 배를 바라보았다. 몇 분 동안 요란스레 뒤적거린 끝에 바캠 부인은 환호의 탄성을 내질렀다.

"편지를 찾았어요. 그리고 그 안에 톨보이즈 부인이 남긴 쪽지도 있군요."

로버트의 창백한 얼굴은 기쁨으로 붉게 달아오른 채 팔을 뻗어 그 편지를 건네 받았다.

'내 방 안에 있던 조지의 트렁크에서 헬렌 몰던의 연애편지를 훔쳐간 사람이 곤란에 처해지겠군.' 로버트는 생각했다.

늙은 중위가 쓴 편지의 내용은 그리 길지 않았지만 강조 표시를 한 단어가 상당히 많았다. (그 당시 몰던 씨는 중개인이 찾아와 경고를 할 때까지 그녀의 집에 세도 내지 않은 채 머물고 있었다고 했다.)

내 소중한 친구에게

저는 지금 **절망의 한가운데**에 빠져있습니다. 제 딸이 **저를 떠났어요!** 제 **기분**을 **상상이나 하시겠습니까?** 우리는 지난 밤 **돈 문제로** 인해 **상당히** 다퉜습니다. 돈 문제는 언제나 우리 사이에 서로 **갈등을 일으키는 사항**이었지요. 그리고 오늘 아침 일어나보니 저는 딸에게 **버림 받은 걸** 알게 되었습니다. **동봉한 것**은 헬렌이 탁자 위에 놓고 간 쪽지예요.

절망과 **심란한 마음**으로

헨리 몰던

노스 코티지

1854년 8월 16일

톨보이즈 부인이 남겨 둔 쪽지는 훨씬 더 짧은 내용이었다. 첫 시작부터 갑작스러웠다.

> 저는 이곳에서의 생활에 지쳤어요. 그래서 새 삶을 찾고 싶어요. 세상 밖으로 나가 나를 가둬 두던 증오스러운 과거로부터 벗어나 새 집과 새 운명을 찾을 거예요. 제가 변덕스러워 짜증을 내고 수시로 마음을 바꿨다면, 저를 용서해주세요. 제가 왜 그랬는지 그 이유를 아버지께서는 아실 테니 저를 용서해주셔야 합니다. 제 인생에 중요한 비밀을 아버지께서는 알고 있으시니까요.
>
> 헬렌 톨보이즈

이 짧은 쪽지에 적힌 글씨체를 로버트는 너무나 잘 알고 있었다. 헬렌 톨보이즈의 편지를 앞에 두고 앉아서 그는 오랫동안 곰곰이 생각에 잠겼다. 마지막 두 문장의 뜻이 무엇일까? "제가 왜 그랬는지 그 이유를 아버지께서는 아실테니 저를 용서해주셔야 합니다. 제 인생에 중요한 비밀을 아버지께서는 알고 있으시니까요."

그는 이 두 문장이 던져주는 중요성의 실마리를 알아내려 온갖 머리를 짜내었다. 하지만 아무것도 기억나지 않았고 또한 그 의미에 빛을 던져줄 어떤 상상의 여지도 찾을 수 없었다. 몰던 씨의 편지에 따르면 헬렌이 떠난 날짜는 1854년 8월 16일이었다. 통크 양은 루시 그레이엄이 크레센트 빌라의 학교에 같은 해인 8월 17일 아니면 18일에 왔었다고 말했다. 헬렌 톨보이즈가 요크셔의 해변 마을을 떠나 루시 그레이엄이 브롬톤 학교에 도착하기까지는 48시간도 채 되지 못했다. 양자 사이에는 상황 증거에 의거해 매우 작은 연결고리가 맺어질 수 있겠는데, 여하튼 연결고리임에는 틀림없고, 그것도 깔끔하게 착 들어맞는 연결고리가 되었다.

"몰던 씨는 딸이 월던시를 떠난 이후에 딸의 소식을 들었습니까?" 로버트가 물었다.

"아마도 그랬을 거라고 믿어요. 하지만 8월 이후로 난 그 노인네의 모습을 별로 보지 못했어요. 그는 내게 15개월 치의 월세를 밀렸던 탓에 11월에는 그를 내칠 수밖에 없었답니다. 그래서 그는 어느 정도 가구를 팔아 치워야만 했었죠. 내가 중개인을 통해 내치긴 했지만 우리는 헤어지면서도 좋은 친분을 유지하고 있었어요. 그 노인은 한 살도 채 되지 않은 어린애를 데리고 런던으로 떠났답니다."

바캠 부인은 더 이상 다른 말을 하지 않았고, 로버트는 더 이상 물을 것도 없었다. 그는 그녀의 허락을 받아 중위와 그의 딸이 남긴 두 개 편지를 수첩 안에 넣고서 그곳을 떠났다.

그는 다시 호텔로 곧바로 가서 기차 시간을 알아보았다. 런던행 급행 열차가 1시 15분에 월던시에 있었다. 로버트는 짐을 역으로 보내고 계산을 치른 뒤 바다 앞의 돌 테라스를 왔다 갔다 걸으며 기차 시간을 기다렸다.

'루시 그레이엄과 헬렌 톨보이즈 사이에 사라진 과거를 캐내야만 해. 나의 다음 목표는 벤트너 묘지에 묻힌 여인의 과거를 밝혀내는 일이야.'

10. 묘지에 숨겨진 것

월던시에서 돌아온 로버트는 그의 책상 위에 놓여진 편지 한 통을 발견했다. 그의 사촌 알리샤로부터 온 것이었다.

> 아빠께서는 건강을 많이 회복하셨어요. 그리고 오빠를 매우 보고 싶어하세요. 무슨 이유인지는 모르겠지만 새어머니도 오빠가 이곳에 내려오기를 대단히 갈망하고 있으며 오빠가 어디에 갔는지 수시로 내게 물어봐 귀찮을 지경이에요. 그러니 지체하지 말고 이리로 와서 사람들의 마음을 편하게 해주세요.
>
> 당신의 사랑스런 사촌 알리샤

'오들리 부인이 나의 근황에 대해 궁금해하고 있군.' 로버트는 난롯가에 홀로 앉아 담배를 피우며 생각에 잠겼다. '그녀가 조바심을 일으켜 어여쁜 의붓딸에게 물어보고 있다니. 그 애의 경솔하지만 때묻지 않은 순박한 태도는 사람을 사로잡는 매력은 있지만 행동거지는 아직 어린애 같은데. 불쌍한 사람, 불행한 금발머리 죄인. 우리 사이의 싸움은 정말로 공정하지 않아 보여. 아직 시간이 있는데도 왜 그녀는 달아나지 않는 것일까? 난 공정하게 그녀에게 경고를 보냈고 내 손의 카드를 분명히 보여주었으며 공공연히 이 일을 추진하고 있는데도, 왜 그녀는 달아나지 않는 거지?'

그는 해포석 담뱃대의 담배를 다 피울 때까지 이 물음을 반복해서 되뇌었다. 담배의 푸르른 연기가 그의 주변을 자욱이 맴돌아 그의 모습은 마치 실험실에 홀로 앉아 있는 현대의 마법사처럼 보였다.

'왜 그녀는 그 자리를 지키고 앉아 있는 걸까? 난 세상 그 어느 곳보다도 그 저택에겐 불필요한 불명예를 가져오고 싶지 않은데. 난 단지 아무런 가치도 없는 여인에게 인생을 언약한 용감하고 인자한 내 친구가 실종되었기 때문에 그것에 대한 의무를 다하고 있을 뿐인데. 누군가를 벌하고 싶지도 않고, 죄 지은 사람에게 복수하거나 처벌하는 짓은 내 천성과는 거리가 멀다는 건 하늘도 다 아는 일인데. 난 그저 내 의무를 다하고 싶을 뿐이야. 그녀에게 한 번 더 경고를 해야겠어. 공정하고도 충분한 경고를. 그러고도—.'

그는 우울한 미래 전망으로 생각을 돌리자 둔탁하고 어두운 장막을 비쳐줄 밝은 햇살은 한 줄도 보이지 않았다. 미래를 감싸고 있는 이 장막은 사방에서 그의 길을 가로막으며 주위에 두꺼운 커튼을 펼치고 있어 파고들어갈 어떤 희망도 허용하지 않았다. 그로 인해 발생한 파멸과 몰락은 어느 면에선 그의 작품처럼 보였기 때문에 고통 속에 잠긴 백부의 영상이 영원히 그를 따라다녔다. 그러나 이 모든 것 사이에서도 당당한 태도의 클라라 톨보이즈는 오빠 조지의 밝혀지지 않은 무덤을 찾아내기 위해 계속 앞으로 나아가도록 손짓하며 그를 재촉했다.

'사우샘프턴으로 가서 벤트너에서 죽음을 맞이한 여인의 과거를 계속 조사해야 하나? 아니면 지하로 잠복해서 이 더러운 음모를 도왔던 사람들을 매수하여 주 범인을 찾아내는 방식을 취할까? 아냐! 내가 진실을 발견할 다른 방법을 시도할 때까지는 그런 방식은 안 돼. 그러면 그 비참한 노인네를 찾아가, 나의 불쌍한 친구에게 더러운 속임수를 저지를 때 그 노인이 얼만큼 가담했는지 그 몫을 드러낼까? 아냐, 내가 몇 주 전에 그 노인을 고통 속에 몰아넣었던 것처럼 공포에 사로잡힌 노인을 또 다시 괴롭히지는 않겠어. 차라리 주 범인에게 곧바로 찾아가 사악함을 감추고 있는 아름다운 가면을 찢어버리겠어. 그래서 내 친구의 운명에 관한 비밀을 그녀에게서 파헤쳐내고 그녀가 오염시켰던 저택으로부터 영원히 추방시키겠어.'

그는 다음 날 아침 일찍 에식스로 떠나 11시가 되기 전에 오들리 저택에 도착했다.

이른 아침이었지만 오들리 부인은 외출을 하고 없었다. 그녀는 알리샤와 함께 첼스포드로 쇼핑을 하러 떠난 거였다. 마을의 이웃집을 방문해야 할 약속이 몇 개 있었지만 저녁 시간까지 돌아올 것 같지 않았다. 마이클 경의 건강은 거의 회복되어서 오후에는 아래층으로 내려올 예정이었다. 로버트는 백부님의 방으로 올라갈 것인가?

아니다, 로버트는 자애로운 백부님을 만나고 싶지 않았다. 무슨 말을 백부님에게 할 수 있을 것인가? 곧 닥칠 걱정거리를 부드럽게 피해갈 방도가 있을까? 신뢰하는 그분의 고귀한 가슴에 밀려들어올 엄청난 슬픔의 잔혹한 타격을 어떻게 완화시킬 수 있을까?

'설사 내 친구에게 저지른 이 여인의 잘못을 내가 용서할 수 있다 하더라도, 그녀를 철석같이 믿어왔던 백부님에게는 그녀의 죄가 틀림없이 불행을 가져올 것임으로, 난 그녀를 여전히 혐오하게 될 거야.'

로버트는 하인에게 마을 산책을 갔다가 저녁 식사 전에 돌아오겠다고 말하고는 천천히 저택을 벗어나 저택과 마을 사이의 목초지를 아무런 목적 없이 무심하게 가로질러 걸어갔다. 그렇지만 마음속에서 피어나는 커다란 고통과 당혹감이 얼굴과 태도에 그대로 묻어났다.

'교회의 무덤으로 가서 묘비를 살펴봐야겠어. 어떤 일을 하든 현재의 내 기분보다 더 우울할 수는 없어.'

로버트는 조지가 사라졌던 9월의 어느 날 저택에서 기차역으로 성급히 달려가느라고 지나쳤던 바로 그 목초지에 다다랐다. 그날 그가 지나갔던 그 길을 바라보며 평소와는 달리 서둘렀던 그날 일과 함께 친구의 모습이 사라지자마자 즉시 그를 사로잡았던 모호한 공포감이 기억났다.

'그런 설명하기 불가능한 공포가 왜 나를 사로잡았던 것일까? 친구의 사라짐에서 뭔가 이상한 비밀 낌새를 느낀 건 왜 그럴까? 그건 경고인가, 아니면 과대망상이었는가? 결국 내가 틀린 걸로 판명 나면 어떻게 하지? 내가 연줄연줄 엮어온 증거들이 나의 우매함에서 나온 거라면 어떻게 하지? 공포와 의혹의 산물이 단지 불안증에 빠진 독신자의 신경성 환상에 불과하다면 어떻게 하지? 하코트 톨보이즈 씨조차도 내가 끔찍스런 비밀로 짜맞춘 사건들에게서 아무런 의혹도 발견하지 못하고 있어. 그분 앞에 사건의 여러 실마리를 내보였지만 그분은 그것들의 타당성을 인식하지 못하고 있어. 그분은 이 실마리들을 하나로 엮어보지도 못해. 오, 맙소사. 이 불행이 온통 내게만 존재하는 거라면, 만약—' 그는 씁쓸한 미소를 지으며 고개를 가로저었다. '내 수첩 안에 갖고 있는 직접 손으로 쓴 쪽지가 바로 음모의 증거물이야. 이제 오들리 부인의 흑막에 가린 검은 비밀을 찾는 일만 남아있어.'

그는 마을을 피해 목초지를 향해 계속 걸어나갔다. 교회가 무질서한 중앙로에서 조금 떨어진 곳에 서 있었다. 그리고 거칠어 보이는 나무문이 교회마당에서 넓은 목초지로 활짝 열려있었다. 목초지 바로 옆을 따라 개울물이 흐르고, 경사면을 따라 소떼가 이곳 저곳에서 풀을 뜯는 풀밭 계곡으로 이어졌다.

로버트는 천천히 좁은 언덕길을 올라 교회 입구에 다다랐다. 고요하고 적막한 풍경이 그의 우울한 마음을 달래주었다. 넓은 목초지의 저쪽 끝 회전문 쪽으로 절뚝거리며 가고 있는 외로운 노인이 그의 눈 안에 들어오는 유일한 사람 모습이었다. 긴 중앙로를 따라 이곳 저곳에 세워진 집들에서 느리게 피어 오르는 연기만이 사람이 살고 있는 동네라는 것을 말해주었다. 교회 첨탑의 오래된 시계의 두 바늘만이 끝내 마침표를 찍지 않을 것만 같은 오들리 시골 마을의 더딘 시간을 알려주고 있었다.

그리고 그곳에는 또 다른 흔적이 있었다. 로버트가 교회 문을 열고 작은 공간 안으로 천천히 걸어 들어갔을 때, 첨탑의 반쯤 열려있는 창문을 통해 엄숙한 오르간 소리가 들려왔다. 그 순간 그는 멈춰 서서 능숙한 연주자가 즉흥적으로 연주하는 듯한 몽상적인 멜로디의 느린 화음에 귀를 기울였다.

'오들리 교회에서 이런 오르간 소리를 낼 수 있는 자가 있다는 걸 누가 믿을 수 있을까? 지난 번 이곳에 왔을 때 공립학교 아이들의 합창을 반주하는 초보적 수준의 공연만 있었는데. 이렇게 낡은 오르간으로 그처럼 훌륭한 음악을 연주할 수 있다니 믿을

수 없군.'

오르간 연주자의 단조로우면서도 구슬픈 화음이 불러일으킨 느긋한 마법을 깨뜨리고 싶지 않아 그는 계속 문 앞에서 머뭇거렸다. 오르간 곡조는 이제 최고의 힘으로 솟아오르다, 점점 속삭이는 부드러운 저음으로 잦아지며 안개 낀 겨울 대기를 통해 그에게 흘러 들어와 고통에 잠긴 그의 아픈 마음을 위로하는 듯 감싸 안았다.

그는 조심스럽게 문을 닫고 교회마당의 자갈길을 밟고 지나갔다. 교회의 또 다른 문이 빙그레 열려 있었다. 그 문을 밀고 사각형 현관으로 들어서자 좁은 돌계단이 빙글빙글 타원형으로 오르며 2층 오르간 실과 종탑으로 이어져 있었다. 그는 현관에서 모자를 벗고 교회 본당으로 들어가는 또 하나의 문을 열고 성스러운 본당 안으로 조용히 들어섰다. 주중의 본당은 축축한 습기와 곰팡이 냄새가 났다. 그는 좁은 통로를 따라 제단 난간으로 걸어가, 그곳에서 내부를 쭉 둘러보았다. 작은 화랑이 그의 반대편에 있었고, 거대한 녹색 커튼이 오르간 앞을 가리고 있어서 그는 연주자의 모습을 볼 수 없었다.

음악은 계속 연주되고 있었다. 연주자는 멘델스존의 곡을 연주하고 있었는데, 그 몽상적인 슬픈 곡조는 로버트의 마음을 에는 듯싶었다. 로버트는 교회의 구석구석을 천천히 거닐면서 이제는 완전히 잊혀진 죽은 자의 허물어져가는 기념비를 살피며 연주를 감상하였다.

'만약 가엾은 조지 톨보이즈가 내 팔 안에서 죽었다면, 난 그를 지금 밟고 지나가는 이 조용한 교회의 둥근 천장 아래에 묻어주었을 거야. 그러면 내 마음의 고통과 번민, 고뇌가 사라졌을 거야.' 로버트는 변색된 대리석 판에 쓰인 희미한 글자를 읽으며 생각했다. '난 그의 운명을 살폈어야만 하는데—그의 운명을 알았어야만 하는데! 아, 하지만 그의 운명에서 미리 알 수 있는 게 얼마나 되겠어. 내 인생을 괴롭고 비참하게 만들어온 건 바로 이러한 불확실성과 끔찍스런 의구심이야.'

그는 자신의 시계를 보았다.

'1시 반이군. 오들리 부인이 오전 방문을 마치고 집에 돌아오기까지 네다섯 시간은 더 지루하게 기다리게 될 텐데. 그녀의 오전 방문—의례적이든 친근하든—은 언제나 멋질 거야. 맙소사! 이 여인의 연기는 정말 대단해. 대단한 마술사이지—정말 완벽한 사기꾼이야. 하지만 더 이상 내 백부님의 집에서 어여쁜 연기를 부리긴 힘들 거야. 난 이미 충분히 타협하려고 했지. 그렇지만 나의 간접적인 경고를 그녀는 받아들이기를 거부했어. 오늘 밤 나는 모든 걸 말하겠어.'

오르간 연주가 멈췄고, 로버트는 건반 뚜껑이 닫히는 소리를 들었다.

'이 새 연주자를 만나봐야겠어. 멘델스존의 가장 멋진 푸가를 이렇게 멋지게 연주하면서도 오들리에서 16파운드의 연봉을 받으며 재능을 썩히고 있다니.' 그는 연주자가 어색한 작은 층계를 타고 내려오기만을 현관에서 기다리며 생각했다. 이제까지 고민에다 기껏해야 네다섯 시간 뒤에 닥칠 우울한 전망으로 그의 지친 마음을 풀어주고 잠시나마 쓸데없는 생각에서 벗어나게 해줘 너무나 즐거웠다. 그 바람에 새 연주자에 대한 호기심은 멋대로 커져만 갔다.

돌계단을 내려오는 첫 번째 사람은 골덴 바지와 검은 면 작업복을 입은 소년이었다. 징을 박은 부츠를 신은 덕에 덜거덕 소리와 어기적거리는 몸짓으로 계단을 내려왔다. 낡은 오르간의 바람을 부느라고 온 힘을 쓰는 바람에 얼굴이 붉게 상기된 모습이었다. 소년의 바로 뒤에 젊은 여인이 내려왔다. 검은 비단 드레스에 커다란 회색 숄을 걸친 평평한 옷 차림새였다. 그 여인은 로버트를 보고 얼굴이 창백하게 변했다.

그 젊은 여인은 바로 클라라 톨보이즈였다.

로버트가 다른 누구보다도 그토록 만나기를 원했던 그녀의 모습이었다. 전에 그녀는 에식스에 살고 있는 친구들을 방문할 예정이라고 말한 적이 있었다. 하지만 이 지역은 상당히 넓은 지역이었고, 이 지역에서도 오들리 마을은 가장 알려지지 않고 방문객도 거의 없는 곳이었다. 실종된 친구의 여동생이 이곳에 있다니—이곳에서 그의 모든 행방을 살피고, 그의 은밀한 생각의 흐름을 추론하며, 그가 품은 의혹의 원점을 추적하고 있다니. 이건 그가 전혀 예상치 못했던 그의 난점을 복잡하게 만드는 거였다. 이건 그 자신의 무기력함을 더욱 일깨워주는 일이었다.

'내 손보다 더 강한 손이 내게 손짓하며 친구의 알려지지 않은 무덤으로의 어두운 길로 부르고 있는 거군.'

클라라 톨보이즈가 먼저 입을 열었다.

"오들리 씨, 이곳에서 저를 만나게 되어 무척 놀라셨지요."

"그럼요. 정말 놀랐죠."

"제가 에식스로 온다고 말씀 드렸지요. 이틀 전에 집에서 떠났어요. 막 집을 나서려는 때에 당신의 전보를 받았어요. 제가 머물고 있는 집의 친구는 마틴 부인이에요. 마운트 스태닝의 새 교구 목사의 아내이지요. 오늘 아침 마을과 교회를 둘러보러 왔는데, 마틴 부인이 부목사 부부와 학교를 방문해야 하기 때문에 전 잠시 여기에서 머물며 낡은 오르간을 연주하며 혼자 즐기고 있었죠. 이곳이 오들리 마을이라는 것을 여기에 와서 처음 듣고 전 매우 놀랐어요. 그 이름은 당신의 가문 이름을 딴 거겠지요?"

"맞습니다." 로버트는 당황한 자신에 비해 매우 침착한 클라라에 놀라움을 느끼며 대답했다. "에드워드 4세가 통치하던 시기에 오들리 마을의 오들리라는 이름의 조상에 대해 들었던 기억이 있어요. 제단 난간 안의 묘비는 오들리 기사단의 소유라고 하더군요. 하지만 조상들의 업적에 대해서 잘 알아보려는 짓은 해보지 않았어요. 톨보이즈 양, 여기서 당신의 친구를 기다릴 건가요?"

"그래요. 볼일이 끝나면 이곳으로 저를 데리러 온다고 했어요."

"그럼 오후에는 다시 친구와 함께 마운트 스태닝으로 돌아가겠군요?"

"그렇습니다."

로버트는 모자를 들고 서서 묘지와 교회마당의 나지막한 담장을 우두커니 내다보았다. 클라라 톨보이즈는 깊은 그늘 아래에 오랫동안 머물고 있는 그의 창백하고 초췌한 얼굴을 살펴봤다.

"오들리 씨, 지난 번 만났을 때보다 안색이 좋지 않군요." 그녀가 연주했던 오르간 곡조처럼 낭랑하면서도 슬픔이 깔린 나지막한 목소리로 말했다.

"아니요. 아픈 건 아니고, 여러 가지 의혹과 당혹스런 사건에 시달려 지쳐있을 뿐입니다."

'그녀는 진실에 대해 어느 정도 추정하고 있을까? 얼마나 알고 있을까?' 로버트는 그녀와 말을 나누면서도 속으로 이렇게 생각했다.

로버트는 조지의 실종과 자신의 의혹에 대해 그 비밀에 관여된 사람의 이름만 빼고 모든 걸 털어놓았지만, 이 여인이 그가 숨기고 있는 비밀을 알고 있는 것인지, 그가 아직 밝히고 있지 않은 사항을 혼자서 찾아냈는지, 그는 이 여인의 속내를 도무지 알 수가 없었다.

그를 똑바로 응시하고 있는 그녀의 엄숙한 두 눈은 그의 마음속 깊은 곳에 숨겨진 비밀을 읽으려 한다는 것을 그는 알 수 있었다.

'나는 그녀에게 어떤 존재일까? 친구와 닮은 얼굴 모습에 아테나 여신과 같은 지혜를 지닌 이 여인의 손아귀 속에서 나는 어떤 존재일까? 그녀는 마력을 지닌 갈색의 눈동자로 갈팡질팡하는 내 가엾은 영혼을 읽으며 내 가슴에 담고 있는 생각을 하나씩 뜯어내고 있어. 그녀에게서 달아나봤자 어찌 상대가 될 것이며, 그렇다고 그녀의 아름다움과 지혜를 이겨낼 수 있는 희망이라도 가질 수 있을까?'

로버트는 어여쁜 그녀에게 인사를 하고 떠나기 위해 목을 가다듬었다. 그가 가장 피하고 싶은 문제를 그녀가 끄집어내어 그를 얼어붙게 만들까 두려워 그는 그녀의 압도하는 면전을 피해 교회마당 밖의 외로운 목초지로 도피할 생각이었다.

"오들리 씨, 당신은 제게 편지를 쓰겠다고 약속했어요. 오빠의 실종과 관련된 사항을 알아낼 때마다요. 하지만 당신은 아직 저에게 편지를 보내지 않았어요. 그렇다면 그동안 알아낸 것이 아무것도 없었나 보군요."

로버트는 잠시 침묵했다. 정면으로 묻는 이런 질문에 어떻게 대답해야만 할 것인가?

"제가 의심하는 사람과 그 사람의 운명에 대한 의혹을 연관 지을 상황 증거가 매우 미약합니다. 내 생각에, 도싯셔에서 당신을 만난 이후 두 사항을 연관 지을 증거를 새로 하나 찾아냈습니다."

"찾아낸 게 뭔지 제게 말하려고 하지 않는군요."

"더 확실한 걸 찾을 때까지 시간이 좀더 필요합니다."

"당신의 편지로 봐서는 윌던시에 가셨더군요."

"네, 그곳에 갔었습니다."

"그래요! 그럼 그곳에서 뭔가를 새로 찾았다는 것이군요?"

"그렇습니다. 톨보이즈 양, 이것만 기억해 주세요. 제 의혹의 유일한 근거는 서로 전혀 관련이 없어 보이는 두 인물의 정체인데, 한 사람은 죽었다고 상정되지만, 다른 한 사람은 살아있습니다. 제 생각에는 당신 오빠가 희생물이 되었던 그 음모는 바로 이 점에 있습니다. 오빠의 아내가 되는 헬렌 톨보이즈는 죽었다고 신문기사에 났었습니다. 만약 벤트너 교회 마당의 묘지에 묻힌 여자가 정말로 무덤 묘비에 적힌 이름과 동일한 인물이라면, 전 오빠의 운명에 관한 의혹과 관련하여 더 이상 풀어갈 실마리가 없는 셈이 됩니다. 전 이제 그걸 조사해 보려고 합니다. 전 이제 대담한 게임을 제기한 상태에 있으며 조만간 진실에 도달할 거라고 믿습니다."

엄숙하게 강조하는 로버트의 나지막한 목소리는 강렬한 감정을 드러내주고 있었다. 클라라는 장갑을 끼지 않은 손을 뻗어 그의 손을 잡았다. 가느다란 손의 차가운 감촉이 그의 골수까지 떨리게 만드는 전율을 가져왔다.

"오들리 씨, 당신은 곧 진실을 찾고 고통에서 벗어나실 거예요. 당신은 꼭 친구에 대한 의무를 해낼 거라 믿습니다." 그녀가 조용히 말했다.

교구목사의 아내와 그녀를 동반했던 두 사람이 마침 교회 마당으로 들어섰다. 로버트는 자신의 손에 놓여 있는 클라라의 손을 들어 입을 맞췄다.

"톨보이즈 양, 저는 그저 게으르고 별 도움이 되지 못하는 사람이지요. 하지만 당신의 오빠 조지의 생명과 행복을 되찾아줄 수만 있다면, 제 감정이 어떤 고난을 겪더라고 상관하지 않을 겁니다. 제가 할 수 있는 최선의 일이란 그저 그의 운명에 대한 비밀을 밝혀내는 일이고, 또한 그렇게 하다 보면 제 자신보다 더 귀한 분의 마음을 아프게 해야만 한다는 게 두렵습니다."

그는 모자를 다시 쓰고 들판으로 통하는 정문으로 발걸음을 서두르고 있을 때, 마틴 부인이 현관으로 올라왔다.

"클라라, 너와 이야기를 나눈 저 잘 생긴 젊은이는 누구니?" 클라라의 친구가 웃으며 물었다.

"오들리 씨야. 내 가엾은 오빠의 친구셔."

"그렇구나! 마이클 오들리 경과 친척이 되지 않니?"

"마이클 오들리 경?"

"그래. 이 오들리 교구에서 가장 높으신 분이시지. 우린 하루 이틀 내에 오들리 경의 저택을 방문할 거야. 남작님도 만날 거고, 남작님의 어여쁜 젊은 부인도 보게 될 거야."

"남작님의 젊은 부인이라고! 마이클 경이 최근에 결혼했니?" 클라라가 친구를 진지하게 바라보며 물었다.

"그래. 16년 동안 홀로 지내시다가, 1년 반쯤 전에 무일푼의 젊은 가정교사와 결혼하셨지. 그 이야기는 꽤나 낭만적이야. 오들리 부인은 미인으로 소문이 나있어. 클라라, 어서 서두르자. 우리를 기다리느냐 말이 지쳤겠다. 저녁 식사 전까지 먼 길을 달려야 해."

클라라 톨보이즈는 교회 마당의 출입문 앞에서 아까 오르간의 바람을 불어주었던 소년이 고삐를 잡고 있던 작은 마차의 좌석에 올라탔다. 마틴 부인이 고삐를 당기자 튼튼한 밤색 말은 마운트 스태닝 방향으로 터벅터벅 걸어나갔다.

"패니, 오들리 부인에 대해 더 자세히 말해줘?" 한참 침묵이 흐른 뒤에 톨보이즈 양이 입을 열었다. "그 부인에 대해서 모든 걸 알고 싶어. 그 부인의 처녀적 이름을 아니?"

"그럼. 그레이엄이었어."

"매우 아름답다며?"

"그래, 정말 매우, 매우, 아름다워. 어린애 같은 미모로, 큼직하고 해맑은 푸른 눈에 깃털처럼 풍성하게 어깨까지 내려오는 연한 황금빛 곱슬머리가 매력이지."

클라라 톨보이즈는 말이 없었다. 더 이상 질문도 하지 않았다.

그녀는 조지가 신혼여행을 하는 동안 보내왔던 편지의 한 구절을 생각하고 있었다.

"지금 편지를 쓰는 동안 어린애 같은 나의 귀여운 아내가 나를 바라보고 있단다. 클라라, 너에게 그녀의 모습을 보여주고 싶구나! 그녀의 푸른 눈은 빛나는 여름날의 하늘처럼 푸르고 청명하며, 얼굴 뒤로 흘러내린 머리카락이 연한 황금빛 후광처럼 빛나 마치 이탈리아 그림에서 마돈나의 머리를 둘러싼 후광을 보는 느낌이구나."

11. 라임나무 오솔길에서

로버트는 오들리 저택 앞의 넓은 들판을 어슬렁거리고 있었다. 때마침 오들리 부인과 알리샤를 태운 마차가 아치형 문을 지나 나지막한 작은 탑의 문 앞에 섰다. 로버트가 때맞춰 마중을 나와 마차에서 내리는 여인들을 부축해 주었다.

조카 로버트가 상트페테르부르크에서 사다 준 연한 푸른색 보닛 모자와 흑담비 외투를 걸친 오들리 부인의 모습은 매우 아름다웠다. 그녀는 로버트를 매우 반기는 듯이 매혹적인 미소를 지으며 장갑 낀 작은 손을 우아하게 내밀었다.

"우리에게 다시 돌아왔군요, 게으름뱅이 씨. 이제 돌아왔으니 우리가 죄수처럼 꼭 붙잡고 있을 거예요. 그렇지, 알리샤?"

알리샤는 못마땅한 듯 고개를 가로로 젓자, 넓은 창 모자 아래

풍성한 곱슬머리가 좌우로 흔들렸다.

"종잡을 수 없는 사람의 행동에 대해선 전 상관하지 않아요. 로버트 오들리는 독일 소설에 나오는 귀신 들린 사람처럼 행동해서 그의 머릿속에 뭐가 들어있는지 이해하려는 시도를 난 포기했어요."

로버트는 심각하기도 하고 우습기도 한 혼란스런 표정으로 그의 사촌을 바라보았다. '이 애는 훌륭한 여자야. 하지만 못되게 굴기도 하지. 지금 어떤 상태인지 모르겠지만, 평소보다 못된 끼가 더 심한 것 같군.'

그는 수염을 쓰다듬었다. 잠시나마 그의 마음은 커다란 고민거리에서 벗어나 이런 사소한 일을 생각할 수 있었다.

'이 애는 사랑스러운 여자야. 마음이 관대하고 활발하며 고귀한 영국 여자애지. 하지만—' 그의 생각은 다시 복잡해지고 혼란에 빠졌다. 그의 마음속에는 이해할 수 없는 뭔가 걸리는 게 느껴졌다. 그를 당혹하게 만들었던 조지 톨보이즈에 대한 근심에 의해 생겨난 마음속의 변화를 넘어서는 뭔가의 변화가 느껴진 것이다.

"지난 며칠 동안 어디를 헤매고 온 거예요, 오들리 씨?" 오들리 부인은 의붓딸을 따라 작은 탑 문의 문지방에서 머뭇거리며 물었다. 로버트가 옆으로 비껴 서서 그들이 지나갈 수 있기를 기다리고 있는 거였다. 이 물음에 놀라 로버트는 부인을 갑자기 쳐다보았다. 그녀의 밝게 빛나는 젊음의 미모에는 뭔가 그의 심장을 꿰뚫는 게 있었다. 어린애 같은 순수한 표정에는 뭔가 그의 가슴을 내리치는 게 있었다. 그녀를 바라보는 그의 얼굴은 창백해졌다.

"전—요크셔에 다녀왔어요. 제 친구 조지가 결혼시절 잠시 살았던 작은 바닷가 마을이죠."

오들리 부인의 얼굴이 하얗게 변하는 걸 보면 이 말이 큰 충격이었다는 표시가 되었다. 그녀는 옅은 미소를, 그렇지만 불편해 보이는 미소를 지으며 로버트를 지나쳐 가려고 했다.

"저녁 식사를 위해 옷을 갈아입어야겠어요. 오들리 씨, 오늘 저녁 만찬이 있거든요. 잠시 실례할게요."

"백모님, 물어볼 게 있는데 잠시 시간을 내주세요." 로버트가 낮은 목소리로 말했다. "저는 백모님에게 할 이야기가 있어서 일부러 이곳에 온 겁니다."

"뭐에 관한 거죠?" 오들리 부인이 물었다.

그녀는 얼마 전까지 보여줬던 충격에서 벗어나 다시 평온한 표정을 되찾고 있었다. 그녀의 얼굴은 진지하게 놀란 여인의 얼굴이 아니라 놀라움과 호기심이 엉킨 어린애의 얼굴 표정이었다.

"오들리 씨, 무슨 일로 제게 할 말이 있는 건가요?" 그녀가 다시 물었다.

"잠시 둘이서 말할 것이 있습니다." 로버트는 부인의 뒤에 약간 떨어져서 이 은밀한 대화를 지켜보고 있는 그의 사촌을 바라보며 말했다.

'로버트는 새엄마의 인형 같은 아름다움에 반한 것이 분명해. 그렇게 수심에 잠겨있었던 것도 새엄마 때문이었어. 백모와 사랑에 빠져버린 한심한 사람이라니.' 알리샤는 이렇게 생각하며 로버트와 오들리 부인에게서 등을 돌려 잔디밭으로 걸어나갔다.

'새엄마를 바라보는 얼굴이 백지처럼 하얗게 변하는 걸 보니 정말 얼간이가 되었군.' 알리샤는 이렇게 생각했다. '결국에는 사랑에 빠진 거야. 그의 말마따나 무기력한 게으름뱅이에게 심장이 고동치는 일이 몇십 년 만에 처음 찾아온 거야. 하지만 그저 인형 같은 그녀의 푸른 눈에 홀린 것에 불과한 것일 텐데. 로버트가 장난감 가게에 있는 인형과 같은 아름다움에 반해버리는 남자라는 걸 진작에 알았다면, 그를 일찌감치 포기했을 텐데.'

가엾은 알리샤는 사각형 잔디밭을 건너 반대편 문을 통해 마구간 쪽으로 사라졌다. 마이클 오들리 경의 딸은 늘 그녀 곁을 지키는 개 시저와 매일 한 번씩은 꼭 방문하는 갈색 암말 아틀란타에게서 위로를 받으러 찾아온 거였다.

"라임나무 길을 같이 산책하시겠어요, 오들리 부인?" 로버트는 사촌이 정원을 떠나자 오들리 부인에게 제안했다. "다른 사람의 시선이나 방해를 받지 않은 채로 이야기를 나누고 싶습니다."

"그렇게 하지요." 그녀가 대답했다. 로버트는 그녀가 불안한 눈길로 떨고 있는 것을 보았다. 마치 그로부터 달아나고 싶어하는 것 같았다.

"오들리 부인, 몸을 떨고 있군요."

"그래요. 전 매우 추워요. 오들리 씨와 다른 날 이야기를 나누고 싶군요. 괜찮다면 내일이 어떨까요? 전 만찬을 위해 옷을 갈아입어야 해요. 그리고 마이클 경을 보고 싶군요. 오늘 아침 10시 이후로 남편을 보지 못했어요. 그러니 우리 내일 다시 이야기하도록 해요."

그녀의 목소리는 매우 애처롭게 들렸다. 로버트의 마음은 찢어지는 듯했다. 이 아름답고 젊은 여인의 얼굴을 보며 자신의 앞에 놓인 임무를 생각하니 그의 머릿속엔 끔찍한 영상만 떠올랐다.

"하지만 전 지금 당장 이야기를 해야만 합니다, 오들리 부인. 제가 잔인해 보이겠지만, 저를 그렇게 만든 건 바로 오들리 부인이십니다. 부인은 이 시련에서 벗어날 수도 있었습니다. 저를 피하실 수도 있었습니다. 저는 부인께 충분히 경고했습니다. 하지만 그걸 부인하셨습니다. 제가 더 이상 부인을 보호하지 않는다면, 비난 받을 대상은 부인 자신의 어리석음일 뿐입니다. 저를 따라오세요. 다시 한번 말하지만 지금 당장 이야기를 해야만 합니다."

그의 목소리에 담긴 냉혹한 결단에 오들리 부인은 더 이상 반대를 하지 못했다. 부인은 하는 수 없이 그를 따라 작은 철문을 열고 저택 뒤의 긴 정원으로 걸어갔다. 정원 안의 한적한 연못 위로 소박한 작은 나무 다리를 건너니 라임나무 길로 이어졌다.

이른 겨울 황혼의 햇살이 점점 기울고 고요한 오솔길을 휘덮은 이파리 없는 나뭇가지들이 서로 얽혀 차가운 잿빛 저녁 하늘을 배경으로 시커먼 그림자 무늬를 드리우고 있었다. 라임나무 길은 흐릿한 햇빛 아래 마치 수도원의 회랑처럼 보였다.

"왜 저를 이런 무섭고 어두운 장소로 데리고 와서 놀라게 만드는 건가요? 제가 지금 얼마나 신경이 날카로운지 당신은 모를 거예요." 그녀는 성깔이 난 목소리로 소리쳤다.

"신경이 날카롭다고요?"

"그래요, 끔찍스러울 정도로 신경이 곤두섰어요. 도우슨 씨의 도움을 늘 받고 있죠. 그분은 장뇌, 탄산암모늄, 붉은 라벤더, 구역질 나는 온갖 혼합물을 줄곧 처방해 주곤 있지만 아무 소용이 없군요."

"맥베스가 의사에게 한 말을 알고 있나요, 오들리 부인? 도우슨 씨는 그 스코틀랜드 돌팔이 의사와는 비교가 안 될 만큼 매우 훌륭한 의사입니다. 하지만 어떤 훌륭한 의사라도 병든 마음을 고칠 수가 없습니다."

"누가 제 마음이 병들었다고 하던가요?" 오들리 부인이 소리쳤다.

"내가 그렇게 말합니다, 오들리 부인. 부인께서는 본인의 입으로 매우 신경이 불안하다고 하셨죠. 의사가 처방해 준 약도 모두 소용이 없어 개에게 던져주는 편이 낫다고 했고요. 오들리 부인, 저는 부인의 병의 뿌리까지 알고 있는 의사일 겁니다. 저도 자비로운 마음이기를 간절히 원합니다. 다른 사람에게 정의로우면서도 부인을 보호할 수 있다면 제 힘이 닿을 때까지 부인을 보호해 주고 싶습니다. 하지만 정의는 이루어져야만 합니다. 부인이 이 저택에서 왜 불안해 하는지 그 이유를 제가 말해볼까요, 오들리 부인?"

"말해 보세요." 그녀가 웃으며 말했다.

"왜냐면 이 집에서 부인은 유령에 쫓기고 있어요."

"유령에 쫓긴다고요?"

"그래요. 조지 톨보이즈의 유령에 쫓기고 있습니다."

순간 로버트는 오들리 부인의 거친 숨소리를 들었다. 착각인지는 몰라도 그 옆을 걷고 있는 부인의 심장이 크게 쿵쾅거리는 소리가 들리는 것 같기도 했다. 부인은 흑담비 외투를 꼭 여미고 있었지만 이따금씩 몸을 떨었다.

"도대체 그게 무슨 뜻인가요?" 잠시 침묵 뒤에 그녀가 갑자기 외쳤다. "왜 당신은 조지 톨보이즈 일로 저를 괴롭히는 거죠? 당신은 그로 인해 지난 몇 달 동안 정신이 나가있더군요. 오들리 씨, 당신은 정신이 나가 그 과대망상의 희생자로 저를 고른 건가요? 조지 톨보이즈가 저와 무슨 상관이 있길래 저를 괴롭히는 거죠?"

"부인은 그를 생판 모릅니까, 오들리 부인?"

"물론이죠! 전혀 모르는 사람일 수밖에요!"

"제 친구가 실종된 사건의 내막을 말해드릴까요, 오들리 부인?"

"아니요. 전 당신의 친구에 대해 아무것도 알고 싶지 않아요. 그가 만약 죽었다면, 그건 매우 안 된 일이겠지요. 그가 살아 있는 거라면, 그를 보고 싶지도 소식을 듣고 싶지도 않아요. 이제 이만 남편에게로 가도록 해주세요, 오들리 씨. 계속 이 음울한 곳에 머물러 있다가는 추위에 떨다 죽어버릴지도 몰라요."

"제가 하는 말을 다 들을 때까진 보내드릴 수 없습니다, 오들리 부인. 제 말을 다 들으신 후에는, 마음대로 하셔도 좋습니다." 로버트가 단호히 말했다.

"좋아요. 그럼, 어서 이야기해 보세요. 끝까지 들어보죠." 그녀는 그냥 아무렇게나 대답했다.

"제 친구 조지가 영국에 돌아왔을 때, 그의 머릿속에는 온통 아내에 대한 생각뿐이었습니다."

"그가 저버린 아내를 말하는 거군요. 당신이 처음 친구 이야기를 꺼냈을 때 아내를 저버렸던 일을 언급했던 게 기억나요." 그녀가 좀더 신중해지면 말했다.

로버트는 아랑곳하지 않고 이야기를 이어나갔다.

"그는 오직 아내 생각으로 머릿속이 꽉 차 있었죠. 그의 유일한 희망은 호주의 금광에서 자신의 힘으로 성공하여 그의 아내를 행복하고 부유하도록 살게 해주는 것이었습니다. 영국에 도착한 지 몇 시간 지나지 않은 그를 전 만나게 되었고, 아내와 다시 재결합하기만을 기대하며 행복한 자긍심에 차 있는 그를 제 눈으로 목격하였죠. 또한 그의 심장을 내리치는 충격을 목격하기도 했습니다. 그 충격은 그를 완전히 변모시켜 이전의 그하고는 전혀 다른 사람으로 만들어 놓았죠. 세상에 그런 변화는 처음 봤어요. 그런 잔인한 변화를 일으켰던 충격은《타임즈》신문에 실린 아내의 죽음 기사였어요. 하지만 지금 저는 그 기사가 새빨간 거짓이라고 믿습니다."

"그렇군요! 하지만 톨보이즈 부인이 살아있었다면 무슨 이유로 그녀가 죽었다는 기사가 난 건가요?"

"그건 그 부인 스스로가 이유를 잘 알고 있겠지요."

"무슨 이유요?"

"조지가 없는 걸 이용해서 더 부유한 남편을 얻을 기회가 있었을 수도 있지요. 새로 결혼을 하게 되자, 이 거짓 기사로 제 친구와의 관계를 싹 지워버리고 싶었을 수도 있었겠지요."

오들리 부인의 어깨가 움찔했다.

"당신의 가정은 우스꽝스럽군요, 오들리 씨. 그러기 위해서는 정말 타당한 근거가 필요하겠군요."

"전 쳄스포드와 콜체스터에서 발행된 신문기사를 각각 조사해 보았어요. 1857년 7월 2일자 콜체스터의 기사에는 다른 신문에서 옮겨온 수많은 기사 중에 짤막한 기사 하나가 실렸더군요. 영국의 신사인 조지 톨보이즈가 금광에서 성공하여 2만 파운드에 해당하는 금괴를 갖고 시드니에 도착하였고 리버풀로 향하는 아르고스 배를 탔다는 기사였지요. 이 기사는 물론 매우 작은 사실에 해당합니다, 오들리 부인. 그렇지만 그 당시 에식스에서 사는 사람이라면 누구나 조지 톨보이즈가 호주에서 귀국한다는 걸 알았을 거라는 점을 증명하기에 충분합니다. 제 말을 이해하겠어요?"

"명확히 이해되지 않는군요. 에식스 신문의 기사와 톨보이즈 부인의 죽음과는 무슨 관계가 있는 건가요?"

"다시 하나씩 짚어보죠, 오들리 부인. 《타임즈》의 기사는 거짓으로 생각한다고 말했지요. 그건 헬렌 톨보이즈와 몰던 중위가 내 친구에 대해 꾸민 음모의 일부분이지요."

"음모요!"

"그렇습니다. 이 음모를 꾸민 교활한 여인은 남편이 죽었을 거라고 상정해서 범죄를 저지르는 위험을 무릅쓰고 화려한 장래가 펼쳐질 기회를 잡은 거지요. 오들리 부인, 이 대담한 여인은 발각될 거란 두려움도 없이 자신의 연기를 끝까지 해나갈 거라고 생각했던 거였죠. 이 사악한 여인은 자신이 배반한 남자의 정직한 가슴에 가할 비참한 불행에 대해 전혀 관심을 기울이지 않았죠. 이 어리석은 여인은 인생을 기회의 게임판으로 여겨 최고의 선수란 승리의 패를 쥐고 있는 자로 믿었던 거예요. 그러나 이 비열한 투기자 위의 높은 곳에 하나님의 섭리가 자리잡고 있어 사악한 비밀이 오랫동안 묻혀있도록 결코 허락하지 않는다는 사실을 망각한 거죠. 제가 말한 그 여인이《타임즈》신문에 거짓 공고를 낸 것 외에 더 큰 죄를 저지르지 않았다 하더라도, 그 여인이 가장 혐오스럽고 비열한 여성이라는 생각을 전 버릴 수 없습니다. 세상에서 가장 매정하고 타산적인 인간인 거죠. 그 잔인한 거짓말은 아주 더럽고 비겁한 짓이며 악명 높은 살인범의 단검같이 배반의 칼날이 되는 겁니다."

"하지만 신문의 그 사망 기사가 거짓이라는 것을 어떻게 증명할 수 있나요? 당신은 벤트너에서 톨보이즈 씨와 그의 아내 무덤을 보았다고 말했잖아요. 그 무덤이 톨보이즈 부인의 것이 아니라면 벤트너에 묻혀 있는 사람은 누구인가요?"

"아, 오들리 부인. 그 질문에 대답할 수 있는 사람은 오직 두세 명밖에 없습니다. 그리고 그들 중에 한두 명이 오래지 않아 제게 답해줄 겁니다. 오들리 부인, 전 조지 톨보이즈의 비밀스러운 죽음을 밝혀내기로 결심했다는 걸 말씀드리겠습니다. 제가 여성의 얼버무림과 속임수에 넘어갈 거라고 생각합니까? 천만에요! 전 증거를 하나씩 모아가며 연결해 완성시켜 마침내 엄청난 힘을 발휘하도록 할 겁니다. 제가 고통에 곤혹스러워할 거라고 생각합니까? 연결고리를 찾지 못할 거라고 생각하나요? 아닙니다, 오들리 부인. 전 찾아낼 겁니다. 그걸 어디에서 찾을지 알고 있기 때문이죠. 사우샘프턴에 금발머리의 멋진 여자가 있습니다. 플로슨이란 이름의 그 여자는 제 친구 아내의 아버지에 대한 비밀을 알고 있지요. 그 여자가 벤트너 교회 마당에 거짓으로 묻혀있는 여자에 대한 과거를 밝히는 일에 저를 도울 겁니다. 그렇게 되면 그 비밀을 밝히는 데에 더 이상 고민할 필요가 없을 겁니다. 단지—"

"단지—뭔가요?"

"단지 제가 치욕과 처벌에서 구하고 싶은 그 여인이 제가 제시한 자비를 받아들이고, 아직 시간이 남아 있을 때 제 경고대로 따르는 겁니다."

오들리 부인은 우아한 양 어깨를 으쓱하였다. 그녀의 푸른 눈에서는 도전하는 빛이 번뜩였다.

"그런 어처구니 없는 말에 영향을 받아 고민하는 여자라면 정말 어리석은 여자임에 틀림없지요. 오들리 씨, 당신은 과대망상증에 걸렸어요. 제가 앞서 말한 장뇌, 붉은 라벤더, 또는 탄산암모늄을 들어야만 하겠네요. 지금 머릿속에 갖고 있는 생각이 말이 된다고 여기나요? 당신은 친구를 이상하게 잃어버렸어요. 아마도 그 신사분은 당신에게 아무런 말도 없이 영국을 떠난 거겠죠. 그래서 어떻다는 거죠? 당신 말마따나 그분은 아내가 죽고 난 후 완전히 변해버렸어요. 성격이 이상해졌고 사람과의 접촉도 싫어했겠죠. 자신에게 무슨 일이 일어나든 철저히 무관심해졌을 거예요. 단조로운 문명 생활에 지쳐 슬픔에서 벗어나기 위해 야만스런 금광으로 달아났다는 게 더 그럴 듯하지 않아요? 이건 낭만적인 이야기이긴 하지만 전혀 드문 일이 아니에요. 당신은 친구의 실종에 대해 이런 단순한 해석에 만족하지 않고 엉뚱하게 음모론을 세우고 있지만, 그건 당신 자신의 과열된 뇌에서만 존재하고 있는 겁니다. 헬렌 톨보이즈는 죽었어요.《타임즈》신문에 그녀가 죽었다고 분명히 언급되어 있어요. 그녀의 아버지도 그렇게 말했고요. 벤트너의 교회 묘지의 묘비에는 그녀의 죽음이 기록되어 있어요." 그녀의 목소리는 점점 격하게 떨리며 높아져갔다. "오들리 씨, 도대체 무슨 권리로 당신은 제게 와서 조지 톨보이즈에 대해 저를 괴롭히는 건가요? 무슨 권리로 감히 그의 아내가 아직도 살아있다고 말하는 거죠?" 마음의 심한 동요가 있을 때면 오들리 부인의 그 특유한 귀를 꿰뚫는 날카로운 목소리로 외쳤다.

"정황상의 증거에 의거해서죠, 오들리 부인. 즉, 사건 심리의 첫 청문회에서 해당자 중 가장 범인과 상관없을 것 같은 사람에게 살인죄를 확정 지으려고 할 때 가끔씩 사용되는 게 정황상 증거이죠."

"이 일에서는 어떤 정황상의 증거가 적용된다는 거죠?"

"시간과 장소를 통한 증거입니다. 손으로 쓴 글이 남긴 증거입니다. 헬렌 톨보이즈가 윌던시에서 아버지의 집을 떠났을 때, 그녀는 이전 삶에 지쳐 새로운 집과 행운을 찾고 싶다는 편지를 남겼어요. 그 편지를 제가 가지고 있습니다."

"그렇군요."

"헬렌 톨보이즈의 글씨체는 이름 있는 전문가라면 차이점을 발견할 수 없을 정도로 어떤 여인의 것과 매우 닮아 있죠."

"글씨체가 같은 사람을 찾는 일은 매우 드문 일이 아닙니다. 제 친구들이 쓴 펜 글씨체를 보면 아시겠지만, 그 글씨들간의 큰 차이를 찾는 일은 힘듭니다." 오들리 부인이 무심하게 대답했다.

"하지만 그 글씨체가 매우 특이해 수십 명 중에서도 눈에 띄는 뚜렷한 특징을 갖고 있다면요?"

"만약 그렇다 하더라도 그건 우연의 일치일 뿐이고 특이한 일이겠지요. 헬렌 톨보이즈의 글씨체가 살아있는 누군가와 닮았다고 해서 그녀의 죽음을 부정할 수는 없습니다."

"그 우연의 일치가 여러 군데에서 일어나 한 점으로 수렴된다면요? 헬렌 톨보이즈는 아버지의 집을 떠나 새로운 삶을 살고 싶다고 했어요. 제가 그 사실로부터 어떤 것을 추론해 냈는지 아세요?"

그녀는 다시 한번 어깨를 으쓱했다.

"전혀 알 수가 없군요. 저를 이 우울한 곳에 거의 30분 동안이나 붙잡아 두었으니 저를 어서 보내주기 바래요, 저녁 만찬에 옷을 갈아입어야 해요."

"안 됩니다, 오들리 부인." 로버트는 마치 다른 사람으로 변한 것처럼 냉혹하고 확고한 어조로 정의의 화신이 되어 죄인에게 응징이라도 가할 듯한 모습으로 말했다. "더 이상 속임수는 저에게 통하지 않을 겁니다. 저항해봤자 도움될 게 하나도 없습니다. 저는 그동안 부인에게 공정한 태도를 유지했습니다. 그리고 공정하게 경고도 해줬고요. 두 달 전 부인에게 간접적인 위험 신호를 보냈지요."

"그게 무슨 뜻이에요?" 그녀가 급작스럽게 물었다.

"부인은 그 경고를 받아들이지 않았어요, 오들리 부인." 로버트는 계속 밀고 나갔다. "그래서 저는 이제 당신에게 직접적으로 말해야만 할 때가 왔습니다. 당신이 운명과 게임을 벌였던 그 능란한 재주가 응징에서 면제되었다고 생각합니까? 아닙니다, 오들리 부인. 당신의 젊고 아름다운 미모, 우아함과 세련된 태도는 오직 부인의 은밀한 비밀을 더욱더 끔찍하게 몰아가고 있습니다. 부인의 비밀을 밝혀낼 증거는 너무나 강력해서 부인을 파멸시키기에 충분하며, 또한 새로운 증거들이 첨가될 겁니다. 헬렌 톨보이즈는 아버지의 집으로 결코 돌아가지 않았습니다. 그녀가 가난한 아버지를 저버렸을 때, 그녀는 모든 과거의 삶으로부터 손을 뗄 작정을 한 겁니다. 새로운 삶을 살고 싶은 사람이 흔히 하는 행동이지요. 제2의 삶을 살기 위해서는 그녀의 출발에 족쇄가 되는 모든 장애물에서 자유로워지고 싶어 하죠. **그런 사람들은 이름을 바꾸기도 하지요,** 오들리 부인. 헬렌 톨보이즈는 심지어 자신의 아기마저 포기했습니다. 그녀가 월던시를 떠나는 순간부터 자신의 정체성마저 버렸던 거지요. 1854년 8월 16일 헬렌 톨보이즈로서의 그녀는 사라지고, 17일에는 루시 그레이엄으로 다시 나타난 겁니다. 친구도 하나 없는 그 여성은 고향에 대해 아무런 질의를 받지 않는 대신 월급도 받지 못하고 일을 해나갔던 거지요."

"당신은 제정신이 아니군요, 오들리 씨!" 귀부인은 소리쳤다. "당신은 미쳤어요. 제 남편이 이런 무례함을 용서치 않을 거예요. 헬렌 톨보이즈가 집을 뛰쳐나온 것과 그 다음날 제가 학교 선생으로 들어간 게 서로 관련이 있다는 증거가 있나요?"

"그 자체로는 거의 미약합니다." 로버트 오들리가 응수했다. "그러나 또 다른 증거의 도움을 받게 되면—"

"또 다른 증거라뇨?"

"부인이 학교에 남겨 놓고 간 상자를 빈센트 부인이 소유하고 있는데, 그 상자에 겹쳐져 붙여 있는 두 개의 표딱지가 그 증거입니다. 위 표딱지에는 그레이엄이란 이름이 써 있었고, 그 밑 표딱지에는 조지 톨보이즈 부인의 이름이 적혀 있었습니다."

오들리 부인은 말이 없었다. 황혼의 어둠 속에서 그녀의 얼굴 표정이 보이지 않았지만, 그녀의 가슴에 꼭 모으고 있는 작은 두 손이 발작적으로 떨리고 있음을 그는 눈치챘다. 그의 증거가 바로 핵심을 찔렀다는 걸 그는 알았다.

'가엾고 비참한 영혼. 그녀는 이제 자신이 패배했다는 걸 알겠군. 검은 모자를 쓴 판사들이 몸을 떠는 불쌍한 죄인에게 사형을 선고할 때 그들의 심정은 지금의 내 심정과 같을까? 그 판사들은 정의로운 분개심을 표출하여 영웅적 희열을 느낄까? 아니면 나처럼 이 무기력한 여인을 윽박지르면서도 내 골수를 갉아먹는 듯한 둔탁한 고통을 느낄까?'

그는 얼마 동안 오들리 부인의 곁을 따라 아무 말없이 걸어갔다. 그들은 어두컴컴한 오솔길을 왔다 갔다 걸었던 거였다. 이제 그들은 라임나무 길의 잎이 떨어진 관목 숲 가까이 다가갔다. 그곳에는 부서진 우물이 뒤엉킨 가시덤불 사이로 눈에 띄지 않게 방치되어 있었다.

사람들이 다니지 않고 잡초로 반쯤 덮인 구불구불한 소롯길은 이 우물로 이어졌다. 로버트는 라임나무 오솔길을 벗어나 이 길로 들어섰다. 오솔길보다는 관목 숲에 오히려 햇빛이 남아있어서 로버트는 오들리 부인의 얼굴을 보고 싶었다.

그들은 우물 근처의 풀밭에 다다를 때까지 서로 말이 없었다. 묵직한 벽돌들이 여기저기 떨어져있었고 느슨한 돌 조각들이 잡초와 찔레더미 사이에 묻혀있었다. 나무 굴림대를 받치는 무거운 말뚝은 여전히 남아 있었지만 제 자리에서 빠져 나온 쇠로 된 살은 우물에서 몇 발자국 떨어진 곳에서 녹슬고 변색된 채 놓여있었다.

로버트는 이끼가 덮인 말뚝에 기댄 채 오들리 부인의 얼굴을 내려다보았다. 그녀의 얼굴은 서늘한 겨울 석양 아래 매우 창백해 보였다.

잿빛 하늘에는 미약한 빛을 뿜으며 초승달이 떠오르고 저물어가는 흐릿한 어둠과 섞여 유령 같은 희미한 빛을 냈다. 그녀의 얼굴은 로버트의 꿈속에서 푸른 바다 파도의 하얀 거품 사이로 나타나 백부님을 파멸로 유혹하던 얼굴과 흡사하였다.

"오들리 부인, 그 두 개 표딱지를 제가 가지고 있습니다." 그가 다시 시작했다. "크레센트 빌라에서 부인이 남기고 간 상자에서 떼낸 거예요. 빈센트 부인과 통크 양이 보는 앞에서 떼냈죠. 이 증거에 대해 반박할 것이 있나요? '내가 루시 그레이엄이에요. 그리고 난 헬렌 톨보이즈와 아무런 연관이 없어요.' 부인은 제게 이렇게 말하겠지요. 하지만 그게 성립되려면 부인은 본인의 과거를 밝혀줄 증인을 내놓을 수 있어야 합니다. 크레센트 빌라에 나타나기 전 어디에서 살고 있었나요? 그걸 증명해 줄 친구나 친척, 이웃사람이 있어야만 합니다. 이 세상에서 부인이 가장 불운한 사람이라면, 그런 과거를 지닌 부인의 신세를 확인해줄 누군가가 있어야만 합니다."

"그래요." 부인이 소리쳤다. "제가 범죄 피고인석에 앉아 있는 거라면, 의심할 여지도 없이 당신의 터무니없는 비난을 반박해줄 증인을 불러올 수 있겠지요. 하지만 전 피고인석에 있지 않아요, 오들리 씨. 그저 당신의 우스꽝스러운 어리석음을 비웃는 것 외에 할 일이 없어요. 당신은 분명 미쳤어요! 헬렌 톨보이즈가 죽은 게 아니고 또한 내가 바로 그 헬렌 톨보이즈라고 말하고 싶다면, 당신 마음대로 해요. 제가 살았던 장소, 그리고 톨보이즈 부인이 살았던 장소를 쏘다닐 작정이라면, 마음대로 하세요. 당신 기분이 내키는 대로 하세요. 하지만 경고하는데, 그런 환상은 당신 같이 멀쩡한 사람이라도 때로는 평생 정신병원 신세를 지게끔 만들어요."

잡초와 떨어진 잔가지 사이로 걸어가던 로버트는 오들리 부인의 말에 깜짝 놀라서 움찔했다.

'그녀는 자신의 죄를 가리기 위해 또 다른 일을 저지를지도 몰라. 백부님을 설득해서 나를 정신병원에 가둬버릴 수도 있겠군.'

로버트는 겁쟁이가 아니지만, 순간 두려움에 사로잡혔을 때처럼 공포의 전율로 가슴까지 서늘해졌다. 이브가 에덴 동산에서 아담의 친구이자 동반자로 태어난 날부터 여인들이 저질러왔던 끔찍한 짓들이 떠올랐다. 위장에 능한 그녀의 엄청난 힘이 진실보다 더 강해 그를 헤치려 든다면 어떡하지? 그녀는 자신의 길을 가로막고 위험에 빠뜨릴 가능성이 있자 조지 톨보이즈도 살려두지 않았다. 조지보다 더 큰 위험을 가져올 그를 그녀가 그냥 내버려둘까? 여성들은 아름답고 우아할수록 더 인자하고 친절하며 사랑스런 마음씨를 갖는 걸까? 마제르[13]는 젊은 시절 무모한 행동으로 권력자 퐁파두르 후작 부인의 기분을 상하게 하여 평생 감옥에 갇혀 지내는 신세가 되었고, 두 번이나 감옥에서 탈출하다 다시 붙잡혀 투옥되고, 어여쁜 상대방이 굼뜨지만 그에게 자비를

13 마제르(Jean-Henri Mazers de Latude, 1720~85): 퐁파두르 후작 부인에게 후작 부인의 생명을 노리는 허구의 음모를 알리면서 동시에 독약 상자를 보내 보상을 얻어내려던 사기꾼. 그는 바스티유 감옥에서 여러 번 탈출을 감행하기도 했는데, 감옥생활을 기록한 책을 저술하기도 하였음.

베풀 거라 믿었으나 배신을 당하지 않았던가? 로버트는 자신의 옆에 서있는 여인의 창백한 얼굴을 바라보았다. 별처럼 반짝이는 눈동자의 어여쁘고 매혹적인 얼굴은 이상하고도 분명 위험한 빛을 담고 있는 듯싶었다. 여인의 배신에 관한 수십 가지 이야기가 떠올라 자신의 싸움이 백부님의 아내와 상대가 되지 않을 수 있다는 생각에 몸서리가 쳐졌다.

'나는 그녀에게 내 카드를 다 보여줬지만 그녀는 여전히 자신의 것을 숨기고 있어. 그녀가 쓰고 있는 가면을 뜯어 제킬 수가 없어. 백부님도 그녀의 죄를 믿기보다는 나를 미쳤다고 생각할 거야.'

클라라 톨보이즈의 창백한 얼굴이 눈앞에 떠올랐다. 클라라의 엄숙하면서도 진지한 얼굴은 이 여인의 하늘하늘한 아름다움과는 매우 대조적인 것이었다.

'난 내 자신의 위험만을 생각하고 있으니 정말 겁쟁이야. 이 여인을 알면 알수록, 더욱더 그녀가 행사하는 영향력이 끔찍해지고 백부님의 저택에서 쫓아내야 할 필요가 있어.'

그는 황혼의 어둠 속에서 주변을 둘러보았다. 조용한 정원은 생명이 뛰노는 세상에서 동떨어진 외로운 무덤처럼 적막했다.

'조지가 사라진 날 그녀는 이 정원 어딘가에서 그와 만났을 거야. 그곳이 어딘지 궁금하군. 그가 그녀의 잔인한 얼굴을 들여다보며 거짓된 그녀를 꾸짖었을 장소가 어디였을까?'

그가 기대고 있는 말뚝 반대편 말뚝에 작은 손을 가볍게 얹고 있는 오들리 부인은 긴 잡초에 발장난을 하다 슬쩍 로버트를 훔쳐보았다.

"오들리 부인, 그렇다면 꽤 격렬한 결투가 될 것 같군요." 로버트 오들리가 진지하게 말했다. "부인은 제 경고를 무시하는군요. 이곳을 떠나 아무도 모르는 곳에서 자신의 잘못을 뉘우치기를 거부하는군요. 부인이 쭉 속여왔으며 거짓된 마법으로 놀려대던 자애로운 신사에게서 멀리 떠날 생각이 없는 거군요. 이곳에 남아서 끝까지 저항하겠다는 뜻이군요."

"그래요. 내 남편의 조카가 미쳐서 나를 미치광이의 희생자로 삼으려 한다면, 그건 내 잘못이 아니에요." 그녀는 고개를 들고 그를 똑바로 쳐다보며 말했다.

"그러면, 할 수 없군요, 오들리 부인. 내 친구 조지 톨보이즈는 사라지기 마지막 순간에 오늘밤 우리가 들어온 이 정원의 철문으로 들어왔을 겁니다. 부인에게 마지막으로 물어보려고 왔던 거죠. 그는 이 정원으로 들어온 이후 이곳을 떠나는 모습을 누구도 보지 못했습니다. 아마 이곳을 떠났다고 생각되지 않는군요. 그는 이 지역에서 죽음을 맞았고 또한 그의 시체가 이곳 조용한 개울 어딘가에 숨겨져 있거나 아니면 어느 구석에 묻혀 있을 거라고 생각합니다. 전 이 저택을 무너뜨리고 정원 나무들의 뿌리를 모조리 파헤치는 한이 있더라도 샅샅이 뒤질 겁니다. 살해당한 제 친구의 무덤을 기어코 발견하고야 말 겁니다."

루시 오들리는 절망적인 표정으로 머리 위로 두 팔을 들어올리며 구슬픈 소리를 길고도 나지막하게 외칠 뿐 그의 끔찍한 비난에 아무런 응답도 하지 않았다. 두 팔을 천천히 내린 그녀는 서서 로버트를 뚫어지게 응시하였다. 황혼 속에서도 그녀의 흰 얼굴은 빛났고, 푸른 눈은 반짝이다 서서히 사라졌다.

"그랬다간 당신은 결코 살아남을 수 없을 거예요. 제가 먼저 당신을 죽일 거니까요. 왜 이렇게 저를 괴롭히는 거죠? 왜 저를 가만 내버려 두지 않는 거예요? 제가 당신께 무슨 나쁜 짓을 했다고 저를 박해하는 거죠? 제 발걸음마다 좇아 다니고, 제 모습을 살피며, 저를 염탐하는 건가요? 제가 미치는 꼴을 보고 싶은 건가요? 미친 여자와 씨름하는 게 어떤지 알고 있는 건가요? 아니, 모르는 거겠죠. 그렇지 않고서야 어찌—"

그녀는 말하다 갑자기 멈추고 몸을 쭉 피며 똑바로 섰다. 그건 로버트가 늙은 술주정뱅이 중위에게서 본 것과 똑같은 모습이었다. 극도의 비참함 속에서 우러나는 위엄과 숭고한 모습이었다.

"오들리 씨, 당장 내 눈앞에서 사라져요. 당신은 미친 사람이야. 미쳤어." 그녀가 말했다.

"가겠습니다, 오들리 부인." 로버트가 조용히 말했다. "전 부인의 비참한 상황을 불쌍히 여겨 그 죄를 눈감아 주고자 했습니다. 그렇지만 부인은 제 자비를 거절했어요. 전 이제 죽은 자에 대한 제 의무를 다 할 작정입니다."

그는 라임나무 그림자 아래 외로운 우물에서 걸어 나왔다. 그녀도 그를 따라 길고 어두운 길을 천천히 걸어 나와 소박한 다리를 건너 철문으로 향했다. 그가 철문을 나서자, 알리샤가 저택 한 편에 떡갈나무 판자를 댄 식당의 작은 반유리문을 열고 나왔다.

"로버트, 오빠를 온통 찾아 다녔어요. 아빠께서 서재로 내려오셨어요. 오빠를 보고 틀림없이 기뻐하실 거예요."

로버트는 사촌의 상쾌한 목소리에 정신이 번쩍 났다. '맙소사! 이 두 여자는 어찌 이렇게 다를 수 있을까? 순수한 본성의 충동을 숨기지 못하는 이 솔직하고 마음이 따뜻한 아가씨가 내 뒤를 따라 걸어오는 저 비참한 여인과 똑같이 인간의 피와 살을 갖고 태어났다니!'

그는 사촌과 그가 길을 비켜 지나갈 수 있기를 기다리는 오들리 부인을 번갈아 보며 생각에 잠겼다.

"알리샤, 네 사촌에게 무슨 일이 생긴 건지 나도 통 모르겠구나. 그는 지금 제정신이 아닌 것 같아. 어찌나 괴상한지 나는 이해할 수가 없어."

"그렇군요! 하지만 저는 상상이 가는 걸요. 그처럼 대화를 오래 나눈 걸로 봐서 새엄마가 그를 이해시키려고 꽤나 노력했을 거예요." 알리샤가 말했다.

"오, 그럼. 오들리 부인과 나는 서로를 잘 이해하고 있어. 그런데 이제 밤이 늦었으니 전 두 분께 작별 인사를 드립니다. 전 오늘 밤 마운트 스태닝에서 지낼 예정입니다. 그곳에서 볼 일이 있어서요. 내일 다시 백부님을 뵈러 오겠어요."

"로버트, 무슨 말이에요? 정말 아빠를 만나지 않고 그냥 가겠다는 거예요?" 알리샤가 말했다.

"그래, 알리샤. 내가 깊이 관여했던 일이 곤란을 겪어 난 마음이 뒤숭숭해서 지금 백부님을 만나지 않는 편이 낫겠어. 잘 자요, 알리샤. 내일 다시 오거나 아니면 편지를 쓸게."

그는 사촌과 작별 악수를 하고 고개를 숙여 오들리 부인에게 인사를 한 후 검은 그림자가 드리워진 아치형 문을 지나 저택 너머 조용한 오솔길로 걸어나갔다.

오들리 부인과 알리샤는 그가 시야에서 멀어질 때까지 바라보았다.

"도대체 로버트 사촌오빠에게 무슨 일이 생긴 건지 모르겠네요." 오들리 양이 그가 사라지는 모습을 바라보며 짜증이 나는 듯이 소리쳤다. "이렇게 엉뚱하게 가버리니 이게 무슨 의미죠? 그의 마음을 뒤숭숭하게 만드는 곤란한 일이라니! 못된 선임 변호사가 변론 취지서를 작성하라고 종용 받았나 본데, 본인 스스로도 자신의 무능력을 어렴풋이 알고 있어 당혹스런 상태에 빠진 것 같군요."

"그의 성격에 대해 세밀하게 살펴본 적이 있니, 알리샤?" 오들리 부인이 잠시 후 매우 진지하게 물었다.

"살펴보다니요! 아니요. 왜 내가 그의 성격을 살펴봐야 하나요? 그저 게으르고 이기적인 쾌락주의자여서 자기 자신의 안락 외에 다른 것에 관심조차 없다는 건 살펴볼 필요도 없어요."

"그가 괴짜 같다고 생각해 본 적이 없었니?"

"괴짜라고요! 그래요, 맞아요—일반적으로 그런 사람들에게 해당되는 말이겠네요. 로버트는 괴짜라고 하겠어요." 그녀는 붉은 입술을 깨물고 어깨를 으쓱거리며 말했다.

"그의 부모님에 관해선 들어본 적이 없는데, 넌 그분들을 잘 아니?" 귀부인이 생각에 잠겨 말했다.

"로버트의 어머니를 본 적은 없어요. 어머니의 이름은 달림플이었는데, 굉장히 저돌적인 분이셨지요. 작은 아버지와 사랑의 줄행랑을 쳐서 상속받을 상당한 재산을 포기해야만 했어요. 로버트가 다섯 살 때 어머니께서는 니스에서 돌아가셨어요."

"그 어머니에 대해서 특별한 사항에 대해 들은 건 없었니?"

"'특별한 사항'이란 게 무슨 뜻인가요?"

"그분이 뭐 괴짜라든지—뭐 정상이 아니라든지?"

"오, 아니요. 작은 어머니는 매우 이성적인 여자였어요. 비록 사랑에 빠져 눈이 먼 결혼을 했지만요. 그렇지만 그분은 제가 태어나기 전에 돌아가셨기 때문에 제가 아는 게 별로 없어요." 알리샤가 웃으며 말했다.

"하지만 작은 아버지는 기억하고 있지 않니?"

"작은 아버지요? 오, 그럼요. 아주 잘 기억하고 있지요."

"그분 괴짜였니? 그러니까—네 사촌처럼 그분의 기질도 특이했었나?"

"맞아요. 로버트는 그의 아버지한테서 어처구니 없는 기질을 모두 물려받았다고 생각해요. 작은 아버지는 로버트 사촌오빠처럼 곁의 친한 사람들에게 똑같이 무관심했어요. 하지만 작은 아버지는 매우 좋은 남편이자 사랑이 많으신 아버지였고, 하인들에게도 친절한 상전이어서 누구나 그분의 의견을 존중했지요."

"하지만 괴짜라고 하지 않았니?"

"네. 작은 아버지는 전반적으로 그런 면이 좀 있었다고 생각해요."

"오, 내가 생각한 대로군. 알리샤, 미친 증세는 원래 아버지에서 딸로, 그리고 어머니에서 아들로 유전되기보다는 아버지에서 아들로, 어머니에서 딸에게로 물려주는 법이란다. 너의 사촌 로버트 오들리는 매우 멋지게 생긴 청년이고 마음씨가 고운 젊은이라고 생각하지만 그를 조심해야 할 거야. 왜냐면 그 사람은 미쳤어!"

"미쳤다니요! 지금 꿈꾸시는 거예요? 아니면—아니면—저를 놀래키려고 하는 거예요?" 알리샤가 상당히 놀란 표정으로 말했다.

"난 단지 네가 조심하길 바랄 뿐이야, 알리샤. 오들리 씨는 네 말대로 그냥 괴짜일지도 몰라. 하지만 오늘 저녁 그가 내게 보여준 행동은 날 완전히 공포에 떨게 만들었어. 그가 미쳐간다고 생각했지. 오늘 밤 마이클 경께 아주 진지하게 말할 거야."

"아빠에게 말한다니요!" 그런 가능성을 말하면 아빠가 틀림없이 괴로워하지 않겠어요?"

"마이클 경께서 주의하시게 하려는 것뿐이야, 알리샤."

"하지만 아빠는 새어머니 말을 믿지 않을 걸요. 그런 어리석은 생각에 픽 웃고 말 거예요."

"아니야, 알리샤. 그분은 내가 하는 말은 모두 믿으실 거야." 오들리 부인은 입가에 미소를 띠우며 말했다.

12. 발판을 마련하다

오들리 부인은 정원을 떠나 마이클 경이 있는 떡갈나무 목재의 아늑한 서재로 향했다. 그는 서재에서 책을 읽거나 편지를 쓰고, 아니면 재산 관리인과 소유지 일을 상의하곤 하였다. 재산 관리인은 이 지역 출신의 건장한 농업 전문가이면서도 변호사로 저택에서 여러 마일 떨어진 곳에 작은 농장을 직접 빌려 쓰고 있었다.

남작은 난롯가의 널찍한 안락의자에 앉아 있었다. 난로에서 활활 타오르는 불꽃이 유난히 윤기가 자르르 흐르는 검은 떡갈나무 책장과 금빛과 붉은빛으로 장정된 책들에게 반사되어 번쩍거렸으며 아테네의 대리석 투구와 로버트 필[14]의 앞 이마에 이따금씩 빛을 던져주었다.

책상 위의 등불을 켜지 않은 채 마이클 경은 난롯가에서 그의 아내가 오기만을 기다리며 앉아 있었다. 아내에 대한 남작의 순수한 사랑은 감히 말로 표현할 수 없을 정도였다. 그의 사랑은 마치 첫 아이를 품에 안은 젊은 엄마의 사랑처럼 한없이 부드러웠으며 바야르[15]처럼 용감하면서도 기사도적 고귀한 열정을 담고 있었다.

그가 사랑스러운 아내를 생각하고 있을 때 서재의 문이 열렸고, 남작은 문 앞에 서있는 가녀린 여인의 모습을 보았다.

"여보! 당신을 생각하며 한참 기다리고 있는 참이었소. 여태 어디서 무얼 하다 온 거요?" 오들리 부인이 문을 닫고 그의 의자 곁으로 다가오자 그가 외쳤다.

불빛 아래가 아닌 그림자가 드리워진 곳에서 오들리 부인은 한참 동안 대답하지 않고 그저 묵묵히 서 있었다.

"저는 첼스포드에 쇼핑을 하러 다녀왔어요. 그리고—" 그녀는 망설였다. 상당히 당혹스런 분위기를 풍기며 가느다란 흰 손가락

---

14 로버트 필(1788~1859): 빅토리아 여왕 시절 영국 수상에 올랐던 유명한 보수당 정치가.

15 바야르: "두려움을 모르고 흠 한 점 없는 기사"로 알려진 바야르(de Bayard, 본명은 Pierre de Terrail, c. 1473~1524)는 충성심과 용맹으로 중세 기사도의 완벽한 귀감이 되었던 프랑스 기사.

으로 모자의 끈을 만지작거렸다.

"그리고? 첼스포드에 갔다 와서는 뭘 하고 있었소? 한 시간 전에 문간에 마차가 멈추는 소리를 들었는데, 그게 당신 아니었소?"

"네, 전 한 시간 전에 도착했어요." 여전히 당혹스런 어조로 그녀가 대답했다.

"그러면 집에 와서는 뭘 했던 거요?"

마이클 오들리 경은 가볍게 나무라는 듯한 어조로 물었다. 젊은 아내의 존재는 그의 삶에 햇살과 같은 것이었다. 아내를 그의 곁에 매여두고 싶지는 않았으나, 그녀가 그에게서 벗어나 어린애 같은 수다를 떨거나 하찮은 일로 불필요하게 시간을 보낸다고 생각하는 건 몹시 싫었다.

"집에 돌아와서는 여태 뭘 했던 거요, 여보? 그처럼 오래 내게 모습을 보이지 않으니." 마이클 경이 반복해서 물었다.

"전 이야기를 나누었어요, 오들리 씨와." 그녀는 여전히 손가락으로 모자의 끈을 빙빙 감으며 망설이는 어조로 대답했다.

"로버트! 그가 지금 여기 있소?"

"조금 전까지 이곳에 있었어요."

"그럼, 지금도 여기 있겠군?"

"아니요. 가버렸어요."

"가버리다니! 여보, 그게 무슨 말이오?" 마이클 경이 외쳤다.

"당신의 조카가 오늘 오후 이곳을 방문했었죠. 알리샤와 저는 정원에서 한가롭게 거닐고 있는 그를 봤어요. 그는 15분 전까지 저와 이야기를 하다 한마디 설명도 없이 성급히 떠나버리더군요.

갑자기 마운트 스태닝에 무슨 볼일이 있다고 엉뚱한 변명을 하고는 가버렸어요."

"마운트 스태닝에서 볼일이 있다고! 아니, 그 한적한 곳에 무슨 볼일이 있다는 거요? 그럼, 오늘 밤은 그곳에서 묵겠다는 거요?"

"그래요, 그런 뜻으로 말한 것 같아요."

"맙소사, 그 녀석이 제정신이 아니로구먼." 마이클 경이 무심코 이 말을 던진 후에 오들리 부인의 그늘졌던 얼굴에 순간 밝은 기색이 보인 것을 그는 눈치채지 못했다. 승리의 미소가 그녀의 얼굴에 드리워졌는데, 그 미소는 이렇게 말하는 것 같았다. '그래, 잘되고 있어—잘되고 있는 거야. 내가 원하는 방향으로 그를 이끌 수 있어. 그에게 검은색을 하얀색이라고 하더라도, 그는 내 말을 믿을 거야.'

하지만 조카가 제정신이 아니라는 마이클 오들리 경의 논평은 별 의미가 없는 평범한 불평을 내뱉은 것에 지나지 않았다. 남작은 일상 생활 업무를 다뤄가는 조카의 능력을 높이 평가하지 않은 건 사실이었다. 그는 조카를 마음씨만 착하지 크게 기대할 만한 사람은 절대 아니라고 내심 판단해왔던 거였다. 조카의 가슴은 자애로운 여신이 부여하는 최고의 것들로 자유분방하게 꽉 차 있는 반면 그의 머리에 있어서는 지적 선물의 분포가 다소 미흡해 보인다고 생각해왔던 거였다. 그건 세상 일의 겉면 아래의 심층부를 관찰하지 않고 그저 태평스럽게 낙관적으로 바라보는 사람에게서 흔히 나타나는 특징이라고 마이클 경은 잘못 판단하였던 것이다. 그의 게으름을 무능력으로 오해하기도 했다. 그의 조카가 평소 게을렀기 때문에, 어리석은 청년이라고 여길 법도 했던 것이다. 로버트가 두드러지지 못한 건 그가 능력이 없기 때문이라고 결론지었던 거였다.

시인은 자신의 시집을 출판하기 앞서 완고한 인내심과 맹목적인 용기를 반드시 지니고 있어야 하지만 그게 부족하여 목소리를 내지도 못하고 침묵의 불명예스러운 죽음을 맞이한 밀턴을 오들리 경은 기억해내지 못했다. 그는 또한 고귀한 배라고 할 정치경제학이 혼란의 바다 위에서 허우적거리다 폭풍우의 요란한 소요 속에 바다 밑으로 침몰하는 걸 목격하면서도 키를 제대로 잡지도 못하고 또한 구조보트를 침몰하는 배에 보내지도 못한 무력했던 크롬웰[16]도 기억하지 못했다. 그가 이룬 일로 사람의 능력을 판단하는 것은 분명히 잘못이다.

세상의 영웅들이 모이는 장소는 아무도 잘 모르는 곳이며, 아마도 가장 위대한 영웅은 신성한 입구에서 멀리 떨어져 조용히 죽음을 맞이하는 사람들일 것이다. 아마도 가장 순수하고 밝은 영혼들은 달리기 경주의 소란에서, 즉, 투쟁의 소용돌이와 혼란에서 물러선 사람들이다. 인생은 마치 카드 게임과 같아서 최고의 패가 아직 손 안에 들어오지 않을 수도 있는 법이다.

오들리 부인은 보닛 모자를 벗어 던지고 마이클 경 발 아래 놓인 벨벳 발판 위에 앉았다. 소녀다운 이러한 행동은 특별히 의도된 것이거나 짐짓 꾸민 짓은 아니었다. 어린애 같은 행동은 루시

16 침묵의 불명예스러운 죽음을 맞이한 밀턴 ~ 크롬웰: 토머스 그레이의 시 〈시골 교회 묘지에서 쓴 비가〉(1751)에 나오는 시구를 인용한 것.

오들리에게 너무나 자연스러운 거여서 누구도 이와는 다른 모습의 그녀를 보고 싶어하지 않았을 거였다. 이 황금색 머리의 사이렌에게서 품위 있는 자제나 여성스러운 엄숙함을 기대하는 건 그야말로 어리석은 짓일 거였다. 그건 마치 종달새의 청명한 노랫소리에서 풍부한 저음을 기대하는 것과 같은 짓이었다.

그녀는 난롯불을 등지고 양손을 깍지 낀 채, 남편이 앉아 있는 안락의자의 양 팔걸이 위에 올려놓았다. 매우 가느다란 흰 손이었지만 안정을 찾지 못하고 있었다. 그녀는 반지 낀 손가락으로 깍지를 꼈다 풀었다 하며 남편에게 말했다.

"제가 당신에게 곧장 오고 싶어한다는 건 당신도 잘 아시잖아요, 여보. 집에 도착하자마자 당신에게 가려고 했어요. 하지만 오들리 씨가 저를 가로막고서 이야기를 나누겠다고 고집을 부렸어요."

"무슨 말을 하고 싶다는 거요, 여보? 로버트가 당신에게 말할 게 뭐가 있지요?"

오들리 부인은 이 질문에 대답하지 않았다. 대신 그녀는 남편의 무릎 위로 고개를 떨구었다. 그녀의 금빛 머리칼이 그녀의 얼굴 위로 떨어졌다.

마이클 경은 두 손으로 그녀의 아름다운 얼굴을 들어 올렸다. 난로 불빛이 그녀의 얼굴을 환하게 비추었다. 부드러운 푸른 눈에는 눈물이 가득 차 있었다.

"루시, 루시! 이게 웬 일이요? 여보, 도대체 뭣 때문에 당신은 이렇게 괴로워하는 거요?"

오들리 부인은 무언가 말하려고 했지만, 입술이 떨려서 제대로 말을 하지 못했다. 목이 꽉 막히는 느낌이어서 그녀의 유일한 방어막이라 할 그럴 듯이 둘러대려는 말도 쉽게 나오지 않았다. 목이 메여 말이 나오지 않았다. 침울한 라임나무 오솔길에서 말없이 겪었던 고통은 점점 더 커져서, 그녀는 폭풍우처럼 크게 흐느껴 울었다. 가녀린 몸이 격하게 떨리더니, 배고픈 짐승의 먹이가 되어 끔찍한 힘에 그 몸이 갈갈이 찢기는 것 같은 울부짖음이 터져 나왔다. 그건 그녀의 슬픔이 절대 꾸민 게 아님을 보여주었다. 그건 진정으로 고통과 공포, 회환과 비참함이 몰아치는 폭풍우였다. 이 사나운 항의를 통해 여성의 연약한 본성이 세이렌의 기술을 최고로 발휘하는 때였다.

그것은 그녀가 로버트와 끔찍스런 결투를 벌였다는 뜻은 아니었다. 그건 그녀가 사용하려고 의도했던 무기가 아니었다. 그녀가 꾸밀 수 있었던 계략도 이처럼 자연스런 슬픔의 폭발만큼 효과적일 수 없었다. 왜냐하면 이건 남편의 영혼까지 흔들어놓았기 때문이다. 그를 당혹스럽고 공포에 휩싸이게 만들었다. 남자의 강한 지력을 무기력한 혼란과 당혹감으로 위축시켰다. 훌륭한 남자 본성의 취약점에 충격을 가한 거였다. 그리고 마이클 오들리 경의 아내에 대한 애정을 곧바로 흔들어댄 거였다.

아, 사랑하는 여인의 앞에서 무너지는 강인한 남자의 연약한 약점을 불쌍히 여겨주소서. 사내를 속여 죄를 지은 여인이 이제 눈물과 탄식으로 사내의 발 밑에 몸을 던져 자신을 내맡기고 후회할 때 마음이 약해지는 사내에게 동정을 베푸소서. 고통에 잠긴 여인의 모습에 괴로워할 때, 여인의 흐느낌에 사내의 마음이 갈기갈기 찢길 때, 여인의 신음소리에 사내의 가슴이 에이는 듯 아파올 때, 그 사내를 가엽게 여겨주소서. 여인은 자신의 고통을

2배로 또는 20배로 배가(倍加)시켜 사내의 인내심이 더 이상 버틸 수 없는 고통으로 몰아넣었다. 이처럼 여인들은 자신들의 고통을 점점 증가시켜가며 용감한 사내의 인내심을 시험해보는 거였다. 그 잔혹한 고통에 미쳐버려 잠시 균형이 무너져 버린 사내, 어떤 죄라도 다 용서하여 비참한 죄인에게 자신의 가슴을 피난처로 내놓을 준비가 된 사내, 남성다운 명예의 엄격한 목소리는 맹렬히 반대함에도 불구하고 내심으로는 용서할 준비가 된 사내—그런 사내를 용서해 주소서. 그에게 연민을 베풀어주소서. 그를 불쌍히 여겨주소서. 집 안으로 발을 들여놓는 게 더 이상 허용되지 않는 아내가 아무리 혹심하게 후회한다 해도 그 간청하는 친숙한 얼굴 면전에서 문을 닫는 남편의 고통에 비할 바가 되지 못할 거다. 자식을 두 번 다시 보지 못할 어머니의 고통은 '내 어린 것들아, 이제부터 너희에게 엄마가 없단다.'라고 자식들에게 말해야 하는 아버지의 고통에 비할 바가 아니다.

마이클 경은 의자에서 일어나 분노에 몸을 떨며 아내에게 이런 슬픔을 가져다 준 이와 즉각 한판 싸움을 버릴 준비가 되어있었다.

"루시, 도대체 당신을 누가 뭐 때문에 이렇게 괴롭혔는지 말해보시오. 말해봐요! 당신을 괴롭게 한 사람은 누구든지 간에 내게로 와서 설명을 하게 만들어야겠소. 그러니 어서 말해봐요, 여보."

그는 다시 자리에 앉아 그의 발 밑에서 울고 있는 오들리 부인에게 몸을 숙여 그녀를 달래며 한편으론 자신의 분노를 가라앉혔다.

"여보, 무슨 일이었는지 말해봐요." 그는 부드럽게 속삭이듯 말했다.

날카로운 발작이 지나갔고, 오들리 부인은 고개를 들었다. 눈물에 반사된 불빛이 반짝였다. 또한 로버트 오들리가 라파엘 전파의 초상화에서 딱딱하고 잔인하다고 파악했던 그녀의 아름다운 장밋빛 입술 윤곽이 불빛에 선명하게 드러났다.

"제가 정말 바보 같네요. 하지만 그 사람이 절 이렇게 분별 없게 만든 거예요."

"누구요—누가 당신을 이렇게 만든 거요?"

"당신의 조카—로버트 오들리 씨요."

"로버트! 루시, 도대체 그게 무슨 말이오?"

"오들리 씨가 저보고 라임나무 오솔길로 가자고 고집을 부렸다는 말씀을 당신께 드렸잖아요. 제게 할말이 있다는 거예요. 그래서 그를 따라갔더니, 제게 그처럼 끔찍한 말을—"

"어떤 끔찍한 말을 했단 말이오?"

오들리 부인은 몸을 떨며 그녀를 포옹하듯 어깨를 감싸고 있는 남편의 손을 덜덜 떠는 손가락으로 꽉 쥐었다.

"로버트가 당신에게 무슨 말을 한 거지, 루시?"

"오, 여보. 제 입으로 어떻게 그 말을 전할 수 있겠어요? 당신에게 고통을 줄 걸 뻔히 알면서. 아니면 당신은 저를 비웃을지도 몰라요. 그러면—"

"비웃는다니? 그렇지 않아요, 루시."

그녀는 잠시 침묵하며 난롯불을 곧바로 바라보았다. 그녀의 손은 여전히 남편의 손을 꽉 쥐고 있었다.

"여보." 그녀는 천천히 망설이며 입을 열었지만, 말하다가도 가끔씩 움츠러들 듯 머뭇거렸다. "당신은 오들리 씨에 대해—당신의 마음을 혼란스럽게 만들까 걱정되어서—차라리—오들리 씨에 대해 좀 생각해 보셨나요?"

"조금? 뭘 조금 생각한다는 거요, 여보?"

"조금 정신이 나가지 않았나 하고요." 그녀는 더듬거렸다.

"정신이 나갔다니! 여보, 그게 대체 무슨 말이오?"

"당신도 방금 그가 반쯤 미쳤군 하고 말씀하셨잖아요."

"내가 그랬나? 난 기억이 나지 않는 걸. 설사 그렇다 해도 별 뜻이 있는 게 아니라 그냥 표현에 지나지 않아요. 로버트는 조금 괴짜스럽고—뭐 조금 어리석긴 해요. 하지만 정신이 나갈 정도는 아니오. 오히려 미쳐버릴 만큼 두뇌가 날카롭다고 생각되지 않아요. 현명한 당신이 잠시 착각한 모양이오." 남작이 웃으며 말했다.

"하지만 정신병은 때로 유전된다고 합니다. 오들리 씨는 아마도 어떤 유전적인—"

"로버트는 그의 아버지 가문에서 어떠한 정신병도 물려받지 않았소. 오들리 가문의 어느 누구도 정신병원에서 지냈거나 정신과 치료를 받아본 적은 없다오." 마이클 경이 그녀의 말을 가로막으며 말했다.

"그의 어머니의 가문에게서도요?"

"내가 아는 한 그런 일은 없소."

"사람들은 보통 그러한 일을 숨기죠. 그의 어머니 쪽에 유전적인 정신병이 있을 거예요."

"난 그렇게 생각하지 않소. 루시, 하지만 도대체 어떤 이유로 그런 생각을 하게 된 거요?"

"전 지금 당신의 조카의 행동에 대해 설명하려고 하는 거예요. 다른 방식으로는 도저히 그의 행동을 설명할 길이 없어서요. 오늘 밤 그가 제게 했던 이야기를 들으시면, 당신도 그가 미쳤다고 생각할 거예요."

"루시, 로버트가 당신에게 뭐라고 이야기를 했소?"

"이야기하기 힘들어요. 그 때문에 제가 얼마나 놀라고 황당했는지 몰라요. 그가 너무 오랫동안 템플의 방 안에 혼자 지낸 탓이라 믿고 싶어요. 아마 책을 너무 많이 읽거나 담배를 너무 많이 피운 탓일지도 모르죠. 어떤 의사 말에 따르면, 정신병은 단순히 뇌의 병일 수도 있다는 거예요. 그건 누구나 걸릴 수 있는 병으로 어떤 원인에 의해 생겨나고 약을 쓰면 치료가 된다는 거죠."

오들리 부인의 눈은 여전히 타오르는 난롯불을 응시하고 있었다. 그녀는 정신병에 대해 아주 익숙한 듯이 설명을 하고 있었다. 그녀의 생각은 남편의 조카에게서 떠나 정신병이란 좀더 광범위한 추상적 문제를 다루고 있는 것 같았다.

"그가 반드시 미치지 않을 이유가 있나요? 정신병은 발견되기까지 수 년 동안 증세가 점점 심해지는 법이에요. 그들은 자신이 미쳤다는 사실을 알고는 있지만 그걸 교묘히 숨길 줄도 알죠. 아마 때로는 죽을 때까지 그 사실을 숨길지도 몰라요. 때로는 발작을 일으키기도 하고, 운이 나쁘면 발각이 되는 거죠. 정신병자는 아마 범죄를 저지를 수도 있어요. 그럴 끔찍한 유혹이 닥쳐오게 되면, 손에 칼을 쥐고 옆에 정신을 잃은 희생자를 만들어 놓기 마련이죠. 그들은 불안한 악령을 지배했다가도 조용히 사라지기도 해요. 그럴 땐 난폭한 행동을 저지르는 일 없이 그냥 죽고 마는 거죠. 하지만 끔찍한 유혹을 벗어나지 못할 수도 있어요. 끔찍하고 열정적이며, 폭력과 공포에 대해 굶주린 갈망을 느끼죠. 그들은 그러한 유혹에 굴복했다가 망하고 마는 거죠."

오들리 부인의 목소리는 이런 끔찍한 주제를 설명하면서 점점 높아져 갔다. 방금 히스테리 상태에서 벗어났는데, 이제 다시 그런 흥분이 나타났지만, 그녀는 다행히도 진정하고 목소리도 좀 더 차분해졌다.

"로버트 오들리는 미쳤어요." 그녀는 단호하게 말했다. "정신병의 가장 확실한 증상이 뭔지 아세요? 정신적 이상의 끔찍한 첫 번째 증세 말이에요. 그건 마음이 움직이지 않고, 뇌가 멈추는 거죠. 생각의 흐름이 가로막히고, 뇌의 사고하는 힘이 단조롭게 맴돌게 돼요. 파도가 치지 않는 풀장의 물이 정체되어 있기 때문에 부패하기 마련이듯이, 마음도 작동이 부족해지면 혼탁해지고 썩게 되죠. 한 가지 생각만 계속 반복하면 편집광이 되는 거예요. 로버트가 편집광 증세를 보여요. 친구 조지 톨보이즈의 실종으로 슬픔과 당혹감이 그를 압도한 거죠. 그는 다른 아무것도 생각할 힘을 잃고 오직 친구 일에만 사로잡혀 있어요. 그 한 가지 생각에 영원히 파묻혀 그의 심리적 시각을 왜곡시키게 되었죠. 영어의 가장 흔한 단어를 스무 번만 반복해보세요. 그러고 나면 그 단어가 정말로 내가 내뱉으려고 했던 어휘인가 하고 낯설어지기 시작할 거예요. 로버트 오들리 씨는 친구의 실종에만 몰입해와서 그 한 가지 생각이 건장치 못하게 치명적으로 작동하게 된 거예요. 평범한 사건을 병적인 시선으로 보는 거고 자신의 편집광에서 생겨난 우울한 공포로 그걸 왜곡시키는 거죠. 그처럼 저도 미치는 일이 벌어지지 않기를 당신이 바란다면, 그가 두 번 다시 저를 만나지 않게 해야만 해요. 오늘밤 그는 조지 톨보이즈가 이 장소에서 살해되었다고 말하면서, 수사를 위해 이 저택 정원의 나무를 모조리 뿌리째 뽑아내겠다고 하는가 하면 저택의 벽돌을 모두 파헤치겠다고 공언하는 거예요."

오들리 부인은 말을 멈추었다. 더 이상 말이 입술에서 터져 나오지 않았다. 그녀는 이상한 기운에 들떠 말을 쏟아내다가 그만 지친 기색이었다. 그녀에게서 평소 어린애 같았던 명랑한 모습도 사라지고 자신의 논리를 강하게 주장함으로써 자신을 방어하려고 애원하는 여인의 모습으로 변했다.

"저택을 모두 파헤치겠다고! 조지 톨보이즈가 오들리 저택에서 살해되었다고! 루시, 로버트가 정말로 그렇게 말했소?"

"그런 식의 말을 했어요. 저를 너무나 겁주는 그런 말을."

"그 녀석이 정말 미친 게 분명하군. 당신의 말을 들으니 어처구니가 없군. 루시, 정말로 그 녀석이 그런 말을 했던 거요? 아니면, 당신이 그의 말을 뭔가 오해한 것은 아니오?"

"전—전—제가 오해했다고 생각지 않아요. 제가 이 방에 막 들어왔을 때, 제가 얼마나 놀란 얼굴이었는지 보셨잖아요. 그의 끔찍한 말을 듣고 나니 평생 그처럼 당혹스러웠던 적이 없었어요." 그녀의 말도 더듬거렸다. 오들리 부인은 자신의 주장에 도움이 될 가장 강력한 논거를 내세웠던 셈이었다.

"그랬군, 여보, 그랬어. 도대체 그 녀석의 머리에 왜 그런 끔찍한 공상을 하게 됐을까? 이 톨보이즈라는 사람은 우리 모두에겐 전혀 생소한 인물인데 오들리 저택에서 살해되었다니! 오늘밤 마운트 스태닝으로 가서 로버트를 만나봐야겠어. 난 그 녀석을 어릴 적부터 알아왔으니 나를 속일 수는 없을 거요. 뭔가 정말로 잘못되었다면, 내게 감출 수는 없을 거야."

그녀는 어깨를 움츠리며 말했다.

"그건 해결되지 못할 문제 같아요. 일반적으로 먼저 심리적 특이성을 관찰해야 할 사람이에요."

그런 거창한 말이 그녀의 장밋빛 입술과는 낯설어 보였지만 그녀가 새로 채택한 지혜는 색다른 매력을 지니고 있어 그녀의 남편을 당황하게 만들었다.

"하지만 오늘 밤 마운트 스태닝에 가지 말아요, 여보. 날씨가 풀리고 햇살이 이 꽁꽁 얼어붙은 땅을 녹일 때까지 외출을 삼가라고 의사가 단단히 지시했잖아요."

마이클 경은 탄식을 하며 큰 의자에 다시 털썩 주저앉았다.

"그 말이 맞아, 루시. 도우슨 의사의 말에 따라야겠소. 내일 로버트가 나를 보러 오겠지."

"그럴 거예요. 당신을 만나러 온다고 하더군요."

"그럼 내일까지 기다리도록 합시다, 여보. 정말이지 그 녀석에게 뭐가 잘못됐는지 모르겠군. 루시, 정말 믿을 수가 없군."

"그러면 톨보이즈 씨에 대한 그의 이상한 망상을 어떻게 설명하겠어요?"

마이클 경은 고개를 저으며 말했다.

"루시, 나도 모르겠소. 나도 몰라. 가까운 이에게 벌어진 재앙이 우리에게도 일어날 거라는 걸 믿기는 언제나 어려운 일이요. 하지만 내 조카의 마음이 손상 당했다는 걸 믿을 수가 없어요. 믿을 수가 없어. 난—그 녀석을 여기에 붙잡아 두고 잘 좀 살펴봐야겠어요. 뭔가 잘못된 게 있으면 난 틀림없이 발견해낼 거요. 내 아들처럼 생각해왔던 이 젊은 녀석을 내가 잘못 판단할 수 없을 거요. 하지만, 여보, 당신은 로버트의 엉뚱한 말에 왜 그처럼 겁을 먹은 거요? 당신과는 아무 상관이 없는데."

오들리 부인은 애처롭게 한숨을 내쉬며 말했다.

"당신은 제가 아주 강심장을 가졌다고 생각하시는군요. 그런 말을 어찌 무관심하게 들을 수 있겠어요. 전 오들리 씨를 다시 볼 자신이 없어요." 그녀는 기분이 좀 상한 듯이 말했다.

"알겠소. 다시 만나지 말아요, 루시. 다시는 보지 않아도 돼요."

"하지만 당신은 그가 여기서 지내도록 하겠다고 말했잖아요." 오들리 부인이 중얼거렸다.

"여보, 그렇게 하지 않겠소. 그와 부딪치는 게 걱정스럽다면 말이오. 루시, 내가 당신의 행복 외에 더 이상 바라는 게 뭐가 있겠소? 로버트에 관해 런던의 정신과 의사와 상담을 해보겠소. 나의 가엾은 조카에게 무슨 문제가 있는지 알아보라고 할 작정이오. 루시, 그러니 당신은 걱정하지 말아요."

"당신은 제가 불친절하다고 생각할 테죠. 그 불쌍한 사람에게 짜증을 내면 안 된다는 걸 저도 알아요. 그렇지만 그는 정말이지 저에 대해 말도 안 되는 생각을 머릿속에 갖고 있는 것처럼 보여요."

"루시, 당신에 관해서!"

"그래요, 여보. 그는 저를 애매한 방식으로 연관시키는 것 같아요. 그 방식이 저도 이해되지 않는데— 여하튼 톨보이즈 씨의 실종을—저와 연관시키려 들고 있어요."

"그건 말도 안 돼, 루시. 당신이 뭔가 오해하고 있는 게 틀림없어요."

"그렇지만 사실이에요."

"그렇다면 정말 그 녀석은 미친 거군. 미친 거야. 로버트가 런던으로 돌아가게 되면 그의 집에 사람을 보내 이야기를 해보도록 해야겠군. 맙소사, 이게 무슨 엉뚱한 일이야!"

"당신의 마음을 어지럽혀서 정말 미안해요 여보."

"그래요, 당신 말에 정말이지 정신이 어지럽군. 하지만 이 끔찍한 일에 대해 솔직히 이야기해 줘서 고맙소. 내가 곰곰 더 생각해보고 어떻게 하는 것이 최선일지 결정을 하겠소."

그녀는 앉아있던 나지막한 긴 의자에서 일어났다. 난롯불은 약해 있었고 방 안에는 반짝 타오르는 붉은 빛이 희미하게만 남아있었다. 루시 오들리는 남편의 의자에 몸을 굽혀 훤한 앞이마에 입을 맞추었다.

"정말 당신은 제게 언제나 친절해요. 당신은 저에 대한 어떤 모함도 믿지 않으실 거죠, 여보?" 그녀가 부드럽게 속삭였다.

"당신에 대한 모함이라니? 절대 그럴 일은 없소."

"여보, 하지만 당신도 알고 계시듯이, 세상에는 미친 사람만큼 사악한 사람들도 있어요. 그중에는 저를 해쳐 이익을 얻으려는 사람도 있을지 몰라요."

"여보, 그런 짓은 하지 않는 게 그들에게도 좋을 거요. 그랬다간 내가 가만두지 않을 테니까."

오들리 부인은 크게 웃음을 터뜨렸다. 즐겁고 승리에 찬, 은방울 소리 같은 웃음이 조용한 방에 가득 퍼졌다.

"사랑하는 여보, 당신의 사랑을 저는 잘 알아요. 이젠 가봐야겠어요. 벌써 7시가 지났네요. 몬트포드 부인 댁의 만찬을 약속했었지만 하인을 보내 못 간다는 사과 메시지를 보내야겠어요. 오들리 씨 때문에 참석이 불가능해졌네요. 여보, 차라리 여기에 남아서 당신을 돌봐야겠어요. 일찍 침대로 가서 휴식을 취하도록 하세요."

"그럽시다."

그녀는 만찬에 참석하기로 했던 집에 보낼 메시지에 대한 지시를 내리기 위해 방을 나섰다. 그녀는 서재의 문을 닫고 나와 잠시 멈춰 섰다. 잠시 멈춰 서서 빠르게 뛰는 심장 위로 손을 얹으며 생각했다.

'로버트 오들리 씨, 난 당신을 두려워했어요. 하지만 당신이 나를 두려워하게 될 날이 다가올 거예요.'

13. 피비의 청원

오들리 부인과 의붓딸 사이의 분열은 저택에서 맞이한 유쾌한 크리스마스 철이 지난 두 달간 좁혀질 기미가 보이지 않았다. 두 여자 사이에는 공개적인 전쟁은 없었다. 무기로 무장된 중립 상태였지만 이따금씩 여성들의 작은 접전과 지나가는 말 언쟁이 일시적으로 일어날 뿐이었다. 알리샤는 겉으로 드러내지 않는 조용한 알력보다는 전력을 다하는 총격전을 더 좋아하는 여성이었다. 하지만 그녀가 오들리 부인을 상대하기란 여간 쉬운 일이 아니었다. 오들리 부인은 분노를 물리치는 부드러운 어조를 지니고 있었다. 그녀는 의붓딸이 드러내놓고 토라져도 아랑곳하지 않고 매혹적으로 미소를 지을 줄 알았고, 젊은 아가씨의 심술에도 명랑하게 웃어 넘겼다. 아마도 그녀가 성격이 온화하지 못하고 알리샤와 같은 성격을 가지고 있었다면, 두 여인이 한번 언쟁을 벌이면 아주 격렬한 싸움이 일어날지도 몰랐다. 그 뒤에는 아마 서로 둘도 없는 사이가 될 가능성도 있었다. 그러나 루시 오들리는 전쟁을 일으키려고 하지 않았다. 그녀는 쌓여가는 반감을 가능한 억누르려고 했지만 두 사람 사이의 간극은 갈수록 넓어져 평화의 비둘기가 한편에서 다른 편으로 넘어가는 게 도저히 불가능할 만큼 깊은 심연이 생기고 말았다. 결국 공개적으로 전투가 벌어지지 않는 한 화해도 있을 수 없어 보였다. 필연적으로 전투가 벌어져야 했다. 그냥 평범한 전투가 아니라 깃발이 나부끼고 대포가 으르렁거리는 활기 넘친 요란스런 전투가 벌어지는 것으로, 그게 있고 나서야 서로 간에 평화 협정이 맺어지고 뜨거운 악수가 교환될 수 있는 거였다. 아마도 프랑스와 영국 간의 화합은 과거의 정복과 패배의 기억에 가장 큰 힘을 빚지고 있으리라. 우리는 서로를 미워하고 상대방의 상처를 핥아오면서, 이른바 흔히 말하듯이, 소위 끝장을 내려고 했다. 그래야 서로를 품에 안고 영원한 우정과 형제애를 약속할 수 있다는 듯이. 양키 북군이 적군을 대거 살상하고 또한 대거 살상을 당하자, 거세게 몰아치던 한 북군 병사가 남군 형제의 가슴에 자신의 몸을 내던지며 이제 서로를 용서하자고 제안하는 식의 희망을 품어보자.[17]

17 이 소설은 1861년에 발발한 미국 남북전쟁 사이에 쓰여지고 출판되었다.

알리샤 오들리와 그녀의 아버지의 아름다운 아내는 오래되고 거대한 대저택에서 서로를 혐오하는 마음을 마음껏 탐닉할 수 있는 넓은 공간을 가지고 있었다. 오들리 부인은 우리가 알다시피 그녀의 사적인 공간을 가지고 있었고, 그 호화로운 방마다 온갖 우아한 사치품들이 가득 차 있어 편안하기 그지 없었다. 알리샤 또한 거대한 집 안의 다른 편에 그녀만의 방을 여러 개 가지고 있었다. 애지중지하는 암말과 뉴펀드랜드 개, 그림 도구들로 그녀는 어느 정도 행복을 느꼈다. 사실 솔직하고 자유로운 성품의 이 아가씨는 모든 것이 억제된 분위기 속에서 대저택에 사는 일이 그리 행복하지만은 않았다. 그녀가 지난 시절 버릇없는 아이의 무소불위 권력을 행사할 때면 무조건 편을 들어주던 아버지는 이제 변해버렸고 새로운 통치자에게 새 왕국을 넘겨버리고 만 거였다. 오들리 부인의 아름다운 힘은 좁은 가정 내에서 점점 커져만 갔고 거기에 유혹 당하고만 아버지는 마침내 아내와 딸 사이의 심연 사이에서 완전히 한쪽 편으로 옮겨가 벌어져만 가는 간극 넘어 하나뿐인 딸을 차가운 눈초리로 바라보는 거였다.

알리샤는 아버지를 그녀에게 빼앗겼다고 느꼈다. 오들리 부인의 눈부신 미소, 부드러운 말씨, 반짝이는 눈빛, 사로잡는 우아한 태도, 이 모든 것이 마술을 부렸고, 그에 비해 마이클 경은 자신의 딸을 그가 사랑하는 아내에게 단호할 정도로 불친절하게 대하는 다소 변덕스럽고 고집투성이의 젊은 아가씨라고 점점 생각하게 되어 버렸다.

가엾은 알리샤는 이 모든 일을 알아챘고 가능한 한 이런 걸 가슴에 묻어두었다. 개, 말, 하인들을 마음껏 휘두르던 잿빛 눈의 어여쁜 상속인 아가씨에게 이건 매우 가혹한 일이 되었다. 그녀는 자신의 슬픔을 나눌 친한 사람 한 명도 알지 못하고 세상에 홀로 남겨진 기분이었다.

'로버트가 제대로 된 남자라면, 그에게 나의 불행한 사실을 털어 놓을 수 있었을 텐데. 하지만 사촌에게 받을 수 있는 위로 따윈 없으니 그저 나의 개 시저에게 위안을 받을 수밖에 없는 현실이구나.' 오들리양은 생각했다.

마이클 경은 사랑스러운 아내의 말에 복종하여 침울한 3월 저녁 9시만 지나면 침대로 들어갔다. 아마도 남작의 침실은 이런 춥고 활기를 잃은 날씨에 환자가 선택할 수 있는 최상의 아늑한 곳일 것이었다. 침침한 녹색 벨벳 커튼이 육중한 침대 주위와 창가에 드리워져 있었다. 난로의 장작불은 활활 타오르고 있었고, 탁자 위의 램프는 마이클 경의 베게 옆에서 환한 빛을 내고 있었다. 오들리 부인의 예쁜 손에는 환자를 즐겁게 하려고 부인이 직접 선별한 잡지와 신문이 들려 있었다.

그녀는 남편 침대 옆에 앉아 이 괴이하고 끔찍한 문제, 즉, 로버트 오들리의 광증에 대해 10분 정도 심각하게 이야기하였다. 그 대화가 끝나자 바로 그녀는 자리에서 일어나 남편에게 편히 주무시라는 인사를 하고 책상 램프 앞에 녹색의 벨벳 커튼을 드리우고 조심스럽게 잠자리를 돌봐주었다.

"그만 푹 쉬도록 하세요. 바로 잠이 들면 최선이겠지만, 책을 읽고 싶으면 책과 신문을 곁에 놓아두도록 할게요. 문을 열어 둘 테니 제가 필요하면 언제든지 저를 부르도록 하세요."

그녀는 옷방을 건너 내실로 향했다. 그녀가 저녁 시간 내내 남편과 앉아있던 곳이었다.

세련된 여자의 모든 흔적은 우아한 응접실에서 발견되는 법이다. 오들리 부인의 피아노 뚜껑은 열려 있었고, 음악의 대가들이 손대볼 만한 가극과 환상곡의 멋지게 장정된 악보가 주변에 널려 있었다. 창문 가까이에 세워져 있는 이젤에는 그녀의 예술적 소질을 증명하기라도 하듯 정원과 저택의 풍경을 담은 수채화가 놓여 있었다. 그녀의 요정 같은 레이스 자수와 무지개빛의 비단, 연한 색조의 모직물이 여기저기 화려한 방에 어지럽게 널려 있었다. 예술적인 실내 장식업자의 손을 거쳐 반대 구석과 모퉁이에 교묘하게 배치한 거울들은 그녀의 모습을 다양한 각도로 비추며 그 투영된 모습을 이 마술에 걸린 방에서 가장 아름답게 빛나도록 만들었다.

램프 불빛, 반짝임, 색깔, 값어치, 미모의 한가운데에 루시 오들리는 난롯불 옆 낮은 의자에 앉아 생각에 잠겼다.

영국의 화가 홀먼 헌트[18]가 이 아름다운 내실을 몰래 들여다보았다면, 그는 이 모습을 머릿속에 그대로 담아 이내 큼직한 화폭에 라파엘 전파의 영예를 높이는 훌륭한 그림으로 완성했을 것이다. 팔꿈치를 무릎에 올려놓고, 한 손으로 완벽한 턱을 받친 채 반쯤 누워 있는 오들리 부인의 모습, 자세의 기묘한 굴곡을 따라 풍성한 드레스 주름이 길게 파도 치듯 흘러내리고, 어렴풋한 장밋빛 장작불이 부드럽고 흐릿한 빛으로 그녀를 감싸며, 금발 머리의 황금빛 윤기가 반지르르 빛을 냈다. 그녀 자신도 아름답

18 홀먼 헌트(1827-1910): 빅토리아조 화가로 라파엘 전파의 창립자.

지만 그녀의 사랑스런 몸체를 장식한 화려한 주변 장식물들로 더욱 사로잡는 아름다움을 내뿜었다. 이탈리아의 조각가 첼리니[19]가 깎아 놓은 듯한 금과 상아로 된 술잔, 마리 앙뜨와네트의 이니셜이 적힌 가운데 장미꽃 봉오리, 진정한 사랑의 매듭, 새와 나비들, 큐피드와 여자 양치기, 여신, 궁정 신하, 오두막과 우유 짜는 여자 등이 세공된 상감세공과 도자기, 파로스 섬의 백색 대리석으로 만든 비스킷 그릇 도자기, 온실 화초들이 담긴 도금한 바구니, 환상적인 인도 수공예의 장식함, 루이 14세와 루이 15세 그리고 그들의 애첩 루이즈 드 라발리에르와 잔느 마리 듀 바리의 축소된 모습이 그려진 원형 무늬로 장식된 청록색 찻잔 세트, 캐비닛 그림과 도금한 거울, 아른거리는 견직물과 속이 비치는 레이스—온통 금으로 된 화려한 예술품들이 한데 어울려 조용한 내실을 장식하고 있었다. 이 내실에서 오들리 부인은 싸늘한 3월의 신음하는 바람 소리와 창틀에 부딪치는 담쟁이넝쿨 잎의 바스락거리는 소리를 들으며 난로에서 빨갛게 타오르는 석탄불을 들여다보고 있었다.

이러한 오들리 부인의 예술성과 아름다움에 반대하는 주장을 할 기회가 있다면, 지금이 바로 김빠진 설교를 하고 도덕성을 운운해야 하는 상황이라 할 수 있겠다. 왜냐하면 오들리 부인은 다락방에서 굶주리는 침모보다 이 화려한 공간에서 더 비참한 존재였기 때문이다. 이곳의 부귀와 사치가 주는 안락함조

19 벤베누토 첼리니(1500-71): 이탈리아 조각가이며 황금 세공사로 고도로 정교한 장식품을 제작하였음.

차 그녀의 깊은 상처를 위로해 주지 못했다. 그러나 그녀의 비참함은 본질적으로 비정상적인 거여서, 그녀의 비참한 현 상황을 이용하여 풍요를 비난하고 빈곤과 불편을 선호하도록 하는 주장을 펴기에 적절치 않아 보였다. 벤베누토 첼리니의 세공품과 세브르산 고급 도자기도 이미 그런 영역을 지나쳐온 그녀에게 행복을 안겨주지 못했다. 그녀는 더 이상 순박한 존재가 아니었고 순수한 기쁨에 해당하는 예술과 사랑스런 미에 대한 기쁨은 그녀에게 아무런 감동도 가져다 주지 못했다. 불과 6, 7년 전만 해도 그녀는 이 알라딘의 궁전에 사는 매우 행복한 여인이었을 것이다. 그러나 그녀는 무분별하게 기쁨을 찾는 무리에서 벗어나 죄책감과 배반, 공포와 범죄의 황량한 미로 속을 헤매는 사람이 되고 말았다. 그녀를 위해 수집되었던 모두 진귀한 것들이 그녀에게 전혀 기쁨이 되지 못했다. 그녀는 이것들을 무더기로 발아래에 던져버리고 잔혹한 절망감에 이걸 온통 짓밟고 부셔버렸다.

그녀를 엄청난 기쁨으로 자극시킬 수 있었을 존재들이 몇몇 있었다. 그녀를 쉴 틈 없이 추격하던 인정사정 모르는 적 로버트 오들리가 이웃 방에 죽어 누워 있었더라면, 그녀는 그의 관대 앞에서 황홀한 행복감에 빠져 있었을 거다.

결백과 유죄의 끔찍한 경계선이 모호해지고 길 잃은 생명이 외로이 밖에 서있을 때 루크레치아 보르자 루크레치아[20]와 카테

---

20 보르자(1480-1519): 나중에 교황 알렉산더 6세가 된 추기경 로드리고 보르자의 사생아 딸로 아버지 가문의 덕으로 이탈리아 귀족이 되었다. 아버지의 정치적 권력을

린 드 메디시스[21]에게는 기쁨이 남아 있었을까? 오직 복수심으로 가득 찬 끔찍한 기쁨과 기만적인 만족감만이 비참한 두 여인에게 남겨졌을 것이다. 그들은 경솔한 허영심과 사소한 기만, 보잘것없는 잘못들을 틀림없이 씁쓸한 경멸의 시선으로 지켜보았을 것이다. 아마도 그들은 사악한 자신들의 모습에 끔찍한 자만심을 가졌을 거고, 신성한 지옥에서 죄지은 자들 중에서도 최고의 존재라고 오만한 마음이었을 거다.

외로운 방 안의 난롯가 옆에서 곰곰이 생각에 잠긴 오들리 부인은 붉게 타오르는 석탄불의 날름거리는 진홍빛 불꽃에 커다란 푸른 눈을 떼지 않았다. 그녀는 자신이 벌이고 있는 끔찍스런 침묵의 갈등과는 전혀 동떨어진 여러 가지 일에 대해 생각을 하고 있을 거였다. 아마도 그녀는 자신의 양심에 별다른 압박을 주지 않았었던 오래전의 어린애 같은 순수와 어린애 같은 어리석음과 이기심 또는 경박한 여성의 죄악을 생각하고 있을지도 모른다. 아마도 그런 회상되는 몽상들 중에 그녀는 어린 시절 거울을 처음 들여다보고 자신이 아름답다는 걸 발견했었던 일을 기억해냈다. 그 결정적인 어린 시절에 그녀는 처음으로 자신의 아름다움을 당연한 권리이며 무한한 소유물로 여기기 시작했었다. 즉, 이것은 여성의 모든 단점을 무력화시키는, 젊은 시절의 모든 죄악

위해 세 번이나 결혼하였으며 애인을 살해하기도 하였다.

21 카테린 드 메디시스(1519-89): 이탈리아 메디치 가문의 딸로 태어나 프랑스 앙리 2세와 결혼. 첫째 아들 프랑시스 2세가 일찍 죽자, 어린 둘째 아들 샤를르 9세, 그리고 셋째 아들 앙리 3세 대신 섭정으로 오랜 기간 권력을 행사하였다.

에 대한 평형추가 되는 거였다. 그녀는 요정 같은 아름다움의 소유자가 되는 순간 자신이 처음으로 배웠던 첫날을 기억했던가? 그녀가 배웠던 것은 폭정 중에서도 최악이 되는 옹졸한 여성의 횡포를 부려서 이기적이고 잔인할 것, 타인의 희로애락에 무관심할 것, 냉혹하고 변덕스러울 것, 남의 칭송을 탐할 것, 혹독하며 독재적이 될 것 등이었다. 그녀는 살아오면서 저지른 죄를 그 근원까지 추적했던가? 어여쁜 얼굴의 가치를 스스로 과장되게 평가하여 남에게 독을 뿜어왔던가? 확실히 지금 그녀의 생각이 삶의 저 너머 과거로 향하고 있었다면, 그녀는 삶의 주 열정이 그녀를 지배하게 되었던 그 첫날을 쓰라린 절망으로 틀림없이 회개했을 거다. 왜냐하면 바로 그 첫날에 허영, 이기심, 야망으로 구성된 삼인조 악령이 서로 손을 잡고 이렇게 말했기 때문이었다. "이 여인은 우리의 노예이다. 우리의 명령 아래 그녀가 어떤 모습이 될지 우리 지켜보자."

오들리 부인이 외로운 난롯가에서 깊은 망상에 빠져 젊은 날의 첫 잘못을 되돌아 봤지만 사실 그건 정말로 사소한 것처럼 보였다. 이것은 얼마나 작은 허영심이고 보잘것없는 잔혹함인가! 학교 친구에 대한 승리, 친구 애인에게 추파던지기, 파란 눈과 찰랑이는 금빛 머리칼에 부여된 절대 권력을 주장하기. 하지만 그 협소한 소롯길이 죄의 널찍한 큰 길로 넓어져 버렸으니 얼마나 끔찍한가! 이제 익숙해진 그 큰 길을 발걸음이 얼마나 빠르게 걸어갔던가!

오들리 부인은 느슨한 호박색 곱슬머리를 잡아뜯으려는 듯이 손가락으로 돌돌 말았다. 그러나 침묵의 절망 순간에서도 그녀의 아름다움은 전혀 무너지지 않고 여전하였다. 그녀가 돌돌 말았던 윤기 나는 곱슬머리를 다시 풀어 내리자 희미한 난롯불에 반사되어 머리 주위에 후광이 생겨났다.

'어릴 적엔 아주 순수했었지. 그냥 깊은 생각이 없었던 거야. 어떤 해악도 저지른 적이 없었어. 최소한 일부러 그런 적이 없었어. 정말 내가 사악했던 걸까? 나의 가장 사악했던 일은 거센 충동 때문이었지 깊이 생각한 계획의 결과는 아니었어.' 그녀는 난롯가를 우울하게 바라보며 생각에 잠겼다. '난 책에서 읽었던 그런 여자들과는 달라. 끔찍하게 어둡고 조용한 한밤중에 매일 사악한 행동을 계획하며 예정된 범죄를 위해 모든 상황을 마련하던 그런 여자들 말이야. 그런 여자들은 어떤 고통을 받았을지 궁금하군. 어떤 식으로 고통을 받다가—'

그녀의 생각은 점점 미로와 같은 혼란 속에 빠졌다. 갑자기 그녀는 반항적인 태도로 몸을 쭉 폈고, 눈빛은 난롯불보다 더 반짝였다.

'로버트 오들리 씨, 당신은 미친 사람이야. 당신은 미쳤어. 당신의 공상은 바로 미친 사람의 공상이야. 나는 그 광기가 어떤 건지 잘 알아. 그 징조와 표시를 잘 알고 있지. 그래서 당신이 미쳤다고 내가 말하는 거야.'

그녀는 머리에 손을 얹었다. 마치 그녀를 혼란스럽고 당혹스럽게 만드는 그 뭔가를 생각하려는 듯이. 하지만 좀처럼 침착하게 생각하기가 어려웠다.

'내가 그에게 저항할 수 있을까? 감히 할 수 있을까? 감히? 그렇게 깊이 한 번 물고 늘어졌으니 이젠 중단할까? 내가 두려워 이젠 중단할까? 백부님이 틀림없이 고통을 받을 거라는 생각을 하

면서도 중단하지 않는 그인데 내가 두렵다고 중단할까? 그를 중단시킬 건 죽음 외에 뭐가 있겠어?'

그녀는 '죽음'이란 어휘가 끔찍스러워 속삭이듯 발음했다. 머리는 앞으로 숙여졌고 눈은 호동그랗게 떴으며 입술은 그 어휘를 내뱉을 때 얼어붙은 듯이 그대로 벌려져 있었다. 그녀는 멍하니 불꽃만 응시하며 앉아 있었다.

'나는 끔찍한 것들을 꾸밀 수는 없어. 내 머리가 그걸 견뎌낼 수 없거나 내가 아직 완전히 사악하지 않기 때문이지. 그것도 아니면 아직 충분히 용감하지 못한 거겠지. 만약 아무도 없는 정원에서 로버트를 또 다시 만나게 된다면, 난—'

갑자기 조심스럽게 누군가가 방문을 두드리는 바람에 그녀의 생각은 중간에 딱 그쳤다. 조용한 방에 울려온 그 소리에 깜짝 놀라 그녀는 벌떡 일어났다. 벌떡 일어났던 그녀는 얼른 불 옆의 낮은 장의자로 옮겨 털썩 주저앉았다. 부드러운 쿠션에 머리를 뒤로 기대고 옆 탁자 위에 놓인 책을 집어 들었다.

아무렇지 않은 척하는 행동이었지만 많은 걸 말해주는 행동이기도 한 거였다. 그건 사라지지 않고 계속 반복되어 찾아오는 두려움을 명백히 말해주는 거였다. 감추려고 부단히 노력하지만 말없는 고뇌 속에서도 생생하게 살아있어 중요한 순간 밖으로 표출되는 마음속의 두려움이었다. 그건 또한 완벽한 연기자가 되어야 하는 게 오들리 부인이 살아가는 데 얼마나 중요한 필수품이 되는지를 그 무엇보다 명백히 말해주는 거였다.

문 밖의 작은 노크가 계속 이어졌다.

"들어오세요." 그녀가 활기찬 어조로 말했다.

교양 있는 하인에게 볼 수 있는 신중함을 드러내며 문이 소리 없이 조용히 열렸다. 그리고 평범하게 차려 입은 젊은 여자가 들어왔다. 옷자락에 차가운 3월 바람의 냉기를 몰고 온 그녀는 부인의 내실로 들어올 허락을 기다리며 문턱에서 머뭇거렸다.

그녀는 마운트 스태닝의 여관주인 아내인 창백한 얼굴의 피비 막스였다.

"갑자기 이렇게 불쑥 찾아와 죄송합니다. 하지만 허락을 기다릴 수 없어 곧장 와야 할 일이 생겼습니다."

"그래, 피비구나. 이리 와서 모자를 벗어. 매우 추워 보이는구나. 여기 와서 앉으렴."

오들리 부인은 방금 전까지 자신이 앉아 있었던 옆자리의 나지막한 의자를 가리켰다. 지난 날 오들리 부인의 하녀이자 친구였던 시절 그녀는 바로 그 의자에 앉아 부인의 수다를 들어주곤 했었다.

"어서 앉아, 피비. 여기 앉아 말해봐. 오늘 밤 다시 만나서 정말 반갑구나. 이 우울한 장소에서 끔찍이도 외로웠던 참이었는데."

오들리 부인은 몸을 떨며 화려한 방 안을 둘러보며 말했다. 마치 세브르 도자기와 청동, 불 상감(象嵌)과 도금 장식물이 폐허가 된 성의 퇴색된 유물처럼 보였다. 그녀의 끔찍이도 비참한 생각들이 주변 사물에 그대로 전염된 거였으며, 외부의 모든 존재들은 그녀의 가슴속에 파묻혀 있는 비밀스런 고통의 느릿한 흐름을 담고 있는 지친 내면의 삶으로부터 색깔을 물려받은 거였다. 그녀는 옛 하녀의 방문을 아주 반갑게 맞이해 주는 데에서 그녀의 온 진실을 말해준 셈이었다. 그녀의 명랑했던 본성은 공포와 고통 속에서 이 연약한 피난처에 매달렸다. 두 여인은 안과 밖, 양면 모두 서로 닮아서 깊은 공감을 나눌 수 있었다. 즉, 이기적이고, 차갑고, 잔혹하며, 자신의 진출을 열망하고, 부와 화려함을 탐하며, 자신에게 떨어진 운명에 화를 내고, 의존해 사는 생활을 지겨워했다. 오들리 부인은 알리샤가 솔직하고 열정적이며 관대하면서도 담대한 본성을 갖고 있어 증오하는 거였다. 부인은 의붓딸을 증오하는 반면 창백한 얼굴에 잿빛 머리의 이 여자에게 동질감을 느끼며 한없이 기대고 싶은 마음이 들었다.

피비 막스는 지시대로 보닛 모자를 벗고 부인 발밑의 의자에 앉았다. 3월의 차가운 바람에 그녀의 부드러운 머리다발이 흐트러져 있었다. 깔끔하게 손질된 칙칙한 색감의 드레스와 리넨 깃은 마치 몸단장을 끝냈을 때처럼 그녀의 단정함을 드러내주었다.

"마이클 경께서는 나아지셨나요?"

"그럼, 피비. 많이 나아지셨지. 지금 잠들어 계셔. 문을 닫는 게 좋겠구나." 그녀는 머리로 방들 간에 통하는 열린 문을 가리키며 말했다. 피비 막스는 지시대로 문을 닫고 돌아와 다시 자리에 앉아 말했다.

"난 지금 매우, 매우 행복하지 않구나, 피비. 아주 비참해." 부인이 칭얼거리듯 말했다.

"비밀 때문인가요?" 피비 막스가 속삭이듯 물었다.

오들리 부인은 그 질문에 주의를 기울이지 않았다. 여전히 불평 투의 말이었다. 심지어 옛 하녀에게 불평을 털어놓을 수 있어 기쁠뿐이었다. 그녀는 오랜 시간 고통을 되씹으며 비밀에 고통 받았지만 자신의 운명을 큰 소리로 한탄하는 게 불가능했던 거였다.

"피비 막스, 난 잔인하게 괴롭힘을 당하고 박해를 받고 있어.

내가 해를 끼치지도 않았고 해를 끼칠 생각이 조금도 없었던 남자가 내 뒤를 조사하며 괴롭히고 있어. 난 정말—"

그녀는 말을 멈추고 아까 홀로 있었을 때처럼 난롯불을 뚫어지게 응시했다. 공포에 젖은 당혹스런 혼돈 속에서 이것저것 복잡한 생각에 빠져 그녀는 어떤 뚜렷한 결론을 내릴 수 없었다.

피비 막스는 걱정스러운 창백한 눈으로 부인을 바라보다가, 부인의 눈과 마주치자 주의 깊게 관찰하던 눈길이 부드러워졌다.

"누구를 말하는지 알겠어요. 마님께 그렇게 잔혹하게 구는 사람이 누군지 알겠어요."

"아, 물론이겠지, 내 비밀은 모두의 비밀이 되어 버렸구나. 넌 분명히 그 비밀을 모두 알고 있으니."

"그 사람은 젊은 신사가 맞지요, 마님?"

"그래."

"두 달 전 그 신사가 캐슬 여관에 왔을 때, 제가 마님께 말씀드렸던—"

"맞아. 맞아."

"저도 그렇게 생각했습니다. 바로 그 신사가 오늘 밤 저희 여관에 왔습니다."

오들리 부인은 깜짝 놀라서 자리에서 일어났다. 뭔가 매우 절망적인 일을 절망적인 분노로 해치운 것처럼 벌떡 일어났지만 지치고 불만스러운 한숨을 쉬며 자리에 도로 주저앉았다. 그처럼 연약한 존재가 무슨 수로 운명에 대항하여 전투를 벌일 수 있겠는가? 잔인한 추적의 첫 출발점으로 되돌아갈 길을 찾을 때까지 그녀는 쫓기는 암토끼처럼 헐떡이다 추격자의 발 밑에 짓밟히는 것 외에 뭘 할 수 있겠는가?

"캐슬 여관에 그가 묵고 있다고? 그럴 거라는 걸 알았어야 하는데. 네 남편에게서 내 비밀을 캐내려고 그곳에 간 걸 거야. 바보 같으니!" 그녀는 갑자기 피비 막스에게 분풀이를 하듯 몸을 돌려 소리쳤다. "넌 나를 곤란에 빠뜨리려고 그 두 남자를 같이 남겨두고 온 거니?"

피비 막스는 애처롭게 두 손을 움켜쥐고 말했다.

"제가 오고 싶어서 이곳에 온 게 아닙니다, 마님. 오늘 밤 같은 날 집을 나서려고 하는 사람이 누가 있겠습니까? 심부름으로 여기 온 겁니다."

"누가 너를 여기로 보낸 거니?"

"루크요, 마님. 그의 말을 거절했다간 어떤 일이 벌어질지 모르겠어요."

"루크가 왜 너를 여기로 보낸 거지?"

여관주인의 아내는 오들리 부인의 화난 얼굴에 시선을 아래로 떨어뜨리고 한참 동안 대답하기를 망설였다.

"마님, 사실 전 이곳에 정말 오고 싶지 않았습니다." 그녀가 말을 더듬었다. "마님을 걱정시키는 일은 하지 말자고 루크에게 애원했었죠. 처음에 마님의 호의를 요청했었고, 그리고는 그 일로 한 달간 마님을 괴롭혔지요. 그뿐만 아니라 저를 거칠게 몰아세우며 여기에 오도록 고집했어요."

"그래, 그래." 그녀가 참을성 없게 소리쳤다. "알고 있어. 여기에 왜 왔는지 이야기해 보렴."

"마님께서도 아시다시피," 피비가 반쯤 마지못해 대답했다.

"루크는 매우 사치스러운 사람이에요. 제가 그에게 아무리 말해도 조심하고 신중하지를 않아요. 그는 매일 술에 찌들어 살아요. 매일같이 마을의 거친 사내들과 어울려 술을 마셔요. 때론 그들보다 더 마셔대기도 해요. 아마 계산에서도 제정신일 것 같지 않아요. 저 아니었으면 벌써 우린 망했을 거예요. 그런데 제가 아무리 열심히 노력해도 망해가는 걸 막을 수가 없어요. 맥주양조업자에 꾼 금액을 마님께서 대신 제게 보내주신 걸 마님도 기억하실 거예요."

"물론 아주 잘 기억하고 있지. 그 돈이 내 빚 또한 갚는 일이었으니." 오들리 부인은 씁쓸한 웃음을 지으며 대답했다.

"그런 걸 저도 알아요, 마님. 제가 여기에 와서 그걸 마님께 부탁드리는 일이 정말 매우 고통스러웠어요. 이미 전에도 마님한테 신세를 졌는데. 근데 그게 다가 아니었어요. 그는 크리스마스의 집세를 아직 갚지 못하고 있던 사실을 제게 말하지 않았어요. 내일 차압하겠다고 오늘 밤 집달리가 와서 말하는 거예요. 내일까지 해결하지 않으면—"

"나에게 또 집세를 내달라는 말이구나. 무슨 일이 벌어질지 내가 예상은 했다마는."

"정말이지, 마님, 전 부탁드리고 싶지 않아요. 하지만 그가 고집했어요." 피비 막스가 흐느끼며 말했다.

"그렇구나." 귀부인은 고통스럽게 대답했다. "그가 너를 가라고 강요했구나. 그는 원할 때마다, 자신의 나쁜 짓을 만족시킬 돈이 필요할 때마다, 너를 이용하는구나. 내가 살아있는 한, 아니 내가 지불할 능력이 있는 한, 너와 그는 계속 돈을 요구하겠지. 내 지갑이 텅 비고 내 신용이 무너지면, 너와 네 남편은 내게서 등을 돌려 날 경매자에게 팔아 넘길 거야. 피비 막스, 너의 요구를 들어준 덕에 내 보석 상자가 반쯤 빈 걸 알고 있니? 내가 도우슨 댁에 가난한 가정교사였을 때 결혼 밑천으로 쓸려고 귀하게 모아두었던 얼마 안 되는 돈이 반 년 만에 너희의 요구를 채우느냐고 다 써버린 걸 알고 있니? 내가 너희를 어떡하면 좋겠니? 나의 마리 앙뚜아네트 서랍장, 아니면 폼파두르 도자기, 르로이와 벤슨의 도금 벽시계, 아니면 고블린 태피스트리 의자와 터키식 긴 소파를 팔아야 할까? 다음엔 어떻게 너를 만족시킬 수 있는 거지?"

"오, 마님, 마님." 피비가 애처롭게 외쳤다. "제게 그런 잔인한 말씀은 하지 말아 주세요. 제가 원한 일이 아니에요."

"난 상관 없는 일이야." 오들리 부인이 외쳤다. "세상에서 가장 비참한 사람은 네가 아니라 나야. 생각해 보렴. 울음을 멈추고 이 일을 어떻게 할지 생각해보렴."

그녀는 이마에 손을 얹고 가는 손가락으로 눈썹을 꽉 누른 채 혼란스런 머릿속을 진정시키려는 듯싶었다.

"로버트 오들리가 지금 네 남편과 함께 있다." 오들리 부인은 옆 사람이 아니라 자신에게 말하듯 천천히 말했다. "이 두 남자가 함께 있고 집에 집달리가 와있다. 그리고 네 난폭한 남편은 지금쯤 야만스럽게 술을 퍼마시고 있을 거고, 술에 취하면 난폭하게 고집불통이 되고 사나워진다. 내가 집세를 갚아주지 않으면 그의 포악성은 몇 배나 심해지고, 그 문제를 상의해봤자 소용없겠지. 돈을 갚아 줄 수밖에 없겠군."

"마님, 하지만 그 전에 루크에게 이게 마지막 도움이 될 거라는 경고를 주셨으면 해요." 피비는 매우 간절히 말했다.

"왜?" 부인이 양손을 무릎에 내려뜨리고 피비에게 묻는 눈초리를 보냈다.

"왜냐면 전 루크가 캐슬 여관에서 손을 뗐으면 싶거든요."

"왜 그가 손을 떼기를 바라는 거니?"

"오, 이유가 너무 많아요, 마님. 그는 여관을 운영하기 적합한 사람이 아니에요. 결혼할 때는 알지 못했죠. 그걸 알았으면 반대를 했을 거예요. 차라리 농장 일을 하도록 설득했을 거예요. 그게 순전히 자신의 공상이었다는 걸 알지 못했었죠. 마님도 아시다시피, 그는 황소고집이거든요. 그래도 그는 현재 일에 적합하지 않아요. 해가 지기만 하면 술에 빠져들고, 술만 먹으면 매우 난폭해져서 자신이 무슨 일을 하고 있는지를 모를 정도예요. 그 때문에 벌써 위험한 일에 빠진 게 몇 번이나 돼요."

"위험한 일이라니!" 오들리 부인이 다시 말했다. "그게 무슨 뜻이지?"

"그가 부주의해서 집을 불태울 뻔했던 적이 몇 번이나 있었어요."

"부주의로 집을 불태울 뻔하다니! 아니, 어떻게 그럴 수가 있지?" 그녀의 질문은 사실 거의 맥이 없었다. 그녀는 너무나 이기적이고 자신의 문제에만 몰두해 있던 탓에, 그녀의 옛 하녀가 겪고 있는 위험 따위는 큰 관심을 끌지 못했던 거였다.

"캐슬 여관이 얼마나 낡고 기이한 곳인지 아실 거예요. 목조들이 모두 금방이라도 무너질 것 같고, 서까래는 썩어가고 있어요. 첼스포드의 보험사에서도 보험을 해주지 않고요. 왜냐면 바람 부는 날이면 작은 부싯돌 하나에도 홀랑 불이 붙기가 쉬워 뭐라도 막기 어려운 집 상태라고 했거든요. 그런데 루크는 그 사실을 알고 있으면서도 술에 취하면 세상 아무것도 모르는 거예요. 집주인이 우리랑 가까이 살고 있고 제 남편이 하는 짓을 세심하게 관찰하고 있어 벌써 남편에게 여러 번 경고를 했었지요. 일주일 전만 해도 집 밖에 초를 켜놓은 채 내버려둬서 기울어진 지붕의 서까래 하나에 불이 붙었어요. 제가 마지막으로 집 둘레를 살피지 않았더라면 우리 모두 불에 타 죽었을 게 틀림없어요. 이게 그 여관을 시작한 지난 6개월 동안 벌써 세 번째가 돼요. 그러니 제가 걱정하지 않을 수가 있겠어요, 마님?"

오들리 부인은 귀담아 듣지 않고 있었다. 이 일에 대해 전혀 아무 생각도 하지 않았다. 이 흔해빠진 일들에 그녀는 거의 신경을 쓰지 않았다. 왜 그녀가 이 태생이 비천한 하녀의 넋두리를 들어줘야 한단 말인가? 그녀는 자신의 걱정만으로도, 자신의 영혼을 사로잡는 혼란만으로도, 머릿속이 감당해 낼 수 없을 정도가 아닌가?

그녀는 가엾은 피비 막스의 말에 어떠한 대답도 해 주지 않았다. 그녀가 무슨 이야기를 하는지 거의 이해하지 못하는 듯 보였다. 피비의 말이 끝나고 한참이 지난 후에야 그녀는 겨우 입을 열었다.

"집을 태울 뻔했다고." 오들리 부인이 마침내 말했다. "네 남편이 오늘밤 침대 위에서 불타 죽어버렸으면 좋겠구나."

이 말을 하면서 생생한 장면이 그녀의 머리 위에 떠올랐다. 캐슬 여관이란 취약한 목재 가옥이 시꺼먼 입에서 화염을 토해내며 차가운 밤 하늘을 향해 불꽃을 쏟아내어 지붕이 날아가고 뼈대만 남은 혼란스러운 장면이었다.

휴식을 모르는 뇌에서 이런 상상을 떨쳐 버리며 그녀는 지친 한숨을 내쉬었다. 그녀의 적이 영원히 침묵되지 않는 한 그녀는 결코 평온해 질 수 없을 것이다. 그녀에게는 또 한 명의 더 위험한 적이 있었다. 그녀가 황후처럼 부자여서 아무리 뇌물을 바치더라도 결코 아랑곳하지 않는 적이었다.

"집달리를 내보낼 돈을 네게 줄게." 오들리 부인이 잠시 후 말했다. "내 지갑의 마지막 돈을 탈탈 털어서라도 말이야. 내가 감히 어찌 네 부탁을 거절할 수 있겠니?"

오들리 부인은 자리에서 일어나 탁자 위의 램프를 손으로 잡았다.

"돈은 내 옷방에 있어. 가서 가져올게."

"오, 마님." 피비가 갑자기 외쳤다. "제가 깜빡 잊은 것이 있어요. 제 일 때문에 깜빡 잊어버렸네요."

"그게 뭔데?"

"집을 떠나기 전 마님께 전해달라는 편지가 있었어요."

"무슨 편지지?"

"오들리 씨의 편지예요. 그는 제가 여기에 온다는 걸 남편에게 듣고는 이 편지를 전해달라고 했어요."

오들리 부인은 램프를 가까이에 내려놓고는 편지를 달라고 손을 내밀었다. 보석반지를 낀 그녀의 손이 나뭇잎처럼 가늘게 흔들리는 걸 피비는 알아채지 못할 수가 없었다.

"어서 편지를 줘." 오들리 부인이 외쳤다. "그가 무슨 할 말이 더 남았는지 확인해보게."

그녀는 초조한 듯 피비의 손에서 편지를 가로챘다. 봉투를 찢어 내던지고, 흥분하여 편지를 제대로 펼치지도 못할 정도였다. 편지는 매우 짧은 내용이었다.

조지 톨보이즈 부인이 신문에 발표된 것처럼, 그리고 벤트너 묘지의 묘비에 적힌 것처럼 아직 추정되는 무덤에 묻힌 날 이후에도 정말 살아있다면, 그리고 그 부인이 이 편지를 쓴 사람으로부터 의혹과 혐의를 받고 있는 용의자 여성으로 존재하고 있다면, 그녀의 정체를 밝힐 수 있는 사람을 찾는 일은 그리 어렵지 않을 겁니다. 윌던시의 노스 코티지 소유주인 바캠 부인이 이 일에 증인이 되도록 기꺼이 동의해줘서 틀린 생각을 해소하거나 의혹을 확인시켜줄 겁니다.

로버트 오들리

1859년 3월 3일,

캐슬 여관, 마운트 스태닝

오들리 부인은 손에 든 편지를 사납게 구겨 난롯불 속으로 던져 버리고, 마음속으로 속삭이듯 중얼거렸다.

"계속 내 앞에서 얼씬거리면, 그를 죽여버리겠어. 그렇게 하고 말 거야. 하고 말 거야." 그녀는 램프를 잡아채고 옆 방으로 들어갔다. 그녀는 문을 닫아버렸다. 그녀는 공포스러운 절망감을 아무에게도 들키고 싶지 않았다. 더 이상 버틸 수가 없었다. 그녀 자신도 주변 상황도 모두 감당하기 힘들었다.

제 3 권

1. 하늘의 붉은빛

오들리 부인의 옷방 옆 침실에는 마이클 경이 누워있었고, 그 두 방 사이의 문은 열려 있었다. 남작은 평화로이 잠들어 있었고, 그의 고귀한 얼굴이 직접 조명을 가린 부드러운 빛에 그대로 드러났다. 숨소리는 규칙적으로 나지막하였고, 입가에 반쯤 미소를 짓고 있었다. 그가 아내를 바라보면서 종종 짓는 행복감에 젖은 부드러운 미소는, 사랑스러운 아이의 응석을 받아주는 온통 너그러운 아버지의 미소와 같았다.

휴식을 취하고 있는 마이클 경을 바라보는 오들리 부인의 시선은 여성스런 직감과 연민의 감정으로 부드럽기 한이 없었다. 자신의 비참한 상황만 생각하던 지독한 이기심은 잠시 남편에 대한 연민의 다정한 감정으로 변했다. 이때는 자신에 대한 연민이 남편에 대한 연민만큼 강해져 결국 이기심이 사라지고 부드러운 감정만이 남는 순간이었다. 그래서 이번에는 그녀의 생각은 자신의 공포와 자신의 걱정거리에만 집중된 좁은 통로에서 벗어나 마이클 경에게 닥쳐올 슬픔을 예견하며 비통한 감정을 느꼈다.

'내 남편이 이 사실을 알게 되면, 참으로 비참한 기분이 들거야.'

그러나 그런 생각에 곁들여 또 다른 복잡한 생각이 섞여 들었다. 즉, 자신의 아름다운 얼굴과 매혹적인 태도, 우아한 미소, 저음의 낭랑한 웃음소리를 생각해봤다. 특히 그녀의 웃음소리는 평평한 목초지에 넓게 울려 퍼지는 은방울 종소리 같고, 여름날 안개 낀 저녁의 잔잔히 흘러가는 강물 같았다. 이런 걸 생각하면 일시적으로 승리감의 전율이 느껴지고, 이 전율은 공포감보다 훨씬 강력하였다.

그녀에 대해 뭘 믿게끔 되든 혹은 설사 그녀를 경멸하게 되든, 마이클 오들리 경이 백 세까지 살게 된다면, 그녀의 매력적 특성을 그녀에게서 지워버릴 수 있을까? 아니, 결코 그렇지 않을 것이다. 그의 마지막 숨을 거두는 순간까지 그의 기억은 처음 그녀에게 느꼈던 감정 그대로 열정적인 찬미와 헌신적인 애정을 간직하고 있을 것이다. 아무리 강한 그녀의 적도 명랑한 그녀의 마음에 절대적 영향을 끼쳐왔던 그 사랑스러운 천부의 자질을 빼앗을 순 없을 거였다.

그녀는 램프 불이 켜진 옷방을 이리저리 걸어 다니며 로버트 오들리에게서 받은 이상한 편지에 대해 깊은 생각에 빠졌다. 방 안에서 단조롭게 왔다 갔다 걸으며 생각을 정리하려고 애썼다. 젊은 변호사의 편지에 담긴 위협적인 한 가지 중요한 주제에 흩어졌던 지력을 집중하려는 거였다.

'그는 말한 대로 행동할 거야.' 그녀가 이를 악 물고 중얼거렸다. '내가 그를 정신병원에 집어 넣지 않는 이상, 또는—.'

그녀는 생각을 말로 채 정리하지 못했다. 심지어 문장으로 표현할 수조차 없었다. 그러나 그녀의 심장에서 뭔가 부자연스러운 새 맥박이 고동치기 시작했다. 새로운 생각은 이런 거였다.

'뭔가 이상한 재앙이 닥쳐 영원히 그의 입을 다물게 만들지 않는 이상 그는 자신이 말한 대로 할 거야.' 난롯불이 갑작스럽게 순간적으로 확 불꽃을 일으키듯이 오들리 부인의 얼굴에 붉은 핏기가 확 올라왔다가는 갑작스러이 사그러들었고, 얼굴빛은 겨울 눈보다 더 창백해졌다. 경련하듯 서로 꽉 움켜쥐던 양손은 맥이 풀려 몸의 양옆으로 축 늘어졌다. 그녀는 왔다 갔다 빠르게 움직이던 걸음을 멈추었다. 롯의 아내가 발을 멈추고 파멸되어가는 도시를 등 뒤로 돌아보다 맥박이 모두 늦춰지고 혈액이 응고되며 소금 기둥으로 변해버린 것 같은 모습이었다.

오들리 부인은 여전히 조각상 같은 이상한 자세로 몇 분 동안 그 자리에 꼼짝 않고 서 있었다. 머리를 곧추 세우고 두 눈은 앞을 뚫어져라 보면서—아니, 방 벽의 좁은 경계 너머 컴컴한 저편의 위험과 공포를 응시하는 듯했다.

잠시 뒤 그녀는 그러한 굳은 자세를 처음처럼 불현듯이 풀고 걸어갔다. 거의 무기력 상태에서 몸을 추스려 급히 탁자로 걸어가 그 앞에 자리잡고 앉아서 어질러진 금 마개 병들과 섬세한 도자기 향수병 더미를 치우고 큼직한 타원형 거울에 자신의 모습을 비춰보았다. 매우 창백한 모습이었다. 소녀다운 얼굴엔 불안한 기운도 보이지 않았다. 그녀의 정교한 입술 선은 매우 아름다웠지만, 자세히 들여다보면 평범치 않은 뭔가 딱딱함이 엿보였다. 그녀에게도 이런 점이 느껴져 그녀는 그 조각상 같은 경직성을 벗어보려고 애써 미소를 지어 보였다. 하지만 오늘밤만은 장밋빛 입술이 좀처럼 말을 듣지 않았다. 두 입술은 굳게 닫혀서 그녀의 의지대로 움직여 주질 않았다. 그녀의 내면에 잠복되어 있던 성질들이 굳세게 한데 모아진 것 같았다. 그녀는 이번엔 눈을 움직여 보려고 애썼다. 하지만 그마저 뜻대로 움직이질 않았다. 그녀는 탁자에서 일어나 옷장에서 검은 벨벳 외투와 보닛 모자를 꺼내 쓰고 산책을 나갔다. 난로 굴뚝 위의 도금된 작은 벽시계는 밤 11시 15분 종을 울렸다. 이런 차림으로 5분 지나 그녀는 다시 피비가 있는 방으로 돌아왔다.

여관 주인의 아내는 오늘 저녁 그녀의 옛 마님이 외로이 난롯가에 앉아서 생각을 곱씹던 것과 같은 자세로 앉아 있었다. 피비는 땔감을 다시 채워놓고 보닛 모자와 외투를 걸쳤다. 그녀는 자신의 부재를 나쁘게만 생각하는 폭력적인 남편이 있는 집으로 돌아가는 길이 걱정되었다. 그녀는 방으로 들어오는 오들리 부인의 산책 옷차림을 보고 놀라서 물었다.

"마님, 오늘 밤 외출 하실 거예요?"

"그래, 내가 피비가 되어 너와 함께 마운트 스태닝에 가서 직접 집달리를 만나 돈을 건네주고 이 일을 해결할 거야." 오들리 부인이 매우 조용하게 대답했다.

"마님, 하지만 지금은 매우 늦은 시간이에요. 이런 밤중에 나가시는 건 위험해요."

오들리 부인은 대답하지 않았다. 그녀는 그저 우두커니 서 있었을 뿐이었다.

"마구간은 항상 잠겨있고, 마부는 우리가 집에 되돌아올 밤 10시쯤이면 잠자리에 들어 있을 거야. 지금 이 시간에 마차를 준비시키기엔 너무 소란스럽겠지. 하지만 이 일을 조용히 마련해줄 하인이 있겠지." 그녀는 혼자 중얼거렸다.

"마님, 하지만 이 밤중에 꼭 가셔야만 하나요? 내일도 좋고, 아직 일주일의 시간이 있어요. 집 주인은 마님께서 빚을 갚아주시겠다고 약속만 하시면 집달리를 가라고 할 거예요."

오들리 부인은 반대하는 피비의 말을 듣지 않았다. 그녀는 옷방으로 서둘러 가서 보닛 모자와 외투를 벗어 던지고 저녁의 평상복으로 갈아입은 뒤 머리를 대충 넘긴 채 내실로 돌아왔다. "자 피비, 이제 내 말을 잘 들어." 그녀는 친구의 손목을 잡고 진지하게 나지막한 목소리로 말하는 바람에 그 말을 따르지 않고 어기기가 불가능한 고압적 분위기였다.

"잘 들어봐. 난 오늘밤 캐슬 여관에 갈 거야. 밤이 늦은 건 지금 중요하지 않아. 가기로 이미 마음 먹었으니 갈 거야. 그 이유를 묻겠지만, 난 이미 네게 말해줬어. 내가 가서 직접 빚을 갚고 내가 준 돈이 제대로 목적에 맞게 쓰이는지 내 눈으로 볼 거야. 이렇게 하는 게 상식에 벗어난 짓은 전혀 아니야. 내 위치에 있는 여자들이 흔히 하는 일을 하는 것일 뿐이야. 내가 아끼는 하녀를 도와주는 것뿐이야."

"하지만 지금 밤 12시가 다 되어가요, 마님." 피비가 애원했다.

오들리 부인이 짜증을 내며 얼굴을 찌푸렸다.

"내가 그곳에 간 게 알려진다 해도 당당한 행동이니 걱정될 게 하나도 없어. 하지만 구태여 이 일을 알릴 필요는 없으니 조용히 비밀로 남겨두는 게 좋겠어. 내가 이르는 대로 하면 아무도 눈치채는 일 없이 조용히 갔다 올 수 있어." 그녀는 여전히 피비의 손목을 잡은 채 말했다.

"마님이 원하시는 대로 따를 게요, 마님." 피비는 복종하며 대답했다.

"그럼 하녀가 내 방에 들어오면 바로 내게 작별인사를 해. 그리고 하녀를 따라 문간까지 가서 안녕 인사하고 집을 나서도록 해. 저택 앞의 정원 건너 아치형 정문길 반대편의 길가에서 나를 기다리도록 하렴. 30분 안에 네가 기다리는 곳에서 만날 수 있을 거야. 하인들이 모두 자기들 방에 들어가야 나도 방을 나설 수 있을 테니. 조금 늦더라도 반드시 갈 거니깐 참을성 있게 기다리렴."

오들리 부인의 얼굴의 창백한 기운은 이제 사라져 있었다. 기묘한 주홍빛이 그녀의 양 볼을 물들이고 있었으며 푸른 눈동자에도 기묘한 빛이 반짝거렸다. 그녀는 기묘하게도 단호하면서 빠른 말투였다. 아주 강한 흥분에 압도된 듯한 사람의 모습과 태도였다. 피비 막스는 놀란 마음으로 말없이 그녀를 쳐다보았다. 그녀는 자신의 옛 주인이 미친 게 아닐까 하는 걱정이 들었다.

오들리 부인이 종을 울리자 장밋빛 리본과 여러 장신구에 검은 비단옷을 입은 예쁘장한 그녀의 하녀가 들어왔다. 예전 같으면 식당 말석에 면모로 짠 옷을 입고 앉았을 낮은 신분의 하녀들에게 이런 비단옷은 감히 바랄 수도 없는 사치였다.

"마틴, 이렇게 시간이 늦은 줄 몰랐어. 난 막스 부인과 이야기를 하다 보니 시간이 이렇게나 흘렀네. 오늘 밤은 네가 시중들 게 없으니, 이만 가서 자도록 하렴." 오들리 부인은 아래 하녀들이 스스로 마님을 받들 마음이 생기도록 그들의 마음을 얻게끔 다정한 어조로 말했다.

"감사합니다, 마님. 막스 부인을 문간까지 배웅해 드린 다음,

제 방으로 물러가겠습니다." 오들리 댁은 보통 매우 일찍 하루 일과를 끝마치기 때문에 하녀는 마님 앞에서조차 하품을 참기 어려울 정도로 졸려 하며 이같이 말했다.

"오, 그렇게 하렴. 그게 좋겠다. 피비를 배웅해 주도록 하렴. 다른 하인들은 모두 잠자리에 들었겠지?"

"그렇습니다, 마님."

오들리 부인은 벽시계를 힐끗 쳐다보고 웃으며 말했다.

"피비, 우리는 시간이 가는 줄도 전혀 몰랐구나. 잘 가렴. 남편에게 집세는 곧 지불될 거라고 말해주렴."

"감사합니다, 마님. 안녕히 주무세요." 인사를 드린 후 피비는 하녀를 뒤따라갔다.

오들리 부인은 팔각형 내실에서 그들의 조용한 발소리가 양탄자가 깔린 계단 아래로 사라질 때까지 귀를 기울인 채 기다리며 생각했다.

'마틴의 방은 이 집의 제일 위층에 있으니 여기와는 제일 멀리 떨어져 있군. 10분 안에 나는 눈치 채이지 않고 조용히 빠져나갈 수 있겠군.'

그녀는 옷방으로 돌아와 외투와 보닛 모자를 다시 걸쳤다. 여전히 그녀의 양쪽 볼에는 평소와는 달리 발갛게 달아올라 있었고 눈빛도 평소와는 달리 여전히 반짝거렸다. 그녀는 마술에 걸린 것처럼 너무나도 강렬한 흥분에 빠져있어 심신에 피로의 기색을 찾을 수 없었다. 아무리 그녀에 대한 감정을 장황하게 늘어놓는다 해도, 그녀가 지금 겪고 있는 생각과 고통을 표현해 낼 수는 없을 정도였다. 그녀는 오늘 이 하룻밤에 천 페이지나 되는 두꺼운 책 여러 권에도 충분히 나열할 수 없을 만큼 엄청난 고뇌를 겪었다. 비통함, 의혹, 곤혹감으로 꽉 찬 책이 될 것이고, 책의 각 장마다 그녀의 고통이 반복해서 기술될 거며, 심지어는 비참한 심정은 한 시도 쉬는 법 없이 수백 쪽에 걸쳐 쭉 서술될 거였다. 그녀는 내실에서 난로 옆에 서서 벽시계의 분침을 지켜보며 저택을 안전하게 나설 순간만을 기다리고 있었다.

"앞으로 10분만 더 기다리면 돼. 그 이상 조금도 기다릴 수 없어. 곧 호랑이 굴에 들어가겠군."

그녀는 한밤중의 정적과 어둠을 깨는 3월의 매서운 바람소리를 들었다. 시계 바늘은 10분이 지나가는 필연적인 움직임을 나타냈다. 정확히 12시 15분 전이 되자 오들리 부인은 손에 램프를 들고 조용히 방을 빠져 나왔다. 그녀의 발걸음은 우아한 야생동물처럼 가벼웠고, 양탄자가 깔린 대리석 복도와 계단을 지날 때 울리는 발소리에 조금도 두려워하지 않는 가벼운 발걸음이었다. 그녀는 아래층 현관에 도착할 때까지 걸음을 멈추지 않았다. 부인의 팔각형 내실과 마찬가지로 역시 팔각형인 현관에는 몇 개의 문이 있었다. 그중의 하나가 서재로 열리는 문이었고, 그녀는 바로 그 문을 조심스럽게 열었다.

남몰래 중앙 출입문으로 이 저택을 빠져나간다는 것은 매우 어려운 일이었다. 하녀가 저택의 앞뒤 중앙 문을 단단히 잠가놨기 때문이었다. 마이클 경 저택의 식기들이 도난 당하지 않도록 문에다 장치한 빗장과 막대, 쇠줄, 종은 이것들을 다루는 하인들만이 여는 법을 알고 있었다. 하지만 이런 엄격한 예방 장치가 중앙 출입구를 요새같이 차단하고 있지만 아침 식당의 반유리 문이

나무 덧문과 아이도 들어올릴 수 있을 만큼 가벼운 가는 쇠막대로 되어 있고, 그 문을 나서면 자갈 깔린 소롯길과 저택 앞마당의 부드러운 잔디밭으로 연결되었다.

이 문이 오들리 부인이 빠져나가려는 통로였다. 그녀는 쇠막대와 잠그지 않은 덧문을 쉽사리 제거할 수 있었고, 그녀가 없는 동안 창문을 약간 열어 놔두는 게 안전할 듯싶었다. 마이클 경이 잠에서 깨어날까 조금은 두려웠지만, 그는 잠이 드는 초반엔 깊이 잠드는 데다가, 최근 아프고 나서는 평소보다도 더 깊은 잠에 빠져들었다.

오들리 부인은 서재를 지나 서재와 연결된 아침 식당 문을 열었다. 이 식당은 저택 건물에 덧붙여 지은 최신 건물 중의 하나였다. 밝은색 벽지와 예쁜 단풍나무 가구가 있는 소박하고 분위기가 밝은 이 방은 알리샤가 자주 머무는 곳이었다. 알리샤가 애용하는 물건들인 그림 용품, 완성되지 않은 그림, 헝클어진 명주 실타래, 그밖에 주의력 없는 처녀의 여러 물품들이 여기저기 널려 있었다. 한편 승마복에 승마 모자를 쓴 발그레한 말괄량이 모습의 오들리 양의 크레용 스케치 그림이 벽난로 위 선반의 웨지우드 장식품 위에 걸려 있었다. 오들리 부인은 경멸과 미움이 섞인 눈초리로 이 친숙한 물건들을 둘러보았다.

'내가 불명예스럽게 추락하면 그 애가 매우 기뻐하겠군! 이 저택에서 쫓겨나기라도 하면 그 애가 얼마나 기뻐할까!'

오들리 부인은 난로 옆 탁자 위에 램프를 놓아두고 창문으로 걸어갔다. 그녀는 문에 걸린 쇠막대와 나무 덧문을 제거한 뒤 유리문을 열었다. 3월 밤은 달이 뜨지 않아 매우 깜깜했다. 문을 열자 매서운 바람이 몰아쳐 방 안이 차가운 공기로 채워지며 램프 불이 꺼졌다.

'램프 불이 없어도 상관 없겠어. 돌아와도 집 안에서 내 방을 찾아가는 데 아무 문제가 없을 테니. 이 문들을 살짝 열어놓고 가야겠어.'

그녀는 유리문을 닫고 자갈길을 빠른 걸음으로 걸어나갔다. 서재의 열린 문에 바람이 불어와 사람들을 깨우는 일이 벌어지지는 않을까 걱정이 되었다. 그녀는 매서운 바람을 맞으며 안뜰 정원까지 걸어갔다. 몰아치는 바람에 그녀의 비단 옷자락이 마치 항해하는 돛단배의 돛이 파고드는 미풍에 펄럭이듯이 몸을 휘감으며 나부꼈다. 그녀는 정원을 지나며 뒤를 돌아보았다. 내실의 붉은 커튼 사이로 불빛이 내비쳤고, 또한 오들리 경이 잠들고 있는 방의 창문에 희미한 램프의 불빛이 보였다.

'마치 여기서 달아나는 듯한 기분이군. 죽음이 찾아오는 밤을 피해 싸움에 져버린 나 자신을 잊히도록 비밀스럽게 달아나는 것만 같아. 그 남자의 경고대로 여기서 달아나 영원히 그의 손아귀에서 벗어나는 게 어쩌면 더 현명한 일일지도 몰라. 조지 톨보이즈가 그랬던 것처럼. 하지만 어디로 가야 하지? 그러고 나면 난 뭐가 되는 거지? 난 빈털터리 신세인데. 내가 가진 보석들은 기껏 이삼백 파운드밖에 되질 않을 테니. 게다가 지금 그중에 제일 값나가는 보석마저 팔게 되었으니. 내가 뭘 할 수 있을까? 이전의 비참하고 괴로운 삶으로 되돌아가겠지. 가난과 수치심, 짜증, 불만의 삶으로 말이야. 되돌아가면 내내 실컷 고생만 하다 지쳐 쓰러져, 아마 내 엄마처럼 죽고 말겠지.'

오들리 부인은 잠시 동안 안마당과 아치형 입구 사이의 부드러운 잔디밭에 조용히 서 있었다. 고개를 푹 숙인 채 양손을 서로 꽉 쥐고 마음속의 고뇌에 빠져 있었다. 이런 태도는 결단을 내리지 못하고 혼란에 빠져있는 그녀의 마음 상태를 잘 나타내고 있었다. 그러나 순간 갑작스러운 변화가 그녀에게 나타났다. 그녀는 고개를 들었다. 반항과 결단의 표정이었다.

"아냐, 로버트 오들리." 그녀는 낮고 또렷한 목소리로 크게 말했다. "결코 난 돌아가지 않아. 결코. 우리의 싸움이 죽음을 걸고 하는 거라면, 내 무기가 내 손에서 떨어지는 순간은 없을 거야."

그녀는 당당하고 빠른 걸음으로 아치형 문을 지나갔다. 그 거대한 아치형 문을 지나가는 모습은 마치 그녀를 향해 팔 벌린 검은 심연 속으로 빨려 들어가는 듯이 보였다. 그 멍텅구리 시계가 12시를 울리자 단단한 돌벽이 흔들거리는 것 같았다. 그녀가 다른 쪽 편을 나서자 저택 입구에서 기다리는 피비 막스와 합류했다.

"자, 피비. 여기서 마운트 스태닝까지 3마일 정도가 되지?"

"예, 마님."

"그러면 걸어서 한 시간 정도 걸리겠구나."

오들리 부인은 걸음을 멈추지 않으며 말했다. 그녀는 이전에 하녀였던 피비와 함께 길을 따라 빠르게 걸어갔다. 외모로는 비록 연약하고 가늘었지만, 그녀는 대단히 잘 걷는 여인이었다. 예전에 도우슨 의사 집에 머무를 때는 아이들과 멀리 산책을 나가곤 했기 때문에 3마일의 거리는 별거 아니라고 생각했다.

"너의 듬직한 남편이 자지 않고 기다리겠지, 피비?" 오들리 저택에서 중앙 도로로 가는 지름길이 되는 들판을 건너며 그녀가 물었다.

"아, 그럼요, 마님. 아직 자지 않고 있을 거예요. 아마, 그 사람과 한창 술 마시고 있을 거예요."

"그 사람이라니! 누구를 말하는 거니?"

"집 주인이요, 마님."

"아 그렇구나." 그녀는 무심한 듯 대답했다.

캐슬 여관에서 문제의 사항을 해결하려고 이처럼 특별히 나서자 부인의 마음속에는 피비의 가정 문제가 먼 일처럼 느껴졌다. 두 여인은 들판을 가로질러 중앙 도로에 들어섰다. 마운트 스태닝으로 가는 길은 매우 가파르고 어둡고 음울해 보였다. 하지만 오들리 부인은 절망적인 용기를 가지고 걸어나갔다. 이런 건 그녀의 이기적이고 감각적 본성에서는 좀처럼 보기 드문 기질이었지만 사실 깊은 절망감에서 나온 이상한 현상이었다. 그녀는 언덕 위의 불빛에 다다를 때까지 피비에게 말을 걸지 않았다. 언덕 위 마을의 한 곳에서는 특정한 창문의 주홍빛 커튼 사이로 밝은 빛이 새어 나오고 있었는데, 루크 막스가 술잔을 앞에 놓고 졸면서 아내의 귀가를 기다리고 있는 것 같았다.

"아직 그는 자러 가지 않았군, 피비." 오들리 부인이 간절히 원하는 듯한 목소리로 말했다. "여관에서 불빛이 보이는 곳은 한 곳뿐이네. 아마도 오들리 씨는 잠 자러 간 모양이야."

"예, 마님. 그런 것 같아요."

"그가 오늘 밤 이곳에서 머문다고 한 게 확실하지?"

"그럼요, 마님. 집을 나서기 전 심부름 하는 애를 도와 그의 잠자리를 마련해 놓았는 걸요."

사방이 바람소리로 요란한 언덕 꼭대기에 곧 무너질 듯 지어진 캐슬 여관은 오늘따라 바람이 더 거세고 매몰차게 불어왔다. 이 취약한 건물을 둘러싸고 돌풍이 잔인하도록 사납게 몰아쳤다. 부서진 비둘기 집, 망가진 풍향계, 헐거워진 타일, 찌그러진 굴뚝 사이를 바람이 휘돌아 다녔다. 창문이 달가닥거리며 틈새에서 휘파람 소리가 났다. 주춧돌부터 지붕까지 미약한 건물을 놀려대기라도 하듯이 제멋대로 부딪치고, 두드려대고, 괴롭히다가 온 힘을 다해 거친 경기를 하듯이 마구 흔들어댔다.

루크 막스는 바람에 방문을 닫는 일 따위에는 아랑곳하지 않고 술집 물품을 대는 남자와 술을 마시고 있었다. 이 캐슬 여관의 주인은 이처럼 게으르고 육체적 욕구만 추구하는 사람이어서 자신의 쾌락 외에는 관심을 두지 않는 이기적인 사람이었으며, 자신의 육체적 만족을 방해하는 자에 대해선 난폭할 정도로 증오심을 내보였다.

피비는 손으로 문을 열고 집 안으로 들어갔고, 오들리 부인이 그 뒤를 따랐다. 탁한 공기와 담배 연기가 낮은 천장의 술집 안에 꽉 차있었다. 술집의 문이 반쯤 열려 있어 오들리 부인이 여관 문턱을 넘어서면서 막스 씨의 거친 웃음소리를 들을 수 있었다.

"그에게 마님께서 오셨다고 말하고 올게요, 마님." 피비는 자신의 이전 마님에게 속삭였다. "그는 술이 취해 있을 거예요. 그러니 그가 무례한 말을 하더라도 기분 상해하지 마세요. 전 마님이 여기 오시지 않았으면 했는데."

"알겠어. 나도 알아." 오들리 부인은 조급한 듯이 말했다. "그의 무례를 신경 써봐야 뭐하겠니? 그가 하고픈 대로 그냥 내버려 둬."

피비는 술집 입구에 오들리 부인을 남겨 두고 혼자 문을 열고 들어갔다. 루크는 한 손엔 진 술잔을, 다른 한 손엔 부지깽이를 쥐고 볼품없는 발을 난로 바닥에 쭉 뻗은 채 앉아 있었다. 쌓여있는 검은 석탄더미에 부지깽이를 찔러 불꽃을 크게 지피려는 참에 그의 아내가 방으로 들어왔다.

그는 난로 가로대 사이에서 부지깽이를 잡아채고, 그걸로 반은 취해서 반은 위협하는 동작을 취하며 아내에게 말했다.

"마침내 돌아왔구먼. 영영 나타나지 않을 줄 알았더니!" 그는 술 취해서 걸걸한 목소리로 말했지만 전혀 판단력이 없는 상태였다. 그는 여전히 술잔에 입술을 처박고 있었다. 눈은 멀거니 초점이 사라졌고 양손은 떨리고 있었다. 술에 목소리는 가라앉았고 분명치도 않았다. 정신이 말짱하고 행동을 제대로 할 때조차도 짐승과 다름없는 사람인데, 이처럼 술에 취하고 나면 열 배나 짐승 같은 성질이 드러나 무지하고 야만성을 통제하던 얼마간의 제어장치는 모두 무력화되고 무례한 난동을 부려대는 거였다.

"전—전 생각했던 것보다 오래 걸렸어요, 여보." 피비는 최고로 달래는 말투로 말했다. "오들리 마님을 뵈었는데, 마님께서는 저에게 매우 친절히 대해 주셨어요. 그래서—그래서 우리 문제를 해결해 주실 거예요."

"매우 친절하구먼, 그지? 고마울 것도 없어. 난 그 친절의 함정을 알고 있지. 그렇게 해주지 않았다가는 된통 당할 테니." 루크가 술 취한 웃음을 지으며 중얼거렸다.

집 주인은 막스 씨가 마신 술의 1/3 정도밖에 마시지 않았지만 술에 취해 반쯤 정신이 나가고 감상에 푹 빠진 상태라서 술집 주인 내외를 놀란 눈초리로 그저 멍하니 바라보고 있었다. 그는 탁자 가까이 앉아, 무너지려는 몸을 지탱하려는 듯 탁자에 팔꿈치를 괴고, 옆의 촛농이 흐르는 촛불에 파이프 담배 불을 붙이려고 허우적거리고 있었다.

"오들리 마님께서 우리의 문제를 해결해주신다고 하셨어요." 피비는 남편의 술주정에도 아랑곳 하지 않고 말을 이어갔다. 그녀는 남편의 완고한 성질을 잘 알고 있는데다, 지금의 상태에서 남편이 고집 부리며 말하거나 행동하는 것을 막으려고 하면 더욱 상황이 악화된다는 것을 잘 알고 있기 때문이었다. "마님께서 여기 상황이 어떤지 보러 오늘밤 직접 오셨어요, 여보."

루크가 들고 있던 부지깽이가 난로바닥의 재 사이로 덜커덕거리며 떨어졌다.

"오들리 부인이 여기에 왔다고?"

"그래요, 루크."

피비의 말이 끝나기가 무섭게 오들리 부인이 문지방에 모습을 드러냈다.

"그래, 루크 막스. 이 임대 주인에게 빚을 지불하려고 왔네."

오들리 부인은 자신이 무슨 말을 하고 있는지 알지도 못하고 그냥 암송하듯이 이상하게도 반기계적인 태도로 대답했다. 막스 씨는 불만스러운 듯이 투덜거리며 짜증스럽게 탁자 위에 빈 잔을 내려놨다.

"몸소 갖고 오시느니 그냥 피비에게 돈을 주지 그러셨어요.

높으신 마님들이 이곳에 오셔서 구석을 살피며 들여다보기엔 적절한 곳이 아닌데요."

"루크, 루크. 마님께서는 친절을 베풀려고 오신 거예요." 피비가 꾸짖었다.

"그 놈의 친절!" 막스가 외쳤다. "우리는 친절을 원하는 게 아니라 그저 돈을 원하는 거야. 내가 코를 훌쩍거리며 감사를 표시해야 되는 거야? 그분이 우리에게 해주는 건 어쩔 수 없어 해주는 거야. 그렇지 않으면 아무것도 해주지 않을 걸."

오들리 부인이 갑자기 그에게 몸을 돌리자 루크 막스는 하려던 말을 멈췄다. 섬뜩한 빛을 뿜어내는 아름다운 그녀의 모습에 기가 눌려버린 거였다. 깃털같이 가벼운 금발 머리칼이 노란 불꽃처럼 앞이마 주변에 마구 나부꼈다. 그뿐만 아니라 성난 인어의 푸른 안구에서 빛이 번쩍거리는 것처럼 두 눈에서 푸르른 섬광이 번뜩였다.

"그만해." 그녀가 외쳤다. "그런 무례한 말 따위를 들으려고 이 한밤중에 온 게 아니니. 빚이 얼마나 되지?"

"9 파운드요."

오들리 부인은 상아와 은, 터키 옥으로 장식된 화려한 지갑을 열고 4파운드 지폐와 수표를 꺼내 탁자 위에 올려놓았다.

"떠나기 전 그의 영수증을 내게 주게."

그가 정신을 차리고 영수증에 서명을 하는 데는 조금 시간이 걸렸다. 서투른 손으로 펜에 잉크를 묻혀 피비가 건넨 영수증의 아래쪽에 서명을 했다. 오들리 부인은 잉크가 마르자 마자 영수증을 챙겨 넣고 술집을 떠났다. 피비가 그녀를 따라왔다.

"혼자서 다시 돌아가시기 힘들 거예요. 제가 바래다 드릴까요?"

"그래, 나와 함께 가주겠니?"

두 여인은 여관의 문 앞에 서서 이야기를 나누었다. 피비는 마님을 이해할 수 없다는 듯 바라보았다. 변덕스럽게도 직접 일을 맡아 하겠다고 나섰던 이 일이 끝나면 마님이 서둘러 저택으로 돌아갈 거라고 예상했다. 하지만 그렇지 않았다. 마님은 문에 기대 우두커니 서서 허공을 바라보고 있었다. 피비는 다시 마님이 미친 게 아닐까 두려움에 빠졌다.

오들리 부인이 이렇게 결단을 내리지 못하고 정신이 딴 데 있는 듯이 머뭇거리고 있을 때 작은 네덜란드 벽시계가 새벽 한 시를 울렸다. 그 소리에 그녀는 깜짝 놀라 심하게 몸을 떨기 시작했다.

"피비, 몹시 지쳐서 쓰러질 것 같아. 시원한 물을 어디서 얻을 수 있을까?"

"세탁실에 펌프가 있어요, 마님. 제가 가서 물을 가져 올게요."

"아니야, 아냐." 오들리 부인은 달려 가려는 피비의 팔을 움켜잡으며 말렸다. "내가 직접 가서 마실게. 정신을 차리기 위해 세수를 좀 해야겠어. 로버트 오들리 씨가 자고 있는 방은 어디지?"

갑자기 대화와 상관 없이 튀어나온 질문에 피비 막스는 어리둥절한 표정으로 그녀를 바라보다 간신히 대답했다.

"3호실이에요. 앞쪽 열 방으로 저희 안방의 바로 옆이에요."

"촛불을 하나 내게 가져다 주렴. 가서 세수를 좀 하고 올게. 넌 여기서 기다리고 있으렴." 피비가 길을 안내하려고 하자 그녀가 다시 위압적으로 말했다. "여기 있으라니까. 너의 난폭한 남편이 내 뒤를 따라오진 않는지 잘 지켜봐 줘."

그녀는 피비가 들고 있는 촛불을 낚아채고 위층으로 향하는 곧 무너질 듯한 계단을 올라갔다. 다섯 개 방이 낮은 천장에 공기가 정체되어 냄새 나는 복도를 향하고 있었다. 각 방의 나무 문짝 상단에 검은 글씨의 납작한 번호가 써있었다. 오들리 부인은 하녀의 남편의 사업을 위해 이 집을 사주었을 때 그 집을 살펴보러 마운트 스태닝에 온 적이 있었기 때문에 이 쓰러져가는 낡은 곳의 지리에는 밝았다. 피비의 침실이 어디에 있는지도 이미 알고 있었다. 그러나 그녀는 로버트 오들리 씨를 위해 마련된 방의 문 앞에 멈춰 섰다.

그녀는 멈춰 서서 방문 번호를 쳐다보았다. 열쇠가 자물쇠에 꽂혀있었고, 그녀의 손은 무의식적으로 그 위에 얹어졌다. 순간 그녀의 몸은 갑자기 떨리기 시작했다. 몇 분간 몸을 떨며 서 있을 때 벽시계가 종을 울렸다. 이처럼 방 열쇠에 손을 얹고 몸을 떨며 잠시 서있을 때의 얼굴 표정은 끔찍하였다. 그녀는 열쇠를 움켜쥐고 돌렸다. 두 번 돌렸다.

방 안에서는 아무 소리도 들리지 않았다. 그녀는 촛불을 화장대 위에 올려놓았다. 보닛 모자를 벗어 팔에 느슨히 걸치고 세수대로 가서 대야에 물을 채웠다. 그녀는 금발 머리를 물에 담갔다. 그리고는 잠시 방 한가운데 서서 주위를 둘러보았다. 진지한 흰 얼굴로 가구도 별로 없는 방 안의 물건들을 뒤지듯이 조심스러운 시선으로 살펴보았다. 피비의 침실은 분명히 가구가 거의 없이 허름했다. 캐슬 여관에서 하룻밤 묵어가는 손님들 방을 최상으로 꾸미느냐고 어쩔 수 없이 자신의 방은 허름할 수밖에 없었던 거였다. 하지만 피비는 제대로 된 가구가 없는 초라함을 메우기 위해 커튼을 화려하게 꾸며놓았다. 바스락거리는 값싼 무명 커튼이 침대를 빙 둘러싸고 있고, 같은 소재의 꽃 무늬 커튼이 작은 창문에 걸려 있어 낮에는 햇빛을 차단할 수 있었지만, 창문에는 파리가 매달린 거미줄이 여러 개 진을 치고 있었다. 거울도 정말 싸구려여서 들여다보는 얼굴이 이리저리 비틀려 제대로 된 모습을 보여주기가 힘들어 보였다. 거울의 양쪽으로 풀 먹인 모슬린과 반들거리는 핑크빛 옥양목이 커튼을 드리운 제단처럼 내려뜨려졌고 거기에 레이스 주름과 뜨개질 장식이 달려 있었다.

오들리 부인은 눈에 들어오는 꽃 장식과 야한 장식물에 웃음을 지었다. 자기 방의 값 비싼 우아한 장식물을 생각해 볼 때 그녀는 웃음을 짓지 않을 수 없었다. 하지만 그녀의 시큼한 웃음에는 피비의 가련한 노력에 저절로 나오는 비웃음이기보단 더 깊은 의미가 담겨 있는 듯 보였다. 그녀는 화장대로 가 거울 앞에서 젖은 머리를 손질하고 보닛 모자를 다시 썼다. 그리고는 거울을 장식한 레이스 주름 아주 가까이에 활활 타고 있는 촛불을 내려놓았다. 어찌나 가까이 놓았는지 풀 먹인 모슬린이 하늘거리다 촛불을 끌어당길 것 같았다.

피비는 여관 문 앞에서 걱정스러운 표정으로 오들리 부인이 돌아오기를 기다리고 있었다. 그녀는 벽시계 분침을 바라보며 그녀가 나타나지 않는 것을 궁금해 했다. 오들리 부인이 아래층으로 내려온 건 1시10분이 되어서였다. 젖은 머리에 보닛 모자를 쓰고 있었지만 초는 사라지고 없었다. 피비는 그것을 보고 말했다.

"촛불이 없네요, 마님. 위층에 두고 오셨나 봐요."

"방을 나설 때 바람이 불어 꺼졌어. 그래서 그냥 두고 나왔지."

"제 방에서요?"

"그래."

"불은 확실히 꺼진 거죠?"

"그렇다고 했잖아. 왜 이렇게 걱정을 하니? 1시가 지났구나. 어서 떠나자."

오들리 부인은 하녀의 팔을 잡고 거의 끌다시피 하며 여관을 나섰다. 가녀린 손으로 하녀를 붙잡는 억센 힘이 마치 쇠 바이스로 잡고 있는 듯이 느껴질 정도였다. 날카로운 3월의 바람이 여관 문을 강타했고, 두 여인은 그 밖으로 나왔다. 길고 어두운 길이 암울하고 적막하게 깔려 있었다.

추운 겨울 밤 새벽 한두 시에 외로운 시골길을 3마일 이상 걷는 것은 연약한 여인에게 매우 힘에 부치는 일이었다. 특히 안락함과 호화로운 생활에 익숙해져 있는 여인에게는 말이다. 하지만 오들리 부인은 자신의 동반자를 끌며 힘차게 메마른 길을 부리나케 걸어갔다. 마치 뭔가 끔찍한 악마의 힘에 내몰린 것처럼 발걸음을 조금도 늦추지 않고. 그들의 머리 위로 칠흑 같은 어둠이 드리워지고 세찬 바람이 우르릉거리며 불어왔다. 사방에서 동시에 일어난 듯한 거센 바람은 은밀한 시골의 넓은 들판을 가로질러 와 이 쓸쓸한 두 방랑자를 집중 공격하는 것 같았다. 두 여인은 마운트 스태닝이 형성하고 있는 언덕을 어둠을 헤치며 내려와 평평한 길을 따라 1마일 반쯤 걸었다가, 다시 또 다른 언덕을 오르기 시작했다. 그 언덕의 서쪽 편에는 오들리 저택이 푹 내려앉은 계곡에 자리잡고 있었으며, 세상의 모든 속세에서 벗어난 듯 고요하게 보였다.

오들리 부인은 언덕 정상에 올라 숨을 몰아 쉬고 빠르고 맹렬하게 고동치는 맥박을 진정시키려는 듯이 뛰는 가슴에 양손을 꼭 대고 있었다. 저택까지는 3/4마일 남아 있었고, 캐슬 여관을 떠난 지 거의 한 시간 가까이 걸어온 뒤였다.

오들리 부인은 여전히 목적지를 바라보며 잠시 휴식을 취했다. 피비 막스도 바삐 걸어온 발걸음에 잠시 휴식을 줄 수 있어 기뻐하며 멈춰 서서 그녀에게 많은 고통을 안겨줬던 자신의 음울한 보금자리가 있는 저편 먼 아래의 어둠 쪽으로 고개를 돌렸다. 그 순간, 그녀는 끔찍한 공포의 비명을 지르며 오들리 부인의 외투 자락을 사납게 움켜쥐고 말았다.

밤 하늘은 더 이상 칠흑빛이 아니었다. 타오르는 불빛덩이가 짙은 암흑을 무너뜨리고 있었다.

"마님, 마님! 저게 보이세요?" 그녀는 손가락으로 타오르는 불빛을 가리키며 외쳤다.

"그래, 보이는구나. 무슨 일이지?" 그녀는 자신의 옷에 매달리는 손을 떼내려고 하며 말했다.

"저건 불이에요! 불이 났어요, 마님!"

"그래, 불이 난 것 같구나. 브렌트우드에서 난 것 같은데. 어서 우리는 갈 길을 가자, 피비."

"예, 예, 마님. 그런데 브렌트우드보다 더 가까워 보여요. 훨씬 가까운 곳인데요. 마운트 스태닝 같아요!"

오들리 부인은 대답하지 않았다. 그녀는 다시 몸을 떨었다. 아마 바람이 외투 안까지 파고들어 가녀린 몸을 뒤흔들어 놓는 바람에 추위에 떠는 것인지 모르겠다.

"마운트 스태닝이에요, 마님!" 피비 막스가 외쳤다. "캐슬 여관에서 불이 났어요! 이럴 줄 알았어요, 알았어. 오늘밤 불이 날까 걱정스러워 마음이 불안하고 초조했어요. 왜냐하면 언젠가는 저렇게 불이 날 거라 염려했거든요. 사람만 다치지 않으면 저 망할 집은 걱정 안 해요. 사람이 다치면 안 되는데. 저기에 루크가 술 취해 있어서 다른 사람이 도와주지 않으면 제 몸도 가누지 못할 거예요. 오들리 씨도 저기에서 잠들어 있을 텐데." 피비는 정신이 나가 흐느끼며 말했다.

피비 막스는 로버트의 이름이 거명되는 순간 갑자기 말을 멈추고 무릎을 꿇었다. 들어올린 양손을 서로 꽉 모아 쥐고 오들리 부인에게 큰 소리로 호소하였다.

"오, 세상에!" 그녀가 외쳤다. "그게 사실이 아니라고 말해주세요, 마님. 그게 진실이 아니죠, 마님? 너무나 끔찍해요, 너무나 끔찍해, 너무 끔찍해!"

"뭐가 끔찍하다는 거니?"

"제 머릿속의 생각이요. 제 머릿속에 떠오른 생각이 너무나 끔찍해요."

"그게 무슨 말이지?" 오들리 부인이 날카롭게 물었다.

"제가 틀렸다면 용서해 주세요. 부디 틀리기를 바랍니다." 여자는 무릎을 꿇고 헐떡이며 말도 제대로 하지 못했다. "마님, 왜 오늘밤 군이 캐슬 여관에 가신 건가요? 제가 말렸는데도 왜 그처럼 마음을 단단히 정하셨던 건가요? 오들리 씨와 루크에 대해 그렇게 반감을 가지고 계시면서, 그리고 그 두 사람이 오늘 한 지붕에 있다는 걸 잘 아시면서. 제 생각이 제발 틀렸다고 말해주세요, 마님. 그렇게 말씀해 주세요. 오늘밤 일부러 여관에 불을 내려고 간 게 아니라고요! 제 말이 틀렸다고 말씀해 주세요, 마님. 제 생각이 사악하다고 말씀해 주세요."

"너 정신 나갔구나. 그 말 외에 더 이상 할 말 없다." 오들리 부인이 차갑고 딱딱한 어조로 말했다. "바보같이 굴지 말고 어서 일어나, 겁쟁이 같으니. 넌 거기서 남편에게 설설 기고 살며 남편 때문에 한탄하고 신음하면서도 남편이 걱정되는 거니? 로버트 오들리가 네게 뭐길래 그가 위험에 빠졌다고 미친 사람처럼 난리를 피는 거니? 저 불이 마운트 스태닝에서 났다는 증거가 어디 있어? 넌 그저 밤 하늘에서 붉은 불빛덩이를 본 것뿐인데, 너의 하찮은 오두막집이 불 났다고 바로 울고불고 하잖아. 세상에 불 날 집이 네 집밖에 없는 양 말이야. 저 불은 브렌트우드나 어쩌면 더 먼 지역에서 일어난 것일 수도 있어. 어쩌면 런던의 동쪽일 수도 있고. 어서 일어나, 정신 빠진 애야. 집에 돌아가서 네 물품이나 살펴봐. 남편도 살피고 숙박객도 살펴봐. 자, 빨리 일어나 가. 더 이상 난 네가 필요 없어."

"오, 마님. 저를 용서해 주세요." 피비는 흐느껴 울었다. "비록 생각만이라도 제가 그처럼 마님에 대해 나쁜 생각을 품었는데도 마님께서는 조금도 심한 말씀을 하지 않으시는군요. 제게 마음 아픈 말을 하셔도 됩니다. 제가 틀렸다면 어떤 심한 말도 상관없습니다."

"어서 돌아가 네 일이나 살펴봐." 오들리 부인은 엄하게 대답했다. "다시 말하지만 이젠 더 이상 같이 가지 않아도 돼."

오들리 부인께 간청하느냐고 처음 몸을 던졌던 딱딱한 길가에 피비는 여전히 무릎을 꿇고 앉아 있었지만 오들리 부인은 그녀를 그대로 내버려두고 어둠 속으로 떠났다. 마이클 경의 부인은 남편이 잠들어 있는 저택을 향해 걸어갔다. 앞에는 밤의 짙은 어둠이, 그리고 뒤편에는 붉은 화염이 하늘을 훤히 밝히고 있었다.

2. 소식을 하염없이 기다리다

오들리 부인이 자신의 옷방에서 나온 때는 다음 날 매우 늦은 오전이었다. 섬세한 모슬린, 정교한 레이스와 수가 새겨진 세련된 아침 의상을 입은 그녀의 얼굴은 매우 창백했고, 눈 밑에는 보랏빛의 다크 서클이 내비쳤다. 이건 그 전날 밤 늦게까지 책을 읽은 탓이라고 그녀는 변명을 했다.

마이클 경과 젊은 아내는 서재의 안락한 둥근 식탁에서 아침 식사를 마치자 불꽃이 이는 난로 가까이 휠체어를 밀고 왔다. 알리샤도 새엄마와 함께 식사 자리에 같이 있어야만 했으나, 아침 식사 후 저녁 식사 시간 전까지의 긴 시간은 함께 있지 않아도 되었다.

3월의 아침은 우울하고 지루했으며, 부슬비가 끊임없이 내려 풍경이 뿌옇게 변했고 거리감도 없어 보였다. 오전에는 오는 편지가 거의 없었고, 신문도 정오가 돼야 도착했다. 그처럼 대화를 끌어나갈 매개물이 없어 그들의 아침 식사 자리는 대화가 거의 없었다.

알리샤는 큼직한 유리 창문에 뿌려대는 빗줄기를 바라보았다.

"오늘은 말을 타지 못하겠군요. 우스꽝스런 밥이 비를 헤치며 마운트 스태닝에서 오지 않는 한 우리를 신나게 할 방문객이 올 일은 없겠어요."

죽은 사람으로 알고 있는데, 그 사람의 죽음을 모르는 어떤 이가 가볍게 스쳐가는 말로 언급하는 걸 들어본 적이 있는가? 그 사람은 지구상에서 완전히 사라져버렸고, 엄숙한 죽음으로 인해 그 사람은 모든 생명체 인간과 평범한 일상생활로부터 영원히 분리되었다는 사실을 당신은 알고 있는데, 다른 이가 그 죽은 사람을 마치 살아서 일상생활의 이것저것을 해나가는 것처럼 언급을 하는 경우 말이다. 그런 경우의 언급은 내용이 아무리 중요치 않을지라도 마음에 묘한 고통의 전율을 주게 마련이다. 무지한 말 한 마디가 과민한 뇌에 조화를 이루지 못하도록 거슬리게 한다. 죽음은 부주의한 무례로 인해 훼손당한다. 오들리의 이름이 갑작스럽게 언급되자 어떤 이유에서였는지 오들리 부인은 그런 혐오의 감정을 경험하게 되었을 거였다. 그렇지만 알리샤가 사촌오빠의 이름을 말하는 순간 오들리 부인의 창백한 얼굴은 병적일 정도로 백지장같이 변했다.

"맞아요. 그는 아마 비에 젖은 채로 오게 될 거예요." 젊은 숙녀가 계속 말했다. "그의 모자는 비에 젖어 버터를 바른 것처럼 반지르르 하겠고, 옷에서는 하얀 수증기가 피어 올라와 마치 병에서 막 튀어나온 요정 같겠지요. 여기 양탄자 위 이곳저곳 온 천지에 진흙 발자국을 남길 거고, 젖은 외투를 입은 채 어머니가 짠 고블랭직 태피스트리에 걸터앉을 거예요. 어머니가 태피스트리를 망친다고 항의를 하면, 왜 사람들은 앉을 수도 없는 의자를 갖다 놓느냐, 왜 사람들은 피그트리 아파트 같은 소박한 집에 살지 않느냐 하며 놀려대겠지요."

마이클 경은 사촌에 대해 열심히 떠들어대는 딸을 생각에 잠긴 채 지켜보았다. 딸 애는 사촌를 매우 빈번히 화제로 올리고, 말을 가리지 않고 조롱하며 마구 비난해왔다. 그러나 아마도 남작은 그의 딸이 베네딕이란 신사에게 독설을 퍼붓는 베아트리체[1]처럼 마음속으로는 깊이 그와 사랑에 빠졌다는 걸 알아챘다.

"알리샤, 멜빌 소령이 어제 여기를 방문했을 때 내게 무슨 말을 한 줄 아니?" 마이클 경이 즉각 물었다.

"제가 어떻게 알겠어요." 그녀는 약간 거만하게 말을 내뱉었다. "아마 이렇게 말했겠죠. 이제 멀지 않아 다시 전쟁이 날 겁니다, 남작님. 아니면 뭐 목사직을 새로 만들어야 합니다, 남작님. 정말 모든 게 엉망진창입니다. 요즘 군대에서는 이걸 개혁한다 저걸 삭감해서 변모시킨다 난리를 피우고 있는데, 그러다 제대로 된 군대는 몽땅 없어질 겁니다. 그냥 아무 쓸데없는 풋내기들만 모인 집단이 되는 겁니다, 남작님. 학교만 졸업했지 아무것도 모르면서도 조끼와 헬멧만 근사하게 차려 입은 풋내기들로 온통 꽉 채워진 겁니다. 맞습니다, 남작님. 이런 사람들이 오늘날까지 옥

1 베네딕와 베아트리체: 셰익스피어의 낭만 희극《헛소동》에 나오는 두 연인.

양목 헬멧을 착용하고 인도에서 싸우고 있습니다, 남작님."

"정말 버릇없이 말하는구나, 알리샤." 남작이 대답했다. "멜빌 소령은 그런 이야기를 하지 않았어. 단지 너를 몹시 떠받들던 해리 타우워즈 경이 하트퍼드셔의 저택과 마굿간을 버려두고 유럽 대륙을 1년 동안 여행할 거라는 말을 하더구나."

오들리 양은 자신을 예찬하던 청혼자의 이름이 언급되자 갑자기 얼굴을 붉히다가 다시 급히 표정을 가다듬고 무관심하다는 듯이 말했다.

"그분이 유럽 대륙으로 떠났다는 말씀이세요?" 그녀가 무관심하다는 듯이 말했다. "그럴 거라고 제게 말은 했었어요. 제가 만약—만약 그의 뜻대로 되지 않는다면 말이에요. 가엾은 사람! 그분은 어리석지만 다정하고 마음도 따뜻한 사람이에요. 그래도 꾸물거리고 냉정하기로 공인된 로버트 오들리 씨보다는 백 배나 훨씬 나은 분이죠."

"알리샤, 난 네가 어처구니 없는 로버트를 좋아하지 않았으면 좋겠구나." 남작이 진지하게 말했다. "로버트는 매우 착한 청년이고, 나 역시 그를 내 아들처럼 여기고 있단다. 그런데—그런데—요즘 그 녀석이 매우 신경에 거슬리는구나. 지난 며칠 동안 너무 많이 변했어. 머릿속에 온갖 엉뚱한 생각을 품고 있고, 오들리 부인도 그 때문에 많이 놀라고 있어. 오들리 부인 생각으로는—"

오들리 부인은 고개를 엄히 저으며 그의 말을 가로막았다.

"아직 그 일에 관해선 이야기를 꺼내지 않는 게 좋을 것 같아요. 알리샤도 제가 무슨 생각을 하는지 알고 있을 거예요."

"맞아요." 오들리 양이 맞장구를 쳤다. "어머니께서는 로버트가 미쳐가고 있다고 생각하시죠. 하지만 저는 그보다 더 잘 알고 있어요. 그는 전혀 미치광이가 될 유형이 아니에요. 그렇게 우유부단하게 사색이나 즐기는 남자가 무슨 열정이 있어 정신이 나가겠어요? 그는 자신이 누구인지, 어디로 가는지, 뭘 하고 있는지, 제대로 파악하지도 못하는 천치의 평온한 상태로 평생을 멍하니 보낼 거예요. 그러니 결코 미칠 수가 없지요."

마이클 경은 이 말을 듣고 대답이 없었다. 그는 지난 밤 아내와 나눈 대화에 마음이 매우 혼란스러웠었다. 그리고 그 이후 마음속에서는 조용히 고통스러운 논박이 벌어졌었다.

그의 아내, 그가 가장 사랑하고 믿고 있는 그녀가 후회와 불안을 내비치며 조카가 미쳤다는 확신을 토해냈었다. 그는 이 문제에 대해 자신이 가장 열렬히 얻고 싶어하는 결론에 도달하려고 헛되이 노력했다. 그는 아내가 환상에 사로잡혀 오해를 하고 있는 건 아닐까, 그리고 그런 아내의 판단에는 아무런 근거가 없지 않나, 하는 생각도 해보았다. 하지만 그렇게 하면, 더 나쁜 결론에 도달할 거라는 생각이 번뜻 들었다. 조카에 대한 끔찍한 의심을 아내에 대한 의심으로 바꾸게 되기 때문이었다. 그녀는 로버트가 미쳤다는 확신에 실제로 사로잡힌 것 같았다. 그녀가 틀렸다고 상상하는 것은 그녀의 마음에 결함이 있다는 상상과 동일한 거였다. 생각을 거듭할 수록 그는 머리가 복잡하기만 했다. 젊은 로버트는 늘 괴짜라는 건 두말할 나위도 없이 분명하다. 그는 섬세하고 영리하며 신사다운 면모를 지니고 있는 청년이었다. 비록 사소한 사회적 책무를 이행하는 데에 신경을 상당히 쓰고 있지는 않지만, 그와 비슷한 나이와 지위를 갖춘 다른 사람들과 그 사이에는 쉽게 정의 내리기가 어려운 약간의 차이점이 있었다. 그리고 다시 생각해보면, 조지 톨보이즈가 사라진 후 그의 행동에 엄청난 변화가 있었던 것도 사실이었다. 그는 점점 시무룩하며 생각이 많아 보였고, 우울해하면서 반쯤 정신이 나간 것 같기도 했다. 사회와 동떨어져 지냈으며 몇 시간이고 말 없이 앉아있기도 했었다. 그런가 하면 어떤 때는 자신의 생활이나 관심거리와는 사뭇 거리가 먼 주제에 대해 의견을 말하면서 발작하듯이 평소와는 달리 유난히 흥분하는 거였다. 더구나 이 불행한 젊은이에 대해 아내가 반감을 증폭시킬 것 같은 요소가 또 하나 있었다. 그는 어여쁘고 마음이 따뜻한 사촌 알리샤와 자주 만나며 자랐기 때문에 그녀에 대한 그의 호감—아니 주변 사람들 눈에는 애정—으로 자연히 그녀를 그에게 가장 적합한 신부감으로 생각했을 것이다. 그의 반응 이상으로 알리샤도 감정을 숨기려 들지 않는 순박함으로 적어도 그녀 자신의 애정을 그에게 충분히 보여주었다. 그럼에도 불구하고, 로버트는 다른 일에 관심이 빠져, 그녀가 다른 남자로부터 청혼을 받도록 내버려 두었고, 그녀가 그 청혼을 거절했음에도 그는 여전히 아무런 표시도 보이지 않는 거였다.

사랑이란 매우 미묘한 특성이며 정의 내릴 수 없는 형이상학적 불가사의라서, 때로 사랑으로 고통을 겪는 이는 사랑을 매우 잔혹하다고 하겠지만, 그 고통을 겪는 이를 바라보는 방관자들은 사랑의 적절한 힘을 명확하게 이해하지 못하고 왜 그처럼 심하게 열병에 걸려있는지 의아해한다. 알리샤가 매우 아름답고 사랑스러운 처녀인데도 로버트가 그녀와 쉽게 사랑에 빠져들지 않는 걸 마이클 경은 아주 특이하고 부자연스러운 일이라고 주장했다. 남작은 16살 생일이 가까웠던 날에 처음으로 가슴의 맥박을 빠르게 뛰게 한 여성을 만났던 일을 기억하고 있었다. 그렇기 때문에 그에게 불어온 전염성이 강한 첫 숨결의 열정을 로버트가 받아들이지 못하는 것에 대해 의아했다. 남자들 중에는 사랑스럽고 가슴이 따뜻한 여성들을 지나치면서 조금도 영향을 받지 않고 갈 길을 가는 사람이 있는가 하면, 모양새가 사나운 여장부이지만 남자를 흥분시키고 마음을 사로잡는 사랑이라는 미약의 비밀을 알고 있어 마침내 그 거센 여자에게 굴복 당하는 남자도 있다는 사실을 마이클 경은 잊고 있었다. 또한 운명의 여신이 부리는 농간에 의해 파티의 저편에 어여쁜 처녀가 늙은 하녀를 옆에 끼고 서 있는데도 남자는 자신에게 정해진 배필을 만나지 못하고 인생을 보내다 총각으로 죽고 마는 경우도 있다는 걸 잊고 있었다. 사랑이란 광증이고 재앙이며, 열병이고 망상이며, 올가미이면서도, 사랑의 고통에 몸부림치는 자가 아니라면 결코 제대로 이해하지 못하는 불가사의라는 것을 마이클 경은 잊고 있었다. 브라운 양을 맹렬히 흠모하는 존스는 사랑의 고통에 뜬 눈으로 밤을 지새며 편안한 베개를 탓하고 이불을 누더기처럼 꾸깃꾸깃 뭉쳐댄다. 마치 뭉친 이불로 즉석 로프를 만들어 자신의 고통을 목 졸라 죽이려는 듯이. 그런 존스가 러셀 광장을 자신의 수호신이 거주하는 마법의 장소로 여기고 그곳의 나무들이 다른 어느 곳보다 더 푸르고 하늘도 더 파랗다고 생각한다. 그가 이슬링턴 언덕에서 내려와 길포드 스트리트를 거쳐 이 신성한 구역으로 들어설 때면 기쁨, 희망, 기대, 공포가 한데 혼합된 고통을 찡하게 느낀다. 이런 존스이지만 로빈슨 양을 흠모하는 스미스의 고통에 대해서는 냉담하고 무감각한 태도를 보이고, 이 정신이 얼빠진 녀석이 그 여자에게서 무엇을 보는지를 상상하지도 못한다. 마이클 오들리 경도 이와 마찬가지였다. 그는 자신의 조카를 매우 광범위한 젊은이 계층의 표본으로, 그리고 자신의 딸을 마찬가지로 광범위한 훌륭한 여성 계층의 표본으로 간주하고, 이 두 표본이 매우 모범적인 한 쌍이 되지 못하는 이유를 이해하지 못하였다. 어느 사람에게는 건강에 좋은 음식이 되겠지만 다른 사람에게는 치명적 독약이 되는 그 미묘한 본질상의 차이들을 그는 무시했다. 어떤 사람은 그런 멋진 음식을 좋아하지 않을 수 있다는 걸 때로는 믿기가 얼마나 어려운 일인가! 만찬 파티에서 온순하게 보이는 어느 손님이 때 이른 연어 요리를, 또는 2월에 푸른 완두콩을 거절한다면 우리는 그런 값진 요리를 알아보지 못하는 그의 입맛을 한심하게 여길 것이다. 어느 시의원이 바다거북의 기름을 좋아하지 않는다고 말한다면, 그는 만찬 테이블에서의 마르쿠스 쿠르티우스,[2] 즉, 동족의 안전을 위해 자신을 희생한 사회적 순교자로 여겨질 거다. 그의 동료 시의원들은 이 최상의 음식을 싫어하는 이단적 입맛에 전혀 동의하지 않을 거다. 그렇지만 연어, 뱅어, 어린 오리 새끼, 기존에 확립된 온갖 별미 요리를 좋아하지 않는 사람도 있는가 하면 남이 다 혐오 식품으로 낙인 찍은 특이한 요리를

2 마르쿠스 쿠르티우스: 로마 전설에 나오는 순교자. 지진으로 땅이 깊이 갈라지자 이를 두려워하는 로마 시민들에게 사제는 로마의 가장 귀한 소유물을 신에게 받치라는 해법을 제시하였다. 이에 마르쿠스라는 젊은 병사가 용감히 나서 땅의 균열 속으로 말을 몰고가 스스로 제물이 됨으로써 재앙이 사라졌다. 그가 사라진 포로 로마노에는 그의 순교를 기념하는 묘비가 세워져 있음.

좋아하는 사람도 있다.

아아, 어여쁜 알리샤, 너의 사촌은 너를 사랑하지 않았던 것이다! 그는 한때 그녀의 장밋빛 얼굴을 흠모하였고 그녀에 대한 깊은 애정이 쌓여 그녀를 미래의 신붓감으로 여겼던 때가 있었다. 열렬한 헌신이 아니더라도 날마다 쌓여가는 그러한 애정이었을 것이다. 그러나 도릿셔에서 갑작스러운 변화가 일어난 것이다. 그렇다. 매우 느리게 커져간 로버트 오들리의 사촌에 대한 애정 나무는 갑작스럽게 위축되었다가 사라져갔다. 이제 와서 말하건데, 그가 클라라 톨보이즈와 소나무 아래에서 이야기를 나눴던 쌀쌀한 2월의 그날부터 시작되었던 거였다. 그날 이후로 로버트는 알리샤를 생각할 때면 즐거운 기분이 나지 않았다. 막연하기는 하지만 그녀가 자신의 자유로운 사고를 가로막는 장애물로 생각되었다. 그녀와 암묵적인 방식으로 서약을 했다는 두려움에 쫓겼다. 그녀는 자기 외에 다른 여성을 생각해보는 권리를 그에게 허용하지 않겠노라는 요구사항을 내걸었다. 오들리 양의 이미지가 이런 측면으로 그에게 비쳐졌기 때문에 젊은 변호사는 기회가 될 때면 한껏 이 여성에게 심술궂은 분노를 터뜨리는 거였다. 그는 엄격할 정도로 명예를 존중하는 사람이어서 비록 자신의 행복을 확보하기 위해 알리샤에게 조금이라도 나쁜 짓을 끼치기보다는 오히려 진실을 밝히고 알리샤의 제단 앞에 자신을 제물로 바쳤을 거였다.

'만약 이 가엾은 소녀가 나를 사랑하고 있으며, 내가 그녀를 사랑하는 걸로 착각하고 있으면, 또한 그렇게 생각하게 된 것이 나의 말이나 행동으로 인한 거라면, 난 그녀가 영원히 그렇게 생각하도록 허용해야만 해. 나도 내가 무의식 중에 했을지도 모르는 무언의 약속을 지킬 의무가 있어. 나 역시 그녀에게 멀지 않은 장래에 청혼할까 하는 생각을 한 번—오직 한 번—했었지. 하지만 조지 톨보이즈의 끔찍스런 실종 사건이 확실히 밝혀지고 모든 게 평화롭게 정착될 때라야만 하는데, 지금은—'

그의 생각은 보통 이쯤에서 머뭇거리곤 했다. 그의 생각은 결코 의도하지 않았던 곳으로 흘러가버려서 도릿셔의 소나무 아래 있었던 일, 실종된 친구의 여동생과 얼굴을 맞대고 의견을 나누던 일을 회상하게 되는 거였다. 이런 회상은 매우 끈기가 필요한 것으로 그의 생각이 산만이 흩어졌던 지점까지 되돌아가는 일이었다. 그에게는 제대로 자라지 못한 잔디와 소나무의 기억을 떨쳐버리기가 정말 힘들었다.

'가엾은 소녀 같으니라고!' 로버트의 생각은 다시 알리샤에게로 돌아왔다. '나를 사랑하다니 얼마나 착한 여자인가. 그녀의 사려 깊은 마음씨가 얼마나 고마운가! 그처럼 따뜻하고 사랑스런 심성을 얻었으니 이 세상에서 받을 수 있는 최상의 혜택이 아닐까? 그녀로부터 거절 당해 절망에 빠진 해리 타우워 경을 봐. 난 감사해 하지도 않고 발로 차버리려고 하지만, 그가 내 처지와 바꿀 수만 있다면, 아마 자신의 영지의 반을, 아니 전 영지를, 아니 자기 영지의 두 배를 내게 기꺼이 내주려고 할 거야. 왜 나는 그녀를 사랑하지 않는 건가? 그녀가 사랑스럽고 순수하며 착하고 믿음직스럽다는 걸 잘 아는데도 그녀를 사랑하지 않는 건가? 그녀의 영상이 나를 탓할 때 외에는 나타나지 않으니. 꿈에서도 만난 적이 없어. 나를 바라보는 반짝이는 그녀의 눈, 내 뺨을 스치는 그녀의 따스한 숨결, 내 손을 꽉 쥐는 그녀의 부드러운 손—이런 영상에 한밤중에 벌떡 잠에서 깨어나는 일이 없었어. 그래, 난 그녀를 사랑하는 게 아니야. 난 그녀와 사랑에 빠질 수 없어.'

로버트는 배은망덕한 자신에게 화도 치밀었고 반감도 느꼈다. 그의 사촌에게 열정적인 사랑을 쏟아붓지 못하는 자신을 정당화시키려고 이리저리 따져보았지만 창피하게도 실패하고 말았다. 알리샤를 생각하면 할수록 그의 생각은 클라라 톨보이즈에게 더 쏠리고 있었다. 지금 그의 감정은 도릿셔와 그레인지 히드를 방문한 이후로 매우 흔들리고 있었다.

마이클 경은 비가 내리는 쓸쓸한 아침에 식사를 마친 뒤 서재의 난롯가에 앉아 편지를 쓰고 신문을 읽었다. 알리샤는 자기 방에서 틀어박혀 소설책을 읽었다. 오들리 부인은 팔각형 응접실 문을 잠그고 침실에서 내실 사이를 지루한 오전 내내 왔다 갔다 배회하고 있었다.

그녀는 누군가가 갑자기 들어와 그녀도 모르는 사이에 그녀를 관찰할지도 모른다는 불안감을 막기 위해 방문을 꼭 걸어 잠갔다. 다른 사람이 자신을 꼼꼼히 살펴보게 놔두고 싶지 않았던 거였다. 그녀의 창백한 얼굴은 아침 시간이 지날수록 더 하얗게 질려갔다. 작은 약상자가 탁자 위에 열려 있었고 붉은 라벤더와 탄산 암모늄, 클로로포름과 클로로다인, 에테르 작은 병들이 주변에 흩어져 있었다. 그녀는 약상자 앞에 멈춰 서서 약이 남아있는 병을 거의 무의식적으로 살펴보다가 짙은 어두운 색의 액체가 담겨있는 병 하나를 보았다. 그 병에는 '아편, 독약' 이라는 상표가 붙어 있었다.

그녀는 오랫동안 이 병을 만지작거렸다. 그걸 들어 빛에 살펴보기도 하고 심지어 뚜껑을 열고 냄새를 맡아보았다. 그리고 갑자기 치를 떨며 내려놓았다.

"만일 내가 그렇게 할 수만 있다면!" 그녀는 중얼거렸다. "만일 내가 그걸 할 수만 있다면! 그런데 왜 하필 나일까? 왜 하필 지금일까?"

그녀는 작은 양손을 꼭 움켜쥐고 웃방의 창문으로 걸어갔다. 그곳에서 담쟁이넝쿨의 아치형 정문 쪽을 똑바로 바라보며 마운트 스태닝에서 저택으로 오는 이가 없는지 살펴보았다. 정원에는 저택 뒤편의 목초지로 나가는 작은 문들이 있었다. 하지만 마운트 스태닝과 브렌트우드에서 오는 길은 정문을 통하지 않고는 다른 길이 없었다. 아치형 정문 위의 시계탑 외바늘은 1시와 2시 사이를 가리키고 있었다.

"시간이 정말 느리게 흘러가는군." 그녀는 지쳐서 말했다. "너무 느려, 너무 느려! 이러다가 늙어 죽겠네. 일 분이 한 시간 같네."

그녀는 한참 동안 서서 아치형 정문을 지켜보았지만 아무도 그 아래를 지나가는 사람이 없었다. 그녀는 초조하여 창문에서 몸을 돌려 다시 방 사이를 지루하게 배회하였다.

어젯밤 시커먼 하늘에 선명하게 반사되었던 불길이 심한 것이었든 아니든, 그 불소식이 아직 오들리 저택으로 전해오지 않았다. 날씨는 매우 축축하고 바람이 불고 있었지만, 그래도 게으름뱅이나 소문이 밖으로 나돌아다니기에 불편한 날은 아니었다. 장날이 아니었기 때문에 브렌트우드와 첼스포드 사이의 길거리에는 오가는 사람도 거의 없었다. 그래서 겨울 한밤중에 발생했던 화재 소식도 오들리 마을에, 그리고 마을에서 저택으로 전해오지 않았다.

장밋빛 리본을 매단 하녀가 곁방 문간에 나타나 오찬이 준비됐다고 알렸지만, 오들리 부인은 문만 조금 열고 점심을 하지 않겠다는 뜻을 넌지시 말했다.

"마틴, 나는 지금 머리가 매우 아파. 저녁 식사 때까지 침대에 누워있을 생각이야. 옷을 갖춰 입게 5시에 와줘."

이렇게 함으로써 오들리 부인은 4시에 직접 옷을 차려 입고 하녀의 도움을 받지 않을 결심을 이미 한 거였다. 그녀의 하녀야말로 그녀의 비밀을 엿볼 수 있는 특권을 가진 유일한 존재였다. 테레사 부인이 대령 남편과 다투고 난 후 부인의 눈을 오드콜로뉴로 씻어줄 수 있는 사람도 하녀이며, 근위 기병대의 보우드세르 백작에게 버림을 받은 패니 양에게 탄산암모늄을 처방해주는 사람도 하녀이다. 하녀는 자신이 모시는 주인마님의 비밀을 캐낼 수 있는 방법을 수백 가지나 알고 있다. 하녀는 마님이 머리를 빗다가 획 고개를 돌리거나 부드러운 빗질에 짜증을 부리는 방식만 봐도 무슨 숨겨진 고통으로 가슴을 쥐어짜고 있는지, 무슨 비밀스런 혼란이 머리를 당혹스럽게 하는지를 알아챈다. 제대로 배운 하녀는 마님을 괴롭히는 심리적 병을 아무리 증상이 모호하더라도 잘 해석해낸다. 또한 하녀는 마님의 상아색 피부와 백옥 같은 치아는 치과 의사가 제작한 외국산 물질이라는 것을, 윤이 나는 머릿단은 살아 있는 사람의 소유물이 아니라 죽은 사람에게서 얻은 것이라는 것을 알고 있다. 그녀는 이러한 것들보다 더한 비밀들도 꿰뚫고 있었다. 마님의 달콤한 미소는 런던 유명 화장품 점에서 구입한 에나멜의 효과라는 것을, 말을 내뱉는 입술은 실제 어휘를 발음하는 입술보다 진주가루로 덧칠한 위장된 입술이라는 것을 아는 사람은 오직 하녀뿐이었다. 한밤의 화려한 긴 파티가 끝난 후 연회장의 사랑스러운 요정은 옷방으로 돌아와 거창한 무도회 복장과 퇴색된 부케를 모두 벗어 던지고 가면을 벗었을 때, 신데렐라가 그녀를 남과 달리 두드러지게 만들었던 유리구두를 잃어 버리고 본래의 누더기 천한 모습으로 돌아오는 것과 유사하다. 마님의 하녀는 옆에 서서 이러한 마법의 변화를 지켜보고 있는 것이다. 고라신[3]의 예언자로부터 월급을 받는 하인은 그의 예언자 주인이 가끔씩 제의를 벗고 괴물의 숭배자들을 비웃는다는 사실을 알고 있을 것이다.

오들리 부인은 새 하녀를 친구로 삼지 않았고, 이날까지 홀로 있고 싶어했다.

그녀는 옷방의 화려한 소파에 힘없이 몸을 눕혔다. 오리털 베개에 얼굴을 묻고 잠을 청하려고 했다. 잠! 잠이 무언지 거의 잊고 있었다. 지친 체력을 보드랍게 회복시켜주는 잠을 맛본지 너무 오래된 것 같았다. 아마도 거의 이틀 가까이 꼬박 잠에 들지 못한 셈이었다. 그것은 견딜만한 시간이 아니었다. 그 전날 밤 그녀가 느낀 피로와 지나친 흥분은 결국 그녀를 지치게 만들었다. 그

3 고라신: 갈릴리의 한 성읍 이름으로 예수님이 기적을 행한 사역의 중심지였다. 성경에서 예수님이 이 지역의 불신앙을 책망하는 장면이 나온다. 〈마가복음〉 11:20~22, 〈누가복음〉 10:13 참조.

녀는 깊은 잠에 빠졌다. 거의 인사불성에 가까운 깊은 잠이었다. 눕기 전에 병에 든 아편 몇 방울을 물컵에 떨어뜨려 마셨던 거였다.

그녀가 갑자기 깜짝 잠에서 깨어나 벌떡 일어났을 때 벽난로 선반 위에 걸려있는 시계가 3시 45분을 알리는 종을 울리고 있었다. 이마에는 차디찬 땀방울이 맺혀 있었다. 그녀는 꿈속에서 하인들이 문간으로 소란스레 달려와 밤중에 끔찍한 불이 났다고 알리는 장면을 보았다.

밖에는 아무 소리도 들리지 않았다. 그저 창문에 담쟁이 잎이 부딪치는 소리, 가끔씩 재가 떨어지는 소리, 그리고 쉬지 않고 재깍거리는 시계소리뿐이었다.

'한동안 이런 악몽에 시달려야 하겠구나. 이 공포감이 나를 죽일 때까지 말이야.'

비는 멈췄고 차가운 봄의 햇살이 창가에 비쳤다. 오들리 부인은 빠르고 신중하게 옷을 갈아 입었다. 그녀는 이렇게 시련을 겪는 동안에도 최상의 아름다움을 유지하고 있었을까? 불행히도 그렇지 못했다. 그녀는 자신의 아름다움을 그저 무기로 생각하는 여인이었다. 그녀는 자신의 모습을 더 가꾸어야겠다고 느꼈다. 그녀는 가장 아름다운 비단 옷을 골라 입었다. 은색과 아른거리는 푸른색의 쫙 펼쳐진 옷은 달빛으로 치장한 듯한 모습이었다. 그녀는 반짝이는 금발머리를 깃털처럼 풀고 어깨에는 새하얀 캐시미어 외투를 걸친 다음 아래층 현관으로 내려갔다.

그녀는 서재의 문을 열고 안을 들여다보았다. 마이클 경이 안락의자에서 낮잠을 자고 있었다. 그녀가 문을 조심스럽게 닫았을 때 알리샤가 그녀의 방에서 내려왔다. 작은 탑의 문이 열리고 사각형 안뜰에 햇살이 비췄다. 비는 두 시간 전쯤 그쳐 단단한 자갈길은 거의 말라 있었다.

"나와 함께 정원을 산책하지 않겠니?" 그녀의 의붓딸이 다가오자 그녀가 물었다. 서로간에 무장을 갖춘 중립상태를 유지하고 있던 두 여인은 이러한 정중한 기회를 놓칠 수 없었다.

"그래요, 오들리 부인. 아침 내내 지루한 소설을 읽느라 따분했어요. 신선한 공기를 마시면 좋을 것 같아요."

소설의 내용이 정말 매우 따분했는지는 모르겠지만, 그녀는 뭘 읽고 있는지도 모르는 듯 페이지를 넘기다가는 몇 번이나 내팽개치고 창문으로 달려가 그녀가 확신을 갖고 기대하고 있는 손님이 오고 있는지 확인하였다.

오들리 부인은 낮은 문턱을 지나 마차가 드나드는 평평한 자갈길로 향했다. 여전히 창백한 얼굴을 하고 있었지만 드레스의 밝은 빛과 빛나는 금발머리는 보는 이로 하여금 그 핼쑥한 모습을 감추게 했다. 마음의 고통은 산만하고 엉클어진 옷차림과 흐트러진 머리에서 어느 정도 나타나기 마련인데, 이런 행색은 오들리 부인과는 전혀 맞지 않았다. 왜 지금 그녀는 그녀가 싫어하는 의붓딸과 이 단조로운 길을 차가운 3월의 오후 햇살을 맞으며 걷고 있는 것인가? 그녀는 차분하게 기다리고 있을 수가 없었기 때문이었다. 확실히 올 거라고 확신하는 소식을 집 안에서 기다리는 게 너무 힘들었던 거였다. 처음에는 그 소식을 피하고 싶었다. 처음에는 이 소식이 오는 걸 막아주었으면 하고 바라는 이상한 본능적 경련이 일어났었다. 비정상적인 겨울 번개가 발생하여 소식을 들고 오는 배달원에게 내리쳐 그가 사라지기를, 땅이 흔들리다 서둘러 달려오는 발길 밑에서 쫙 갈라지고 도저히 건널 수 없는 깊은 구덩이가 생겨나 소식을 전할 수 없기를 그녀는 간절히 바랬다. 지상의 모든 움직임이 정지하고, 마비된 요소들이 자연스런 기능을 멈추며, 시간의 흐름이 멈추기를 바랐다. 심판의 날이 다가오고 천상의 법정 앞에 나가 세속의 판단으로 개입한 치욕과 비참으로부터 도피할 수 있기를 바랐다. 거친 혼돈에 빠진 머릿속에서 이런 온갖 잡념들이 자리를 잡고 앉아 그녀가 옷방의 소파에서 잠시 잠들었던 꿈속에서 소란을 일으킨 거였다. 모든 것들이 동일한 내용을 갖고 있었다. 그녀가 꿈속에서 처음 본 작은 개울이 마운트 스태닝과 오들리 마을 사이의 길을 가로질러 흐르다가, 점차 물이 불어 강이 되고, 나중엔 바다가 되어서, 언덕 위의 마을은 물길에 휩쓸려 저편으로 시야에서 사라지고, 그곳엔 거대한 바다 물결만이 넘실거릴 뿐이었다. 그리고 꿈속에서 그녀는 배달원을 보았다. 이 사람인지, 아니면 저 사람인지 주변에 방해물들이 너무 많아 명확히 구분이 가지 않았다. 깜짝 놀라 끔찍스럽기도 하고 우스꽝스럽게도 하찮아 보이기도 했다. 하지만 자연스럽지도 않았고 그럴 듯 하지도 않았다. 이런 강렬한 꿈의 기억이 생생한 채 조용한 집으로 다시 돌아왔다. 아직 소식이 들려오지 않았다는 징조를 느낄 수 있는 이 고요한 적막감에 그녀는 당혹스러웠다.

이제 그녀의 마음 속에는 뚜렷한 변화가 일어났다. 그녀는 더 이상 이 끔찍한 소식을 미루고 싶지 않았다. 어떤 고통이 다가올지라도 그것에서부터 빨리 벗어나고 싶었다. 빨리 고통을 받아야 그만큼 빨리 벗어나게 되는 거였다. 오늘 하루는 그녀에게 영원히 끝나지 않을 것처럼 더디게 느껴졌다. 자신이 미친 사람처럼 여겨지고, 시간의 흐름이 멈춰버린 것만 같았다.

"정말 따분한 날이에요!" 알리샤가 오들리 부인의 심중을 읽기라도 한 듯 외쳤다. "비가 들이치고 안개와 바람이 이렇게 심하니! 외출을 하기에도 너무 늦었고 날씨도 너무 나빠요."

마음의 상처를 입은 듯한 알리샤의 어투에 오들리 부인은 아무런 응답도 하지 않았다. 그녀는 바늘이 하나뿐인 멍텅구리 시계를 멍하니 바라보며 조만간 다가올 소식만을 하염없이 기다렸다. 분명히 그 소식이 빨리 오기는 틀린 것 같다는 생각이 들었다.

'그들은 소식을 전하기가 두려운 걸 거야. 마이클 경에게 그 사실을 알리기가 꺼려지는 거겠지. 결국 누가 그 소식을 전하러 오려나? 아마도 마운트 스태닝의 교구목사나 의사, 최소한 그런 중요한 인물이겠지.'

그녀는 나뭇잎이 더 떨어진 오솔길 아니라면 그 오솔길 위편의 큰 길까지 나가볼 수 있다면, 또는 지난 밤 피비와 헤어졌던 언덕까지 올라갈 수 있다면, 기꺼이 그렇게라도 할 수 있었을 거였다. 이렇게 느리게 흘러가는 시간을 긴장 속에 애간장을 태우며 기다리고 있느니 차라리 뭐라도 하는 게 나을 것도 같았다. 몸과 마음이 견딜 수 없는 고문을 받으며 파멸해가는 정신적 고갈을 견딜 수 없었다. 그녀는 의붓딸과 이런저런 사소한 이야기를 하려 애썼다. 평범한 상황 속에서라면 그녀 곁의 동반자는 그녀의 당혹감을 눈치챘을 것이다. 하지만 오들리 양도 들끓는 자신의 심정에 마음이 팔려 오들리 부인처럼 침묵을 지키고 있었다. 자갈이 깔린 산책길을 그저 단조롭게 왔다 갔다 걷는 게 알리샤의 기분에도 적합했다. 심지어 감기라도 걸렸으면 하는 엉큼한 생각도 해보았다. 그러면 사촌 로버트가 병문안을 오게 될 거였다. 차가운 3월의 찬 바람에 폐렴이나 혈관 파열증에 걸려 앓아 누웠으면 하는 자신의 은근한 바람이 한편 우울하기도 하였다.

'내가 폐렴에 걸렸다고 하면, 로버트는 날 친절하게 간호해줄 거야. 날 까불이라고 놀려대지도 않을 거고. 폐렴에 걸리면 어떻게 까불이가 되겠어.'

알리샤는 폐렴의 마지막 단계에 놓여 있는 자신의 모습을 상상해봤다. 큼직한 안락의자에 베개를 받친 채 창문으로 들어오는 오후 햇살을 바라보며 누워있고, 옆 탁자에는 약병, 포도, 성경책이 놓여있었다. 그리고 소식을 듣고 달려온 로버트가 뉘우침과 애정의 눈길로 그녀로부터 작별의 축도를 받고 있었다. 그녀는 자기 앞에 엎드린 그에게 가능한 길게 축도하며 설교를 하는 거였다. 그래야 그가 자기 앞에 오래 엎드려 있게 되는 거니까. 이처럼 그녀는 공중누각을 세우며 즐거운 망상에 빠져 있었다. 이런 감상에 빠져 오들리 양은 자신 옆에 있는 의붓어머니에 대한 존재도 거의 잊고 있었고, 로버트가 축원을 받고 물러날 쯤에 멍텅구리 시계의 외바늘이 6시를 기웃거리고 있었다.

"어머나, 내 정신 좀 봐," 그녀가 갑자기 외쳤다. "벌써 6시예요. 아직 옷도 갈아 입지 않았는데."

그때 둥근 지붕아래의 종이 30분을 알리는 종소리를 울렸다.

"오들리 부인, 전 그만 돌아가야 돼요. 저와 함께 돌아가시겠어요?"

"먼저 가렴. 보다시피 난 이미 옷을 갈아입은 상태란다."

알리샤는 서둘러 달려갔지만, 마이클 경의 부인은 여전히 사각형 안뜰을 배회하며 소식이 오기를 기다렸다.

이제는 거의 어두워졌다. 저녁의 푸르스름한 안개가 천천히 땅에 깔리기 시작했다. 평평한 목초지는 잿빛 안개로 덮여 이곳을 처음 방문하는 사람은 오들리 저택이 바다 끝에 있다는 환상을 일으킬 정도였다. 아치길 아래로 빠르게 다가오는 밤의 어둠이 사방에 슬그머니 쫙 깔렸다. 슬쩍 사각형 안뜰로 발을 들여놓을 기회를 잡은 반역자처럼. 아치길 틈새로 희미하게 어른거리는 차가운 푸른 하늘에 선명한 주홍빛 노을이 띠를 지으며 빛났고, 겨울 특유의 황량한 별 하나가 미미하게 반짝이었다. 사각형 안뜰에는 불안한 그 여인이 오솔길을 서성거리는 발걸음 외에는 아무 소리도 들리지 않았지만, 이 여인은 자신을 놀라게 만들 발걸음 소리가 혹시라도 들리진 않을까 귀를 기울이고 있었다. 마침내 들려오는 소리! 오솔길 저편에서 발자국 소리가 들려왔다. 정말 발소리인가? 흥분으로 유난히 날카로워진 그녀의 청각 신경은 한 신사의 발소리로 짐작되는 발걸음 소리를 들었다. 징을 박은 장화의 느릿한 소리가 아니라 확실하고 견고한 남자의 발걸음 소리였다.

어떤 소리이든 오들리 부인의 가슴에는 얼음덩이가 내려 쌓이는 듯한 느낌이었다. 그녀는 더 이상 기다릴 수가 없었다. 더 이상 자제할 수가 없었다. 그녀는 통제력, 인내력, 자제력을 모두 상실했다. 그녀는 곧장 아치형 길로 내달렸다.

그녀는 그늘 아래에서 멈춰 서서 얼굴이 낯선 사람이 다가오는 걸 기다렸다. 그의 모습이 보였다. 아! 희미한 저녁 햇살 속에서 그의 모습이 나타났다. 머리가 빙빙 돌고 심장 박동이 멈춘 듯한 느낌이었다. 놀란 외마디 소리도, 공포의 탄식도 터져 나오지 못했고, 그녀는 뒤로 비틀거리며 아치형 오솔길의 담쟁이넝쿨 지지대를 꼭 붙들고 기댔다. 이 지지대와 뒤편의 담장으로 생겨난 모서리에 웅크리고 서있는 가녀린 몸은 다가오는 사람을 뚫어져라 쳐다보고 있었다.

그 신사가 더 가까이 다가오자, 그녀의 무릎은 더 이상 버티지 못하고 그녀는 땅에 풀썩 주저앉고 말았다. 기절을 하거나 의식을 잃은 건 아니지만, 그 벽돌담의 그림자가 안식의 무덤인 양 웅크린 채로 그 모서리에 주저앉은 거였다.

"오들리 부인!"

그 신사는 바로 로버트 오들리였다. 그녀가 열일곱 시간 전 캐슬 여관에서 이중으로 잠갔던 방에 갇혀 있어야 할 사람이었다.

"무슨 일인가요? 어서 일어나세요. 제가 저택까지 부축해 드리겠습니다." 오들리 씨는 이상하게 자제하는 태도로 말했다.

그는 그녀가 일어서도록 부축했다. 그녀는 말 없이 그에게 몸을 맡겼다. 그는 강한 손으로 그녀의 팔을 잡고 안뜰을 건너 등불이 켜진 현관 입구로 향했다. 그녀는 다른 어느 때보다도 더 몸을 심하게 떨고 있었다. 하지만 부축하는 그를 거절하는 어떤 시도도 하지 못했다.

3. 오들리 부인이 진실을 말하다

"잠시 조용한 방에 들어가서 저와 이야기를 나누실까요?" 로버트가 현관 주위를 조심스럽게 둘러보며 물었다.

오들리 부인은 그저 고개를 끄덕였다. 그녀는 반쯤 열려있는 서재의 문을 밀고 들어갔다. 마이클 경은 충분한 휴식 후 저녁 식사를 준비하러 자신의 옷방으로 물러가 있었다. 환자는 의사의 지시를 완벽하게 따르고 있는 것이었다. 서재는 텅 비어 있었고, 오직 난롯불이 전날 저녁처럼 활활 타오르고 있었다.

오들리 부인의 뒤를 따라 로버트는 방에 들어서며 방문을 닫았다. 절망적으로 몸을 떨고 있는 그녀는 난로 앞에 무릎을 꿇고 앉았다. 이 자연스런 온기로 비정상적인 냉기를 누그러뜨리려는 듯이. 따라 들어온 로버트는 팔로 벽난로 선반을 잡고 그녀 곁에 섰다

"오들리 부인. 지난 밤 전 모든 걸 솔직히 털어놓았지만, 부인께서는 제 말을 들으려 하지 않았습니다. 오늘 밤 저는 다시 한 번 더 솔직히 말씀드리려고 합니다. 더 이상 제 말을 거부해서는 안 됩니다." 그의 목소리는 부드러움이나 연민을 기대할 수 없을 정도로 매우 냉정하고 단호했다.

손으로 얼굴을 가린 채 불 앞에 웅크리고 있는 오들리 부인에게선 거의 신음에 가까운 흐느끼는 나지막한 소리만이 들릴 뿐 아무런 대답도 없었다.

"어젯밤 마운트 스태닝에서 불이 났습니다." 연민이 사라진 목소리는 계속 이어졌다. "오들리 부인. 제가 자고 있던 캐슬 여관

은 모두 재로 변해버렸죠. 제가 그 잿더미에서 어떻게 탈출을 했는지 아시나요?"

"전 몰라요."

"전 매우 단순하게도 신의 섭리로 탈출했습니다. 전 제 방에서 잠을 자지 않았던 겁니다. 제 방이 몹시도 축축하고 냉기가 차 있었죠. 불을 피웠지만 굴뚝연기가 끔찍하게 났었죠. 그래서 하인을 설득하여 제가 저녁시간에 머물렀던 일층 작은 응접실의 소파를 잠자리로 만들었어요."

그는 잠시 말을 멈추고 앞에 웅크리고 있는 여인을 바라보았다. 오들리 부인은 그저 고개를 조금 더 아래로 떨구고 있을 뿐 미동도 없었다.

"누가 캐슬 여관에 이런 재앙을 일으켰을까요, 오들리 부인?'

아무런 대답이 없었다.

"과연 누구일까요?"

여전히 침묵이 끈질기게 흘렀다.

"오들리 부인." 로버트는 갑자기 외쳤다. "부인이 바로 방화범입니다. 부인이 캐슬 여관에 불을 지른 범인입니다. 부인한테 적이자 부인을 맹렬히 비난하였던 저를 죽음으로 몰아 넣으려고 이런 끔찍한 일을 세 번째 저지른 겁니다. 다른 사람의 생명을 희생시킬 수도 있는 짓을 왜 하신 건가요? 성 바르틀로뮤 대학살[4]처럼

4 성 바르톨로뮤 대학살: 1572년 8월 24일 저녁부터 성 바르톨로뮤 축일인 24일 해뜰 때까지 가톨릭 왕비와 귀족들의 사주를 받아 프랑스 파리에서 위그노(프로테스탄트)들을 대학살 하였던 사건.

부인이 저를 죽이려고 했다면 마찬가지로 부인은 수십 명의 희생자도 마음껏 희생시키려고 했겠지요. 사랑과 자비의 날은 지나갔습니다. 저는 더 이상 부인께 연민과 가책의 감정을 느낄 수 없습니다. 부인의 치욕이 보호받는 만큼 부인의 치욕으로 고통 받는 다른 사람들을 보호해야만 합니다. 전 자비로운 마음을 가지려고 했지만 더 이상 그럴 수 없습니다. 앞으로 부인께서 저지른 범죄를 재판하는 비밀 법정이 열린다면 전 부인을 고소하는 데 조금도 망설이지 않겠습니다. 그렇지만 부인의 오명으로 너그럽고 고귀한 분의 명예가 손상 당하는 일은 일어나지 않도록 보호하렵니다."

이런 암시와 함께 그의 목소리는 점차 부드러워졌다. 잠시 침묵이 흐른 뒤 그는 애써 정신을 차리고 다시 강하게 말을 이었다.

"지난 밤 화재로 다행히 죽은 사람은 아무도 없었습니다. 이미 오래전부터 느끼고 있었지만 이 저택에 잦아들고 있는 불행에 전 마음이 괴로워 잠이 살포시 들었지요. 불이 난 것을 때마침 알아채고 경보를 울리며 하녀와 술 취한 술집 주인을 구해낸 건 바로 저였지요. 물론 제 노력에도 불구하고 그 술 취한 주인은 많은 화상을 입고 그의 어머니 집에서 치료를 받고 있습니다. 그 주인과 아내가 한밤중에 캐슬 여관을 방문한 사람의 이름을 알려주었습니다. 그의 아내는 저를 보자 어쩔 줄 몰라 했고, 그 아내에게서 그날 밤에 일어났던 자세한 일들을 알아냈습니다. 그 여자가 당신의 다른 비밀을 얼마만큼 알고 있는지, 내가 원하기만 하면 얼마나 쉽게 그 비밀을 그 여자에게서 밝혀낼 수 있는지는 모르겠지만, 전 그렇게 하지는 않겠습니다. 전 제가 가야 할 길을 분명히 알고 있습니다. 저는 조지 톨보이즈의 살인범을 정의의 심판대에 세우겠다고 맹세했습니다. 그리고 그 맹세를 지킬 겁니다. 또한 제가 분명히 말하지만 제 친구는 부인으로 인해 죽음을 맞이했습니다. 내가 끔찍한 환영에 빠진 건 아닌가, 그렇지 않다면 어찌 그렇게 젊고 사랑스런 여성이 그런 추악한 살인의 배신행위를 할 수 있었지, 하고 저는 가끔 자문해 보지만, 그런 자문은 당연한 일이지요. 그렇지만 이젠 그런 자문도 때가 지났습니다. 지난 밤의 끔찍스런 일로 부인이 저지를 수 있었던 범죄는 이제 더 이상 가능하지 않습니다. 이제부터 부인은 더 이상 제게 한 여성일 수 없습니다. 이제는 죄인일 따름이고, 그 사악한 마음엔 고통을 겪고 고통을 느낄 힘이 아직 남아 있을 뿐입니다. 이제부터 당신을 악마의 화신으로 간주할 겁니다. 당신은 이곳에 머무르며 오염시키는 짓을 더 이상 할 수 없을 겁니다. 이제 당신이 오랫동안 속여왔던 그분의 면전에서 당신이 누구이며 당신의 본체가 무엇인지를 고백하십시오. 또한 그분과 나는 당신에게 자비를 줄 마음이 있기는 하지만 정식으로 우리에게 자비를 구하십시오. 그렇지 않으면 난 증인들을 모두 모아 당신의 정체를 밝힐 겁니다. 나와 내가 사랑하는 사람들에게 치욕의 위험이 닥친다 하더라도 당신에게 당신의 범죄에 합당한 처벌을 내리도록 할 겁니다."

그녀는 갑자기 자리에서 일어나 그를 단호하게 똑바로 바라보았다. 그녀는 머리칼을 뒤로 쓸어 넘겨, 얼굴과 반짝이는 두 눈이 훤히 드러났다.

"마이클 경을 모셔와요!" 그녀가 외쳤다. "이곳에 그분을 모셔와요. 어느 것이든—모든 걸 고백하겠어요! 뭘 걱정하겠어요? 당신과 끈기 있게 싸워왔지만 그 때문에 난 이미 충분히 고통을 받아온 건 너무도 명백해요. 하지만 당신이 결국 이겼네요, 로버트 오들리 씨. 아주 대단한 승리가 아닌가요? 정말 멋진 승리군요! 고귀한 목적을 위해 당신은 냉철하고, 계산적이고, 냉혹하고, 총명한 머리를 사용했군요. 당신이 이겼어요,—이 미친 여자를!"

"미친 여자라고요?" 로버트가 소리쳤다.

"그래요, 미친 여자말이에요. 내가 조지 톨보이즈를 죽였다는 당신의 말은 진실이에요. 내가 그를 배신하고 나쁜 마음으로 살해했다는 당신의 말은 거짓이에요. 나는 미쳤기 때문에 조지를 죽인 거예요! 왜냐고요? 내 이성은 정상과 비정상 간의 좁은 경계선에서 약간 비정상 쪽에 치우쳐 있기 때문이에요. 조지 톨보이즈가 당신처럼 나를 못살게 굴고, 책망하고, 협박했기 때문이에요. 내 마음은 올바르게 균형을 잡지 못하고 오히려 완전히 균형을 잃었었죠. 그래서 난 미치고 말았어요! 마이클 경을 모셔와요. 어서요. 그분에게 한쪽 면만 말해주지 말고 모든 걸 들려줘야 해요. 내 인생의 비밀을 모두 털어놓겠어요!"

로버트 오들리는 백부를 찾으러 방을 떠났다. 그는 찾아 나서면서도 그 영예로운 백부의 가슴에 얼마나 무거운 고통의 짐을 지울 것인지 너무나 잘 알고 있었다. 왜냐하면 이 일은 백부의 일생의 꿈을 산산이 부서뜨릴 것이기 때문이었다. 우리는 현실과 동떨어진 꿈을 현실로 종종 잘못 판단하지만, 그럼에도 불구하고 잘못 판단한 우리의 꿈을 상실하는 건 너무나 끔찍한 일이 된다. 그러나 마이클 경에 대해 슬픔을 느끼면서도 로버트는 "내 인생의 비밀"이라는 오들리 부인의 마지막 말이 의아스러울 수밖에 없었다. 그의 기억으로는 그 구절은 헬렌 톨보이즈가 월던시를 떠나던 밤에 썼던 편지의 마지막 줄과 동일했기 때문이다. 그때에도 호소하는 듯한 그 구절에 어리둥절했었던 기억이 남아있었다. "저를 용서해야만 해요. 제가 왜 이렇게 하는지 아버지는 아시니까요. 제 인생의 비밀을 알고 계시잖아요."

그는 복도에서 마이클 경을 만났다. 그는 백부가 듣게 될 끔찍한 고백에 마음의 준비를 하게 만들 어떤 시도도 하지 못했다. 그저 백부를 난롯불이 있는 서재로 안내하고는 처음으로 조용히 말머리를 꺼냈다.

"오들리 부인이 백부님께 고백할 것이 있답니다. 제가 알기로는, 백부님께서 너무도 놀라시고 쓰라린 슬픔을 갖게될 끔찍한 고백이 될 겁니다. 하지만 백부님의 현 명예와 미래의 평화에 꼭 필요한 거라서 그걸 들으셔야 합니다. 오들리 부인은 이제까지 백부님을 속여왔습니다. 이렇게 야비한 말씀을 드리는 게 후회스럽습니다. 그러나 자신의 사악한 일에 대해 제기할 수도 있을 변명을 오들리 부인 자신의 입에서 직접 듣는 게 가장 올바를 것입니다. 백부님이 겪을 충격을 전 도저히 감당할 수 없지만 천상의 하나님께서 완화시켜 주실 겁니다." 로버트는 흐느끼며 말하다 갑자기 울음이 터져 나왔다.

마이클 경은 더 이상 말하지 말라고 조카에게 명령하려는 듯이 손을 위로 치켜들었다가 힘없이 무력하게 아래로 떨구었다. 그리고 방 한가운데에 뻣뻣이 굳은 채 움직이지 않고 서 있었다.

"루시!" 외치는 그의 비통한 목소리는 부상당한 짐승의 울부짖음처럼 듣는 이의 신경을 뒤틀리게 하는 충격을 주었다. "루시!

이 녀석이 미친 거라고 말해줘! 여보, 그렇게 말해줘. 그렇지 않으면 이 녀석을 죽여버릴 테야!"

로버트에게 돌아서는 남작의 목소리에는 갑작스런 분노가 담겨 있었고, 치켜 올린 팔로 자신의 아내를 비방하는 자를 땅바닥으로 쓰러뜨릴 것 같았다.

하지만 오들리 부인은 그의 남편 발 밑에 무릎을 꿇으며 쓰러지면서 남작과 조카 사이를 가로막았다. 조카는 손으로 얼굴을 감싼 채 안락의자 등받이에 기대고 서 있었다.

"그의 말이 사실이에요. 그는 미치지 않았어요! 당신께 모든 것을 고백하려고 제가 보냈어요. 당신께 죄송스러워서 뭐라 말할 수 없어요. 당신은 제게 너무나, 너무나 좋으신 분이셨고, 제게 정말로 과분한 분이셨죠. 하지만 저는 어쩔 수 없어요. 어쩔 수 없어요—제 자신이 비참하게만 느껴질 뿐이에요. 제가 이기적인 여자라고 오래전에 당신께 말씀 드렸어요. 전 아직도 여전히 이기적이에요—제가 비참해서 전보다 더 이기적이 됐어요. 행복하고 여유로운 분들은 다른 사람들을 위하죠. 전 다른 이들의 고통을 비웃어요. 그들의 고통이란 제 고통에 비할 바가 아니죠."

마이클 경은 처음 그녀가 무릎을 꿇었을 때 그게 무슨 짓이냐고 그녀를 일으켜 세우려 했다. 하지만 그녀의 말을 듣고 나자 그는 그녀가 무릎을 꿇고 있는 바로 옆의 의자에 털썩 주저 앉았다. 양손을 꽉 깍지 끼고 고개를 앞으로 기울여 끔찍한 말들 하나하나를 놓치지 않으려고 했다. 그의 몸 전체가 청각 하나에 온통 빨려 들어갈 것처럼 귀를 기울였다

"당신께 제 인생사를 들려드려야만 하겠어요. 제가 집을 놔

두고 도망 나와 아무도 모르는 황량한 곳에 숨어 별 희망도 없이 살아가는 비참한 인간이 되었던 이유를 말씀드리겠어요. 제가 살아온 인생사를 말씀 드려야만 하겠어요." 부인이 계속 말했다. "그러나 제가 그 인생사를 계속 곱씹을까 하는 걱정은 하지 않으셔도 돼요. 그걸 기억하는 건 저에게도 유쾌한 일이 아니니까요. 제가 아주 어린 시절 '하느님, 제 엄마가 어디에 계신지 알려주세요!' 하고 물었던 기억이 나요. 아주 자연스런 당연한 물음이었죠. 어머니 얼굴에 대한 기억이 희미했었으니까요. 마치 어린 시절의 제 모습에 대한 현재의 제 기억처럼 말이에요. 어머니의 얼굴이 갑자기 사라져 버렸고, 그 이후로 영원히 보지 못했어요. 사람들은 어머니가 멀리 떠났다고 했어요. 저를 돌봐준 여자는 무뚝뚝한 여자여서 전 행복하지 않았고, 우리가 살았던 곳은 매우 외딴 곳으로 포트마우스에서 7마일 정도 떨어진 햄프셔 해변 마을이었어요. 해군이었던 아버지는 저를 보러 집에 오는 날이 많지 않았고 저는 생활비를 규칙적으로 받지 못하는 그 여자에게 전적으로 내맡겨졌지요. 아버지가 돈을 제때 주지 못하고 밀리면 그 여자는 제게 화풀이를 하곤 했어요. 그래서 전 아주 어린 시절부터 가난이 뭔지를 잘 알았어요.

아마도 제가 어머니에 대한 물음을 종종 물었던 것도 멋진 애정을 갈구하기 위해서라기보다는 저의 음울한 생활에 불만족스러웠던 탓이었어요. 그럴 때마다 늘 똑같은 대답이 돌아왔죠. 그녀는 떠나버렸다고—. 어디에 계시냐고 물으면, 그건 비밀이라고 했어요. 제가 죽음의 의미를 이해할 만큼 자랐을 때, 어머니가 죽은 거냐고 물었죠. 그랬더니 이런 대답을 해주더군요. '아니, 죽은 게 아니고 아파서 멀리 떠난 거야.' 어머니가 얼마나 오래 아팠는지 물었더니, 제가 아기였을 적부터니깐 오랜 세월이 된다는 거예요.

마침내 그 비밀이 드러나게 되었지요. 어느 날 제가 양어머니에게 다시 그 질문을 물었죠. 마침 그때 생활비가 많이 부족해서 양어머니의 화가 평소보다 더 많이 나 있었죠. 그 여자는 열기가 뻗쳐 말해주었어요. 제 어머니가 미친 여자라고. 거기서 40마일이 떨어진 정신병원에 갇혀있다고요. 그 말을 해놓고는 후회스러웠는지, 그게 사실이 아니니 믿지 말라고 그런 비슷한 말로 얼버무리더군요. 아버지가 양어머니에게 제 어머니에 대한 비밀을 절대 말하지 말라고 엄하게 약속을 받아냈다는 걸 나중에서야 전 알게 되었어요.

저는 어머니가 미쳤다는 끔찍한 생각을 곰곰이 따져봤어요. 밤낮으로 생각하며 괴로워했죠. 미친 어머니가 걸친 흉한 옷에 사지가 꽁꽁 묶인 채 방에서 갇혀 이리저리 왔다 갔다 하는 모습을 혼자 상상해봤어요. 어머니가 처해 있는 상황이 얼마나 끔찍스러울지 한껏 부풀려져 생각되더군요. 저한테는 정신병이 다른 형태로는 가늠되지 않았어요. 어머니의 곁에 가게 되면 제게 덮쳐 죽이려 드는 난폭하고 산발한 존재의 영상만 제게 떠올랐어요. 이런 생각이 점점 커져 전 악몽에 비명을 지르며 한밤중에 깨곤 했지요. 어머니가 얼음같이 차가운 손아귀로 제 목을 조르며 제 귀에 미친 소리를 질러대는 악몽이었지요.

제가 10살이 되자 아버지는 저를 키워줬던 여자에게 지체됐던 금액을 다 지불하고, 저를 학교에 보냈어요. 그는 사실상 그 금액을 갚을 능력이 되지 않았기 때문에 본래 계획보다 더 오랜 기간 저를 햄프셔에 맡겨둬야 했던 거죠. 그때 전 다시금 가난의 쓰라림을 느끼게 되었죠. 아버지가 가난하여 거친 시골 애들 틈에 무지한 아이로 자라야 하는 위험을 겪은 거죠."

그녀는 숨을 돌리느냐 잠시 멈췄다가 이 증오스러운 이야기를 빨리 털어놓아 버리고 싶은 듯 계속 이야기를 이어나갔다. 그녀는 여전히 무릎을 꿇고 있었지만, 마이클 경은 더 이상 그녀를 일으켜 세우려 하지 않았다.

그는 침묵하며 움직이지도 않았다. 지금 듣고 있는 이야기가 대체 뭘 말하려는 건가? 이게 누구의 이야기인가? 어디로 끌고 가려는 건가? 이건 아내에 관한 이야기일 수가 없었다. 그는 아내의 젊었을 적 이야기를 간략하게 들은 적이 있었고, 복음서를 믿듯이 그걸 그대로 믿었었다. 어린 시절 고아였던 짤막한 이야기와 영국 수도원 기숙사에서 동떨어져 조용히 오래 지냈다는 무채색의 젊은 시절 이야기였다.

"마침내 제 아버지가 찾아왔을 때, 전 제가 알아냈던 이야기를 말했죠. 제가 어머니에 대해 이야기를 하면 아버지께서는 감정이 굉장히 격해 하셨어요. 아버지는 세상 사람들의 일반적 기준으로 보면 좋은 남자는 아니었지만, 자신의 아내를 끔찍이 사랑했다는 걸 전 나중에서야 알았어요. 아버지는 미친 아내와 자식을 부양하기 위해 군인이란 직업을 버릴 수가 없었지만, 아내를 위해 그리고 아내의 보호자로서 자신의 삶을 기꺼이 희생할 준비가 되어 있던 분이셨어요. 여기서 저는 또 가난의 쓰라린 고통을 재삼 느꼈지요. 헌신적인 남편의 보살핌을 받았을 제 어머니는 고용된 간호원에게 넘겨져 간호를 받게 되었지요.

아버지는 저를 토키에 있는 학교에 보내기 전 어머니에게 데려갔어요. 그 방문으로 인해서 저를 그처럼 자주 무섭게 만들었던 생각에서 벗어날 수 있게 되었어요. 제가 본 건 과도하게 엄격한 보호자의 감시를 받으며 허튼 소리를 떠들어대고 빳빳한 조끼를 입은 미친 사람이 아니었어요. 금발머리, 푸른 눈, 소녀 같은 모습의 여자는 나비처럼 활달하게 보였고, 꽃으로 장식한 금발머리로 우리에게 경쾌한 발걸음으로 다가와서는 빛난 미소로 인사를 나누며 쉬지 않고 명랑하게 말을 걸더군요.

하지만 어머니는 우리를 알아보지 못했어요. 감옥 같은 병원의 정원 문에 들어온 사람이면 누구에게든 똑같은 방식으로 말을 걸었던 거지요. 어머니의 정신병은 미쳐서 돌아가신 할머니로부터 내려온 유전적인 것이었어요. 다행히 절 나을 적에 어머니는 멀쩡한 상태였지만, 그때부터 이성이 점점 쇠퇴하다 마침내 제가 봤던 모습이 되어버린 거였어요.

전 마음속에 그런 사실을—아니 사실이라기보다 영원히 숨겨야 할 비밀로 생각하고 그 자리를 물러났어요. 그때 제 나이가 고작 10살이었지만 저는 그 짐의 무게를 확 느껴졌지요. 어머니가 미쳤다는 사실이 나중에 제게 큰 해를 끼칠 수도 있는 비밀이었기 때문에 전 그걸 비밀로 간직해야만 했어요. 그 점을 명심해야 했지요.

전 그 점을 명심했어요. 아마도 바로 그 점 때문에 제가 이기적이고 무자비한 사람이 되고 말았어요. 전 무자비한 사람이라고 상정한 거예요. 전 나이가 들어갈 수록 예쁘고, 아름답고, 사랑스럽고, 매혹적이란 찬사를 듣게 되었어요. 전 처음에 이런 찬사를 무관심하게 받아 들었죠. 그러다 점차 탐욕스럽게 그 찬사에 귀를 기울이게 됐어요. 제 인생의 비밀에도 불구하고 누구보다도 세상의 엄청난 행운을 잡는 데 성공할 수 있을 거라는 희망을 품게 되었지요. 학생이라면 누구나 배우는 교양을 곧 배워나갔어요. 제 인생의 궁극적인 운명은 결혼에 달렸다는 걸 배우게 되었고, 제가 진정으로 학교 동료들보다 더 예쁘다면 그들보다 더 훌륭한 결혼을 해야만 한다고 결론을 내렸어요.

저는 이런 생각을 품고 17살이 채 되기도 전에 학교를 떠났어요. 그리고 은퇴한 아버지와 함께 영국의 제일 끝에 있는 월던시로 갔어요. 그곳은 아버지의 은퇴로 수입이 반으로 줄어든 우리가 살기에 적당하고 소박한 곳이었기 때문이죠.

그곳은 정말 신중하게 선택한 곳이었어요. 하지만 저보다 아름다운 여성조차 그곳에서 부유한 남편을 만나는 건 별 따는 일보다 힘들다는 걸 한 달도 되지 않아 바로 알게 되었어요. 저는 매우 조바심이 났죠. 저는 매우 천박해진 거예요. 마이클 남작님, 당신과 당신의 조카는 평생 부유하게 살아왔기 때문에 저를 경멸하실 이유가 충분히 있어요. 하지만 가난이 얼마나 삶을 망가뜨리는지 저는 잘 알기 때문에 삶에 대한 공포심으로 그처럼 가장된 모습을 취하게 된 거예요. 마침내 한 부유한 구혼자가—방랑하던 왕자님이 제게로 다가왔어요."

그녀는 말을 멈추고 몸을 부르르 떨었다. 그녀는 마룻바닥을 향해 얼굴을 푹 숙이고 있어서 표정의 변화를 읽을 수가 없었다. 긴 고백을 하는 동안 한 번도 고개를 들지 않았고, 목소리는 울음으로 끊기지도 않았다. 그녀는 말하고자 하는 바를 매우 차갑고 냉정한 목소리로 차분히 토로했으며, 그 어조에는 범죄자가 감옥의 사제에게 마지막 순간까지 완강하고 무뚝뚝하게 고해성사를 하는 말투였다.

"저에게로 온 방랑하는 왕자님은 바로 조지 톨보이즈였어요."

아내의 고백이 시작된 이후 처음으로 마이클 경은 놀란 내색을 했다. 그는 지금 모든 상황을 이해하기 시작했다. 그동안 별 뜻 없이 지나쳤던 발언이나 잊고 있었던 지난 일들이 자신의 과거 생활에서 가장 중요한 사건인 것처럼 선명하게 다시 떠올랐다.

"조지 톨보이즈는 기병대의 나팔수였어요. 시골 부잣집의 외아들이었지요. 그는 저와 사랑에 빠져 저의 열일곱 째 생일에서 세 달이 지나 저와 결혼을 했지요. 누군가를 사랑하는 걸 제 마음대로 조절할 수 있었기 때문에 그를 적절히 사랑했다고 생각해요. 그렇지만 당신을 사랑했던 만큼은 아니었어요, 여보. 당신만큼은 아니었어요. 당신이 저와 결혼했을 때 제 마음은 한없이 부풀어 올랐지만, 그와의 결혼은 그렇지 못했어요."

꿈은 깨어지고 말았다. 마이클 경은 2년 전 여름 저녁을 기억했다. 그가 처음으로 도우슨 댁의 가정교사에게 구애를 하던 날이었다. 그때 그에게 닥쳐왔던 갑작스러운 후회와 실망의 편치 못한 감정이 떠올랐다. 오늘 밤의 이 고통을 희미하게 예견한 듯한 느낌이었던 거였다.

그는 비참함 심정이었음에도 그는 전적으로 완전히 놀라 쓰러지거나 철저한 혐오감에 빠지지는 않았다. 착한 여인이 자신의 길에서 벗어나 방황하여 영혼을 상실한 사람이 되면 보통의 남편은 명예를 위해 마땅히 그 아내를 저버리게 된다. 마이클 경은 아내를 전적으로 신뢰하는 것은 아니었으나, 아내를 사랑하고 존경했으며 아내의 아름다움과 매력에 빠져 있었던 거였다. 그러나 뭔가 결여된 듯한 느낌, 뭔가 모호하지만 상실되고 실망스러운 감정이 그가 그녀와 약혼한 여름날 밤에 다가왔었던 거였다. 이 정직한 남작이 순수하고 우직하며 남을 오로지 신뢰하는 성품을 타고났지만 거짓에 실제로 속아 넘어간 것이 아니었다. 자발적 믿음 아래엔 비자발적 불신이 깔려 있었으며, 그건 어떠한 의지의 노력으로도 절대 굴복되는 법이 없었다.

"우리 둘은 결혼을 했고 저 또한 그를 많이 사랑했어요. 그가 가진 돈이 지속되기까지는 매우 행복하게 지냈어요. 유럽 대륙을 여행하며 지낼 때에는 최고의 호텔에 머물었고 최고로 호화로운 생활을 즐겼어요. 하지만 우리가 윌던시에 돌아와 아버지와 함께 살게 되었을 때, 그의 돈이 모두 바닥이 나 버렸고 조지는 우울하고 비참해지고 말았어요. 온통 자신의 문제에 정신이 빠져 저한테 소홀히 대했어요. 저는 매우 불행했지요. 이 멋진 결혼 생활의 흥겨움과 화려함은 고작 1년이 되지 않아 끝나고 만 것 같았어요. 저는 조지에게 그의 아버지를 찾아가 도움을 요청해 보라고 설득했지만 그는 거절했어요. 직장에 취직하길 제안했지만, 번번히 실패하고 말았어요. 그러는 사이 아기가 태어났고, 제 어머니가 처했던 치명적 위기와 같은 상황을 저도 겪게 되었어요. 다행히도 저는 벗어났지만, 몸을 회복한 뒤에는 제 짜증이 더욱 심해졌어요. 세상과 힘든 싸움을 할 생각은 아니하고 가난과 무관심을 불평만 한 셈이었어요. 어느 날 전 매우 심하고 격렬하게 불평을 했어요. 저를 이러한 가난과 비참한 상황에 빠지도록 놓아둔 조지 톨보이즈를 원망했어요. 그는 감정이 격해져서 집을 나가버렸어요. 다음 날 아침 눈을 떠 보니 탁자 옆에 편지 한 통이 놓여 있었어요. 그가 돈을 벌러 호주로 떠나서 부자가 될 때까지 돌아오지 않겠다는 내용이었죠.

저는 이걸 버림받은 걸로 간주하고 심하게 원망했어요—허약하고 술에 취해 사는 아버지와 부양해야 할 아이를 남겨놓고 떠난 그를 미워하며 원망했어요. 저는 살아남기 위해 열심히 일을 해야만 했어요—가정교사의 얽매인 노예생활보다 더 지루한 노동이 뭐가 있겠어요? 그 노동하는 매 시간마다 조지 톨보이즈가 제게 행한 잘못을 여러 가지로 깨달았죠. 그의 아버지는 매우 부유했죠. 그의 여동생은 호화롭고 남이 우러러보는 생활을 하고 있었죠. 그런데 그의 아내이며 또한 그의 아들의 엄마인 저는 이렇게 영원히 궁핍하고 누구의 눈길도 받지 못하는 노예의 삶을 살고 있는 거였어요. 사람들은 저를 가엾게 여겼어요. 그렇지만 저는 가엽게 여기는 그들이 미웠어요. 내 아이는 내게 커다란 짐을 부과한 것이어서 전 그 애조차 사랑할 수 없었지요. 제 유전적인 정신병은 그 전까진 조금도 어떤 표시나 징후로 나타난 적이 없었는데, 이때쯤부터 전 폭력과 절망의 발작을 느끼기 시작했어요. 이때쯤에 전 처음으로 마음의 균형을 잃었고, 이성과 광기를 구별하는 보이지 않는 경계선을 넘어섰다고 생각해요. 제 아버지가 놀라고 공포스런 눈으로 저를 똑바로 바라보더군요. 저를 달래주려는 아버지의 노력은 그저 미친 사람과 아이를 달래주는 것과 같았어요. 저는 아버지의 무력한 방식에 상처를 입었고 아버지의 사랑조차도 원망했어요.

마침내 절망에 사로잡히고 보니 저절로 삶의 목표도 지향점이 없이 절망적인 선택을 하게 되더군요. 전 노예처럼 옥죄던 그 비참한 집에서 도망치기로 마음 먹었어요. 저를 사랑하기보다 두려워하는 아버지를 버리고 런던에 가기로 결심했어요. 사람들이 벅적거리는 그 큰 도시의 혼돈 속에 제 자신의 정체를 없애려는 거였죠.

전 윌던시에 있을 때《타임즈》신문의 광고를 보았어요. 그래서 가짜 이름을 대고 빈센트 부인이라는 광고주에게 연락을 취했고, 그 부인은 저를 받아주면서 제 과거에 대해 묻지 않았지요. 나머지는 당신도 알고 있는 사항이에요. 전 이곳에 왔고 당신이 제게 청혼을 했죠. 그 청혼을 받아들임으로써 학생 시절부터 품었던 제 야망이 단번에 이루어졌던 거예요.

3년이 지나도록, 전 남편의 소식에 대해 들은 것이 없었어요. 그가 영국에 돌아왔다면, 제 이름이야 어떻든, 그리고 제가 어디 살든, 저를 찾아낼 수 있었을 거예요. 그는 활력이 넘치는 사람이라 저를 틀림없이 찾아낼 수 있었을 거예요.

전 이렇게 생각했었죠. '그가 죽었다고 판단할 이유를 난 충분히 갖고 있어. 설사 그가 죽지 않았다 하더라도, 그가 죽은 걸로 내가 믿기를 그는 바라고 있는 거야. 나타나지 않는 그의 존재가 내게 다가오는 행복을 가로막지 않을 거야.' 여보, 전 그런 굳센 믿음으로 당신의 아내가 되기로 결심했어요. 제 원래 본성처럼 훌륭하고 착한 아내가 되기로 결심한 거였죠. 어떤 여성들에게 침투하여 파멸시키는 그런 흔한 유혹은 제게는 조금도 공포의 대상이 되지 않았어요. 제 주변을 그런 유혹자들 한 무더기가 둘러싸고 있었지만, 전 이 세상 끝까지 당신의 진실되고 순결한 아내가 되려고 했어요. 세상 사람들이 사랑이라고 부르는 미친 어리석음도 저의 광기에는 아무런 역할도 하지 않았어요. 이곳에선 적어도 양 극단이 서로 만났지만 무정한 악은 영구적 미덕으로 변해버렸지요.

저는 새로운 신분상승의 위엄을 처음으로 성취하게 되어 매우 행복했고, 저에게 그런 영광을 베푼 손길에 정말 감사한 마음이었어요. 제 자신의 행복에 감사하여 저는 제 인생 처음으로 다른 사람들의 비참함을 생각하게 되었지요. 제 자신은 너무나 가난했었지만, 지금은 부유하여 이웃의 가난에 동정을 베풀고 도와줄 수 있었지요. 전 친절과 자비를 베푸는 데 즐거움을 느꼈어요. 제 아버지의 주소를 찾아 큰돈을 보냈어요. 제가 이름을 밝히지 않고 돈을 보낸 것은 제게 일어난 일을 아버지가 알기를 원치 않았기 때문이에요. 당신의 관대한 마음으로 제게 주신 특권을 전 마음껏 누렸어요. 그리고 제가 가진 행복을 사방에 나눠드렸어요. 제가 다른 사람에게서 사랑과 존경을 받고 있다는 걸 저도 알았어요. 저의 남은 인생 동안 훌륭한 여인이 될 수 있을 거라 믿었어요. 제 운명이 그걸 허락만 한다면요.

지금 저는 마음의 평온을 되찾은 상태예요. 월던시를 떠난 이후로 저는 제 자신을 주의 깊게 살피면서 매우 조심했었죠. 도우슨 댁의 평온한 가정 내에서 눈에 보이지 않는 이 유전적 기질이 혹시라도 일어나지 않을까 매우 주의를 기울였지요.

운명은 제게 도움의 손길을 내밀지 않았어요. 제 운명은 다시 한번 저를 위험에 빠뜨렸어요. 당신과 결혼한 지 채 한 달도 되지 않아, 에식스 신문에서 톨보이즈 씨가 호주에서 큰 돈을 거머쥐고 성공해서 돌아온다는 뉴스를 접했어요. 뉴스가 보도된 그때는 그가 탄 배가 아직 도착하기 전이었죠. 어떻게 해야 되나?

제가 조지 톨보이즈의 성격을 잘 알고 있다고 말했죠? 호주로 떠나 큰 성공을 거둔 그가 아내를 찾기 위해 온갖 방법을 다 쓸 거라는 걸 저는 잘 알았지요. 그에게서 숨어봤자 소용없었어요. 제가 죽었다고 믿지 않는 한 그는 절 찾는 일을 멈추지 않았을 거예요.

제가 위험에 닥쳤다고 생각하자 제 머리는 혼란에 빠졌어요. 다시금 제 마음이 불안해졌고, 또 다시 이성의 보이지 않는 경계선을 넘어서게 되면서 미쳐버린 거였어요.

그래서 사우샘프턴의 아버지를 찾아갔어요. 아버지는 제 애와 그곳에 살고 있었지요. 제가 빈센트 부인의 이름을 핑계로 급하게 이 집을 떠났던 일을 기억하실 거예요. 제가 데리고 간 피비 막스를 호텔에 남겨 놓고 혼자서 아버지의 집을 찾아갔지요.

전 아버지께 제게 닥쳐온 위험의 모든 비밀을 털어놓았어요. 아버지는 제가 한 일에 별로 놀랜 기색이 없었어요. 그 역시 가난에 지쳐있어 명예나 원칙에 무감각해진 상태였어요. 아버지는 많이 놀라지는 않으셨지만 두려워했어요. 그래도 저의 어려운 상황을 도와주려고 최선을 다하겠다고 약속했었죠.

아버지는 조지가 월던시에 머물렀던 제 주소로 보내온 편지를 가져왔어요. 그 편지는 그가 아르고스 배를 타기 며칠 전에 쓴 것으로 리버풀에 배가 도착할 날짜를 알려주었죠. 따라서 그 편지는 우리가 행동을 취할 날짜를 알려준 셈이었죠.

우리는 첫 계획을 세웠어요. 그가 탄 배가 도착한 날과 그 이후 며칠 뒤에《타임즈》에 제가 죽었다는 소식을 내기로 한 거지요. 하지만 이런 결정 뒤에 바로 그 계획을 실행시키는 데 어려움이 있다는 걸 알았어요. 저의 사망 소식 자체만이 아니라 사망 장소와 날짜가 동시에 발표되어야만 한다는 거였죠. 그렇게 되면 그 장소가 아무리 멀리 떨어져 있어도, 심지어는 그곳에 가기가 매우 어렵다 하더라도, 조지는 바로 서둘러 그곳으로 올 것이고, 우리의 얕은 거짓말은 탄로날 수 있는 거였죠.

저는 그의 낙관적인 기질, 용기, 결단력, 절망 앞에서도 희망을 잃지 않는 성품을 잘 알고 있어요. 제가 묻혀있다고 한 무덤과 묘비를 직접 눈으로 보지 않는 한, 그는 제가 죽었다는 사실을 믿지 않을 사람이었어요. 제 아버지는 완전히 놀라고 무력한 분이셔서, 그저 절망과 공포에 떨며 어린애같이 눈물만 흘릴 뿐이었죠. 이런 위기 상황에서 전혀 도움이 되지 않는 분이었어요.

저도 이 난관을 헤쳐나갈 방법이 없어 절망적인 심정이었어요. 어쩔 수 없이 예상할 수 없는 운명에 내맡겨야 한다고 생각하기 시작했죠. 알려지지 않은 세상의 수많은 곳처럼 외딴 이 오들리 저택도 조지가 전혀 상상하지 못할 곳이기를 간절히 바랄 뿐이었죠.

저는 아버지의 초라한 오두막집에서 아버지와 차를 마시며 아이와 놀아주었어요. 아이는 제가 입은 화려한 옷과 보석을 신기해 했지만 자신의 엄마란 사실을 모르고 있었죠. 제가 그 애를 품에 안고 있을 때, 그 애를 평상시 돌보아주던 여자가 그를 데리러 왔죠. 그 여자 말대로, 저보다는 그 여자의 품이 아이에게 더 편안해 보였어요.

아버지가 탁자 옆에서 졸고 있는 동안 저는 아이가 어떻게 자라고 있었는지 궁금해서 이 여자를 붙들고 대화를 나누었어요. 그 여자는 창백한 얼굴에 연한 갈색머리의 45살 정도 되어 보였어요. 그 여자는 나와 이야기를 나눌 기회가 주어진 것에 매우 기뻐하는 눈치였어요. 처음 아이에 대해 이야기를 하더니 곧 자신의 곤란한 문제로 화제를 바꾸더군요. 아주 큰 걱정거리가 있다는 거예요. 그녀의 큰 딸이 병으로 고생하고 있는데 현재 건강 상태가 더 악화될 거라는 걱정이었어요. 사실 의사는 그 딸 애가 회복 불가능하다는 판단을 내렸대요. 평온하게 살아오던 가난한 과부가 어린애들만이 아니라 병든 딸을 부양하는 건 어려운 일이었지요.

전 그 여자가 그런 식으로 자기 딸의 병세, 나이, 의사의 진단, 동정, 고통 등을 한참 동안 읊어대도록 내버려 두었어요. 하지만 그녀의 이야기가 주의 깊게 들리지 않을 정도로 집중할 수도 없었지요. 듣고 있기는 하지만 거리의 소음이나 시냇물 바닥의 물소리를 듣는 듯이 멍하니 듣고 있는 거였죠. 이 여자의 걱정거리가 나와 무슨 관계가 있단 말인가? 난 나 자신의 걱정거리로 비참한 상태인데. 난 이 여자의 거친 본성이 견뎌낼 수 있는 것 이상으로 더 심한 상황에 빠져있는데. 보통 남편이나 아이들이 아픈 사람들은 부자로부터 도움 받기를 기대하죠. 그게 일반적인 방식이었죠. 저도 그렇게 생각하여 이 여자에게 아픈 딸을 위해 쓰라고 금화 한 닢을 줘서 내보내려고 했어요. 바로 그때 갑자기 어떤 생각이 번뜻 머리를 스쳐가는 바람에, 머리 끝까지 혈압이 오르고 심장이 두근거리는 거예요. 제가 미쳤을 때나 있을 법한 두근거림이었죠.

그 여자에게 이름을 물어보았더니 플로슨 부인이라고 하더군요. 그 여자는 가게를 갖고 있으며 이따금씩 꼬마 조지에게 달려가 어린 하녀가 조지를 잘 돌보고 있는지를 확인한다는 거였어요. 그 여자의 딸 이름은 마틸다였어요. 그 마틸다라는 여자애에 대해 몇 가지를 물어본 끝에 그 애의 나이는 24살이고, 폐결핵을 오래 앓아왔었으며, 이제는 의사 말대로 급격히 상태가 나빠지고 있다는 걸 알았어요. 그 애가 2주를 넘기지 못할 거라고 의사가 말했다더군요.

조지 톨보이즈가 머지 강에 닻을 내리기까지 3주가 남아있었어요. 저는 이 일에 더 이상 곰곰 생각에 잠겨 시간을 끌 필요가 없었어요. 아픈 그 딸 애를 찾아갔지요. 그 애는 예쁘고 가느다랬어요. 비록 그 애는 저를 닮은 부분이 없었지만, 무심히 보면 그 애의 전체 모습이 두 가지 점만 제외하고는 저와 거의 비슷했어요. 그 애는 저를 도와주려고 하는 부유한 귀부인으로 여겼겠죠. 전 가난하고 욕심 많은 그 애의 어머니에 선물처럼 돈을 주어—그 어머니가 생전 받아본 적이 없을 큰돈을 주어 제가 원하는 대로 해주기로 동의를 받았어요. 이렇게 플로슨 부인을 만난 지 이틀 후에 제 아버지가 벤트너로 가셔서 자신의 가짜 아픈 딸과 그 딸의 어린 아들이 머물 숙소를 빌렸지요. 다음 날 아침 일찍 아버지는 죽어가는 그 딸애와 그 딸애를 엄마라고 부르도록 미리 훈련시킨 조지를 데려왔어요. 그 딸애는 그 집에 톨보이즈 부인이란 자격으로 들어간 거지요. 그녀는 벤트너의 의사에게서 톨보이즈 부인이라는 이름으로 진찰을 받았어요. 그녀는 결국 그 이름으로 죽은 거고, 그 이름으로 사망문서에 기록된 거예요.《타임즈》신문에 부고 기사가 났고, 이틀 후에 조지가 벤트너에 도착해서 묘비를 세웠죠. 그 묘비에는 지금도 그의 아내 헬렌 톨보이즈의 이름이 새겨져 있어요."

마이클 경은 천천히 자리에서 일어났다. 그의 뻣뻣하고 부자연스런 동작은 단 한 가지 비참한 감정에 의해 모든 신체의 감각이 마비되었음을 보여주었다.

"더 이상 이야기를 듣지 못하겠소." 그는 쉰 목소리로 말했다. "더 이상은 들을 수가 없어요. 로버트, 이 사실을 밝혀낸 사람은 바로 자네라고 알고 있네. 난 더 이상 알고 싶지 않아. 내 아내로 생각해왔던 이 부인에게 안전과 평안을 제공할 의무를 자네가 맡아주겠나? 자네가 이 모든 일을 해냈지만 난 이 부인을 진정으로 내 마음을 다 받쳐 사랑했다는 사실을 꼭 기억하라고 자네에게 요청할 필요는 없겠지. 그녀에게 작별인사를 할 수가 없어. 그녀를 생각하면 너무도 마음이 쓰라리고 안타까운 심정이어서 작별인사를 할 수가 없어. 오늘 밤 하나님이 불쌍한 그녀를 감싸주시기를 기도할 뿐이네."

마이클 경은 천천히 방을 걸어나갔다. 그는 웅크리고 앉아있는 이 여인을 바라볼 자신감이 없었다. 그가 그토록 귀중히 여겼던 이 여인을 보고 싶지 않았다. 그는 곧장 자신의 옷방으로 가서 하인을 불러 여행가방을 준비하도록 지시를 내렸다. 필요한 사항이 준비되면 하인을 데리고 마지막 상행 열차를 타고 떠날 생각이었다.

4. 폭풍이 지나간 뒤의 고요

로버트 오들리는 희망과 사랑의 조종을 알리는 몇 마디 말을 남기고 자리를 떠나는 백부님을 따라 현관으로 향했다. 그는 이러한 날이 올까 봐 항상 두려움에 떨었는데, 마침내 그날이 오고야 만 거였다. 폭풍우가 휘몰아치듯 엄청난 절망의 탄식을 터뜨린다든지, 회오리바람과 같이 슬픔에 압도된다든지, 고통과 눈물을 쏟아내는 일은 없었지만 부자연스러울 정도로 고요한 정적에 로버트는 마음이 불편했다. 마이클 경의 마음은 찢어지고 가시밭길 속에 있는 기분일 거라는 걸 로버트는 잘 알고 있었다. 더구나 그 쓰라린 가슴의 상처는 로버트 자신이 일으킨 거였다. 이처럼 이상하도록 싸늘한 적막감은 예상치 못한 슬픔에 충격을 받아 먼저 가슴이 마비되었다는 표시였다. 너무나 놀란 나머지 마음이 텅 비고 혼미해져 모든 게 이해되지 않는 거였다. 이러한 멍한 적막의 시간이 지나고 나면 점차 조금씩 슬픔의 원인들이 뚜렷해지게 되고 치명적으로 몰아치는 폭풍우, 눈물의 홍수, 고통의 잔혹한 천둥이 자애로웠던 가슴을 찢어놓게 된다는 걸 로버트는 예감하고 있었다.

마이클 경과 비슷한 나이의 사람들은 마이클 경처럼 커다란 슬픔을 기묘한 침묵으로 참고 인내하는 경우를 로버트는 많이 들어왔다. 그분들은 위로를 하려는 주변 사람들을 오히려 피하는가 하면, 고통을 참아내며 평온을 보여줌으로써 주변사람들의 걱정을 풀어주는 거였다. 하지만 그들은 결국 땅에 쓰러져 처음 그저 멍하게 만들었던 그 충격에 죽고마는 거였다. 또한 백부님처럼 강인한 사람이었지만 끔찍스런 충격을 받은 첫 순간에 전신마비와 뇌졸증으로 쓰러지는 경우도 봐왔다. 그래서 로버트는 현관의 등불 밑에서 서성거리며 위급상황에 대비하여 마이클 경과 같이 있는 게—즉, 옆을 지키며 백부님이 가는 곳마다 함께 따라가는 게 자신의 의무가 아닐까 하고 망설였다.

그러나 이 반백발의 백부에게 억지로 기운을 북돋게 하여 그가 명예로운 삶을 살고 있다는 미망에서 깨어나 거짓 얼굴에 돈만 밝히며 악행에 무감각한 냉혈한에 이용당한 바보 멍청이였음을 깨닫는 쓰라린 시간을 갖도록 하는 게 올바른 일이 아닐까 생각하기도 했다.

'아니, 마음에 큰 상처를 입고 신음하는 백부님을 그냥 내버려두는 게 낫겠어. 그분의 쓰라린 슬픔에는 모욕감이 담겨있어. 그분 혼자서 이 문제를 해결하는 게 더 나아. 나의 엄중한 의무라고 생각하는 바를 난 여태 해온 거지만 그분에게는 영영 증오의 대상이 될지도 모르겠어. 혼자서 이 문제를 해결하도록 내버려 두는 게 좋겠어. 내가 그분의 상처를 완화시켜줄 수 있는 건 아무것도 없어. 혼자 극복하도록 하는 게 낫겠어.'

로버트는 서재 문을 잡고 서서 백부를 따라 나서야 할지 아니면 다시 제자리로 돌아와야 할지 망설였다. 그 서재에는 자신이 정체를 밝히려고 애써왔던 여인이 더 비참한 모습으로 웅크리고 있었다. 마침 그때 알리샤 오들리가 식당 문을 여는 바람에 오크목재의 오래된 방 안 모습이 슬쩍 보였다. 눈처럼 하얀 식탁보, 반짝이는 유리 그릇과 은 식기들이 긴 탁자 위에 놓여 있었다.

"아버지께서 저녁을 드시러 올 건가요? 전 배가 매우 고파요.

가엾게도 톰린은 생선 요리가 망칠 것 같다고 세 번씩이나 말씀을 드렸는데. 지금쯤이면 신선한 생선 수프는 기대하지 못하겠네요." 그녀는 한 손에 《타임즈》 신문을 들고 현관으로 나오며 말했다. 그녀는 난롯가에 앉아 신문을 읽으며 윗분들이 저녁 먹으러 오기를 기다리고 있던 거였다.

"로버트 오들리, 당신이었군요." 그녀가 무관심한 듯 말을 걸었다. "우리와 저녁 식사를 해요. 가서 아빠를 모셔 오세요. 거의 8시가 되었을 거예요. 원래는 6시에 식사를 하기로 했었는데."

로버트는 오히려 엄숙히 대답했다. 그에게 상냥하게 구는 그녀의 태도가 거슬렸다. 오들리 양의 바로 코밑에서 그토록 오랫동안 벌어졌던 그 끔찍한 사건 전개를 오들리 양이 전혀 모르고 있다는 걸 미처 생각지 못하고 그는 마음이 불편했던 거였다.

"알리샤, 아빠는 지금 매우 큰 슬픔을 견디고 계셔." 젊은이가 진지하게 말했다.

미소를 짓고 있던 그녀의 복스런 얼굴은 순간 슬픔과 걱정이 섞인 진지한 표정으로 변했다. 알리샤 오들리가 자신의 아버지를 진심으로 사랑하고 있다는 것을 알 수 있었다.

"슬픈 일이요!" 그녀가 외쳤다. "아빠께서 슬퍼하세요? 오, 로버트! 아빠께 무슨 일이 일어난 거예요?"

"지금은 아무것도 이야기 할 수 없어." 로버트는 낮은 목소리로 대답한 뒤, 사촌의 손목을 잡아 끌고 식당으로 향했다. 그리고 조심스럽게 문을 닫고서 이야기를 계속했다.

"알리샤, 널 믿어도 되겠니?" 그가 진지하게 물었다.

"절 믿다니, 무슨 말이에요?"

"아버지께서 고통이 심하시니 잘 위로해주고 말동무를 해주렴."

"물론이죠!" 알리샤가 열정적으로 외쳤다. "그런 요청을 왜 하는 거죠? 아빠의 슬픔에는 내가 덜어줄 수 없는 게 있다는 말인가요? 아빠의 고통을 내가 함께 나눠서는 안 될 게 있다는 말이에요?"

이렇게 말하는 오들리 양의 빛나는 잿빛 눈에 눈물이 왈칵 솟아났다.

"오, 로버트 오빠! 슬픔에 잠긴 아빠에게 내가 별로 위로가 되지 않을 거라고 날 하찮게 보는 거예요?" 그녀가 비난하듯이 말했다.

"아냐, 아냐, 알리샤." 젊은이가 조용히 대답했다. "너의 사랑을 누가 의심하겠니. 단지 좀 더 신중하길 바랄 뿐이야. 네게 신중할 거라고 믿어도 되겠니?"

"믿어도 돼요." 알리샤의 목소리는 단호했다.

"좋아. 그러면, 알리샤, 너를 믿을게. 네 아버지께서는 이 저택을 적어도 당분간 떠나있으실 거야. 갑작스럽게 찾아온 충격과 예상치 못했던 슬픔이란 걸 잘 기억하렴. 바로 그 슬픔을 견뎌야 하기 때문에 이 장소가 아버지께 너무 미운 거야. 멀리 떠나실 텐데, 혼자 가셔서는 안 돼. 절대 안 돼. 알겠니, 알리샤?"

"혼자서 가신다고요? 아니! 그럴 리가! 오들리 부인은―"

"오들리 부인은 아마 아버지와 같이 가지 않을 거야. 두 분은 지금 헤어지려고 하고 있어."

"잠시 동안이요?"

"아니, 영원히."

"영원히 두 분이 헤어진다고요! 그럼 아빠가 슬픈 이유는—"

"오들리 부인과 관련되어 있지. 오들리 부인이 아버지께서 슬퍼하시는 원인이야."

창백했던 알리샤의 얼굴이 갑자기 발갛게 달아올랐다. 오들리 부인이 슬픔의 원인이라니! 게다가 그로 인해 마이클 경과 젊은 아내가 영원히 헤어진다니! 두 분 사이엔 다툼이 있어본 적이 없었다. 루시 오들리와 그녀의 관대한 남편은 언제나 햇빛이 환한 조화로운 사이였다. 그렇다면 그 슬픔은 뭔가가 갑작스럽게 발각되어 생겨난 것임에 틀림없었다. 분명 뭔가 수치스러운 일과 관련됐다는 걸 의심할 여지가 없었다. 로버트 오들리는 발갛게 달아오른 그 표정의 의미를 짐작할 수 있었다.

"아버지께서 떠나시게 되면 너도 함께 가겠다고 나섰으면 싶어, 알리샤. 이런 때에 넌 자연스럽게 아버지를 위로해줄 유일한 딸이야. 아버지가 슬퍼하는 이유를 캐물으며 귀찮게 하지 말고, 이런 시련의 시기에는 그저 곁에서 친구가 되어주면 돼. 오히려 그 슬픈 이유에 대한 세세한 내용을 모르는 게 네가 분별력을 가질 안전망이 될 수 있어. 아버지께서 두 번째 결혼을 하시던 2년 전에 아버지께 드리지 않았던 말이 있으면 지금도 전혀 말을 꺼내지 말기 바란다. 너와 아버지 사이에 저쪽 방의 여자가 들어서기 전의 네 모습으로 아버지께 다가서서 잘 보살펴 주렴."

"그렇게 할게요. 그럼요." 알리샤가 중얼거렸다.

"당연히 오들리 부인의 이름도 더 이상 입에 올리지 않는 게 좋겠어. 아버지께서 말이 없으실 때가 자주 있겠지만, 넌 인내심을 가지고 기다리렴. 설사 아버지께서 슬픔의 그림자를 평생 극복하지 못하시더라도, 여전히 인내심을 가져야만 해. 아버지의 슬픔이 치유될 거라는 희망을 갖기는 힘들지만, 딸의 헌신으로 보살펴드리면 제일 좋겠구나. 아버지를 진실로 순수하게 평생 사랑하는 사람은 이 세상에서 딸밖에 없다고 생각하시도록 말이야."

"그래요, 알겠어요, 로버트 오빠. 명심할게요."

로버트는 어린 시절 이후 처음으로 사촌을 품에 안고 넓은 이마에 입을 맞추었다.

"알리샤, 잘 해내렴. 그러면 나도 행복할 거야. 어떤 면에선 아버지께 이 슬픔을 가져오게 한 건 나이기도 하니까. 이 슬픔이 오래가지 않기만을 바랄 뿐이야. 알리샤, 백부님이 다시 행복하도록 꼭 만들어 주렴. 난 너를 어떤 오빠보다 진정으로 사랑할 거야. 비록 해리 경의 열정적인 흠모와는 다른 감정이겠지만 오빠로서의 사랑도 결국 값진 거라고 할 수 있어."

로버트의 가슴에 얼굴을 묻고 있던 알리샤는 그의 말이 끝나자 고개를 들어 눈물이 가득 찬 환한 미소로 그의 얼굴을 쳐다보며 말했다.

"로버트 오빠, 오빠는 좋은 분이에요. 오빠에게 그동안 화를 내며 어리석고 못되게 굴었어요. 왜냐면—"

어린 숙녀는 갑자기 말을 멈추었다.

"왜 그런 거지, 알리샤?" 로버트가 물었다.

"왜냐면 내가 어리석었기 때문이에요, 로버트 오빠." 알리샤는 재빨리 말했다. "신경 쓰지 마세요, 오빠. 오빠가 부탁한 대로 모두 다할게요. 아빠가 걱정거리를 오랫동안 잊지 못한다 하더라도 제 탓은 아니에요. 아빠를 따라 세상 어느 곳이라도 갈 거예요. 여행으로 아빠께서 위로 받으실 수만 있다면요. 지금 바로 가서 준비할게요. 아빠께서 오늘 밤 떠나실 것 같아요?"

"그래, 알리샤. 이 집에서 잠시는 모르겠지만 하루라도 더 머물려고 하지 않으실 거야"

"우편 열차가 9시 20분에 출발해요. 그러려면 한 시간 내로 이 집을 떠나야 해요. 로버트 오빠, 떠나기 전 다시 봐요."

"그래, 알리샤."

오들리 양은 방으로 달려가 하녀를 부르고 갑작스런 여행에 필요한 짐을 챙겼지만 여행의 최종 목적지는 여전히 모르는 채였다. 그녀는 로버트가 당부한 내용을 가슴 깊이 새겼다. 그녀는 하녀를 도와 짐을 꾸렸다. 그렇지만 비단 옷을 모자 상자에, 공단 구두를 옷 상자에 집어넣는 등 정신이 어디 딴 데 가있는 바람에 하녀를 당혹하게 만들었다. 그녀는 이 방 저 방 부지런히 돌아다니며 그림 도구, 음악책, 바느질감, 머리빗, 보석, 향수병 등을 모두 모았다. 마치 문명과는 전혀 담을 쌓은 야만 국가로 항해를 떠나는 듯이 요란을 떨었다. 그러면서도 아직 알지 못하는 아버지 슬픔의 이유를 내내 생각하고 있었다. 그리고 그녀의 심각한 얼굴과 진지한 목소리는 아마도 그날 밤 로버트에게서 새로운 성품을 발견했기 때문인지도 모르겠다.

로버트는 윗층으로 올라가 마이클 경의 옷방으로 갔다. 그는 문을 두드리고 귀를 기울여 응답을 기다렸다. 잠시 아무 소리가 없어 그의 심장은 빠르게 뛰었다. 그때 오들리 경이 문을 열어주었다. 남작의 하인이 주인의 성급한 여행짐을 열심히 싸고 있는 모습이 보였다. 마이클 경은 복도로 나왔다.

"로버트, 나에게 더 할 말이 있니?" 마이클 경이 조용히 말했다.

"도와드릴 것이 있는지 여쭤보러 왔어요. 기차를 타고 런던으로 가실 건가요?"

"그렇단다."

"어디서 지내실지 정하셨어요?"

"클라렌던에서 머물 예정이다. 그곳을 잘 알거든. 할 말이 끝났니?"

"네. 알리샤가 백부님과 같이 갈 거예요."

"알리샤가?"

"알리샤 역시 이곳에서 잘 지낼 수 없을 거예요. 아빠를 따라 함께 떠나가는 게 좋을 것 같아요."

"그래, 그래, 이해하겠어." 마이클 경이 로버트의 말을 가로막았다. "하지만 나와 함께 가는 대신 알리샤가 머무를 만한 다른 곳은 없을까?"

"알리샤가 당장 갈 곳은 따로 없습니다. 아빠와 함께 있지 않으면 행복해 하지 않을 겁니다."

"그럼 그렇게 하도록 하지. 알리샤와 함께 가도록 하겠어."

마이클 경은 애써 가라앉은 목소리로 대답했다. 말하는 것조차 고통스럽게 보였다. 이런 사사로운 일들이 뭐든 그에게는 잔혹한 고통인 듯싶었다. 슬픔 그 자체보다도 슬픔을 참으려는 게 더 힘든 고역인 모양이었다.

"잘됐네요, 백부님. 모든 게 준비되어 있어요. 알리샤도 9시에 떠날 준비가 되어 있어요."

"잘됐군, 잘됐어." 남작이 중얼거렸다. "내 딸도 원한다면 같이 가도록 하지. 가엾은 녀석, 어서 오라고 하게."

그는 딸에 대해 연민에 젖은 말투로 말하면서 무겁게 한숨을 쉬었다. 그는 저 아래층 방에 있는 한 여인 때문에 하나뿐인 딸에게 상대적으로 무심했었던 자신을 되돌아봤다.

"떠나시기 전 다시 들르도록 할게요. 그리고 저도 곧 떠나겠어요."

"잠깐만," 마이클 경이 갑자기 말했다. "알리샤에게 이 일을 말했나?"

"아무것도 말하지 않았어요. 단지 한동안 백부님이 이 집을 떠나있을 거라고만 했어요."

"아주 잘했군, 아주 잘했어." 마이클 경은 갈라진 목소리로 중얼거렸다.

마이클 경은 그에게 손을 내밀었고, 로버트는 양손으로 그 손을 잡아 입맞춤을 했다.

"오, 백부님! 이렇게 슬픔을 가져온 저를 용서해주세요. 백부님께 이런 슬픔을 가져온 제 자신이 너무 밉습니다."

"아니야, 아니야, 로버트. 자넨 옳은 일을 했어. 옳은 일을 한 거야. 오늘밤이 가기 전에 천상의 하나님이 나의 비참한 생명을 걷어가는 은총을 베풀어줬으면 좋겠어. 하지만 자넨 옳은 일은 한 거야."

마이클 경은 다시 방으로 들어갔고, 로버트는 다시 아래층 현관으로 내려왔다. 그는 루시이자 헬렌 톨보이즈였던 오들리 부인이 남아 있던 방 앞에서 멈췄다.

그녀는 마룻바닥에 엎드려 있었다. 남편의 발 밑에서 몸을 웅크리고 그녀의 잘못된 과거를 들려주던 그곳에 그대로 있었다. 그녀가 기절해 있는 건지, 아니면 비참한 절망으로 무기력하게 엎드려 있는 건지 로버트는 알 수가 없었다. 그는 다시 현관으로 나가 하녀를 불러 오들리 부인의 하녀를 오게끔 시켰다. 멋진 리본을 맨 하녀는 주인마님의 모습에 경악할 정도로 매우 놀랐다.

"오들리 부인이 매우 편치 않구나. 마님을 방으로 모셔라. 오늘 밤 방을 떠나지 않도록 보살피도록 해라. 너도 마님 곁을 떠나지 말고 잘 지켜보거라. 마님께 말을 걸지 말고 또한 마님이 말해서 흥분하게끔 만들지 않도록 주의를 하거라."

오들리 부인은 기절하지는 않았다. 하녀가 부축하는 대로 엎드려 있던 마룻바닥에서 일어섰다. 그녀의 금발머리는 목과 어깨까지 마구 엉클어진 채 흘러내려왔고 얼굴과 입술은 매우 창백해 보였다. 눈빛도 끔찍할 정도로 흐리멍덩해 보였다.

"나를 데려가 줘. 잠을 자야겠어! 머리가 터질 것 같아 잠을 자야겠어!"

그녀는 하녀의 부축을 받으며 자리를 뜨다가 로버트를 돌아보았다. "마이클 경께서는 이곳을 떠나셨나요?"

"이제 곧 떠나실 거예요."

"마운트 스태닝의 화재로 죽은 사람은 없나요?"

"없어요."

"정말 다행이네요."

"여관 주인인 막스가 화상을 심하게 입어서 그의 어머니 댁에서 치료를 받고 있어요. 하지만 곧 나아질 거예요."

"다행이군요. 아무도 죽은 사람이 없어서 다행이에요. 안녕히 계세요, 오들리 씨."

"내일 아침에 잠시 저와 이야기를 하시겠어요?"

"그러도록 하세요. 안녕히 계세요."

"그럼, 안녕히 주무세요."

그녀는 하녀의 어깨에 힘없이 기대어 자리를 떠났다. 뒤에 남은 로버트는 묘한 당혹감에 빠졌고, 매우 쓰라린 고통을 느꼈다.

로버트는 불꽃이 꺼져가는 난롯가에 앉아 누구든 따스하게 환영을 받았던 이 유쾌했던 저택에 그의 친구가 사라진 이래로 찾아온 변화를 생각하고 있었다. 그는 이런 갑작스런 위기 상황에서 뭘 해야 할지 쓸쓸한 난롯가에 앉아 생각을 곱씹고 있었다. 어떠한 결정도 내리지 못하고 멍하니 추억을 되씹고 있을 때 작은 탑 입구로 다가오는 마차바퀴 소리에 정신이 버쩍 들었다.

그가 서재의 문을 열었을 때 현관의 시계가 9시 종을 울렸다. 알리샤는 발그레한 얼굴의 시골 소녀인 하녀와 함께 계단을 내려왔다.

"잘 있어요, 로버트 오빠. 아빠를 잘 돌볼 테니 절 믿어요." 오들리 양이 로버트에게 손을 내밀며 말했다.

"물론이지. 몸 조심해, 알리샤." 그날 밤 두 번째로 로버트는 사촌의 이마에 입을 맞추고 포옹했다. 그건 해리 타우어즈 경이 앞서 선택을 받았으면 했었을 그런 황홀한 포옹이기보다는 형제간에 나누는 포옹 아니면 아랫사람에게 베푸는 윗사람의 친절 표시의 포옹에 가까웠다.

몇 분 후 마이클 경이 반백발의 근엄한 모습으로 하인을 대동하고 아래층으로 내려왔다. 그의 얼굴은 매우 수척했지만 매우 차분하고 침착해 보였다. 로버트에게 내민 그의 손은 얼음처럼 차가웠지만 평상심을 잃지 않은 목소리로 그에게 작별인사를 건넸다.

"남은 일을 잘 부탁하네, 로버트." 그는 그렇게 오랫동안 살았던 집을 떠나기 위해 몸을 돌리면서 말했다. "상황을 충분히 들었으니 결말은 듣지 않는 편이 낫겠어. 더 이상 들을 필요가 없이 명확해. 자네에게 모든 걸 맡기고 떠나네. 하지만 잔인하게 처리하지는 말도록. 자네가 잊지 말 것은 내가 얼마나 그녀를—"

그의 목소리는 말을 다 끝내기도 전에 심하게 떨렸다.

"모든 일을 처리할 때 백부님을 먼저 생각하겠습니다. 최선을 다해 일을 마무리 하겠습니다."

차분하려던 의도에도 불구하고 뿌옇게 고인 눈물이 앞을 가려 그는 백부님의 얼굴을 바라보지 못했다. 잠시 후 마차는 떠나고, 로버트는 어두운 서재에 홀로 앉아 있었다. 다 타고 남은 난로엔 빨간 불꽃 하나가 남아 있었다. 뭘 해야 할지 그는 생각에 잠겼다. 사악한 한 여성의 운명에 대한 깊은 책임이 그의 양 어깨에 떨어진 듯한 기분이었다.

'맙소사, 지난 9월 7일까지 아무런 목적도 없이 빈둥빈둥하던 내 생활에 하나님이 심판을 내린 것이 틀림없어. 이런 엄청난 책임이 내게 주어진 건 날 겸손하게 만들려는 분노한 하늘의 섭리임이 확실해. 사람은 제멋대로 살아갈 수 없다는 걸 고백하게끔 만들려는 거지. "난 생명을 가볍게 여길 거야. 위대한 전투에서 열렬히 싸우는 활동적인 사람들이야말로 잘못 판단하여 비참한 길을 가고 있는 거야." 제대로 된 사람이라면 이런 식으로 말할 수는 없는 거다. 또는 이렇게도 말할 수 없다. "난 전투가 벌어지고 있는 동안 장막에 머물며 아무 쓸모 없는 전투에서 쓰러져 짓밟힌 바보들을 비웃을 거야." 그저 겸손하고 조심스럽게 주어진 임무를 다할 뿐이지. 전쟁터에 나가야 한다면, 충직하게 싸우는 수밖에는 없어. 신성한 소집 명단에 이름이 올라갔는데 비겁하게 숨거나, 전투 경보가 울렸는데 텐트 속에 숨어버리는 일은 할 수 없어!'

하인이 촛불을 들고 서재에 들어와, 난로에 불을 다시 지폈다. 그러나 로버트 오들리는 난롯가 옆의 의자에서 여전히 꼼짝도 하지 않았다. 피그트리의 자기 집에 앉아 있을 때처럼 의자의 팔걸이에 팔을 올려두고 턱에 손을 괸 채였다. 하인이 자리를 떠나려고 하자 그는 고개를 들고 물었다.

"런던으로 전보를 부칠 수 있나?"

"하인 중 한 명이 브렌트우드로 가서 전보를 보낼 수 있어요."

로버트 오들리는 생각에 잠긴 채 시계를 쳐다보았다.

"보내실 전보가 있으시면 저희 중에 한 명이 브렌트우드로 말을 타고 가면 됩니다."

"편지를 보낼 게 있네. 리처드, 잠시 기다려 줄 수 있겠나?"

"물론이에요."

"그럼, 편지를 쓸 동안 잠시 기다리게."

"알겠습니다."

하인은 옆 탁자에서 편지지를 가져와 오들리 씨 앞에 갖다 놓았다. 로버트는 잉크에 펜을 적시고 한참 동안 초를 바라보며 신중하게 생각을 정리하다가 편지를 쓰기 시작했다. 편지 내용은 다음과 같았다.

템플, 페이퍼 빌딩의 프란시스 윌밍턴 씨에게,

친애하는 윌밍턴 씨, 정신병과 관련된 전문의를 알고 계시면, 전보를 보낸 주소로 그 전문의를 비밀리에 보내주기 바랍니다.

에식스, 오들리 코트의 로버트 오들리로부터

로버트는 편지를 담은 두툼한 봉투에 봉인을 한 뒤 금화 한 잎과 함께 하인에게 건네주었다.

"리처드, 이 일을 믿을 수 있는 사람에게 맡긴다는 걸 알고 있겠지. 역에서 기다리다 답장을 받아갔고 와야 해. 한 시간 반 정도면 답장을 받게 될 거야."

로버트를 오래전부터 알고 지냈던 리처드 씨는 옷깃을 내린 재킷 차림으로 임무를 수행하기 위해 출발했다. 한편 집안 하인들은 하인들의 거실에서 활활 타오르는 난롯가 주변에 둘러앉아 그날 일어난 사건에 완전히 당혹해하며 시끄럽게 의견을 나누고 있었다.

눈치 빠른 하인들의 추정은 진실에서 멀리 떨어질 수 없었다. 죄지은 여인이 주인의 발 앞에 무릎을 꿇고 그녀의 죄지은 이야기를 털어놓은 난롯가에서의 비밀에 그들이 어떤 실마리를 얻을 수 있었겠는가? 그들은 오직 마이클 경이 갑작스럽게 이곳을 떠난다는 시종의 말만 알고 있을 뿐이었다. 주인님은 백지장처럼 창백해진 얼굴에 평소와는 다른 이상한 목소리를 하고, 더구나 힘이라고는 하나도 없어 금방이라도 쓰러질 듯이 보였다.

하인들 중에 제법 똑똑한 몇몇 하인들의 견해로는 마이클 경이 로버트 오들리 씨를 통해 뭔가 갑작스런 정보를 얻었다는 거였다. 그들은 이 사태에 젊은 로버트 씨를 연관 지을 만큼 똑똑했다. 그리고 그 재난 사태의 원인은 어떤 가까운 친척이 죽었거나—그 친척이 누구일지에 대해 나이 먹은 하인들은 가문의 여러 명을 후보로 내세웠다—재정상 엄청난 피해가 발생했거나, 아니면 남작이 재산의 상당한 부분을 투자한 채권이나 은행이 부도가 났을 거라는 거였다. 대체의 분위기는 은행의 부도 쪽으로 기울어졌다. 하인들은 너나 할 것 없이 모두들 이런 상상에 은근히 까마귀같이 음울한 기쁨을 즐겼다. 비록 그런 추정은 이처럼 자애로운 집안의 몰락으로 그들 자신에게도 파멸을 가져오기도 하는 거였다.

로버트는 쓸쓸한 난롯가에 앉아 있었다. 장작불이 활활 타오르다 큼직한 굴뚝으로 빠져나가고, 윙윙 울어대는 3월의 바람이 집 주변을 들썩거리고 담쟁이넝쿨 벽을 휩쓸며 돌아다니는 소리를 듣고 있으려니 더욱 쓸쓸하였다. 또한 매우 피곤하고 지쳐있었다. 지난 밤 새벽 2시에 목재가 불타는 뜨거운 기운과 타오르는 목재가 탁탁 거리는 소리로 잠에서 깨어난 이후로 줄곧 잠을 자지 못하고 있었다. 하지만 그의 정신력과 냉철한 결단력 덕분에 루크 막스는 치명적인 죽음을 모면할 수 있었던 것이다. 로버트는 여전히 지난 밤의 끔찍한 일을 떨쳐내지 못하고 있었다. 그는 캐슬 여관의 집주인을 불 속에서 구하느라 앞이마의 한쪽이 그

슬렸고 왼쪽 손은 뜨거운 불길로 인해 빨갛게 부어 오른 상태였다. 그는 피로와 흥분으로 완전히 녹초가 된 상태여서 난롯가 앞 안락의자에서 그대로 깊은 잠에 빠졌다. 그리고 리처드가 편지를 들고 돌아왔을 때서야 겨우 깨어났다. 답장 내용은 다음과 같았다.

친애하는 오들리, 늘 기쁜 마음으로 따르겠습니다.

얼윈 모스그레이브 의사, 새빌 로우 12번지

답장에는 의사의 이름과 주소만이 적혀있을 뿐이었다.

"내일 아침 편지 한 통을 보내러 누가 브렌트우드에 갔다 왔으면 싶네." 전보를 접으며 로버트가 말했다. "아침 식사 전에 편지를 보내고 싶군. 고생한 보답으로 반 파운드를 주겠네."

"감사합니다. 그렇게까지 안 하셔도 됩니다. 하지만 물론 원하시는 대로 하십시오. 내일 아침 몇 시에 떠나면 좋을까요?" 리처드가 고개를 수그려 감사히 여기며 물었다.

로버트는 최대한 일찍 출발하기를 부탁했다. 그래서 아침 6시에 떠나기로 했다.

"내가 잠잘 곳이 마련되어 있나, 리처드?"

"예전에 묵으셨던 방이 준비되어 있습니다."

"잘됐군. 이만 자러 가야겠어. 브랜디와 물 칵테일 한 잔을 데워서 가져다 주게. 그리고 전보를 쓸 때까지 기다리게."

두 번째 편지는 위급한 문제가 있으니, 모스그레이브 의사에게 즉시 오들리 저택으로 방문해 달라는 매우 간절한 요청 내용이었다. 이 편지를 쓰고 나니 로버트는 모든 임무를 완수한 기분이 들었다. 그는 하인이 가져온 브랜디를 마셨다. 그동안 난롯가에서 겪은 일들로 뼛속까지 오슬오슬한 느낌이어서 약한 술 한 잔이 꼭 필요했던 거였다. 그는 클라라 톨보이즈를 생각하며 흐릿한 황금색 술을 들이켰다. 그 진지한 여성의 오빠에 대한 복수는 오빠를 희생시킨 자가 파멸하면서 일단락이 된 것이다. 그녀는 캐슬 여관의 화재 소식을 알고 있을까? 마운트 스태닝에 머무르는 그녀가 그 소식을 알고는 무슨 다른 일을 하였을까? 하지만 내가 위험에 빠졌었다는 걸, 그리고 술 취한 난봉꾼을 구하느라고 위험을 무릅썼다는 용감한 이야기도 들었을까? 고귀했던 주인이 집을 떠난 이 저택의 지붕 아래 쓸쓸한 난롯가에 앉아 있는 로버트 오들리가 이런 생각에 깊이 빠지기에는 너무 지쳐있었다. 그는 차가운 3월의 하늘 아래 전나무 장면으로, 그리고 그의 잃어버린 친구의 눈빛과 같은 검은 갈색 눈동자로 생각을 뻗어나가다가 잠이 들었다.

5. 모스그레이브 의사의 충고

오들리 부인은 잠이 들었다. 긴 겨울밤 속으로 깊은 잠에 빠졌다. 죄인은 종종 지상에서의 마지막 잠을 이렇게 깊이 자는 법이다. 다음 날 아침 간수가 깨우러 찾아올 때까지 평화롭게.

게임은 이제 끝이 났다. 오들리 부인이 도중에 패를 내동댕이 쳤거나 또는 갖은 재주를 피우며 속임수를 부리다 망해버린 것은 아니었다. 그보다는 상대편의 수가 워낙 강해서, 그녀는 결국 지고 만 거였다.

그녀는 두 번째 결혼을 하고 오래지 않아 조지 톨보이즈가 호주의 금 광산으로부터 돌아온다는 소식을 접한 날 이래로 가장 평온한 잠을 잘 수 있었다. 세상 사람들이 그녀의 사악함을 다 알게 되었으니 그녀는 이제 휴식을 취할 수 있는 거였다. 더 이상은 밝혀낼 것도 없었다. 참을 수 없게 그녀의 어깨를 짓누르던 끔찍스런 비밀의 짐을 모두 날려버린 거였다. 그녀의 이기적인 감각적 본성이 다시 그녀를 지배하게 되었다. 그녀는 녹색 벨벳 커튼이 드리워진 오리털 침대의 보드라운 비단 이불 밑에서 몸을 푹 묻고 곤히 잠들었다. 그녀는 하녀에게 자신의 방 안에 놓여진 작은 침대에서 잠을 자도록 지시를 내렸다. 또한 등잔불도 밤새 켜놓으라고 지시했다.

고요한 한밤중에 누군가가 찾아올까봐 두려워서 그런 것은 아닐 것이다. 그녀는 철저히 이기적인 탓에 자신에게 해를 끼치지 않는 것에 대해서는 전혀 괘념하지 않았다. 그리고 실제로 유령이 존재하여 실질적으로 감지할 수 있는 위험을 저지른다는 것도 결코 믿지 않았다. 그녀는 로버트 오들리를 매우 두려워했지만 이제 그가 더 이상 두렵지도 않았다. 그는 이미 최악의 짓을 저질렀고 그가 존경해마지 않는 분의 이름에 불명예를 영원히 씌우는 일을 더 이상 할 수 없다는 걸 알고 있었다.

'그들은 어딘가로 나를 쫓아낼 거야. 그게 그들이 내게 할 수 있는 가장 최악의 짓이겠지.' 그녀는 생각했다.

그녀는 자신이 특별한 대우를 받고 있는 국사범처럼 느껴졌다. 안락한 수감시설에 갇힌 철가면이 될 게 틀림없었다. 그녀는 모든 것에 낙담한 상태였다. 그녀는 지난 며칠 동안에 백 년을 산 기분이었다. 적어도 당분간은 더 이상 고통을 감내할 기력이 없었다.

그녀는 다음 날 아침 진한 녹차와 부드러운 토스트를 먹었다. 마치 사형수에게 허락된 마지막 식사를 조용히 맛있게 즐기는 동안 간수는 그 앞에서 사형수가 교수형 집행을 회피하기 위해 그릇을 깨서 삼키지는 않는지, 찻수저를 삼키지는 않는지, 또는 그 밖에 어떤 난폭한 행동을 하지는 않는지 지켜보고 있는 듯한 기분이었다. 그녀는 아침 식사를 마치고, 목욕을 한 뒤, 머리만 손질하고, 얼굴은 대충 매만진 채로 화려한 옷방에서 나왔다. 그녀는 방을 떠나기 전 방 안의 값 비싼 물건들을 안타까운 눈초리로 머뭇거리며 둘러보았다. 하지만 그분 사랑의 말없는 증거가 되는 방 안에 잔뜩 흩어져 있는 갖가지 값진 소품들과 가구들에는 사실 그분을 애타게 상기시켜주는 것은 하나도 없었다. 그녀는 단지 이 물건들을 구입하는 데 들어간 비용을 생각하면서 이 화려한 방 안 물품들이 곧 그녀의 손에서 벗어나게 되어 너무나 비참한 심정이었다.

그녀는 방을 떠나기 전 전신거울에 자신의 모습을 비춰보았다. 기나긴 밤 동안 푹 잠을 잔 덕분에 그녀의 얼굴은 장밋빛 홍조를 띠고 있었고, 푸른 눈은 원래의 광채를 되찾았다. 전날 밤 그렇게 끔찍하게 타올랐던 부자연스러웠던 열기는 사라졌다. 오들리 부인은 거울에 비친 자신의 어여쁜 모습을 찬찬히 뜯어보며 승리에 찬 미소를 지었다. 그녀의 적들이 시뻘겋게 단 쇠로 그녀를 지지고 그녀의 사랑스러운 모습을 불태워버릴 수 있었던 날들은 지나갔다. 그들이 그녀에게 어떠한 짓을 하던지 간에, 그녀의 아름다움만은 빼앗지 못할 거라고 그녀는 생각했다. 최악의 짓을 해도 그들은 그녀의 미모를 빼앗는 데는 무력한 거였다.

3월의 아침은 생기 없는 햇살 속에서도 눈부시게 빛났다. 오들리 부인은 인도산 숄로 몸을 감쌌다. 마이클 경이 100파운드를 들여 선물한 숄이었다. 이 값비싼 옷을 입고 있으면 갑자기 내쫓기더라도 이것만은 자신의 소유가 될 거라고 생각한 듯싶었다. 그녀가 얼마나 멋진 집과 훌륭한 가구, 마차와 말, 보석과 레이스를 누리며 살았는지 기억해 보라. 절망 속에서도 그녀가 이렇게 겉만 번지르르한 것들에 얼마나 집착하고 있는지는 놀라운 일이 아니었다. 그녀는 배반자의 역할을 했으면서도 치욕스러운 인생의 마지막 순간까지 서른 가지의 보석들을 품에 꼭 안고 있을 거였다.

로버트 오들리 씨는 서재에서 아침 식사를 했다. 그는 차 한 잔을 앞에 두고 해포석 파이프 담배를 피우며 오래도록 앉아 있었다. 그에게 남겨져 있는 오들리 부인에 대한 임무를 무거운 마음으로 생각하고 있었다.

'모스그레이브 의사의 조언을 들어봐야겠어. 의사와 변호사들은 세속적인 19세기의 고해신부와 같아. 분명히 그가 날 도와줄 수 있을 거야.'

런던에서 온 첫 급행열차가 열 시 반에 오들리 마을에 도착했다. 그리고 열한 시 오 분 전에 충실한 하인 리처드가 모스그레이브 의사를 데리고 왔다.

새빌 로우에서 온 그 의사는 키가 크고 오십 대였다. 여윈 몸에 홀쭉한 턱의 의사는 연한 잿빛 눈을 가지고 있었다. 젊었을 적에는 파랬을 눈이 세월에 따라 현재의 중간색으로 변한 것 같았다. 올윈 모스그레이브 의사는 비록 의학의 힘을 강력히 행사하고 있었지만 매우 견고한 체격은 아니었고 얼굴도 환히 밝지는 않았다. 얼굴은 이상하리만치 표정이 없었지만 집중력은 유난히도 깊어 보였다. 인생의 많은 시간을 다른 이들의 이야기를 듣는 데 보냈고, 이제 최근에는 자신의 개성과 열정을 나누는 데 힘쓰는 사람의 얼굴 모습이었다.

의사는 로버트 오들리에게 인사한 뒤 안내해주는 대로 맞은편 의자에 앉아 젊은 변호사에게 주의를 기울였다. 로버트는 의사의 시선이 잠깐 머뭇거리다가 자신의 얼굴을 관찰하듯이 열심히 살피는 것을 알 수 있었다.

'저 사람은 내가 환자인줄 착각하는 것 같군. 그리고 내 얼굴에서 어떤 광기를 찾으려고 하는 모양이야.'

모스그레이브 의사는 그의 생각을 읽기라도 한 것처럼 미심쩍게 입을 열었다.

"당신에게 문제가 있어 보이진 않는군요. 저랑 상의할 일이 있으신가요?" 그가 미심쩍게 말했다.

"아, 제 문제는 아닙니다."

의사는 조끼 주머니 속에 마치 감자인 듯이 아무렇게나 넣고 다니는 50파운드나 되는 벤손 모델 회중시계를 꺼내 들여다보았다.

"제가 바쁘다는 사실은 잘 아실 겁니다. 당신이 보낸 전보를 받고 매우 위급한 일이 있다고 판단했습니다. 그렇지 않으면 오늘 아침 이곳에 오지 않았을 겁니다."

로버트는 우울하게 난롯불을 들여다보고 있다가, 어떻게 말을 끄집어내야 할지 망설이고 있던 중이었는데, 의사의 이런 재촉이 필요했다. 그는 억지로 몸을 추스르며 말을 꺼냈다.

"선생님은 매우 훌륭한 의사라고 들었습니다. 제 부탁을 받아주어 이곳에 와주셔서 무척 감사합니다. 제게 말로 다할 수 없는 고통스러운 일이 발생한 것에 대해 말씀드리겠습니다. 이 어려운 사건에 대해 선생님의 조언이 필요했습니다. 선생님의 경험이 곤경과 복잡한 상황에 처한 저와 제게 귀한 사람들을 구해 주시리라고 전적으로 믿습니다."

사무적인 태도로 주의를 기울이던 의사는 곧 흥미롭다는 표정을 지으며 로버트의 말에 귀를 기울였다.

"의사에게 환자의 모든 상황을 털어놓는 일은 죄인이 목사에게 고백하는 것과 마찬가지로 성스러운 일이겠지요?" 로버트가 엄숙히 물었다.

"그렇습니다."

"어떠한 경우에도 비밀을 지켜주실 수 있습니까?"

"물론입니다."

로버트 오들리는 다시 한번 난롯불을 들여다보았다. 백부님의 아내에 대한 좋지 못한 이야기를 얼마만큼 깊이 털어놔야만 하나?

"모스그레이브 의사 선생님, 선생님은 정신병 치료에 많은 경험을 갖고 있다고 들었습니다."

"그렇습니다. 제 분야는 주로 정신 질환 치료에 집중되어 있습니다."

"그렇다면, 때로 이상하고, 심지어 아주 끔찍한 정신병을 접해 보셨으리라 생각됩니다."

의사는 고개를 끄덕였다. 그는 냉철한 가슴속 깊이 중대한 비밀을 잘 간직해왔으며 또한 그런 짐의 무게를 조금도 불편하게 여기지 않을 사람처럼 보였다.

"제가 지금 말씀드리려고 하는 이야기는 제게 일어난 일은 아닙니다." 잠시 후 로버트가 말했다. "그러므로 다시 한번 부탁드리지만, 어떤 상황에서든 명백한 정당성이 있지 않는 한 제가 말씀드리는 사항들을 절대 비밀로 지켜주십시오."

의사는 다시 한 번 고개를 끄덕였다. 이전보다 조금 더 단호한 모습이었다.

"당신 말에 귀를 기울이고 있습니다." 그가 냉담하게 말했다.

로버트 오들리는 의사에게 더 가까이 의자를 끌고가 나직한 목소리로 지난 밤 오들리 부인이 무릎을 꿇고 한 이야기들을 털어놓기 시작했다. 로버트의 얼굴을 쳐다보며 줄곧 집중하여 듣고 있는 모스그레이브 의사의 표정은 이 기이한 이야기에 그다지 놀라는 기색이 없어 보였다. 벤트너에서의 음모 이야기를 들을 땐 조용히 미소를 짓기도 했다. 로버트 오들리의 이야기는 마이클 경이 아내의 고백을 중단시켰던 지점에서 끝이 났다. 그는 조지 톨보이즈가 사라진 일과 그 실종으로 인한 끔찍한 의혹들에 대해서는 전혀 말머리도 꺼내지 않았다. 또한 캐슬 여관에서의 화재 사건도 전혀 언급하지 않았다.

모스그레이브 의사는 이야기가 끝나자 엄숙히 고개를 저었다.

"더 이상 말할 내용은 없나요?"

"없습니다. 더 이상 말씀 드릴 사항은 없습니다." 로버트는 약간 얼버무리듯이 말했다.

"당신은 그 여자가 한 행동이 무책임하기 때문에 그 여자가 미쳤다고 증명하려는 거군요."

로버트는 놀란 표정으로 정신과 의사를 바라보았다. 그는 어떻게 그처럼 즉시 자신의 비밀스러운 욕망을 눈치채고 있는 걸까?

"그래요. 전 가능하다면 그 여자가 미쳤다고 생각하고 싶습니다. 그것이 그녀의 행동에 대한 변명이 될 수 있다면 좋겠어요."

"형평법 소송의 **소동**[5]을 피하기 위해선가요, 오들리 씨?"

로버트는 그의 말을 인정하듯 고개를 숙이며 몸을 떨었다. 그가 끔찍이 싫어하고 두려워하는 것은 형평법 소송보다 더 심한 사항이었다. 그의 꿈속에서 오래도록 시달렸던 것은 살인자의 재판이었다. 그 꿈속에서 피고석에 앉은 백부님의 아내, 그리고 궁금해하는 군중들이 사방에서 웅성거리는 법정의 영상으로 그는 종종 치욕스런 고통을 겪다 깨어나곤 했었다.

"도움이 되지 못할 것 같아 걱정되는군요. 그 부인을 만나도

---

5 형평법 소송의 소동: 형평법 법원에 제출된 청원 소동. 미쳤다고 추정되는 사람의 가족이나 법적 대리인은 형평법 법원(the Court of Chancery)에 청원하여 재판을 받을 수 있는 권리가 부여된다. 형평법 법원에 청원과는 별도로 1828년 정신병원 법령(the Madhouse Act)에 따르면, 정신병원에 수용되기에 앞서 각각 별도로 두 명 의사의 진단을 받아야만 했다.

좋을까요? 하지만 저는 그 여자가 미쳤다고 생각되지 않는군요."

"왜 그렇게 생각하시는 거죠?"

"왜냐하면 그 여자가 한 행동에서 정신이상의 근거를 발견할 수 없기 때문입니다. 그녀는 집에서 달아났어요. 왜냐하면 그곳이 그녀에게 좋은 곳이 아니어서 더 나은 환경을 찾아 떠난 것이에요. 그것에는 어떠한 광기의 행동도 나타나지 않습니다. 그녀는 부와 명예를 얻기 위해 중혼의 죄를 범했어요. 그것 역시 정신이상 행동이 아니에요. 그녀가 절망적인 상태에 놓여졌을 때, 그녀는 자포자기하지 않았어요. 아주 현명한 방법으로 차분하게 그리고 심사숙고하여 음모를 꾸며나갔죠. 전혀 정신이상적인 증세가 보이지 않습니다.

"하지만 그녀가 말한 유전적인 정신병 기미는요?"

"그녀가 정신병을 가지고 있다면 3세대까지 유전될 수 있어 그 부인의 자식까지 출현될 수 있습니다. 정신병은 엄마와 딸 사이에 필연적으로 유전되는 게 아닙니다. 오들리 씨, 당신을 기꺼이 돕고 싶지만, 나에게 들려준 이야기로서는 정신병에 대한 진단을 내릴 수가 없겠습니다. 영국의 어느 판사도 이러한 경우에 대해서 정신이상 증세로 받아들이지 않을 거예요. 이 부인에게 당신이 할 수 있는 최선의 일은 그 부인을 첫 남편에게로 돌려보내는 것뿐입니다. 만약 그 남편이 부인을 받아들인다면요."

로버트는 그의 친구에 관한 언급을 듣고 놀랐다. "그녀의 첫 남편은 죽었어요—처음엔 그가 사라진 것이라 생각했지만—지금은 그가 죽어버렸다고 믿을 만한 이유를 확보하고 있습니다."

모스그레이브 의사는 로버트 오들리가 조지 톨보이즈에 대해 말할 때 그의 목소리에서 깜짝 놀란 당혹감이 담겨있음을 알아챘다.

"그 부인의 첫 남편이 실종되었군요. 당신은 그가 죽었다고 생각하고요." 의사는 실종이란 말에 이상하게도 힘을 주어 말했다.

의사는 로버트가 바라보았던 난롯불을 바라보며 잠시 침묵했다.

"오들리 씨, 아직 당신은 말하지 못한 게 남아 있군요. 모든 사실을 말하지 않았어요."

갑자기 치켜 올린 로버트의 얼굴은 의사의 말에 놀란 표정이었다.

"저를 신뢰하지 못하여 모든 걸 말씀하시지 않으면 제 전문적인 경험에서 벗어난 우발적 상황을 제대로 판단할 수 없게 됩니다. 오들리 씨, 당신은 그 부인에 대해서 다 이야기한 것이 아니에요. 제게서 조언을 들으시려면 모든 걸 제게 털어놓아야만 합니다. 첫 번째 남편에게 무슨 일이 생겼나요?"

의사는 이 물음이 아치형 구조물의 쐐기돌 역할을 할 것임을 잘 안다는 듯이 단호한 어조로 말했다.

"의사 선생님, 앞서 말씀 드렸듯이, 저는 더 이상 말할 게 없어요."

"그렇군요. 하지만 당신의 얼굴은 저에게 뭔가 감추고 있는 표정이군요. 절 믿지 못한다는 표정입니다."

로버트는 말이 없었다.

"제가 무슨 도움을 주려면, 저를 믿어야만 해요, 오들리 씨. 첫 번째 남편이 사라졌다고요—언제, 어떻게요? 그의 실종에 관한 이야기를 듣고 싶군요."

로버트는 한동안 말이 없다가 고개를 들고 진심 어린 모습으로 의사에게 가까이 다가서며 말했다.

"선생님을 믿고 모든 걸 털어놓겠습니다. 선생님의 명예와 선의를 전적으로 신뢰하겠습니다. 선생님에게 사회적으로 적절하지 못한 조치를 취하도록 요청하는 건 아닙니다. 하지만 가능하다면 양심적인 선에서 치욕과 불명예로 더럽혀진 적이 없는 우리 가문의 이름을 구해 주시길 바랄 뿐입니다."

로버트는 조지의 실종에 관한 사항을 말하면서, 그가 지녔던 의혹과 두려움을 마지못해 털어놓았다.

모스그레이브 의사는 전과 같이 조용히 그의 이야기를 들었다. 로버트는 의사의 호의적 감정에 진지하게 호소하며 이야기를 마쳤다. 그는 백부님이 이 사악한 여자에게 무한한 신뢰를 보냈지만 나이 들어가는 말년에 고통만 받게 된 이 사건에서 그 관대한 어르신의 마음을 사려 깊게 살펴주기를 간청했다.

모스그레이브 의사의 얼굴 표정만으로는 반응이 우호적인지 아닌지 어떤 결론을 끌어내기는 불가능했다.

"시간이 이십 분 가량만 남아 있군요. 괜찮으시다면 오들리 부인을 직접 만나볼 수 있을까요? 부인의 어머니께서 정신병원에서 돌아가셨다고 하시니까요."

"그렇습니다. 혼자서 그녀를 보시겠어요?"

"괜찮다면, 그게 좋을 것 같군요."

로버트는 오들리 부인의 하녀를 불렀다. 그 하녀의 안내로 의사는 팔각형 곁방으로 찾아가, 그곳의 멋진 내실에서 부인과 대화를 나누었다.

10분이 지나 의사는 로버트가 기다리고 있는 서재로 돌아왔다.

"부인과 이야기를 나눴습니다. 그리고 우린 서로 이야기를 잘 해나갔습니다. 부인에겐 정신병이 잠복해 있습니다! 전혀 드러나지 않을 수도 있고 평생에 한두 번 일어날 수도 있는 정신병 증세예요. 아마도 최악의 단계에선 **치매**가 될 수도 있습니다만 그 지속기간은 매우 짧습니다. 그렇지만 극단적인 심적 압박감에서만 일어날 겁니다. 저 부인은 미친 게 아니에요. 하지만 유전적인 증세를 가지고 있어요. 부인은 신중한 지력으로 그걸 교묘히 감추고 있습니다. 오들리 씨, 그 부인의 정체를 아시겠지요. 그 부인은 매우 위험한 인물입니다!"

의사는 방 안을 이리저리 서성이다 말을 이어갔다.

"오들리 씨, 당신을 괴롭히고 있는 의혹의 가능성에 관해서는 해줄 말이 없어요. 하지만 이것만은 이야기할 수 있어요. 어떠한 **추문**도 권하지 않겠습니다. 조지 톨보이즈가 사라졌지만, 당신은 그가 죽었다는 증거를 가지고 있지 않아요. 만일 당신이 그가 죽었다는 증거를 찾아낼 수 없다면, 그 부인이 그를 제거할 강력한 동기를 갖고 있었다는 사실 이상으로 그 부인을 기소할 증거를 제출할 수 없게 되는 셈입니다. 영국의 어느 재판관도 그런 정도의 증거로 그 부인에게 유죄를 내리지 않을 겁니다."

로버트 오들리는 성급히 의사의 말을 가로 막으며 말했다.

"의사 선생님, 저의 가장 큰 근심은 자연히 어떤 노출이—어떤 불명예스러운 게 드러나는 일입니다."

"물론이죠, 오들리 씨." 의사가 차갑게 말했다. "하지만 제가 사회적으로 위법행위를 눈감아주면서까지 당신을 도와줄 수는 없습니다. 그 부인이 살인을 저질렀다는 충분한 증거를 내 눈으로 보았다 할지라도 그 부인을 죄의 심판으로부터 벗어나게 하려는 당신의 일을 돕는 걸 거절했을 겁니다. 제가 도와줌으로써 비록 많은 가문들이 불명예의 치욕을 벗어날 수 있었을지라도요. 하지만 전 당신의 의혹에 대한 합당한 근거를 찾지 못했습니다. 언제라도 도울 일이 있으면 기꺼이 최선을 다하겠습니다."

로버트 오들리는 의사의 손을 양손으로 움켜잡고 말했다.

"그렇게 해주신다니 정말 감사 드립니다. 저의 백부님을 대신해서도 감사 드립니다."

"저는 이제 5분밖에 시간이 없군요. 편지를 한 통 쓰겠습니다." 의사가 젊은이의 열정에 미소를 지으며 말했다. 그는 창가 책상에 앉아 잉크에 펜을 적셔 급히 편지를 적어 내려갔다. 쪽지 종이의 세 면을 꽉 채우고 나서 그는 펜을 내려놓고 편지를 접었다. 그는 편지를 봉투에 집어넣은 후 봉인을 하지 않은 채 로버트에게 건네주었다.

편지의 주소는 아래와 같았다.

발 씨에게.

빌레브뤼뫼즈, 벨기에

오들리 씨는 주소를 보고 미심쩍은 표정으로 의사를 바라보았다. 의사는 세상 그 어떤 일도 이보다 엄숙한 일이 없다는 듯이 신중하게 장갑을 끼고 있었다. 로버트의 의문에 찬 눈초리에 의사는 대답했다.

"이 편지는 제 친구 발에게 보내는 겁니다. 그는 빌레브뤼뫼즈의 마을의 훌륭한 정신병원을 운영하는 정신과 의사입니다. 우리는 오랫동안 서로 알고 지내는 사이입니다. 틀림없이 그 친구는 오들리 부인을 자기 병원에 기꺼이 받아줄 거고 장차 부인을 직접 맡아 치료할 겁니다. 매우 멋진 결정이 아니겠습니까?"

로버트 오들리는 그의 도움에 다시 한 번 감사의 뜻을 말하고 싶었으나 모스그레이브 의사는 권위 있는 손짓으로 그의 말을 제지했다.

"오들리 부인이 그곳으로 보내지는 순간부터 행동과 다채로웠던 부인의 삶은 끝을 맺게 될 겁니다. 그녀가 가진 비밀은 영원히 비밀로 남게 될 거예요. 그녀가 어떠한 범죄를 저질렀든 간에 더 이상은 그렇게 하지 못할 거예요. 당신이 그녀를 산 채로 가까운 교회 묘지에 묻는다고 할지라도, 이보다 더 그 부인을 외부의 세속적인 세계로부터 완전히 단절시키는 게 불가능할 겁니다. 하지만 생리학자로서 그리고 정직한 인간으로서 제가 드리는 조언대로 하는 것이 이 사회에 더 큰 이로운 일이라고 생각합니다. 왜냐하면 생리학적 측면에서 보면, 제가 10분 전에 만나 뵈었던 여성은 대체로 신뢰할 수 있는 여성이라고 할 수 없었습니다. 바로 지금처럼 제가 앉아 그 여성에게 말을 하고 있을 때 그 여성이 제 목을 향해 튀어올라 작은 손으로 제 목을 졸라 죽일 수만 있었다면, 아마 그녀는 그렇게 했을 겁니다."

"그러면, 그녀는 당신의 목적을 의심했군요!"

"그 부인은 그걸 알고 있더군요. '내 엄마처럼 나를 미쳤다고 생각하고, 내게 질문하러 온 거군요. 내 핏속에 뭔가 끔찍한 이상 증세를 찾으려는군요.'라고 말하더군요. 오들리 씨, 그럼 안녕히 계세요. 떠날 시간이 10분 지체됐군요. 이제 그만 기차를 타러 떠나야겠어요."

6. 산 채로 묻히다

로버트 오들리는 서재에서 의사의 편지를 탁자 위에 올려둔 채 홀로 앉아 아직 해결되지 않은 나머지 문제를 생각하고 있었다.

젊은 변호사는 이 비참한 여인을 맹렬히 비난해 왔었다. 그녀를 심판했었고, 이제는 그녀의 간수였다. 그 앞에 놓인 편지를 그 주소로 보내기 전까지, 외국 정신병원의 의사에게 그의 임무를 안전하게 넘기기 전까지, 그의 어깨에 짊어진 끔찍하고 무거운 짐을 벗어버리기 전까지는 아직 해결해야 할 일이 남아있었다.

그는 오들리 부인에게 짧은 편지를 썼다. 그녀를 오들리 저택에서부터 돌아올 것 같지 않은 장소로 보내려고 하니 바로 떠날 준비를 하라는 내용이었다. 가능하다면 오늘 저녁에 떠나고 싶다는 말을 보탰다.

부인의 하녀인 수잔 마틴은 이렇게 갑자기 마님의 짐을 싸는 것은 힘들다고 생각했지만 오들리 부인이 이 일을 도왔다. 비단과 벨벳 옷을 접고 또 접고, 보석과 모자를 한 곳으로 모으고 하는 일은 부인에게는 즐거움을 안겨주었다. 이런 일은 그녀의 물건을 빼앗으려는 것이 아니라 그녀를 어떤 곳으로 추방시키는 것일 뿐이라고 그녀는 생각했다. 그러나 추방이라도 희망이 전혀 없는 것은 아니었다. 이 넓은 세상의 어느 곳에 가든 그녀의 미모를 쫓아와 기꺼이 그녀의 종복 기사와 부하가 되려는 사람이 없을 수가 없는 거였다. 그녀는 하녀에게 지시도 내리고 직접 돕기도 하며 결연히 짐을 꾸렸다. 그렇지만 하녀는 이렇게 모든 짐을 싸서 급히 떠나는 것으로 봐 파산의 기미를 눈치 챘고, 자연히 짐을 싸는 일이 맥없고 시큰둥했다. 저녁 6시가 되어서 오들리 부인은 하녀를 로버트에게 보내 그가 원하는 대로 떠날 준비가 되었다고 알렸다.

로버트는 철도여행 안내서를 살펴보다가 벨기에의 빌레브뤼뫼즈가 철도길에서 벗어나 있고, 브뤼셀에서 승합마차로만 접근 가능하다는 걸 알아냈다. 도버로 향하는 우편기차가 런던 브리지역에서 저녁 9시에 출발하고, 오들리 마을에서의 7시 런던 상행선이 쇼어디치에 8시 15분에 도착하니, 로버트와 그의 일행은 쉽게 그 열차를 탈 수 있을 거였다. 그들은 도버와 칼레를 거쳐 다음날 오후나 저녁쯤이면 빌레브뤼뫼즈에 도착할 예정이었다.

음울한 밤의 여행에서 무엇이 더 필요할 게 있을까? 오들리 부인은 마차 안 좁은 의자에 기대어 모피외투로 몸을 편안히 감싸고 있었다. 그녀는 이런 비참하고 수치스러운 상황에서도 그녀가 좋아하는 러시아산 흑담비 모피 외투만은 잊지 않고 챙겼다. 그녀의 세속적인 욕망은 자신의 소유물이었던 값 비싸고 아름다운 물건들에 탐욕스럽게 연연하였다. 그녀는 비단 드레스 주름 사이에 깨지기 쉬운 찻잔과 세브르 도자기와 드레스덴 도자기들을 숨겨 갖고 나왔다. 또한 보석이 박힌 금박 잔들은 리넨 드레스 사이에 집어넣어 갖고 나왔다. 그녀는 할 수만 있었다면 벽에 걸린 그림들과 의자 위의 고블랭 태피스트리도 가져가고 싶은 마음이었다. 그녀는 챙길 수 있는 모든 것을 챙겼고, 절망으로 인한 낙담으로 무뚝뚝하게 로버트의 말에 복종하고 있었다.

로버트 오들리는 도버 역의 증기선 갑판에서 12시를 알리는 시계 종소리를 들으며 서성이고 있었다. 바다는 점점 광활해져 갔고 바다의 어둠 너머로 마을 불빛이 빛나는 초승달처럼 반짝였다. 증기선은 출렁이는 물결을 헤치며 친근한 프랑스 해안을 향해 부드럽게 미끄러져갔다. 오들리 씨는 자신의 일이 멀지 않아 끝날 거라는 걸 상기하면서 안도의 긴 한숨을 내쉬었다. 그는 아래 객실에 친구도 없이 쓸쓸히 누워있는 비참한 여인을 생각했다. 그러나 그녀를 가장 불쌍히 여기고, 나약한 여성으로서 겪는 그녀의 절망에 때로 동정을 보내지 않을 수 없었으나, 그때마다 로버트는 친구의 얼굴이 다시 떠올랐다. 조지가 밝은 희망을 품고 처음 호주에서 돌아온 날의 희망에 부푼 빛나는 모습이었다. 그리고 그 기억과 함께 남편의 가슴을 찢어버린 그녀의 수치스러운 거짓말에 대한 공포심이 상기되었다.

'내가 이 일을 잊을 수 있을까? 커피 가게에서 내 반대편에 앉아《타임즈》신문을 손에 들고 있던 그의 창백한 얼굴을 잊을 수 있을까? 세상에는 결코 보상받을 수 없는 범죄가 존재하는데, 이 일이 바로 그런 범죄에 해당하지. 내일이라도 조지를 되살릴 수 있다고 하더라도, 이 상처받은 마음을 치유할 수 없겠지. 그가 신문의 거짓 소식을 접하기 하루 전의 모습대로 그를 되돌릴 순 없겠지.'

그 다음날 늦은 오후 승합마차가 빌레브뤼뫼즈의 비포장 도로를 덜거덕거리며 달렸다. 언제나 지루하고 음울한 오래된 가톨릭 마을은 잿빛 저녁 하늘 아래 평상시보다 더 음울하게 보였다. 일찍 불이 켜진 반짝이는 거리 등불이 서로 간에 긴 거리를 두고 희미하게 비추고 있었는데, 개똥벌레가 뿜어내는 반짝이는 빛이 울타리의 어둠을 더 강렬하게 만들고 이 마을을 밝게 만드는 게 아니라 오히려 더 어두워 보이게 만들었다. 이 먼 벨기에 도시는 사람들에게서 잊혀진 옛 장소였다. 좁은 길의 무너져가는 건물과 허물어져가는 지붕, 취약한 굴뚝들이 그 음울한 증거를 남겨놓고 있었다.

맞은편 집들이 매우 빼곡하게 줄지어 늘어서 있어 지나가는 승합마차가 인도를 걸어가는 보행자를 스쳐가는 바람에 보행자들은 옷깃이 상점 유리창에 닿을 만큼 건물에 바싹 붙어야만 했다. 이 오래된 도시 뒤편에는 평평한 시골 대지가 광활하게 펼쳐져 있어 이처럼 도시에 집들이 옹기종기 모여있을 이유가 없었다. 혹평하기를 즐기는 여행자들은 왜 이렇게 좁디 좁은 불편한 길에 건물들과 지나가는 행인들로 이처럼 분주한지 의아해 하겠지만 좀더 품위 있고 넓은 도로는 한갓지고 텅 비어 있었다. 로버트 오들리는 이런 것에는 신경쓸 겨를이 없었다. 그는 곰팡이 핀 마차 구석에 앉아서 반대편 구석의 오들리 부인을 지켜보며, 얼굴을 가린 면사포 아래 조심스럽게 숨기고 있는 얼굴 표정이 어떤지 궁금하였다.

그들은 여행 내내 2인승 4륜 마차를 타고 길을 달려왔다. 브뤼셀과 빌레브뤼뫼즈 사이를 오고 가는 여행객들은 그다지 많지 않았고 공공교통은 이윤을 추구하는 회사가 아닌 옛 관례대로 운영을 하고 있었기 때문에 불편한 까닭에서였다.

오들리 부인은 여행하는 동안 아무런 말이 없었다. 로버트가 휴게소에서 그녀에게 음료수를 건넬 때 거절의 말을 한 게 전부였다. 브뤼셀을 떠나는 그녀의 마음은 무겁게 가라앉았다. 그 도시가 이 여행의 목적지였기를 희망했었기 때문이었다. 그녀는 우울하고 절망적인 기분으로 벨기에의 음울한 풍경에서 고개를 돌렸다.

마차가 자갈이 깔린 커다란 사각형 마당에서 멈추자 그녀는 마침내 고개를 들었다. 그 마당은 한때 수도원으로 들어가는 입구였지만 지금은 음울하게 보이는 호텔의 정원으로 쓰이고 있었다. 이 호텔의 지하실에는 쥐들이 서로 난동을 피우는 곳이었지만 호텔 방에는 밝은 햇살이 따스하게 비추었다.

오들리 부인은 마차에 내리며 몸을 떨었다. 그리고 주변의 쓸쓸한 정원을 둘러보았다. 로버트를 둘러싼 포터들은 그가 묵을 방이 어딘지 시끄럽게 떠들어대며 서로 여행가방을 옮기려고 소동을 부렸다. 포터 한 명이 오들리 씨의 지시로 달려와 사륜마차의 고삐를 잡고 사라졌다가 한 쌍의 말과 함께 다시 나타났다. 이 말들은 평범한 작은 말이었지만 어찌나 큰 소리로 비명을 질러대는지 어둠 속에서 울어대는 악마 소리 같았다.

로버트는 졸음에 겨워하는 하인의 보호 아래 오들리 부인을 쓸쓸한 커피점에 남겨두고 조용한 도시의 먼 곳까지 주변을 둘러보았다. 모스그레이브 의사가 소개해 준 장소로 마이클 경의 부인을 조용히 데려가기 전에 그가 해야 할 공적 업무가 남아 있었다. 저명인사를 찾아가 그들의 수많은 서약을 받아야만 하는 거였다. 그들에게 영국 의사의 편지를 보여주고 그의 실종된 친구의 잔혹한 아내가 남은 여생을 보낼 곳으로 가기 전 그녀의 서명을 받아내는 절차를 치러야 했다. 두 시간 가량 흐른 뒤 모든 게 완료된 후 그가 호텔로 돌아와보니 오들리 부인은 식어버린 커피를 앞에 두고 촛불을 멍하니 쳐다보고 있었다.

로버트는 오들리 부인을 고용한 마차에 태우고 다시 한 번 반대편 좌석에 앉았다.

"절 어디로 데려가는 건가요?" 마침내 그녀가 물었다. "나쁜 짓에 대한 벌로 어린애를 깜깜한 지하실에 가두는 식으로 이렇게 어린애처럼 다루는 것에 지쳤어요. 절 어디로 데려가는 건가요?"

"톨보이즈 부인, 당신이 과거를 뉘우치고 충분한 휴식을 취할 장소입니다." 로버트가 근엄하게 대답했다.

그들이 탄 마차는 도로를 지나 여러 성당이 세워져 있는 황량한 넓은 광장을 빠져나갔다. 마침내 마차는 부드러운 가로수 길로 들어섰고, 가로등이 켜진 넓은 가로수 길에는 잎이 다 떨어진 나뭇가지의 그림자가 해골 그림자처럼 가늘게 흔들리며 드리워져 있었다. 가로수 길에는 여기저기 집들이 세워져 있었다. 마당과 정원 사이에 서 있는 당당한 집 건물, 그리고 입구의 대단히 묵직한 돌기둥에는 제라늄 화분이 놓여져 있었다. 덜커덩거리는 마차는 입구를 지나 이 부드러운 가로수 길을 3/4 마일을 더 달리다 그들이 지나쳤던 입구보다 더 오래되고 더 묵직한 건물 입구에서 멈췄다.

오들리 부인은 마차 창문 밖을 내다보며 작은 비명을 질렀다.

황량한 입구를 거대한 등불이 밝히고 있었다. 쇠와 유리로 된 웅장한 건물 안에는 빈약한 작은 등불이 3월 바람에 깜박였다.

마부가 종을 울리자 정문 옆으로 작은 나무문이 열리고 허연 머리의 남자가 밖의 광경을 빼죽 내다보더니 사라졌다. 3분 뒤 그는 접고 펴는 쇠문 뒤에 다시 나타나 쇠문을 활짝 열자 돌이 깔린 정원의 암울한 모습이 나타났다.

마부는 마차를 끌고 마당으로 들어와 돌로 지은 잿빛 대저택의 정문 앞에서 멈췄다. 길게 줄 지어 늘어선 창문에서 흘러나오는 희미한 불빛들이 어두운 밤하늘을 쳐다보는 희미한 눈동자처럼 빛나고 있었다.

오들리 부인은 밤하늘의 차가운 별처럼 조용히 세심한 눈초리로 이 창문들을 쳐다보았다. 창문 하나가 퇴색된 빨간 커튼으로 드리워져 있었고, 짤막한 커튼 틈으로 검은 그림자—멋진 머리장식을 한 여인의 그림자가 쉬지 않고 창문 앞을 왔다 갔다 끝없이 서성이고 있었다.

마이클 경의 부인은 갑자기 한 손으로 로버트의 팔을 잡고 다른 손으로 커튼이 드리워진 창문을 가리키며 말했다.

"저를 어디로 데려왔는지 알겠군요. 여기는 정신병원이군요."

로버트는 대답하지 않았다. 그는 마차의 문 앞에 서서 내리는 그녀를 조용히 부축하여 돌계단을 통해 저택 입구의 현관으로 안내했다. 그는 작은 방을 나와 현관문을 열어준 말끔한 차림의 명랑해 보이는 중년 여성에게 모스그레이브 의사의 편지를 건네주었다. 여인은 미소로 그들을 맞이했다. 편지를 하인에게 건넨 후 그녀는 그들을 안락해 보이는 자신의 작은 응접실로 안내했다.

밝은 호박색 커튼이 드리워져 있는 그 방은 작은 난로로 따뜻하였다.

"부인께서 매우 지쳐 보이는군요." 프랑스 여자는 대단히 동정적인 눈길로 캐묻듯이 말하며 부인을 위해 의자를 가져다 주었다.

"안녕하세요." 오들리 부인은 지친 듯이 양 어깨를 으쓱하더니 별로 마음에 들지 않다는 눈초리로 세심하게 살피며 작은 방안을 둘러보았다.

"로버트 오들리, 여기가 어딘가요?" 그녀는 사납게 외쳤다. "나를 어린애로 생각하는 건가요? 나를 이렇게 속이고 놀리다니, 이게 무슨 짓인가요? 지금 말한 대로 날 속이는 거죠?"

"여기는 **사립 요양원**이에요, 부인. 당신을 속이거나 놀리고 싶은 생각은 전혀 없습니다." 로버트가 엄숙히 말했다.

오들리 부인은 로버트를 바라보며 잠시 침묵하다 입을 열었다.

"**사립 요양원**이요? 프랑스에선 그렇게 말할지 몰라도, 영국에선 이런 곳을 정신병원이라고 부르죠. 이곳은 미친 사람들의 수용소예요. 그렇지 않나요, 부인?" 그녀는 프랑스 여인에게 돌아서서 발을 구르며 불어로 말했다.

"하지만, 부인, 이곳은 가장 훌륭한 기관으로 사람들은 이곳을—" 그녀는 항의하는 듯한 날카로운 목소리로 대답했다.

그녀의 말은 이 훌륭한 기관의 원장이 들어오는 바람에 중단됐다. 원장은 한 손에 모스그레이브 의사의 편지를 손에 쥐고 얼굴이 빛나도록 환한 미소를 지으며 들어왔다.

그가 신사분을 알게 되어 큰 영광이라고 그에게 인사하는 것이 불가능했다. 그는 신사분을 위해 직접 최선을 다할 준비가 되어 있었고, 또한 그처럼 유명한 영국 의사의 친구로서 자신도 정신과 의사로 성공하려고 많은 노력을 기울이고 있다고 했다. 모스그레이브 의사의 편지는 간략히 증상 내용을 알려주었다고 그는 로버트에게 나지막한 목소리로 말했다. 그는 이 아름답고 흥미로운 부인을 잘 치료할 준비가 되어 있다고 하며 부인의 이름을 물었다.

의사는 정중하게 손을 문지르며 로버트 오들리를 바라보았다. 로버트는 처음에 이 불쌍한 여자의 이름을 거짓으로 소개하기로 조언 받았던 걸 기억하고 있었다.

그는 원장의 질문을 듣지 못한 척했다. 수많은 이름 중에서 하나의 이름을 떠올리기는 어렵지 않았지만, 로버트 오들리는 갑자기 그와 그의 잃어버린 친구 외에는 기억나는 이름이 떠오르지 않았다.

아마도 그 의사는 로버트의 당황을 알아채고 이해하는 듯했다. 여하튼 그는 프랑스 여인에게 돌아서서 No. 14a 방에 관해 뭔가 대화를 나눴다. 그녀는 벽난로 선반에 걸려있는 긴 열을 지은 열쇠들 중에서 하나를 꺼내 들고 방 한구석의 선반에서 초를 가지고 와서 돌바닥 현관을 가로질러 윤기 나는 미끄러운 나무 계단으로 올라갔다.

모스그레이브 의사는 자신의 동료 벨기에 의사에게 이 영국 부인을 보살피는 데 들어가는 비용은 큰 문제가 아니라고 말했다. 이 말에 따라 발 의사는 당당한 숙소로 향하는 바깥문을 열었다. 다이아몬드형의 흑백 대리석이 교차해서 깔려있지만 지하실처럼 어둡고 음울한 로비, 침울한 벨벳 커튼으로 장식되어 있어서 장례식장의 화려함을 닮았지만 기분 좋은 분위기와는 거리가 먼 살롱, 침실에는 멋진 침대가 놓여있지만 침대보는 손칼로 찢지 않은 곳이 없을 정도였다.

오들리 부인은 촛불 하나만이 켜진 희미한 불빛에 황량하게 보이는 방들을 우울한 눈빛으로 둘러보았다. 이 외로운 불꽃 하나는 유령같이 희미하지만 방 주위의 물건들—반질거리는 바닥과 널판지, 유리창, 거울, 방들을 광범위하게 치장한 반짝이는 물건들—에 의해 수없이 반사되어 더욱 창백한 유령의 환영들이 떠도는 기분이었다. 오들리 부인은 이 반짝이는 물건들을 값비싼 거울로 오인했지만 사실은 광택을 낸 양철 모조품이었다.

화려함이 퇴색된 허름한 벨벳 천, 변색된 금도금, 광택을 낸 목재 속에서 그 여인은 안락의자에 털썩 주저 앉아 손으로 얼굴을 감쌌다. 하얀 손에 낀 별처럼 빛나는 다이아몬드 반지가 희미하게 불이 켜진 방 안에서 반짝이며 떨고 있었다. 그녀는 로버트와 의사가 밖으로 나가 나직한 목소리로 이야기를 나누는 동안 말없이, 꼼짝 않고, 절망하며, 시무룩하게, 그리고 분노에 잠긴 채 앉아있었다. 오들리 씨는 모스그레이브 의사에게 털어놓았던 것처럼 많은 말을 하지 않고 아주 우아한 태도로 가능한 말을 하지 않았다. 그는 대단히 고민한 끝에 테일러라는 안전하고도 단순한 이름을 그녀만이 권한을 갖고 있는 원래 이름 대신 사용하기로 했다. 그는 의사에게 테일러 부인이 자신의 먼 친척이라고 소개했다. 모스그레이브 의사가 발 의사에게 미리 말한 대로, 그녀는 어머니로부터 정신병의 씨앗을 유전 받았으며, 마음속에 잠복해

있는 이 두려운 증상 기미를 보여왔지만 그녀를 '미쳤다"고 부를 수는 없는 상태라고 말했다. 부디 애정과 동정심을 갖고 그녀를 잘 돌보아주기를 부탁했다. 그녀가 원하는 것이면 합당한 선에서 모두 베풀어주되, 단 어떤 상황에서도 믿을 수 있는 사람, 즉, 그녀의 안전에 책임을 갖고 있는 보호자의 보호가 없이는 이곳을 떠나는 걸 허락해서는 안 된다고 강력히 강조했다. 로버트는 한 가지 다른 사항을 특히 당부하였다. 그것은 그가 이해하기로 발 의사는 개신교도로 알고 있는 데—이 말에 의사는 고개를 끄떡했다—의사 선생님은 친절하고 자애로운 개신교 목사와 상의하여 영적 충고와 위로를 병든 부인에게 베풀어주는 거였다. 부인은 그러한 혜택을 특히 필요한 상태라며 그가 엄숙히 말을 보탰다.

그밖에 금전적 문제와 관련된 필요 사항은 다른 대행자의 손을 거치지 않고 오들리 씨와 의사 간에 이따금씩 조정하기로 정했다. 이것이 약 15분 정도 걸린 두 사람 사이의 대화 내용이었다. 그들이 이야기를 끝내고 다시 방으로 돌아왔을 때 오들리 부인은 같은 자세로 앉아 있었다. 그녀는 여전히 얼굴을 반지 낀 손으로 감싸고 있었다.

로버트는 허리를 굽혀 그녀의 귀에 속삭였다.

"이곳에서 당신의 이름은 테일러 부인이에요. 당신의 실제 이름이 알려지길 원하지 않을 테니까요."

그녀는 그저 응답으로 고개를 끄덕일 뿐 여전히 얼굴을 양손으로 가리고 있었다.

"부인께는 전속 간호원이 있어 시중을 들어줄 거예요. 여기서 원하시는 게 있으면 모두 들어줄 겁니다. 물론 타당한 사항이야

된다는 건 말할 필요가 없겠지요." 발 의사는 어깨를 이상하게 으쓱하며 말을 보탰다. "부인이 빌레브뤼뫼즈에서 머무는 게 편안하도록—편안할 뿐만 아니라 큰 도움이 되도록 모든 노력을 기울일 겁니다. 원하신다면 여기 입소자들과 함께 식사를 해도 됩니다. 나도 때로는 입소자들과 함께 식사를 합니다. 내 조수 의사는 언제나 현명한 사람입니다. 난 아내와 아이들과 일층의 작은 부속건물에서 살고 있어요. 나의 조수 의사는 이 건물에서 지냅니다. 부인의 평안을 위해 최대한 노력하는 우리들에게 부인께서는 전적으로 의지하시기 바랍니다."

발 의사는 양손을 비비며 로버트와 오들리 부인에게 함박 미소를 보내면서 위와 비슷한 말을 좀 더 말했다. 그때 갑자기 부인이 양손을 얼굴에서 떼고 자리에서 똑바로 일어나 분노한 목소리로 그의 말을 가로막으며 말했다.

"나를 여기에 데려온 이 남자와 잠시 이야기를 나누게 해주세요. 어서요!" 그녀는 이를 갈며 소리쳤다.

그녀는 오만한 손짓으로 문을 가리켰다. 어찌나 손짓이 빨랐던지 그녀가 손을 들 때 팔의 비단 옷깃에서 휙 소리가 났다. 이렇게 소리칠 때 '쉬쉬' 하는 불어 발음이 그녀의 이빨 사이로 새어나왔고, 그녀의 기분을 그대로 전하기에는 영어보다 오히려 프랑스어가 더 적절해 보였다.

의사는 어깨를 움츠리고 어두컴컴한 로비로 나가면서 '아름다운 악마'에 대해 뭔가를 중얼거리며 앞으로 한판 싸움을 벌리겠군 하는 몸짓을 내보였다. 그녀는 침실과 살롱 사이 문으로 급히 걸어가 문을 닫아 걸었다. 그리고 계속 문고리에 손을 얹은 채 몸을 돌려 로버트 오들리를 쳐다보았다.

"오들리 씨, 당신은 무덤으로 나를 데려왔군요." 그녀가 외쳤다. "당신의 힘을 천박하고 잔혹하게 이용해서 나를 살아있는 무덤으로 데려왔어요."

"난 최대한 다른 사람들에게 정당하고 당신에게는 자비롭다고 생각하는 바를 해왔습니다." 그가 조용히 대답했다. "조지 톨보이즈가 실종되고 캐슬 여관에 화재가 발생한 후에도 당신을 자유롭게 내버려둔다면 난 사회의 반역자가 될 겁니다. 난 당신의 과거사에 대해 아무것도 알지 못하는 사람들에게서 당신이 친절하게 치료받을 수 있도록 이곳으로 당신을 데려 왔어요. 여기서는 당신을 비웃고 꾸짖을 힘있는 사람은 아무도 없습니다. 부인, 당신은 여기서 조용하고 평화로운 생활을 해나갈 겁니다. 이 가톨릭 나라에서 선하고 성스러운 수많은 여자들이 자신의 자유로운 의지로 수긍하며 생을 마감할 때까지 행복하게 인내해 가는 그런 생활을 당신도 해나갈 겁니다. 이곳에서 당신의 고독이 공주님보다 더 고독하진 않겠지요. 시대의 악에서 도피하여 이처럼 평온한 집에 은신처를 갖는 걸 기뻐해야 합니다. 분명히 이건 당신이 저지른 죄에 대한 작은 속죄 표시가 되기를 난 요청하는 바입니다. 당신이 이 가벼운 참회를 수행하도록 당신께 요구합니다. 여기서 지내며 회개하십시오. 누구도 당신을 괴롭히지 않을 것이며, 누구도 당신에게 고통을 주지 않을 겁니다. 내가 당신에게 말하고 싶은 것은 오직 회개하라는 겁니다!"

"난 그럴 수 없어요!" 그녀는 흰 앞이마에 내려온 머리카락을 난폭하게 걷어 올리고 로버트를 똑바로 쳐다보며 외쳤다. "난 그럴 수 없어요! 내 미모의 대가가 이것인가요? 이걸 위해 내 위험을 생각하며 오들오들 떨면서 길고도 끔찍한 밤을 지새우며 나 자신을 방어하는 계획을 짜고 일을 꾸민 건가요? 이것이 최종 결말이라면 난 즉시 포기하는 편이 낫겠어요. 조지 톨보이즈가 처음 영국으로 되돌아왔을 때, 내게 닥쳐온 저주에 굴복하는 편이 낫겠어요."

그녀는 금발머리를 모두 쥐어 뜯으려는 듯이 손으로 가벼운 금발 곱슬머리를 움켜쥐며 말했다. 그렇지만 그 영광스럽게 반짝이는 머리털은 결국 별 쓸모가 없었다. 그 아름다운 황금빛 후광은 두 눈에서 녹아나는 푸른 하늘빛과 교묘한 대조를 이루었다. 그녀는 자신과 자신의 아름다움마저 증오하였다.

"할 수만 있다면, 당신의 말을 비웃고 공박하겠어요." 그녀가 외쳤다. "할 수만 있다면, 내 목숨을 걸고 당신의 말이 거짓임을 밝히겠어요. 하지만 나는 불쌍하고 가엾은 겁쟁이에요. 처음부터 그랬어요. 내 어머니에게서 물려받을 끔찍한 병을 두려워했어요. 조지 톨보이즈도, 당신도, 모두 두려웠어요."

그녀는 잠시 말이 없었다. 그래도 로버트를 가능한 한 오래 붙잡고 있으려는 듯 여전히 문고리를 잡고 있었다.

"내가 무슨 생각을 하고 있는지 알아요? 이 방의 희미한 불빛에서 당신을 바라보며 내가 무슨 생각을 하는지 알아요? 난 조지 톨보이즈가—그가 사라진 그 날을 생각하고 있어요."

로버트는 그의 잃어버린 친구의 이름이 그녀의 입에서 나오자 깜짝 놀랐다. 그의 얼굴은 침침한 불빛 속에서 매우 창백해지고 숨은 거칠어졌다.

"그는 지금 당신이 서 있는 것처럼 내 앞에 서 있었어요. 당신은 그를 찾아내기 위해 오들리 저택을 모두 파헤치겠다고 했었죠. 심지어 정원의 모든 나무 뿌리까지 파헤치겠다고. 하지만 그럴 필요가 없을 거예요. 조지 톨보이즈의 시체는 보리수나무 산책길 너머 덤불 속의 오랜된 우물바닥에 놓여있으니까요."

로버트 오들리는 공포의 비명을 지르며 들어올린 양손을 머리 위에서 서로 맞잡았다.

"오, 세상에!" 짧은 공포의 순간이 흘렀다. "이런 끔찍한 사실을 전혀 예상치도 않았는데, 왜 내게 이런 괴기스런 일이 마침내 벌어져야만 하나요?"

"그는 라임나무 가로수길에서 내게 다가왔어요." 그녀는 지난번 난롯가에서 자신의 사악한 과거를 털어놨던 때와 같이 딱딱하고 완강한 목소리로 이야기를 시작했다. "그가 올 거라는 걸 알고 그를 만날 준비를 하고 있었죠. 난 그를 설득하고 회유하기로 마음을 다졌죠. 내가 얻은 지위와 부를 포기하고 다시 옛 생활로 돌아가자는 그의 주장에 반대할 생각이었어요. 그는 나를 찾아와서는 벤트너의 음모에 대해 날 마구 꾸짖었어요. 그는 자신의 가슴에 못을 박은 나의 거짓을 평생 용서하지 않겠다고 선언하듯이 말했어요. 그의 말에 따르면 내가 그의 가슴에서 심장을 뜯어내 발로 짓밟아버려 내게 자비의 감정을 느낄 심장이 완전히 사라졌다는 거였어요. 내가 세상 사람들에게 행한 나쁜 짓은 용서하겠지만 자신한테 사랑의 감정을 버리고 의도적으로 행한 나쁜 짓은 결코 용서하지 못하겠다고 단호하게 말했어요. 그 밖에도 많은 걸 그는 말했는데, 내가 속여왔던 사악한 내용을 모두 털어놓게 만들겠다는 그의 목적을 그 어떤 세상의 권력자도 바꿀 수 없을 거라고 했죠. 그는 내가 엄마의 젖과 함께 삼킨 정신병 유전 기미가 내 몸 안에 잠복해있다는 걸 알지 못했어요. 그렇기 때문에 내가 미칠 가능성이 있다는 점을 눈치채지 못했지요. 그는 당신이 내게 했던 것처럼 나를 궁지에 몰아 넣었어요. 우리는 보리수나무 산책길 끝의 관목 숲에 다다랐어요. 나는 우물 입구의 무너진 돌 위에 앉아 있었죠. 조지 톨보이즈는 사용되지 않고 있던 권양기에 기대어 있었고요. 그가 몸을 움직일 때마다 녹슨 쇠 굴대가 헐겁게 덜거덕거렸죠. 마침내 난 일어나 그의 주장에 이의를 제기하려고 돌아섰어요. 최악의 상황으로 몰아가는 그의 강요를 거부하기로 마음 먹은 거였어요. 그래서 그에게 말했죠. 당신이 마이클 경에게 나를 비난하여 사실을 이야기하면, 그분이 필경 내게 물어볼 텐데, 그때 당신을 미치광이나 아니면 거짓말쟁이로 만들어버리겠다고 했어요. 날 사랑하는 사람을—맹목적으로 사랑한다고 그에게 말했죠—설복시킬 사람은 바로 나라고 그의 주장을 일축했죠. 이렇게 말하고 떠나려고 했더니 그가 내 손목을 잡고 강제로 가지 못하게 하는 거예요. 내 손목에 났던 손자국을 당신은 기억할 거예요. 내가 변명해도 당신은 믿지 않았죠. 오들리 씨, 그때부터 난 당신을 두려워해야 할 사람으로 여겼어요."

그녀는 말을 멈추고 로버트가 대답하기를 기다렸다. 하지만 그는 말 없이 그 자리에 꼼짝 않고 서있을 뿐이었다.

"조지 톨보이즈는 당신이 내게 했던 것처럼 나를 대했어요. 그는 내 정체를 밝힐 증인이 한 명이라도 찾으면 그 증인을 오들리 저택에서 꺼내와 세상 천지에 내 정체를 밝혀 나를 추락시키겠노라고 맹세까지 하였죠. 그러자 난 그만 미쳐버렸죠. 난 쭈그러진 목재로부터 그 헐거운 쇠굴대를 끌어당겼고, 나의 전 남편이 끔찍한 외마디 비명을 지르며 우물의 컴컴한 구멍으로 떨어지는 게 보였어요. 우물이 엄청나게 깊다는 소문을 알고 있었지만 사실 얼마나 깊은지는 몰랐어요. 우물이 말라있을 거라 생각했죠. 물이 튀기는 소리를 듣지 못했으니까요. 그냥 쿵 하는 소리뿐이었어요. 난 아래를 내려다봤지만 컴컴한 텅 빈 공간에서는 아무것도 보이지 않았어요. 무릎을 꿇고 귀를 기울였지만 아무런 소리도 들리지 않았어요. 우물에서 한참 동안을 기다렸죠. 얼마나 길게 느껴지던지—"

로버트는 이야기가 끝났지만 어떤 공포의 말도 나오지 않았다. 그는 헬렌 톨보이즈가 서 있는 문 쪽으로 조금씩 다가갔다. 그는 그곳에서 달아날 다른 방도만 있었다면 기꺼이 몸을 던져 그렇게 했을 거였다. 그는 비록 잠시라도 이 여인과 마주하고 싶지 않았다.

"날 이곳에서 나가게 해줘요." 로버트는 차가운 목소리로 말했다.

"내가 아무런 두려움 없이 당신에게 모두 털어놓는 걸 이제 당신 두 눈으로 보았죠. 거기엔 두 가지 이유가 있어요. 첫째는, 날 피고석에 세우면 당신의 백부를 죽이는 게 된다는 걸 당신은 잘 알고 있기 때문에 나의 죄를 기소할 수 없어요. 둘째는, 이 정신병원에 평생 동안 갇히는 것보다 더 심한 처벌을 법은 내릴 수 없기 때문이죠. 로버트 오들리 씨, 난 당신의 자비에 전혀 감사하지 않아요. 당신의 자비라는 게 무슨 가치가 있는지 정확하게 알고 있으니까요."

그녀는 문에서 물러났고, 로버트는 말 없이 그녀를 쳐다보는 일 없이 지나쳤다.

30분이 흐른 후 그는 빌레브뤼뫼즈의 큰 호텔에 도착했다. 깔끔히 정돈된 저녁 식탁에 앉아 있었지만 음식을 들고 싶은 입맛도 나지 않았다. 그저 오들리 저택의 관목 숲에서 비참하게 죽었을 친구의 얼굴을 잠시라도 마음속에서 지울 수가 없었다.

7. 귀신의 출몰

이상한 꿈속에서 방황하며 아무리 열에 들뜬 몽유병자라도, 빌레브뤼뫼즈와 브뤼셀 사이의 늪지대와 포플러 나무를 멍하니 바라보고 있는 로버트 오들리보다 현실 세계를 비현실적인 것처럼 놀란 눈으로 바라보는 이는 없을 것이다. 지난 2년 동안 여왕으로 군림했던 여인을 놔두고 백부의 저택으로 돌아가는 심정이 이와 같은 것일까? 로버트는 오들리 부인을 아무도 모르는 비밀의 장소에 떨궈버리고 달아나는 듯한 기분이었다. 이제 마이클 경이 그처럼 열렬히 사랑했던 여인의 운명에 대해 마이클 경에게 어떻게 설명해야만 하나 생각하고 있었다.

'백부님에게 어떻게 말할까? 진실을 말씀 드려야 하나? 귀신도 곡할 이 끔찍한 진실을? 아냐, 그건 너무 잔혹한 일이야. 그분의 고귀한 영혼이 가증스런 폭로에 매우 상처받게 될 거야. 하지만 이 비참한 여인의 사악한 행동을 알지 못한다면 백부님은 아

마도 내가 그 여인에게 심하게 굴었다고 생각할 거야.'

이런 생각에 파묻혀 로버트 오들리 씨는 초라한 이륜 승합마차에 앉아 멍하니 황량한 풍경을 내다보았다. 조지 톨보이즈의 어두운 이야기가 마무리된 지금 그는 삶의 한 귀퉁이가 떨어져나갔다는 생각이 들었다.

이제 그는 무슨 일을 해야만 할까? 헬렌 톨보이즈의 창백한 입술로부터 들은 이야기가 기억에 새삼 떠오를 때마다 끔찍한 생각들이 무더기로 그의 마음에 몰려들어왔다. 그의 친구—그의 살해당한 친구는 오들리 저택의 이끼 끼고 무너져가는 해묵은 우물 속에 숨겨진 채 갇혀있는 것이다. 친구는 지난 6개월 동안 땅에 묻히지 못하고 동떨어진 낡은 우물의 어둠 속에 갇혀 아무도 모르는 채 놓여있는 거였다. 어떻게 해야만 할까?

정식으로 살해당한 사람의 유물을 수색하게 되면 검시관의 조사를 피할 수 없는 노릇이었다. 그런 조사가 시작되면 그 다음엔 오들리 부인의 범죄가 세상에 밝혀지는 것을 막는 건 불가능해질 거였다. 조지 톨보이즈가 오들리 저택에서 죽음을 맞이하였다는 것을 증명하는 건 바로 틀림없이 오들리 부인이 그 비밀스런 죽음의 가해자라는 걸 증명하는 일이 된다. 왜냐하면 젊은 조지는 실종된 그날 보리수나무 산책길로 오들리 부인을 따라 나섰기 때문이었다.

"맙소사!" 로버트는 이러한 명확한 상황이 너무나 두려워 탄식했다. "그를 살해한 오들리 부인의 범죄를 눈감아 주면 내 친구는 그런 불경한 장소에 그대로 내버려둬야 하는 건가?"

로버트는 이 어려운 상황을 헤쳐나갈 길이 없어 보였다. 때때로 드는 생각으로는 그의 죽은 친구가 세상의 찬탄을 받을 대단한 솜씨로 제작한 대리석 기념물 밑에 안치되든 아니면 오들리 저택의 관목 숲의 아무도 모르는 은밀한 곳에 숨겨져 있든 그건 죽은 친구에게는 별로 중요한 문제가 아니라는 거였다. 그런가 하면 어떤 때에는 살해당한 친구에게 잘못 저질러진 일로 갑작스럽게 공포에 사로잡히기도 하였다. 그래서 브뤼셀과 파리 사이를 달리는 급행열차보다 더 빨리 달려가 여행의 목적지에 도착하여 그 잘못된 걸 올바르게 해결하고 싶었다.

로버트는 오들리 저택을 떠난 지 이틀 후 황혼 무렵에서야 런던에 도착했다. 그는 백부의 안부를 묻기 위해 곧장 클라렌던으로 향했다. 아직 얼마나 상세히 말을 해야 할지 결정하지 못한 상태라서 백부를 만나려는 의도는 없었지만, 백부가 최근에 겪은 이 잔혹한 충격을 어떻게 감당해 내고 있을지 걱정이 되었다.

'알리샤를 만나야겠어. 그녀에게 백부의 소식을 물어봐야겠어. 백부가 오들리 저택을 떠난 지 이틀밖에 되지 않았으니 그다지 기쁜 소식을 기대하진 못하겠군.'

하지만 그날 저녁 로버트는 사촌을 만날 수 없었다. 마이클 경과 그의 딸이 오늘 아침 열차로 빈으로 가기 위해 파리행 급행열차를 탔다는 소식을 클라렌던의 하인이 전해주었기 때문이었다.

로버트는 이 소식을 듣고 안도할 수 있었다. 이건 그에게 반가운 유예기간을 제공한 셈이었다. 백부님이 영국으로 귀환할 때까지 그의 죄지은 아내에 대해서 어떤 말도 꺼내지 않는 게 확실히 더 낫기 때문이었다. 귀환할 때쯤이면 건강도 회복될 것이고 기분도 다시 좋아질 거라고 희망할 수 있었다.

로버트는 템플의 피그트리 아파트로 향했다. 조지 톨보이즈가 사라진 이후로 그의 집은 적막하고 우울하게만 느껴졌는데 오늘 밤은 그런 느낌이 더욱 강했다. 그동안 불확실했던 의혹이 지금은 끔찍한 사실로 드러났기 때문이었다. 작은 희망의 희미한 빛조차 사라져 버린 셈이었다. 그가 가장 두려워했던 최악의 상황이 현실로 나타난 거였다.

조지 톨보이즈는 자신이 사랑하고 애도하던 아내에게서 잔인하게 그리고 기만적으로 살해당하는 배신을 당한 거였다.

방 안에는 로버트 오들리를 기다리고 있는 세 통의 편지가 놓여있었다. 마이클 경과 알리샤로부터 각각 온 편지 두 통과, 마지막 편지는 그가 단지 한 번밖에 보지 않았지만 너무나 눈에 익은 필체로 쓴 거였다. 그는 편지의 표제를 보자 얼굴이 붉게 상기되었다. 그 편지가 마치 살아있는 존재인 것처럼 그는 소중하고도 다정스럽게 편지를 들고 있는 손의 감각을 맛보았다. 그는 손 안에서 편지를 이리저리 뒤집어보기도 하고 봉투에 찍힌 문양, 우편물의 소인, 편지지의 색깔 등을 살펴보다가 그것을 소중히 조끼 안쪽에 넣으며 묘한 미소를 지었다.

'내 자신이야말로 정말 이해하기 힘든 불합리한 바보야. 평생 마음 약한 사람들의 어리석음을 비웃었는데 마침내 내가 그들보다도 더 어리석은 사람이 된 게 아닌가? 그 아름다운 갈색 눈동자의 여인 때문이야! 난 어쩌다 그녀를 만나게 된 것일까? 어떻게 해서 복수의 여신이 나를 도싯셔의 그 음울한 집으로 가는 길로 안내한 것일까?'

그는 먼저 두 편지를 열었다. 마지막 편지는 달콤한 디저트로 남겨둔 것이다. 그건 평범한 저녁 식사를 마친 후 맛있게 한 입 먹을 동화 속의 디저트인 셈이었다.

알리샤의 편지에는 마이클 경이 고통을 아주 침착하게 잘 견뎌내고 있지만 그녀에겐 절망의 폭풍우보다 끈덕진 고요가 훨씬 두렵다고 쓰여 있었다. 이런 힘든 상황 속에서 그녀는 오들리 가족이 심각한 병에 걸리면 항상 돌보아오던 주치의에게 연락을 취해 우연히 방문한 것처럼 하며 마이클 경에게 왕진을 와달라고 요청했다고 했다. 의사는 왕진을 왔고, 30분 정도 진찰 끝에 마이클 경이 조용한 슬픔으로 심각한 위험을 보이는 증세까지는 현재 없지만 마이클 경의 기분을 북돋워주고 억지로라도 뭔가 활동하게끔 노력을 기울이는 게 필요하다고 알리샤에게 충고했다는 거였다.

알리샤는 의사의 충고대로 즉시 행동을 취하기 위해 버릇 없던 어린 시절처럼 그녀 멋대로 응석을 부려 그녀를 독일로 데려가겠다는 예전의 약속을 아버지께 상기시켰다고 했다. 상당한 어려움 끝에 그녀는 옛 약속을 이뤄주겠다는 동의를 받아냈고, 일단 승낙을 받아내자 가능한 한 빨리 영국을 떠나자고 졸라댔다는 거였다. 결론적으로 아버지가 예전 저택과 연관된 슬픔을 잊도록 만들기까지 그녀는 아버지를 예전 저택으로 되돌아가게 하지 않겠다고 알리샤는 적었다.

마이클 경의 편지는 매우 짧았다. 마이클 오들리 경이 런던 은행에서 발행한 백지 수표 6장도 함께 동봉되어 있었다.

사랑하는 로버트, 이 돈을 잘 간직해 두어라. 네게 보살핌을 맡긴 사람의 미래 안녕을 위해 적절하다고 생각하는 일의 경비로 쓰기 바란다. 그 경비를 너무 관대하게 사용하지 말라는 말은 네게 할 필요가 없을 것 같구나. 그렇지만 그 사람의 이름을 두 번 다시 듣고 싶지 않다는 게 나의 진정한 바람이라는 걸 지금 처음이자 마지막으로 네게 꼭 말해두는 편이 아마도 낫겠구나. 또한 네가 그녀에게 해주는 일의 내용에 대해서도 듣고 싶은 마음이 전혀 없구나. 네가 현명하고 자비로운 방법으로 그녀를 보살펴 줄 거라고 난 확신한단다. 난 더 이상 알려고 하지 않겠다. 비용이 더 필요하면 네가 필요한 금액을 내 이름으로 인출해도 좋겠다. 하지만 누구를 위해 그 돈이 필요한지 내게 설명하는 일은 없도록 해라.

로버트는 편지를 접으며 안도의 긴 한숨을 내쉬었다. 이 편지는 그가 수행할 가장 고통스러웠을 일에서 해방시켜주었다. 그리고 조지 톨보이즈에 관해 그가 취할 행동의 방향을 영원히 결정지어 주었다. 조지 톨보이즈는 아무도 모르는 무덤에 평화롭게 안식을 취해야만 한다. 그리고 마이클 오들리 경이 사랑했던 여인의 영혼에 살인의 빨간 딱지가 붙어있다는 것을 오들리 경이 결코 알지 못하도록 해야했다.

로버트는 이제 세 번째 편지를 읽을 차례였다. 다른 두 편지를 읽는 동안 그가 가슴속에 꼭 파묻어두었던 편지였다. 그는 전에 했던 식으로 조심스럽고 애정이 담긴 손길로 겉봉을 뜯었다.

그 편지는 마이클 경이 쓴 것만큼 짧은 내용이었다.

친애하는 오들리 씨,

이곳의 교구목사님께서 당신이 캐슬 여관의 화재에서 구해낸 남자 막스를 두 번 방문하셨어요. 그 남자는 오들리 저택에서 가까운 그의 어머니 오두막에 누워있지만 매우 위험한 상태예요. 살 날이 얼마 남지 않았다고 합니다. 그의 아내가 옆에서 간호를 하고 있는데, 두 사람 모두 그가 죽기 전 당신을 만나기를 간절히 바라고 있어요. 부디 지체하지 말고 와주기 바랍니다.

클라라 톨보이즈

3월 6일, 마운트 스태닝 교구 목사관

로버트 오들리는 매우 경건히 편지를 접어 그의 심장 부분을 덮으려는 듯이 조끼 안쪽에 잘 집어넣었다. 그는 자신이 좋아하는 안락의자에 앉아 파이프 담배에 불을 붙였다. 그리고 내뿜은 담배연기가 공중에서 사라질 때까지 난롯불을 바라보며 생각에 잠겼다. 그의 멋진 잿빛 눈동자에 반짝이던 느긋한 빛은 꿈같은 몽상에 잠겨있음을 말해주었지만 그 몽상은 우울한 것도 아니고 불유쾌한 것도 아닌 듯싶었다. 그의 생각은 푸르스름한 파이프 담배연기 구름을 타고 흘러가 비현실의 빛나는 세계로 빠져들었다. 그 세계에는 죽음도 고통도 없고, 슬픔도 치욕도 없으며, 오직 그와 클라라 톨보이즈 두 사람만이 사랑의 전능한 힘으로 삶을 꾸려가는 거였다.

터키 잎담배의 마지막 불꽃이 꺼지고 회색 재가 재떨이 위로 떨어지면서 그 황홀한 꿈은 커다란 저장소로 흘러 들어갔다. 그 저장소에는 한 번도 존재해본 적이 없는, 그리고 또한 앞으로도 존재하지 않을 사물들의 환영이 모여있고, 어느 엄격한 마법사가 그 저장소를 잠가 놓고 지키고 있었다. 그 마법사는 이따금씩 열쇠를 돌려 인류의 기쁨을 위해 잠시 그 보물창고의 문을 조금 열어줄 뿐이었다. 하지만 그 꿈은 사라지고 암울한 현실의 무거운 짐이 그 어느 때보다 더 심하게 다시 로버트의 어깨를 내리눌렀다. '막스라는 사람은 왜 나를 보자고 하는 거야? 아마 고백하기 전에 죽을까 두려운 모양이군. 그가 고백하고 싶어하는 건 내가 이미 다 알고 있는 사항인데. 오들리 부인이 저지른 일 말이야. 그가 비밀을 간직하고 있다는 걸 난 알았지. 그를 처음 만난 그날 밤부터 난 알아챘어. 그는 비밀을 알고 있어서 그걸 이용하고 있었어.'

로버트는 에식스로 돌아가는 것이 이상하게도 꺼림칙했다. 비밀이었던 조지의 운명을 다 알게 된 지금 그의 여동생 클라라 톨보이즈를 만나면 어떻게 행동해야 하나? 비밀을 감추기 위해 그녀에게 거짓말을 해야 하나? 아니면 어느 정도 얼버무려야 하나? 그녀에게 그 끔찍한 진실을 말해 주는 게 자비로운 일일까? 그 진실을 알게 되면 그래도 마음속에 은근히 간직하고 있었을 모든 희망의 끈이 완전히 끊어져버려 젊은 그녀의 마음에 엄청난 상처를 남길 텐데. 로버트는 가망이 없는데도 희망을 갖는 일이, 무의식적으로 희망을 품고 있는 일이, 가능하다는 걸 자신의 경험으로 알고 있었다. 진실을 알게 되었을 때 그가 겪었던 것처럼 그녀의 가슴이 으스러지는 걸 그는 견딜 수 없었다. '차라리 끝까지 그녀가 헛된 희망을 안고 살아가는 게 나을 수도 있어. "우리가 두려워했던 최악의 경우가 마침내 현실로 나타났습니다. 당신이 사랑했던 오빠는 아직 젊음이 창창히 남아 있었지만 살해당하고 말았습니다." 이렇게 말하여 진실에 대한 실마리를 그녀의 손

에 쥐어주기보다는, 차라리 그 실마리를 얻으러 평생 찾아 다니며 지내는 게 더 나을 거야.'

하지만 클라라 톨보이즈는 로버트에게 에식스로 즉시 돌아와 달라고 간청하고 있었다. 아무리 그 일이 고통스럽다 할지라도 어떻게 그녀의 간청을 거절할 수 있겠는가? 게다가 그 사람은 죽어가고 있으면서 그를 간절히 만나보기를 원하고 있으니. 가기를 거절하거나 불필요하게 지연하는 건 잔인한 일이 아닐까? 로버트는 시계를 보았다. 밤 9시 5분 전이었다. 저녁 8시 반에 런던을 떠나는 입스위치행 급행열차 이후로 오들리 역으로 가는 열차는 없었다. 그러나 밤 11시에 쇼어디치를 떠나 12시와 1시 사이에 브렌트우드에 도착하는 기차는 있었다. 로버트는 이 기차를 타고 내려가 브렌트우드와 오들리 마을 사이의 6마일 정도 길을 걸어가기로 결심했다.

템플에서 쇼어디치로 가기까지는 아직 시간이 많이 남아있어서 그는 난롯가에 앉아 지난 일년 반 동안 그의 인생에 벌어졌던 이상한 사건들에 대해 곰곰이 생각에 잠겼다. 이들 사건들은 그의 본래 게을렀던 천성에 성난 유령처럼 다가와 그에게 무슨 목적을 부여함으로써 그를 새로운 모습으로 탈바꿈시켰던 거였다.

'맙소사!' 그는 두 번째 파이프 담배를 피우며 생각에 잠겼다. '하루 종일 이 안락의자에서 폴 드 콕의 대중소설이나 읽고 순한 터키 잎담배를 피우면서 늦장을 부리곤 하던 사람이 바로 나였다니 이걸 어찌 믿을 수 있지? 새로 들어온 풍자희극 공연의 반값 할인 티켓으로 좌석 뒤편의 신문기자들 사이에 서서 보기도 하고 에번스 카페에서 맥주를 마시며 "붉은 부리 까마귀와 검정 까마귀"[6]를 불러대면서 저녁시간을 보내던 나였는데. 내겐 인생이 그저 한가롭게 웃고 지내는 편한 삶이 아니었던가? 대부분 아이들이 힘든 일을 하면서 빨리 하루 일이 끝나기만을 기다리거나 맨발로 흙탕물 속에서 뛰어놀 때 난 회전 목마에 편하게 앉아 놀던 소년이 아니었던가? 그때 이후로 인생이란 무엇인지를 난 배웠고, 그리고 이제 난 사랑에 빠져 불쌍한 한숨과 신음으로 비극의 합창곡을 점점 소리 높여가며 부르게 되었구나. 클라라 톨보이즈! 클라라 톨보이즈! 당신의 갈색 눈동자가 내뿜는 진지한 빛 밑에 자애로운 미소가 숨어있지 않은가요? 사라진 당신의 오빠를 슬퍼하는 만큼 진정으로 열렬히 당신을 사랑한다고 고백하면 당신은 내게 뭐라 응답하겠어요? 살해당한 친구에 대한 우정에서 자라난 내 삶의 새로운 힘과 목적이 당신을 향하면서 더욱 강해져 갔고 나 자신 스스로 경이롭게 생각할 정도로 나를 변화시켰다고 당신에게 토로하면 당신은 뭐라고 말하겠나요? 정말로 그녀가 내게 뭐라 말할까? 아! 난 모르겠어! 그녀가 내 머리 색깔과 목소리를 좋아하게 된다면, 아마 내 말에 귀를 기울이게 될 거야. 하지만 내가 그녀를 진정으로 순수하게 사랑한다고 해서, 내 마음은 변치 않고, 정직하고, 그녀에게 충실하다고 해서, 그녀가 내 말에 더욱 귀를 기울일까? 아냐, 그렇지 않을 거야! 이런 게 어쩌

---

6 "붉은 부리 까마귀와 검정 까마귀": 스코틀랜드 시인이며 극작가 조안나 베일리의 고딕비극《오르라》(1812)에 나오는 "무법자의 노래"의 첫 행은 이렇게 시작된다. "붉은 부리 까마귀와 검정 까마귀는 잠자리에 들었다."

면 그녀의 마음을 움직여 조금 더 동정하는 마음이 생길지는 모르겠지만, 그 이상은 아닐 거야! 주근깨투성이고 하얀 속눈썹을 가진 여자가 날 사랑하겠다고 하면, 난 그런 여인을 성가시게만 생각할 거야. 하지만 클라라 톨보이즈가 나를 좋아하는 사람에게 질투를 보인다면 내게 호감이 있다고 생각해도 돼. 가엾은 알리샤가 여행길에서 마음에 드는 영국 남자를 만났으면 좋겠군. 그러면 내 희망사항은—'

그는 이런저런 생각에 지쳐버렸다. 죽은 친구의 몸이 제대로 묻히지도 않았다는 생각이 끔찍한 유령처럼 그의 머리속을 떠돌고 있는데 어떻게 다른 걸 생각하고 희망을 품을 수 있겠는가? 그는 제대로 묻히지 못한 죽은 영혼이 계속 주변을 떠돈다는 어렸을 적 이야기가 다시 상기되었다. 겨울 저녁 한때 피를 얼어붙게 하는 병적이고 흉악하면서도 몹시도 흥미로웠던 이야기로, 죽은 친척의 시체가 제대로 땅에 묻히지 못하고 부정한 비밀 장소에서 안식을 취할 수 없었는데, 바로 그 친척의 죽은 영혼에 계속 쫓기는 어느 편집광에 대한 내용이었다. 그 무서운 이야기가 현실이 되어버린 것일까? 그 역시 앞으로 살해당한 조지 톨보이즈의 죽은 영혼에 쫓기는 것은 아닌지?

로버트는 양손으로 머리를 쓸어 올리고 초조한 마음으로 아늑한 방 주변을 둘러보았다. 방 구석마다 그가 좀처럼 좋아할 수 없는 어떤 으스스한 그림자가 숨어있는 것 같았다. 옷방으로 향하는 문이 약간 열려 있었다. 그는 일어나 그 문을 닫고 크게 달가닥거리며 열쇠를 돌려 자물쇠를 잠갔다.

'알렉산드르 뒤마와 윌키 콜린스의 책을 허투루 읽지는 않았어. 그놈들의 속임수를 잘알고 있지. 친구의 등 뒤에 숨어있다가 문이 열리면 슬쩍 따라 들어오거나 창문 유리에 얼굴이 새하얗게 되도록 꽉 눌러 붙게 하고 어두운 황혼에 눈만 떠돌게 만들지. 평생 치사한 짓을 한 적이 없었던 관대한 마음씨의 친구가 귀신이 되는 순간 야박한 사람으로 변하니 참으로 이상한 일이야. 내일 말로니 부인의 큰아들을 현관의 편지통 아래에서 자도록 해야겠군. 그 젊은 애는 종이와 작은 칫솔만으로도 노래를 연주하니 곁에 있으면 아주 재미있을 거야.'

로버트는 지친 마음으로 방 안을 왔다 갔다 하며 시간을 때우고 있었다. 10시 이전에 템플의 집을 떠날 필요가 없었다. 역까지 30분이면 충분히 도착할 수 있기 때문이었다. 담배를 피우는 것도 지겨워졌다. 마음을 진정시켜주는 담배의 효과는 나름대로 충분히 확인되었지만, 남과 가까이 지내는 성격이 아니었던 그도 홀로 네댓 대나 피우고 나니 더 이상 피고 싶지가 않았다. 저편으로 흐릿하게 사라져가는 연기를 바라보며 몽상에 잠기다가 다시 정신을 차리게 된 거였다. 이 조용한 방에 오랜 시간 혼자 시간을 보낸다고 해서 그에게 친구가 없는 것은 아니었다. 부주의하게 살아가던 생활에 엄숙한 목적이 강력한 힘으로 그를 사로잡으면서 그는 오랜 친구들과 떨어지게 된 것이었다. 이런 이유로 로버트는 지금 혼자였다. 그는 예전 친구들로부터 떨어져나간 거였다. 어떻게 그가 친구들 틈에 앉아 농파레이, 샹베르탱, 포마르, 샹파뉴 등의 와인을 마시는 파티나 흥겨운 저녁만찬을 즐길 수 있겠는가? 한편으로는 밤낮으로 마음속에 떠나지 않는 그 암울한 공포와 의혹의 끔찍한 짐을 짊어지고 있으면서 어떻게 친구들과 어울려 앉아 정치와 오페라, 문학과 경주, 예술과 과학, 가십거리와 신학 따위의 경솔한 대화에 귀를 기울일 수 있겠는가? 그렇게 할 수 없었다! 마치 자신이 사악한 단체나 또는 정직한 신사에게 적합하지 않은 집단과 접하는 탐정이라도 된 듯이 그는 친구들로부터 떨어져 나온 거였다. 그는 자주 다니던 곳에서 멀어져 홀로 자신의 외로운 방에 처박힌 채 유일한 친구의 풀리지 않는 문제에 골몰하였다. 습관성 고독이 궁극에는 가장 강하고 현명한 사람까지 신경과민으로 만들듯이 그도 자신을 강하고 지혜로운 사람으로 뽐내왔었지만 마침내는 신경과민에 시달리게 되고 말았다.

템플 교회와 성 던스턴 성당, 성 클리멘드 데인즈 성당과 강변에 일반 집들보다 첨탑이 높게 오른 다른 교회들의 시계가 마침내 10시를 알렸다. 이미 반 시간 전부터 모자와 외투를 걸치고 있던 오들리 씨는 밖으로 나와 집의 문을 잠갔다. 그는 다시 한 번 마음 속으로 말로니 부인의 큰 아들 '파스릭'을 부를 결심을 상기했다. 큰아들에 헌신적인 말로니 부인은 그 애 이름을 우스꽝스럽게도 '파스릭'이라고 불렀다. 이 젊은 애가 내일 밤부터 제 역할을 하기만 하면 불운한 조지 톨보이즈의 유령이 이 음울한 집으로 침입하더라도 집주인인 그가 잠자는 안쪽 방에 도달하기 전에 반드시 패트릭의 몸과 먼저 부딪치게 될 거였다.

친구의 죽음에 대한 끔찍한 이야기를 들은 이후 심기증이 생겼다고 가엾은 로버트를 비웃을 순 없었다. 언제나 그 균형이 보이지 않게 흔들거리는 마음만큼 그렇게 섬세하고 연약한 건 없다. 오늘은 미쳐 날뛰다가도 내일엔 멀쩡한 게 마음이다.

새뮤얼 존슨 박사[7]의 끔찍한 모습을 어찌 잊을 수 있겠는가? 오늘밤은 근엄하고, 묵직하고, 진지하고, 무자비한, 클럽 모임에서의 소문난 논쟁자, 겸손한 보스웰[8]의 찬탄과 두려움의 대상자, 점잖은 올리버[9]의 엄격한 훈계자, 될 거야[10]와 레이놀드[11]의 친구. 그러나 내일 해가 지기도 전에 비참한 모습의 허약한 늙은이. 친절한 스레일 부부에게 발견된 이 비참한 늙은이는 외로운 방 바닥에 무릎 꿇고 앉아 어린애 같은 공포와 혼란 속에서 자비로운 신에게 제정신을 지켜달라고 기도를 했다.[12] 끔찍했던 그날 오후와 그가 받은 애정 어린 보살핌에 대한 기억의 힘으로 존슨 박사는 스트레텀에서 침대용 촛대를 손에 잡았을 때 아름다운 보호자의 값 비싼 카펫에 촛농을 줄줄 흘리는 그의 버릇을 털어버리고 손을 떨지 않고 차분하게 진정하도록 배웠던 거였다. 그뿐만 아니라 그 기억은 엄청난 효과를 발휘하여 양조업자의 과부가 정신

---

7 새뮤얼 존슨 박사: 새뮤얼 존슨은 1776년 우울증에 빠졌다가 마침내는 완전히 신경쇠약증에 걸려 고생하였음.

8 제임스 보스웰(1740~95): 변호사이면서 작가. 존슨 박사의 전기를 써서 영문학사에 큰 흔적을 남겼다.

9 올리버 골드스미스(1728~74): 영국계 아일랜드 시인이며 극작가.

10 데이비드 될 거야(1717~79): 당대의 제일가는 배우이며 극작가.

11 조수아 레이놀드(1723~92): 당대의 유명한 화가이며 미술 이론가. 또한 존슨 박사와 골드스미스가 회원으로 있는 '문학 클럽'의 창시자.

12 존슨 박사가 신경쇠약에 걸렸을 때 어느 목사 앞에서 쭉 뻗어버린 일이 있었는데, 존슨 박사의 친구 헤스터 스레일과 그녀의 남편 헨리 스레일이 이를 목격하였다고 한다. 그리고 그 장면은 나중에 헤스터 스레일의 저서《새뮤얼 존슨의 말년 일화》(1786)에 묘사되어 있다.

이 미쳐 그 끔찍한 이탈리아 가수와 결혼했을 때도 자비를 보여 주도록 그에게 가르침을 주었다.[13] 살다 보면 어느 외로운 순간에 정신이 미치지 않을 사람이 누가 있겠는가? 균형이 흔들리지 않고 차분히 안정을 유지할 사람이 누가 있겠는가?

늦은 시간 플리트 스트리트는 조용하고 외로워 보였다. 귀신이라도 본 듯한 기분이었던 로버트 오들리는 존슨 박사의 일행이 가로등불 밑에 서쪽으로 법석 떨며 쏟아져 나오는 걸 봐도, 또는 눈이 먼 존 밀턴이 성 브라이드 교회 앞 층계를 더듬거리며 내려오는 걸 봐도 조금도 놀라지 않았을 거였다.

그는 패링던 스트리트의 모퉁이에 서있는 마차를 타고 아무도 없는 스미스필드 시장을 가로질러 미로와 같은 우중충한 거리로 덜컹거리며 빠르게 달렸다. 그리고 여러 거리를 지나 널찍하고 화려한 핀즈베리 도로로 빠져 나왔다.

'마차 안에서 귀신을 만난 이는 없었어. 뒤마도 그런 경험을 하지는 않았겠지. 그런 경험은 없더라도 그런 생각이 떠올랐다면 책에 쓸 수는 있었을 텐데. 4륜마차 속의 유령. 제목이 제법 그럴듯한데. 줄거리는 검은 옷을 입은 음침한 신사가 마차를 잡아타고 달리다 요금 문제로 다툼이 벌어지게 되고 마부를 속여 마을을 벗어나 조용한 지역으로 가자고 한 뒤 그곳에서 불쾌한 인물로 변신하는 이야기가 되겠지.'

마차는 가파른 돌길을 덜컹거리며 지나 쇼어디치 역에 도착

---

13 양조업자이며 정치가였던 헨리 스레일이 죽고 3년 후에 헤스터는 이탈리아 음악가 가브리얼 마리오 피오지와 재혼을 하여 주변 친구들을 놀라게 했다.

해 로버트를 초라한 건물 입구에 내려주었다. 한밤중의 열차로 여행하는 이는 거의 없었다. 그는 희미한 불빛 아래서 으스스한 글씨체의 거대한 광고판을 보며 나무로 지어진 긴 목재 플랫폼을 걸어갔다.

로버트는 기차를 혼자 차지한 것처럼 홀로 앉아 있었다. 모든 게 나 홀로라고 말하지 않았어? 최근에 유령이 되어 내 옆으로 다가온 그 친구의 우정이야말로 가장 끈끈한 우정이 아니겠는가? 조지 톨보이즈의 그림자는 편안한 일등석 칸까지 그를 좇아와 그가 창문 밖을 내다볼 때면 그의 뒤에 앉았다가 열차가 속력을 내어 죽은 로버트의 부정한 은폐 장소 옆을 지나 덤불 속을 달릴 때면 그와 열차 엔진에서 훨씬 떨어져 앞장을 섰다. 바로 그 부정한 은폐 장소에 죽은 자의 유물이 놓여 있다가 점차 잊혀지고 마침내는 완전히 망각되어 버렸다.

'내 잃어버린 친구에게 제대로 된 매장을 치러줘야 해.' 차가운 바람이 평평한 풍경을 휩쓸고 지나가다 마치 죽은 자의 입술에서 내어 쏟듯이 얼어붙는 숨결로 그를 내리칠 때 로버트는 이런 생각이 퍼뜩 들었다. '반드시 그렇게 해야만 해. 그렇지 않으면 오늘밤 나를 사로잡는 이 같은 고통에 난 결국 죽고 말 거야. 어떤 위험이 있어도, 어떤 대가를 치르더라도, 난 반드시 그렇게 해야 해. 안전한 은폐 장소에 숨겨놓은 미친 여인을 다시 데려와 비밀을 폭로하게 한 대가로 그녀를 피고석에 세워야 하는 일이 있더라도 말이야.' 기차는 12시가 조금 지나 브렌트우드에 도착하여 로버트는 안도하였다. 기차역의 유일한 승객은 건장한 목축업자로, 그는 비극 공연을 보러 극장에 갔다 오던 사람이었다. 사람들은 언제나 비극을 보러 간다. 사람들에게 노래와 춤이 곁들인 뻔한 소희극(笑喜劇)은 매력이 없는 거였다. 예쁜 응접실, 신식 조절 램프,[14] 프랑스풍 창문을 배경으로 남을 잘 믿는 남편, 경솔한 아내, 가구 먼지를 털어내고 손님이 왔다고 알리는 데 능숙한 예쁘장한 하녀 등이 등장하는 경박한 소극(笑劇)은 사람들의 심금을 울리지 못한다. 진정한 연극이란 엄청난 파국이 나오는 5막짜리 비극. 그런 비극에서 우리의 선조들은 개릭이나 애빙턴 부인[15] 의 연기를 봐왔던 것이고, 아름다운 여배우 오닐[16]을 기억하고 있는 거였다. 가난과 슬픔에 잠긴 여주인공 비벌리 부인의 역을 맡은 오닐은 스터킬리에게 모욕을 당하자 사랑스러운 목과 어깨가 수치심과 분노로 붉게 물들었다. 오늘날의 여배우들은 무대에서 부당함을 오닐과 같이 첨예한 느낌으로 표현하지 못하고 있다. 아니면 아마도 그 발갛게 달아오르는 분노의 붉어짐이 레이첼 부인의 새로운 분장술에 효과적으로 대적하지 못하고 엄청나게 귀중한 에나멜의 투명함에 깔려 대중에 대한 관심이 사라져버렸을지도 모르겠다.

로버트는 기분 좋은 마을 브렌트우드를 떠나며 힘없이 주변을 둘러보고는 마을을 떠나 계곡을 향해 외로운 언덕길을 내려갔

---

14 신식 조절 램프: 램프의 기름이 일정하게 공급되어 불빛도 일정한 신식 램프.

15 애빙턴 부인: 프랑시스 애빙턴(1737~1815)은 개릭과 함께 공연을 자주 했던 유명한 여배우.

16 일라이저 오닐(1791~1872): 아일랜드 출신의 유명한 여배우로 나중에 작위를 받은 의원과 결혼을 하였음. 오닐은 에드워드 무어의 《노름꾼》에서 비벌리 부인의 역을 연기했다. 스터킬리는 이 연극의 등장인물이다.

다. 계곡 저편의 언덕에는 허름하고 음울한 캐슬 여관이 외부의 적인 바람과 그처럼 오래 싸워오다 마침내 굴복당했고, 이 바람이 더욱 강한 새로운 적과 연합하여 여관을 한 줌 시든 잎새처럼 쪼그라들도록 소진시켜 버렸다.

'이 길은 정말 우울한 곳이야.' 그는 사막을 가로지르는 길처럼 외로워 보이는 앞에 놓인 가파른, 그렇지만 울퉁불퉁하지는 않은 길을 쭉 바라보았다. '쓸쓸한 3월의 밤 12시가 지난 시간에 이런 적막한 길을 걷는 내 자신이 무척이나 비참하구나. 온통 깜깜한 하늘엔 달도 뜨지 않아 달빛 한 점 보이지 않는군. 그래도 여기에 오게 되어 기쁜데. 그 불쌍한 사람이 죽어가면서 나를 정말로 보고 싶어하니. 내가 안 가겠다고 뒤로 뺐다면 난 틀림없이 나쁜 사람이 되었을 거야. 게다가 그녀도 내가 오기를 원하고 있어. 그녀가 원하는 거야. 그녀의 말에 복종하지 않고 뭘 할 수 있겠어! 하늘이시여, 저를 도와주소서!'

로버트는 마운트 스태닝의 교구목사 관사를 둘러싼 정원의 나무울타리 앞에 도착했다. 그리고 월계수 울타리 너머 소박한 목사 관사의 격자 문양 창문을 쳐다보았다. 불이 켜져 있는 창문은 하나도 없었다. 그의 심장의 확고한 요새를 손쉽게 무너뜨린 천하무적의 여인이 묵고 있는 집 앞에까지 왔다는 차가운 위로 외에 다른 만족을 얻지 못한 채 로버트는 잠시 머뭇거리다 다시 길을 나섰다. 캐슬 여관이 한때 바람과 싸움을 벌였던 자리에는 검게 탄 잿더미만이 남아있었다. 화재가 휩쓸고 간 뒤 남긴 잿더미 사이로 이리저리 불어대는 차가운 밤 바람에 재와 먼지가 흩날리었고 까맣게 탄 목재 조각들이 곁을 지나가는 로버트의 발

밑으로 무너져 내렸다.

밤 한 시 반이 다 되어 밤 길을 달려온 로버트는 오들리 마을에 들어섰다. 그때서야 그는 클라라 톨보이즈가 루크 막스의 오두막집으로 가는 길을 알려주지 않았다는 게 기억났다.

'부상당한 그를 어머니의 집으로 데리고 가야 한다고 충고한 분이 도우슨 의사이겠군.' 로버트가 곧 생각했다. '그 의사가 화재 이후 쭉 다친 그를 치료해주고 있을 거야. 그에게 루크의 어머니 집으로 가는 길을 물어봐야겠어.'

이런 생각에 오들리 씨는 헬렌 톨보이즈가 두 번째 결혼을 하기 전에 살았던 도우슨 의사의 집 앞에서 발걸음을 멈췄다. 작은 수술실의 문이 살짝 열려 있었고, 그 안에서 난롯불빛이 새어 나왔다. 로버트는 문을 좀 더 열고 안을 들여다보았다. 의사는 모자를 벗어두고 마호가니 탁자 앞에 서서 술잔에 술을 따르고 있었다. 매우 늦은 시간이었지만 그가 막 집 안에 들어온 게 틀림없었다. 조수의 코 고는 규칙적인 소리가 수술실 안쪽의 작은 방에서 울려 나왔다.

"도우슨 씨, 방해해서 죄송합니다." 로버트의 미안해 하는 인사말에 의사는 고개를 들고 누군지를 알아챘다. "막스를 만나러 이곳에 내려왔어요. 제가 듣기로, 그의 상태가 무척 위태롭다고 해서요. 어느 길로 가야 그의 어머니 집으로 가는지 알려주세요."

"제가 길을 안내할게요, 오들리 씨. 저도 막 그곳에 가려던 참입니다."

"그러면 그 사람의 상태가 매우 좋지 않은가요?"

"아주 안 좋습니다. 살 날이 얼마 남지 않아 보입니다."

"정말 알 수 없군요. 그렇게 많이 화상을 입은 것 같지 않아 보였는데요."

"그건 그래요. 화상이 심했더라면, 마운트 스태닝에서 옮기라는 충고도 하지 않았을 겁니다. 이런 상태로 악화된 건 충격 때문입니다. 그는 평소에 술을 많이 마신 탓에 건강이 매우 나쁜데다가, 그날 밤의 갑작스런 충격으로 완전히 정신이 무너져버렸어요. 지난 이틀간 열이 펄펄 끓었어요. 오늘 밤은 열이 많이 내렸지만, 아마 내일을 넘기지 못하고 그의 마지막을 볼 겁니다."

"그 사람이 저를 만나고 싶어한다고 들었습니다."

"맞아요." 의사가 무관심하게 말했다. "의심할 바 없이 환자의 바람이죠. 당신이 그를 집 밖으로 끌어내주었지요. 온 힘을 다해 그의 생명을 살린 셈입니다. 거칠고 상스러운 그도 그 일이 마음에 많이 남는 모양입니다."

두 사람은 수술실을 나오고 도우슨 의사는 문을 잠가 걸었다. 아무리 대담한 도둑이라도 마을의 약제상이기도 한 의사의 집에서 파란 정제, 콜로신스, 또는 염제와 센나 같은 약들을 들키지 않고 훔치는 것은 불가능한 데도 문을 잠가 거는 걸 보면, 아마도 서랍에 돈이 들어있는 것 같았다.

의사는 조용한 큰길로 그를 안내했고, 이내 좁은 길로 접어들자, 로버트는 그 좁은 길의 끝에서 희미한 불빛을 보았다. 그건 죽어가는 환자를 옆에서 지키는 창백하고 우울해 보이는 불빛임을 말해 주었다. 이런 불빛은 밤과 새벽 사이의 고요한 시간 내내 쓸쓸한 분위기를 더해 주었다. 이 불빛이 새어 나오는, 막스가 누워있는 방에는 그의 아내와 어머니가 옆에서 지키고 있었다.

도우슨 의사는 걸쇠를 들어올리고 작은 가옥의 평범한 방 안으로 들어섰고, 로버트도 그의 뒤를 따라 들어왔다. 그 방에는 끝이 갈라진 심지에서 탁탁 불꽃 튀기는 소리를 내며 타오르는 희미한 수지 양초가 탁자 위에 놓여진 것 외에는 아무런 가구도 눈에 보이지 않았다. 루크는 이 방의 위층에 있었다.

"오들리 씨가 왔다고 제가 환자에게 알릴까요?" 도우슨 의사가 물었다.

"그렇게 해주세요. 그가 너무 흥분을 하지 않도록 조심해서 말해주세요. 서두르지 않고 저는 여기서 기다리겠습니다. 제가 올라가도 될 상황이라 생각되면 저를 불러 주세요."

의사는 고개를 끄덕이고 조심스럽게 나무 계단으로 올라갔다. 도우슨 의사는 매우 친절한 사람이었다. 교구 의사는 마음이 착하고 부드러우며 친절하고 자애로운 분이어야 했다. 치료 비용을 깔끔하게 낼 형편이 못되거나 돈 대신 금붙이나 은붙이를 내놓을 수 없는 형편이 어려운 환자들은 부유한 구빈법 감독관들의 위원회 앞에서 자신들의 병환을 쉽사리 증명하기가 어려워 작은 모욕이나 쓰라린 냉대를 받기도 하는데, 그런 고통은 실제 병이나 상처로 인한 열과 육체적 고통만큼이나 참아내기가 힘든 거였다.

로버트 오들리는 차가운 벽난로 재받이돌 옆의 윈저 의자[17]에 앉아 수심에 잠겨 주변을 둘러보았다. 심지 끝이 갈라진 양초의

17 윈저 의자: 가는 막대기를 여러 개 꽂아 만든 높은 등받이와 네 다리가 바깥쪽으로 뻗은 특색을 지닌 의자.

희미한 빛을 받고 있는 방은 작았고, 방구석마다 어두컴컴하고 먼지가 쌓여 있었다. 로버트의 맞은편에 서있는 8일용 벽시계[18]의 변색된 표면이 정면으로 그를 빤히 쳐다보는 것 같았다. 한밤이 지난 시간에 벽시계에서 나오는 초침 소리가 시끄럽다는 건 일반적으로 알려져 있어서 따로 설명이 필요치 않을 거였다. 젊은 로버트는 경외감이 흐르는 침묵 속에서 그 육중하고 단조로운 재깍재깍 소리를 듣고 있었는데, 마치 죽어가는 이의 얼마 남지 않은 시간을 세고 있는 것같이 들려 우울한 기분이었다. '시간이 얼마 남지 않았어! 얼마 남지 않았어!' 이렇게 말하는 것처럼 들렸다. 로버트는 모자를 시계에 던져 그 우울하고 단조로운 소음을 중단시키고 싶은 충동이 굴뚝같이 솟았다.

그러나 마침내 나지막이 부르는 의사의 목소리로 로버트는 그 시계소리에서 벗어났다. 작은 계단의 위층 난간에서 의사가 아래를 내려다보며 루크 막스가 깨어나 그를 만나고 싶어한다고 말하였다. 로버트는 즉시 이 부름에 응답하여 조심스럽게 계단을 올라, 모자를 벗고 허름한 방으로 몸을 숙이며 들어갔다. 그가 이 농부 출신의 평민 앞에서 모자를 벗은 이유는 방 안에 또 한 명의 다른 참석자가 있다는 것을 알고 있었기 때문이었다.

피비 막스가 침대말에 앉아 남편의 얼굴에서 시선을 떼지 않고 있었다. 창백한 빛이 떠도는 그 눈초리에서 부드러운 눈길은 찾을 수 없었고 공포와 근심에 질린 날카로운 표정만 담고 있었다. 그녀가 두려워하는 건 남편을 잃는다는 사실 때문이기보다는

18 8일용 벽시계: 한 번 태엽을 감으면 8일간 작동하는 시계.

죽음이 서서히 다가오고 있기 때문이었다. 한 노파가 난로에 죽을 끓이느라 옷으로 바람을 분주히 불어넣고 있었지만, 그 죽을 환자가 먹을 수 있을 것 같지 않았다. 환자는 베개를 베고 누워 있었다. 거친 얼굴은 백지장처럼 창백했고, 커다란 양손은 이불 위에서 불안하게 힘없이 버둥거렸다. 침대 옆 탁자 위에 성경책이 열린 채 약병 사이에 놓여있는 것으로 봐서 피비가 그에게 성경책을 읽어주고 있었던 모양이었다. 방 안의 모든 물건이 깔끔히 정돈되어 있는 모습은 피비의 깔끔한 습관이 그대로 배어있다는 증거가 되었다.

젊은 여인 피비는 로버트가 문턱을 넘어오자 자리에서 일어나 서둘러 그를 향해 다가왔다.

"루크와 이야기를 하시기 전에 저와 잠깐 이야기를 나누실 수 있을까요?" 그녀는 간절하게 속삭였다. "저와 먼저 꼭 이야기를 나눠주세요."

"거기서 저 여자가 뭐라 말하는 거지?" 루크가 억눌린 큰 소리로 물었지만, 그 거친 목소리는 그의 입술에서 맥없이 사라져갔다. 그는 여윈 상태에서도 거친 모습이었다. 그의 두 눈에는 죽음의 흐릿한 광채가 서려있었지만 여전히 불만스러운 날카로운 눈초리로 피비를 바라보았다. "거기서 뭐 하고 있냐고? 어떤 꿍꿍이인지는 모르겠지만 내겐 어림도 없어. 난 오들리 씨에게 직접 할 말이 있어. 내가 모두 털어놓을 거야. 저 여자가 뭘 떠들어대는 거지?"

"아이야, 그 애는 아무 말도 하지 않았어." 노파가 아들의 침대 곁으로 다가가며 대답했다. 아들이 아픈 바람에 평소와는 달리

어머니의 시중을 받고 있기는 하지만 어리광 피는 어린애에 쓰는 이런 애칭은 그 자리에서 우스꽝스러웠다.

"우리 예쁜 아이, 그 애는 네 건강 상태에 대해 신사분께 말씀드리고 있을 뿐이란다."

"난 그분에게 그날 밤 있었던 일에 대해서 꼭 이야기할 게 있어요. 지난 번 밤에 날 구해줬으니, 나도 그분에게 말해줄 게 있어요." 루크 막스의 목소리는 으르렁거렸다.

"물론이지, 우리 아기." 노파는 달래듯이 대답했다.

노파의 사고력은 매우 제한되어 있었지만, 지금은 아들의 열띤 말에 정신이 왔다 갔다 하는 헛소리 이상의 별달리 중요한 의미를 부여하지 않고 있었다. 루크는 자신이 불타오르는 벽돌과 모르타르 속을 몇 마일이나 끌려와 우물 속으로 내던져졌다고 설명하는가 하면, 머리채에 잡혀 깊은 구덩이에서 끌려 나왔다고 하기도 하고, 거대한 손이 구름 밖으로 삐죽 나오더니 땅에서 그를 잡아채 혼돈의 세계로 내던지는 바람에 공중에 붕 떠있었다고 하는 등 횡설수설 떠들어대었다. 그 밖에도 무수히 많은 거친 공포와 망상이 그의 일그러진 뇌 속에서 폭동을 일으키는 것 같았다.

피비 막스는 로버트를 방 밖으로 데리고 나갔다. 그녀는 그를 작은 계단의 좁은 난간으로 모시고 갔다. 이 난간은 대략 3피트 정도의 정사각형 공간으로 두 사람이 새하얀 벽에 등을 대지 않고 간신히 서 있을만한 넓이였다.

"오, 나리께 꼭 말씀드리고 싶었습니다. 화제가 났던 그날 밤 나리께서 무사하신 걸 보고 제가 나리께 드린 말씀을 기억하시나요?"

"그럼, 그럼요."

"제가 의심하는 사항을 말씀 드렸죠. 지금도 여전히 생각하고 있는 일이지요."

"그럼, 나도 기억하고 있지요."

"나리 외에는 누구에게도 그것에 대해 한마디도 말하지 않았습니다. 루크는 그날 밤에 관해 모두 잊어버렸을 뿐만 아니라 화재에 놀라고 겁에 질려 그날 이전의 기억까지도 모두 말끔히 사라진 것 같아요. 그날 밤 캐슬 여관으로 마님이 오셨을 때 아시다시피 그는 술에 취한 상태였어요. 여하튼 그는 제가 의심하는 사항을 전혀 짐작하지 못하고 있었습니다. 그렇지 않았으면 그는 그걸 동네방네 떠들어대었을 겁니다. 하지만 그는 마님에 대해 엄청난 유감을 갖고 있었어요. 왜냐하면 그의 말에 따르면 마님은 그가 브렌트우드나 쳄스포드에 머무는 걸 허락하지 않는다는 거예요. 그리고 실제로 그는 그곳에 머물지 못했지요. 그래서 제가 나으리께 간청하고 싶은 건 루크 앞에서 마님에 대한 말이 나오지 않도록 해주세요."

"그래요, 그래, 잘 알겠어요. 주의하도록 할게요."

"마님께서 저택을 떠나셨다고 하던데요, 나리?"

"그래요."

"다시는 돌아오시지 않나요, 나리?"

"그럴 일은 없을 거요."

"하지만 마님께서 심하게 고통을 받거나 나쁜 대접을 받는 곳으로 가신 것은 아니지요?"

"그건 아니오. 매우 친절한 대접을 받을 거요."

"정말 다행이네요, 나으리. 이런 질문을 드려서 죄송합니다. 그래도 제 마님은 제게 친절하셨어요."

바로 이때 루크의 미약하지만 거친 목소리가 방 안에서 들려왔다. "저 여자가 뭘 씨부렁거리고 있는 거야." 남편의 성난 목소리에 피비는 손가락을 입술에 가져다 대며 조용히 하라고 한 뒤 로버트를 다시 방으로 안내했다.

"넌 여기서 나가 있어." 막스는 아내가 방에 다시 들어오자 결연히 말했다. "넌 필요 없어. 내가 하는 이야기를 넌 들을 필요가 없어. 오들리 씨와 단 둘이 이야기를 하고 싶어. 문 밖에서 내 말을 엿들을 생각하지 말고 아래층으로 내려가 있어. 부를 때까지. 엄마도 같이 데려가—아냐, 엄마는 있어도 돼. 엄마가 곧 필요할 테니."

환자의 힘없는 손이 문을 가리키자 아내는 순종적으로 그의 말을 따랐다.

"당신 말을 들을 생각 없어요, 루크. 하지만 당신에게 관대하고 친절하셨던 분들께 폐가 되는 말을 하지 않았으면 좋겠어요."

"난 그저 내가 하고 싶은 말을 할 거야." 막스는 사납게 말했다. "나에게 이러쿵저러쿵 명령하지 마. 넌 내가 귀따갑게 설교를 들어오던 목사도 아니잖아. 변호사도 아니고."

캐슬 여관 주인은 죽음을 앞 둔 고통 속에서도 사납고 성급한 그의 성품에 도덕적 변화가 전혀 나타나 있지 않았다. 그래도 그의 삶에서 매우 동떨어져있었던 희미한 빛이 그의 영혼을 어둡게 만들었던 무지의 어두운 모호함 속에서 미약하게 발버둥치고 있는 듯했다. 분노와 침울한 뉘우침이 한데 엉켜 술에 취해 살았던 그의 이기적이고 사악했던 인생을 속죄하려는 그 나름대로의 거친 노력을 하려고 애쓰고 있었다. 여하튼 그는 입술의 하얀 거품을 닦고 초췌한 두 눈을 로버트에게 돌리며 침대 옆 의자를 손가락으로 가리켰다.

"나리는 저를 대체로 업신여겨왔지요, 오들리 씨. 그래도 절 불길에서 끌어내줬어요. 나리께서도 엎어지고 넘어지면서도 나리의 손으로 신사답게 아무것도 아닌, 그리고 아무 가치도 없는 절 구해주었어요. 나리는 절 이리저리 찔러보며 제 마음속에 뭐가 있나 캐보려고 했었죠. 캐슬 여관에서 불이 나기 전까지 전 나리에게 특별히 고마워 할 일이 없었어요. 하지만 그 일로 전 나리에게 고마워 하고 있어요. 전 원래 사람들에게 고마움 따위는 느끼지 않지요. 신사 양반들이 제게 주는 건 언제든지 제가 원치도 않는 것뿐이었지요. 그들은 제게 수프, 종교 책자, 옷감, 석탄을 주기는 했지만 그때마다 그들은 어찌나 생색을 내는지 전 다시 돌려보내고 싶은 마음이 굴뚝 같았어요. 그러나 나리 같은 신사가 생명이 위험한데도 저 같은 주정뱅이 짐승의 목숨을 구해주었으니, 그 신사에게 고마움을 느끼게 된 거죠. 의사의 얼굴을 보니 살 날이 멀지 않았다는 걸 알 게 되었고—죽기 전에 이런 말을 전하고 싶은 거예요. '고마워요, 나리, 정말 고맙습니다.'"

루크 막스는 왼손을 뻗어—오른팔은 화상을 입어 붕대를 싸매고 있었다—로버트 오들리 씨의 손을 찾느라 힘없이 더듬거렸다. 로버트는 거칠고 쭈그러진 손을 양손으로 감아 쥐고 따스한 마음으로 꼭 쥐었다.

"그런 말 하지 않아도 돼요, 루크 막스. 당신에게 도움이 되어 나도 정말 기뻐요."

막스는 바로 응답하지 않았다. 그저 조용히 옆으로 누워 로버트를 곰곰이 바라보다가 마침내 입을 열었다.

"나리께서는 오들리 저택에서 사라진 신사의 절친한 친구이시죠?" 그가 마침내 말했다.

그는 죽은 친구를 언급하는 것에 깜짝 놀랐다.

"나리는 톨보이즈 씨의 절친한 친구라고 들었는데요?" 루크가 다시 물었다.

"그래요, 그래. 그는 나의 매우 친한 친구였지요."

"전 나리께서 친구를 잃어버리고 난 뒤 한 행동에 대해서 오들리 저택의 하인들이 하는 말을 들었어요. 그 친구를 잃어버리고 난 뒤 나리께서 얼마나 속상해 하였는지에 대해 선 여관 주인이 이야기해 주더군요. '두 신사분은 형제 같았어. 우리 신사분께서는 다른 분이 사라지자 그렇게 난리를 필 수가 없더군.' 이렇게 말하더군요. '우리 신사분'이란 물론 나리를 뜻하는 거였죠."

"그래요, 그래. 나도 알아요, 알아. 그 일을 더 이상 말하지 맙시다. 너무나 가슴이 아픈 일이니."

아직 묻히지 못한 친구의 영혼이 주변을 맴돌고 있는 것일까? 그는 이곳에 아픈 이를 위로하러 왔지만, 이곳에서조차 그 가혹한 그림자에서 벗어날 수가 없었다. 여기서조차 그의 삶을 어둡게 했던 비밀 범죄를 상기하게 만들고 있었다.

"막스, 내 말을 들어봐요." 그가 진지하게 말했다. "당신의 고마워하는 말을 들으니 나도 고마운 마음이 드네요. 당신에게 도움이 되어 나도 정말 기뻐요. 그렇지만 다른 말이 더 나오기 전에, 한 가지 중요한 부탁을 하겠어요. 나의 실종된 친구의 운명에 대해 말해주고 싶어 나를 찾았다면, 부디 끔찍스런 내용은 자제해 주기 바라지요. 내가 아직 모르는 내용은 말할 필요가 없어요. 한때 당신의 손아귀에서 벗어나지 못했던 여자의 죄악을 자네가 얘기해 줄 수는 있겠지만 그건 이미 그 여자 자신의 입으로 내게 모두 고백했어요. 그러니 그 문제에 대해선 더 이상 말을 하지 말아요. 당신이 말하려는 건 내가 이미 알고 있는 사항이에요."

루크 막스는 생각에 잠긴 채 방문객의 진지한 얼굴을 쳐다보았다. 환자의 수척한 얼굴에 의미를 알 수 없는 미소 같은 게 희미하게 스쳐 지나갔다.

"나리께서 모르는 사실에 대해선 말하지 말라고요?"

"아무 말도."

"그럼 말할 필요가 없겠군요." 환자는 생각에 잠겨 말했다. "그 여자가 나리에게 직접 말했나요?"

"막스, 다시 한번 부탁하는데, 그 이야기는 꺼내지 말아 주세요. 더 이상 듣고 싶지 않다고 이미 말했어요. 뭘 알아냈는지 모르겠지만 그건 이미 내가 다 알고 있는 사항이에요. 당신이 무슨 범죄 비밀을 알고 있는 듯싶은데, 그냥 비밀로 간직해두세요. 끝까지 비밀로 놔두는 게 좋겠어요."

"그래야 하나요? 마지막까지 비밀로 간직하는 게 낫다고요?" 루크 막스는 속삭이는 듯한 열렬한 목소리로 외쳤다.

"그래요. 분명해요. 당신은 그 비밀로 거래를 해서 대가를 받았어요. 그러니 그 거래를 계속 유지하는 게 정직한 일이겠지요."

"그럴까요?" 루크 막스는 섬뜩한 미소를 지으며 말했다. "오들리 부인과 제가 가진 비밀이 서로 다르다면? 그땐 어떻게 하죠?"

"그게 무슨 말인가요?"

"제가 뭔가 털어놓을 게 있다면요. 제가 좀더 잘 대접 받았었다면 전 아마 털어놨을 거예요. 제게 좀더 자유롭게 살아가도록 해줬다면 말이죠. 절 마치 개처럼 다루며 물을까 봐 재갈을 씌우고 내동댕이치지 않았다면 털어놨을 거예요. 제가 뭔가 말할 게 있을 거라고 생각해보지 않았나요? 절 개처럼 다루지만 않았어도 전 털어놨을 거예요. 털어놓았으면, 어땠을까요?"

죽어가는 이의 삐쩍 마른 얼굴에서 이토록 승리감에 젖은 섬뜩한 미소를 묘사하기는 정말 불가능한 일이었다.

'이자는 제정신이 아니야. 이 불쌍한 사람에게 인내심을 가져야만 해. 죽어가는 이를 참아내지 못한다면 우스꽝스러운 일이 돼.' 로버트는 생각했다.

루크 막스는 얼마 동안 그 승리의 미소를 지으며 누운 채 로버트의 얼굴을 뚫어지게 응시했다. 죽어가는 아들을 지켜보다 지친 노파는 손도 대지 않은 죽이 아직도 뽀글뽀글 끓고 있는 작은 화로 앞에서 뾰족한 턱을 끄덕거리며 졸고 있었다.

로버트는 이 죽어가는 남자가 제 흥에 겨워 먼저 말을 꺼낼 때까지 인내심을 갖고 기다렸다. 이 깊은 한밤중에 나는 소리는 감각이 시릴 정도로 뚜렷이 들렸다. 난로에서 재가 툭 떨어지는 소리, 타오르는 석탄의 부서지는 음울한 소리, 아랫방에서 들려오는 벽시계의 느리고 묵직한 재깍거리는 소리, 나직이 신음하는 3월의 바람소리(죽어가는 사람을 지켜보는 이들에게 음울한 경고를 알리는 영국 요정 밴시[19]의 목소리와도 흡사하였다.), 병든 이의 거친 숨소리—이런 소리들은 엄숙히 고요한 집 안에서 암울한 전조를 알리려는 듯이 뚜렷하게 정적을 깨고 있었다.

로버트는 양손에 얼굴을 묻고 앉아, 친구의 비참한 과거사 비밀과 그의 사악한 아내가 벨기에의 정신병원에 갇혀있다는 사실이 다 알려지고 나면, 그 자신은 어떻게 해야 할지 깊은 생각에 잠겼다. 그에게 무슨 일이 생긴 건가?

그는 클라라 톨보이즈에게 어떤 요청도 할 게 없었다. 왜냐하면 그가 들은 그 끔찍한 비밀을 끝까지 혼자만 간직할 결심을 했기 때문이었다. 어떻게 이러한 비밀을 그녀에게 말하지 않고서 그녀를 감히 만날 수 있겠는가? 진실을 혼자만 품에 안고서 그녀의 진지한 눈을 어떻게 들여다볼 수 있겠는가? 그녀의 고요한 갈색 눈동자가 묻고 있는 눈길 앞에서 입을 다물고 있을 힘이 허물어질 거라는 걸 그는 알고 있었다. 정말로 이 비밀을 간직하려 한다면 더 이상 그녀를 만나서는 안 되었다. 비밀을 밝히면 그녀를 고통에 빠뜨리게 되는 거였다. 그 자신의 이기적 동기 때문에 어떻게 감히 그녀에게 그 끔찍한 이야기를 털어놓을 수 있겠는가? 그녀에게 모든 걸 말해버리면, 그녀는 살해당한 오빠에 대한 보복도 하지 못하고 오빠를 그런 불경스런 곳에 방치하도록 내버려두겠는가?

넘을 수 없는 장애물들이 그의 주변을 둘러싼 것만 같았다. 그

19 밴시: 아일랜드 민화에서 울음소리로 가족에게 죽을 사람이 있다는 것을 알린다는 여자 유령.

의 타고난 본성은 낙관적이었지만 그가 오랫동안 짊어졌던 비관적인 짐으로 인해 침울해진 로버트 오들리는 자신의 앞에 놓인 삶에 어떤 희망을 품을 수가 없었다. 차라리 캐슬 여관의 불탄 폐허 속에 죽어 묻히는 게 더 나을 거라는 생각조차 들었다.

'가엾은 나를 누가 이해해 줄까? 나의 사촌 알리샤만은 나를 감싸줄 수 있을까? 알리샤도 사월의 슬픔에 정신 없을 거야. 클라라 톨보이즈가 이런 나를 불쌍히 여겨줄까? 아냐! 그저 나를 오빠의 죽음과 연관된 사람으로밖에 생각하지 않을 거야. 게다가 그 연관도 다 끝났는데. 그녀는 오직—"

8. 죽어가는 자의 고백

병든 루크가 갑자기 침대에서 몸을 일으키고 그의 어머니를 부르는 바람에 생각에 깊이 빠져있던 로버트 오들리는 깜짝 놀라 정신을 차렸다.

잠든 노파도 화들짝 놀라 깨어났고 졸린 눈으로 아들을 바라보았다.

"얘야, 무슨 일이냐?" 그녀는 진정시키며 말했다. "아직 의사가 처방한 약을 먹을 시간이 아닌데. 도우슨 의사 선생님이 자신이 떠난 후 두 시간이 지나기 전까지는 약을 먹이지 말라고 일러주셨다. 선생님이 떠난 지 아직 한 시간도 지나지 않았어."

"누가 약이 필요하다고 했어요?" 막스는 참을성 없이 외쳤다. "엄마에게 부탁할 것이 있어서 그래요. 지난 9월 7일을 기억하고 계세요?"

로버트는 놀라서 그를 열심히 쳐다보았다. 왜 그는 금지된 주제를 자꾸 물고늘어지는 거지? 도대체 왜 그는 조지가 살해당한 날을 자꾸만 회상하려고 고집하는 거지? 노파는 혼란스러워 하며 고개를 가로 저었다.

"맙소사, 루크, 내게 왜 그런 질문을 하는 거냐? 내 기억력은 지난 팔구 년간 계속 떨어지고 있는데. 난 날짜 따위는 전혀 기억나질 않는구나. 일하는 불쌍한 노인네가 어떻게 그런 걸 기억하겠니?"

루크 막스는 조급하다는 듯이 양 어깨를 으쓱하며 말했다.

"엄마는 하라는 대로 잘하잖아요." 그는 짜증내면서 말했다. "엄마보고 날짜를 기억하라 하지 않았어요? 그때 목격한 것을 엄마에게 물어볼 날이 올 거라고 내가 말하지 않았어요? 그것에 대해 성경에 손을 얹고 맹세하라고 요청할 날 말이에요? 내가 엄마에게 그렇게 말했잖아요, 엄마?"

노파는 가망이 없다는 듯이 고개를 저었다.

"네 말이 그렇다면, 틀림없이 그랬을 거야." 그녀는 달래는 미소를 지으며 대답했다. "하지만 얘야, 난 기억이 나질 않는구나. 지난 9년 동안 내 기억력은 자꾸 나빠졌어요, 나으리. 난 그냥 불쌍한 노인네예요." 그녀는 로버트를 돌아보며 말했다.

로버트는 자신의 팔을 루크의 팔에 얹으며 말했다.

"막스, 내가 다시 말하지만, 당신은 이 일에 더 이상 신경 쓸 필요가 없어요. 당신에게 궁금한 것이 없어요. 아무것도 듣고 싶지 않아요."

"하지만 전 말할 게 있어요." 루크가 열정적으로 말했다. "이 비밀을 마음속에 품고서 죽을 수는 없어요. 이 얘기를 하려고 나리를 보자고 한 거예요. 나리께서는 진실을 원한다고 생각했어요. 제가 그걸 그 여자에게 말했다면, 전 산 채로 불구덩이에 던져졌을 거예요." 그는 이를 갈고 얼굴을 사납게 찡그리며 말했다. "먼저 전 산 채로 불 속에 던져졌을 거예요. 전 그 여자의 무례한 방식에 대가를 치르도록 했어요. 그녀가 뽐내고 우아한 척하는 대신 대가를 지불토록 만들었어요. 전 그 여자에게 말한 적이 없어요, 결코 한 번도 말하지 않았어요! 그 여자에게 제 힘을 사용할 수 있었지요. 전 비밀을 갖고 있었으니까요. 그리고 그걸 이용했죠. 20번이나 넘게 그 여자는 제게 돈을 지불했지만 전 전혀 갚지를 않았어도 조그만 어떤 모욕도 받지 않았어요!"

"막스, 막스. 제발 진정해요." 로버트가 진지하게 말했다. "도대체 무슨 이야기를 하는 거요? 말할 게 있다는 게 뭐요?"

"나리께 말해 줄게요." 루크는 메마른 입술을 닦으며 말했다. "엄마, 물 좀 주세요."

노파는 컵에 시원한 물을 따라 아들에게 가져다 주었다.

그는 자신에게 남은 기간이 시간이란 인정사정없는 보행자와의 경주라고 생각한 듯이 서둘러 물을 들이켰다.

"엄마는 그곳에 그냥 앉아 있어요." 그는 침대 끝의 의자를 손으로 가리키며 그의 어머니에게 말했다.

노파는 아들의 말에 따라 온순하게 로버트의 반대편에 앉았다. 그녀는 안경집을 꺼내 안경을 닦은 뒤 고쳐 쓰고 온화한 표정으로 아들의 얼굴을 바라보았다. 그녀도 이런 절차를 통해 기억을 되살릴 수 있을까 기대를 품은 듯싶었다.

"엄마, 질문이 또 하나 있어요. 엄마가 대답을 하지 못하면 정말 이상한 일일 거예요. 내가 앳킨슨 농장에서 일하던 때를 기억하시죠? 내가 결혼하기 전 엄마와 여기서 함께 살던 때 말이에요?"

"그럼, 그럼. 기억하고 말고, 애야." 막스 부인은 의기양양하게 고개를 끄덕이며 말했다. "지난 가을이었지. 우리 집 길 건너 과수원의 사과를 막 따던 때였지. 네가 새 나뭇가지 광주리를 얻었을 때지. 기억나, 루크, 잘 기억하지."

로버트는 도대체 이 이야기가 어떤 것과 관계가 있는지, 아무런 의미도 없어 보이는 이런 이야기를 아픈 사람의 침대 옆에 앉아서 언제까지 이렇게 듣고 있어야 하는지 어리둥절했다.

"그걸 기억하면, 아마 더한 것도 기억할 거예요, 엄마. 앳킨슨 농장의 콩을 마지막 수확하던 어느 날 밤 내가 여기 집으로 데려온 사람을 기억해요?"

로버트는 다시 한 번 놀라서, 이번에는 열심히 루크의 얼굴을 쳐다보았다가, 자신도 모르게 이상하게 숨이 가빠지도록 호기심이 생겨, 그가 하는 말에 귀를 기울였다.

"피비를 데려온 게 기억나는구나. 내 기억으로는 피비를 집으로 데리고 와서 차를 마시고 다과를 먹은 적이 여러 번 있었지." 노파가 활기차게 대답했다.

"빌어먹을 피비. 누가 피비를 말하자는 거예요? 누구든 피비와 데이트를 할 수 있는 건데, 피비가 뭐 그리 대단해요? 9월의 어느 날 밤 10시가 넘어 내가 어떤 신사 한 분을 집으로 데려왔던 걸, 기억하세요? 그 신사는 땀에 흠뻑 젖었고, 머리끝에서 발끝까지 진흙과 끈끈한 잡풀, 시커먼 오물을 온통 뒤집어 쓰고 있었죠. 한쪽 팔은 부러진데다, 어깨는 끔찍하게 부풀어 올랐었죠. 누가 그를 물건으로 보지, 제대로 된 사람으로 알아보겠어요? 어디에서 옷이 찢겨 달아났는지 모르겠지만, 그 신사는 부엌 아궁이 옆에 주저앉아 정신이 나간 사람인지 아니면 바보인지 불타고 있는 석탄을 멍하니 들여다보고 있었죠. 자신이 누군지, 어디에 있는지 전혀 모르는 것 같았어요. 그래서 어린애처럼 돌봐주고, 옷도 입히고, 몸도 씻겨주고 말려준 다음, 브랜디 몇 숟가락을 먹였지요. 꽉 물은 이빨 틈새로 강제로 브랜디를 먹이고 나니 그제서야 겨우 정신이 돌아오더군요. 엄마, 그게 기억나요?"

노파는 고개를 끄덕이며 뭐라 웅얼거렸다. 루크가 하나씩 들쳐내면서 말하자 그 모든 상황이 생생하게 기억나는 듯이 보였다.

로버트는 거친 비명을 지르며 환자의 침대 옆에 무릎을 꿇었다.

"오, 하나님!" 그가 갑자기 외쳤다. "주님의 경이로운 자비에 감사 드립니다. 조지 톨보이즈가 살아있었군요!"

"잠깐, 진정해요." 막스가 말했다. "너무 성급하게 굴지 마세요. 엄마, 서랍장 위 선반의 양철통을 내려다 주세요."

노파는 루크의 말에 따라 금이 간 찻잔과 우유 컵, 뚜껑이 없는 나무 면화용 상자, 그밖에 여러 잡동사니 그릇들을 살피더니 꾀죄죄하고 더러워 보이는 뚜껑 달린 양철 코담배갑을 가져왔다.

로버트는 여전히 침대 옆에 무릎을 꿇은 채 얼굴을 양손에 감싸고 있었다. 루크는 그 상자를 열었다.

"유감스럽지만, 이 안에 돈은 없어요. 그렇지 않았다면, 그리 오래 보관되진 못했겠지요. 하지만 돈만큼 값어치가 있는 물건이 들어있어요. 그걸 나으리께 드리려고 하는 겁니다. 술주정뱅이에게 친절을 베풀어주어 감사의 보답이에요."

그는 접은 쪽지 두 개를 꺼내 로버트의 손에 쥐어주었다.

수첩에서 찢어낸 두 장의 종이쪽지였다. 연필로 쓴 글씨체는 로버트에게 익숙하지 않은 것이었다. 비뚤비뚤 휘갈겨 쓴 글씨는 쟁기질이나 하는 농부가 쓴 것처럼 엉망이었다.

"난 이런 글씨는 처음 보는데요." 로버트는 열심히 첫 번째 쪽지를 폈다. "이게 내 친구와 무슨 관련이 있다는 거지요? 이걸 왜 보여주는 거요?"

"먼저 읽어보세요. 그 후에 질문해도 좋아요."

로버트가 펼친 이상한 글씨체의 첫 번째 편지 내용은 아래와 같았다.

친애하는 나의 친구, — 나는 아마 그 누구도 겪지 못했을 그런 혼란스런 심정으로 자네에게 이 글을 쓰고 있다네. 내게 무슨 일이 벌어졌는지 설명할 수 없지만, 나를 영국에서 떠나게 만드는 일이 벌어졌다는 것만 말할 수 있네. 내 심장은 부서진 채, 세상 어느 구석을 찾아가 아무도 모르고 잊혀진 곳에서 살다 세상을 떠나겠지. 나를 잊어주기를 오직 부탁하네. 부디 내게 우의를 베풀기를 자네의 우정에 호소하고 싶네. 자네의 조언이 내게 도움이 될 수 있다면 난 자네에게 전적으로 따르겠네. 그러나 우정도 조언도 나를 도와줄 수 없네. 그저 자네에게 할 수 있는 말이란, 이제까지의 자네 우정에 하나님의 은총이 내리기를. 그리고 앞으로 나를 영원히 잊어버리기를.

조지 톨보이즈

두 번째 쪽지는 다른 사람에게 보내는 편지로 첫 번째 것보다 더 짧은 내용이었다.

헬렌, — 당신이 오늘 나에게 한 짓을, 나를 진정으로 대신하여, 하나님이 불쌍히 여기며 용서해주시기를 기원하오. 마음 편히 지내길 바라오. 다시는 내 소식이 들리지 않을 거요, 당신에게도, 그리고 온 세상에게도. 지금부터는 당신이 원하는 대로 난 사라질 거요. 더 이상 내가 훼방을 놓을까 두려워하지 않아도 되겠소. 나는 영원히 영국을 떠나 돌아오지 않을 거요.

조지 톨보이즈

로버트 오들리는 넋이 빠진 채로 이 글귀를 뚫어져라 들여다 보았다. 그 글씨체는 친구의 익숙한 것이 아니었다. 하지만 그의 서명이 새겨진 이 편지 내용은 그가 쓴 것임을 말해주었다.

로버트는 루크 막스의 얼굴을 세심히 살피며 뭔가 속임수가 있는 건 아닌가 의심하며 말했다

"이 편지는 조지 톨보이즈가 쓴 게 아니에요."

"그분이 쓴 겁니다. 한 줄 한 줄 그분이 썼습니다. 한 손으로 직접 썼어요. 오른손이 부러진 탓에 오른손이 아닌 왼손으로 썼어요."

로버트는 갑자기 두 눈을 천장으로 치켜 올렸다. 그의 얼굴에 드리웠던 의혹의 그림자는 사라져 버렸다.

"그렇군. 이제 이해하겠어요. 내게 모두 이야기해 줘요. 내 친구가 어떻게 해서 살아났는지 모두 말해 줘요."

로버트는 친구에 대한 진실을 듣고도 마음이 좀처럼 믿기지

앉았다. 그가 그처럼 마음 쓰라리도록 아파하던 친구의 살아있는 손을 언젠가 어두운 과거가 모두 청산되는 행복한 미래에 붙잡을 수도 있다는 사실을 쉽사리 믿을 수가 없었다. 처음엔 너무나 당혹스럽고 정신이 어지러워 이처럼 갑자기 들이친 새 희망에 대해 반신반의하였다.

"어서 모든 걸 이야기해 줘요." 그가 외쳤다. "제발 모두 말해 줘요. 이제 모든 걸 제대로 이해하고 싶군요."

"지난 9월 난 앳킨스 농장에서 일을 하고 있었어요. 마지막 콩 추수를 돕는 일이었죠. 농장에서 엄마의 집으로 돌아오는 가장 가까운 길은 오들리 저택 뒤편의 목초지를 가로지르는 거였고, 전 그 길을 자주 이용했었죠. 피비는 때때로 보리수나무 산책길 너머 정원 담장의 입구에 서서 저와 이야기를 나누곤 했어요. 제가 집으로 돌아가는 시간을 잘 알았거든요. 때론 피비가 없을 때도 있어서, 그런 때는 마른 해자를 뛰어넘어 부엌 텃밭을 통해 하인들이 모이는 식당에 들러 맥주 한 잔 마시거나 저녁 식사를 하곤 했어요.

9월 7일 저녁에 피비가 뭘 하고 있는지 전 몰랐어요. 그날은 애킷스 씨에게서 일시불로 임금을 받고 영수증에 사인한 날이라서 잘 기억하고 있어요. 피비가 뭘 하는지 몰랐지만 보리수나무 산책길의 문에 나오지 않았어요. 그래서 정원의 다른 편으로 빙 돌아 마른 배수로를 훌쩍 뛰어넘었죠. 그 다음날은 쳄스포드 너머 농장으로 일하러 가야 했기 때문에 그날 밤 그녀를 특히 만나고 싶었지요. 앳킨슨 농장과 오들리 저택 사이의 목초지를 건너고 있을 때 오들리 교회 시계가 9시를 알렸고, 부엌 텃밭에 들어섰을 때에는 15분 정도가 지난 뒤였지요.

전 정원을 가로질러 보리수나무 산책길에 들어섰어요. 하인들의 홀로 가는 가장 가까운 길을 택해 관목 숲과 말라버린 우물을 지나갔지요. 매우 어두운 밤중이었지만, 그 길은 제게 매우 익숙한 곳이었고, 하인들의 홀 창문의 불빛으로 어두운 길을 가는데 어려움이 없었어요. 제가 말라버린 우물의 입구를 지나려고 했는데, 갑자기 이상한 소리에 피가 얼어붙는 듯했어요. 그것은 신음소리였어요. 고통에 찬 남자의 신음소리였는데, 덤불 어딘가에 쓰러져 있는 듯했어요. 전 대체로 귀신 따위는 겁내지 않았지만, 이 신음소리를 들으니 심장까지 얼어붙는 것 같아서 잠시 동안 꼼짝 못하고 어쩔 줄을 몰라 했죠. 그렇지만 신음소리가 다시 들려, 전 덤불을 뒤지기 시작했더니 월계수 나무 아래 가려진 채 쓰러져 있는 한 남자를 발견하게 되었죠. 처음 보는 순간 그 사람의 상태가 아주 좋아 보이지가 않았죠. 그래서 그의 목덜미를 붙잡고 집으로 데려가려고 했더니, 그 사람은 일어서지도 못한 채 제 손목을 꼭 잡고 저를 열심히 쳐다보는 거예요. 저도 마찬가지로 어둠 속에서 저를 바라보는 그 사람의 얼굴을 볼 수 있었지요. 마침내 내가 누구며, 뭐를 하는 사람인지, 저택의 사람들과 어떤 관계인지를 제게 묻더군요. 전 그 사람을 알지도 못하고 얼굴도 생전 처음 보는 거였지만, 그 사람의 말투를 보고 신사라는 건 알 수 있었어요. 그래서 그의 질문에 공손히 대답해줬죠.

'난 이곳에서 벗어나고 싶네. 누구한테도 보이지 않도록 해주게. 난 오늘 오후 4시부터 줄곧 이곳에 누워있었어. 거의 반죽음 상태야. 그래도 아무도 보지 않게 이곳을 떠나고 싶다는 걸 잊지 말게.' 그 사람이 이렇게 말했어요.

그건 어렵지 않은 일이라고 그에게 말해주었죠. 그렇지만 제가 처음 생각했던 대로 그의 건강 상태가 좋지 않다는 저의 처음 생각이 아주 정확하다는 생각이 들었죠. 그래서 그냥 조용히 이곳을 몰래 빠져나가기만 해서는 좋지 않을 거라고 말해주었어요.

'내가 마른 옷으로 갈아입을 수 있는 곳으로 데려갈 수 있나? 다른 사람들의 눈에 띄지 않고서.' 하고 그 사람이 요청하더군요. 이때쯤 그는 앉은 자세까지 몸을 세울 수 있었지요. 그의 오른팔은 옆구리에 그냥 덜렁 매달려 있는 상태였고, 매우 고통스러워 했어요. 전 그의 팔을 가리키며 무슨 일이 있었냐고 물어보았지만, 그는 그냥 조용히 이렇게 말했지요. '부러졌어, 젊은 친구. 그냥 부러졌어. 심하지는 않아.' 그러더니 이번엔 제가 아닌 자신에게 하는 듯이 혼자 중얼거렸어요. '부러진 건 내 사지만이 아니라 가슴도 마찬가지야. 그 가슴은 쉽게 회복될 수 없어.'

전 그를 엄마 집으로 데려가 갈아입을 옷을 주겠다고 했지요. '자네 어머니도 내 비밀을 지켜주실 수 있나?'라고 그가 묻더군요. '엄마가 잊지만 않는다면 잘 지킬 거예요. 하지만 오늘 밤 엄마에게 프리메이슨, 포레스터 조합, 버팔로 조합, 오드펠로우 조합[20] 등의 비밀 사항을 말해주더라도, 엄마는 기억력이 좋지 않아서 내일 아침이면 모두 잊어버릴 겁니다.' 이렇게 대답해줬죠.

그는 그 말을 듣고 안심하는 듯했어요. 그리고 제 부축을 받고

---

20 프리메이슨, 포레스터 조합, 버팔로 조합, 오드펠로우 조합: 모두 우애 단체로, 이 중에는 단체 규약이 비밀인 경우도 있음.

겨우 일어났어요. 팔 상태가 몹시 불편해 보여 사용하기는 불가능했죠. 제 몸에 기대고 걸었는데, 그의 옷은 온통 젖고 오물투성이었지요.

'연못에 빠졌었나요?' 저는 그에게 물어보았죠. 하지만 대답이 없었어요. 심지어 제 말은 듣지도 못한 것 같았어요. 그가 발을 딛고 서 있는 모습을 보니 키도 크고 몸도 멋진 분이었고, 머리와 어깨가 저보다 더 높더군요.

'날 자네 어머니 집에 좀 데려다 주게나. 갈아입을 옷이 필요해. 그 수고에 대해선 충분히 대가를 치러주겠네.' 그가 말했어요. 열쇠는 보통 정원의 나무문에 두고 있었기 때문에 전 그를 그곳으로 안내했어요. 처음에 그는 거의 걷기 힘들어해서, 제 어깨에 심하게 기대어 겨우 걸어갈 수 있었지요. 전 열쇠를 관리하는 부주의한 어린 녀석 정원사 조수가 눈치채지 못하리라 확신하며 정원 문을 잠그지도 않고 내버려둔 채 빠져 나왔지요. 그와 함께 목초지를 가로지르고, 계속 마을에서 멀리 거리를 유지해가며 한밤중에 누구도 우리와 부딪칠 리가 없는 들판을 통해 그를 여기로 데려 왔지요. 그래서 엄마가 저녁을 준비하고 있는 아래층 방에 그의 자리를 마련했어요.

전 이상한 그 사람을 난롯가 의자에 앉히고 처음으로 자세히 얼굴을 살펴보았죠. 그의 꼴은 정말 말이 아니었어요. 얼굴은 온통 초록색의 흙탕물과 오물투성이였고, 양손은 긁히고 벤 상처투성이였죠. 힘들여서 옷을 벗기고 나니 그는 제 팔에 안긴 아기 같았어요. 아기처럼 힘없이 난롯불만 쳐다보며 앉아있으면서 마치 가슴이 터지려는 듯이 이따금씩 긴 한숨만 무겁게 내쉬더군요.

자신이 지금 어디에 있는지조차 분간을 하지 못하는 듯했어요. 우리의 얘기를 듣지도 않고 우리를 쳐다보지도 않았죠. 그냥 부러진 팔을 옆에 힘없이 내려뜨리고 앞만 똑바로 뚫어져라 바라보며 앉아있었죠.

그의 상태가 매우 좋지 않아 도우슨 의사를 불러올까 싶어서 엄마에게 물어봤죠. 그 말에 그 사람의 눈초리가 어찌나 날카롭게 휙 쳐다보는지, 정말 그의 마음을 이해할 수가 없었어요. '아니요, 안 돼요. 우리 두 사람 외에는 누구도 내가 여기에 있다는 걸 알아서는 안 돼요.' 이렇게 말하는 거예요.

브랜디 한 잔 가져다 줄까요 하고 물었더니, 한 잔 마시고 싶다고 하더군요. 아마 내가 가져다 주었을 거예요. 술집에 도착한 게 거의 11시가 가까웠는데, 집에 돌아오니 11시 시계 종소리가 울리더군요.

브랜디를 가져온 건 잘한 일이었어요. 그 사람이 몸을 어찌나 덜덜 떨던지 머그잔이 이빨에 닿아 덜덜거렸거든요. 그 사람이 이빨을 꽉 다물고 있는 탓에 억지로 그 틈새로 술을 밀어 넣어야 했어요. 마침내 그가 난롯불 앞에서 끄덕끄덕 졸기 시작해서 얼른 담요를 갖고와 그를 덮어주고 접이 침대에 눕혔어요. 엄마를 주무시라고 잠자리로 보낸 뒤 난 불가에 앉아 동이 틀 때까지 불을 지피며 그를 지켜봤죠. 새벽녘에 갑자기 놀라 잠에서 깨어나더니 지금 당장 떠나야만 한다고 했어요.

전 그러지 말라고 그를 말렸고 멀리 움직이기에 몸이 성치 않다고 말했지만 그는 끝까지 고집을 부리며 자리에서 일어났어요. 그는 비틀거렸고 처음에는 2분도 제대로 서 있지 못할 정도였는데도 고집을 꺾지 않았어요. 그가 잠자는 동안 옷을 빨아 말려 놓았는데, 그 옷을 입을 때 제가 도와줘야만 했어요. 간신히 그에게 옷을 입혀줬지만 그 옷들은 이미 많이 망가져 있어서 그의 꼴이 말이 아니었어요. 얼굴은 창백했고, 앞이마에는 큰 상처가 있어서 잘 씻기고 수건으로 잘 감아주었죠. 부러진 팔을 소매에 집어넣을 수 없어서 외투는 목 부분만 단추를 채울 수 있었죠. 그는 이따금씩 신음소리를 냈지만 모든 걸 잘 참아냈어요. 양손의 상처와 부상, 앞이마의 찢어진 상처, 뻣뻣한 사지, 부러진 팔로 봐서 그가 신음하기에 충분하였죠. 아침이 밝아오자 그는 옷을 차려입고 떠날 준비를 마쳤지요.

'런던 방향 길로 여기에서 가장 가까운 마을이 어디지?' 이런 그의 물음에, 브렌트우드가 제일 가까운 곳이라고 전 알려주었어요.

'그럼, 잘 됐군. 나를 브렌트우드의 의사에게로 데려가 주기를 부탁하네. 팔을 치료해야겠어. 그 대가로 5파운드의 수표를 주겠네.'

전 기꺼이 그렇게 하겠다고 했어요. 그리고는 이웃집에 가서 마차를 한 대 빌리러 갔다오겠다고 했죠. 브렌트우드까지 6마일이나 되는 거리라서 마차를 타고 가야 한다고 했죠. 그랬더니 고개를 저으며, '아니, 아니.' 하고 반대를 하며, 자기에 대해 아무도 알아서는 안 된다는 거예요. 차라리 걸어가겠다는 거였죠.

그는 정말로 그 거리를 걸어서 갔어요. 6마일 내내 발걸음을 내디딜 때마다 고통스러워 했지만, 그는 잘 참으며 걸어갔지요. 그 전처럼 이번에도 참을성이 대단했어요. 제 평생 그처럼 참을성이 대단한 사람은 처음 봤어요. 때로는 멈춰 서서 문에 기대고 숨을 몰아셨지만 여전히 잘 참아내어 마침내 우린 브렌트우드에 도착했죠. 그러자 그 사람이 이렇게 부탁하였죠. '날 가장 가까운 병원으로 데려다 주게.' 전 그를 병원으로 데리고 갔고, 부상당한 팔에 부목을 대는 동안 상당히 오랜 시간 기다렸죠. 의사는 그가 회복될 때까지 브렌트우드에 머무르기를 권했지만, 그는 그 권유를 들으려 하지 않고 바로 런던으로 떠나야 한다고 했어요. 그래서 의사는 최대한 편하도록 그의 팔에 붕대를 감아 목에 매달아 고정시켜 주었죠."

로버트 오들리는 기억 속에 남아 있던 리버풀 방문 장면이 갑자기 떠올라 깜짝 놀랐다. 그때 승무원이 한 시간 전 빅토리아 리지아로 떠나는 배에 승객 한 명이 탑승했다고 말해줬던 일이 기억났다. 그 승객은 붕대를 감은 한쪽 팔을 목에 건 젊은이였고 흔한 이름이어서 로버트는 그냥 스쳐 지나가버리고 말았었다.

"그가 팔을 치료하고 나서, 의사에게 떠나기 전 편지를 좀 쓰고 싶다고 했죠. 의사는 미소를 지으면서 고개를 가로저었죠. 막 치료한 팔을 가리키며 이렇게 말했죠. '지금 이런 상태의 손으로는 편지를 쓸 수 없습니다.' 젊은이는 조용히 이렇게 대답하더군요. '이 손으로는 안 되겠지요. 그렇지만 다른 손으로 쓸 수 있어요.' '내가 대신 써드릴까요?' 하고 의사가 묻더군요. 그러자 상대방이 이렇게 대답했어요. '아니요, 여하튼 감사합니다. 제가 쓰려는 편지는 사적인 내용이라서요. 봉투 2개만 주시면 감사하겠습니다.'

의사가 편지봉투를 가지러 간 사이에 젊은 분은 왼손으로 외투 주머니에서 수첩을 꺼냈어요. 수첩의 겉은 젖었고 더러웠지만 안쪽은 깨끗하더군요. 그는 속지를 몇 장 찢어 나으리가 지금 본 글을 쓰기 시작했어요. 익숙하지 않은 왼손으로 쓰느라 글씨가 엉망진창이었지만, 천천히 글을 써나가더군요. 마침내 나으리가 지금 막 보신 그 편지를 간신히 완성을 한 다음 의사가 가져온 봉투에 그 편지를 넣고 봉인을 하였죠. 그는 편지 한 통에만 연필로 x자를 그었죠. 그리고 의사에게 치료 비용을 지불했어요. 의사는 다시 한번 그의 상태가 나아질 때까지 브렌트우드에 머물길 권했지만 그는 끝까지 거절했죠. 그리고는 제게 이렇게 말했어요. '날 기차역까지 데려다 주게. 그런 다음 약속한 대가를 주겠어.'

그래서 저는 그와 함께 브렌트우드 역으로 갔어요. 기차가 브렌트우드에 정거하는 8시 30분에 알맞게 우린 역에 도착했죠. 기차가 떠나기 전까지 5분 정도의 시간이 남아있었어요. 그는 저를 플랫폼의 구석으로 데려가더니 이렇게 말했어요. '내가 쓴 편지를 배달해 주기를 바라네.' 전 기꺼이 그렇게 하겠다고 했죠. '잘 됐군. 이봐, 오들리 저택을 알고 있지?' 그가 이렇게 묻더군요. '그럼요. 내 약혼녀가 그곳에서 마님의 하녀로 일하고 있죠.' '어느 마님의 하녀이지?' 그가 다시 묻더군요. 그래서 제가 대답해줬죠. '도우슨 댁에서 선생이었던 새 마님이죠.' '그럼, 잘 됐군. 여기 x표를 한 편지는 오들리 부인에게 가는 편지야. 이 편지는 반드시 오들리 부인의 손에 직접 전해주어야만 해. 또한 부인에게 갖다 주는 걸 아무도 알지 못하도록 꼭 주의해야 돼.' 전 그렇게 하기로 약속했고, 그는 제게 첫 번째 편지를 주며 이렇게 말했어요. '마이클 경의 조카인 오들리 씨를 알고 있나?' '그분에 대해 말하는 걸 들은 적이 있어요. 그분은 언제나 멋쟁이지만 상냥하고 개방적이라고 들었습니다.' 이렇게 전 대답했죠. 정말 나으리에 대해 그런 말을 하는 걸 들었어요. 그 젊은이는 다시 이렇게 말했어요. '자, 여길 봐. 이 두 번째 편지는 로버트 오들리 씨에게 보내는 거야. 그분은 마을의 선 여관에 지금 머물고 있어.' 전 잘 알겠다고 말했죠. 선 여관은 제가 어렸을 적부터 잘 아는 곳이었으니까요. 그러자 그 젊은이는 제게 두 번째 편지를 줬는데, 그 겉봉에는 아무것도 쓰여있지 않았어요. 그 젊은이는 약속대로 5파운드 수표를 제게 주며 그동안 도와줘서 고맙다고 하더군요. 그런 다음 열차의 이등실에 올라탔어요. 제가 마지막으로 본 그의 얼굴은 편지지처럼 새하얗고 앞이마에는 열십자로 연고를 바른 헝겊이 붙어있었지요."

"가엾은 조지! 가엾은 조지!"

"저는 오들리 마을로 되돌아가 곧장 선 여관으로 가서 나으리를 찾아죠. 두 편지를 올바르게 전달할 생각이었죠. 하지만 여관 주인 말이 나으리가 그날 아침 런던으로 떠났다는 거예요. 언제 돌아올지, 런던의 어디에 사는지 여관주인은 모른다고 하고서는, 웨스트민스터 홀이나 민법학회 건물, 아니면 그와 비슷한 법률 사무소에서 지낼 거라고 했어요. 그래서 난 어떻게 해야 하나? 주소를 모르니 우편으로 붙일 수도 없었고, 직접 전달할 수도 없었어요. 특히 아무도 이에 대해 알아서는 안 된다고 했으니 그냥 기다릴 수밖에 없었죠. 나으리가 돌아오면 전달해 줄 때만 기다리고 있었어요.

전 그날 저녁 오들리 저택으로 가서 피비를 만나 오들리 부인을 뵐 수 있는 기회를 알아볼 생각이었어요. 피비가 마음만 있으면 그런 기회를 만들 수 있다는 걸 전 알고 있었죠. 그래서 전 그날 일하러 가야 하는데도 일부러 가지 않고 빈둥거리면서 해가 질 때까지 기다렸다가 저택 뒤편의 목초지로 향했지요. 그곳에서 틀림없이 피비가 나무문에 기댄 채 절 기다리고 있을 거라 예상했지요.

우린 여름날 저녁이면 오래된 우물 주변의 벽돌 위에 앉아 이야기를 나누곤 했었지요. 그날도 전 그녀와 함께 관목 숲을 지나 그 우물을 향해 방향을 돌아서려고 했더니 피비는 얼굴이 하얗게 질려서 그곳에 가면 안 된다고 했어요. 그래서 저는 왜 그곳에 가면 안되냐고 물었더니, 피비의 대답이 왠 일인지는 모르겠으나 우물 근처에 귀신이 떠돈다는 소리를 들어 마음이 불안해진다는 거예요. 그건 모두 말도 안 되는 헛소리라고 전 피비에게 말해줬죠. 그래도 피비는 우물에 가지 않겠다고 했어요. 그래서 우린 정원 입구로 되돌아왔고, 피비는 문에 기대어 저와 대화를 나누었지요.

이제까지 오랫동안 서로 대화를 나눴는데, 오늘처럼 피비에게서 뭔가 이상한 점을 본 적이 없었다고 말해주었죠.

'글쎄요, 오늘 저녁 전 차분한 기분이 아니에요. 어제의 일로 당혹스러웠던 것에서 아직도 벗어나지 못했어요.' 피비가 이렇게 말했어요.

'당혹했다니, 오들리 부인과 말다툼을 했나?'

그녀는 바로 대답을 하지 않고 전에 보지 못한 기이한 미소를 지으며 말했어요.

'아니에요, 루크. 그런 게 아니에요. 어느 누구도 저보다 마님과 가까울 순 없어요. 마님께서는 제가 원하는 건 어떤 거든 기꺼이 들어주실 거예요. 그것이 농장 가축이든, 가구이든, 또는 그런 류든. 어쩌면 선술집의 영업권일 수도 있고요. 제가 무슨 부탁을 하든지 마님은 거절하지 않으세요.'

하지만 전 그녀의 말을 이해할 수 없었어요. 며칠 전만 하더라도 피비는 제게 오들리 부인이 매우 이기적이고 사치스럽기 때문에 우리가 원하는 것을 얻으려면 꽤 많은 시간이 걸릴 거라고 말했기 때문이지요.

그래서 전 그녀에게 물었죠. '그게 갑자기 무슨 소리야, 피비?' '맞아요, 갑작스러운 변화예요.' 그녀는 다시 아까와 같은 미소를 지으며 말했어요. 저는 그녀를 날카롭게 돌아보며 말했어요.

'이봐, 내게 뭔가 숨기고 있는 것 같은데. 뭔가 중요한 할 말이 있는 것 같아. 아니면 뭔가 발견해 낸 일이 있다든지. 지금 나 몰래 속임수를 부리려고 하는 모양인데, 큰 오산이야. 난 지금 경고를 하고 있어.'

하지만 그녀는 이전처럼 미소를 지으며 이렇게 말했어요. '아이고, 루크. 무슨 엉뚱한 환상을 머리에 떠올리는 거예요?'

전 이렇게 말했어요. '엉뚱한 환상을 내 머리에 떠올리도록 만든 사람은 바로 너야. 한 번 더 말하지만, 나한테 속임수 부리려는 건 난 못 참아. 네가 결혼하려는 남자한테 말하지 못할 비밀을 갖고 있으려면, 차라리 다른 남자와 결혼해서 비밀을 간직하고 있는 편이 나을 거야. 그렇지만 내겐 그런 짓을 할 수 없다는 걸 분명히 말하겠어.'

이 말에 그녀는 훌쩍이기 시작했지만, 전 신경 쓰지 않고 오들리 부인에 대해서 질문을 퍼부었지요. 제 주머니 속에는 x자로 표시한 편지를 계속 가지고 있어서 그 편지를 전해줄 방법을 찾아야만 했어요.

'아마 너처럼 비밀을 갖고 있는 사람들이 또 있을 거야. 그런 사람들도 너처럼 친구로 가깝게 지내고 있지만 말이야. 어제 오들리 부인을 만나러 한 신사분이 오지 않았어? 갈색수염에 키가 큰 신사분이.' 이렇게 제가 말머리를 꺼냈지요.

그런데 피비는 솔직히 대답하는 대신 울음을 터뜨리는 거예요. 손을 서로 쥐어짜면서 어찌나 심하게 울어대는지. 제가 얼른 달려들어 왜 그러냐고 물으며 달랬죠.

하지만 전 그녀의 허튼수작을 허용할 생각이 없어, 점차로 그녀에게서 알아내게 되었죠. 그녀가 들려준 이야기에 의하면, 그녀는 자신의 작은 방 창가에 앉아 일을 하고 있었대요. 그녀의 방은 저택의 맨 윗방으로 박공 지붕 바로 밑이어서 보리수나무 산책길과 관목 숲, 우물이 훤히 내려다보였대요. 마침 오들리 부인이 한 낯선 신사와 걸어가는 게 보였는데, 한참 동안 함께 걸어가더니 이윽고 그들이—"

"잠깐, 나머지 이야기는 나도 알아요." 로버트 오들리가 큰 소리로 말했다.

"피비는 자기가 본 걸 모두 제게 말해 주었어요. 그리고 그 후 바로 피비는 오들리 부인을 만났고 그들 사이에 뭔가가 오고 갔다고 말했어요. 많은 건 아니지만 오들리 부인이 무시하던 하녀가 발견한 것으로 인해 평생 동안 하녀가 가지게 될 힘이 얼마나 막강한지를 오들리 부인에게 알려주는 계기가 되었다고 했어요.

'전 마님을 내 손 안에 쥐고 있는 셈이에요, 루크. 마님은 비밀을 숨기기 위해서 우리가 원하는 것은 뭐든 들어줄 거예요.' 이렇게 피비가 말했어요.

그래서 그 두 여자는 제가 런던으로 안전하게 보낸 그 신사가 우물 바닥에 죽어 누워있다고 생각한 거였죠. 제가 그 편지를 만약 오들리 부인에게 전하게 되면, 그들은 자신들이 믿고 있는 것과 정반대의 진실을 알게 될 거고, 또한 피비와 저의 결혼생활 출발에서 마님의 도움을 얻을 기회를 놓치게 되는 거였어요.

그래서 전 그 편지를 제가 간직하고 비밀을 털어놓지 않았어요. 오들리 부인도 자신의 비밀을 홀로 간직한 셈이었죠. 그렇지만 부인이 제게 관대하게 대하고 제가 원하는 돈을 넉넉히 주면, 전 모든 걸 털어놓아 부인의 마음을 편안하게 할 생각이었어요.

하지만 부인은 제게 관대하지 않았어요. 제게 돈을 줄 때마다 마치 개 취급을 하듯 했어요. 제게 말을 할 때마다, 개한테 말하듯이 했어요. 눈길도 주고 싶지 않은 개인 양 하는 거였어요. 부인의 입에서 나오는 말은 저에 대한 악담뿐이었어요. 저한테는 얼굴도 돌리지 않을 만큼 저를 경멸했고 오만했어요. 제 피가 부인에 대한 반감으로 들끓었죠. 그래서 제 비밀을 알리지 않았고, 부인은 자신의 비밀만을 알고 숨기고 있었죠. 전 그 편지 두 통을 모두 열고 읽어봤지만, 별로 그 의미를 이해할 수 없었어요. 전 그냥 그 편지를 숨겼고, 오늘 밤까지 이 편지를 본 사람은 저 외에 아무도 없었어요."

루크 막스의 이야기가 모두 끝이 났다. 그는 오랫동안 말을 한 탓에 지쳐 조용히 누워있었다. 그는 로버트 오들리의 책망과 엄한 훈시를 충분히 예상하며 얼굴을 쳐다보았다. 그는 자신이 나쁜 짓을 했다는 걸 막연하나마 의식하고 있었던 거였다. 하지만 로버트는 아무 말도 하지 않았다. 그는 자신이 하기에 적절하지 않다고 생각하는 일을 하려는 환상을 갖고 있지 않았다.

'내일 아침 교구목사가 그를 찾아와서 그와 이야기도 나누고 위로도 해줄 거야. 이 불쌍한 사람에게 설교가 필요하면 나보다는 교구목사가 하는 편이 더 낫겠어. 내가 그에게 뭐라 말해야 하겠어? 그 자신의 마음속에 벌써 자신의 죄를 인식하고 있는데. 오들리 부인의 마음을 편하게 해줬으면, 캐슬 여관도 불타지 않았을 텐데. 이런 일이 일어난 후 누가 감히 그의 인생에 대해 재단하고 설교를 할 수 있겠어? 이 이상한 사건을 통해 누가 하나님의 손길을 깨닫지 않겠어?'

로버트는 이제까지 그가 행동의 근거로 삼았던 추론들을 매우 겸손한 마음으로 다시 생각해봤다. 그는 얼마나 암묵적으로 자신의 초라한 이성의 빛을 믿어왔는지를 되새겨 보았다. 그러나 또한 자신의 책무를 하는 데에서 소박하고 정직하게 하려고 노력했으며 죽은 자나 산 자 모두에게 똑같이 진실되게 하였다는 점을 되새길 수 있어 마음에 큰 위로가 되었다.

로버트 오들리는 동이 트고도 한참 동안 환자의 곁에 앉아있었다. 환자는 이야기를 마친 후 금방 깊은 잠에 빠졌다. 노파는 아들이 고백하는 내내 편안히 꾸벅꾸벅 졸았고, 피비는 아래층 접이 의자에서 잠이 들었다. 오직 로버트만이 잠들지 않고 깨어 있었다.

그는 잠을 이룰 수가 없었다. 루크가 들려준 이야기를 생각하고 있었다. 그의 친구가 살아있어 하나님께 감사를 드릴 수 있었고, 클라라 톨보이즈를 만나 이렇게 말할 수 있기를 간절히 기도했다. "당신의 오빠가 아직도 살아있습니다. 살아 있는 걸 본 사람들이 있습니다."

아침 8시가 되어서 피비가 위층으로 올라와 환자 침대 옆에 자리를 잡았다. 로버트 오들리는 선 여관으로 가서 방을 하나 잡았다. 지난 3일 밤 동안 그는 기차와 배 여행 중에 선잠을 잔 것 외에는 편안한 잠을 자지 못한 탓에 완전히 지친 상태였다. 그가 꿈도 꾸지 않고 깊은 잠에서 깨어났을 때는 거의 황혼 무렵이었다. 그는 옷을 갈아입고 조지와 함께 몇 달 전 식사를 했던 작은 방의 탁자 앞에 앉았다.

여관 주인이 저녁을 마련해 주며 루크 막스는 그날 오후 5시에 죽음을 맞이했다고 소식을 전했다. "그는 갑자기 숨을 거뒀지만 아주 평화롭게 세상을 떠났어요."

로버트 오들리는 그날 저녁 빌레브뤼뫼즈의 요양원에서 발 의사의 보호 아래 지내고 있는 테일러 부인에게 긴 편지를 썼다. 여러 이름을 갖고 있었으며 남은 평생 거짓 이름을 지니고 있어야 할 이 비참한 여인에게 보내는 긴 편지에서 그는 그 죽은 사람이 말해줬던 이야기를 그대로 써서 보냈다.

'그녀의 전 남편이 젊은 나이에 자신의 사악한 손에 의해 죽지 않았다는 것을 알게 되면 그녀에겐 어느 정도 위로가 되겠지. 적어도 그녀의 이기적 영혼이 다른 사람들에 대해 동정이나 슬픔의 감정을 가지고 있다면 말이야.'

9. 되찾은 행복

클라라 톨보이즈는 아버지에게 소식을 전하러 도릿셔로 돌아갔다. 아버지의 하나뿐인 아들이 지난 9월 9일 호주로 배를 타고 떠났으며, 지금도 여전히 살아있을 거로 예상하며, 아버지께 용서를 구하러 귀국할 거라는 소식이었다. 젊은 그에게 절대적 영향을 끼쳤던 결혼에 있어서 그가 그 엄청난 실수를 저질렀다는 것 외에 아들은 아버지에게 다행히도 특별히 해악을 끼친 게 없었다.

하코트 톨보이즈 씨는 몹시 어쩔 줄 몰라 했다. 유니우스 브루투스도 이와 같은 상황을 겪은 적이 없었을 거였다. 그가 애호하는 본보기 브루투스를 따라 행동하던 톨보이즈 씨는 이런 딜레마를 벗어날 방도를 찾지 못했지만 그의 인생에 단 한 번 마음이 자연스럽게 가는 대로 기꺼이 따르고 있었다. 그는 로버트 오들리와의 면담 이후 그의 유일한 아들 때문에 마음의 불안과 고통을 매우 심하게 겪었다는 것을 고백했으며, 또한 아들이 영국으로 귀환하게 되면 그를 가슴에 안게 되어 진심으로 기쁠 거라고 했다. 하지만 조지 톨보이즈는 언제 다시 돌아올 것인가? 그리고 이걸 누구와 어떻게 나눌 수 있을 것인가? 그것이 문제였다. 로버트는 멜버른과 시드니의 신문에 게재하였던 광고를 생각해 냈다. 조지 톨보이즈가 살아서 그 두 도시로 돌아갔다면, 신문에 난 광고를 볼 수밖에 없지 않을까? 조지는 친구 로버트가 초조해하는 걸 무관심하게 모른 척할 것 같은가? 그러나 아마도 조지 톨보이즈가 이런 광고를 보지 않을 수도 충분히 가능한 거였다. 그리고 그가 다른 가짜 이름을 사용해서 여행한 적이 있기 때문에 그의 동료 승객이나 선장이 그를 광고에 난 사람과 동일한 인물로 알아볼 수 없을 가능성도 있었다. 그럼 어떻게 해야 할까? 조지 톨보이즈가 여행에 지쳐서 사랑하는 이들의 품에 돌아올 때까지 인내심을 가지고 기다리는 수밖에는 없는 것인가? 아니면 그의 귀환을 서두르게 하는 방법이 있을 것인가? 로버트는 어찌할 바를 몰랐다. 그는 친구가 무사히 위험을 벗어났다는 걸 알게 되자 말로 표현할 수 없을 안도감을 경험했지만, 하늘의 섭리를 바라는 것 외에는 아무 일도 할 수가 없었다.

이러한 마음으로 로버트는 하코트 톨보이즈 씨를 만나러 도릿셔로 갔다. 붉은 벽돌의 깔끔한 정사각형 저택에서 톨보이즈 씨는 자애로운 감정이 분출하여 아들의 친구를 초대하게 되었다. 하코트 톨보이즈 씨는 조지 톨보이즈에 관해 두 가지 심정을 언급했다. 하나는 자신의 아들이 살아 있음에 당연히 안도하고 행복하다는 감정이었다. 다른 하나는 오들리 부인이 전에는 아들의 아내였으니 아들이 그 아내에게 아내의 훌륭한 모범이 무엇인지를 가르쳐 줄 기쁨을 가질 수 있기를 열망하는 마음이었다.

"오들리 씨, 이건 그 죄 많은 여인을 정의의 손이 닿지 않는 곳으로 빼돌려 국가의 법을 소위 적당히 얼버무린 격이 되었다고 해서 내가 자네를 비난하는 건 아니네. 단지 내가 언급하고 싶은 점은 그 부인이 내 손에 맡겨졌다면, 자네와는 아주 다른 방식으로 다뤄졌을 거라는 거네."

로버트 오들리가 클라라 톨보이즈를 처음 만난 이래로 마음이 자주 방황하곤 했던 그 검은 전나무길 아래로 다시 찾아오게 된 것은 4월 중순이었다. 이제 울타리에는 연노랑 앵초꽃과 보라색 제비꽃이 철보다 일찍 피어있었다. 그가 처음 방문했을 때 하코트 톨보이즈 씨의 마음처럼 딱딱히 얼어있던 개울의 얼음이 녹아 변덕스런 4월의 햇살을 맞으며 벚나무 수풀 아래를 즐겁게 흘러내렸다.

이 정사각형 저택에서 깔끔한 침실과 소박한 옷방이 로버트를 위해 마련되어 있었다. 그는 아침마다 금속 용수철 침상에서 깨어났는데, 그 특이한 침상은 뭔가 악기 위에서 잠자고 있다는 느낌을 항상 주었다. 아침이면 사각형의 하얀 블라인드 틈으로 비치는 눈부신 햇살이 푸른색 금속 침대의 끝 양편을 장식한 두 개의 칠보 도자기에 눈부시도록 쏟아져 내렸다. 마치 불타오르는 로마 시대의 자그마한 두 놋쇠 램프 같았다.

하코트 톨보이즈 씨의 저택을 방문하는 일은 소년 시절의 기숙사 학교로 되돌아온 듯한 기분이었다. 인간의 쾌락을 칭송하는 쾌락주의자의 관점과는 사뭇 다른 느낌을 주었다. 커튼이 없는 창문, 침대 아래의 좁고 길쭉한 양탄자, 아침 일찍 울리는 종소리, 아마도 기도를 드리려는 듯 싶은 긴 식당에 줄을 지어 서있는 소박한 하인들. 이 모든 것이 어울려 교회와 군대를 지망하는 신사 자제들의 사립 학교와 아주 흡사하였다. 톨보이즈 가문이 설립한 일종의 사립학교였다.

하지만 정사각형으로 지은 붉은 벽돌 저택이 아르미다의 궁전[21]이었다면, 그리고 깔끔하게 리넨 재킷을 입은 신사가 후어리

---

21 아르미다의 궁정: 르네상스 시대의 이탈리아 시인 토르쿠아토 타소의 시 "예루살

즈[22]들이 기대하는 대변자였다면, 로버트 오들리는 이 저택의 대접에 좀처럼 만족해하지 않았을 거였다.

그는 종소리를 듣고 잠에서 깨어나 너무나도 이른 아침의 햇살 속에서 세수를 하였다. 햇살은 밝았지만 유쾌함을 주지 못했고 아직 냉기에 몸이 움츠러들었다. 그는 하코트 톨보이즈 씨처럼 차가운 물로 목욕을 하고, 현관 시계가 7시를 알리자마자 아침 식사 전의 산책을 나서기 위해 꼿꼿한 전나무 아래 서 있는 이 저택의 주인어른께 단정하고 깔끔한 차림으로 아침인사를 드리려고 발버둥쳤다.

물론 이 아침 산책에 보조를 맞추는 세 번째 인물이 있었으니 바로 클라라 톨보이즈였다. 그녀는 아버지 곁을 걷곤 했는데, 아침보다 더 아름다웠다. 아침은 때로 흐리고 구름이 꼈지만, 그녀는 항상 신선하고 빛이 났다. 푸른 리본을 장식한 넓은 챙의 밀짚모자를 쓴 그녀의 모습에 오들리 씨는 너무나 감탄하여 얼굴을 바싹 들이댈 정도였다. 그 푸른 리본도 자신이 좋아하는 단춧구멍 장식과는 비교가 되지 않을 만큼 멋졌다.

아침 산책에서 주된 화제는 여기에 없는 조지 톨보이즈였다. 로버트는 긴 아침 식탁에 자리를 차지하고 앉을 때마다 그가 처음 이 방에 앉아 친구의 이야기를 하는데도 냉담하게 앉아있던

렘의 구출"에서 다마스커스 왕의 조카딸 아르미다는 예루살렘을 포위한 기독교 군인을 유혹하여 화려한 정으로 유도한다. 이로부터 아르미다의 궁전이란 환상적인 마술의 궁전이란 뜻을 갖는다.

22 후어리즈: 이슬람 신화에 나오는 어여쁜 여인들로 천국에서 신앙심이 굳은 무슬림 남자를 기다린다고 함.

클라라 톨보이즈가 너무 미웠던 게 기억났다. 지금 그는 그녀를 더욱 알게 되었고, 세상 어느 누구보다 그녀가 고귀하고 아름다운 여인이라는 것을 느끼게 되었다. 하지만 그녀가 오빠의 친구에 대해 품고 있는 감정은 어떤 것일까? 자신의 감정을 그녀에게 아직 드러내지 않았나, 그녀가 옆에만 있어도 마술에 걸린 듯한 사랑의 감정이 자신의 예상치 못한 눈길이나 목소리가 무의식적으로 떨려 나오는 것을 통해 그녀에게 알려지지 않았을까 하고 로버트는 궁금해하며 조바심을 냈다. 사실 그가 그녀에게 말할 때면 목소리의 음색이 이상하게 변하는 듯싶었다.

정사각형 저택에서의 무료한 일상은 이웃 마을 사람들이 모인 격식을 차린 만찬에서 활기를 되찾기도 했다. 마을 사람들은 서로 약속을 하여 모이거나 때로는 방문객으로 아침에 갑자기 들이닥쳐 거실을 1시간 가량 차지하는 바람에 로버트 오들리에게는 여간 곤혹스런 일이 아닐 수가 없었다. 특히 그는 어머니와 여동생을 대동하고 나타난 화려한 옷 차림새의 지주들이 대화를 나누는 주제에 대해선 악 감정을 품게 되었다.

물론 그 젊은 남자들은 클라라에게 사랑에 빠져 그녀의 갈색 눈동자를 보고 싶어 찾아온 거였다. 그렇기 때문에 로버트가 그들을 무뢰한 경쟁상대나 방해꾼으로 간주하여 맹렬히 미워하는 것도 당연하다고 하겠다. 그는 차분한 갈색 눈의 여인이 머무는 이 영역으로 찾아오는 사람이면 누구에게나 질투심을 느꼈다. 46살의 뚱뚱한 홀아비에게도, 불그스레한 구레나룻을 기른 나이 먹은 남작에게도, 클라라가 방문하여 보살펴주는 이웃집의 늙은 여인에게도, 심지어 그녀가 많은 시간 정성을 들이느냐고 그에 대한 관심을 흐트러뜨리는 온실 속의 화초에게까지 그는 질투하였다.

처음에 그 둘의 사이는 매우 격식을 차리다가, 조지 톨보이즈의 일로 인해 가깝고 친밀해졌다. 그러다 그 즐거운 친밀감이 조금씩 점차 더 커져갔고, 로버트가 이곳을 방문한 지 3주가 채 흐르지도 않아 톨보이즈 양은 그에게 행복감을 안겨주었다. 그의 손을 진지하게 잡고, 주어진 재능과 기회를 거의 활용하지 못하고 오랫동안 목적 없이 살아왔던 그의 생활에 대해 따끔한 설교를 해주었다.

사랑하는 여인의 훈계를 듣는 것은 얼마나 기쁜 일인가! 그녀 앞에서 겸손해지고 자신을 낮추는 일이 얼마나 기쁨을 안겨 주는가! 아무런 목적 없이 편안한 길을 걷는 게으름뱅이가 아니라 고귀한 자가 되도록 노력할 찬란한 기회를 얻어 마침내 그의 삶이 한 여성에 의해 정화된다면 얼마나 큰 기쁨이 되겠는가! 삶의 매 순간마다 엄숙한 목적이 부여될 유대의 끈을 얻는 축복을 받게 된다면, 그는 생의 전투를 진지하고 용감하게 싸워나갈 수 있을 거였다. 뉘엿뉘엿 지는 햇살에 강물이 반짝이며 평온함을 안겨주고, 꼬마 아이들이 저녁을 먹으로 집에 돌아갈 때면, 그 역시 템플 정원 가장자리에 주저앉고 싶은 우울한 기분에 사로잡히곤 하였다.

"톨보이즈 양, 제가 70살이 될 때까지 프랑스 소설이나 읽고 터키 시가나 피우며 지낼 거라고 생각하나요? 내 해포석 파이프 담배가 싫증나고 프랑스 소설이 어리석게 느껴질 날이 오지 않을 거라고 생각하나요? 제가 이 단조롭고 우울한 인생을 완전히 벗어 던지고 싶어한다는 생각은 해보지 않았나요?" 로버트는 그녀에게 물었다.

이 젊은 변호사가 이처럼 풀이 죽은 모습으로 장황하게 떠들어대고 있지만 한편 내부적으로는 위선적이게도 미셸 레비의 출판물[23]과 대여섯 개의 은붙이 해포석을 포함하여 총각시절 즐겼던 그의 소유물들을 매각하고, 말로니 부인에게 연금을 지급하여 해고하였으며, 이삼천 파운드를 들여 수십 에이커나 되는 푸른 수풀과 경사진 잔디밭을 구입하였다. 이 잔디밭 한가운데에는 멋진 시골집 보금자리가 돋보이게 자리잡고 있었으며, 불그레한 호수 바닥에는 시골집 그림자가 반사되어 하늘하늘 춤추고 있었다.

물론 클라라 톨보이즈는 구슬프게 한탄하는 로버트의 마음을 전혀 알지 못했다. 그녀는 로버트에게 그가 하는 일과 관련하여 많이 읽고 진지하게 사고하도록, 그리고 진정으로 열심히 삶을 새롭게 살아가도록 권했다. 그녀가 권하는 삶의 형태는 아마도 딱딱하고 메마른 거였다. 그건 열심히 일에 전념하는 삶으로, 동료들에 유용한 삶이 되도록 노력함으로써 궁극적으로 자신의 평판을 얻는 길이었다. 로버트는 그런 재미없는 전망을 생각하며 찡그린 표정을 지을 뻔했다.

'내 노력에 대한 대가를 확실히 얻을 수만 있다면 난 열심히 그렇게 할 거야. 마침내 그녀가 내 평판을 인정하고 나의 사랑하는 동반자가 되어 곁에서 나의 노력을 지지해 준다면 말이야. 하

23 미셸 레비의 출판물: 미셸 레비(1821~75)는 1836년 출판사를 세우고 뒤마, 발자크, 위고, 플로벨, 보드레르, 스탕달 등의 프랑스 유명 작가들의 작품들을 출판하였다.

지만 그녀가 나를 홀로 싸우도록 전투장으로 떠나 보내고, 내가 돌아서는 순간 다른 뚱뚱한 시골 지주와 결혼해버리면 어떻게 하지?'

본래 우유부단하고 꾸물거리는 천성이어서 그는 불안한 사랑의 심정을 붙들고 있기만 하고 감히 고백하기를 두려워하였다. 가만히 보면 고백의 결과가 항상 희망에 찬 건 아니지만 그렇다고 아주 절망적인 것도 절대 아니었는데도, 그 고백이 얼마나 오래 묵어야 하는지? 여하튼 그는 서둘러 마음을 훌훌 고백하려는 충동에서 머뭇거리고 있었다.

그는 그레인지 히드에서 5주 동안 머물렀고, 더 이상 머무르는 것은 상식적인 예절에 어긋난다는 걸 느꼈다. 그래서 5월의 어느 화창한 날 아침 그는 짐을 챙기고 떠날 것을 알렸다.

하코트 톨보이즈 씨는 떠나는 손님에 대해 서운한 기색을 열렬히 내비치는 사람이 아니었지만, 그의 친분을 강하게 보여주는 차분하지만 따스한 진심을 표명하였다.

"우리와 함께 지내서 매우 즐거웠네, 오들리 씨. 자네도 이곳의 규칙적인 생활에서 행복한 시간이었기를 바라네. 특히 내가 자랑스럽게 생각하는 이곳의 엄격한 생활규칙을 잘 따라주어 기쁘네."

로버트는 고개를 숙여 감사를 표시했다. 울려대는 아침 종소리에 늦잠을 자지 않았고, 또한 톨보이즈 씨의 점심 시간에 늦지 않았던 행운에 그는 정말 감사했다.

"우리가 멋지게 함께했던 시간들을 기억하겠네. 언제든지 오고 싶을 때면 도릿셔로 다시 와주기 바라네. 나의 농장에는 즐길 수 있는 운동도 많이 있고, 이웃들이 언제나 친절하게 맞아줄 걸세. 원한다면 총을 가져와 사냥을 해도 좋네."

로버트는 감사한 마음으로 그의 친절한 말을 받아들였다. 그는 자고새 사냥보다 더 멋진 일은 없다고 말하며, 그에게 이처럼 친절하게 초대해주는 특권을 주셨으니 꼭 기꺼이 다시 방문하겠다고 약속했다. 로버트는 이 말을 하며 옆에 있는 클라라를 힐끗 쳐다보지 않을 수 없었다. 그녀는 완벽한 눈썹을 아래로 내리깔고 있었고 부끄러움의 흐릿한 여운이 아름다운 얼굴에 드리워져 있었다.

오늘은 이 파라다이스에서 로버트가 보내는 마지막 날이었고, 그가 다시 도릿셔로 돌아올 변명을 댈 수 있는 내년 9월의 첫째 날까지는 쓸쓸한 날들이 무수히 자리잡고 있는 거였다. 그 긴 기간이란 혈기 왕성한 젊은 지주나 뚱뚱한 홀아비가 그가 없는 잇점을 최대로 활용할 수 있다는 뜻이 되었다. 이런 음울한 전망을 생각하니 우울한 절망감에 사로잡히는 건 놀라운 일이 아니었다. 이런 불안한 생각에 그날 아침 톨보이즈 양에게 명랑한 기분으로 대할 수가 없었다.

하지만 저녁 식사를 마친 뒤 해가 서쪽으로 뉘엿뉘엿 지고 있을 때, 하코트 톨보이즈 씨는 서재에 들어앉아 변호사와 한 소작농부와 법적 업무를 상의하고 있었고, 로버트 오들리는 기분이 많이 풀려 있었다. 그는 클라라의 옆에 서서 거실의 창가 밖으로 보이는 장밋빛으로 물들어가는 노을과 점점 어두워져 가는 저녁 하늘을 바라보고 있었다. 다음 날 아침이면 런던으로 떠나는 급행열차를 타야 한다는 생각이 어두운 그림자를 드리웠지만, 그는 과거와 미래를 잠시 잊고 그녀와 함께 있는 현재의 행복한 순간에 취해 있었었다.

그들은 두 사람을 언제나 하나로 엮어주는 한 가지 주제에 대해 대화를 나누었다. 바로 그녀의 오빠 조지에 대한 주제였다. 오늘 저녁 오빠에 대해서 이야기하는 그녀의 목소리는 왠지 우울하게 들렸다. 오빠가 살아있어도—그녀는 그것도 확신하지는 못했다—가족들로부터 멀리 떨어져 홀로 외로이 떠돌고 있으며, 또한 어느 곳을 가든 늘 상처를 입은 삶에 대한 기억만을 안고 있을 걸 생각해볼 때 그녀가 슬퍼하는 것도 당연하지 않겠는가? 어두워지는 황혼의 정적 속에서 그녀는 오빠에 대해 이렇게 말하면서 양손을 서로 쥐고 눈물을 글썽이었다.

"아빠도 오빠를 매우 사랑하고 계시는데, 가엾은 오빠의 부재를 어떻게 견뎌내시는지 모르겠어요. 최근에 오빠에 대한 아빠의 사랑을 더 확실히 보게 되었어요. 하지만 전혀 내색을 하지 않으시고 침묵만 하고 계세요. 제가 만약 남자였다면, 직접 호주로 가서 오빠를 찾아내어 데리고 왔을 거예요. 아직 오빠가 건강히 살아 있다면요." 그녀는 낮게 깔린 목소리로 말했다.

그녀는 로버트에게서 고개를 돌려 어두워지는 밤 하늘을 바라보았다. 로버트는 그의 떨리는 손을 그녀의 팔에 얹으며 말했다.

"제가 대신 오빠를 찾으러 갈까요?" 그의 목소리도 떨리고 있었다.

"당신이요?" 그녀는 로버트를 향해 고개를 돌려 눈물을 흘리며 열정적으로 그를 바라보았다. "오들리 씨! 어떻게 제가 감히 사랑하는 오빠나 저를 위해서 당신에게 그런 희생을 요청할 수 있겠어요?"

"클라라, 당신을 위한 일이라면 전 희생이라고 생각하지 않아요. 제가 돌아왔을 때 당신이 반겨 맞아주시며 저의 진실한 노력을 인정해주신다면, 전 항해를 떠나도 마다하지 않아요. 클라라, 당신이 기뻐하기만 한다면, 전 호주 대륙의 땅끝까지 뒤지며 오빠를 찾으러 갈 거예요. 오빠와 함께 돌아오지 못하면 나도 결코 살아서 돌아오지 않을 거예요. 제 노력에 대해 당신이 보답해 줄 기회를 갖고 싶어요."

그녀는 잠시 동안 말 없이 고개를 숙이다 입을 열었다.

"당신은 매우 너그럽고 좋은 분이에요, 오들리 씨." 그녀가 마침내 말했다. "그런 말씀을 해주시다니 정말 감사해요. 하지만—당신이 말씀하신 건 이루어질 수 없어요. 제가 무슨 권리로 그런 희생을 요청할 수 있겠어요?"

"당신이 원하든 원하지 않든, 제가 영원히 당신의 종이 되고 싶기 때문이지요. 클라라, 당신을 사랑하기 때문이에요." 로버트는 비록 어색하기는 했지만 무릎을 꿇고 고백했다. 그리고 그녀의 비단 드레스 속에 숨겨진 작은 손에 열정적으로 입을 맞추었다.

"클라라, 당신을 사랑합니다. 당신을 사랑해요. 당신은 아버지를 불러 지금 당장 저를 쫓아낼 수도 있어요. 하지만 저는 그래도 당신을 사랑할 겁니다. 당신이 뭐라 하든, 전 영원히, 영원히 당신을 사랑할 겁니다."

그녀는 그의 손에 자신의 작은 손을 빼냈지만, 그건 갑작스럽거나 화가 났다는 표시가 아니었다. 가볍게 떨리는 그녀의 손은 그의 검은 머리를 잠시 감쌌다.

"클라라, 클라라! 당신의 오빠를 찾으러 제가 호주로 갈까요?" 그는 간청하는 목소리로 나지막이 중얼거렸다.

그녀는 대답이 없었다. 그녀의 대답이 뭔지는 모르겠지만 이런 경우 침묵보다 더 달콤한 것이 있겠는가. 망설이는 매 순간이 암묵적인 승인이고, 머뭇거림은 따스한 고백인 것이다.

"우리 둘이 함께 가는 건 어떨까요? 남편과 아내로써요. 우리 둘이 함께 오빠를 찾아오는 것은 어떤가요?"

몇 분이 지나 불이 켜진 방으로 들어온 하코트 톨보이즈 씨는 로버트 오들리가 혼자 있는 것을 보았다. 그리고 그의 고백을 듣고 매우 놀랐다. 자기만족에 차있는 사람들처럼 그는 바로 코앞에서 벌어지는 일들을 전혀 모르고 있었다. 그는 자신의 세계와 스파르타식의 규칙으로 이루어진 가정이 손님들을 도르셋셔로 끌어드리는 유일한 매력이라는 생각으로 꽉 차 있었던 거였다.

그렇기 때문에 그는 약간 실망했다. 그러나 그는 실망감을 드러내지 않고 사태의 추이를 그대로 받아들이며 온화한 만족감을 표명했다.

"그럼 제가 허락을 받고 싶은 사항이 한 가지 더 있습니다." 모든 게 거의 원하는 대로 정해졌을 때 로버트가 말했다. "허락해 주신다면, 저희의 신혼 여행지를 호주로 정할까 합니다."

톨보이즈는 이 말을 듣고 깜짝 놀랐다. 그의 엄한 잿빛 눈에 고인 눈물을 씻으며 로버트에게 손을 내밀었다.

"내 아들을 찾으려고 하는구나. 가서 내 아들을 찾아온다면, 나의 딸을 내게서 빼어간 걸 다 기꺼이 용서해주겠네."

이렇게 해서 로버트 오들리는 런던으로 돌아간 후에 피그트리 건물에서 자기 방을 빼고, 6월에 리버풀에서 시드니로 가는 배편을 모두 알아보았다. 그는 새로운 희망, 새로운 임무, 새로운 전망, 새로운 목적을 갖는 새로운 사람으로 되돌아온 거였다. 모든 게 완전히 변모된 삶에서 그는 빛나는 장밋빛 세계를 전망하면서 이전에는 그 세계가 어찌 그렇게 단조로운 무채색의 우주로 보였는지 의아스러웠다.

그는 그레인지 히드에서 점심이 끝날 시간이 될 때까지 빈둥거리며 시간을 보냈다. 그리고 황혼의 땅거미가 지기 시작하자 그는 컴컴해지는 템플 건물의 자기 방으로 돌아왔다. 말로니 부인이 토요일 저녁 습관으로 계단을 청소하고 있었다. 그는 비누거품으로 미끄러운 층계를 주의하며 위층 계단을 올라가야 했다.

"편지가 많이 도착했어요, 나리. 소포도 있고요." 그녀는 로버트가 지나가도록 일어나 벽에 바싹 붙어서 말했다. "그리고 어떤 신사가 나리를 보러 여러 차례 찾아왔었는데, 나리께서 방을 환기시켜 달라는 편지를 보내왔다고 그분께 말해줬더니, 오늘 밤에도 기다리고 있습니다."

"그렇군요, 말로니 부인. 저녁 식사와 포도주를 부탁해요. 그리고 내 짐을 잘 꾸렸는지 살펴봐 주세요."

그는 조용히 방으로 올라가 그를 방문한 사람이 누구인지 확인했다. 예상할 만한 이가 없었다. 아마도 빚쟁이일지도 몰랐다.

왜냐하면 톨보이즈의 초대를 받고 즉시 떠났기 때문에 일들을 엉망진창으로 남겨두고 말았었다. 게다가 사랑의 열정에 너무 몰입되어 있던 터라 재단사에게 돈을 지불해야 하는 등의 세상 일에 제대로 신경 쓰지를 못하였기 때문이었다.

그는 응접실의 문을 열고 안으로 들어갔다. 카나리아 새가 지는 해를 향해 작별인사를 하듯 지저귀고 있었고, 희미한 노란 저녁 노을이 제라늄 잎에 반사되어 반짝거렸다. 고개를 숙인 채 방문객은 창 쪽에 등을 대고 앉아있다가, 로버트가 방 안에 들어오자 자리에서 벌떡 일어났다. 로버트는 기쁨과 놀라움으로 큰 소리를 지르며 양팔로 그의 잃어버렸던 친구 조지 톨보이즈를 껴안았다.

말로니 부인이 저녁 식사와 포도주를 그녀가 신뢰하는 음식점에서 가져왔다. 두 젊은이는 오랜 기간 홀로 외로이 놓여있었던 난롯가에 앉아서 밤이 깊도록 함께 이야기를 나누었다.

로버트는 그에게 하고 싶은 말이 너무나 많았을 것이다. 그는 친구에게 고통을 안겨줄 이야기들을 최대한 조심스럽게 전달했다. 그는 아무도 모르는 벨기에의 도시의 조용한 외곽에서 남은 여생을 쓸쓸히 지내고 있는 사악한 여인에 대해서는 거의 말을 아꼈다.

조지 톨보이즈는 햇볕이 환하던 9월 7일에 대해서는 아주 짧게 이야기했다. 바로 그날 그의 친구가 개울가에서 낮잠을 자고 있는 동안 그는 가슴을 찢어놓은 음모의 장본인인 그의 아내를 비난하러 찾아갔던 거였다.

"내가 깜깜한 웅덩이에 갇힌 순간, 죽음으로 몰고 간 그 배반의 손을 알게 되었지. 그러면서도 내가 주로 생각한 건 나를 배신했던 그녀의 안전이었다네. 내 발은 진흙더미 진창에 빠지고 어깨는 부상을 입었는가 하면 팔은 우물 옆에 부딪쳐 부러졌지. 그곳이 공기가 나빠서 그랬는지, 난 한동안 아찔하여 혼미했었지만, 간신히 내 몸을 일으켰네. 위험한 상황에서도 날 도운 건 호주에서의 경험 덕분이었서. 난 고양이처럼 우물 벽을 타고 올라갈 수 있었어. 우물 벽이 울퉁불퉁한 돌이어서 돌 틈새를 발로 밟으며 위로 올라올 수 있었지. 가끔씩 우물 벽에 등을 기대고 쉬면서, 비록 한 팔이 다치기는 했지만 양손과 몸을 이용하였네. 로버트, 그건 무척이나 힘든 순간이었다네. 인생에 지쳤다고 오랫동안 공언하던 사람이 이처럼 생명을 구하러 난리를 피우다니 정말 이상하지. 30분 정도 위로 올라오느라 애를 쓰다 보니 우물 밖으로 빠져나올 수 있었네. 그 고통과 위험의 시간은 좀처럼 끝날 것 같지 않았었지. 어두워지기 전까지 남들한테 들키지 않고 빠져나가기는 불가능했어. 그래서 난 월계수 수풀 뒤에 내 몸을 숨기고 풀밭 위에 누워 밤이 오기를 기다렸지. 완전히 지친 상태였어. 거기서 나를 발견한 사람이 자네한테 나머지 이야기를 말해준 거네, 로버트."

"맞아, 가엾은 내 친구—그래, 그 사람이 나머지를 모두 말해주었어."

조지는 호주로 돌아가지 않았었다. 그는 빅토리아 리지아로 가는 배를 탔지만, 나중에 기항지에서 같은 선박 소유주의 다른 배로 갈아타고 뉴욕으로 갔었다. 그리고 망명생활로 지친 몸을 추스를 때까지 그곳에서 지냈던 거였다. 뉴욕에서는 그와 알고 지냈던 친구들과 모두 헤어져 혼자 지내는 외로움을 참아내야만 하는 생활이었다.

"밥, 조나단은 내게 매우 친절했어. 나는 내 나름대로 조용히 풍족하게 살아갈 수 있는 여윳돈을 충분히 갖고 있었어. 그리고 그 돈이 떨어지면 캘리포니아 금광지대에서 일을 시작할 셈이었지. 그곳에서 내가 원하기만 하면 친구를 많이 만들 수 있었지만, 내 가슴속엔 언제나 짐처럼 남아있는 상처가 있었다네. 나의 슬픔을 전혀 모르는 사람들에게서 무슨 연민을 구할 수 있겠어? 밥, 난 나를 강하게 붙들던 자네의 손이 그리웠어. 인생의 가장 어두운 통로를 지나가던 나를 이끌어주던 친구의 우정 어린 손길 말이야."

10. 마침내 찾아온 평화

로버트가 오랜 옛친구를 다시 만난 5월의 저녁 이후로 두 해가 지났다. 멋진 시골집을 마련하려는 로버트의 꿈은 테딩턴 록과 햄프턴 브리지 사이의 작은 나무숲 속에서 실현되었다. 그곳은 격자무늬 창문으로 강이 내다보이는 시골풍의 나무집을 짓기에 환상적인 보금자리 터이다. 비스듬한 둑에는 백합과 골풀이 퍼져있고, 보모 품에 안겨 조용한 강물 바닥에 비친 아기 모습을 빼꼼히 내다보는 아장아장 걷는 갓난아기, 그리고 그 아기와 놀고 있는 8살 난 소년이 있다.

오들리는 이제 런던의 순회재판 구역에서 나날이 승승장구하여 홉스 대 놉스의 약혼파기 사건에서 두각을 나타냈다. 그는 불성실한 놉스의 연애편지를 우스꽝스럽게 희화화시켜 법정을 모두 즐거운 웃음바다로 만들었다. 까만 눈동자의 멋진 8살 소년은 이튼 학교에서 라틴어 어형변화를 배우고 있는 조지 톨보이즈의 아들이다. 소년은 학교의 담쟁이덩굴 벽 너머 우거진 나뭇잎 아래에서 맑은 개울가의 올챙이를 잡고 있다. 그는 이 오두막에 살고 있는 자신의 아버지, 그리고 아버지의 여동생과 여동생의 남편을 만나러 자주 방문한다. 소년은 로버트 고모부와 클라라 고모, 그리고 부드러운 잔디밭 위를 지나 강가까지 막 아장아장 걸어 내려오는 아기와 함께 보내는 시간을 매우 좋아한다. 강가에는 로버트와 조지가 날씬한 보트를 정박시킨 작은 스위스풍의 보트 창고와 잔교가 세워져 있다.

다른 친척들도 테딩턴 근처의 이 시골집을 종종 방문한다. 밝고 명랑한 아가씨 알리샤와 기독교인이라면 응당 그렇게 하듯이 인생의 큰 고통을 극복한 잿빛 턱수염의 오들리 경이다.

그로부터 일 년이 지나 한 통의 검게 테두리를 두른 국외 편지가 로버트 오들리에게 도착했다. 테일러 부인이 빌레브뤼뫼즈의 요양원에서 고요히 숨을 거뒀다는 내용이다. 그 여인은 발 의사의 진단으로는 우울증으로 오래 고생하다 죽음을 맞이했다고 했다.

1861년의 맑은 여름날 또 다른 손님이 시골집을 찾아온다. 아기를 품에 안고 꼬마 조지와 놀아주며 보트를 훌륭하게 운전하는 그는 솔직하고 관대한 마음씨를 가진 젊은이, 바로 해리 타워 경이다. 그는 테딩턴에서도 게으르게 있지를 않는다.

스위스풍의 보트 창고 너머에 소박하고 예쁜 흡연실이 있다. 여름날 저녁이면 신사들은 이곳에서 담배를 피우고 근처의 잔디밭에 앉아 클라라와 알리샤가 가져온 차와 크림을 얹은 딸기를 즐긴다.

오들리 부인의 웃음소리가 울려 퍼지던 오들리 저택은 이제 사람이 살지 않고 엄해 보이는 늙은 가정부가 관리를 맡고 있다. 아직도 그곳에는 커튼으로 가리워진 라파엘 전파식의 초상화가 자리를 지키고 있으며, 우버만과 푸생, 코이프와 틴토레토의 그림에는 화가들이 싫어하는 푸른 곰팡이가 피어 오른다. 오들리 경은 전혀 다음 사실을 보고받지 않았지만, 호기심 어린 여행객들이 종종 오들리 저택을 찾아와 오들리 부인이 쓰던 방을 보고 감탄하며 해외에서 죽음을 맞이한 아름다운 금발의 여인에 대해 많은 질문을 던진다.

마이클 경은 그가 한때 불가능한 행복을 짧게 꿈꾸었던 이 친근한 저택으로 돌아가고 싶은 마음이 없다. 그는 런던에서 지내면서 알리샤가 타워 부인이 되는 모습을 지켜보았고, 딸이 결혼하자 그의 사위가 가지고 있는 하트포드셔 토지 근처에 최근 구입한 집으로 이사한다. 조지 톨보이즈는 그의 여동생과 오랜 친구와 지내며 행복한 나날을 보낸다. 그는 아직 젊은 청년이라 언젠가는 지난날을 위로해 줄 누군가를 찾을 수 있게 될 것이다. 지난 과거의 어두운 이야기는 점점 희미해지고, 오들리 부인이 젊은이의 삶에 던졌던 어두운 그림자가 완전히 사라질 날이 올 것이다.

해포석 담배와 프랑스 소설은 로버트 오들리가 예전 총각시절에 어울려 지냈던 템플의 젊은이들에게 물려주었고, 말로니 부인은 카나리아와 제라늄을 돌보는 대가로 분기마다 연금을 받게 되었다.

이 좋은 사람들이 모두 행복과 평화를 얻게 된 결말에 대해서 불만을 가지는 이가 없었으면 한다. 비록 길진 않지만 비교적 다사다난했었던 내 인생 경험으로 미루어 보아, '젊어서나 늙어서나 의인이 버림을 받거나 그 자녀들이 구걸하는 것을 본일이 없다.'라는 전능하신 신과 훌륭한 철학자의 선언을 난 확고히 지지할 수 있다.

-끝-

빅토리아조 가부장제 권력구조에 도전하는 여성 목소리

《오들리 부인의 비밀》(Lady Audley's Secret, 1862)은 영국 빅토리아조의 1860대 · 1870년대에 선풍적 인기를 모았던 '선정소설'(sensational novel) 장르의 특성을 잘 보여주는 대표적 작품이다. 당시 도서 출판계가 급속도로 확대되었던 역사적 사실로 보아 그만큼 독서 대중이 폭발적으로 증가했다는 뜻일 텐데, 그런 독서 수요의 중심에 대중소설로서 선정소설이 큰 몫을 차지하고 있다. '선정적'이란 장르 이름에서 보듯이 이 장르의 소설들은 간통, 중혼, 절도, 사기, 납치, 살인과 같이 사회 규범에 허용되지 않는 충격적인 소재를 다루었다.《오들리 부인의 비밀》도 여성 주인공이 사기, 중혼, 방화, 미수에 그친 살인을 저지르고 있는 점에서 이런 장르의 특성을 그대로 보여준다.

선정소설은 선정적인 소재를 다루는 만큼 독자들의 호기심과 스릴을 자극하며 인기를 끌어 모으기에 충분하였지만, 한편 산업화가 가속화되며 발생하는 사회문제를 풀어나갔던 빅토리아조 리얼리즘 소설의 정통 줄기에서는 벗어나 있다. 마치 오늘날의 TV 멜로드라마가 시청자들의 입방아에 열렬히 회자되어도 정통 예술 영역에서의 논의에서는 빗겨난 격이다. 그런 점에서 선정소설은 확산되던 대중 독자층의 관심을 끌어 모았지만 전통적인 고급 독자층으로부터는 저속하다는 비판의 뭇매를 뒤집어썼다. 또한 그 후 세월이 흐르면서 고전의 목록에는 얼씬거리지도 못하였고, 당연히 역사의 그늘에 놓이고 말았다.

그러나 포스트모던 시대에 접어들어 대중문화의 위상이 재평가되고 고전의 기준이 도전받으면서 가장 뛰어난 선정소설로 평가받는《오들리 부인의 비밀》역시 재해석 되며 본격적으로 새롭게 조명 받기 시작하였다. 이 소설 이야기의 중심축은 신참내기 변호사 로버트 오들리가 친구 톨보이즈의 실종사건에 놀라 이를 파헤쳐가는 탐색작업으로 이루어졌다. 그리고 그 실종사건은 최근에 결혼한 오들리 남작 부인과 깊이 연관되어 있다는 것이 점차 밝혀지면서 이 소설의 서사는 범죄 심리를 추리해가는 탐정소설의 긴박한 방식을 따른다.

이 소설은 전지적 시점의 3인칭 서술방식을 택하고 있지만, 사실상 탐정의 역할을 맡은 로버트 오들리의 시점에서 대부분이 서술된다. 탐정의 시점에서 서술이 되어야 사건의 비밀을 하나씩 들춰가는 탐정서사의 즐거움이 배가되겠지만, 이 소설에서 로버트의 역할은 더욱 막중하다. 우선 그는 현재의 오들리 부인이 실은 톨보이즈의 아내였다는 은폐된 사실과 이런 진실을 숨기기 위해 호주에서 되돌아온 남편 톨보이즈를 살해까지 시도하였다는 끔찍한 비밀 전모를 밝혀낸다. 그뿐만 아니라 그는 오들리 부인에게서 광기라는 유전적 정신질환을 캐어내고 최종적으로 영국사회와 철저히 유리된 유럽의 어느 한적한 정신병원에 영원히 감금시킴으로써 오들리 가문에 명예와 평온을 되찾는다. 사회질서를 어지럽힌 오들리 부인을 사회로부터 완벽히 추방함으로써 가부장제의 권위를 복원시켰으며 안정된 가정을 회복한 것이다. 처음 로버트 오들리는 세상일에 무관심하고 게으르며 자신의 변호사 업무에도 관심이나 책임감도 없는 유한계급의 한량으로 출발하였지만, 마지막으로 탐정의 역할을 완수한 그는 죄인을 처단하고 빅토리아조 도덕규범을 재확립하는 영국 지배층의 현명한 대표자의 모습이다. 그가 유럽 대륙의 문화로 등장하는 해포석 파이프, 터키산 담배, 프랑스 소설을 마침내 포기하고 도르싯에서 가정을 꾸리는 것은 이런 변모의 과정을 더욱 뚜렷이 확인해준다.

한편 이 소설의 중심에는 소설 제목이 암시하듯이 주인공 여성 오들리 부인이 있다. 그리고 독자들을 공포로 몰아넣는 선정적 사건의 핵심에는 여성 정체성의 위기라는 이슈가 자리를 잡고 있다. 주인공 여성이 사회에서 요구되는 여성 정체성을 상실하는 순간 벌어지는 사회적 규범의 동요가 선정적 사건으로 분출된다. 오들리 부인은 중혼으로 아내의 의무를, 또한 자신의 행복을 위해 아기를 저버림으로써 모성을 훼손하였다. 이렇게 여성 정체성을 상실하게 되자 그녀의 행동은 눈 하나 깜짝이지 않고 손쉽게 방화와 살인까지 나아간다. 도덕성의 경계를 넘어서서 악의까지 내비치는 이 여성의 도전을 이 소설은 여성의 광기로 최종 환원시킨다. 그리고 그 광기를 해결하는 방식은 공개적인 처벌이 아니라 은밀한 사적 영역의 처리 방식을 택한다.

빅토리아조의 문학작품에서 여성의 광기가 언급될 때마다 우리는 샬로트 브론테의 《제인 에어》에 등장하는 다락방의 미친 여인을 상기하게 된다. 로체스터의 아내로서 서인도 출신의 이 여성은 광기로 인해 사회로부터 차단되어 다락방에 갇혀 살게 되는데,

그녀의 모습은 사육되는 짐승과 동일하여 인간성을 발견할 수 없는 도덕적 퇴화물로 그려진다. 그러나 여성의 광기를 텍스트 외적인 사회적 현실로 확대시켜보면 공고한 가부장제 권력구조의 산물임이 드러난다. 젠더, 성, 계급, 인종, 빈부 등의 차이에 따른 권력계층구조에 도전하는 자는 흔히 도덕적 타락 내지는 퇴화물로 취급되고 광기의 덫이 씌워진다. 또는 단단한 권력구조와 충돌하다 좌절당하고 몰락한 사회 비순응자는 결국 광기로 삶을 마감할 수밖에 없을 수도 있다.

광기로 정신병원에 갇히고 그곳에서 비참하게 생을 마감한 오들리 부인도 이런 맥락에서 되짚어볼 수 있다. 비록 소설의 화자의 도덕적 비난에도 불구하고 그녀의 개인사를 더듬어보면 독자들의 연민을 불러일으킨다. 결혼한 지 얼마 되지도 않아 남편에게 버림받고, 어린 아기를 혼자 키워나가야 했으며, 가난한 생활에 술주정뱅이 아버지까지 모셔야하는 막다른 상황에 내몰린 그녀의 현실에 그냥 도덕성의 잣대를 들여댈 수만은 없기 때문이다. 그러고 보면 그녀의 여성 정체성 상실은 자의적 선택에 앞서 사회적 환경에 의한 것이라서 그녀 역시 빅토리아조의 가부장제 하에 한계상황으로 내몰린 희생자이기도 하다.

소설의 마지막 장 소제목은 〈마침내 찾아온 평화〉이다. 오들리 부인을 사회와 차단시켜 추방함으로써 오들리 가문은 내부의 적을 처단하고 평화로운 해결을 보며 끝을 맺는다. 그럼에도 불구하고 오들리 저택의 화려한 그림에는 푸른곰팡이가 피어나고 오들리 부인의 라파엘 전파 초상화에는 두터운 천이 덮여져있다. 지나가는 방문객만이 들리는 이 빈 저택의 점차 쇠잔해가는 모습은 빅토리아조의 견고한 가부장제 권력이 서서히 무너져가고 있음을 말해주는지도 모르겠다. 오들리 저택에서 발생했던 이 비밀스런 사건은 한때 벌어졌던 단순한 해프닝이 아니라 사회적 도전의 씨앗이 싹트고 있음을 말해주고 있기 때문이다.

'선정소설'의 손꼽히는 작품이 여태까지 국내에 번역되지 않았다는 점이 놀라와 대담하게 번역에 착수하였다. 현대소설과는 달리 빅토리아조 소설만의 독특한 문체는 때로 무척이나 곤혹스럽게 만들기도 하였지만 한편 도전을 요구하는 새로운 경험이기도 했다. 생생한 추리적 상황과 등장인물들의 내면적 갈등이 드러나는 섬세하고 역동적인 문장들을 매끄러운 한국말로 옮기기란 결코 쉬운 일이 아니었다. 하지만 머릿속에 소설의 전체적인 분위기와 상황을 그리며 마치 내 자신이 소설 속의 등장인물이 된 것처럼 이야기를 풀어나가다 보니 어느덧 결말에 닿게 되었다. 더구나 둘이서의 공동 번역작업은 서로 간에 도움을 주고받는 즐겁고 귀중한 과정이었다. 마지막으로 이 멋진 작품을 번역할 수 있는 기회를 마련해준 부북스에 깊은 감사를 드린다.